Ralf Tils

Strategische Regierungssteuerung

AF167850

Ralf Tils

Strategische Regierungssteuerung

Schröder und Blair im Vergleich

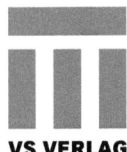

VS VERLAG

Bibliografische Information der Deutschen Nationalbibliothek
Die Deutsche Nationalbibliothek verzeichnet diese Publikation in der
Deutschen Nationalbibliografie; detaillierte bibliografische Daten sind im Internet über
<http://dnb.d-nb.de> abrufbar.

1. Auflage 2011

Alle Rechte vorbehalten
© VS Verlag für Sozialwissenschaften | Springer Fachmedien Wiesbaden GmbH 2011

Lektorat: Frank Schindler | Verena Metzger

VS Verlag für Sozialwissenschaften ist eine Marke von Springer Fachmedien.
Springer Fachmedien ist Teil der Fachverlagsgruppe Springer Science+Business Media.
www.vs-verlag.de

Das Werk einschließlich aller seiner Teile ist urheberrechtlich geschützt. Jede
Verwertung außerhalb der engen Grenzen des Urheberrechtsgesetzes ist ohne
Zustimmung des Verlags unzulässig und strafbar. Das gilt insbesondere für
Vervielfältigungen, Übersetzungen, Mikroverfilmungen und die Einspeicherung
und Verarbeitung in elektronischen Systemen.

Die Wiedergabe von Gebrauchsnamen, Handelsnamen, Warenbezeichnungen usw. in diesem Werk
berechtigt auch ohne besondere Kennzeichnung nicht zu der Annahme, dass solche Namen im
Sinne der Warenzeichen- und Markenschutz-Gesetzgebung als frei zu betrachten wären und daher
von jedermann benutzt werden dürften.

Umschlaggestaltung: KünkelLopka Medienentwicklung, Heidelberg
Gedruckt auf säurefreiem und chlorfrei gebleichtem Papier
Printed in Germany

ISBN 978-3-531-18445-6

Vorwort

Dieses Buch entstand auf dem Fundament des von der Deutschen Forschungsgemeinschaft (DFG) finanzierten Forschungsprojekts „Strategische Steuerung in Party-Government-Systemen". Übergeordnetes Ziel des Forschungsvorhabens war es, einen Beitrag zur systematischen Integration von Strategiefragen in die politikwissenschaftliche Steuerungstheorie zu leisten. Dieses Ziel sollte mit einem Doppelschritt von theoretisch-konzeptioneller Arbeit und empirischer Umsetzung erreicht werden. Ich danke der DFG für die großzügige Förderung des Projekts und die finanzielle Unterstützung dieser Buchpublikation.

Auf der Grundlage der theoretisch-konzeptionellen und empirischen Erkenntnisse des DFG-Projekts konnte ich die vorliegende Untersuchung im Sommer 2010 als Habilitationsschrift an der kulturwissenschaftlichen Fakultät der Leuphana Universität Lüneburg einreichen. Das Habilitationsverfahren wurde im Wintersemester 2010/2011 mit der Erteilung der venia legendi für das Fach Politikwissenschaft abgeschlossen. Mein herzlicher Dank gilt den drei Gutachtern Prof. Dr. Thomas Saretzki, Prof. Dr. Ferdinand Müller-Rommel sowie Prof. Dr. Helmut Wiesenthal für ihre konstruktiven Anregungen, die in die geringfügige Überarbeitung und Aktualisierung der im Juni 2010 abgeschlossenen Untersuchung eingeflossen sind.

Besonderen Dank schulde ich zudem der großen Anzahl von Interview- und Gesprächspartnern, die von beteiligten Akteuren über Beobachter bis hin zu Experten der einschlägigen Fachgebiete reichen. Ohne deren Einsichten und Auskünfte hätte ich diese Analyse niemals verfassen können. Äußerst gewinnbringend war auch die wissenschaftliche und publizistische Aufmerksamkeit, die die Regierungsjahre von Gerhard Schröder und Tony Blair gefunden haben. Sie erst schuf den breiten Fundus von Quellen, auf die ich für die empirische Analyse zurückgreifen konnte.

Mein Dank gilt schließlich Frank Schindler, dem langjährigen Unterstützer des politikwissenschaftlichen Strategieprojekts beim VS Verlag, für die Aufnahme der vorliegenden Arbeit in das Verlagsprogramm.

Hamburg, Juni 2011   Ralf Tils

Inhaltsverzeichnis

1 Einleitung

1.1 Strategische Regierungssteuerung – ein Problemaufriss

Sowohl in der Praxis als auch in der Wissenschaft herrschen Zweifel, ob eine strategische Regierungssteuerung in modernen Demokratien überhaupt möglich, sinnvoll und nützlich sein kann. Folgt man dieser Sicht, erscheint die *Kontingenz der Politik* als große Barriere für die Möglichkeiten strategischer Steuerung. Sie zeigt sich in der Dynamik, Dekomposition und Disparität politischer Prozesse in modernen Gesellschaften (vgl. Rüb 2006). *Dynamik* verweist auf die Nicht-Linearität und Nicht-Kausalität moderner Politik, die den Akteuren die Vorhersage politischer Entwicklungen erschwert und ihnen die Kontrolle von Politikprozessen zu entziehen droht. *Dekomposition* stellt ab auf die zunehmende Pluralität von Werten, Interessen und Intentionen in der Gesellschaft und in ihren Organisationen, die politische Entscheidungsnotwendigkeiten erhöhen, aber auch die damit verbundene Konfliktintensität. *Disparität* schließlich erfasst die sich rasch wandelnden Beziehungsmuster zwischen einzelnen gesellschaftlichen und organisatorischen Teilbereichen. Abnehmende Ausgewogenheiten und sich rasch vollziehende Gewichtsverschiebungen führen in dieser Perspektive zu neuen Asymmetrien, die den politisch Handelnden bei Abstimmungs- und Koordinationsprozessen vor Probleme stellen.

Wenn aber all das, was ist, immer auch zugleich anders möglich wäre, und wenn zutrifft, dass es in der Dynamik des Politikstroms keinen Halt gibt (Rüb 2008), dann erscheint es aus Sicht der *Praxis* wenig sinnvoll und kaum nützlich, den komplexen Prozess der Steuerung einer Gesamtregierung einem strategischen Ansatz zu unterwerfen. Warum sollte man an der Vorstellung und dem Bemühen um eine zielorientierte Rationalität festhalten, wenn den Akteuren doch allenfalls noch die Möglichkeit einer zeitorientierten Reaktivität bleibt? So nahe liegend eine strategische Regierungsführung auch erscheinen mag, bei der die Akteure zwar flexibel, aber doch ziel- und erfolgsorientiert Einfluss auf Steuerungshandeln der Regierung nehmen, sie wird bei einer Betonung der Kontingenz von Politik als reale, ja sogar als gedankliche Möglichkeit unwahrscheinlich.

Es könnte sein, dass die *Wissenschaft* einer solchen Skepsis der Praxis gefolgt ist. Vielleicht aufgrund eigener Zweifel, vielleicht auch aufgrund des Mangels an Anschauungsobjekten. Frei nach dem Motto: was nicht gestaltbar ist, ist auch nicht untersuchbar. Zumindest lassen sich in den einschlägigen Wissenschaftsbereichen bislang keine empirischen Analysen finden, die strategisch orientierte Regierungssteuerungsprozesse explizit und theoretisch-konzeptionell fundiert untersucht hätten. Regierung, Steuerung und Strategie, dieser Zusammenhang ist bisher weder in der Regierungsforschung, noch in der Steuerungstheorie, noch in der politikwissenschaftlichen Strategieanalyse zum Zentralgegenstand der empirischen Analyse gemacht worden.

Die *Regierungs- und Exekutivforschung* hat, trotz breiter thematischer und theoretischer Auffächerung (vgl. nur Andeweg 2003, Peters/Pierre 2007, Rhodes 2008, Helms 2005c, Helms/Jun 2004, Hartwich/Wewer 1990, 1991a, 1991b), bislang keinen Zweig hervorgebracht, der die Fragen von strategischer Politik- und Prozesssteuerung der Regierung ins Zentrum systematischer Erörterung oder empirischer Untersuchung gerückt hätte.[1] Wenn einzelne Beiträge im Zusammenhang mit Regierungsaktivitäten die Frage von Steuerung diskutieren, verbleiben sie vornehmlich auf der Ebene allgemeiner Steuerung (Wer steuert? Wie wird gesteuert? Was sind die Steuerungsziele?) und stoßen nicht zum Aspekt *strategischer* Steuerung vor (vgl. etwa Peters 2007). Einer der Wegbereiter der deutschen Regierungslehre, Wilhelm Hennis, rückte mit seiner Aufforderung, der Regierungsforscher solle sich in die Lage eines Politikers versetzen und durchaus auch seinen Kopf zerbrechen, zwar nahe an die Strategiefrage heran (vgl. Hennis 1965: 427-430). Aber auch Hennis verpasste mit seiner aufgabenzentrierten, von einem aristotelisch dominierten Politikverständnis geprägten Konzeption moderner Regierungslehre letztendlich den Strategieaspekt (vgl. Hennis 2000). Erst in jüngerer Zeit ist zumindest die Frage nach dem Zusammenhang von Regierung und Strategie aufgeworfen worden. So konstatieren etwa Simon James und Michal Ben Gera in ihrer vergleichenden Analyse von Regierungszentralen in OECD-Ländern: „There is a widespread feeling that Governments need to act 'more strategically' (…). But what is meant by 'Government strategy'? How can Governments act strategically, and indeed, to what extent can they do so?" (James/Ben-Gera 2004: 24). Umfassendere Antworten der Regierungsforschung dazu stehen bislang aus.

Ähnlich die Lage in der *allgemeinen Steuerungstheorie*.[2] Die Genese dieses Forschungszweigs zeigt einen internen Ausdifferenzierungsprozess, der – ausgehend von einem hohen Abstraktionsniveau der Analyse staatlicher Steuerungsfähigkeit und gesellschaftlicher Steuerbarkeit – zwar zunehmend an Präzision und Fokussierung gewann, dabei aber vor allem immer neue Einzelfelder der Untersuchung hervorbrachte. Reformpolitische Regierungsorganisation (als Steuerungsaufgabe)

---

[1]   Eine Ausnahme bildet Karl-Rudolf Korte, der in seinen Regierungsanalysen unter dem Begriff des Managements auch Steuerungs- und Strategieaspekte mitbehandelt (vgl. Korte/Fröhlich 2009).

[2]   Vgl. dazu ausführlich das Kapitel 2 in dieser Untersuchung.

bildete einen wichtigen Ausgangspunkt in der deutschen Steuerungsdebatte (z.B. Scharpf 1973, Mayntz/Scharpf 1973), blieb aber ohne Systematik in der Strategiefrage und vor allem auf die Ministerialverwaltung beschränkt. Der zunehmende Steuerungspessimismus (nicht zuletzt aufgrund praktischer Erfahrungen bei der Umsetzung unterschiedlicher Reformbemühungen) führte danach eher von der Strategiefrage weg als zu ihr hin. Isolierte Bereiche der Ministerialbürokratie-, Politikfeld- und Implementationsanalyse sowie eine sich parallel ausdifferenzierende Planungsforschung waren die Folge. Den Versuch, Steuerung und Regierung über eine Systematisierung von Strategie zu verknüpfen, unternahm man nicht. So blieb eine Steuerungstheorie, bei der das Potential von Strategie als „integrierendem Konstrukt" gar nicht erst getestet wurde.

Bleibt von den angesprochenen Wissenschaftsbereichen nur noch die *politikwissenschaftliche Strategieforschung*. Innerhalb dieses Forschungsbereichs lassen sich vor allem drei Stränge identifizieren: Strategic Studies, Spieltheorie, politische Strategieanalyse. Die *Strategic Studies* reflektieren die Verbindung von politischen Zielen und militärischen Instrumenten (vgl. etwa Liddell Hart 1967, Rosecrance/Stein 1993, Baylis 2001, Gray 2006, Yarger 2006, Baylis et al. 2007, Lonsdale 2007). In diesem Zusammenhang kennzeichnet Strategie „(...) the theory and practice of the use, and threat of use, of organized force for political purposes" (Gray 1999: 1). *Spieltheoretische Modelle* werden von Politikwissenschaftlern eingesetzt, um Phänomene zu erklären, die von den internationalen Beziehungen bis hin zu Wahlsystemdifferenzen reichen (Gates/Humes 1997, Morrow 1994, Ordeshook 1986). In diesen Ansätzen markiert der Begriff Strategie im Wesentlichen einzelne rationale Handlungsoptionen in begrenzten Akteurkonstellationen (McCarty/Meirowitz 2007, Scharpf 2000).

Beide Ansätze stellen, so die These (vgl. ausführlich Tils 2009), keine Bezüge zwischen Regierung, Steuerung und Strategie her, die als Ausgangspunkt für die hier vorgenommene Untersuchung dienen könnten. Dagegen sprechen, kurz gesagt, zwei Gründe. Ein Grund dafür liegt im jeweiligen *analytischen Fokus*, der sich bei den Strategic Studies vor allem auf militärische Erreichung politischer Ziele richtet (und damit weite Bereich der nicht-militärischen Strategie ausklammert), bei der Spieltheorie auf der formalen Modellierung strategischer Interaktionen ruht (unter der unrealistischen Annahme konsistenter Wahlhandlungen der Akteure). Ein zweiter Grund sind die *Untersuchungsebenen* beider Ansätze. Während die Strategic Studies zwischenstaatliche bzw. überstaatliche Beziehungen analysieren (und weniger innerstaatliche), beziehen sich die minimalistisch-formalistischen Strategiekonzeptualisierungen der Spieltheorie lediglich auf eng umrissene und abgegrenzte Akteurkonstellationen, nicht aber auf die prinzipielle Unabgeschlossenheit realer Akteurkonfigurationen.

Klammert man die Strategic Studies und die Ansätze der Spieltheorie also aufgrund ihrer spezifischen Analyseschwerpunkte, Untersuchungsebenen und theoretischen Festlegungen für den hier angestrebten Analysezusammenhang von Regierung, Steuerung und Strategie aus, bleibt als Bezuggröße innerhalb der Strategieforschung allein die auf innerstaatliches Handeln und reale Akteurorientierungen gerichtete *politische Strategieanalyse*. Für diesen Approach kann festgestellt werden, dass er sich um eine konzeptionelle Grundlegung politischer Strategie bemüht hat, die neben der Strategiefähigkeit und Strategiebildung auch die strategische Steuerung umfasst (Raschke 2002, Raschke/Tils 2007). Allerdings konzentrierten sich die bisherigen empirischen Forschungsbeiträge der politischen Strategieanalyse im Wesentlichen auf Aspekte der Strategiefähigkeit (Nullmeier/Saretzki 2002b) und der Strategiebildung (Tils 2005). Nur in geringem Maße wurden explizit Fragen der strategischen Regierungssteuerung empirisch untersucht (vgl. Raschke 2001: 112-142, Raschke/Tils 2007: 469-474, 487-492, 518-526). Auch hier zeigt sich in empirischer Hinsicht also ein erhebliches Forschungsdefizit.

Die Zeit ist damit reif, so könnte man pointieren, für eine konzeptionell angeleitete, empirische Studie, die den Zusammenhang von Regierung, Steuerung und Strategie für Regierungsakteure in modernen parlamentarischen Demokratien systematisch analysiert. Dieser Aufgabe will sich die vorliegende Untersuchung stellen. Der Impuls dazu kam aus der Strategieanalyse (nicht aus der Steuerungstheorie oder Regierungslehre). Die Strategieanalyse stellt den analytischen Fokus und ein Instrumentarium bereit, mit dem der Versuch einer Integration von Elementen der Regierungs-, Steuerungs- und Strategieforschung unternommen werden kann. So lassen sich vielleicht die in den zurückliegenden Jahrzehnten zu beobachtenden Spezialisierungs- und Ausdifferenzierungstendenzen in den einzelnen Forschungsbereichen etwas zurückdrängen. Möglicherweise trägt eine solcherart integrierende Analyse unter dem Strategiefokus sogar zu Neuorientierungen und disziplinären Weiterentwicklungen bei.

Diese Untersuchung nimmt sich vor, das strategische Steuerungshandeln von zwei unterschiedlichen Regierungen in europäischen, parlamentarischen Demokratien als Gesamtprozess zu erfassen.[3] Als Leitorientierung im Forschungsprozess dienen dabei fünf Fragen: Gibt es überhaupt einen Strategiefaktor in Prozessen moderner Regierungssteuerung? Wie kann er analysiert werden? Was beeinflusst strategische Steuerungsprozesse? Welche Wirkungen gehen von ihnen aus? Was unterscheidet und was eint die Strategieprozesse in den untersuchten Vergleichsfällen?

---

[3]   Die Darlegung der einzelnen Forschungsziele und des methodischen Vorgehens ist dem nächsten Kapitel (1.2) vorbehalten.

1.2 Ziele, analytische Perspektive und methodisches Vorgehen

Das Forschungsdesign dieser Arbeit kombiniert die Elemente von Fallstudie, Vergleich und Anwendung des Approaches politischer Strategieanalyse. Dabei wird in einzelnen analytischen Schritten vorgegangen, die einerseits aufeinander aufbauen, andererseits jeweils einen Erkenntnis generierenden „Eigenwert" entwickeln sollen. Mit der Auswahl und Konfiguration der einzelnen Untersuchungselemente werden sowohl theoretisch-konzeptionelle als auch empirische Ziele verfolgt. Die unterschiedlichen Ziele, die gewählte analytische Perspektive und das methodische Vorgehen der Untersuchung sind im Folgenden zu präzisieren.

Das *theoretisch-konzeptionelle Ziel* dieses Beitrags liegt in der Anwendung des im Rahmen des Approaches politischer Strategieanalyse (Tils 2005, Raschke/Tils 2007) entwickelten Konzepts strategischer Steuerung in einer vergleichenden Studie zu strategischer Regierungssteuerung in Party-Government-Systemen. In theoretisch-konzeptioneller Hinsicht geht es somit vor allem um einen Test der empirischen Anwendbarkeit des Approaches und die Prüfung seiner Leistungsfähigkeit für die Politikanalyse. Politische Strategieanalyse soll sich bewähren als generalisierter Analysefokus, der wissenschaftliche Forschung mit Blick auf spezifische empirische Gegenstände tragen kann. Es wird sich zeigen, inwieweit die Zentralbegriffe und analytischen Kategorien des Ansatzes für eine empirische Umsetzung geeignet sind und zum Hervorbringen neuer Erkenntnisse beitragen können.

Das *empirische Ziel* der Arbeit besteht in der Analyse von zwei Fällen strategischer Regierungssteuerung in europäischen Parteiendemokratien und ihrem Vergleich. Der eine Fall ist die deutsche Regierung unter Kanzler Gerhard Schröder von 1998 bis 2005, der andere die britische Regierung unter Premierminister Tony Blair in den ersten beiden Amtsperioden von 1997 bis 2005. Die empirische Analyse fragt einerseits nach den jeweils charakteristischen Erscheinungsbildern und Kennzeichen strategischer Steuerungsprozesse beider Regierungen und sucht andererseits nach Ursachen für ihre spezifischen Ausformungen. Herauskommen soll ein genaueres Bild über die verfolgten Ansätze strategischer Regierungssteuerung und ihre Umsetzung im politischen Prozess. Der Vergleich dient schließlich dazu, die Gemeinsamkeiten und Unterschiede beider Fälle aufzudecken, Ursachen dafür zu benennen und zu übergeordneten Schlussfolgerungen zu Bedingungen sowie Möglichkeiten und Grenzen strategischer Regierungssteuerung in Großbritannien und Deutschland zu kommen.

Die Anlage der Arbeit soll einen *strukturierten* und *fokussierten Vergleich* (vgl. dazu George/Bennett 2005: 67-72) gewährleisten. Ihre Strukturierung erhält die Untersuchung dadurch, dass die ihr allgemein zugrunde liegenden Fragestellungen und der zuvor entwickelte analytische Bezugsrahmen strategischer Regierungssteuerung die beiden einzelnen Fallstudien leiten. Ihre Fokussierung resultiert aus dem hier gewählten Ausschnitt einer wesentlich umfassenderen „Regierungsrealität", der im Zentrum der Betrachtung stehen soll. Es ist der Aspekt von *strategischer* Regierungssteuerung. Das bedeutet zugleich, das eine Vielzahl ebenfalls denkbarer Fokussierungsoptionen im Hinblick auf die beiden historischen Fälle der Blair- und der Schröder-Regierung wie beispielsweise das situative Krisenmanagement beider Regierungen, die Wertorientierung der Regierungchefs oder die Gestaltung ihrer Regierungskommunikation hier nicht selbst zentraler Untersuchungsgegenstand sind, sondern nur in ihrem Zusammenhang zum übergeordneten Gesichtspunkt von Strategie und strategischer Regierungssteuerung untersucht werden. Eine solche Beschränkung des Analysefokus dient nicht nur der methodischen Klarheit und Nachvollziehbarkeit, sondern erscheint auch notwendig, da historische Ereignisse und Prozesse immer unter mehr interessanten Gesichtspunkten analysiert werden können als eine einzelne Studie zu leisten imstande ist.

Der methodische Zugriff eines strukturierten und fokussierten Vergleichs beinhaltet zugleich, dass vor der empirischen Untersuchung beider Fallstudien keine allgemeinen Hypothesen – etwa auf dem Fundament theoretischer Überlegungen – formuliert werden (Blatter/Janning/Wagemann 2007: 141). Die Analyse der einzelnen Fälle erfolgt vielmehr auf der Basis des zuvor spezifizierten Untersuchungsschwerpunkts sowie mit Hilfe der gleich lautenden Fragestellungen. So wird zugleich fokussiert und strukturiert geforscht. Die Konzentration gilt zunächst den einzelnen Fällen und ihrer vertieften Analyse, an die sich erst in einem zweiten Schritt der fallübergreifende Vergleich und die Frage nach möglichen Schlussfolgerungen und Hypothesen anschließen, die sich aus den Fällen ableiten lassen. Das Kerninteresse eines so gelagerten Vergleichs liegt dann insbesondere auf den Konfigurationen von Unterschieden und Gemeinsamkeiten der untersuchten Fälle (Ragin/Berg-Schlosser/Meur 1996: 751, vgl. auch Ragin 1994: 105-130). Der über die Einzelfalluntersuchung hinausgehende Vergleich kann und soll zu einem besseren Verständnis einer auch größeren Anzahl von Fällen beitragen – und damit in empirischer, aber auch konzeptioneller Hinsicht zu neuen Erkenntnissen führen (Stake 2005: 445-446).

Zur Spezifizierung der analytischen Perspektive dieser Arbeit ist ein Rückgriff auf die klassische, wissenschaftstheoretische Unterscheidung zwischen *Beschreibung, Erklärung* und *Bewertung* geeignet. Dabei kann die Beschreibung als vorgängige Stufe zum nachfolgenden Erklären bzw. Bewerten aufgefasst werden, während sich die analytischen Perspektiven von Erklärung und Bewertung auf der nächst höheren Stufe verzweigen und voneinander lösen. Folgt man dieser Dreiteilung von deskriptivem, explanativem und evaluativem Wissen, das die Politikwissenschaft hervorzubringen in der Lage ist, konzentriert sich diese Untersuchung auf die Beschreibung und Erklärung strategischer Regierungsprozesse.

Eine evaluative, normativ fundierte und von wissenschaftlich begründeten Maßstäben getragene *Bewertungsperspektive*, die sich etwa auf die „Richtigkeit" strategischer Konzepte bzw. der mit ihr verfolgten Ziele bezieht, bestimmte strategische Handlungen gutheißt bzw. missbilligt oder die Angemessenheit spezifischer Vorteils-, Mittel-, Kontextabschätzungen beurteilt, steht hier ausdrücklich nicht im Zentrum der Analyse. Auch eine *Orientierungsperspektive*, die sich auf der Basis politischer Strategieanalyse entwickeln lässt (vgl. Tils 2005: 58-60, Raschke/Tils 2007: 31-36), und bei der es um das Gewinnen von strukturierendem Wissen für handelnde Akteure geht, hätte für diese Untersuchung zu einer abweichenden Forschungslogik geführt, die andere Systematisierungen und methodische Zugänge erforderte. Der Grund dafür liegt darin, dass die Orientierungsperspektive die spezifischen Merkmale und Bedingtheiten der Akteure tendenziell ausblendet und die Handelnden dann selbst zu strukturierenden Akteuren werden, für die die Forschung mit wissenschaftlichen Mitteln Optimierungsleistungen bereitstellt.

Wenn also Beschreibung und Erklärung im Zentrum dieser Untersuchung stehen, muss geklärt werden, worauf sie sich beziehen und wie dabei im Einzelnen vorgegangen wird. Versteht man *wissenschaftliche Deskription* als notwendige, vorgängige Stufe der Erklärung, ergeben sich daraus einerseits Anforderungen an den Aspekt von „Wissenschaftlichkeit", andererseits an die Eignung der Beschreibung für die nachfolgenden Erklärungsversuche. Ganz allgemein dient die Beschreibung politischer Sachverhalte der Erfassung von Wirklichkeit und dem Gewinnen von Informationen über sie. Eine voraussetzungslose, allumfassende Deskription sozialer Phänomene ist nicht möglich, da sie immer an die Subjektivität und Begrenztheit des Beschreibenden gebunden bleibt. Wissenschaftliche Beschreibungen sind selektive Beschreibungen, die ihre Auswahlgesichtspunkte explizit machen (Jahn 2006: 31). Sie beziehen sich auf spezifische Aspekte der wesentlich umfassenderen Wirklichkeit und bemühen sich um eine geordnete Darstellung von beobachtbaren Sachverhalten dieses Realitätsausschnitts. Um dies leisten zu können, ist der Forscher auf die Interpretation sozialer Phänomene angewiesen. Von Alltagsinterpretationen unterscheidet sich die wissenschaftliche Beschreibung dadurch, dass sie nicht auf diffusen Wissensbeständen beruht, sondern explizit auf Konzepte der Wissenschaft zurückgreift und durch sie eine eigene Struktur und Systematik erhält.

In dieser Untersuchung dient die wissenschaftliche Beschreibung der *analytischen Rekonstruktion* strategischer Steuerungsprozesse unter dem deutschen Kanzler Gerhard Schröder und britischen Premierminister Tony Blair. Das Konzept und

die einzelnen Kategorien für die systematische Beschreibung der jeweiligen Strategieprozesse entstammen dem wissenschaftlichen Approach politischer Strategieanalyse. Er stellt damit das wissenschaftliche Fundament dar, von dem aus die
strukturierte Beschreibung beider Fälle erfolgt.

Um schon auf der Stufe der Rekonstruktion der beiden untersuchten Einzelfälle zu einer strukturierten und fokussierten Beschreibung zu gelangen, sind zentrale Kategorien des Approaches politischer Strategieanalyse zu einem *analytischen
Bezugsrahmen* strategischer Regierungssteuerung zusammengefügt worden, der
der systematischen Beschreibung der strategischen Prozessprofile beider Regierungen dient. Er stellt mit dem Rückgriff auf Kategorien politischer Strategieanalyse zugleich eine Fokussierung auf die strategischen Aspekte der jeweiligen Regierungsprozesse sicher. Damit wird der Auffassung gefolgt, dass die Entwicklung
eines begrifflichen Bezugsrahmens eine nicht nur unbedeutende Vorarbeit des
„eigentlichen" Forschungsprozesses ist, sondern eine wissenschaftliche Leistung
eigener Art darstellt, die es dem Forscher erst ermöglicht, in einer bestimmten Art
und Weise spezielle Ausschnitte der Wirklichkeit zu sehen und zu strukturieren –
eine Arbeit, die gerade bei der Erschließung neuer Forschungsfelder besondere
Herausforderungen mit sich bringt (Mayntz 1985: 70-71). Im Ergebnis ist hier ein
gegenstandspezifischer analytischer Bezugsrahmen entstanden, der sich auf strategische Steuerungsprozesse von Parteiregierungen bezieht und zu diesem Zweck
wichtige konzeptionelle Bausteine des umfassenderen Ansatzes politischer Strategieanalyse in besonderer Weise konfiguriert. Vom Startpunkt der strategischen
Ausgangslage der Schröder- und Blair-Regierung lassen sich damit die jeweiligen
Steuerungsprozesse und Entwicklungen im Strategieprofil systematisch rekonstruieren. Der Fokus liegt dabei nicht auf einzelnen Steuerungsprozessen im Hinblick auf spezifische Policies, sondern in der über einzelne Politikbereiche hinausgehenden Orientierung der Regierungsakteure, der Ausrichtung ihres allgemeinen
Regierungshandelns und der Organisation ihres Apparats.

Ein zusätzliches Ordnungsmittel stellt die Einteilung in unterschiedliche *Phasen* dar, die den gesamten Steuerungsprozess in einzelne Einheiten zerlegt. Die
Kriterien zur Phaseneinteilung lassen sich präzisieren: sie beziehen sich entweder
auf die Verfasstheit der Gesamtregierung oder orientieren sich an zentralen
Schwerpunkten der jeweiligen Regierungstätigkeit, die zum Teil durch äußere
(krisenhafte) Ereignisse ausgelöst wurden oder aber internen Impulsen der Regierungsakteure entstammten. Die vorgenommene Phasenbildung segmentiert
zugleich den Gesamtstrom des Regierungsprozesses in zeitlicher Hinsicht und
macht ihn damit auch in der Beschreibung handhabbarer. Im Ergebnis soll der
beschreibende Abschnitt dieser Arbeit die charakteristischen Erscheinungsformen
strategischer Steuerung der Regierungen Schröder und Blair vom Startpunkt der

Regierungsübernahme über die Veränderungen im fortlaufenden Regierungsprozess analytisch rekonstruieren.

Die Deskription schafft durch die genaue Erfassung dessen, „was ist", erst die
Voraussetzung für die Anwendung politischer Strategieanalyse als erklärendem
Approach. Wissenschaftstheoretisch und methodologisch orientiert sich diese Untersuchung dabei an einem Wirklichkeitszugriff, der sich auf den Spuren von Max
Webers *verstehenden Erklärungen* bewegt (Weber 1980: 1-14). Sie grenzt sich ab von
traditionellen Verständnissen eines unüberbrückbaren Gegensatzes zwischen „Erklären" und „Verstehen", wie sie etwa in der Auseinandersetzung zur Methodologie von Natur- und Geisteswissenschaften, aber auch innerhalb der Sozial- und
Kulturwissenschaften, postuliert wurden (vgl. etwa Dilthey 1961, Gres-
hoff/Kneer/Schneider 2008). Verstehen und Erklären werden hier vielmehr als zwei
sich ergänzende Vorgehensweisen begriffen, die erst in ihrem Zusammenspiel und
in Ergänzung zueinander zum komplexeren politikwissenschaftlichen Erkenntnis-
gewinn beitragen können (so auch Patzelt 1986: 271-280, 2003: 112-121).

Schon die *empirische Rekonstruktion* der Strategieprozesse mit Hilfe von Definitionen und Kategorien des Ansatzes politischer Strategieanalyse ist *Teil eines Ver-
stehensprozesses*, mit dem der Informations- und Sinngehalt der zu untersuchenden
Sachverhalte erst geklärt werden kann. Nur auf der Basis eines Verständnisses
davon, was überhaupt Kennzeichen von Strategie und Strategieprozessen sind,
kann eine Perspektive eingenommen werden, bei der nach Ursachen für bestimmte
Ausformungen und Entwicklungen strategischer Regierungsprozesse gesucht
wird. Verstehen bildet also schon die Grundlage für die Spezifizierung dessen, was
im Folgenden erklärt werden soll. Auf der Ebene von *Erklärungen* meint eine *verstehende Strategieanalyse*, dass sie politisch-strategische Handlungen analytisch
nachvollziehen, deutend verstehen und auf dem Fundament dieses Verständnisses
in ihren Abläufen und Wirkungen ursächlich erklären, das heißt die wichtigsten
Einflussfaktoren für ihr Zustandekommen und ihre Folgen identifizieren will.

Auch für einen derartigen methodologischen Realitätszugriff gilt: „Man
braucht nicht Cäsar zu sein, um Cäsar zu verstehen." (Weber 1980: 2). Das Nachvollziehen und Deuten von Geschehensabläufen strebt nach *Evidenz* in seinen Beschreibungen und Erklärungen und nutzt dafür die zur Verfügung stehenden In-
formationsquellen. Aus ihnen werden Aussagen über die Wahrnehmung und Deutung von Situationen und Prozessen durch die Handelnden, Aussagen über die
institutionellen Kontexte sowie formale und informale Regeln und Aussagen über
die Ziele der Akteure gewonnen. Diese können dann zur Erklärung von Prozessen
und Handlungsergebnissen beitragen, wenn sie die Merkmale der Akteure, Akteurkonstellationen und die jeweiligen Kontextbedingungen systematisch aufeinander beziehen (vgl. Patzelt 1986: 275-276). Diese auf das Erklären und Verstehen

von strategischen Akteuren gerichtete Herangehensweise analysiert einerseits die innere Seite der Handelnden und ihre Auswirkungen auf die äußere Seite von Politik, andererseits aber auch die äußere Seite der Politik in ihren Auswirkungen auf die innere Seite der Akteure.

Bei der Ausleuchtung der inneren Seite der Akteure geht es vor allem um *zielorientiertes Verstehen und Erklären* (vgl. Salmon 1998: 8, 83-84), das heißt gesucht wird nach explizit geäußerten, implizit erkennbaren oder aufgrund äußerer Tatsachen zuschreibbaren Zielen, die einerseits die Vorgehensweise und das Handeln der Akteure verständlich machen, andererseits auch zu teleologischen Erklärungen führen können. Nicht immer wird man in der empirischen Untersuchung einzelne Strategieziele „isolieren" können. Deswegen wird sich die Analyse auch in Annäherungen mit weiter gefassten „strategischen Zielhorizonten" der Akteure beschäftigen und sich bemühen, diese weiter einzugrenzen und zu präzisieren. Eine verstehende Strategieanalyse nimmt ihren Ausgangspunkt bei den Intentionen der handelnden Akteure und versucht diese aus empirisch verfügbaren Quellen zu erschließen. Schwierigkeiten bereitet, dass die handelnden Akteure ihre Absichten und Ziele regelmäßig nicht explizit machen. Deswegen müssen Handlungen, Äußerungen und Kontexte deutend verstanden und – auf der Basis möglichst vieler Quellen – miteinander in Beziehung gesetzt werden. Ein so angelegter Analysezugang bleibt auf Interpretationen angewiesen und wird das von ihm kreierte „Bild der Realität" aus unterschiedlichen Quellen zusammenfügen. Für den vorliegenden Untersuchungszusammenhang folgt daraus, dass strategische Ziele bzw. übergeordnete Zielhorizonte der Regierungen und Intentionen der handelnden Akteure nur aus einer Zusammenschau und interpretativen Deutung gemischter Quellen (z.B. Einlassungen der Regierungschefs, Aussagen von Insidern und beteiligten Akteuren, zentralen Issues von Regierungserklärungen und -programmen, Handlungsschwerpunkten oder zentralen Wahlaussagen) erschlossen werden können.

Nicht im Zentrum der Analyse stehen *motivationale Verstehens- und Erklärungsbeiträge*, die Prozessverläufe und Handlungsergebnisse auf die Motive von Akteure zurückführen, indem sie die Sinnzusammenhänge aufdecken, welche den Akteuren selbst oder dem kenntnisreichen Beobachter als Gründe des Handelns erscheinen (vgl. Weber 1980: 3-6). Ebenso wenig geht es um ein *zuschreibend-rationales Verstehen und Erklären*, das Handlungen der Akteure im jeweiligen Kontext- und Situationszusammenhang unter der Maßgabe rational orientierten Zweckhandelns deutet (Patzelt 1986: 275). Solche Formen des Verstehens und Erklärens kommen allenfalls dann zum Tragen, wenn eine auf Intentionen fokussierte Untersuchung keine Erkenntnisse hervorzubringen vermag und sich für besondere Motive oder rationales Zweckhandeln zugleich empirische Evidenz zeigt.

Für die äußere Seite stehen mit den konzeptionellen Bestandteilen des Approaches politischer Strategieanalyse eine Vielzahl von Kategorien zur Verfügung, die eine analytische Rekonstruktion und die Untersuchung „sichtbarer" Erscheinungsformen, Ausprägungen und Folgen politischen Strategiehandelns erlauben (z.B. Strategiefähigkeit, strategisches Zentrum, strategische Steuerung). Dabei sind einer in diesem Sinne „objektivierenden" Strategieanalyse sowohl strategisch gemeinte Handlungen (intentionales Strategiehandeln) als auch strategisch relevante Handlungen zugänglich, aus denen strategische Konsequenzen resultieren (vgl. auch Raschke/Tils 2007: 155-156). Strategisch analysieren und interpretieren lassen sich intentionale Strategiehandlungen mit und ohne strategische Folgewirkungen sowie nicht strategisch gemeinte Handlungen, die strategisch relevant werden.

Die Struktur dieser Arbeit lässt sich als eine besondere Form *komplexer Erklärung* charakterisieren (vgl. Patzelt 2003: 117-121). Sie baut auf einer präzisen Explikation der zu klärenden Sachverhalte auf, macht die selektive Betrachtungsperspektive deutlich, in deren Licht sowohl die Beschreibung als auch die Erklärung vorgenommen werden soll, und bemüht sich um die Identifizierung der Einflussfaktoren, die für die Genese der jeweiligen Prozessverläufe ursächlich geworden sind. Die komplexe Gesamterklärung ist dabei aus einer Vielzahl unterschiedlich zusammengesetzter und miteinander verknüpfter Einzelerklärungen aufgebaut.

Startpunkte der jeweils isolierten Beschreibungen deutscher und britischer Regierungsprozesse bilden die Charakterisierungen der spezifischen strategischen Ausgangskonstellationen, die im nachfolgenden Steuerungsprozess über die verschiedenen Phasen hinweg Veränderungen unterworfen sind und zu unterschiedlichen Ausformungen des Strategieprofils führen. Die jeweiligen strategischen Steuerungsprofile werden anschließend – für beide empirischen Fälle zunächst einzeln – zu erklären versucht. Sowohl die Beschreibung wie auch die Erklärung nehmen Bezug auf die im analytischen Bezugsrahmen entwickelten Kategorien. Das sind die Strategiefähigkeit des Regierungsakteurs, das Konzept strategischer Regierungsführung, und die Kernelemente strategischer Regierungssteuerung, die aus Leadership, den Steuerungsbereichen von Organisation, Problempolitik, Konkurrenzpolitik und Kommunikation sowie den Steuerungsparametern Macht, Erwartung und Leistung bestehen.

Die *Leitfrage* der Untersuchung ist, ob und in welcher Weise Faktoren wie Strategiefähigkeit, Steuerungskonzepte, Kernelemente strategischer Regierungssteuerung, Steuerungsparameter und die institutionellen Rahmenbedingungen beider politischen Systeme das strategische Steuerungsprofil beeinflussen. Dabei geht es zum einen um die Wirkungen der Faktoren auf das Strategieprofil (Wirkungsbeziehungen), aber auch um den Versuch der Klärung der Einflussbeziehungen der einzelnen Faktoren untereinander (Variablenbeziehungen).

An die beiden Einzelfallstudien schließt sich ein *Vergleich* der strategischen Steuerungsprofile der Regierungen Schröder und Blair an. Mit der Methode des Vergleichs sollen die zwei Fälle zueinander in Beziehung gesetzt werden. Die strategischen Steuerungsprofile beider Regierungen sind Prozessprofile, das heißt im Zentrum des Vergleichs steht die *Politics-Dimension* von Politik (vgl. Leftwich 2004). Sie fokussiert auf aktive Akteure, ihre Zielsetzungen und ihr Handeln bei der Zielverfolgung, ihre Gestaltung politischer Prozesse sowie die Interaktionsbeziehungen, in denen sie sich bewegen (Gross 1968). Eine vergleichende politische Prozessanalyse geht insbesondere den Fragen nach dem „Wer?" und „Wie?" nach (vgl. Lauth/Wagner 2007: 17-21) und verknüpft diese Fragestellungen mit dem Aspekt von Zeit. Merkmale der politischen Akteure, Akteurkonstellationen und Interaktionsbeziehungen sowie Akteurhandlungen werden nicht punktuell, sondern im Zeitverlauf und in der sequentiellen Verbindung einzelner Handlungssituationen (Prozess) analysiert (vgl. Prittwitz 2007: 99-192).

Beim so angelegten *qualitativen Vergleich* der Fälle geht es darum herauszufinden, in welcher Weise unterschiedliche Bedingungen und Faktoren den Prozessverlauf des einen Falls beeinflusst haben und diese Erkenntnis mit dem Zustandekommen des Prozessprofils des anderen Falls zu kontrastieren (vgl. Ragin 1987). Das heißt, beide Einzelfälle erscheinen in der vergleichenden Analyse als unterschiedlich zustande gekommene Entitäten, die aus einer übergeordneten Perspektive untersucht werden. Dieses Verfahren zwingt den Forscher einerseits zu einer vertieften Analyse des Einzelfalls, andererseits zu einem Vergleich auf einem höheren Aggregationsniveau. Die komplexe Anatomie der Einzelfälle, sowohl was ihre Rekonstruktion als auch die kausalen Erklärungen zu ihrer Genese anbelangt, beschränkt zugleich die Anzahl der Fälle, die in dieser Weise miteinander verglichen werden können.

Für das *Spannungsverhältnis* von *Differenz* und *Kongruenz* entwickelt die hier vorgenommene Vergleichsanalyse besonderes Interesse. Gerade weil die britischen und deutschen Regierungssysteme so unterschiedliche Ausgangsbedingungen für das strategische Steuerungshandeln von Regierungen bieten, soll der Vergleich auf Aspekte hinweisen, die sich trotz der Unterschiedlichkeit von Rahmenbedingungen in beiden Fällen ähnlich darstellen. Die Hoffnung ist, Hinweise auf „typische" Eigenarten und Probleme strategischer Regierungssteuerung zu bekommen, die sich unabhängig von äußeren Handlungsbedingungen zeigen. Angesichts der kleinen Fallauswahl bleibt die Verallgemeinerbarkeit der Feststellung solcher Kongruenzen begrenzt, sie kann allerdings wichtige Anhaltspunkte für die Ausrichtung und Fokussierung künftiger Strategieforschung liefern.

Die Kombination der Elemente von historisch-verstehend orientierter Rekonstruktion, kausaler Analyse und Vergleich leistet zugleich einen Beitrag zur *theore-*

tisch-konzeptionellen Weiterentwicklung des Approaches politischer Strategieanalyse. In dem Maße, in dem die Analyse voranschreitet, wird die Leistungsfähigkeit der Begriffe und Konzepte politischer Strategieanalyse im Lichte der empirischen Analyse überprüft. In einer solchen Perspektive ist der hier eingeschlagene Weg auch als Form einer „theory elaboration" (Vaughan 1992) durch eine qualitative vergleichende Fallanalyse zu interpretieren. Die Elaborierung besteht darin, das Potential eines Konzepts durch die Anwendung auf empirische Fälle zu erkunden und zugleich in einen Prozess der Verfeinerung der Bestandteile des Konzepts einzutreten. Dazu wird das Konzept zunächst als analytischer Rahmen für die sequenzielle und voneinander unabhängige Analyse der Fälle verwendet. Anschließend lassen sich die charakteristischen Eigenheiten der Fälle für die Maximierung theoretischer Einsichten nutzen. Die empirischen Fälle können die Leistungsfähigkeit des theoretischen Konzepts bestätigen oder Hinweise auf Unzulänglichkeiten der analytischen Instrumente geben, die ihre Reformulierung oder Spezifizierung erforderlich machen. Dabei ist das methodische Vorgehen deduktiv, insoweit konzeptionell entwickelte Kategorien die Analyse der Einzelfälle und ihren systematischen Vergleich leiten, und induktiv, weil erst mit den empirischen Fällen klar wird, welche Kategorien für die Rekonstruktion der jeweiligen Fälle und die festgestellten Differenzen und Kongruenzen zwischen ihnen besonders relevant sind (Ragin 1987: 44-47)

Eine auf verstehendes Erklären gerichtete Analyse kann, ebenso wie andere methodologische Vorgehensweisen, das Auftreten von Verstehens- und Erklärungsfehlern nicht gänzlich ausschließen. Gleichwohl erweist es sich als vorteilhaft gegenüber variablenorientierten Ansätzen, die auf einer Isolierung einzelner Erklärungsfaktoren und der Anwendung vereinfachender Annahmen fußen, wenn es um den Versuch des Verstehens und Erklärens von komplexen Zusammenhängen geht (Patzelt 1987: 265-280, Ragin 1987: 34-68), wie sie strategische Regierungsprozesse zweifellos darstellen. Um die erzielten Ergebnisse intersubjektiv nachvollziehbar und überprüfbar zu machen, und damit gängigen wissenschaftlichen Kriterien zu entsprechen, folgt die analytische Rekonstruktion der hier untersuchten Fälle einer einheitlichen Systematik. Außerdem generiert die Untersuchung Erklärungen nur vorsichtig und auf einem empirisch möglichst breiten Fundament. Die logische Struktur der deskriptiven und explanativen Einzelbestandteile der Gesamtanalyse soll jederzeit erkennbar und widerspruchsfrei bleiben. Zur Sicherstellung der empirischen Validität werden für die Untersuchung eine Vielzahl unterschiedlicher Quellen genutzt. Im Einzelnen sind das insbesondere Interviews mit relevanten Akteuren, Hintergrundgespräche, Dokumente der Regierung und anderer für das Regierungshandeln zentraler Akteure (Parlamente, Kommissionen, Think Tanks etc.), Berichterstattung in den Medien, Reden, Publikationen von beteiligten Akteuren und über sie, sowie eine Vielzahl anderer wissenschaftliche Untersuchungen zu Aspekten, die für den Gegenstand dieser Strategieanalyse von Bedeutung sind.

Für die Analyse des deutschen Falls kann auf leitfadengestützte *Interviews* mit folgenden Gesprächspartnern zurückgegriffen werden: *Béla Anda*, stellvertretender Regierungssprecher 1999-2002 sowie Chef des Bundespresseamts und Regierungssprecher 2002-2005, *Mathias Bucksteeg*, Referatsleiter in der Abteilung „Politische Analyse und Grundsatzfragen" des Bundeskanzleramtes 1998-2002, *Reinhard Büti-kofer*, Bundesgeschäftsführer 1998-2002 und Bundesvorsitzender (ab 2002) von Bündnis 90/Die Grünen, *Manfred Güllner*, Geschäftsführer des Forsa-Instituts und enger Vertrauter von Gerhard Schröder, *Rolf G. Heinze*, Professor für Arbeits- und Wirtschaftssoziologie, Berater der rot-grünen Bundesregierung und enger Vertrauter von Bodo Hombach, *Fritz Kuhn*, Bundesvorsitzender von Bündnis 90/Die Grünen 2000-2002, *Matthias Machnig*, Staatssekretär im Bundesministerium für Verkehr, Bau- und Wohnungswesen 1998-1999 und Bundesgeschäftsführer der SPD 1999-2002, *Olaf Scholz*, Generalsekretär der SPD 2002-2004, *Frank-Walter Steinmeier*, Chef des Bundeskanzleramts 1999-2005, *Thomas Steg*, stellvertretender Leiter des Kanzlerbüros 1998-2002 und stellvertretender Regierungssprecher 2002-2005, *Kajo Wasserhövel*, Bundesgeschäftsführer der SPD 2004-2005 sowie Büroleiter von Franz Müntefering als Verkehrsminister (1998-1999), SPD-Generalsekretär (1999-2002) sowie SPD-Fraktionsvorsitzendem (2002-2004).

Für den britischen Fall erfolgten Interviews mit folgenden Akteuren: *Stephen Aldridge*, seit 2004 Director of the Prime Minister's Strategy Unit im Cabinet Office, *Sir Robin Butler*, 1997-1998 Secretary of the Cabinet und Head of the Home Civil Service, seit 1998 Life Peer im House of Lords, 2004 Vorsitzender der Untersuchungskommission zur Zusammenarbeit der Geheimdienste und der Regierung im Zusammenhang mit dem Irak-Krieg (sog. "Butler Report"), *Jeremy Heywood*, 1997-1999 Economic Affairs Private Secretary, 1999-2003 Prime Minister's Principal Private Secretary und 2001-2003 zugleich Head of the Policy Directorate, *David Hill*, 1997 Labour's Director of Communications, 2001 Senior Labour Press Spokesman für die Unterhauswahlen, 2003-2005 Prime Minister's Director of Communications and Strategy, *Geoff Mulgan*, 1997-1999 Member of Prime Minister's Policy Unit, 1999-2001 Head of the Prime Minister's Policy Unit, 2000-2002 Director of the Performance and Innovation Unit, seit 2001 zugleich Head of the Forward Strategy Unit und 2002-2004 Head of the Prime Minister's Strategy Unit, *Ivan Rogers*, 2003-2005 Prime Minister's Principal Private Secretary und zugleich Head of the Policy Directorate, *Matthew Taylor*, 1997-1998 Assistant General Secretary in der Labour Party, 1998-2003 Leitung des Institute for Public Policy Research (IPPR), eines der Labour Party nahestehenden Think Tanks mit intensiven Kontakten zur Prime Minister's Policy Unit, 2003-2006 Chief Advisor on Political Strategy von Tony Blair, *Sir Andrew Turnbull*, 1997-1998 Permanent Secretary im Department of the Environment, 1998-2002 Permanent Secretary im Treasury, 2002-2005 Cabinet Secretary und Head of the British Civil Service.

Die Interviews sollten vor allem dazu beitragen, vertiefte Einblicke in die Organisation strategischer Regierungssteuerung und operative Umsetzung von strategischen Entscheidungen zu erhalten. Darüber hinaus ging es um profunde Einschätzungen zur strategischen Orientierung und den Intentionen der an diesen Prozessen Beteiligten. Analytisch gesehen galt das Interesse also insbesondere dem „Prozesswissen" und „Deutungswissen" der Experten (vgl. Bogner/Menz 2005: 43-45). Das Hauptaugenmerk lag dementsprechend auf Akteuren, die an strategisch wichtigen Schaltstellen innerhalb der jeweiligen Regierungen arbeiteten, um damit möglichst nah an die relevanten Steuerungs- und Entscheidungsprozesse heranzukommen. Die Auswahl der Gesprächspartner hat sich insgesamt als die erhofft gute Mischung aus politischen, administrativen und beratenden Akteuren erwiesen. Insbesondere für den englischen Fall war es wichtig, sowohl die Perspektive der „Special Advisor" als auch die der „Civil Servants" einzufangen, da sich die unterschiedlichen Arbeits- und Denkweisen beider Gruppen zum Teil nicht unerheblich auf die strategischen Steuerungsaktivitäten der Labour-Regierung ausgewirkt haben. In den unerwartet offenen und von großer Auskunftsbereitschaft geprägten Interviews war es möglich, Informationen zu den internen Entscheidungs- und Steuerungsprozessen zu bekommen, von denen die Analyse außerordentlich profitiert.

Neben den Interviews ergaben sich weitere Gelegenheiten zu *informalen Hintergrundgesprächen* mit relevanten Akteuren aus Politik, Medien und Wissenschaft, etwa auf Veranstaltungen oder Tagungen, die im Untersuchungszeitraum entweder selbst als Akteure in den politischen Steuerungsprozessen mitwirkten oder aber als professionelle Beobachter der jeweiligen Regierungen fungierten. Aus diesen Gesprächen resultiert zum einen weiteres Prozesswissen über konkrete Handlungsabläufe und Ereignisse, andererseits sind sie eine ergänzende Quelle für die Deutung von Akteurhandlungen und den ihnen zugrunde liegenden Zielen und Absichten. Gerade Gesprächspartner, die als teilnehmende Beobachter über Einblicke in die stattfindenden Prozesse verfügten oder selbst mit den handelnden Akteuren in Kontakt standen, können so wichtige Beiträge zur Vervollständigung des empirischen Bilds strategischer Regierungsprozesse in Deutschland und Großbritannien leisten.

Ergiebige Grundlagen der eigenen Analyse stellen auch Dokumente von Regierungs- bzw. regierungsnahen Akteuren dar, seien es beispielsweise Ministerial Codes (1997, 2001, 2005), Kommissionsberichte (u.a. Butler-Report 2004, Hutton-

Report 2004), Regierungsdokumente zur Agenda 2010 (z.B. Bundesregierung 2003), wichtige Reden des Bundeskanzlers (Schröder 2005) und des Premiers (Richards 2004), konzeptionelle Papiere wie der „Strategy Survival Guide" der Prime Minister's Strategy Unit (Strategy Unit 2004), Darstellungen zu den organisatorischen Umstrukturierungen in No. 10, im Cabinet Office und im Treasury (Fawcett/Gay 2005) oder die programmatische Schrift von Tony Blair zum „Third Way" (Blair 1998).

Sowohl für den englischen als auch den deutschen Fall wird als ergänzende Quelle auch die *Medienberichterstattung* der jeweiligen Qualitätspresse (z.B. Times, Guardian, Independent, Financial Times, Economist, Spiegel, Zeit, FAZ, Süddeutsche Zeitung, Tagesspiegel, taz) umfangreich genutzt. Der Rückgriff erfolgt allerdings nicht systematisch, sondern konzentriert sich vor allem auf die mediale Berichterstattung zu besonderen Ereignissen, Beiträge von als intimen Kennern der Regierungen ausgewiesenen Journalisten (z.B. Peter Riddell, Peter Oborne, Simon Jenkins, Tissy Bruns, Richard Meng, Günter Bannas) und interessante Hintergrundfeatures, die über Stichwortsuchen in den Datenbanken der Zeitungsarchive gefunden wurden. Medieninformationen sind als Quelle auch deswegen hilfreich, weil sie über die einzelnen Sachinformationen hinaus ein Bild des öffentlichen Kontexts vermitteln, innerhalb dessen sich die politischen Akteure bewegen, auf den sie reagieren und zugleich Einfluss zu nehmen suchen (vgl. George/Bennet 2005: 94-98). Sie tragen damit zu einer vollständigeren Rekonstruktion von politischen Stimmungen und der „öffentlichen Atmosphäre" bei, die als ermöglichende und begrenzende Faktoren auf das Handeln der politischen Akteure einwirken. Das gleiche gilt für *demoskopische Umfrageergebnisse*, die für die Untersuchung ebenfalls herangezogen werden, soweit die darin zum Ausdruck kommenden Meinungen, Stimmungen und Erfahrungen von Bürgern und Wählern für die Akteure erkennbar handlungsrelevant geworden sind.

Als Glücksfall erweist sich zudem, dass die Ära von Tony Blairs Regierungszeit enorme wissenschaftliche und publizistische Aufmerksamkeit auf sich gezogen hat. Aus diesem Grund existiert eine Fülle weiterer Quellen, die für die eigene empirische Untersuchung herangezogen werden können und für die Validierung von Informationen und Interpretationen von großer Bedeutung sind. So existieren für Großbritannien eine Vielzahl von Steuerungs- und Politikfeldstudien (u.a. Burch/Holliday 1999, 2004, Kavanagh/Seldon 2000, Rose 2001, Savage/Atkinson 2001, Seldon 2001, Cowley 2002, Sturm 2003a, Ludlam/Smith 2004, Becker 2005, Russell 2005, Seldon/Kavanagh 2005, Toynbee/Walker 2005, Berg/Kaiser 2006, Dunleavy et al. 2006, Morrell 2006, Boaz/Solesbury 2007, O'Malley 2007, Wanninger 2007, Rüb/Alnor/Spohr 2009), Hintergrundbeiträge und Memoiren beteiligter politischer Akteure (z.B. Gould 1999, Mandelson 2002, 2010, Scott 2004, Campbell 2007, Hyman 2005, Mulgan 2007, 2009, Barber 2007, Prescott 2008), Wahl- und Medienanalysen (etwa Heffernan 1999, 2006, King 2002a, Kavanagh/Butler 2005, Bartle/King 2005, Thomas 2005, Wring 2005, Deacon/Wring/Golding 2006, Norris 2006, Helms 2008), Hintergrundberichte und Analysen von Journalisten (z.B. Riddell 2000, 2005, Rawnsley 2001, 2010, Naughtie 2002), politische Biographien und personenzentrierte Analysen der Zentralakteure (z.B. Oborne 1999, Foley 2000, 2004, Oborne/Walters 2004, Seldon 2005, 2007, Stephens 2004, Hennessy 2005, Mischler 2005, Peston 2005), die sich sowohl für die empirische Rekonstruktion, das Verstehen von Ereignissen und Akteuren und die Erklärung von Zusammenhängen als ergiebig erweisen. Einen besonderen Stellenwert hat die Regierungsbilanz Tony Blairs (Blair 2010), die erst nach dem eigentlichen Abschluss dieser Untersuchung erschienen ist. Auf sie konnte also erst nachträglich zurückgegriffen werden. Dabei zeigte sich, dass viele Bestandteile der empirischen Rekonstruktion des Regierungsprozesses auf der Basis anderer Quellen in Blairs eigener Sicht der Dinge bestätigt werden. Das betrifft etwa die Beschreibung seines Arbeits-, Kommunikations- und Denkstils, die sehr ähnlich bereits bei den Charakterisierungen von Blairs individuellem Strategieprofil ihren Niederschlag gefunden hatten. Das betrifft aber auch die Kennzeichnung der für die Steuerung relevanten Akteure, ihre spezifischen Funktionen im Regierungsprozess sowie sein jeweiliges Verhältnis zu ihnen. Und das betrifft schließlich sogar Blairs Grundverständnis von Strategie als besondere Verbindung von Macht- und Gestaltungszielen.

Etwas schlechter war ursprünglich die Ausgangslage für den deutschen Fall, aber auch hier sind inzwischen viele, zum Teil aufschlussreiche Quellen vorhanden, die unter dem Gesichtspunkt strategischer Steuerung der Regierung Schröder ausgewertet werden können. Das betrifft unterschiedlich angelegte Steuerungs- und Politikfeldstudien (u.a. Lees 2000, Raschke 2001, 2004, Frenzel 2002, Egle/Ostheim/Zohlnhöfer 2003a, Gohr/Seeleib-Kaiser 2003, Hirscher/Korte 2003, Kropp 2003, Padgett/Paterson/Smith 2003, Sturm 2003b, 2004, Hennecke 2004, Reutter 2004, Helms 2005a, Glaab 2007, Egle/Zohlnhöfer 2007, Siefken 2007, Hassel/Schiller 2010), personenbezogene Analysen (z.B. Müller/Walter 2004, Patzelt 2004, Fischer 2005, Micus 2005, Forkmann/Schlieben 2005, Rosumek 2007, Kaspari 2008, Gast 2011), politische Kanzler-Biographien (etwa Anda/Kleine 2002, Hogrefe 2002, Urschel 2002), Analysen zentraler Reden (Korte 2002), Wahlkampfanalysen (u.a. Maurer/Reinemann 2003, Brettschneider/Deth/Roller 2004, Falter/Gabriel/Weßels 2005, Holtz-Bacha 2006, Brettschneider/Niedermayer/Weßels 2007, Maurer et al. 2007), Beiträge beteiligter politischer Akteure (z.B. Lafontaine 1999, Steinmeier 2001, Heye 2002, Steinmeier/Machnig 2004, Fischer 2007, Struck 2010) sowie des Kanzlers eigene Sicht der Dinge (Schröder 2006).

Darüber hinaus existieren Beiträge, die exekutive Strukturen, Prozesse und Akteure sowie die Regierungs-Oppositionsarenen für beide Länder empirisch vergleichend analysieren (u.a. Helms 1997, 1999b, 2005b, Lütz 2002, Jun 2004, Bandelow 2005, Marx 2008). Diese Untersuchungen liefern mit ihren explizit vergleichenden Perspektiven für die Voraussetzungen und Bedingungen strategischer Regierungssteuerung in Deutschland und Großbritannien ebenfalls grundlegende Erkenntnisse und Einsichten, auf denen die eigene Analyse aufbauen kann.

1.3 Aufbau der Arbeit

Die Struktur dieser Untersuchung folgt ihrem Argumentationsgang. Sie enthält neben der Einleitung (Kapitel 1) und den abschließenden Schlussfolgerungen (Kapitel 9) drei wesentliche Bestandteile. Den Anfang macht ein konzeptioneller Teil (Kapitel 2 und 3), dem sich die – in deskriptiver und explanativer Absicht durchgeführten – empirischen Fallanalysen anschließen (Kapitel 4 bis 7). Auf diesem Fundament kann schließlich ein fallübergreifender Vergleich der deutschen und britischen Regierungssteuerung erfolgen (Kapitel 8).

Im konzeptionellen Teil wird strategische Steuerung vom Ausgangspunkt des politikwissenschaftlichen Steuerungsbegriffs (2.1) und der anschließenden Diskussion des Zusammenhangs von Governance und Steuerung (2.2) als Element des Strategy-Making spezifiziert (2.3). Im folgenden Kapitel wird ein analytischer Bezugsrahmen strategischer Steuerung für den Kontext von parlamentarischem Regierungssystem und Party-Government (3.1) entwickelt, der die Strategiefähigkeit des Regierungsakteurs (3.2), das Konzept strategischer Regierungsführung (3.3) sowie die Kernelemente strategischer Regierungssteuerung (3.4) enthält.

Die empirischen Fallanalysen beginnen mit der Beschreibung der strategischen Regierungssteuerung unter Gerhard Schröder. Dabei werden, ausgehend von der strategischen Ausgangslage (4.1), der Steuerungsprozess und die Einzelentwicklungen im Strategieprofil für die unterschiedlichen Steuerungsbereiche über verschiedene Regierungsphasen hinweg analytisch rekonstruiert (4.2). Anschließend erfolgt eine gebündelte Charakterisierung des Profils strategischer Steuerung unter Schröder (5.1), bevor nach Erklärungsfaktoren für dieses Steuerungsprofil gesucht wird (5.2). Die strategische Steuerung unter Tony Blair wird in der gleichen Grundstruktur untersucht. Der empirischen Rekonstruktion der Profilentwicklungen in den einzelnen Regierungsphasen (6.2) geht die Analyse der strategischen Ausgangslage (6.1) voraus. Dann wird das Regierungssteuerungsprofil unter Blair systematisiert (7.1), um anschließend wichtige Erklärungsvariablen für die Profilausprägungen zu spezifizieren (7.2).

Der vergleichende Abschnitt kontrastiert zunächst die unterschiedlichen Profile strategischer Steuerung unter Schröder und Blair typologisch (8.1), bevor die in den Fallstudien gewonnenen Erklärungsfaktoren der Steuerungsprofile einem Vergleich unterzogen werden können (8.2). Anschließend wird in institutioneller Perspektive die Bedeutung unterschiedlicher Regierungssysteme für die strategischen Steuerungsprozesse diskutiert (8.3). Die in diesem Abschnitt insgesamt vorgenommene Hypothesenbildung ermöglicht ein Fazit (8.4), das über die empirischen Einzelstudien hinausreicht.

In den Schlussfolgerungen (Kapitel 9) erfolgt eine Zusammenführung der insgesamt erzielten Untersuchungsergebnisse. Dabei wird auch das Verhältnis von Strategie und Erfolg noch einmal eingehender thematisiert. Die Erörterung weiterführender Forschungsfragen und -perspektiven wird schließlich ergänzt durch einen schlussfolgernden Ausblick auf die mit dem Konnex von Regierung, Steuerung und Strategie angesprochenen drei Forschungsbereiche der Regierungslehre, Steuerungstheorie und Strategieanalyse.

2 Zum Konzept strategischer Steuerung

Wer eine politikwissenschaftliche Fundierung strategischer Steuerung für die Analyse empirischer Fälle sucht, findet im Wesentlichen zwei dominierende Forschungslinien, die Fragen der *Steuerung* ins Zentrum gerückt haben: die Steuerungstheorie und die Governance-Forschung. Deswegen setzt die konzeptionelle Grundlegung strategischer Steuerung eine Selbstverortung im Verhältnis zu diesen zwei Diskussionslinien voraus. Sie wird sich um Anschlusssuche bemühen, aber, wo erforderlich, auch Grenzmarkierungen setzen. Den Ausgangspunkt der folgenden Überlegungen bildet der politikwissenschaftliche Steuerungsbegriff. Anschließend wird unter Spezifizierung der analytischen Perspektiven von Steuerungstheorie und Governance-Ansatz nach den Besonderheiten des hier zugrunde liegenden Verständnisses von strategischer Steuerung gefragt. Erst auf dieser Basis ist die Präzisierung eines Konzepts strategischer Steuerung als Element des Strategy-Making möglich.

2.1 Der politikwissenschaftliche Steuerungsbegriff

Das Themenfeld politischer Steuerung ist in den zurückliegenden Jahrzehnten Gegenstand ausdifferenzierter Forschungsbereiche gewesen. Die begrifflichen Steuerungsverständnisse reichten dabei von erfolgreicher Handlungskoordination, sozialer Ordnung bis hin zu der enger politikwissenschaftlichen Begriffsverwendung als konzeptionell orientierter Gestaltung der Umwelt durch Politikinstanzen (vgl. Mayntz 1987: 91-95). Anders als in chronologisch orientierten Analysen der steuerungstheoretischen Entwicklungen (Braun 1995), soll hier versucht werden, die Steuerungsdebatte systematisch zu ordnen. Eine der Sortierungsmöglichkeiten liegt dann in folgender Dreiteilung: Wissenschafts(teil)disziplin, Theorieperspektive, Fragestellung.

Von den *Wissenschaftsdisziplinen* haben vor allem Soziologie und Politikwissenschaft die Steuerungsdiskussion dominiert. Bei den politikwissenschaftlichen Zugängen reichen die relevanten Teildisziplinen von der politischen Kybernetik, politischen Planungstheorie, Pluralismus- und Korporatismustheorie, Theorie politischer Kultur, Policy-Analyse bis hin zur Staatstheorie (vgl. Bußhoff 1992). Auch wenn die soziologischen und politikwissenschaftlichen Diskussionszusammenhänge intern heterogen sind und sich disziplinübergreifend miteinander vermischen, lässt eine thesenartigen Zuspitzung die Unterscheidung zwischen der eher passiven soziologischen und der stärker aktiv orientierten politologischen Analyseperspektive zu (vgl. Etzioni 1975: 28, 40). Beide Perspektiven kommen sowohl in divergierenden theoretischen Konzeptualisierungen politischer und gesellschaftlicher Verhältnisse durch Soziologie und Politikwissenschaft als auch in der unterschiedlichen Einschätzung zur Steuerungsfähigkeit der Politik und der Steuerbarkeit der Gesellschaft zum Ausdruck.

Maßgeblich durchdrungen ist die Steuerungsdiskussion von den gegensätzlichen *Theorieperspektiven* der System- und Akteurtheorie (vgl. nur Lange/Braun 2000). Auch wenn Versuche der Verbindung beider Perspektiven existieren (vgl. etwa Schimank 1985, 1988, Braun 1993), hat der Gegensatz zu einer dominanten „Lagerbildung" innerhalb der Steuerungsdiskussion geführt. Die soziologische Systemtheorie der Tradition Luhmanns stellt Kommunikation ins Zentrum der Gesellschaft (Luhmann 1984). Das hat zur Folge, dass Akteure und deren Handlungen darin keinen systematischen Platz finden. Sie stellen nur Voraussetzung für alternative kommunikative Deutungen dar. Dagegen steht die akteurorientierte politikwissenschaftliche Steuerungstheorie. Sie geht von der Existenz handlungsfähiger individueller und kollektiver Akteure innerhalb der einzelnen gesellschaftlichen Teilsysteme aus und richtet das Augenmerk auf deren Möglichkeiten und Grenzen zur Steuerung bzw. ihr Potential zur Verhinderung von Steuerungsbemühungen (vgl. Mayntz/Scharpf 2005).

Die gegensätzlichen theoretischen Perspektiven tragen erheblich zur unterschiedlichen Beantwortung der zentralen steuerungstheoretischen *Fragestellungen* bei. Diese richten sich auf die *Steuerbarkeit der Gesellschaft* und die *Steuerungsfähigkeit der Politik*. Die soziologische Systemtheorie Luhmanns bestreitet die Möglichkeit gezielter, aktiver politischer Steuerung und Gestaltung, da die Gesellschaft („ohne Spitze und Zentrum") aus wechselseitig nicht steuerbaren Teilsystemen bestehe und die Politik als eines dieser gleichrangigen Teilsysteme nicht Steuerungszentrum sein könne (Luhmann 1981, 1989, 2000). Ihr gegenüber stehen differenziertere Antworten der politikwissenschaftlichen Steuerungstheorie. Zwar wird eine abnehmende Steuerungsfähigkeit klassischer hierarchischer Steuerung durch den Staat diagnostiziert. Das Augenmerk richtet sich jedoch zugleich auf neue Steuerungsformen des „kooperativen Staates" (vgl. nur Kaufmann 1991, Mayntz 1996, Braun 2001). Die Steuerungsfähigkeit der Politik und die Steuerbarkeit der Gesellschaft werden demnach durch institutionelle Rahmenbedingungen der Politik, strukturelle Besonderheiten der jeweiligen Regelungsfelder, Eigendynamiken sowie Steuerungsresistenzen der Steuerungsobjekte maßgeblich beeinflusst (vgl. Scharpf 1989, Mayntz 1991).

Verortet man das dieser Untersuchung zugrunde liegende Steuerungsverständnis auf der Basis dieser Systematisierung in der Steuerungsdiskussion, wird deutlich, dass es sich an den Beiträgen zur Steuerungstheorie orientiert, die eine *aktive Perspektive* einnehmen, *Akteure und ihr Handeln* in die steuerungstheoretische Analyse integrieren und vorrangig Fragen der *Steuerungsfähigkeit von Politik* behandeln. Der Grund dafür liegt in der eingenommenen strategischen Perspektive: Sie beinhaltet eine Gestaltungsorientierung, setzt Akteure voraus und wirft die Frage nach den notwendigen Kompetenzen für erfolgreiche Steuerungsversuche auf.

Erstaunlicherweise kommen *Strategieaspekte* in der akteurorientierten politikwissenschaftlichen Steuerungstheorie bislang kaum explizit zum Tragen. Diese Tatsache irritiert, da die Grundkonstellation politischer Steuerung aus akteurtheoretischer Perspektive die Aufnahme strategischer Kalkulationen des Steuerungssubjekts in die Analyse nahe legt. Diese Grundkonstellation beinhaltet den individuellen bzw. kollektiven Steuerungsakteur (Steuerungssubjekt), seine Intentionen bzw. Steuerungsziele, autonome Steuerungsobjekte und Steuerungsinstrumente (vgl. Mayntz 1987: 93-94). Der Steuerungsakteur setzt bei seinen politischen Steuerungsversuchen auf Maßnahmen, die die angestrebten Steuerungsziele im Hinblick auf das gewählte Steuerungsobjekt erreichen sollen. Dabei notwendige Überlegungen zu den vorhandenen Wirkungsbeziehungen zwischen objektbezogenen Zielen und Instrumenten fordern geradezu ein „strategisches Vorgehen" heraus, das Ziele, Mittel und die vorhandenen Umweltbedingungen systematisch kalkulierend in ihrer Verbindung analysiert (vgl. Raschke 2002, Tils 2005). Strategische Kalkulationen sind systematisierende, berechnende Denkoperationen, die stabilisierte Sinnverbindungen zwischen einzelnen, erfolgsrelevanten Elementen herstellen. Kennzeichnend für die Kalkulationen sind Verknüpfungen zwischen den für den jeweiligen Strategiezusammenhang bedeutsamen Faktoren. Die Kalkulationen ziehen also gedachte Verbindungslinien zwischen den angestrebten Zielen, vorhandenen Mitteln und relevanten Umweltausschnitten (Raschke/Tils 2007: 130-131).

Eine Grundannahme der vorliegenden Untersuchung ist, dass die Entwicklung eines Konzepts strategischer Steuerung die konsequente Bezugnahme und Konzentration auf Akteurorientierungen erfordert. Strategisches Handeln lässt sich nicht mit einer Fokussierung auf institutionelle Rahmenbedingungen der Politik oder strukturelle Besonderheiten von Regelungsfeldern erschließen. Die Präformation des Strategieakteurs durch Institutionen und Strukturbesonderheiten ist begrenzt. Nötig ist eine Analyseperspektive, die das Handeln und die Orientierungen von Akteuren ins Zentrum rückt. Gerade die Kalkulationsprozesse strategischer Akteure stecken voller Kontingenz und Wählbarkeit. Das Interesse gilt den

Freiheitsgraden strategischen Handelns und den Weichenstellungen von strategischen Akteuren im Umgang mit der Vielfalt von Interpretationen, Konstellationen, Kalkulationen, Optionen und institutionellen Bezügen.

Ein Grund für das Fehlen einer systematischen Einführung von Strategie in den Zusammenhang politischer Steuerung könnte im Analyseschwerpunkt der politikwissenschaftlichen Steuerungstheorie liegen. Die unterschiedlichen Stränge der Steuerungstheorie verbindet ihr gemeinsames Verständnis vom *Steuerungsgegenstand*. Er bezieht sich in allgemeiner Form auf die – wie auch immer vollzogene – politische Steuerung gesellschaftlicher Verhältnisse (vgl. Braun 1995, Burth/ Görlitz 2001, Mayntz 2004b). Diese Auffassung von politischer Steuerung als *Gesellschaftssteuerung* konzentriert den Blick auf Gesichtspunkte, die sich an der inhaltlichen Dimension des Steuerungsbereiches orientieren. Politische Steuerung kann aber ebenso als *Politiksteuerung* im Sinne der Gestaltung politischer Prozesse verstanden werden (vgl. Nullmeier/Saretzki 2002a). Bestrebungen einer solchen Politiksteuerung sind in die unterschiedlichen politikwissenschaftlichen Steuerungsansätzen bisher nicht systematisch integriert worden.

Die thematische Fokussierung der Beiträge zur akteurorientierten politikwissenschaftlichen Steuerungstheorie, die sich auf einzelne Problemfelder beziehen, verdeutlicht diesen Zusammenhang. Ausgangspunkt der Überlegungen ist die inhaltliche Dimension von Politik. Das materielle politische Problem wird auf die Konstellation zwischen den beteiligten Akteuren projiziert und erst auf diese Weise mit der Prozess-Dimension von Politik verbunden (Scharpf 2000: 90). Steuerungstheoretisch kommt es damit vor allem auf Vorschläge für die Problemlösung und ihre Umsetzung an. Im Zentrum steht die Suche nach dem „richtigen" Programm und dem Weg seiner erfolgreichen Implementation (Mayntz 1980, 1983a). Die Analyse des Entscheidungsprozesses konzentriert sich auf die relevanten Akteure des Steuerungsbereichs. Es geht also vorrangig um geeignete Steuerungsinstrumente, spezifische Akteurskonstellationen und die sozialen Dynamiken im jeweiligen Handlungsfeld (vgl. Schimank/Lange 2001: 221).

Nicht zufällig hat die Steuerungsdebatte der deutschen Policy-Forschung ihren Ausgangspunkt Anfang der 1970er Jahre in der Diskussion um die Planungsorganisation innerhalb der Ministerialverwaltung genommen (vgl. Scharpf 1973, Mayntz/Scharpf 1973). Sie konzentrierte sich dabei auf Kernfragen von administrativer Programmentwicklung, Kontrolle, Koordination, Konfliktregelung, Informationsbeschaffung. Man wollte die Binnenorganisation der politischen Verwaltung optimieren, um den neuen Anforderungen für die Politikgestaltung gerecht zu werden, die sich aus der fortschreitenden Modernisierung der Industriegesellschaft ergaben (Burth/Görlitz 2001: 9).

Auf politische Akteure und den Regierungsprozess gerichtet folgt daraus eine Steuerungsdiskussion, die sich wesentlich auf die politikfeldbezogene *Ressortsteuerung* bezieht und nicht etwa auf eine allgemeine, von einzelnen Themen und Problemen unabhängige *Regierungssteuerung*, bei der eine themenübergreifende politische Prozesssteuerung zu erfolgen hätte (vgl. Hartwich 1990, Raschke 2001, Schmidt 2002). Die Beschränkung auf eine materielle Politiksteuerungsperspektive hat möglicherweise den Blick für eine strategische Steuerungsperspektive verstellt, bei der die materielle Politik und die von diesem Problemfeld losgelöste politische Prozessdimension ineinander greifen. Sie sind im Strategiezusammenhang als gleichwertige Umweltfaktoren zu kalkulieren. Zu der Anforderung „Steuerung der Gesellschaft" bzw. später skeptischer „Steuerung in der Gesellschaft" (Mayntz 1996: 165) kommt das Erfordernis der „Steuerung der Politik" hinzu. Diese Steuerung politischer Prozesse ist etwas anderes als der Versuch einer „prozeduralen Steuerung" (Offe 1975), der unmittelbar auf die Gesellschaft bezogen bleibt.

Prominente Steuerungstheoretikerinnen wie Renate Mayntz haben in jüngerer Zeit selbstkritisch auf den *Problemlösungsbias* und die damit verbundene *Selektivität der steuerungstheoretischen Perspektive* hingewiesen (Mayntz 2001, 2004a). Diese Selbstkritik wird hier aufgenommen. Das Anliegen dieser Untersuchung besteht darin, die politikwissenschaftliche Steuerungsdebatte durch eine konzeptionelle Ausarbeitung spezifischer Elemente der Politics-Dimension von Steuerung weiterzuentwickeln. Im Ergebnis entsteht ein Konzept strategischer Steuerung, das sowohl Aspekte der Problemlösung (Policy) wie auch des themenübergreifenden politischen Prozesses (Politics) integriert.

Die Thematisierung von strategischer Steuerung und der Versuch, hiermit eine analysefähige politikwissenschaftliche Kategorie zu konzeptualisieren, bedeutet keine Wiederbelebung der alten *steuerungstheoretischen Planungsdebatte*. Politische Planung wurde als eine „Technik der vorwegnehmenden Koordination einzelner Handlungsbeiträge und ihrer Steuerung über längere Zeit" (Scharpf 1973: 38) verstanden, bei der Ziele und Zielerreichungsmittel bestimmt werden und der zeitliche Instrumenteneinsatz antizipiert und festgelegt wird (vgl. Schmidt 2004: 552-553). Unabhängig von unterschiedlichen Vorstellungen zur möglichen Reichweite politischer Planung (holistische vs. bereichsspezifische Planung) war diese Debatte durch einen ausgeprägten Steuerungsoptimismus gekennzeichnet. Er ging mit der Überzeugung einher, die angestrebten Steuerungserfolge wären durch vorausschauendes Denken und den richtigen Instrumenteneinsatz „geplant" zu erreichen (Lange/Braun 2000: 19-22).

Strategie bedeutet im Gegensatz dazu die verstärkte Berücksichtigung strategischer Interaktionen zwischen den Akteuren, problemübergreifender instabiler Umweltbedingungen, spezifischer sachlich, zeitlich und sozial übergreifender Ziel-

Mittel-Umwelt-Kalkulationen (vgl. Tils 2005). Dazu gehört auch ein Bewusstsein, dass Strategie nur *ein* Element des politischen Prozesses darstellt. Strategische Analyse führt nicht zu einem Masterplan politischen Vorgehens im Sinne eines fertigen Handlungsprogramms, das sich durch übertriebene Rationalitäts-, Geschlossenheits- und Wirkungsannahmen auszeichnet (Raschke 2002: 234). Sie bleibt offen für veränderte Ausgangsbedingungen, etwa als Ergebnis des Handelns anderer Akteure, ohne dass der Strategieakteur seine strategischen Ziele aus den Augen verlöre. Die Besonderheit strategischen Denkens liegt in den sachlich, zeitlich und sozial übergreifenden strategischen Kalkulationen. In diesen Denkoperationen werden Bereiche, Faktoren, Bezugspunkte zusammen gesehen, die – in verbreiteter Orientierung – als getrennt erscheinen. Strategisch ist das Denken in Kontext- und Wirkungsketten sowie die Fähigkeit, aus solchen Wechselbeziehungen strategische Schlüsse zu ziehen. Die politische Strategieanalyse entwickelt gerade hierfür eigene Konzepte und Methoden, die beispielsweise in strategischen Kalkülen und Maximen liegen (vgl. Raschke/Tils 2007: 249-271). Strategische Kalküle umfassen nicht etwa allgemeine Kosten-Nutzen-Kalküle, die auch innerhalb der steuerungstheoretischen Planungsdebatte von Bedeutung waren. Sie stellen spezifische strategische Vorteils- und Erfolgsüberlegungen dar, die Arenen-, Zeit-, Problem-, Akteur-, Referenz-, Symbol- sowie Kommunikationsaspekte miteinander verbinden. Strategische Kalkulationen leisten damit einen Beitrag zur Integration der Referenzen von Problemlösung und Machtstreben, die politische Akteure in ihren Handlungen leiten.

2.2 Governance, politische und strategische Steuerung

Eine zweite Diskussionslinie, die in ihrem Verhältnis zur politikwissenschaftlichen Steuerungstheorie und einer Konzeption strategischer Steuerung analysiert werden muss, ist die *Governance-Forschung*. Sie hat inzwischen im politikwissenschaftlichen Diskurs – zumindest semantisch – den Begriff der Steuerung weitgehend verdrängt (vgl. etwa die Überblicksbeiträge in Pierre/Peters 2000, Benz 2004a, Schuppert 2006, Benz et al. 2007a). Wenn es sich beim Governance-Ansatz um eine Weiterentwicklung der Steuerungstheorie handelte, die ja bereits früher mehrfach Veränderungen und Erweiterungen ihres Paradigmas erfahren hatte (Mayntz 1996), müsste bei der Entwicklung eines strategischen Steuerungskonzepts nicht nur auf die Steuerungstheorie, sondern vor allem auch auf ihre Fortentwicklung als Governance-Theorie Bezug genommen werden.

Die fast uferlose Ausbreitung des Catch-all-Begriffs Governance erschwert die präzise Bestimmung seines analytischen Kerngehalts. Das Governance-Konzept wird zudem nicht nur zu Analysezwecken, sondern auch in deskriptiver, normati-

ver und praktischer Absicht verwendet (vgl. Kersbergen/Waarden 2004). Eine systematische Bestimmung des besonderen analytischen Fokus der Governance-
Perspektive, die Renate Mayntz geleistet hat (Mayntz 1998, 2006b), kann Hinweise
auf ihre Anschlussfähigkeit für den vorliegenden Untersuchungszusammenhang
geben.

Ausgangspunkte der an Renate Mayntz anschließenden Überlegungen sind
die *Ursprünge* des Governance-Konzepts und damit verbundene Begriffsverständ-
nisse. Bereits die wirtschaftswissenschaftlichen Wurzeln des Governance-Konzepts
(Coase 1937) und die sich daraus entwickelnde Institutionenökonomik (Williamson 1985) fokussierten auf – in diesem Fall nicht-marktförmige – Mechanismen der
Handlungskoordination im Rahmen wirtschaftlicher Transaktionen. Sie lenkten
den Blick damit auf die „Existenz von Regeln und die Art und Weise der Regel-
durchsetzung im Wirtschaftsprozess" (Benz 2004b: 16). Ein solches Verständnis
des Begriffs, das sich auf institutionelle Regeln der Handlungskoordination bezieht, passte auch auf die analytische Erfassung von Formen der Interaktion und
Kooperation zwischen unabhängigen Staaten. So fand das Governance-Konzept
Eingang in das politikwissenschaftliche Teilgebiet der internationalen Beziehungen, in dem unter der berühmten Formel von „Governance without Government"
(Rosenau/Czempiel 1992) die Besonderheiten der internationalen Handlungskoordination untersucht wurden. In diesem Zusammenhang kehrte sich die Betrachtung der Art und Weise der Koordinierung allerdings um: während in den Wirtschaftswissenschaften Hierarchie als Strukturmerkmal formaler Organisationen
gegen den Markt ins Spiel gebracht wurde, erscheinen die internationalen Beziehungen gerade dadurch gekennzeichnet, dass es an einer übergeordneten, hierarchisch steuernden Instanz fehlt (Benz et al. 2007b: 11).

Die Beobachtung von Formen der Handlungskoordination ohne Hierarchie
passte auch auf veränderte Erscheinungsformen des ursprünglich als hierarchisch
steuernd konzipierten Nationalstaats. In dieser Perspektive wurde Governance zu
der Formel, mit dem sich Veränderungen der Realität des Nationalstaats vom
„Steuerungsstaat" zum „kooperativen Staat" (vgl. Braun 2001) nachzeichnen ließen. Governance entwickelte sich zum Gegenbegriff von Government. Während
letzterer das autonome Steuerungs- und Regelungshandeln einer Regierung umfasst, bezeichnet Governance dagegen die grundsätzlich nicht (mehr) hierarchi-
schen staatlichen Steuerungsbemühungen (Rhodes 1997).

Aus dieser Genese des Governance-Ansatzes lassen sich deutliche Unterschiede zur *analytischen Perspektive* der akteurorientierten politikwissenschaftlichen
Steuerungstheorie erkennen, die den Ausgangspunkt der vorliegenden Untersuchung bildete. Zugespitzt lässt sich das Governance-Konzept als *institutionalistisch*
bezeichnen. Es wird vor allem nach der Beschaffenheit spezifischer Regelungs-

strukturen gefragt, in denen öffentliche und private, hierarchische und netzwerk-
artige Formen der Handlungskoordination zusammenwirken. Akteure, ihre Eigenschaften und Absichten als Steuerungssubjekte bzw. -objekte geraten aus dem
Blickfeld: „Das eigentlich ‚Politische‘, das interventionistische Handeln tritt dabei
in den Hintergrund: nicht die Interventionen, das Steuerungshandeln von Akteuren, sondern die wie auch immer zustande gekommene Regelungsstruktur und
ihre Wirkung auf das Handeln der ihr unterworfenen Akteure steht im Vordergrund. Die Governance-Perspektive geht damit nahtlos in eine institutionalistische
Denkweise über." (Mayntz 2006b: 14).

Dagegen steht die analytische Perspektive der akteurorientierten politikwissenschaftlichen Steuerungstheorie. Sie rückt den Akteur, seine Intentionen und
seine Handlungsvoraussetzungen ins Zentrum der Betrachtung. Eine *akteurzent-
rierte* Analyse unterscheidet systematisch zwischen Steuerungssubjekten und
-objekten sowie Steuerungsinstrumenten und -prozessen. Zum Steuerungsbegriff
gehören dann neben Subjekt und Objekt eine Intention bzw. ein Steuerungsziel,
der Einsatz von Maßnahmen zum Erreichen des Ziels sowie eine ungefähre Vorstellung zu den Wirkungsbeziehungen zwischen Steuerungsaktivitäten und -er-
gebnissen (Mayntz 1987: 93-95). Mit dieser Perspektive geraten Fragestellungen in
den Vordergrund, die sich auf die Voraussetzungen von Steuerungsfähigkeit und
Steuerbarkeit beziehen.

Die klare Trennung zwischen Steuerungsobjekt und Steuerungssubjekt, wie
sie die akteurorientierte politikwissenschaftliche Steuerungstheorie vornimmt,
geht mit einer institutionalistischen Analyseperspektive von Governance verloren.
Die explizite Fokussierung auf Akteure und Unterscheidung zwischen Steuerungsfähigkeit und Steuerbarkeit sind zentrale Prämissen des hier verfolgten *strategischen* Steuerungsansatzes. Er interessiert sich für die Möglichkeiten (und Grenzen)
aktiver Steuerung von Politik und Gesellschaft sowie dabei eingenommene Akteurorientierungen. Insofern orientiert sich die hier entwickelte strategische Steuerungskonzeption an der analytische Perspektive der akteurzentrierten, politikwissenschaftlichen Steuerungstheorie.

Trotz aller Unterschiede existiert zwischen Steuerungstheorie und Governance-Ansatz eine wesentliche Gemeinsamkeit. Sie besteht im gemeinsamen *Analysefokus*, der sich auf Fragen von *Gesellschaftssteuerung*, also der Organisation und Gestaltung gesellschaftlicher Verhältnisse, bezieht. Beide Ansätze konzentrieren den
Blick auf die inhaltliche Dimension des jeweiligen Steuerungsbereichs. Analysiert
werden Policy-Making-Prozesse unter Einschluss der dafür relevanten Aspekte
von Zielsetzung, Koordination und Entscheidung. Schon definitionsgemäß beziehen sich beide auf die Lösung kollektiver Probleme und die Produktion gesellschaftlicher Wohlfahrt (Mayntz 2001: 19, 2006a: 22).

An diesem Punkt liegt die zentrale Differenz zur *strategischen Steuerungskonzeption*, die dieser Untersuchung zugrunde liegt. Hier wird eine Steuerungsperspektive entwickelt, die neben der Gesellschaftssteuerung ebenso systematisch die Politiksteuerung als Gestaltung politischer Prozesse in die Analyse integriert. Eine Politiksteuerungsperspektive analysiert die Voraussetzungen und Bedingungen intentionaler Steuerungsbemühungen von politischen Prozessen durch Politikakteure in spezifischen Kontexten. Aspekte einer solchen Politiksteuerung tauchen bei der Governance- und Steuerungstheorie lediglich als Annex zu den im Vordergrund stehenden Problemen der Herbeiführung bzw. Erhaltung erwünschter gesellschaftlicher Zustände auf. Sie bleiben in ihrem Ausarbeitungsgrad unterkomplex. Eine strategische Steuerungskonzeption analysiert Gesellschaftssteuerung und Politiksteuerung in ihrem inneren Zusammenhang. Ihr liegt die Auffassung zugrunde, dass Gesellschaftssteuerung und Politiksteuerung miteinander verschränkte Bereiche darstellen, die in den Orientierungen politischer Akteure als Spannungsfeld von Problemlösung und Macht stets kopräsent sind.

Auch wenn die analytischen Perspektiven von Steuerungstheorie und Governance-Ansatz Grenzen einer unmittelbaren Übertragbarkeit auf den strategischen Steuerungszusammenhang zeigen, werden dennoch vielfältige Anschlussmöglichkeiten sichtbar. Am Beispiel von *Macht* lässt sich etwa veranschaulichen, wie Erkenntnisse der Steuerungstheorie in die Entwicklung des Konzepts strategischer Steuerung eingeflossen sind, das dieser Untersuchung zugrunde liegt.

Eine zentrale Erkenntnis der akteurtheoretischen, politikwissenschaftlichen Steuerungstheorie liegt darin, dass es für erfolgreiche politische Steuerungsbemühungen neben unterschiedlichen situativen Ausgangslagen und spezifischen Charakteristika der jeweiligen gesellschaftlichen Steuerungsbereiche (vgl. Mayntz/Scharpf 2005) vor allem auf die jeweiligen Machtverhältnisse im relevanten Problemfeld ankommt (vgl. etwa Mayntz 1991, Mai 2001, Wiesenthal 2006). Dieser Zusammenhang konnte in vielen empirischen Einzelanalysen belegt werden (u.a. Mayntz 1980, Rosewitz/Webber 1990, Mayntz/Scharpf 1995, Lütz 2002, Ganghof 2004). Zu den Voraussetzungen erfolgreicher Steuerung gehören auf der Seite der Steuerungsimpulse setzenden staatlichen Akteure etwa hoheitliche Interventionsrechte, finanzielle Mittel oder durchsetzungsfähige Vollzugsinstanzen, während im Regelungsfeld die jeweiligen sektoralen Organisationsstrukturen und auf der Seite der Steuerungsadressaten deren Präferenzen und Widerstandspotentiale besonderen Einfluss auf vorhandene Steuerungschancen haben (vgl. Mayntz 2007). Die durch die genannten Einflussfaktoren geprägten Machtbeziehungen zwischen staatlichen und gesellschaftlichen Akteuren erweisen sich als zentral für politische Steuerungserfolge im jeweiligen Problemfeld. In gesellschaftlichen Sektoren, in denen es die Politik mit wenigen, großen und zentralisierten Kollektivakteuren zu tun hat, entstehen auf diese Weise einerseits nicht selten Steuerungsblo-ckaden, anderseits aber auch Möglichkeiten zu korporatistischen Arrangements, die Ansätze zur Lösung der Probleme gestatten.

Auch im Zusammenhang strategischer Steuerungsprozesse wird Macht als Steuerungsparameter zu einer zentralen Analysekategorie.[4] Sie bildet als universel-les Medium von Politik eine stets relevante Hintergrundgröße, die alle Bereiche des Strategieprozesses durchwirkt. So bedarf es etwa der Ausübung *von* Macht, um kollektive strategische Handlungsfähigkeit zu entwickeln, oder der Verfügung *über* Macht, um zu einer Entscheidung über Strategien zu gelangen. Im Steue-rungsprozess erhält Macht besondere Bedeutung. Dabei wird hier zwischen Macht nach innen (Machtausübung innerhalb der Organisation) und Macht nach außen (externe Machtkonstellationen bei Steuerungsversuchen im Außenverhältnis) dif-ferenziert. Interne und externe Machtbezüge verändern dann nicht nur die jeweili-gen Handlungsfelder der Akteure, sondern auch ihre jeweiligen Aufmerksamkei-ten und die – in den einzelnen Bereichen unterschiedlichen – Anforderungen an ihr Strategiehandeln.

2.3 Strategische Steuerung als Element des Strategy-Making

Dieser Untersuchung liegt ein Steuerungsbegriff zugrunde, der strategische Steue-rung als ein Element des Strategy-Making versteht. *Strategy-Making* lässt sich als ein permanentes, simultanes Arbeitsprogramm in den drei grundlegenden strate-gischen Handlungsbereichen Herstellung von Strategiefähigkeit, Strategiebildung und strategische Steuerung beschreiben (vgl. umfassend Raschke/Tils 2007).[5] *Stra-tegiefähigkeit* meint dabei die Fähigkeit zu strategischer Politik, das heißt einer be-sonderen Qualität der Zielverfolgung und der spezifischen Fähigkeit kollektiver Akteure zu situationsübergreifenden, erfolgsorientierten Ziel-Mittel-Umwelt-Verknüpfungen. Strategiefähigkeit wird nicht nur als eine kognitive Kapazität verstanden, sondern zugleich als strategische Handlungskapazität eines (organi-sierten) Kollektivakteurs. *Strategiebildung* beschreibt die Entwicklung von Strate-gien. Entstehung, Bearbeitung, Manifestation von Strategie realisiert sich in einer großen Bandbreite von Graden strategischer Zielgerichtetheit, Reflexion, Struktu-rierung und formt auf diese Weise das Kontinuum zwischen strategischer Emer-genz und konzeptioneller Strategie. *Strategische Steuerung* bezieht sich schließlich auf das Resultat von Prozessen der Strategieentwicklung. Die – in unterschiedli-chen Graden – strategiefähigen Akteure versuchen dabei mit Hilfe ihres Steue-

---

[4]   Vgl. dazu im Einzelnen das Kapitel 3.4.3.
[5]   Vgl. dazu auch die Kapitel 3.2, 3.3 und 3.4.

rungshandelns die im konzeptionellen oder emergenten Modus entstandenen Strategien um- und durchzusetzen.

Alle drei Grundelemente bedürfen der fortlaufenden, miteinander vernetzten Bearbeitung. Strategy-Making wird hier als Prozess- und Simultanmodel und nicht als Sequenz- oder Ablaufmodell konzipiert. Es setzt für strategische Akteure eine mehrdimensionale Prozessorientierung und ständige Rückschleifen im eigenen Handeln voraus. Strategie wird damit als kontinuierlicher, dreidimensionaler, interdependenter Prozess erkennbar. Der analytisch differenzierte Steuerungsbegriff schließt an den Aufbau von Strategiefähigkeit sowie den Prozess der Strategiebildung an und bezieht ihn auf die Anwendung von Strategie. Akteure versuchen ihre strategischen Absichten (Ziele) auf verfügbaren Pfaden mit den ihnen zur Verfügung stehenden Mitteln zu realisieren. Die Strategieanwendung hebt aus dem breiten Strom politischer Handlungen diejenigen hervor, die für die Verfolgung der strategischen Ziele als besonders relevant angesehen werden. Veränderte Ausgangslagen, neue Situationen sowie (vor allem) das aktive und reaktive Handeln anderer Akteure erfordern eine Flexibilisierung der Strategieanwendung. Steuerung im hier verstandenen Sinne bezieht sich auf einen ausdifferenzierten Politikprozess. Der Prozess selbst stellt sich als ein Strom unzähliger Einzelsituationen dar, die parallel verlaufen, sich kreuzen, überlappen oder ineinander fließen. Das Akteurhandeln findet in den einzelnen Situationen statt und formt auf diese Weise die Gesamtheit des politischen Prozesses aus.

Für Prozesse strategischer Steuerung weisen Vorstellungen einer Strategieimplementation in die falsche Richtung. Implementation wäre ein irreführender Begriff aus einem anderen Politikzusammenhang. Strategien sind Handlungen rahmende Konstrukte, nicht aber „Gesetze". Strategisches Handeln braucht in besonderer Weise die Offenheit für weitere Einflussfaktoren, die auf die strategische Praxis einwirken. Die Dynamik des politischen Prozesses erfordert eine *flexible strategische Praxis*. Gerade weil in der politisch eher typischen Rahmenstrategie so vieles offen bleibt, ist die „Füllung" durch viele Handlungen im Steuerungsprozess besonders wichtig. Auch das verstärkt die Bedeutung des Emergenten bei der strategischen Steuerung. Überraschende, unvorhersehbare Ereignisse können Akteure zu Situations- und Lagedefinitionen herausfordern, die von ihren strategischen Vorgaben abweichen. Sie enthalten außerdem ein Interaktionsmoment, weil sie nicht nur dazu zwingen, auf das Ereignis, sondern auch auf dessen Interpretation durch den Gegner zu reagieren. Strategische Interventionen des Gegners oder massenmedialer Akteure werden nicht immer den bei der Strategiebildung antizipierten Strategien folgen. Auf dieses Überraschungspotential sollte nicht nur taktisch, also situationsbegrenzt, sondern strategisch geantwortet werden.

Strategische Steuerung ist *eingebettet* in den allgemeinen Politikprozess. Nicht alles, was Politiker tun, fußt auf einer Strategie oder strategischen Kalkulationen. Ein Großteil der Aufmerksamkeit gilt situativer Politik, strategische Anteile müssen „erkämpft" werden. Das ist nicht nur eine Orientierungsfrage, sondern auch Folge der begrenzten Zeit- und Aufmerksamkeitsressourcen politischer Akteure, die den besonderen Anstrengungen der Doppelrolle von Strategieentwickler und Strategieanwender ausgesetzt sind. Die strategische Qualität von Handlungen ist oft nicht unmittelbar erkennbar. Sie erschließt sich erst in breiteren Kontexten, letztverbindlich erst durch Kenntnis zugrunde liegender strategischer Intentionen. Die Aufgabe strategischer Steuerung liegt in der Balancierung von Offenheit und Strukturierung: Offenheit für die Dynamiken des allgemeinen Politikprozesses und Strukturierung – zumindest eines kleineren Ausschnitts – dieser Prozesse durch den strategischen Akteur.

3 Analytischer Bezugsrahmen strategischer Regierungssteuerung

Der für den Zusammenhang dieser Untersuchung entwickelte analytische Bezugs-rahmen enthält die zentralen Kategorien politischer Strategie, die geeignet sind, eine Analyse deutscher und britischer Regierungsprozesse zu tragen. Sie entstam-men der umfassenderen Grundlegung politischer Strategieanalyse (Raschke/Tils 2007). Die Auswahl der Kategorien und ihre spezifische Konfiguration im Bezugs-rahmen erfolgt unter der Maßgabe, dass sie die Rekonstruktion strategischer Steu-erungsprozesse und die Erklärung von strategischen Profilentwicklungen der bei-den untersuchten Regierungen leiten können. Der Bezugsrahmen bleibt dement-sprechend zunächst einmal auf die Verwendung im Rahmen dieser Untersuchung beschränkt. Er soll eine Systematik der Untersuchung gewährleisten, ohne dass alle seine Bestandteile – in einer Art „Übersystematisierung" – in der immer glei-chen Abfolge für die einzelnen Analyseschritte benutzt werden. Gleichwohl stellt er ein Analyseraster bereit, das im *deskriptiven Abschnitt* der Rekonstruktion der einzelnen Regierungsphasen eine einheitliche Darstellung nach spezifischen Ord-nungsprinzipien gewährleistet. Zentrale Bestandteile sind die Strategiefähigkeit des Regierungsakteurs, das Konzept strategischer Regierungsführung und die Kernelemente strategischer Regierungsführung, die sich im Wesentlichen aus Lea-dership und den vier zentralen Steuerungsbereichen (Organisation, Problem- und Konkurrenzpolitik, Kommunikation) zusammensetzen. Als ergänzende Analyse-kategorien fungieren die Steuerungsparameter von Macht, Erwartungen und Leis-tungen. Auch im Untersuchungszusammenhang der *erklärenden Abschnitte* werden jeweils diejenigen Kategorien ausgewählt, die für strategische Steuerungsprozesse im Regierungskontext Erklärungskraft entwickeln.

3.1 Der Kontext: parlamentarisches Regierungssystem und Party-Government

Trotz der handlungs- und akteurtheoretischen Fundierung des hier verfolgten Analysezugangs, der die Wahlfreiheit politischer Akteure betont, bleibt festzuhal-ten, dass die Handlungsträger in Umwelten eingebettet sind, die nicht ohne Ein-fluss auf ihre Orientierungen und Entscheidungen bleiben. Dementsprechend sind valide Untersuchungsergebnisse auf die Einbeziehung der Kontextbedingungen angewiesen, die für den Verlauf der analysierten politischen Prozesse Wirkung entfalten (Tilly/Goodin 2006). In einem allgemeinen Sinne ist Kontext eine Kategorie, die den (Untersuchungs-)Gegenstand und die relevanten Umweltfaktoren relationiert. Sortiert nach „Einflussbereichen" wird dann in politikwissenschaftlichen Zusammenhängen etwa von historischen, kulturellen, institutionellen, technologischen, ideologischen oder räumlichen Kontexten gesprochen.

Im vorliegenden Zusammenhang soll Kontext lediglich den Handlungszusammenhang der Akteure konkretisieren, der für ihre Entscheidungsfindung und ihre Orientierungen von zentraler Bedeutung ist. In diesem Sinne bezeichnet Kontext ein Set aus (formalen und informalen) Regeln, Prozeduren und Organisationen, die den Handlungsraum der Akteure konstituieren und ihre Wahlmöglichkeiten konfigurieren. Kontexte strukturieren die Bedingungen des Handelns und halten spezifische Handlungsmöglichkeiten und –grenzen bereit. Sie formen zugleich typische Rollenerwartungen an die Inhaber bestimmter Positionen aus. Obwohl sie den Akteuren zuweilen fest gefügt erscheinen, sind Kontexte eine dynamische Größe. Als Produkte sozialer Interaktion und Entscheidung ist ihre Änderung prinzipiell möglich (Riker 1980). Da die Akteure ihre Aktivitäten aber nicht fortwährend und überwiegend auf die Änderungen von Kontexten ausrichten, markieren diese zunächst einmal eine durchaus beständige Handlungsumgebung, die ein charakteristisches Aktionsrepertoire bereithält, besondere Spielregeln der Interaktion hervorbringt und ein typisches Zielspektrum der Akteure induziert.

Der für diese Untersuchung zentrale Kontext ist der Verbund von *parlamentarischem Regierungssystem* und *Party-Government*. Das parlamentarische Regierungssystem kennzeichnet vor allem die Möglichkeit zur Abberufung der Regierung durch das Parlament (Linz 1990a, 1990b). Daraus ergeben sich die Verschränkung von Regierung und der sie tragenden Parlamentsfraktionen sowie der Gegensatz zwischen parlamentarisch gestützter Regierung und parlamentarischer Opposition. In modernen parlamentarischen Regierungssystemen europäischen Typs sind Parteien die zentralen Akteure, die diese Institutionen durchdringen. Sie bestimmen wesentlich die Bearbeitung und Lösung kollektiver Probleme der Gesellschaft, nicht nur in symbolischer, sondern auch in substantieller Hinsicht (Keman 2006). Über sie läuft die Verknüpfung von Staat und Gesellschaft (Sartori 1976). Bürger delegieren Parteien als ihre Repräsentanten und erteilen ihnen das Mandat zu regieren und über Ansätze zur Lösung gesellschaftlicher Probleme zu entscheiden (Keman 2002).

Im Konzept von *Party-Government* kommt die Zentralstellung der Parteien für den Zusammenhang parlamentarischer Regierungssysteme zum Ausdruck: „Firstly, all major governmental decisions must be taken by people chosen in elections conducted along party lines, or by individuals appointed by and responsible to such people. (…) Secondly, policy must be decided within the governing party, when there is a ‚monocolour' government or by negotiation among parties when there is a coalition. (…) Thirdly, the highest officials (e.g. cabinet ministers and especially the prime minister) must be selected within their parties and be responsible to the people through their parties." (Katz 1986: 43).[6] Zu den zentralen Aufgaben der regierenden Parteien gehören die Kontrolle des Policy-Making, das Administrieren politischer Entscheidungen und die Politikimplementation (Strøm 2000b).

Das Handeln von politischen Parteien und ihren individuellen Repräsentanten wird vom Kontext des Party-Government beeinflusst. Alle Parteiakteure agieren fortlaufend vor dem Hintergrund ihrer Konkurrenzbeziehungen um Wählerstimmen und bemühen sich deswegen stets, als „beste" wählbare Alternative zu erscheinen (vgl. Powell 1982: 3). Daneben gilt ihre Orientierung aber auch der Sachdimension von Politik und damit der Bearbeitung von Problemen, das heißt der Verringerung von Diskrepanzen zwischen den Ist-Zuständen und den gewünschten Zuständen gesellschaftlicher Realität (Sjöblom 1986: 75-80). Die Akteure treffen ihre Entscheidungen, individuell und für den Kollektivzusammenhang, im spannungsreichen Feld von Policy, Office und Vote (Müller/Strøm 1999, Wolinetz 2002). Sie sind zugleich Policy-Seeker *und* Power-Seeker (Office/Vote). Ihre Orientierung als „multiple selves" (Elster 1986, Wiesenthal 1990) geht mit der Kopräsenz unterschiedlicher Referenzsysteme einher. Das heißt, dass die Akteure für die Entscheidungsfindung Problemlösungsaspekte berücksichtigen, sich aber ebenso an den Spielregeln politischer Macht orientieren. Die Kombination von Policy- und Politics-Aspekten erfordert Wissen und Kompetenzen im Bereich der Problemlösung, des Policy-Making, der Mechanismen von Parteienkonkurrenz, des Koalitionsmanagements (im Falle von Mehrparteienregierungen), des Einflusses von Medien, Interessengruppen sowie die Fähigkeit, das Handeln der beteiligten Party-Government-Akteure von Regierung, Parlament und Partei zu koordinieren (Tils 2005).

Im Zentrum dieser Untersuchung stehen die Kollektivakteure des Party-Government und das individuelle Handeln der Partei- und Regierungsakteure, soweit es für den Kollektivzusammenhang relevant und folgenreich wird. Die hier untersuchten kollektiven Parteiregierungen setzen sich aus Regierungsmitgliedern, administrativen Akteuren, den Mehrheitsfraktionen als Trägern der Regierung, und Akteuren aus den an der Regierung beteiligten Parteiorganisationen zusam-

---

[6] Die ähnlichen und anschlussfähigen Konzepte vom „Parteienstaat" bzw. der „Parteiendemokratie" werden hier aufgrund ihrer spezifischen Verwendungszusammenhänge und ihrer normativen Implikationen nicht zur Grundlage der Analyse gemacht (vgl. dazu etwa Helms 1999a, Stöss 2002).

men. Im deutschen Fall erweitert sich das Akteurspektrum durch den Tatbestand einer koalitionsgeführten Bundesregierung, so dass hier nicht nur die entsprechenden Akteure der Sozialdemokraten, sondern auch der Grünen in die Analyse einbezogen werden. Gleichwohl liegen Ausgangspunkt und Schwerpunkt der Analysen des deutschen und britischen Falls bei den jeweiligen Regierungsspitzen, die sich um den Kanzler Gerhard Schröder und Premier Tony Blair gruppieren.

3.2 Strategiefähigkeit des Regierungsakteurs

Strategiefähigkeit meint die Fähigkeit zu strategischer Politik, das heißt eines besonderen Modus der Zielverfolgung und spezifischen situationsübergreifenden Ziel-Mittel-Umwelt-Verknüpfungen (vgl. Raschke/Tils 2007: 273-334). Die Strategiefähigkeit des Regierungsakteurs bezieht sich auf dessen kollektive Fähigkeit zur Verfolgung strategischer Politik. Sie umfasst nicht nur kognitive Kapazitäten, sondern auch strategische Handlungskapazitäten als organisierter Akteur. Strategiefähigkeit eröffnet Potentiale zu strategischem Handeln – im Sinne realer Möglichkeiten –, ist aber nicht das Gleiche wie Strategiehandeln. Der Begriff steht für den Speicher strategierelevanter Handlungsfähigkeiten, der den Kollektivakteur in die Lage versetzt, Strategien zu entwickeln und umzusetzen.

Strategiefähigkeit ist stufenweise zu denken. Sie existiert in unterschiedlichen Graden. An ihrer Untergrenze lässt sich von Strategie*un*fähigkeit sprechen. Die Strategiefähigkeit eines kollektiven Regierungsakteurs ist nie endgültig gesichert, sondern muss fortlaufend aufgebaut und erneuert werden. Die Herstellung von Strategiefähigkeit bleibt also ein permanenter Prozess, der die Regierungstätigkeit begleitet. Regierende müssen nicht nur auf das Regieren, sondern auch auf den Erhalt bzw. nachholenden Aufbau ihrer strategischen Regierungsfähigkeit achten. Das erfordert die Integration einer Fülle von Teilakteuren, die für die konkrete Ausgestaltung des Regierungshandelns erforderlich sind (z.B. Fraktion, Partei, Administration, Koalitionspartner).

Strategiefähigkeit basiert auf *Führung*, *Richtung* und *Strategiekompetenz*. Diese drei Bestandteile sind zu entwickeln und miteinander abzustimmen. Normalerweise bauen die Elemente von Strategiefähigkeit aufeinander auf: erst Führung, dann Richtung, erst danach kann Strategiekompetenz greifen. Ohne Klärung der Führungsfrage bleibt die Richtung frei schwebend. Ohne die Einheit von Führung und Richtung fehlt der Strategiekompetenz die Anbindung. Seltener wird zuerst die Richtung festgelegt: dann muss die Führung folgen.

Klärung der *Führungsfrage* heißt Stabilisierung der Führungshierarchie mit einer Nr. 1 an der Spitze sowie Abgrenzung und Akzeptanz eines strategischen Zentrums. Zwar ist die Rekrutierung und Auswahl von Führungspersonal eine

Standardaufgabe politischer Parteien in Systemen des Party-Government. Allerdings können größere, heterogene Führungsorgane wie Präsidien oder Vorstände in der Regel die notwendige Hierarchisierung und Zentrierung strategischer Steuerung nicht gewährleisten, da sie in ihrer Zusammensetzung auch der Binnendifferenzierung des kollektiven Parteiakteurs Rechnung tragen. Für Strategie kommt es auf die Zuspitzung eines engeren Führungskerns an, das als strategisches Zentrum besondere Verantwortung für die Entwicklung und Umsetzung kollektiven Strategiehandelns übernimmt.

Klärung der *Richtungsfrage* heißt, für die Formation einen inhaltlichen Korridor festzulegen, der Selbstdefinitionen und Positionsbestimmungen im politischen Koordinatensystem[7] enthält. Gerade in diesem Bereich sind, unabhängig von strategischen Kalkulationen, auch Überzeugungen und Ideologien wirksam. Die Richtung eines parteipolitischen Akteurs zeigt sich in der Themenwahl, programmatischen Vorschlägen, Koalitionspräferenzen oder instrumentellen Symbolisierungen. Sie lässt sich in analytische Komponenten wie Ideen, Werte, Ziele, Instrumente oder Interessen zerlegen und formuliert damit politische Großprojekte, normative Maßstäbe des Handelns, anzustrebende Zustände, einzusetzende Mittel, zu berücksichtigende Gruppen. Die Anschlussfähigkeit von Strategie wächst in dem Maße, wie inhaltlicher Korridor und richtungspolitische Linie geklärt sind. Linienführung einer Regierung auf der Basis einer Richtungsentscheidung wird zum Kernelement von Strategie und bedarf der Bezugspunkte sowohl auf der Gestaltungs- wie auf der Machtebene.

Entwicklung von *Strategiekompetenz* bedeutet, in den für die Regierungssteuerung wesentlichen Kompetenzfeldern Organisation, Problemlösung, Konkurrenz und Öffentlichkeit strategisches Wissen und Know-how aufzubauen. Strategiekompetenz ist noch nicht die Strategie selbst. Es bedeutet, dass man weiß, worauf es strategisch ankommt und gelernt hat, die wichtigen von den weniger wichtigen Themen zu unterscheiden, sachlich und instrumentell adäquate Problemlösungen zu entwickeln, tragfähige Bündnisse aufzubauen, öffentlich erfolgreich zu kommunizieren, Bürger- und Wählererwartungen zu erfüllen. Die *Wissenskomponente* beschreibt die in der Praxis durch Erfahrung, Lernen, Reflexion aufgebauten strategischen Kenntnisse, mit deren Hilfe Strategiebildung und Steuerung betrieben wird. Die *Managementfertigkeiten* beziehen sich auf die Organisierung, Koordination und Durchsetzung des entsprechenden Wissens in den einzelnen Kompetenzfeldern.

Regierungen im Party-Government benötigen eine *erweiterte Strategiefähigkeit*, die durch ein höheres Anspruchsniveau gekennzeichnet ist als die *einfache Strategiefähigkeit* politischer Parteien in der Opposition. Es erfordert begrenztere Struktu-

---

[7]   Vgl. Raschke/Tils (2007: 225-233) zum ideologischen Koordinatensystem der Parteienkonkurrenz.

rierungsleistungen, um Organisations-, Programm-, Mobilisierungs- und Öffentlichkeitsfunktionen innerhalb der Partei, im Wahlkampf oder im Parlament zu erfüllen als im komplexen Feld tatsächlichen Regierens. Kollektive Akteurfähigkeit und der Aufbau von Strategiefähigkeit in der eigenen Organisation ist damit nur ein erster Schritt zur Entwicklung erweiterter Strategiefähigkeit von Regierungsparteien.

Strategische Regierungsfähigkeit meint eine *erweiterte Strategiefähigkeit*, die alle Bereiche des Party-Government – das heißt Exekutive und Legislative, Partei und Regierung, politische Administration und bürokratische Organisation (vgl. dazu Goetz 2006) – miteinander verknüpft. Für die Regierungspartei(en) geht es darum, Kapazitäten aufzubauen, um an mehrheitsfähigen, sachlich angemessenen Problemlösungen arbeiten *und* gleichzeitig das engere Parteiinteresse damit vermitteln zu können. Eine nur an parteipolitischen Koordinaten ausgerichtete Programm- und Problempolitik verfehlt – anders als bei der stärker an eigener Identität und Konkurrenzsituation orientierten einfachen Strategiefähigkeit politischer Parteien – die Anforderungen strategischer Regierungsfähigkeit. Gesamtstaatliche Verantwortung und der Zwang zum Hervorbringen von „realen" Problemlösungsansätzen erzwingt eine sachlich, zeitlich und sozial erweiterte Strategieperspektive. Regierungsparteien sehen sich drastisch gestiegenen Koordinationserfordernissen zwischen Partei, Regierung und Fraktion gegenüber und benötigen hierfür die geeignete Kapazitäten und Mechanismen. Außerdem müssen sie sich dazu in die Lage versetzen, den „Staatsapparat" in ihrem Sinne zu bedienen. Strategische Regierungsfähigkeit steigert damit die Anforderungen des politischen Komplexitätsmanagements gegenüber einfacher Strategiefähigkeit beträchtlich.

Nicht immer gelingt es, erweiterte Strategiefähigkeit bereits vor dem Erreichen von Regierungsmacht aufzubauen. Prinzipiell ist also *nachholender* ebenso wie *antizipierender* Aufbau von strategischer Regierungsfähigkeit möglich. Allerdings sind die Risiken und Belastungen bei nachholendem Aufbau größer, da dann Führungs- und Richtungsklärung sowie die Entwicklung von Strategiekompetenz zeitgleich mit dem belastenden Regierungsgeschäft vorzunehmen sind. Außerdem bietet der längerfristige, vorausschauende Aufbau von der Partei aus verbesserte Chancen, eine stabilisierte, in ihren Grundelementen in der Partei verankerte Strategiefähigkeit zu erlangen. Sonst droht eine Strategiefähigkeit, die nur dem Zwang der Verhältnisse sowie dem Druck zu geschlossenen Regierungshandeln folgt. Sie droht „unecht" bzw. simuliert zu bleiben und lässt Instabilität erwarten.

Im Party-Government ist die *Partei* auch bei Regierungsübernahme der Kern, auf den sich die erweiterte Strategiefähigkeit bezieht. Eine nur auf Akteuren und Orientierungen der Regierungsinstitutionen aufbauende Strategiefähigkeit droht sich von der Partei abzukoppeln und wird immer dann zu Problemen führen, wenn Wahl- und Politikerfolge ausbleiben bzw. das Regierungshandeln in Widerspruch zu Grundüberzeugungen der Partei gerät. Riskant ist die Übernahme von Regierungsgeschäften ohne erprobte Fähigkeit zur Steuerung der eigenen Partei und ohne Berücksichtigung ihres identitäts- und wertbezogenen Parteikerns.

Die Fähigkeit zur Zentrierung eines Kollektivakteurs ist mehr als die Durchsetzung in einer Personenkonkurrenz, also der Entscheidung über die Nr. 1. Klärung der Führung beinhaltet auch den Aufbau eines *strategischen Zentrums*, das die Grundlage aller Bemühungen um kontinuierliche strategische Politik darstellt. Strategisches Zentrum wird hier als Akteurzusammenhang und als analytische Perspektive eingeführt.

Als *Akteurzusammenhang* beschreibt das strategische Zentrum ein auf formalen Führungspositionen beruhendes informales Netzwerk sehr weniger Akteure, die über privilegierte Chancen verfügen, die Strategie einer Formation zu bestimmen und das strategische Steuerungshandeln zu beeinflussen. Aus den formalen Positionen allein ist nicht ableitbar, warum es gerade diese Personen sind, die das strategische Zentrum ausmachen, aber ohne formale Macht haben noch so kluge strategische Intentionen keine Chance. Überproportionale Chancen am strategischen Zentrum beteiligt zu sein, haben der Regierungschef, der Parteivorsitzende (falls nicht bereits in Personalunion dabei), Inhaber zentraler Steuerungspositionen von Regierung (z.B. Chief of Staff, Chef des Kanzleramtes), Partei (z.B. Generalsekretär, Deputy Leader) und Fraktion (Party Whip, Fraktionsvorsitzender). Für die empirische Abgrenzung eines solchen Netzwerks kommt es nicht auf die Häufigkeit tatsächlicher Interaktion und Kommunikation an. Vielmehr geht es um die Notwendigkeit der wechselseitigen Einbeziehung in strategische Entscheidungsprozesse. Insofern können auch anerkannte bzw. antizipierte Vetopotentiale einzelne Akteure – selbst bei geringer Interaktionsdichte – zu Mitgliedern eines strategischen Zentrums machen.

Es gibt drei Dimensionen, in denen sich ein strategisches Zentrum beschreiben lässt. Die erste heißt *Konzentration*. Der Konzentrationsgrad bezeichnet die Zahl der Personen, die einem strategischen Zentrum zugerechnet werden. *Verflechtung* verschiedener Handlungsbereiche (Partei, Fraktion, Regierung), die zweite Dimension, ist schon allein zum Zweck der Koordination funktional ausdifferenzierter Institutionen notwendig. Der Grad der Verflechtung gibt an, wie viele Akteure des Zentrums Führungspositionen in Partei, Fraktion und Regierung ausüben (zum Teil auch in Personalunion). *Zentrierung*, die dritte Dimension, bezeichnet den Grad zentrierter Entscheidungskontrolle innerhalb eines strategischen Zentrums. Normalerweise baut sich ein strategisches Zentrum von der formalen Spitzenfigur her auf. Je nach Größe des strategischen Zentrums, des Gewichts der Beteiligten und der konkreten Führungskonstellation kann unterhalb der Nr. 1 eine erhebliche Variation des Einflusses auf strategische Entscheidungen existieren.

Strategisches Zentrum ist nur im Singular zu denken. Zwei oder mehr Zentren innerhalb einer Partei bedeutet Spaltung der Partei. Das gilt vor allem, wenn Zentrum im umfassenderen Sinne der Erarbeitung, Durchsetzung und Steuerung strategischer Politik des kollektiven Gesamtakteurs verstanden wird. Anders verhält es sich dagegen bei mehrpoligen Einflusssystemen unterhalb dieser Ebene. Solche Pole können durch Strömungen, Cliquen, Führungszirkel gebildet werden. Sie be- oder verhindern möglicherweise den Aufbau und die Wirksamkeit eines strategischen Zentrums, ersetzen können sie es nicht. Existiert mehr als ein Zentrum, ist das ein Hinweis auf eine noch nicht entschiedene Führungsfrage. Häufig sind damit nicht geklärte Richtungsprobleme verbunden.

Wechselt man von der Ebene Partei auf die Ebene *Parteiregierung*, entscheidet die Zusammensetzung der Regierung über die konkreten Konstellationen strategischer Zentren. Im Falle von *Einparteienregierungen* zeigt die Existenz mehrerer strategischer Zentren innerhalb der Regierung Führungs- und Richtungsprobleme an. Für den Fall von *Mehrparteienregierungen* gilt dies nicht. Hier sind mehrere strategische Zentren der Normalfall. Innerhalb von Koalitionsregierungen verfügt jede der regierenden Parteien über ein eigenes Zentrum. Anders als bei Einparteienregierungen erweitern sich hier die Koordinationserfordernisse noch einmal erheblich. Es geht nicht nur um Abstimmungsprozesse *innerhalb* eines Parteiakteurs in der Regierung, sondern zugleich um die Interaktion und Koordination *zwischen* Parteikollektiven (Müller/Strøm 2000: 4-5). Dabei verfügt der größere Koalitionspartner, der den Regierungschef stellt, über die Unterstützung der Regierungszentrale. Das strategische Zentrum dieser „Kernregierung" muss sich für die Führung der Gesamtregierung mit dem strategischen Zentrum des Koalitionspartners abstimmen. Pfade und Mittel der Koordination variieren. Sie können formal oder informal strukturiert sein, den Weg über „Kamingespräche" zwischen Akteuren der jeweiligen Zentren oder über fest etablierte Koalitionsausschüsse suchen. Die empirisch untersuchten Fälle dieser Arbeit verweisen sowohl auf den Fall einer Einparteienregierung (Großbritannien) als auch auf den Fall einer Koalitionsregierung aus zwei Parteien (Deutschland).

Da die wenigen Akteure des strategischen Zentrums allein nicht über genügend Zeit, Wissen und Know-how für die strategische Steuerung der Regierung verfügen, benötigen sie Unterstützung. Professionelle Unterstützung ist nicht auf eine einzelne Funktion reduzierbar, sei es die operativer Umsetzung, interner und externer Beratung oder auch die einer Mitwirkung an strategischen Entscheidungen ohne formale Verantwortung. Der Aufbau von Mehrstufigkeit und die damit einhergehenden Professionalisierungsprozesse können als Ausdifferenzierung (im

Sinne funktionaler Differenzierung) des strategischen Zentrums verstanden werden.

Der Regierungschef hat die Chance, die von ihm kontrollierte Regierungszentrale zu einer strategischen Steuerungszentrale zu entwickeln. Umfang und Relevanz eines solchen strategischen Steuerungssektors hängen unter anderem von Aufgabenzuschreibungen, Ressourcenausstattungen, Personalrekrutierungen ab. Die Konfiguration von Stabs- und Beratungsstrukturen folgt nicht einfach Effektivitätskriterien. Sie ist eher bestimmt von unterschiedlichen Vorstellungen von Effektivität, mehr noch aber einem breiten Spektrum von Motiven, zu denen auch die Behauptung politischer Autonomie und intellektueller Selbständigkeit gehören, die Angst vor Konkurrenz und politischem Machtverlust. Starke Einflussfaktoren sind zudem der jeweilige Führungs-, Regierungs- und Strategiestil. Selbst die intellektuelle Verarbeitungskapazität und Lernbereitschaft der Führungsakteure spielen ihre Rolle.

Als *analytische Perspektive*, die Aufmerksamkeiten fokussiert, unterscheidet sich das strategische Zentrum vom in der Regierungsforschung inzwischen fest etablierten Konzept der Kernexekutive (*Core Executive*), obwohl sich Bezüge zwischen beiden Analysekonzepten herstellen lassen. Das aus der britischen Regierungsforschung hervorgegangene Konzept der Core Executive (Dunleavy/Rhodes 1990, Rhodes/Dunleavy 1995, Rhodes 2000b, 2000c) ist nicht zuletzt zur Überwindung der klassischen, dichotomisch strukturierten Debatte um den Charakter der britischen Regierung als entweder „prime ministerial government" oder aber „cabinet government" entwickelt worden (Heffernan 2005). Core Executive sollte ein realistischeres Bild des komplexen, mit wechselseitig abhängigen Akteuren durchsetzten Zentralbereichs der Exekutive zeichnen. Danach werden die exekutiven Institutionen nicht nur mit Blick auf das Verhältnis von Regierungschef und Kabinett analysiert. Die Core Executive umfasst vielmehr „(…) all those organisations and procedures which coordinate central government policies, and act as final arbiters of conflict between different parts of the government machine. In brief, the 'core executive' is the heart of the machine, covering the complex web of institutions, networks and practices surrounding the prime minister, cabinet, cabinet committees and their official counterparts, less formalised ministerial 'clubs' or meetings, bilateral negotiations and interdepartmental committees." (Rhodes 1995: 12).

Beide Konzepte – Core Executive und strategisches Zentrum – unterstreichen die Bedeutung wirkungsvoller Koordination und geeigneter Konfliktlösungsmechanismen, die zur Entscheidungsfähigkeit und -kohärenz des Regierungskollektivs beitragen können. Dennoch markieren einzelne Aspekte zentrale *Differenzen* zwischen den Analysekonzepten. Auf der einen Seite ist Core Executive ein umfassenderes Konzept, das eine große Bandbreite von Institutionen, Prozeduren und Praktiken umfasst, während das strategische Zentrum spezifische Akteure in den Blick nimmt, die besondere Herausforderungen der *strategischen* Regierungssteuerung zu bewältigen haben. Auf der anderen Seite ist das Modell der Core Executive begrenzter. Es konzentriert sich ausschließlich auf die exekutiv-administrative Seite des Regierens und die Akteure in den zentralen administrativen Institutionen (Regierungschef, Kabinett, intra- und interministerielle Beziehungen etc.). In dieser Hinsicht erweitert das Konzept des strategischen Zentrums die analytische Perspektive und bezieht die Führungsakteure aller relevanten Kollektive im Party-Government in die Analyse mit ein (Regierung, Administration, Partei, Parlament). Das strategische Zentrum ist eben mehr als nur der „Kern" der Kernexekutive. Auch die struktur-funktionalistische Perspektive des Core Executive-Ansatzes, die schon in der Definition zum Ausdruck kommt („(...) all those organisations and procedures (…)"), wird im akteurzentrierten Konzept des strategischen Zentrums abgelöst durch eine Fokussierung, die den Orientierungen, Zielen, Interessen und Kalkulationen der Handelnden folgt. Nicht zuletzt bleibt das Konzept der Core Executive explizit dem Prozess des Policy-Making verhaftet und analysiert auf diese Weise nur einen Teil politischer Prozesse. Der mit dem strategischen Zentrum verbundene Fokus auf das gesamte Strategy-Making erweitert den engen Blick auf das Policy-Making und verbindet Macht- und Gestaltungsziele in übergeordneter Perspektive. Eine Strategieanalyse, die das strategische Zentrum in den Mittelpunkt stellt, interessiert sich nicht nur für regierungsinterne Prozesse der Problempolitik, sondern untersucht die Voraussetzungen und Bedingungen der umfassenden Steuerung einer Gesamtregierung über einen längeren Zeitraum hinweg.

3.3 Konzept strategischer Regierungsführung

Mit Erreichen von Regierungsmacht werden aus Strategieperspektive die Fragen nach einem Konzept strategischer Regierungsführung virulent: Existiert eine strategische Grundkonzeption für den Regierungsprozess? Sind damit hinreichend deutliche strategische Ziele für das Regieren gesetzt? Strategiekonzepte sind das Ergebnis von Strategiebildungsprozessen, die systematisch, konzentriert oder lose verkoppelt, zeitlich gestreckt angelegt sein können. Emergente Strategiebildung ist ebenso denkbar wie konzeptionelle (Raschke/Tils 2007: 336-339).

Im Idealfall existieren für den Regierungsprozess sowohl eine übergreifende *Strategie* als Rahmenkonzept, die die grundlegende Ausrichtung des künftigen Regierungshandelns vorgibt und dafür inhaltliche, prozessuale und kommunikative Leitlinien setzt, als auch spezifischere *Steuerungskonzepte*, die konkrete Zeit-, Ziel-

und Aktionspläne enthalten (Raschke/Tils 2007: 374-376). Angesichts der Dynamik politischer Prozesse können diese kaum einen detailgenauen Masterplan für die gesamte Legislaturperiode enthalten, der nur noch „abzuspulen" wäre. Dennoch ist es möglich, die zur Verfügung stehende Regierungszeit zu strukturieren und Zeitfenster für bestimmte Themenbearbeitungen vorzusehen. Selbstverständlich wird einem die Fluidität der Politik auch Probleme und Themen aufzwingen, dennoch kann eine gezielte Projektsteuerung verhindern, dass die der Regierung zur Verfügung stehenden Ressourcen und Machtpotentiale nicht vorhersehbar überfordert werden oder ihr die inhaltlichen Projekte nach zeitlicher Ballung plötzlich „ausgehen". Das kann insbesondere vor Wahlen ein relevantes Problem darstellen, wenn Aktivitätsnachweise und Gestaltungsideen erforderlich sind, um den Bürgern die von ihnen erwartete „Zukunftskompetenz" zu vermitteln.

Aufgrund typischer Schwächen vieler Regierungen beim Brückenschlag zwischen Vorwahl, Wahlkampf, Wahl, Regierungsbildung und anschließendem Regieren existieren meist keine umfangreich ausgearbeiteten Strategie- und Steuerungskonzepte – und wenn sie vorhanden sind, bleiben sie unter Verschluss für die Öffentlichkeit und die politische Konkurrenz. Dennoch kann die Strategieanalyse in diesen Fällen auch auf andere Quellen zurückgreifen, die möglicherweise Auskunft geben über Schwerpunktbildungen, Priorisierungen, Zeitpläne und Leitvorstellungen der Regierung. Das sind zum Beispiel Wahl- und Regierungsprogramme, Konzeptpapiere der Partei, Koalitionsvertrag, Regierungserklärung, (auto-)biographische oder sonstige Begleittexte zentraler Politikakteure. In der Zusammenschau können auch solche Positionsbestimmungen ein übergeordnetes Leitkonzept der Regierungsakteure ausdrücken – oder eben die Inkonsistenz und Inkohärenz des verfolgten Politikansatzes deutlich machen.

3.4 Kernelemente strategischer Regierungssteuerung

Durch die Regierungsübernahme sind Parteiakteure mit besonderen Herausforderungen konfrontiert. Die strategische Gesamtsteuerung einer Regierung verläuft anders als die Oppositionsarbeit, das Navigieren einer Partei im Wahlkampf oder die Leitung eines einzelnen Ministeriums. *Strategische Regierungssteuerung* bedeutet das Lenken und Führen des Regierungskollektivs als Ganzes. Dafür sind drei Aspekte charakteristisch: Integrierte Prozess- und Inhaltssteuerung, ressortübergreifende Regierungssteuerung, Rahmensteuerung.

Eine *integrierte Prozess- und Inhaltssteuerung* setzt sich ab von verengten Politikorientierungen wie etwa eindimensionalen Policy- oder Politics-Perspektiven (Tils 2005: 87-100), die sich in ihren Sach-, Ziel-, Akteur-, Referenzdimensionen und jeweiligen Handlungsfeldern voneinander unterscheiden, indem sie entweder

Aspekte der Problemlösung oder aber des Machterwerbs bzw. -erhalts in den Mittelpunkt der Überlegungen rücken. Je nach Perspektive werden damit entweder Probleme, Problembearbeitungsstrukturen bzw. Politikfelder oder aber Themen, massenmediale Öffentlichkeit, Konkurrenzfelder bzw. Wählergruppen zu Referenzpunkten des politischen Handelns. Die Steuerung einer Gesamtregierung verknüpft Problem- und Konkurrenzpolitik in übergeordneter Perspektive.

Bei der Steuerung einer Regierung wird die isolierte Sicht der Steuerung einzelner Ressorts verlassen. *Ressortübergreifende Regierungssteuerung* erreicht man nicht einfach durch die Addition der verschiedenen Fachpolitiken (Raschke 2001: 102-111). Die einzelnen Ressortleistungen müssen sich vielmehr in ein gesamtpolitisches Problemleistungsprofil der Regierung integrieren. Diese Aufgabe wird dadurch erschwert, dass die Logiken und Orientierungen der Akteure in den einzelnen Teilbereichen der Regierung auseinander fallen (Tils 2003). Fachwissenschaftliche, juristische und vollziehende Handlungslogiken, administrative und politische Ressortsteuerungsperspektiven sind mit einer politischen Logik konfrontiert, die das Regierungshandeln aus einer Gesamtsteuerungsperspektive denkt.

Selektiv-gezielte *Rahmensteuerung* ist das dritte Charakteristikum strategischer Regierungssteuerung. Eine flächendeckende Detailsteuerung scheitert bereits an der Komplexität modernen Regierens (vgl. Raschke/Tils 2007: 466, Raschke 2001: 102-104). Die Strukturierungen einer solchen Rahmensteuerung führen zu einer strategischen Linienführung des Regierungshandelns. Die regierungsübergreifende strategische Linienführung ist fortlaufend bedroht: eigenmächtige Ressorts, überzählige Themen, Sachzwänge, konkurrenzanfällige Koalitionen, knappe Finanzen, sprunghafte öffentliche Stimmungen, eigensinnige Medien sind nur einige der Einflussfaktoren, die eine kohärente Rahmung der Regierungsaktivitäten erschweren.

Das Anforderungsniveau an strategisches Regieren steigert sich mit dem verfolgten *Reformanspruch*. Die alltägliche Reform als Reform erster Ordnung (vgl. Hall 1993), also die laufende Anpassung gegebener Politikinstrumente im Lichte gewonnener Erfahrungen, wirft prinzipiell keine anderen Probleme auf als das „normale" Regieren im Sinne eines inkremental-routinierten Managements des Status quo und eines Krisenmanagements. Anders verhält es sich bei anspruchsvolleren Reformen, die sowohl die Auswahl als auch die Konfiguration von Policy-Instrumenten umfassen (Reformen zweiter Ordnung) oder gar Reformen dritter Ordnung, die das politische Handeln unter ein neues Paradigma stellen. Reformen dritter Ordnung nehmen Veränderungen sowohl auf der Ebene instrumenteller Justierungen und der Instrumente selbst vor, als auch bei den Zielhierarchien, auf denen die Policies beruhen. Hier erhöhen sich die Herausforderungen an strategisches Regierungshandeln beträchtlich.

Die in dieser Analyse herangezogenen Kernelemente strategischer Regierungsführung setzen sich aus strategischer Leadership, den vier Zentralbereichen der Steuerung (Organisation, Problem- und Konkurrenzpolitik, Kommunikation) sowie den Steuerungsparametern von Macht, Erwartungen und Leistungen zusammen.

3.4.1 Leadership

Obwohl das Konzept von Leadership innerhalb der Politikwissenschaft noch immer nach klaren Konturen sucht und in seinen zentralen Grundlagen als „contested" (Elgie 1995: 2) gelten muss, ist die Kategorie für die Untersuchung strategischer Regierungsprozesse unverzichtbar, sowohl mit Blick auf die analytische Rekonstruktion als auch als Erklärungsfaktor. Diese Arbeit beruht auf der These, dass die Um- und Durchsetzung strategischer Ziele im Steuerungsprozess auf Leadership angewiesen ist.[8] Leadership durchzieht sämtliche strategische Steuerungsbereiche von Organisation, Problem- und Konkurrenzpolitik sowie öffentlicher Kommunikation. Sie wirkt sich in der internen und der externen Umwelt aus. Nach innen leistet Leadership seinen Teil zur Bündelung der Handlungen des strategischen Kollektivakteurs, nach außen kann sie zur Durchsetzung der eigenen Strategie in den von Widerstand geprägten Interaktionen beitragen. Das komplexe und zum Teil gegenläufige Zusammenspiel von Innen und Außen erschwert die Aufgabe der Erbringung von Führungsleistungen.

Führungsfragen sind bereits im Zusammenhang mit der Strategiefähigkeit kollektiver Akteure thematisiert worden. Dort ging es allerdings um positionelle und organisatorische Fragen, das heißt insbesondere um die Klärung der Führung (Wer ist die Nr. 1?) und die Herausbildung eines arbeits- und entscheidungsfähi-

---

[8]   Grundlegenden Einwänden gegenüber der Analyse von Leadership in demokratisch organisierten politischen Systemen, die sich etwa auf theoretische Unschärfen, analytische Beliebigkeit, demokratietheoretische Defizite oder die Blindheit gegenüber der Kategorie Geschlecht beziehen (Pelinka 1997), wird entgegengehalten, dass die Kritikpunkte zwar einerseits für manche unter dem Etikett von Leadership firmierenden historisch-biografischen Beiträge durchaus zutreffen mögen, andererseits aber bislang das heuristisches Potential von Leadership-Studien – gerade im Strategiezusammenhang – noch nicht einmal ansatzweise ausgeschöpft scheint. Begriffliche Schwierigkeiten sowie konzeptionelle Probleme ergeben sich ebenso im Zusammenhang mit anderen Zentralbegriffen der Politikwissenschaft (Macht, Gesellschaft, Staat etc.), ohne dass sich damit aus Sicht des Faches ein Rückgriff auf solche Begriffe und Konzepte verbieten würde. Auch die Vermittlung von Leadership mit demokratietheoretischen Gesichtspunkten ist nach der hier vertretenen Auffassung eher als Aufgabe zu interpretieren. Historische Belastungen des Führerbegriffs und mögliche Spannungen zwischen politischer Führung und demokratischen Grundprinzipien sollten nicht dazu führen, die Analyse von Leader-Follower-Beziehungen im Politikkontext aufzugeben.

gen strategischen Zentrums. Für den Zusammenhang von Steuerung sind die Führungsaspekte zu dynamisieren. Im Kern ist *Führung* im Rahmen von Strategiefähigkeit als *Struktur*, im Rahmen von strategischer Steuerung als *Prozess* zu verstehen (*Leadership*). Leadership kennzeichnet damit die im Prozess zu realisierende politische Führung.[9] Die entsprechenden Kategorien für die Analyse von strategischer Leadership sind hier im analytischen Bezugsrahmen auf der Basis des aktuellen Forschungsstands zu entwickeln.

Bislang zeigt sich die Leadership-Forschung als sehr heterogenes Feld, das durch eine Fülle unterschiedlicher „Denkschulen" und wissenschaftlicher Disziplinen (Psychologie, Soziologie, Geschichtswissenschaft u.a.) geprägt ist (Antonakis/Cianciolo/Sternberg 2004, Walker 2006). Bis heute ist es nicht gelungen, verallgemeinerbare Grundlagen oder gar Ansätze einer übergreifenden Leadership-Theorie hervorzubringen (vgl. Goethals/Sorensen 2006). Auch für die politikwissenschaftliche Leadership-Forschung ist ihr heterogenes Erscheinungsbild charakteristisch. Wir finden psychologisch, soziologisch oder historisch akzentuierte Beiträge (vgl. Helms 2005c). Es sind eine Vielzahl unterschiedlicher Analysekonzepte erprobt und vielfältige Begriffsbestimmungen entwickelt worden (vgl. etwa Morrell/Hartley 2006, Greenstein 2004, King 2002b, Mouritzen/Svara 2002, Edinger 1990, Kellerman 1986, Hermann 1986, Rockmann 1984, Seligman 1950). Vor allem sechs Aspekte stehen im Zentrum politikwissenschaftlicher Untersuchungen politischer Führung: *Eigenschaften* der Führungsakteure, *Leader-Follower-Beziehungen*, *Kontexte*, *Aufgaben* und *Techniken* sowie *Wirkungen* von Leadership (Peele 2005). Der Versuch einer Systematisierung unterschiedlicher Ansätze der Leadership-Forschung macht mindestens fünf verschiedene Analysestränge erkennbar.

(1) Ein Ansatzpunkt zur Sortierung der ausdifferenzierten Forschungslandschaft liegt in der Kennzeichnung der jeweiligen *wissenschaftstheoretischen Grundposition* der einzelnen Studien. Von der politischen Philosophie der Antike bis hin zu den mittelalterlichen Fürstenspiegeln dominierten *normativ* orientierte Untersuchungen, die der Frage nach *guter* politischer Führung nachgingen und sich auf die Suche nach der Differenz vom Idealbild zum Realbild des Herrschers begaben (Helms 2005c: 32). Diese weit zurückreichende Tradition normativer Untersuchungsansätze hat in der modernen Politikwissenschaft an Bedeutung und Einfluss verloren. Heute dominieren *empirisch* orientierte Leadership-Analysen, ohne dass allerdings in diesen Studien die normativen Implikationen politischer Füh-

---

[9]   Diese analytisch sinnvolle Unterscheidung lässt sich sprachlich aufgrund des in der deutschen Verwendung sperrigen Begriffs von Leadership nur schwer durchhalten. Deshalb werden Leadership und politische Führung nachfolgend synonym gebraucht und nicht jeweils für den entweder strukturellen oder prozessualen Zusammenhang reserviert.

rung – etwa im Regierungskontext – vollständig unberücksichtigt bleiben (Derlien 1990: 87-88).

(2) Innerhalb der empirisch orientierten Leadership-Forschung können die Beiträge anhand ihrer *analytischen Perspektiven* sortiert werden, die von personenzentrierten über strukturelle bis hin zu interaktionistischen Ansätzen reichen (vgl. Helms 2000). Während die *personenzentrierten* Ansätze die individuellen Führungsakteure in den Mittelpunkt der Analyse rücken und dementsprechend ihre Eigenschaften und Charaktermerkmale untersuchen sowie nach ihrem persönlichen Einfluss auf die Ergebnisse (output) und Wirkungen (outcome) von Politik fragen, fokussieren die *strukturzentrierten* Ansätze äußere Rahmenbedingungen und strukturelle Parameter der analysierten politische Systeme in ihren Auswirkungen auf die Möglichkeiten und Grenzen politischer Führung. In dieser Perspektive treten die Akteure sowie ihre Gestaltungsleistungen in den Hintergrund und die „Sachzwänge" (Helms 2000: 419) struktureller Ordnungen in den Vordergrund. Eine mittlere, vielleicht sogar vermittelnde Position, nehmen die *interaktionistischen* Ansätze ein, die inzwischen die dominante Strömung innerhalb der Leadership-Forschung darstellen dürften. Bei ihnen werden die personellen *und* strukturellen Merkmale in ihren wechselseitigen Beziehungen analysiert (Greenstein 1992). Danach sind politische Führungsakteure einerseits in der Lage, die institutionellen Bedingungen, unter denen sie agieren, sowie die vorhandenen politisch-kulturellen Prägungen zu beeinflussen und zu verändern, andererseits wird ihr Handeln durch die aktuellen institutionellen Rahmenbedingungen, historisch gewachsenen Konstellationen und dominierenden gesellschaftlichen Wertvorstellungen geformt (Elgie 1995: 13-23).

(3) Eine dritter Analysestrang rankt sich um unterschiedliche *Formen* und *Typen* politischer Führung. Eine solche Perspektivierung führt beispielsweise zu Unterscheidungen zwischen „individual and collective leadership" (Paige 1977) oder „transactional and transformative leadership" (Burns 1978). In weiteren Anläufen zur Typisierung unterschiedlicher Arten von Führung sind vielfältige Leadership-Konzeptionen zustande gekommen, etwa Harold Lasswells Konzept von „democratic leadership" (1948), Hannah Arendts „totalitarian leadership" (1951), Crane Brintons „revolutionary leadership" (1965) oder Ann Ruth Willners „charismatic leadership" (1984). Sie machen deutlich, auf welch unterschiedliche Weise Leadership entwickelt und ausgeübt werden kann.

(4) Eine andere Richtung innerhalb der politikwissenschaftlichen Leadership-Forschung hat sich darum bemüht, unterschiedliche *Arenen* politischer Führung zu spezifizieren und verschiedene *Rollen* von Führungsakteuren zu klassifizieren. Das hat zur Unterscheidung arenaspezifischer Führungskonzepte wie etwa „policy leadership", „party leadership", „executive leadership", „public leadership" oder

„legislative leadership" geführt (Elgie 1995) und Rollenkonzepte wie „governing role", „governance role" oder „allegiance role" (Elcock 2001) hervorgebracht. Sie beziehen sich auf Aufgaben wie das Management und die Kontrolle von internen Regierungsprozessen (governing role), die Gestaltung der Beziehungen zu externen Akteuren wie Organisationen, Unternehmen, Regierungen auf supranationaler, regionaler bzw. lokaler Ebene (governance role) oder die Sicherstellung kontinuierlicher Popularität, Glaubwürdigkeit und Unterstützung in der Amtsführung (allegiance role). Andere, auf spezifische politische Systeme oder Akteurbeziehungen innerhalb der Regierung zugeschnittene Rollenkonzepte kennzeichnen dann etwa am Beispiel des britischen Premierministers Verhaltensmuster, die der Regierungschef gegenüber dem Kabinett zeigen kann: „co-ordinator", „arbitrator", „protagonist", „strategist" (James 1999: 114).

(5) Schließlich konzentriert sich eine Gruppe von Ansätzen auf die habituellen Gepflogenheiten der Führungsakteure im Arbeitszusammenhang und analysiert, „how they relate to those around them, how they like to receive information, and how they make up their minds" (Kaarbo 1997: 553). Auf dieser Grundlage lassen sich dann unterschiedliche *Leadership-Stile* differenzieren, die sich aus Komponenten wie Interessen, Erfahrungen, Führungsmotiven, Konfliktlösungsstrategien, Informationsmanagement und sozialen Umgangsformen zusammensetzen (Kaarbo 1997). Ansätze zur Typisierung von Führungsstilen gibt es insbesondere mit Blick auf den amerikanischen Präsidenten, bei denen beispielsweise autoritative vs. kooperative, aktive vs. passive oder positive vs. negative Arten von Leadership identifiziert wurden (Barber 1972).

Kategorien zur Analyse von *strategischer* Führung hat die politikwissenschaftliche Leadership-Forschung bislang nicht hervorgebracht. Nur in den Wirtschaftswissenschaften findet im Bereich des strategischen Managements ein elaborierter Diskurs zum Strategieaspekt von Leadership statt (vgl. Bass 2007, Hitt et al. 2005, Storey 2005, Boal/Hooijberg 2001, Ireland/Hitt 1999, Finkelstein/Hambrick 1996). Das heißt nicht, dass die politologische Leadership-Forschung Strategieaspekte überhaupt nicht thematisiert hätte. Da aber eine Sprache, Methodik und Systematik politischer Strategie fehlte, wurde auch die strategische Dimension von Leadership in der Disziplin bislang nicht systematisch aufgegriffen. Deshalb bedarf es eigener Transformationsschritte, um unter Rückgriff auf einzelne konzeptionelle Elemente der bisherigen Forschung zu einem Bezugsrahmen für die Analyse von strategischer Leadership zu gelangen.

Im vorliegenden Untersuchungszusammenhang sind es drei Führungsaspekte, die in die Strategieanalyse einbezogen werden: *Funktionen strategischer Führung, Strategiestil* und *strategischer Kompass* der Regierungschefs. Zwei der drei Kategorien beziehen sich direkt auf die Nr. 1 innerhalb der Regierungsformation. Das erscheint berechtigt, wenn man bedenkt, dass der *First Leader* eine besondere Leadership-Verantwortung trägt. Ohne seine Leistungen würde sich die für Steuerung verfügbare Macht erheblich verringern. Gleichwohl läuft fortwährend Reziprozität als Anforderung von Eliten, Abgeordneten, Aktiven, Wählern in ihrer Beziehung zu Leadership mit. Leadership kommt dementsprechend nur interaktiv zustande, bedarf der organisatorischen Stützung und benötigt eine stabile Machtbasis (Helms 2000). Die Mitspieler wollen nie nur den Leader größer machen, sondern suchen für ihre Interessen, Ideen, Emotionen eine – wenn auch zum Teil nur indirekte – Beziehung auf Wechselseitigkeit. Die emotionalen Leader-Follower-Beziehungen können sich sehr vielfältig gestalten, sowohl in ihrem Ausgangspunkt als auch in ihren dynamischen Entwicklungen (Popper 2004).

Wichtige Leadership-Leistungen werden jedoch nicht vom First Leader allein erbracht. Politische Führung tritt ebenso als „collective leadership" von „aggregate bodies" in Erscheinung (Paige 1977: 1). Im strategischen Regierungsprozess umfasst Leadership Steuerungsleistungen, die in besonderer Weise an Positionen im strategischen Zentrum gebunden sind Der Regierungschef und das strategische Zentrum leisten Leadership gemeinsam. Trotz der besonderen Bedeutung der Nr. 1 ist Führung im Strategieprozess eine Kollektivaufgabe der informal abgegrenzten Steuerungseinheit des Zentrums. „Einsame Entscheidungen" und „Sonderwege" des Leaders, für die er in diesem engen Zirkel erst nachträglich Unterstützung zu mobilisieren sucht, bleiben eher die Ausnahme. Das liegt auch daran, dass enge Verbindungen zwischen formalen Positionen und realen Machtmöglichkeiten bestehen und dieser Zusammenhang auf Leadership zurückwirkt (Blondel 1987: 14). Leader sind zumeist auf die Unterstützung der Mitglieder des strategischen Zentrums angewiesen, da diese als Inhaber formaler Schlüsselpositionen wesentliche Aufgaben der Gesamtführung der jeweiligen politischen Formation übernehmen. In dieser Perspektive bedeutet Leadership nicht individuelle Monopolisierung von Entscheidungsmöglichkeiten, sondern kollektive Einbettung.

3.4.1.1 Funktionen strategischer Führung

Der erste Leadership-Aspekt, der zum Bestandteil des vorliegenden analytischen Bezugsrahmens wird, bezieht sich auf ein spezifisches Set von Funktionsanforderungen, für das die Nr. 1 und das strategische Zentrum im Rahmen strategischer Regierungsführung einen besonderen Beitrag erbringen. Im Einzelnen sind das Führungssicherung, Richtungsnavigation, Entscheidungsdurchsetzung, Mobilisierung und Orientierung.

Führungssicherung

So paradox es klingen mag, die erste Aufgabe strategischer Führung ist die Sicherung der Führung selbst. Zwar ist die Klärung der Führungsfrage zentrales Element der Strategiefähigkeit, jedoch können die Leader die Aufgabe der Sicherung ihres Führungsanspruchs auch im Prozess strategischer Steuerung nicht ruhen lassen. Strategy-Making ist ein rekursiver Prozess, bei dem die Reproduktion der Strategiefähigkeit auch die strategische Steuerung durchwirkt.

Führungssicherung bleibt ein besonderes Wirkungsfeld von Leadership und spezifischer Verantwortung der Führungsakteure selbst, da diese Aufgabe sonst niemand übernimmt. Ständig droht Gefahr, dass der Führungsanspruch von anderen streitig gemacht wird. Es gibt immer „Anwärter", die sich Hoffnung auf die Nachfolge oder das vorzeitige Beerben der Nr. 1 machen und das durch versteckte Attacken oder das Hinhalten und Mürbemachen mit Hilfe interner Vetopositionen zu forcieren suchen.

Führungspolitiker wenden einen Großteil ihrer Zeit dafür auf, ihren Führungsanspruch zu untermauern und dauerhaft zu festigen. Diese Aufgabe bindet eine Menge Kraft, Aufmerksamkeit und Ressourcen. Führungssicherung bildet eine im Steuerungsprozess häufig mitlaufende Orientierungsgröße. Das Agieren und Verhalten der Spitzenpolitiker erschließt sich oft erst unter Berücksichtigung dieses Aspekts der Führungssicherung. Er kann deswegen für die politikwissenschaftliche Analyse strategischen Steuerungshandelns nicht ausgeblendet bleiben.

Richtungsnavigation

Eine der zentralen Leadership-Funktionen im strategischen Regierungssteuerungsprozess ist die Richtungsnavigation: „a political leader is one who gives direction" (Tucker 1995: 15). Das gilt für strategisches ebenso wie für politisches Leadership. Selbst bei vorhandener kollektiver Richtungsbestimmung des Regierungsakteurs bleibt die Justierung des „course of action" (Tucker 1995: 31) Daueraufgabe strategischer Führung im Steuerungsprozess. Die Anforderungen in dieser Hinsicht steigern sich noch im Falle ungesicherter Strategiefähigkeit, die auf einer lediglich losen Richtungsbestimmung basiert.

Richtungsnavigation wird als Gesamtheit der Maßnahmen zur Bestimmung der eigenen Position und des eigenen Kurses im Steuerungsprozess verstanden. Immanenter Bestandteil des Führungsanspruchs ist es, sich dieses Recht auf besondere Einflussnahme in Fragen der politischen Ausrichtung des Kollektivs nicht nehmen zu lassen. Der besondere Beitrag der strategischen Führung im Steuerungsprozess liegt in der auf Problem- und Konkurrenzpolitik bezogenen operativen und kommunikativen Steuerung der Richtung (Ausführung), Ausfüllung,

Bearbeitung, Anpassung und Modifikation (Adaption), seltener in einer kompletten Neuausrichtung (Revision).

Zur Navigation in Richtungsfragen kann auch gehören, sich responsiv gegenüber „popular desires" (Elgie 1995: 23) zu verhalten, die innerhalb des politischen Systems an Bedeutung gewinnen. Im Normalfall ist Leadership an der Verstetigung von Zustimmung zur eigenen Politiklinie interessiert. Das setzt eine Aufnahmefähigkeit gegenüber aktuellen Bedürfnissen in der eigenen Partei bzw. bei den Bürgern und Wählern voraus. Die politikwissenschaftliche Leadership-Forschung spricht von „transactual leadership" (Burns 1978), wenn es zu solchen Formen interaktiver Führung kommt, bei der Leader und Follower wechselseitig aufeinander Bezug nehmen und die Führung sich die Unterstützung auch durch das Eingehen auf die Wünsche ihrer Umwelt sichert („give-and-take leadership", Burns 2003: 23).

Eine besondere Gestalt nimmt Richtungsnavigation im Steuerungsprozess beim „transforming leadership" (Burns 1978, 2003) an. Hier strebt die Führung nach breit und tief greifenden, nicht-inkrementalen Veränderungen (z.B. substantielle Politikwechsel, grundlegende Institutionenreformen). Fast immer wird es sich in diesen Konstellationen nicht bloß um eine Richtungsjustierung, sondern um eine Neuausrichtung (Revision) der bisherigen Festlegung des politischen Kurses handeln.

Eine transformierende Führung muss sich nicht immer auf weitreichende Wirkungen des eingeschlagenen Kurses beziehen (outcome). Als Messgröße ebenso denkbar ist beträchtlicher Widerstand der Umwelt und die Haltung bzw. der Umgang des Leaders mit dieser Ausgangslage. Auch das Festhalten an den eigenen Prinzipien („stand on principle", vgl. Morris 2002) kann sich auf diese Weise zu „transforming leadership" entwickeln.

Entscheidungsdurchsetzung

Die Gestaltung des Steuerungsprozesses auf der Basis einer Strategie ist ein komplexes Unterfangen. Nicht nur die Revision, auch die Anwendung und Ausfüllung von Strategien bedarf fortlaufender Entscheidungen, zum Beispiel über Themen, Personen, Symbole, Arenen, Kommunikationslinien oder zeitliche Rahmungen. Hierfür trägt die politische Führung besondere Verantwortung. Ihr spezifischer Beitrag für die Entscheidungsdurchsetzung erfordert individuelle Entscheidungsfähigkeit, Führungsmacht sowie Handlungs- und Entscheidungsfähigkeit des strategischen Zentrums.

Leadership im Kontext der Entscheidungsdurchsetzung bedeutet zum einen die Übernahme von Verantwortung beim Herbeiführen von Entscheidungen innerhalb der eigenen Organisation, die im Fall der Regierung Kabinett, Administration, Regierungsfraktion und Partei einschließt (*interne Entscheidungsdurchsetzung*). Mittel sind etwa das Abfordern von Gremienentscheidungen oder Überzeugungsarbeit bei den zu beteiligenden Entscheidungsträgern – worauf auch immer sie beruhen mag. „Überzeugende" Gründe mögen Druck, Sanktionen, Belohnungen oder Argumente sein, manchmal auch nur die Angst, den Chef zu verlieren. Die Verschachtelung von Macht- mit Inhaltsfragen, die mehrstufigen Entscheidungsprozesse, die unausgesprochenen Strategieimplikationen, all das verdeutlicht die Notwendigkeit der Ausübung von Führung in organisationsinternen Prozessen.

Leadership zeigt sich aber auch bei Entscheidungsprozessen in externen Institutionen und Arenen, in denen die Regierung sich etwa der Opposition, Interessenvertretern oder Gerichten gegenübersieht (*externe Entscheidungsdurchsetzung*). Besondere Erwartungen an die Führung ergeben sich hier im Hinblick auf das Entwickeln und die Umsetzung von Handlungsoptionen, die eine erfolgreiche Entscheidungsdurchsetzung in den jeweiligen Kontexten ermöglichen. Ebenso kommt es bei der Umsetzung von Entscheidungen auf das Agieren der Nr. 1 an, die manchmal eine Führungsrolle übernehmen muss, da nur sie hinreichende Autorität, Repräsentativität und Verbindlichkeit gegenüber den anderen beteiligten Akteuren garantieren kann.

Mobilisierung

Strategische Leadership sucht nach positiver Wahrnehmung und Resonanz im Hinblick auf Führungsanspruch, Richtungsvorgaben und Entscheidungen. Diese fällt der Führung in der Regel nicht einfach zu, sondern muss von ihr erarbeitet werden. Zentrales Element hierfür sind – wie bei politischer Führung – Mobilisierungsanstrengungen (Tucker 1995: 59-67). Mobilisierung kann als Organisierung von Unterstützung mit verschiedenen Überzeugungsmitteln charakterisiert werden. Motivations- und Überzeugungsarbeit durch Argumente ist dafür zentral (Tucker 1995: 60-61), schließt aber den Einsatz autoritativer Instrumente für die Mobilisierung nicht aus. Allerdings birgt der Einsatz von Drohung bzw. Nötigung die Gefahr einer oft nur erzwungenen und eigentlich widerwilligen Mobilisierung, die schnell wieder zu zerbröckeln droht, sobald der Druck nachlässt.

Der Aspekt von Mobilisierung zielt auf ein größeres Feld von Akteuren, die es im Hinblick auf das verfolgte Konzept der Führung zu gewinnen und in Bewegung zu setzen gilt. Es geht nicht nur um Entscheidungsträger in konkreten Einzelsituationen, sondern auch um größere Kollektive wie die eigene Partei, die Exekutive, ganze Bevölkerungsteile oder sogar die Gesamtgesellschaft (Blondel 1987: 16).

Mobilisierung verweist auf die Interaktivität von Leadership. Politische Führung ist kein Selbstzweck, sondern notwendige – aber noch nicht hinreichende –

Voraussetzung erfolgreicher strategischer Steuerung. Das Geltendmachen von Entscheidungs-, Richtungs- und Führungskompetenz reicht nicht aus. Die politische Führung wird den Rückhalt in Regierung, Partei, Fraktion und beim Bürger selbständig einwerben und gestalten müssen – am wirkungsvollsten und tragfähigsten durch inhaltliche Überzeugungskraft.

Orientierung

Die Vermittlung kontextsetzender Orientierung hängt eng mit dem Aspekt von Mobilisierung zusammen, verweist jedoch auf die kommunikative Seite der Herstellung von Führung und Unterstützung. Orientierung erschöpft sich nicht in der Vorgabe einer Richtung, sondern soll denjenigen, deren Zustimmung bzw. Mitwirkung für die Umsetzung erforderlich ist, einen Sinnzusammenhang aufzeigen, für den es sich lohnt, Unterstützung zu gewähren. Orientierung durch Leadership bezieht sich vor allem auf die Bürger und die Öffentlichkeit, aber auch auf die eigene Organisation.

Das Setzen von Orientierungsmarken durch die Führung beinhaltet die Beantwortung von zwei grundlegenden Fragen: Wo stehen wir? und: Wo wollen wir hin? Ausgangspunkt ist also eine allgemeine Gültigkeit beanspruchende Definition der aktuellen politischen Problemsituation (Tucker 1995: 47-59), die im Folgenden mit Leitbild- oder Zielvorstellungen verknüpft wird. Angestrebt wird eine Orientierung, die deutlich macht, welchen politischen Zustand man erreichen will und wie er aus Sicht der Führung zu erreichen ist. Von einer Wir-Formel geht das Signal aus, dass es sich nicht um die persönliche Lage bzw. individuellen Ziele des Führers oder die Belange einer einzelnen politischen Formation handelt, sondern die Probleme allgemeine Angelegenheiten der politischen Gemeinschaft darstellen und die aufgezeigten Zielvorstellungen zum Wohle aller verfolgt werden. Orientierungsmarken können den Status eines visionären Zukunftsentwurfs erreichen, in ihrer Reichweite und ihrem Ausarbeitungsgrad aber auch darunter verbleiben.

Die Vermittlung von Orientierung durch den Leader bleibt in der Beschreibung des Handlungshorizonts abstrakt. Dabei wird auf eine detaillierte und konkrete Darstellung möglicher Instrumentierungen und Maßnahmen weitgehend verzichtet. Bezüge zu übergeordneten Werten erfüllen Orientierungsfunktionen. Sie wirken als Normativmaßstäbe für die Ausrichtung des künftigen Kurses. Die Mobilisierungskraft der Vermittlung von Orientierung ist größer, wenn Bezüge zu fundamentalen Werten wie Freiheit, Gerechtigkeit, Sicherheit, Gemeinschaft hergestellt werden können, die Bedürfnissen, Erwartungen und Hoffnungen großer Teile der Bevölkerung entsprechen (Burns 2003: 211).

3.4.1.2 Strategiestil

Die Art und Weise der Ausübung strategischer Regierungsführung hängt auch
von individuellen Merkmalen des Regierungschefs ab. Dessen besondere Art des
Umgangs mit Strategiefragen, das heißt sein Strategiestil, wirkt auf den Modus der
kollektiven Regierungsführung durch die Nr. 1 und das strategische Zentrum zurück. Die Kategorie des persönlichen Strategiestils kann an den Analysestrang
politischer Führung anschließen, der sich um die Charakterisierung unterschiedlicher Leadership-Stile bemüht.[10] Individuelle Strategiestile entwickeln sich aus der
Verbindung persönlicher Fähigkeiten und Neigungen, Erfahrungen und Beobachtungen, Interessen sowie Wegen der Informations- und Entscheidungsfindung.
Beim Versuch einer Typisierung unterschiedlicher Strategiestile können sich unter
anderem folgende Ausprägungen ergeben:

Kontinuierlich vs. diskontinuierlich. Der kontinuierliche Stil ist permanent auf
der Suche nach strategischen Ansatzmöglichkeiten, nach Strategiebildung sowie
nach Orientierung der Steuerung an strategischen Vorgaben. Der diskontinuierli-
che Stil erinnert sich der Strategie aus Anlass von Krisen, Schwierigkeiten, günstigen Gelegenheiten. Häufig sind solche Politiker nicht überzeugt von der Notwendigkeit strategischer Politik, bei sich bietenden Gelegenheiten aber in der Lage, das
strategische Potential einer Krise auszunutzen.

Systematisch vs. unsystematisch. Der systematische Strategiestil operiert mit einem erarbeiteten Orientierungsschema, mit strategierelevanten Maximen und Kalkülen, mit einer selbst entwickelten Methodik strategischer Reflexion und Praxis
sowie mit Interesse an strategischer Beratung. Er bemüht sich um eine Strukturierung des eigenen Handelns in strategischer Absicht. Dem unsystematischen Strategiestil fehlt es in solchen Hinsichten an Konsistenz, Nachvollziehbarkeit und
Berechenbarkeit. Das ist zunächst eine Negativbeschreibung, das Unsystematische
kann aber auch produktiv sein und als intuitiver Strategiestil zu innovativem
Handeln beitragen.

Policyzentriert vs. politicszentriert. Ein policyzentrierter Strategiestil entwickelt
strategische Überlegungen aus dem Sachgehalt von Politik, die Ambitionen zentrieren sich um das politische Kerngeschäft, die Lösung gesellschaftlicher Probleme
und die Durchsetzung von Gestaltungszielen. Umgekehrt tendiert der politicszentrierte Stil zur Betonung von Macht- und Durchsetzungsaspekten. Die Zahl der
inhaltlich-politischen Überzeugungen ist geringer, das Interesse gilt vor allem den
Kräfteverhältnissen und dem, was unter den aktuellen Bedingungen an Handlungsalternativen durchsetzbar und damit möglich erscheint. Die inhaltlichen As-

---

[10]   Vgl. dazu die Ausführungen weiter oben im Kapitel 3.4.1.

pekte von Politik werden „instrumenteller" betrachtet, nicht zuletzt unter dem Aspekt der eigenen politischen Profilierung gegenüber den Konkurrenten.

Operativ vs. interpretativ. Folgenreich ist die Differenz zwischen einem operativen und einem interpretativen Strategiestil. Die politische Welt ist voll von strategischem Talk des bloßen Meinens, Kommentierens und Postulierens. Selten dagegen ist ein strategisch-operativer Stil, der sich bei der Steuerungspraxis an strategischen Vorgaben orientiert und um eine Rückbindung des Handelns an ein zugrunde liegendes Strategiekonzept bemüht. Ein solcher konsequenzorientierter Stil verbindet sich meist mit einem systematischen Strategiestil. Ein interpretativer Stil kann anspruchsvoll sein, größere Zusammenhänge und Entwicklungslinien vertiefen, er kann andere strategisch orientieren, aber er vernachlässigt die gezielte Um- und Durchsetzung solcher Interpretationen. Kunstvolles Strategisieren ohne Anbindung an das eigene Handeln umfasst dann allenfalls die Hälfte des strategischen Geschäfts.

Integriert vs. fragmentiert. Eine innere Stimmigkeit zwischen den wesentlichen Grunddimensionen und das Fehlen signifikanter Einseitigkeiten kennzeichnen einen integrierten Strategiestil. Der fragmentierte Strategiestil dagegen lebt von Selektivität, Einseitigkeiten und Diskontinuitäten. Dabei werden einzelne Aspekte des Politischen (z.B. Kommunikation, Pogrammarbeit, organisatorische Steuerung) umfassend analysiert und strategisch kalkuliert, jedoch nicht systematisch mit anderen relevanten Feldern des Politikprozesses in Beziehung gesetzt, um daraus strategische Schlüsse zu ziehen. Empirisch kann dieser Stiltypus in einem Kontinuum gebildet werden aus Werten in den entsprechenden Dimensionen. Ein integrativer Strategiestil hat dann beispielsweise hohe Werte bei Kontinuität, Systematik, integrierter Policy- *und* Politicsorientierung bzw. operativem *und* interpretativem Strategiezugang.

Monologisch vs. dialogisch. Die bisher eingeführten Stile sind Ausprägungen der kognitiven Dimension des Strategiestils. Die soziale Dimension lässt sich mit dem Unterschied von monologischem und dialogischem Strategiestil erfassen. Der eine Spitzenakteur wickelt das strategische Geschäft mit sich selbst ab. Ziel, Lage, Optionen, Entscheidung – alles wird im eigenen Kopf erarbeitet und strategisch kalkuliert, nur das Ergebnis nach außen getragen. Auch Motive und Begründungen behält der monologische Stratege typischerweise für sich. Dagegen steht ein dialogischer Strategiestil, der auf das strategische Gespräch setzt, ohne von Notwendigkeiten der Geheimhaltung und begrenzter Öffentlichkeit auch in demokratischen Organisationen abzugehen. Das Dialogische mag dabei eigenen Neigungen, Motiven der Demokratie oder auch der Effizienzsteigerung folgen. Insgesamt zeigt sich bei dieser Dimension des strategischen Stils ein besonders breites Feld von Abstufungen und Zwischenformen. Strikt monologisch oder durchgehend dialogisch sind wenige Spitzenakteure. Es variieren die Anteile des strategischen Selbstgesprächs und die Verknüpfungsformen mit stärker formaler bzw. informaler Beratung.

3.4.1.3 Strategischer Kompass

Der *strategische Kompass* ist ein vom Akteur aus bevorzugten Werten, grundlegenden Zielen, dominanten Wegen und Mitteln zusammengebautes Navigationsinstrument, ein kognitiv-normatives Hilfsmittel der Kursbestimmung unter Bedingungen hoher Unsicherheit. Politiker unterscheiden sich durch Intensität, Ausformung und Richtung ihres strategischen Kompasses. Der strategische Kompass bezieht sich eher auf längerfristige, umfassendere Strategieorientierungen, muss also bei kürzeren strategischen Einheiten nicht unbedingt greifen.[11] Er bildet sich nicht in Strategie-Werkstätten, sondern in politischen Kämpfen, Deutungskonflikten, Erfahrungen und Sozialisation. Strategischer Kompass ist die gewachsene Verbindung von Überzeugungen und kalkulierendem Verstand.

Was für Strategie gilt, trifft auch für den strategischen Kompass zu: normative und instrumentelle Elemente gehen eine enge Verbindung ein. Kompass im engeren Sinne ist zwar nur ein Hilfsmittel zur Orientierung in politischen „Landschaften". Im Anschluss an die politische Umgangssprache wird der Kompass hier aber gleichzeitig als *Instrument der Kursbestimmung* selbst verstanden. Zu den Elementen eines strategischen Kompasses können eine „Politische Philosophie", Großthemen bzw. Großprojekte, feste Vorstellungen vom Verhältnis zur eigenen Partei, zu Verbündeten und Gegnern, Vorstellungen realer und potentieller Wählerschaft, Grundvorstellungen des demokratischen Prozesses, Prioritätenschemata oder grundlegende Maximen gehören.

Es gibt also erhebliche Variationen, was strategischer Kompass jeweils konkret bedeutet. „*Politische Philosophie*" klingt anspruchsvoll, kann aber schon ohne große innere Systematik strukturierend wirken. Grundlegende Werte, Interessen, Ideen gehören dazu. Nicht jeder hat ein *Großthema bzw. Großprojekt*, das heißt ein langfristiges, „großes" strategisches Ziel. Existiert es, strukturiert es das politische Denken und Handeln der jeweiligen Akteure und begrenzt die zur Verfügung stehenden Optionen. Trotz deutlicher Einstellungen und Gewohnheiten können einem durch Kontext und Situation andere *Verbündete und Gegner* als Präferenz „aufgezwungen" werden. Wenn aber Festlegungen in der Bündnisfrage zum Kompass gehören, kann dieser eine Faktor in beachtlichem Maße weitere Macht- und Richtungsfragen strukturieren. Wer die eigenen *Wähler* sind, was sie denken und wollen, was

---

[11]   Vgl. Raschke/Tils (2007: 131-132) zum Begriff strategischer Einheiten.

ihnen wichtig ist, dieses Wissen gehört zur strategischen Grundausstattung eines führenden Politikers. Ohne entsprechende Vorstellungen und Gewissheiten droht die Erdung politischen Handelns verloren zu gehen. Zu den *Grundvorstellungen des demokratischen Prozesses* zählen Annahmen über die Rolle von Bürgern, von Öffentlichkeit, Partizipation und Führung, über die Rationalität von Politik, über Darwinismus und archaische Mechanismen („Er oder ich") – alles Aspekte, die Präferenzen mit strategischen Konsequenzen begründen. Strategisch relevante *Maximen*[12] sind in der Vorstellungswelt von Politikern stark verankert. Sie liefern Merkposten, Warnsignale, Vorsichtsregeln, Ermunterungen, zu denen Akteure auf einem Feld ohne festen Boden gern greifen. Meist verdichten sie Erfahrungen, denen explizierbare Kalküle zugrunde liegen. Auch *Prioritätenschemata* helfen bei strategischen Erwägungen, sei es bei der Sortierung von „harten" und „weichen" Themen, bei Priorisierungen „materieller" bzw. „postmaterieller" Fragen oder der eigenen Gewichtung von Innen- und Außenpolitik.

Ähnlich wie bei Strategiestilen, aber mit stärkeren normativen Anteilen, sind mit der Verfestigung eines Kompasses persönliche Habitualisierungen verbunden. In dieser Arbeit fungiert der strategische Kompass als eine weitere Analysekategorie zum Führungskomplex, die die Untersuchung individueller Strategiestile ergänzt und sowohl für die Rekonstruktion strategischer Regierungsprozesse als auch für ihre Erklärung aufschließendes Potential entfaltet. Mit dem strategischen Kompass können Linien, strategisch relevante Verhaltensweisen und Strategiemuster der zentralen Akteure – insbesondere der Regierungschefs – analysiert werden. Strategisches Handeln selbst ist vom strategischen Kompass analytisch zu trennen.

3.4.2 Steuerungsbereiche

Das dieser Untersuchung zugrunde liegende Steuerungsverständnis bezieht sich auf verschiedene Funktionszusammenhänge der Regierung. Strategische Regierungssteuerung führt Organisations-, Konkurrenzpolitik-, Problempolitik- und Kommunikationssteuerung in einem *einheitlichen Steuerungsprozess* zusammen. Eine an Rahmenvorgaben orientierte, ressortübergreifende Regierungssteuerung, die Prozesse und Inhalte integriert, verknüpft diese für das Regierungshandeln relevanten Steuerungsbereiche. Strategische Regierungsakteure bemühen sich um ein nicht ausschließlich auf die eigene Organisation, den politischen Konkurrenten, gesellschaftlichen Probleme oder die Öffentlichkeit gerichtetes Handeln, sondern verstehen alle Bereiche als Elemente eines einheitlichen Politik- und Steuerungs-

---

[12]   Vgl. Raschke/Tils (2007: 252-254) zum Begriff strategischer Maximen.

prozesses. Auch wenn Regierungshandeln mehr Bezugspunkte als diese vier Steuerungsbereiche kennt, bilden sie für strategisches Regieren im Kontext von Party-Government die zentralen Tätigkeitsfelder. Den Strategieprozess kennzeichnen nicht isolierte Aktivitäten innerhalb der einzelnen Bereiche, sondern die Herstellung von Rückbezügen und Verknüpfungen zwischen ihnen.

Ein Verweis auf den dieser Studie zugrunde liegenden Strategiebegriff zeigt, wie sich diese Kernbereiche strategischer Steuerung für den Kontext von parlamentarischem Regierungssystem und Party-Government aus der allgemeinen Strategiedefinition herleiten lassen. Wenn man situationsübergreifende Ziel-Mittel-Umwelt-Kalkulationen als Ausgangspunkt von Strategie ansieht (vgl. Raschke/Tils 2007: 127-132), ergibt sich aus der Perspektive eines strategischen Zentrums für den Regierungsprozess situationsübergreifend eine doppelte *Zielebene* von Machtgewinn bzw. -erhalt (Konkurrenzpolitik) und Problemlösung (Problempolitik). Die für die Zielverfolgung zur Verfügung stehenden *Mittel* entstammen als Themen in ihren Issue- und Problemdimensionen konkurrenzpolitischen bzw. problempolitischen, als Personen organisatorischen und als Symbole kommunikativen Zusammenhängen.[13] Die Objekte Themen, Personen und Symbole bezeichnen dementsprechend die Mittel, mit denen strategische Akteure versuchen, Verhältnisse nach innen und außen in ihrem Sinne positiv zu beeinflussen. Sie tun das mit Blick auf ihre zentralen *Umweltreferenzen*, die aus dem Spannungsverhältnis von Problem- und Konkurrenzpolitik bestehen, das im Medium der Öffentlichkeit ausgetragen wird. Die Akteurkategorie Organisation dient – vom strategischen Zentrum aus gesehen – als Instrument zur Beeinflussung der *externen Umwelt*. Die Mitglieder der Organisation sind aber zugleich Einflussakteure der *internen Umwelt* auf das Strategiehandeln des Kollektivs. Organisation hat damit eine doppelte Qualität: einerseits Mittel, andererseits (interne) Umwelt. Eine übergreifende gedankliche Verknüpfung und systematische Kalkulation der so ausgeformten Ziel-Mittel-Umwelt-Bezüge stehen im Mittelpunkt des strategischen Steuerungsprozesses einer Regierung im Kontext von parlamentarischem Regierungssystem und Party-Government.

3.4.2.1 Organisationssteuerung

Organisationssteuerung meint die organisatorische Selbststeuerung der Regierung als Kollektiv. Diese Art der Selbststeuerung ist allerdings analytisch zu unterscheiden von der Selbststrukturierung als Aufbau von Strategiefähigkeit. Sie setzt die Kompetenz zur Organisierung des Kollektivzusammenhangs durch Formalisie-

---

[13]   Vgl. dazu insgesamt Raschke/Tils (2007: 161-164, 193-211).

rung, Stabilisierung, Kontrolle von Zielsetzungen, Positions- bzw. Rollenzuweisungen und Ressourcenzuordnungen bereits voraus (vgl. Wiesenthal 1993, Jansen 1997). Organisationssteuerung umschreibt das an strategischen Zielen orientierte Manövrieren des Kollektivakteurs durch die Dynamik politischer Prozesse.

Diese Untersuchung folgt einem weiten, auf die Analyse der konkreten Fälle zugeschnittenen Organisationsbegriff, der sich von der allgemeinen soziologischen Kategorie der Organisation (vgl. Mayntz 1963) entfernt. Er schließt eine Vielzahl von – im soziologischen Sinne – eigenständigen (Teil-)Organisationen mit ein. Die vom Regierungschef und strategischem Zentrum verantwortete Organisationssteuerung einer Regierung im parlamentarischen Regierungssystem erfolgt auf unterschiedlichen Ebenen und in verschiedenen Handlungsfeldern. Sie umfasst erstens die Steuerung der *Regierung im engeren Sinne*, also das Lenken und Führen von Kabinett, Regierungszentrale, Ministerialverwaltung sowie im Falle von Mehrparteienregierungen das Koalitionsmanagement. Sie beinhaltet zweitens die Steuerung der *außerparlamentarischen Parteiorganisation* in ihren Bezügen zur Regierung, das heißt die „Mitnahme" des Segments der aktiven Partei (Raschke/Tils 2007: 171-172), auf das es für die innerparteiliche Meinungs- und Willensbildung sowie Entscheidungsdurchsetzung auf nationaler Ebene ankommt. Und sie betrifft drittens die Steuerung der eigenen *Fraktionen im Parlament*, von denen als Mehrheitsfraktionen in parlamentarischen Regierungssystemen die legislative Durchsetzung der Regierungspolitik abhängt.

Kennzeichen des Party-Government ist, dass die Grundstrukturierung der Partei die Regierung in Form von *außerparlamentarischer Parteiorganisation, Fraktion* und *Partei in der Regierung* durchwirkt. Die Partei in der Regierung besteht aus den Parteivertretern in den Regierungsämtern, die sich einer ausdifferenzierten Organisation gegenüber sehen. Einerseits rückgebunden an die Parteiorganisation und für die Legislativakte abhängig von den Parteivertretern im Parlament, andererseits mit der Chance, die hierarchische Verwaltungsorganisation der Administration als Instrument einsetzen zu können.

Für den Steuerungsprozess lassen sich drei Perspektiven auf die Organisation unterscheiden: eine instrumentelle, eine prozessuale und eine institutionelle. Bei Einnahme einer *instrumentellen Perspektive* erscheint die Organisation aus Sicht der Führung vor allem als ein Instrument zur Steuerung und Koordination des Regierungshandelns. Mit Hilfe von Spezialisierung, Arbeitsteilung, Delegation können strategische Steuerungsprozesse initiiert und „organisiert" werden. Auch wenn Organisation hier aus der Perspektive der Regierungsspitze und des strategischen Zentrums gedacht wird, kann sie jedoch nicht als bloßes Instrument zur Ausführung von Strategien gesehen werden. Die Teilorganisationen bestehen aus Akteuren mit eigenen Interessen und eigenem Willen, häufig auch mit eigenen Strategievorstellungen. Diese Vielfalt von Akteuren innerhalb der Regierung, des Parlaments und der Partei muss für das konkrete strategische Regierungshandeln gewonnen, Widerstreben notfalls überwunden werden. Das ist die *prozessuale Perspektive* auf Organisationssteuerung, die von der Interaktion zwischen Führung und Aktiven dominiert wird. Die *institutionelle Perspektive* verweist schließlich auf den Aspekt von Strategiefähigkeit, also die organisatorische Selbstbefähigung zu strategischem Handeln. Aufgrund der Rekursivität und Simultanität des gesamten Strategy-Making (Raschke/Tils 2007: 79-82) durchziehen Maßnahmen zum Auf- und Ausbau bzw. der Restrukturierung organisatorischer Strategiekompetenz auch den Steuerungsprozess.

Die Dimensionen der Strategiefähigkeit sind im Rahmen der Perspektive institutioneller Organisationssteuerung als Variablen zu verstehen, deren jeweilige Ausprägung für den Erfolg strategischer Steuerung bedeutsam ist. So muss, um ein zentrales Beispiel für Organisationsleistungen zu nehmen, die Geschlossenheit der Regierungspartei(en) über die verschiedenen organisatorischen Teilbereiche (Regierung, Parlament, Partei) hinweg im strategischen Prozess immer wieder hergestellt werden. Strategiefähigkeit ist zwar ein grundlegendes, aber kein statisches Strukturmerkmal des Kollektivakteurs. Sie ist Voraussetzung *und* Objekt im strategischen Steuerungsprozess. Struktursteuerung führt zur Ausbildung und zum Erhalt von Strategiefähigkeit. Prozesssteuerung aktualisiert den Kollektivakteur als kontinuierlich interventionsfähig.

Die Vielzahl unterschiedlicher strategischer Aufgaben erfordert eine *institutionelle Ausdifferenzierung* des kollektiven Strategieakteurs. Nicht die Gesamtorganisation entwickelt Strategien und steuert strategisch, sondern assoziierte Individuen und ausdifferenzierte Teilakteure. Ihr möglicher Beitrag hängt vor allem von den jeweiligen Positionen und Rollen innerhalb des organisierten Kollektivs ab. Angesichts der hohen inneren Komplexität von Kollektiven ist es notwendig, interne strategische Teilakteure zu präzisieren. Analytisch sinnvoll – wenn auch empirisch nicht immer trennscharf – ist die Dreiteilung von strategischem Zentrum, operativer Leitung und strategischem Apparat.

Dem *strategischen Zentrum* kommt als Netzwerk von „Schlüsselfiguren" für die strategische Linienführung der Regierung besondere Bedeutung zu. Dabei profitiert es von der internen Verteilung von Ressourcen ebenso wie von den Modalitäten der Zurechnung kollektiven Regierungshandelns an individuelle Spitzenakteure. Neben dem strategischen Zentrum ist die *operative Leitung* wichtiger Träger von Prozessen der Strategiedurchsetzung, also strategiegebundener operativer Handlungen – zusätzlich zu den allgemeinen operativen, nicht-strategischen Führungsaufgaben. Dieses strategische Umsetzungshandeln setzt spezifische Kenntnisse, Fähigkeiten und Entscheidungskompetenzen voraus. *Strategischer Ap-*

parat ist ein institutionalisierter Akteurzusammenhang für die professionell-methodische Strategieentwicklung und die Vorbereitung von Strategieentscheidungen. Zu ihm gehören Teile der operativen Leitung sowie im Apparat an unterschiedlichen Stellen angesiedelte Strategieexperten.

Die Überschneidungen und die Zusammenarbeit zwischen strategischem Zentrum und der operativen Leitung, den strategischen Apparaten sowie mit externen strategischen Beratern sind vielfach informal und ergeben ein gestaffeltes, mehrstufiges System (vgl. Raschke/Tils 2007: 296-311). Idealtypisch bestehen drei Ebenen. Eine erste Ebene politischer Verantwortung und strategischer Entscheidungen. Eine zweite Ebene strategisch-operativer Steuerung, der Beratung der politischen Spitze und, soweit man am strategischen Zentrum beteiligt ist, auch der Mitwirkung an strategischen Entscheidungen. Eine dritte Ebene der Beratung der zweiten Ebene und zum Teil der Führung selbst.

Die Expertise auf der Stabsebene lässt unterschiedliche Muster strategischer Kompetenz erkennen. Sie kann mehr implizit bleiben oder aber explizit werden. Implizit ist eine Strategieberatung, die sich themen- und bereichsgebunden aus Sach- bzw. Prozessfragen entwickelt. *Gelegenheitsstrategen* dieser Art können Experten für verschiedene Politikfelder, für Medien/Öffentlichkeit, Wahlkampf, Partei oder für die Koordination von Institutionen sein, bei deren Tätigkeiten und Beratungen über ihre spezifische Kompetenz hinaus Strategisches an- und abfällt. Dem steht die explizite Beratung von *Strategieexperten* gegenüber, bei denen strategische Analysen und Vorschläge nicht Nebenprodukt sind, sondern zum Leistungsprofil gehören. Das können *Bereichsstrategen* oder *strategische Generalisten* sein. Bereichsstrategen entfalten ihr strategisches Denken vorzugsweise an ihrem Schwerpunkt, ohne in anderen Bereichen auf ein vergleichbares professionelles Niveau zu kommen. Dagegen bewährt sich der strategische Sachverstand von strategischen Generalisten themen- und bereichsübergreifend. Sowohl in der britischen wie auch in der deutschen Regierung können solche unterschiedlichen Typen strategischer Kompetenz und Beratung identifiziert werden.

Implizites Strategiewissen dominiert nicht nur in den Ressorts, sondern auch bei den Steuerungsleuten, die vorwiegend mit allgemeinem Prozessmanagement befasst sind. Bereichsstrategen – nicht immer einfach abzugrenzen von implizit-strategischen Fachleuten – finden sich beispielsweise unter den Sonderberatern des Regierungschefs (z.B. für Außenpolitik, Wirtschaft oder Öffentlichkeit). Strategische Generalisten haben oft keinen festen Platz in den Steuerungszentralen, sondern beraten die Spitzenakteure außerhalb der formalen Strukturen. Policy-Berater sind tendenziell Spezialisten. Weder trifft man auf Berater solchen Typs mit vertiefter Kompetenz in vielen, unterschiedlichen Politikfeldern noch auf eine besondere Ausprägung der Fähigkeiten zur Vernetzung mit Politics-Aspekten.

Es gibt einen Unterschied zwischen „durchsetzen der Strategie" und „die Strategie durchsetzen". Ersteres geschieht *in* der Organisation, letzteres *mit* der Organisation in der externen Umwelt. Die nach innen gerichtete Formierungsfähigkeit des Kollektivs – und damit seine Leistungsfähigkeit in instrumenteller Organisationsperspektive – zeigt sich einerseits abhängig von Führungs- und Steuerungsleistungen des strategischen Zentrums, andererseits von einer effektiven Organisationsstruktur (Arbeitsteilung, Ressourcenverteilung etc.). Verbindliche interne Entscheidungsregeln und -abläufe, Abstimmungs- und Koordinationsmechanismen sowie Leadership bilden das Fundament, auf dem die organisatorische Selbststeuerung erfolgen kann.

Das Durchsetzen von strategischen Entscheidungen im *Innenverhältnis* setzt Strategiefähigkeit und Strategiebildung voraus. Da Strategiefragen auch Machtfragen sind, Strategiefähigkeit nie vollständig gesichert ist und Strategiebildung ein rekursiver Prozess bleibt, gestaltet sich der Steuerungsprozess innerhalb der Organisation oft kontrovers. Die Folge sind Auseinandersetzungen über und um die Strategie, die mit Machtaspekten verknüpft werden. Darauf macht die prozessuale Perspektive organisatorischer Steuerung aufmerksam. Von den beteiligten Akteuren werden Machtmittel für die Entscheidungsdurchsetzung, Mobilisierung oder Sicherung von Unterstützung eingesetzt. Argumentieren, überreden, versprechen, drohen, anweisen, sanktionieren, belohnen, verhandeln, tauschen sind dabei positive bzw. negative Steuerungsmittel, die ihre „Kraft" aus dem Innehaben von Positionen und den damit verbundenen Verteilungsressourcen (Ämterpatronage, Geldmittel, Kandidatenauswahl etc.), kommunikativen Fähigkeiten oder Informationsasymmetrien beziehen.

Sofern der Organisation (und ihrer Führung) die dauerhafte Selbstformierung gelingt, kann sie sich auf die Durchsetzung der Strategie im *Außenverhältnis* konzentrieren. Das Mandat zum eingeschlagenen Kurs wird nicht einmalig erteilt, sondern muss fortlaufend bestätigt und erneuert werden. Dies gilt trotz der Tatsache, dass mit formalen Führungspositionen Rechte und Erwartungen der Kursbestimmung verbunden sind. Je besser der Gleichklang zwischen Führung und Organisation und je mehr Freiheitsgrade die Führung bei der Steuerung im Außenverhältnis hat, desto durchsetzungsfähiger ist das Kollektiv bei den externen Interaktionen in politischen Koalitionen, den Entscheidungsinstitutionen oder der Öffentlichkeit (Panebianco 1988: 23).

Das zentrale Kollektivelement führungszentrierten Steuerungshandelns ist der Mechanismus der *Zurechnung*. Nur im Wege der Zurechnung wird das Handeln der Führungsakteure zum Handeln *der* Organisation. Kollektivakteure handeln vermittelt über ihre Repräsentanten. Diese agieren und kommunizieren als Stellvertreter der gesamten Einheit und konstruieren damit erst die Realität eines Ge-

samtkollektivs. Dieser Mechanismus setzt aber die Kollektivzurechnung individueller Handlungen durch die Beobachter voraus. Nur wenn sie die Sprecher- und
Repräsentationsfunktion des Individuums für das Kollektiv anerkennen und seine
Handlungen nicht nur individuell interpretieren, kann das Bild eines identischen,
einheitlich handelnden Kollektivakteurs entstehen.

Auch andere Formen der Zurechnung beeinflussen die faktische externe Organisationsmacht. So wird etwa interne Führungsstärke zu einem Gradmesser von
strategischer Handlungsfähigkeit nach außen. Die Beobachter schätzen sie ein anhand von Faktoren wie der Durchsetzungsfähigkeit der Spitze in wichtigen Teilen
der Organisation (Kabinett, Fraktion, Parteitag), der Unanfechtbarkeit ihrer Position oder der kommunikativen Geschlossenheit. Schlechte Abstimmungsergebnisse
in Partei oder Fraktion schwächen Machtpositionen von Spitzenleuten nach außen.
Das auf unterschiedlichen Wegen vermittelte Gesamtbild hat direkte Folgen für die
Selbst- und Fremdeinschätzungen der internen Organisationsmacht und wirkt sich
über Zurechnungsmechanismen zugleich unmittelbar auf die Machtbeziehungen
zu externen Interaktionsakteuren aus.

Damit Organisationen als Ganzes Leistungen erbringen können, die Aufgaben, Zielen und Erwartungen gerecht werden, sind also Bedingungen zu erfüllen.
Die organisatorischen Leistungsvoraussetzungen greifen von der sachlichen auf
die soziale Ebene über. Arbeitsteilige Organisationsmaßnahmen ebenso wie die
Koordination zwischen den Teilorganisationen strukturieren – über Verantwortung, Ressourcenverteilung, Kontrolle – soziale Positionen und Entwicklungsmög-
lichkeiten. Das Leistungsvermögen von Organisationsfestlegungen ist mit Interes-
senfragen verbunden, das heißt mit potentiellen Konflikten und Widerständen, die
eine noch so gute Strategie und die dafür erforderliche organisatorische Leistungserbringung „von innen" scheitern lassen können.

3.4.2.2 Problempolitiksteuerung

Problempolitiksteuerung bezeichnet den Prozess intentionaler Einflussnahme der
Akteure auf die Bearbeitung gesellschaftlicher Problemlagen. Ausgangspunkt und
zentrale Bezugsgröße politischen Handelns bildet hier die Policy-Dimension von
Politik. Die Suche gilt Problemlösungen, die man durch- und umzusetzen versucht. Problempolitik ist zeitlich, sachlich und sozial eine Zentralgröße politischer
Akteure. Sie richtet den Blick der Akteure auf politische Sachaspekte: in welchen
Problembereichen sind politische Maßnahmen erforderlich und gewünscht? Welche Lösungskonzepte und Politikinstrumente sind bekannt und stehen zur Verfügung? Wie effektiv, effizient und praktikabel erscheinen sie? Welche Wirkungen
sind mit den spezifischen Lösungsvorschlägen verbunden?

Probleme haben eine *objektive* und *subjektive* Seite. Kernelement ist die Diskrepanz zwischen real existierenden Ist-Zuständen und den von Akteuren gewünschten Soll-Zuständen (vgl. Sjöblom 1986: 75-80). Auch wenn sich Problempolitik an substantiellen Problemlösungen orientiert, ist damit kein Hinweis auf „objektive" oder „optimale" Sachlösungen verbunden. „Richtige" oder gar „einzig richtige" Problemlösungen existieren nicht. Auch die Suche nach „endgültigen" und „vollständigen" Lösungen bleibt in der Politik praktisch aussichtslos. *Problemlösung* bedeutet allgemein die Verringerung der Diskrepanz zwischen real existierenden Zuständen und gesellschaftlich gewollten Verhältnissen. Politisch relevante Probleme sind gesellschaftlich unerwünschte Sachverhalte, die von politischen Akteuren als bearbeitungsbedürftig wahrgenommen werden. Erst auf dieser Stufe wird ein soziales zu einem politischen Problem, das Akteure in Interaktion definieren und mit Maßnahmen bzw. Programmen zu lösen versuchen. Es existieren zeitgleich immer wesentlich mehr soziale Probleme als die Akteure politisch bearbeiten können bzw. wollen.

Die Mehrdimensionalität von Problemen zeigt sich in sachstruktureller, zeitlicher, räumlicher und sozialer Hinsicht. In der Dimension der *Sachstruktur* können etwa einfache vs. komplexe, ungeformte vs. geformte, zerlegbare vs. unzerlegbare, isolierte vs. interdependente Probleme unterschieden werden. Komplexe Probleme weisen anders als einfach strukturierte Probleme komplizierte Kausalmodelle relevanter Einflussfaktoren auf. Für geformte Probleme stehen Routinelösungen zu Verfügung, während für die Lösung ungeformter Probleme „Neuland" betreten werden muss. Manche Probleme lassen sich in Einzelbereiche zerlegen und auf diese Weise bearbeiten, andere nicht. Auch die Wechselbeziehungen mit anderen Problemen gestalten sich unterschiedlich und wirken auf die politische Bearbeitbarkeit zurück. In *zeitlicher Perspektive* erfordern vergangene, gegenwärtige, zukünftige Probleme jeweils spezifische Lösungsansätze, langfristige Problemzusammenhänge wiederum andere als kurzfristige. Auch *räumlich* lässt sich etwa differenzieren, ob Probleme eine geringe bzw. große Reichweite aufweisen oder ob sie auf lokaler, nationaler bzw. globaler Ebene angesiedelt sind. In der *Sozialdimension* schließlich stehen die leicht erkennbaren den verborgenen Problemen gegenüber (sichtbar vs. unsichtbar), existieren Verursacher eindeutig oder weniger eindeutig zuzuschreibende Probleme (zurechenbar vs. unzurechenbar), ergeben sich geringere oder größere Intensitäten der Betroffenheit.

Die sachliche Auseinandersetzung mit politisch relevanten Problemen erledigen die Politikakteure nicht für sich allein, sondern in Auseinandersetzung mit Interaktionsakteuren. Problemlösungen entstehen in Prozessen der *Interaktion*, in die eine Fülle unterschiedlicher Auffassungen und Perspektiven einfließen. Für das strategische Zentrum kommen die relevanten Interaktionsakteure nicht nur aus der externen Umwelt. Ebenso wichtig ist die Klärung einer Policy-Position innerhalb der eigenen Organisation. Diskussionen über geeignete Problemlösungsansätze reichen fast immer in die eigene Organisation hinein. Gerade im Bereich der Problempolitik wird auch innerhalb der eigenen Organisation – manchmal länger als vom strategischen Zentrum gewünscht – um unterschiedliche Lösungsansätze gerungen. Insofern ist die Interaktion zwischen Strategieakteur und externer Umwelt häufig verwoben mit der internen Abstimmung einer einheitlichen Position. Sie wird teilweise auch über die Öffentlichkeit ausgetragen.

Die Maßstäbe für die Problemlösung ergeben sich nicht einfach aus dem behandelten Sachgegenstand selbst, nicht einmal aus den unterschiedlichen Sach-, Sozial-, Zeit- und Raumdimensionen des Problems. Ihre konkrete Ausgestaltung hängt auch von der eingenommenen Betrachterperspektive ab. Die Problemlösungsmaßstäbe und -perspektiven können so typisiert werden, dass sie als unterscheidbare *Problemlösungslogiken* erscheinen. Drei Logiken werden für die Regierungstätigkeit in allen Problembereichen fast immer relevant:

(1) Die *Interessenlogik*, die im Prozess der Problemlösungspolitik vorrangig über spezialisierte Verbände oder andere organisierte Interessenakteure artikuliert wird, macht deutlich, welche Partikularinteressen im jeweiligen Themenfeld existieren und für die Entwicklung von Lösungsansätzen Berücksichtigung fordern. Interessenakteure stellen etwa Informationen über den diskutierten Sachbereich, vermutete Wirkungszusammenhänge zwischen geplanten Maßnahmen und ihren Effekten oder über Möglichkeiten und Grenzen der Implementation spezifischer Programme zur Verfügung (vgl. Roose 2006). Sie ziehen aus diesen Kenntnissen – durchaus interessengeleitet – ihre eigenen Schlüsse und formulieren dementsprechende politische Forderungen. Dabei gehen Machtdemonstration und Information ineinander über. Für die Regierung verdeutlicht die Interessenlogik Friktionen und Übereinstimmungen der eigenen Problemlösungsvorstellungen mit vorhandenen gesellschaftlichen Interessen. Regierende Strategieakteure reiben sich an der Interessenlogik, grenzen ihre Problemlösungsvorstellungen dementsprechend ab oder passen sie an.

(2) Die *Expertenlogik* präsentiert sich ebenfalls nicht als einheitlicher Maßstab oder als singuläre Perspektive. Sie zerfällt in intern ausdifferenzierte Wissenschaftsdisziplinen bzw. Sachgebiete und vielfältige Fachmeinungen.[14] Expertenlogik soll hier eine Orientierung auf spezifische Sachaspekte der Problemlösung

---

[14] Die dieser Arbeit zugrunde liegende Kategorie der Expertenlogik nimmt keinen Bezug auf die vielfach diskutierten Probleme wissenschaftlicher Politikberatung im Dreiecksverhältnis zwischen Politik, Beratung und Wissenschaft (vgl. Falk et al. 2006). Die Transformationsprobleme von wissenschaftlicher Erkenntnis zu politisch-handlungsbezogener Expertise sind bekannt (vgl. Saretzki 1997, 2005).

kennzeichnen, die für die Problempolitik geltend gemacht werden. Je nach disku-
tiertem Problem treten andere Experten (meist Wissenschaftler oder wissenschaftlich informierte Akteure) auf den Plan. Sie stellen auf wissenschaftlicher Basis aus
den unterschiedlichsten Disziplinen (Wirtschafts-, Sozial-, Politik-, Natur-, Ingeni-
eurwissenschaft etc.) spezifische Informationen zum Problem und denkbare Lö-
sungsvarianten bereit und leiten daraus politische Forderungen im Hinblick auf
die Problemlösung ab. Die Expertenlogik konzentriert sich vor allem auf fachlich
begründete Instrumentenvorschläge, die wissenschaftliche Beurteilung von Problemlösungsansätzen, teilweise auch auf die Bestimmung „richtiger" Policy-Ziele.
Die Träger der Expertenlogik überschreiten dabei regelmäßig ihre fachwissen-
schaftlichen Kompetenzen, indem sie über normative, lokale, disziplinäre, episte-
mische Grenzen hinweggehen (Saretzki 1997: 281-284). Eine wertneutrale Expertenlogik kann es nicht geben. Im politischen Prozess verschwimmen fachwissenschaftliche Diagnosen und darüber hinausgehende Wertungen und Auffassungen
der Experten zu einem Konglomerat unterschiedlichster fachlicher Einschätzungen, zu denen die Regierung mit ihrer Positionsfindung Stellung bezieht.

(3) Die *administrativ-rechtliche Logik,* hauptsächlich getragen von administrativen Akteuren, fragt nach der Rechtskonsistenz und -konformität der Problemlösungsvorschläge (Widerspruchsfreiheit, Rechtmäßigkeit, Systemgemäßheit etc.)
und ihrer „administrativen Praktikabilität" (Mayntz/Lex 1982), die ein vollständi-
ges, flexibles und durchführbares Programm voraussetzt (vgl. Smeddinck/Tils
2002: 259-270). In einer administrativen Durchführungsperspektive soll das Programm wirksam und vollzugsfähig sein, zugleich den Bearbeitungsaufwand möglichst gering halten. Damit werden auch Kriterien der Effektivität und Effizienz in
die Bewertung eingeführt. Den administrativ-rechtlichen Filter durchlaufen fast
alle Programmansätze, innerhalb der Regierung meist schon im Vorbereitungsstadium in der Ministerialverwaltung. Die Einflusschancen der Träger administrativ-
rechtlicher Logiken hängen auch von deren Strategien (Tils 2003) und den jeweils
unterschiedlichen Kontextbedingungen der Politikformulierungsphase ab (z.B.
politische vs. administrative Gesetzgebung, vgl. Tils 2002b).

Eine der zentralen Aufgaben der Problempolitiksteuerung liegt für die Akteure in der Auswahl geeigneter *Policy-Instrumente,* die das Erreichen der Gestaltungsziele in den einzelnen Problemfeldern gewährleisten sollen. Vieles von dem,
was Regierungen erreichen wollen, wird durch die Verwendung von Policy-
Instrumenten angestrebt. Policy-Instrumente lassen sich definieren als „(...) the
myriad techniques at the disposal of governments to implement their public policy
objectives." (Howlett 1991: 2). Diese Begriffsfassung nimmt eine instrumentelle, auf
die Werkzeugqualität politischer Maßnahmen abstellende Perspektive ein (vgl.
Voß 2007: 43-49).

Generell ist der „Instrumentenkasten" gut gefüllt. Unter Zugrundelegung einer auf die Ressourcen einer Regierung abstellenden Orientierung, können die Akteure zwischen vier grundlegenden Kategorien von Policy-Instrumenten wählen: Nodality, Authority, Treasure, Organisation (vgl. Hood 1983). Sie greifen also zum Beispiel zu Mitteln der Information, Persuasion, Beratung (Nodality), von Ge- und Verboten, regulierter Selbstregulierung, Public-Private-Partnership (Authority), Steuern und Abgaben, Subventionen, Anreizsystemen (Treasury), Privatisierung, aktiver Unterstützung privater Organisationen oder staatlicher bzw. parastaatlicher Institutionalisierung (Organisation) (vgl. dazu Howlett/Ramesh 2003: 88-116). Die prinzipiell unendlich große Bandbreite von Instrumenten lässt sich mit Blick auf ihre spezifischen Merkmalsausprägungen in fünf unterschiedliche Dimensionen zwischen den äußeren Polen eines Kontinuums verorten. Wie Robert Dahl und Charles Lindblom (1953) bereits früh herausgearbeitet haben, unterscheiden sich die „Naturen" von Policy-Instrumenten dann im Hinblick auf „instrument ownership" (von staatlich bis privat), „government influence" (von Zwang bis Überzeugung), „government control" (von direkt bis indirekt), „instrument membership" (von freiwillig bis verpflichtend), „instrument autonomy" (von unselbständig bis unabhängig).

Die anspruchsvolle Aufgabe besteht im Finden und der Auswahl „geeigneter" Instrumente – und zwar nicht nur angesichts der Unsicherheit über die „Wirkungsmächtigkeit" einzelner Instrumente im spezifischen Problemzusammenhang und der daraus resultierenden Notwendigkeit einer fortlaufenden Überprüfung einmal gewählter Policy-Designs (Mayntz 1983b). Anders als viele ökonomische Analysen nahe legen, ist die erwartete Effektivität bzw. Effizienz der zur Diskussion stehenden Instrumente nur einer unter mehreren Auswahlgesichtspunkten bei der intentionalen Entwicklung eines Policy-Designs (vgl. Howlett/Ramesh 1993: 246-250). Die politikwissenschaftlichen Diskussionen um die Instrumentenwahl und das Policy-Designs haben ein weites Spektrum von Aspekten gezeigt, die für die Auswahl und Gestaltung von Policy-Instrumenten relevant werden: unter anderem Fragen der Ressourcenintensität, der praktischen vergangenen Erfahrungen, der Wahrscheinlichkeit der Zielerreichung durch das jeweilige Instrument, der rechtlichen Schranken, der administrativen Praktikabilität und Zielgenauigkeit von Instrumenten, der Adressatenreaktionen, ebenso wie Aspekte des politischen Risikos, der jeweiligen Konfliktkonstellation, der politischen Sichtbarkeit von Maßnahmen, sowie der Überzeugungssysteme der Entscheidungsträger (vgl. Hood 1983, Linder/Peters 1989, Schneider/Ingram 1990, Salomon 2002). Belegt werden konnte, dass Entscheidungen über Policy-Instrumente nicht nur „instrumentelle" Entscheidungen sind, sondern zugleich politische Entscheidungen, die stark von den Überzeugungen, Wahrnehmungen und Einstellungen der Akteure abhängen (Howlett 1991: 8) und von den zum jeweiligen Entscheidungszeitpunkt relevanten Diskursen und Ideen mitbestimmt werden (vgl. etwa Fischer/Forester 1993, Schneider/Ingram 1997).

Im Rahmen strategischer Regierungssteuerung eröffnet sich für die Eignungs-prüfung von Instrumenten eine Perspektive, die sich einerseits an den genannten Instrumenten-Wirkungs-Zusammenhängen (Targeting, Effektivität, Praktikabilität etc.) und Politikgestaltungsaspekten wie etwa integral vs. sektoral, national vs. supranational, zentral vs. dezentral orientiert, andererseits Bezüge der problempo-litischen Fragestellung zu den strategischen Steuerungsbereichen von Organisati-on, Konkurrenzpolitik und öffentlicher Kommunikation herstellt. Damit erweitert sich das Spektrum relevanter Prüfkriterien für Policy-Instrumente.

Organisatorisch bergen die diskutierten Policy-Instrumente beispielsweise un-terschiedliche Konfliktpotentiale, sowohl innerhalb der eigenen Organisation als auch in externen Interaktionsverhältnissen (Vetospieler). Strategische Kalkulatio-nen stellen solche Konfliktkonstellationen in Rechnung und schätzen ab, welche politischen Risiken – beispielsweise in Form von innerparteilichen Flügelkämp-fen – mit den jeweiligen Instrumenten verbunden sein können. Auch tradierte Or-ganisationserfahrungen können für oder gegen die Auswahl bestimmter Instru-mente sprechen.

Konkurrenzpolitisch gibt die Wahl der Instrumente Auskunft über die eigene Position im politischen Koordinatensystem und kann damit Konsequenzen für die Wettbewerbsbeziehungen zu den politischen Konkurrenten haben. Das Koordina-tensystem stellt die Konstruktion eines politisch-ideologischen Großterrains dar, auf dem sich die Konkurrenzakteure bewegen (Raschke/Tils 2007: 225-233). Es besteht aktuell aus den zwei Achsen Markt/Gerechtigkeit und Autoritatis-mus/Libertarismus (vgl. Kitschelt 1994, 2003, Stöss 1997). Wie die oben eingeführ-ten Kategorisierungen von Instrumenten gezeigt haben, weisen alle Einflussmittel charakteristische Eigenschaften auf (Reichweite staatlicher Kontrolle, spezifische Lenkungswirkung, Organisationsprinzip etc.), die zugleich die Haltung und Posi-tionierung der Politikakteure auf den Achsen zwischen Libertarismus und Autori-tarismus sowie Marktfreiheit und sozialer Gerechtigkeit verdeutlichen können. Aus diesem Grund ist mit der Wahl eines spezifischen Policy-Instruments auch in konkurrenzpolitischer Perspektive mehr verbunden als nur die instrumentelle Frage nach dem „besten" verfügbaren Mittel zur Zielerreichung. Das Propagieren eines spezifischen Policy-Instruments kann gleichzeitig eine richtungspolitische Botschaft aussenden und einen Beitrag zur Bündnis- und Gegnerbildung im Par-teiensystem leisten.

Auch unter dem Gesichtspunkt der *Kommunikation* unterscheiden sich die Po-licy-Instrumente. Das gilt sowohl für den Zeitraum vor politischen Entscheidungen als auch für die nachträgliche Rechtfertigung einmal ergriffener Maßnahmen (vgl. Majone 1993). Die Anforderungen an die Kommunizierbarkeit der Instrumente muss sich nicht mit ihrer Bewertung aus einer Wirkungsperspektive decken. Komplexe Policy-Designs für komplexe Problemzusammenhänge können politisch-kommunikativ hohe Hürden aufbauen. Strategisch relevant ist somit auch, ob die Politikmaßnahmen in ihrem instrumentellen Ansatzpunkt vermittelbar sind und von den Rezipienten verstanden werden können. Daneben spielt in der kommunikativen Auseinandersetzung um Politikinstrumente insbesondere die Frage ihrer möglichen Realisierbarkeit eine zentrale Rolle (Majone 1989). Insgesamt setzt die strategisch ausgerichtete Kommunikation von Instrumenten eine Argumentationsevidenz voraus, die das vorgeschlagene Mittel unter pragmatischen Gesichtspunkten plausibel machen kann. Dafür ist nicht zwingend ein Fundament von wissenschaftlicher, international vergleichender Policy-Evidence erforderlich (vgl. dazu Pawson 2006, Nutley et al. 2007). Positive Beispiele von in anderen Ländern bereits erfolgreich erprobten Policy-Instrumenten können politische Akteure jedoch in der öffentlich ausgetragenen kommunikativen Auseinandersetzung um die vermeintlich besten Handlungsalternativen unterstützen. Strategisch bedeutsam bleibt jedenfalls, ob die diskutierten Policy-Vorschläge im Instrumentendiskurs sinnvoll artikulierbar sind und eine Wirkungsevidenz vermitteln, die unmittelbar überzeugen kann.

3.4.2.3 Konkurrenzpolitiksteuerung

Konkurrenzpolitiksteuerung rankt sich um Zentralkategorien der Politics-Dimension von Politik: Macht, Mobilisierung, Konflikt, Kooperation. Im Kontext von Party-Government wird sie durch die Wettbewerbsbeziehungen zwischen Parteien in Regierung und Opposition geprägt. Untereinander stehen die Parteien in Konkurrenz um Wählerstimmen und daraus abgeleiteter Macht. Konkurrenz bedeutet durch Wettbewerb geregelten Konflikt. Konkurrenzhandeln kann einseitig sein – ohne wechselseitige Interaktionen oder Kommunikationen zu den Wettbewerbern. Überwiegend aber ist es interaktiv. Im Kern bedeutet Konkurrenz *positive Differenzbildung* gegenüber Dritten – vor allem auf der Grundlage von Themen. Differenzbildung steuert die Herstellung von Unterscheidbarkeit – Grundlage der Auswahl bei Wahlen und ein zentraler Anreiz für Mobilisierung. Die Unterscheidbarkeit kann sich auf vieles beziehen: Richtung, Kompetenz, Leistung, Personen, Symbole, Organisation, Bündnis. Parteien versuchen die Differenzen in den Vordergrund zu schieben, bei denen sie sich die größten Vorteile gegenüber der Konkurrenz versprechen. Sowohl die Dimensionen der Differenz wie auch ihre Reichweite unterliegen strategischer Überlegung.

Als politische Ordnung, in der Parteien um die Unterstützung der Wähler streiten, ist Parteienkonkurrenz ein entscheidender Schlüssel zum Verständnis politischer Prozesse im Party-Government. Parteien im Wettbewerb müssen akzeptieren, dass ihre Chance auf die Übernahme der Regierungsfunktion von ihrer Attraktivität bei Wahlen abhängt (Robertson 1976: 3). Für die Bürger bedeutet Parteienkonkurrenz die institutionalisierte Chance, zwischen Paketen personeller, sachlicher, organisatorischer Alternativen wählen zu können. Parteienkonkurrenz hat einige dauerhafte, rechtliche Voraussetzungen, wie die Freiheiten der Parteigründung, Willensbildung, Meinungsäußerung, den leichten Zugang zum Wählermarkt, das Mehrheitsprinzip und das Prinzip, dass Macht auf Zeit verliehen wird (Grimm 1983, Strøm 1989).

Aus den Konkurrenzbeziehungen zwischen Parteien leitet sich eine allgemeine – aber nicht in allen Interaktionen durchgreifende – kompetitive Orientierung parteipolitischer Akteure ab. Konkurrenzpolitische Kalkulationen im Steuerungsprozess beziehen sich auf das gesamte parteipolitische Akteursspektrum: Groß- und Kleinparteien, Kern- und Randkonkurrenz, Bündnis- und Koalitionsparteien, potentielle Partner und Dauergegner. Trotz der kompetitiven Basisorientierung von Party-Government-Akteuren in Konkurrenzdemokratien bleiben die jeweiligen Interaktionsorientierungen (kooperativ, kompetitiv, konfrontativ) wählbar. Die Dominanz einzelner Interaktionsorientierungen ändert sich im Zeitverlauf. Sie hängt auch von der Ausgestaltung des jeweiligen Parteiensystems ab. Im Falle eines Zweiparteiensystems wie in Großbritannien (vgl. Webb 2000, Sturm 1983) kann bei sehr großem Wahl- und Popularitätsabstand zwischen Regierung und Opposition der Aspekt von Konkurrenz zeitweilig in den Hintergrund treten. In Mehrparteiensystemen mit Koalitionszwang wie Deutschland ist Kooperation so eingebaut, dass sie den Wettbewerb zugleich unterbricht und bestätigt.

Bei Koalitionsregierungen ergeben sich kontroverse Auseinandersetzungen zum Zwecke der Profilierung nicht nur mit politischen Gegnern, sondern – in begrenzter Form – auch mit dem Koalitionspartner, da die Konkurrenzsituation durch Koalitionen nicht aufgehoben wird (vgl. De Winter 2002: 199-202). Kooperation und Wettbewerb durchwirken das Regieren in Koalitionen (Timmermans 1998). Es entwickeln sich komplexe Spannungsverhältnisse von Gemeinsamkeit und Abgrenzung, ohne die grundlegende Vertrauens- und Arbeitsverhältnisse erodieren zu lassen. Der Erhalt der Koalition erfordert die Balance von kompetitiven und kooperativen Orientierungen. Wie diese jeweils zum Tragen kommen, hängt von institutionellen Vorkehrungen und den taktischen bzw. strategischen Entscheidungen der Akteure ab.

Es gibt Befürchtungen, dass die Konkurrenzpolitik in parteiendominierten Demokratien die Sachpolitik verdrängt. Das hängt auch damit zusammen, dass kompetitive Orientierungen der Politiker und entsprechende Interaktionsformen im Spannungsverhältnis zu einvernehmlich-gemeinsamen Problemlösungen stehen (Scharpf 2000: 276-278). Dieser Wunsch nach Harmonie und „sachlicher" Politik kollidiert allerdings mit gegenläufigen Erwartungen, die sich auf die klare Unterscheidbarkeit der parteipolitischen Wettbewerber richten. Die Bürger wollen erkennen können, wofür die jeweiligen Parteien im Unterschied zu ihren Konkurrenten stehen. Nur die Sichtbarkeit von Alternativen belegt konkurrenzpolitische Entscheidungen bei Wahlen mit einem tieferen Sinn. In dieser Perspektive garantieren gerade Konflikte die Sichtbarkeit konkurrenzpolitischer Alternativen. Konkurrenzpolitik ist damit nicht ein „ärgerlicher" Nebenkriegsschauplatz der Politik, sondern notwendiger, integraler Bestandteil der Systemlogik von Parteiendemokratien.

Innerhalb der parteipolitischen Konkurrenz findet die Profilbildung gegenüber den Wettbewerbern vor allem auf der Grundlage von Themen statt. Deswegen versuchen strategisch orientierte Regierungen die Behandlung von Themen bewusst zu steuern. Themen haben für den Strategieakteur zwei Dimensionen: sie sind zugleich Probleme und Issues (vgl. Raschke/Tils 2007: 193-200). Als Probleme bezeichnen sie unerwünschte gesellschaftliche Sachverhalte/Zustände, für die im Rahmen der *Problempolitik* eine Veränderung bzw. Lösung angestrebt wird. Als Issues sind Themen politische Streitfragen, deren Behandlung Einfluss auf die Machtverteilung hat (*Konkurrenzpolitik*). Themen (in ihren Problem- und Issuedimensionen) und dazu vertretene Positionen sind wichtiger Grundstoff der Politik – gerade im Rahmen von Konkurrenzpolitik. Sie beeinflussen die Kompetenz- und Leistungszuschreibungen der Wähler an die politischen Akteure in Regierung und Opposition. Für die konkurrenzpolitische Regierungssteuerung ist das *Management von Themen* mit seinen einzelnen Bausteinen von Themenfindung, Themenpositionierung, Themenkommunikation zentral (vgl. auch Hinrichs 2002).

Der strategische Akteur muss eine doppelte Wahl treffen: die des Themas und die seiner Position zum Thema. Themen müssen sich nicht durch gesellschaftlichen Druck „aufdrängen", sie können von strategisch operierenden Politikern unter politischen Nutzenkalkülen geschaffen werden (vgl. Sjöblom 1986: 91-92). Es gibt einen permanenten Kampf nicht nur um die Problemlösungen, sondern um die Themen selbst. Der Kampf führt aber zu einer *politischen Agenda*, bei der sich Themenstrategien von Regierungs- oder Oppositionsakteuren durchsetzen. Personalisierung, symbolische Politik, Neben- und Scheinprobleme haben dabei ebenso ihre Chance wie die partikularen Parteiinteressen, die versuchen, die Themenstärken ihrer Partei auch gegen die gesellschaftliche Agenda stark zu machen.

Ein wesentliches Ziel des Themenmanagements besteht darin, möglichst großen Einfluss auf politisch diskutierte Themen und Problemlösungen zu erlangen.

Für den Strategieakteur geht es darum, die öffentliche Diskussion mit eigenen Themen und Positionen positiv zu dominieren, mit günstiger Rückwirkung (Sichtbarkeit, Profil, Kompetenz) auf das eigene Kollektiv und die längerfristige Imagebildung. Soweit politische Akteure Themen selbst mitbestimmen können, weil sie nicht als unaufschiebbare gesellschaftliche Probleme unmittelbare Antworten der Politik erzwingen, suchen sie nach für sie unter Profilierungsaspekten geeigneten Themen. Aktive Themenfindung ist eine der zentralen Aufgaben strategischen Themenmanagements.

Sobald Themen öffentlichkeitswirksam und politisch relevant werden, erfordern sie eine *Positionierung* des Strategieakteurs. Sie umfasst den eigenen Standpunkt, die Verortung und Kontextualisierung von Themen und die Formulierung von Zielen sowie möglichen Mitteln der Problembearbeitung. Die Positionierung orientiert sich an den zuvor analysierten Gesichtspunkten der Themenwahl, das heißt Kompetenz-, Leistungs- und Profilierungsgewinne und eine spezifische Imageformung stehen auch hier im Zentrum. Die gewählte Problemlösung ergibt sich dabei keineswegs zwingend aus fachlichen, finanziellen oder administrativen Überlegungen (Problempolitik), sondern muss bei relevanten Fragen immer auch durch den Filter der Konkurrenz (und Kommunikation) hindurch.

In der prozessualen Dimension des Themenmanagements werden Timing und Ökonomie wichtig (vgl. Raschke 2001: 140). *Themenökonomie* verhindert sowohl die Überforderung des Strategieakteurs als auch des Publikums. Eine themenökonomische Betrachtung akzeptiert, dass überhaupt nur ein limitierter Themenhaushalt zur Verfügung steht, der von den Akteuren für sich selbst lohnend eingesetzt werden kann. Der ökonomische Umgang mit diesen Themen (etwa innerhalb einer Legislaturperiode) trifft Vorsorge, dass politische Erfolge sich nicht zu schnell „verbrauchen". *Thementiming* ist notwendig, da Themen ihre Zeit und ihre Unzeit haben. Beschleunigung, Verlangsamung, die Herstellung von Bezügen (z.B. zu vorhergehenden oder kommenden Wahlen) gehören zu den zeitbezogenen Optionen. Das Timing muss auf den Issue-Attention-Cycle in der Öffentlichkeit und aktuelle Anschlussfähigkeit in der Bevölkerung Rücksicht nehmen.

Schon Thematisierung, erst recht Themenmanagement ist eine reichlich komplexe Steuerungsaufgabe. Aus der Fülle gesellschaftlicher Themen wird nur ein Bruchteil aktuell politisch behandelt. Zugleich werden mehr Themen politisch bearbeitet, als strategisch wählbare Themen vorhanden sind. Hier eröffnet sich der große Raum politikfeldspezifischer, administrativ gesteuerter, öffentlichkeitsferner, wenig konkurrenzrelevanter Fachpolitik („non-public policy-agenda"). Wenige Themen sind es schließlich, die über die Machtverteilung im Rahmen der Konkurrenzpolitik entscheiden.

Die Regierung verfügt gegenüber der Opposition im konkurrenzorientierten Machtspiel über Startvorteile. Als zentraler Agenda-Setter der Problempolitik kann sie bei der Themensetzung und der politischen Priorisierung von Problemlösungen die Initiative ergreifen und davon bei den eigenen konkurrenzpolitischen Steuerungsbemühungen profitieren. Die Regierungszentrierung des Spiels um Aufmerksamkeit bedeutet jedoch keinen generellen konkurrenzpolitischen Vorteil, weil mit der Macht im Bereich der Problempolitik auch die Erwartungen an substantielle Problemlösungen steigen.

3.4.2.4 Kommunikationssteuerung

Kommunikationssteuerung kennzeichnet den Versuch politischer Akteure, öffentliche Kommunikationsprozesse inhaltlich und prozessual so zu beeinflussen, dass sie das Erreichen der eigenen Ziele unterstützen. Von besonderer Bedeutung dafür ist das Gewinnen von Aufmerksamkeit und Zustimmung zur eigenen Position in der Öffentlichkeit. Öffentliche Kommunikation findet ihre Resonanz in unterschiedlichen Öffentlichkeitsbereichen. Sie reichen von der allgemeinen Medienöffentlichkeit über interne Parteiöffentlichkeit, problembezogene Fachöffentlichkeit bis hin zur Face-to-Face-Kommunikation der Versammlungsöffentlichkeit, die allerdings (fast) nur noch in der Arena des Wahlkampfs wichtig wird.

Zentraler Bezugspunkt der Kommunikationssteuerung regierender Parteien ist die über Medien vermittelte Massenkommunikation. Die Bedeutung massenmedialer Kommunikation für moderne Demokratien ist unbestritten (Bennett/Entman 2001). Der strategische Stellenwert der Medien beruht auf der Rückbindung von politischen Herrschaftspositionen und politischen Entscheidungen an die Präferenzen der Bürger, die (zwischen Wahlen) vor allem über massenmediale Öffentlichkeit hergestellt wird (Gerhards 1998). Politische Kommunikation ersetzt keine „schlüssige" Politik, aber ohne erfolgreiche Öffentlichkeitsarbeit kann Politik bei den Adressaten unter den Bedingungen einer medialisierten Gesellschaft nicht mehr „richtig" ankommen. Vor allem über Medien wird Politik sicht- und erfahrbar, findet eine Themenauseinandersetzung statt, erreichen Wertangebote und Deutungsmuster das Publikum (Machnig 2002). Deshalb ist das öffentlichkeitsbezogene Kommunikationsmanagement eine strategische Daueraufgabe für Regierungen (Pfetsch 1999).

Massenmediale Kommunikation entsteht aus der Interaktion zwischen politischen und medialen Akteuren. Die politischen Sprecher und ihre vorrangigen Adressaten, die Bürger und Wähler, treffen bei der Massenkommunikation nicht direkt aufeinander. Ihre Interaktionen werden über Kommunikateure vermittelt, so dass wir es mit einem Akteurdreieck aus Sprechern, Vermittlern und Publikum zu tun haben (Neidhardt 1994a, 1994b). An den Interaktionen der Angebotsseite im Akteurdreieck nehmen nicht nur Politiker und Journalisten, sondern auch Experten, Wissenschaftler und Verbandsakteure teil. Sie alle gestalten medial vermittelte Kommunikation mit. Keine der Akteursgruppen aus den beteiligten Sektoren kann öffentliche Kommunikation allein steuern, wir sehen vielmehr wechselseitige Abhängigkeitsverhältnisse (Bennett/Livingston 2003), in denen der Deutungseinfluss stets neu verteilt wird.

Die Reflexivität medialer Akteure hat für Politikakteure als Kommunikationsanbieter Folgen. So produziert etwa eine zunehmende Rationalisierung politischer Kommunikation (Adaption der Medienlogik, Spin-Doctoring etc.) – neben Kritik aus demokratischer Perspektive (Manheim 1997) – mitunter Widerstand bei den Journalisten. Die Vermutung, man solle als Journalist professionell manipuliert und in Richtung einer bestimmten Berichterstattung gelenkt werden, produziert Gegenreaktionen, die in der Betonung journalistischer Unabhängigkeit liegen und zur Entlarvung dahinter vermuteter Kommunikationsstrategien führen (Neveu 1998: 450). Diese werden von den Medienakteuren mit besonderer Aufmerksamkeit antizipiert, entziffert und öffentlich freigelegt (Kriesi 2003: 217). Allzu offensichtliche kommunikative Steuerungsversuche strategischer Akteure können so Negativwirkungen erzeugen.

Der sichtbare Interaktionszusammenhang zwischen Medien und Politik (sowie in den Politikprozess integrierten Wissenschafts-, Vermittlungs-, Verbandsakteuren) lässt sich als *Bühne* interpretieren, auf der Stücke mit verteilten Rollen zur Aufführung gebracht werden (vgl. Sarcinelli 2005: 70-75, Hoffmann 2003). Politiker als legitimierte Entscheidungsträger, Journalisten als Kontrolleure und kritische Begleiter, Wissenschaftler als Informationslieferanten, Verbandsakteure als Interessenvermittler, Politikvermittlungsexperten als Souffleure – das ist nur ein kleiner Ausschnitt aus dem großen Repertoire medialer Politik.

Hinter der Bühne („backstage", Goffman 1990), im weniger sichtbaren Bereich der Interaktion, bestehen wechselseitige Abhängigkeiten, die sich aus exklusiven Informationen, Auftrittsmöglichkeiten, Rollenzuweisungen, Etikettierungen, Einflusschancen oder Aufträgen speisen (vgl. auch Plasser/Hüffel/Lengauer 2004: 345-346). Hier wird das Spiel durch die Spannungsverhältnisse von Publizität und Vertraulichkeit, Diskretion und Indiskretion geprägt.

Die Bürger und Wähler, *unsichtbare Dritte* in der direkten Öffentlichkeitsinteraktion, sind weniger von Medien „gesteuert", als diese sich das zuweilen erhoffen. Die Adressaten öffentlicher Kommunikation sind selbständig, selektiv, selbstbewusst und sozial eingebettet. Empirisch belegbar ist, dass die Medien in den Prozess der Meinungsbildung und Entwicklung der Wahlabsicht hineinwirken, ihn jedoch nicht entscheiden. Die Medien sind relevant für die Realitätswahrnehmung, ohne sie zu determinieren (Marcinkowski 2002). Medienberichterstattung beeinflusst zwar die Bürgermeinung und das Wählerverhalten, indem sie Aufmerksamkeiten fokussiert, Themenbehandlungen rahmt, durch Berichterstattung mobilisiert oder latent vorhandene Einstellungen und Ansichten aktiviert, die direkte Wirkung der Medien auf die Ausbildung von Überzeugungen und Wahlabsichten bleibt aber begrenzt (Brettschneider 2005b).

Da die Aufmerksamkeit des Publikums begrenzt ist (Nolte 2005), bleibt das wichtigste *Ziel* der Kommunikationssteuerung publizistische Aufmerksamkeit. Das Interesse an Aufmerksamkeit stellt jedoch keinen Selbstzweck dar, weil Krisen- oder Skandalschlagzeilen auch negativ wirken können. Angestrebt wird eine positive Berichterstattung. Positivpublizität soll bei den Rezipienten medial vermittelter Öffentlichkeit günstige Bewertungen in ganz unterschiedlichen Dimensionen (Zielstrebigkeit, Sachkompetenz, Handlungsfähigkeit, Glaubwürdigkeit, Richtung, Wertbindung, Leadership etc.) hervorrufen. Dafür werden die Kommunikateure von den politischen Sprechern stets mit neuen Informationen, Deutungen und Symbolen „versorgt".

Wichtigster *Adressat* der Kommunikationssteuerung sind aber nicht die Massenmedien selbst. Massenmedien sind in der Wahrnehmung politischer Akteure vor allem das Portal für den Zugang zu ihrer Wählerschaft (vgl. Fuchs/Pfetsch 1996). Anpassungen an die Regeln des Mediensystems sollen die Wahrnehmbarkeit ihrer Botschaften verbessern (vgl. etwa Mathes/Freisens 1990), nicht in erster Linie die Medien selbst überzeugen. Positive Resonanz in den Leitmedien von Fernsehen, Funk und Presse allein garantiert keine Wahlerfolge, da der aktuelle Mainstream der massenmedialen Diskussion an den Wünschen, Interessen und Bedürfnissen der Wählerschaft vorbeigehen kann.

„Durch die Medien hindurch", nicht „für die Medien" wird zur Leitorientierung strategischer Regierungskommunikation. Dazu muss sie einen *doppelten Filter* überwinden. Den *ersten Filter* bilden die Massenmedien. Sie sind selbst Akteure des politischen Prozesses (Page 1996, Pfetsch/Adam 2008), erbringen eigenständige Thematisierungsleistungen, positionieren sich inhaltlich und versuchen, den Prozess öffentlicher Kommunikation mitzusteuern – und entfalten Wirkung (vgl. Page/Shapiro/Dempsey 1987, Dalton/Beck/Huckfeldt 1998). Zum Passieren dieses Filters ist die Berücksichtigung der Aufmerksamkeitskriterien (Nachrichtenfaktoren etc.) und Gesetzmäßigkeiten des Mediensystems (Zwänge der Nachrichtenproduktion etc.) erforderlich (Schulz 2008: 190-206). Dazu kommt das „in Rechung stellen" von Orientierungssystemen, zum Beispiel die politische Ausrichtung von Journalisten und medialen Kollektivakteuren. Gezielte Kommunikationssteuerung über Hintergrundgespräche, (Vorab-)Exklusivinformationen oder Kontakte „unter Drei", persönliche Netzwerke, mediengerechte Themenaufbereitungen, symbolische Inszenierungen, Bilder und kommunikative Leitbegriffe können Ausdruck kommunikativer Steuerungsbemühungen sein.

Der *zweite Filter* liegt bei den Adressaten, den Bürgern und Wählern. Dort trifft öffentliche Kommunikation auf sozialstrukturelle, kulturelle und politische Prädispositionen, die zu einer – zumindest partiell – selektierten Informationszuwendung, -aufnahme und -verarbeitung führen (Schmitt-Beck 1998). Zur selektiven Wahrnehmung tritt die politikbezogene, informal-persönliche Kommunikation zwischen Wählern, die einfache Ausgangssignal-Eingangssignal-Beziehungen zwischen Sprechern und Rezipienten verhindern (Schmitt-Beck 2000b, 2003). Diese Filter erschweren aus Sicht strategischer Akteure die Vermittlung medialer Botschaften.

Strukturell variieren die Durchsetzungschancen von Kommunikationsangeboten mit der Besetzung spezifischer *Positionen* innerhalb des politischen Systems. Unterschiedliche Akteure treffen hier auf bessere bzw. schlechtere Voraussetzungen. Die im Vergleich zur Opposition besseren Chancen der Regierung liegen unter anderem in ihrer Tätigkeit und Verantwortung begründet: „Governments are active setting national priorities and proposing policy innovations, taking collectively binding decisions, and implementing them in their programs. As to the politics aspects, governments constantly work on legislative and political coalition building. Finally, the leadership function is expressed in the executive's role of crisis management, in maintaining international commitments and entertaining foreign relations." (Pfetsch 1999: 8).

Nicht nur die Position, auch die mit der Regierungsübernahme verbundenen staatlichen Ressourcen und zur Gestaltung der Öffentlichkeitsarbeit verfügbaren Institutionen begünstigen die Regierungsakteure. Die Pflicht zur Information der Bevölkerung wird zugleich zur Chance ihrer Beeinflussung. Regierungsvorteile beim Kampf um Aufmerksamkeit sind jedoch keine Erfolgsgarantie (Kaase 1998b: 103-104). Durch institutionelle Positionen bedingte öffentliche Präsenz ist notwendige, aber nicht hinreichende Bedingung für die Durchsetzung der eigenen kommunikativen Inhalte. Ausschlaggebend bleiben die positiven bzw. negativen Perzeptionen und Bewertungen der Kommunikationsadressaten. Für die Rezipienten stellt sich nicht allein die Frage, wer redet, sondern vor allem auch, wie sie das finden, was gesagt wird. Darüber entscheiden ganz wesentlich die Kommunikationsinhalte und individuellen kommunikativen Fähigkeiten der Regierungsakteure.

Zentrales Element kommunikativer Steuerungsbemühungen der Regierung ist die *Themenkommunikation*. Da Themen und ihre kommunikative Behandlung bis zu einem gewissen Grad „wählbar" sind, kommt dem Themenmanagement der Akteure besondere Bedeutung zu (Hinrichs 2002). Auf der Basis eigener Priorisierungen und Positionierungen (Raschke/Tils 2007: 197-198) leisten Regierungen einen

Beitrag zum *Agenda-Building*, der Einfluss auf die Medien- und Public-Agenda hat. Agenda-Building beschreibt den Versuch politischer Akteure, für sie günstige Themen in der Medienberichterstattung und in den Köpfen der Bürger zu platzieren und zugleich eine für den politischen Gegner ungünstige Public- und Medienagenda herbeizuführen (Brettschneider 1998: 635). Agenda-Building ist ein umkämpftes Feld, bei dem Konkurrenzbeziehungen zwischen politischen Akteuren, Medienakteuren, Experten, Interessenorganisationen bestehen, aber auch unvorhersehbare Krisen, Großunfälle oder Naturkatastrophen ihre Wirkung entfalten, indem sie von Akteuren aufgebaute Themen plötzlich wegfegen können.

Sowohl die medien- und kommunikationswissenschaftliche (McCombs/Shaw 1993, Brosius 1994, Dearing/Rogers 1996, McCombs/Shaw/Weaver 1997) als auch die politikwissenschaftliche Forschung (Kingdon 1984, Baumgartner/Jones 1993, Riker 1993, Klingemann/Hofferbet/Budge 1994, Laver/Budge 2002) zum Agenda-Setting haben gezeigt, dass die Agenda-Building-Möglichkeiten der Akteure von medialen wie politischen Faktoren abhängen. Themenmerkmale, Medienaufmerksamkeiten, Politikzyklen, mediale und politische Regelsysteme, Akteurkonstellationen, Kommunikationsressourcen und Strategien der politischen Konkurrenz beeinflussen die Ergebnisse von Versuchen, Themen aufzubauen und zu platzieren (vgl. Walgrave/Aelst 2006). Einige Faktoren entziehen sich der Einflussnahme der Akteure. Sie werden deshalb auch versuchen, Themen, die durch andere Faktoren in die Öffentlichkeit oder Medien vorgedrungen sind, für eigene Zwecke zu nutzen (Agenda-Surfing).

Dem Strategieakteur stehen eine Vielzahl unterschiedlicher *Thematisierungsvarianten* zur Verfügung, zu denen Neuthematisierung, Dethematisierung (auch als Agenda-Cutting), Rethematisierung oder Strategic Diversion gehören (vgl. Larocca 2004). Dethematisierung, Agenda-Cutting und Strategic Diversion zeigen, dass es nicht immer um positive Themensetzung geht, sondern auch das Verhindern von Diskussionen erstes Anliegen der politischen Akteure sein kann. Ebenso kann die angestrebte vorteilhafte Wirkung der öffentlichen Themenlandschaft für den Kommunikationsanbieter im Hervorrufen von Negativeffekten beim politischen Konkurrenten liegen.

Agenda-Building umfasst auch das *Framing*.[15] Framing kann als Rahmung und Bewertung der Themen durch die Akzentuierung einzelner Themenaspekte und die Hervorhebung spezifischer Merkmale aufgefasst werden (Neidhardt/Eilders/Pfetsch 1998: 7). Framing als Themendefinition und Diskurssteuerung ist der Versuch, nicht nur zu beeinflussen, über *welches* Thema, sondern *wor-*

---

[15] Vgl. zu den kommunikationswissenschaftlichen Grundlagen des Framing-Paradigmas Goffman (1974) und Gamson (1992), zu theoretisch-konzeptionellen Designfragen auch Entman (1993) und D'Angelo (2002).

über bei einem Thema gesprochen wird. Zur kommunikativen Gestaltungsaufgabe wird, was in bestimmen Problembereichen die relevanten Aspekte sein und wie sie interpretiert werden sollen (vgl. Schön/Rhein 1994: 4-5). Botschaften, Begriffe, Problemsichten, Interessenfärbungen, Perspektiven, Verdichtungen, Fokussierungen können als Kommunikationsprogramm vorbereitet und in die Öffentlichkeit eingebracht werden. Thematische Frames treffen Auswahlentscheidungen über wahrgenommene Realitätsaspekte, heben diese in kommunikativen Bezügen besonders hervor, entwickeln spezifische Problemsichten, interpretieren Kausalzusammenhänge, bewerten normativ und zeigen Lösungsmöglichkeiten auf (Entman 1993: 52). Kurz: Frames definieren und diagnostizieren Probleme, urteilen über sie und empfehlen Lösungen. Sie zeigen Muster der Wahrnehmung, Interpretation, Präsentation, und basieren auf Entscheidungen der Selektion, Akzentuierung und Exklusion (Gitlin 1980: 7). Diejenigen, die dominante Horizonte des Verstehens und Deutens in Öffentlichkeitszusammenhängen begründen können, verfügen über kommunikative Vorteile gegenüber ihren Kontrahenten.

Das angestrebte Ergebnis des *strategischen Framings* ist die Etablierung bestimmter Interpretations- und Deutungsmuster bei der öffentlichen Auseinandersetzung um Themen (Baringhorst 2004, Jerit 2008). Solche „Präsentationskontexte" (Kaase 1998a: 49) sind für den Verlauf öffentlicher Diskussionen und die Wahrnehmungen und Bewertungen des Publikums von hoher Bedeutung. Gelungenes Framing führt zu den kommunikativen Problematisierungen, Fokussierungen, Interpretationen und Kausalattributionen, die der Strategieakteur intendiert hat und weist ihm selbst zugleich die Handlungskompetenz und Glaubwürdigkeit optimaler Problemlösung zu (Baringhorst 2004: 78-82). Auch beim Framing kommen unterschiedliche Akteure aus den Medien und der Politik ins Spiel, die ihrerseits versuchen, dem Diskurs eine für sie geeignete Richtung zu geben. Die Rahmungen themenbezogener Auseinandersetzungen sind umstritten wie die Themen selbst.

Im Kern beinhaltet Kommunikationssteuerung für die Regierung die Aufgaben, das Publikum mit den eigenen Politikinhalten und dem eigenen Handeln im politischen Prozess zu überzeugen und darüber hinaus eine kontextsetzende Orientierung zu vermitteln. Die kommunikative Überzeugungsarbeit beschränkt sich damit nicht nur auf Sachaspekte von Politik, sondern umfasst plausibles Agieren in der politischen Interaktion sowie die Verknüpfung von Themen und Positionen mit kommunikativen Leitlinien.

Gelingt es dem Regierungsakteur, sein eigenes Handeln mit einer sachlich, zeitlich und sozial übergeordneten *Kommunikationslinie* zu verbinden, erwachsen ihm daraus strategische Vorteile: sich selbst verschafft er Orientierung und im Verhältnis zur Umwelt erhöht er seine Erkennbarkeit. Kommunikationslinien sind ein wichtiges Mittel der Differenzgestaltung. Sie verbinden Themen, Personen, Symbole miteinander und schaffen daraus eine auf Großbegriffen basierende Botschaft, die eigene Zielrichtungen und Positionen übergreifend bündeln und kommunikativ zu transportieren vermag. Kommunikationslinien setzen eine zeitlich und inhaltlich kohärente und konsistente Diskursgestaltung voraus (Schmidt 2005). Wechselnde Überschriften für die gleiche Politik, gleiche Überschriften für wechselnde Politiken, aber auch wechselnde Überschriften für wechselnde Politiken erschweren die Entwicklung durchgreifender Kommunikationslinien und erfolgreicher Diskurse.

Um mit Hilfe einer Kommunikationslinie eine *Botschaft* zu entwickeln und zu transportieren, bedarf es spezifischer Voraussetzungen. Botschaften benötigen vor allem Programmatik, Glaubwürdigkeit, Personalisierung und Symbolik (vgl. Machnig 2002: 151-152). Die Programmatik einer Botschaft verhindert leere Floskeln, denen zwar jeder zustimmt, die aber ohne inhaltliche Aussage bleiben. Sie macht erkennbar, an welchen Kriterien Problemlösungsvorschläge und politische Maßnahmen gemessen werden sollen. Glaubwürdigkeit folgt einerseits aus der Konsonanz der Botschaft mit der Position des eigenen Kollektivs innerhalb des politischen Koordinatensystems. Zum anderen setzt sie die Bezugnahme auf das eigene Image voraus. An Images kann Kommunikation schnell anschließen, sie verstetigen und verstärken – wenn sie zur Botschaft passen. Botschaften setzen Personalisierung voraus, da Personen auch für politische Inhalte stehen und beim Publikum Identifikation ermöglichen und Konstanz gewährleisten. Symbolik verdichtet politische Botschaften mit Hilfe von Sprache, Bildern und Inszenierungen (Raschke/Tils 2007: 205-211). Die (zunächst interne) Durchsetzung einer Kommunikationslinie muss organisiert werden. Dazu sind Sprachregelungen zu treffen, die die wichtigen Repräsentanten des Kollektivs nach außen auch dauerhaft durchhalten, und zentrale Projekte zu definieren, an denen die Botschaft nachvollzogen werden kann. Es gilt aber auch: eine *nur* kommunikative Präsentationskunst kann politische Leistungen nicht ersetzen.

Die Vermittlungsanforderungen im Rahmen der Kommunikationssteuerung sind Prozessen der Veränderung unterworfen (vgl. Blumler/Kavanagh 1999). So wandelt sich beispielsweise die Wahrnehmung politischer Inhalte, findet das Prozesshandeln der Akteure zunehmend Aufmerksamkeit (mit Rückwirkung auf die Leistungsbewertung), können Professionalisierungstendenzen und die Zunahme kompetitiver Politikvermittlungen konstatiert werden. Strategische Akteure beobachten die für die eigenen Ziele relevanten Veränderungsprozesse politischer Kommunikation und passen die von ihnen verwendeten Kommunikationsmittel und -stile entsprechend an. Bei der Ausrichtung des eigenen kommunikativen Steuerungshandelns zeigt sich die Bedeutung der allgemeinen strategischen

Grundregel, dass erst die kalkulierende Zusammenschau von Zielen, zur Verfügung stehenden Mitteln und relevanten Umweltbedingungen eine Entscheidung ermöglicht, die für die spezifische Konstellation Erfolg verspricht.

3.4.3 Steuerungsparameter

Die im Folgenden kurz illustrierten drei Elemente *Macht*, *Erwartungen* und *Leistungen* stellen wichtige strategische Steuerungsparameter dar. Sie werden hier nicht als Orientierungsgrößen für strategische Regierungsakteure eingeführt, sondern als zentrale Parameter der Regierungsführung, die einen wichtigen Beitrag zur analytischen Rekonstruktion und Erklärung der strategischen Steuerungsprozesse in den empirischen Fallstudien leisten können. In diesem Sinne lassen sich die Parameter als analytische Größen verstehen, die der Kennzeichnung spezifischer Elemente in der Gesamtheit des Strategy-Making dienen und Erklärungsbeiträge zur Entstehung sowie zum Verlauf strategischer Steuerungsprozesse beisteuern.

3.4.3.1 Macht

Macht ist ein universelles Medium von Politik. Sie bildet eine stets relevante Hintergrundgröße, die alle Bereiche des Strategy-Making durchwirkt. So bedarf es beispielsweise der Macht zur Realisierung und Sicherung von Strategiefähigkeit. Im Prozess der Strategiebildung erfolgen Analysen von Machtverhältnissen für die Strategieentwicklung. Machtpositionen sind auch für die Entscheidung über Strategien nötig. Stehen andere Elemente im Vordergrund, wie etwa Organisation oder Themen, über die Macht gewonnen oder verloren wird, bleibt Macht eine indirekte Größe.

Macht bedeutet aktive Wirk- und Durchsetzungsmöglichkeiten in sozialen Interaktionen – auch und vor allem gegen Widerstand (vgl. Weiß 1995: 306-307). Damit sind fünf fundamentale Aspekte des Machtbegriffs und -konzepts angesprochen (vgl. Wiesenthal 2006: 119-129): Macht realisiert sich in sozialen Beziehungen.[16] Macht fokussiert auf den Durchsetzungsaspekt in Interaktionen.[17] Macht kann auf unterschiedlichen Machtmitteln basieren. Macht kennzeichnet Potentiale, Chancen oder Möglichkeiten zur Durchsetzung, nicht aber Akte der Durchsetzung selbst. Macht zielt vor allem auf die Realisierung der eigenen Präferenzen gegen Widerstreben aus der Umwelt.

---

[16]   Vgl. dazu die auf politische Parteien fokussierten Ausführungen bei Panebianco (1988).
[17]   Das schließt die Durchsetzung von Nicht-Entscheidungen mit ein (Bachrach/Baratz 1972).

Im Steuerungszusammenhang stellt Macht Bezüge zum strategisch verfolgten Ziel her: Macht wird zum Erreichen des Ziels eingesetzt. Sowohl reale als auch fiktive Macht kann zur Zielerreichung beitragen, denn: „Reputation of power, is Power" (Hobbes 1997: 48). Machtdemonstration um ihrer selbst Willen ist keine strategische Zielgröße. Große Machtfülle erleichtert die Zielverfolgung, kann aber bei dauerhaft-dominanten Machtkonstellationen unerwünschte Gegenreaktionen hervorrufen, nicht nur bei den unterlegenen Interaktionsakteuren, sondern auch beim „Zuschauer" (Zustimmungsverluste, Mitleidseffekte etc.).[18]

Wichtig ist die Unterscheidung zwischen Macht und Einfluss (Wiesenthal 2006: 121), auch wenn diese Differenz in vielen sozialwissenschaftlichen Beiträgen aufgelöst wird. Politische Macht in Form von Einfluss, etwa in diffusen Varianten als Beeinflussung politischer Auffassungen oder – etwas spezifischer – als Anteil an Entscheidungen von Kollektivakteuren (vgl. Birch 2007: 199-215) verliert als kategoriale Untersuchungsgröße an analytischer Kraft. Ist man an einer „Härtung" des Machtbegriffs interessiert, liegt eine Bezugnahme auf Max Webers Machtkonzept nahe. Dort kommt es auf die Möglichkeit zur Durchsetzung des eigenen Willens gegen Widerstreben an, egal worauf diese Chance beruht (Weber 1980: 28-29). Auch für strategische Beziehungen in ihrer Gestalt als relationale Interaktionsprozesse ist es sinnvoll, von Macht erst dann sprechen, wenn es sich um Momente der Durchsetzung gegen potentiellen Widerstand handelt.

Macht verstanden als aktive Wirk- und Durchsetzungsmöglichkeit beruht auf mobilisierten Ressourcen. Ressourcen repräsentieren latente Energie als Grundlage von Macht, sind aber nicht selbst Macht (Etzioni 1975: 334-336). Im vorliegenden Verwendungszusammenhang kennzeichnen Ressourcen vom Strategieakteur mobilisierbare, materielle und immaterielle Hilfsmittel, mit denen Machtbeziehungen gestaltet werden können. Ressourcen müssen für den Machteinsatz nicht nur mobilisiert, sondern auch transformiert, das heißt auf die spezifischen Zwecke in den verschiedenen Steuerungsbereichen zugeschnitten werden. In dieser Studie interessiert die Macht, mit der strategische Absichten im Steuerungsprozess verfolgt werden können.

Immaterielle Ressourcen wie Führungs-, Organisations- und Wissenspotentiale, organisatorische Geschlossenheit, funktionale Einbettung im politischen System, rhetorische und intellektuelle Fähigkeiten der Repräsentanten von Kollektivakteuren, Kompetenzzurechnungen, Wählerbindungen sind für den Strategieprozess die wichtigeren. Materielle Ressourcen wie Geld, Manpower, Infrastruktur haben natürlich ihre Bedeutung nicht verloren und hängen eng mit immateriellen

---

[18] Stärken und Schwächen einer Organisation zeigen und entwickeln sich (auch) unabhängig von Macht. Stärken können, müssen aber nicht auf Machtpotentialen beruhen, ebenso wie Schwäche nicht mit fehlender Macht gleich zu setzen ist. Oft korreliert jedoch beides miteinander.

Ressourcen zusammen, wenn beispielsweise die materielle Ausstattung eng mit formalen Positionen im Parlament und in der Administration verknüpft ist. Dennoch greift die Formel „mehr materielle Ressourcen = mehr Macht" zu kurz.

Es muss zwischen Macht *nach innen* und Macht *nach außen* differenziert werden. Machtausübung nach innen gerät besonders im Handlungsfeld der internen Organisation ins Blickfeld, externe Machtkonstellationen dagegen bei Steuerungsversuchen im Außenverhältnis, die mit Hilfe der eigenen Organisation erfolgen. Intern verfügt das strategische Zentrum – trotz aller Anforderungen an Reziprozität – über eine gewisse Autonomie bei der Entwicklung und Verfolgung von Strategien. Schwieriger ist es, diese Strategie in externen Bezügen zu realisieren. Die Machtfrage stellt sich demzufolge nach außen noch drängender als nach innen. Das Hauptaugenmerk im Steuerungsprozess liegt auf der externen Durchsetzung strategischer Absichten.

3.4.3.2 Erwartungen

Erwartungen sind ein zweiter zentraler Parameter strategischen Steuerungshandelns. Sie können sich auf politisches Handeln (action), kommunikative Orientierungsangebote (communication), politische Entscheidungen (output), aber auch auf Politikergebnisse (outcome) beziehen. Weil Erwartungen nicht mit objektiveindeutigen Signalen an die Akteure verbunden sind, stellen sie eine strategische Interpretationsaufgabe dar. Sie sind gerade dann nur interpretativ zugänglich (z.B. über Hintergrundanalysen oder Demoskopie), wenn sie nicht als explizite Forderungen im politischen Prozess sichtbar werden.[19]

Hauptsächlicher Träger strategisch relevanter Erwartungen sind die Bürger und Wähler. Vor allem ihre Wünsche, Hoffnungen, Ansprüche leiten das Denken und Handeln der Strategieakteure. Daneben werden eine Fülle anderer Akteure sichtbar, die Ansprüche an die Politik stellen und diese Erwartungen zum Teil als Forderungen artikulieren: Wissenschaftler und Experten, die möchten, dass ihre Erkenntnisse und Vorschläge (endlich) in politisches Handeln umgesetzt werden, Interessenakteure, die mit ihren Belangen Berücksichtigung verlangen, oder Journalisten, die über Medien selbst zu aktiven Akteuren des Politikprozesses werden und eine Wahrnehmung ihrer Position erwarten.

Responsivität als Berücksichtigung von Erwartungen ist für Strategieakteure im Steuerungsprozess eine *politische Erfolgsbedingung*. Die Rückbindung an eigene politische Versprechen sowie die Sensibilität und Aufnahmefähigkeit für neue

---

[19]   Vgl. Easton (1965: 41-42) zur Unterscheidung von Erwartungen (expectations) und Forderungen (demands).

Anliegen ist ein zentraler Steuerungsparameter erfolgreicher politischer Strategien. Da sich die Strategieakteure fast immer widersprüchlichen Ansprüchen gegenüber sehen, sind sie zu Entscheidungen gezwungen: welchen Erwartungen sollen sie nachkommen, welche bewusst enttäuschen? Derartige Entscheidungen setzen strategische Reflexionen und Kalkulationen voraus.

Erwartungen können hinsichtlich Zeitdimension, Intensität und Trägergruppen unterschieden werden. So existieren zeitlich fixierbare *Wahlerwartungen,* weit verbreitete *Generalerwartungen* und begrenztere *Spezialerwartungen,* zentrale *Kernerwartungen* neben weniger bedeutsamen *Randerwartungen.* Diese Merkmalsausprägungen sind analytische Größen und können sich dementsprechend vermischen, so dass beispielsweise einige besonders wichtige Kernerwartungen wie wirtschaftliche Prosperität oder innere Sicherheit zugleich von vielen geteilte Universalerwartungen darstellen.

Für strategische Steuerung sind die Dynamiken sich fortlaufend verändernder Erwartungen von besonderer Relevanz. Im Steuerungsprozess geht es dabei vor allem um Erwartungsausfüllung, -anpassung und -steuerung. *Erwartungsausfüllung* meint die Spezifikation der Strategie im Hinblick auf Erwartungshaltungen (Strategieanwendung als Ausführung), *Erwartungsanpassung* die zielgerichtete Abstimmung der Strategie mit sich dynamisch entwickelnden Erwartungsströmen (Strategieanwendung als Adaption) und *Erwartungssteuerung* schließlich die aktive Einflussnahme auf die Erwartungen selbst.

Erwartungsinterpretationen gehen von einem durch Wahl erteilten Auftrag aus (*Wahlerwartungen*). Das Mandat ergibt sich aus dem von den politischen Parteien gemachten Programmangebot und der Reaktion der Wähler. Beides wird über Wahlkampf und Wahlergebnis vermittelt. Der genaue Inhalt des Mandats ist weder eindeutig, noch leicht zu entschlüsseln. Erst die interpretative Zusammenschau von Parteiangeboten, Wahlkampfthemen, Wahlmotiven, Wählerbewegungen kann zeigen, was die Bürger beschäftigt und wie ihre Erwartungen an die politischen Entscheidungsträger aussehen.

Dass die Politiker sich durchaus einem Wahlauftrag verpflichtet fühlen, der aus dem vorherigen Angebot, Wahlkampf und Wahlergebnis resultiert, hat die Mandatstheorie empirisch zeigen können.[20] Regierungsentscheidungen nach Wahlen, aber auch das Verhalten der unterlegenen Oppositionsparteien, machen deutlich, dass sich die Parteien bei der Ausgestaltung ihrer Politik an dem orientieren, was sie vorher in ihrem Wahlprogramm und im Wahlkampf versprochen haben – und sich ganz überwiegend auch daran halten (Klingemann/Hofferbert/Budge 1994). Dennoch wäre es ein Missverständnis zu glauben, dass sich Politiker in stra-

---

[20]   Vgl. den Überblick zu Annahmen und unterschiedlichen Ausformungen der Mandatstheorie bei McDonald/Budge (2005: 19-29).

tegischen Steuerungsprozessen an einem vermeintlich „imperativen" Mandat orientieren. Schon der Mandatsbegriff suggeriert die harte Fassung eines spezifischen
Auftrags, der so nicht erteilt worden ist. Es gibt unterschiedliche Erwartungen
verschiedener Wählersegmente, deren strategische Konsequenzen für die eigene
Politik der Analyse und Interpretation bedürfen.

Generalerwartungen richten die Bürger an alle politischen Formationen. In modernen Demokratien beziehen sich diese etwa auf materielle und physische Sicherheit (z.B. Wohlstand, soziale Grundsicherung, wirtschaftliche Prosperität, äußerer und innerer Frieden). *Spezialerwartungen* bezeichnen die Ansprüche und Forderungen an bestimmte Parteien, die meist in einem inneren Zusammenhang mit
ihrer programmatischen Ausrichtung und ihrem politischen Profil stehen. Substantielle *Kernerwartungen* sind aus Sicht der Bürger unverzichtbar, offensichtliches
Versagen führt zu unmittelbaren politischen Konsequenzen (z.B. nachlassende
Zustimmungsraten, Wahlniederlagen). Die weicheren, weniger zentralen *Randerwartungen* zeigen zwar Wünsche an, stellen aber keine essentiellen Aspekte dar. Es
sind Zusatzforderungen, die sich an die Akteure richten. Mangelhafte Performanz
in diesen Bereichen wird jedoch weniger hart bestraft.

3.4.3.3 Leistungen

Zwischen Erwartungen und Leistungen bestehen enge Verbindungen und Wechselbeziehungen. Beide Steuerungsparameter lassen sich aber analytisch separieren,
da der Fokus im einen Fall auf die Umwelt, im anderen Fall auf den Strategieakteur selbst gerichtet ist. Während Leistungen vom Strategieakteur in den relevanten Steuerungsbereichen selbständig erbracht werden müssen, weisen Erwartungen unmittelbar auf andere Akteure als externe Bezugsgröße strategischen Handelns hin. Beide Parameter können sich unabhängig voneinander entwickeln. Strategieakteure versuchen, Erwartungen und Leistungen in Übereinstimmung zu
bringen und mit den ihm zur Verfügung stehenden Machtmöglichkeiten abzustimmen.

Besondere Leistungsbezüge der Ausübung politischer Herrschaft im Teilsys-
tem Politik sind neueren Datums: „Erst im Laufe der historischen Entwicklung ist
der Leistungsaspekt politischer Systeme immer weiter in den Vordergrund getreten. Dem Staat ist ausdrücklich die Erfüllung eines ständig wachsenden Katalogs
von Aufgaben für die Gesellschaft zugewiesen worden, wofür dem zum Bürger
gewordenen Herrschaftsunterworfenen als Steuerzahler die Gegenleistungsrech-
nung aufgemacht wird." (Mayntz 1988: 39). Heute kann die Umstellung des politischen Teilsystems auf Leistung als weitgehend vollzogen gelten. Die Bürger
erbringen – neben den Steuern, die immer fällig werden – ihre maßgebliche Gegen-

leistung, die Wahl der politischen Leistungsproduzenten, nur denjenigen gegenüber, die sie zufrieden stellen. Sie treffen eine Auswahl aus dem Spektrum politischer Akteure, die sich um Leistungen bemühen und zur Wahl anbieten. Die Regierung steht im Hinblick auf die Erbringung von Leistungen unter besonderer Beobachtung und in herausgehobener Verantwortung.

Leistung soll als Erfüllung von Aufgaben, Zielen und Erwartungen definiert werden. Leistungen beziehen sich auf Ergebnisse von Handlungen und deren Bewertung durch andere. Auch die Aufgabenkategorie wird hier entobjektiviert, mit der Folge, dass alle drei Leistungsaspekte (Aufgaben, Ziele, Erwartungen) über Akteurswahrnehmungen und -festlegungen konzeptualisiert werden.

Aufgaben haben am ehesten einen objektiven Kern. So erscheinen einer Gesellschaft unmittelbar drängende Problemlagen zuweilen als zwingende Angelegenheiten der Politik – denen sich niemand entziehen kann. Institutionell vorgegebene Aufgaben (wie etwa Verfassungsaufträge) entfalten gegenüber den Akteuren stabil orientierende Wirkungen und lassen so manchmal vergessen, dass auch Normen und Institutionen durch Akteurhandeln entstanden sind und durch Akteure verändert werden können. Gleichwohl zeigen das jeweils begrenzte Spektrum politischer Problembearbeitung und die Vielzahl unbearbeiteter Probleme, dass Aufgaben politisch definiert werden. Aufgaben kennzeichnen Felder, auf denen die Gesellschaft Leistungsbemühungen der Politik als notwendig erachtet (z.B. innere Sicherheit, Arbeit, Bildung).

Ziele sind konkret gewünschte Zustände im Hinblick auf Aufgaben, die Akteure für sich setzen oder andere ihnen zuweisen und an denen sie sich in der Folge selbst messen oder gemessen werden. Die enge Verbindung von Erwartungen mit Zielen und Aufgaben ist offensichtlich. (Leistungs-)Erwartungen knüpfen sich an als wichtig angesehene Aufgabenbereiche und formulierte Ziele.

So einfach der Zusammenhang von Leistung als Erfüllung von Aufgaben, Zielen und Erwartungen klingen mag, so komplex gestalten sich die damit zusammenhängenden Politikprozesse. Die Formel „Leistungsproduktion = politischer Erfolg" greift zu kurz. Leistungen determinieren den Erfolg von Regierungen nicht, dazu müssen sie noch durch den Filter der Öffentlichkeit und die Bewertungsprozesse der beteiligten Akteure. Aber ohne relevante Leistungen fehlen dafür die notwendigen Voraussetzungen.

Für einen strategischen Regierungsakteur bedeutet das zunächst einmal, überhaupt Leistungen erbringen zu müssen. Ein umfangreicher Output allein erfüllt die Leistungserwartungen jedoch nicht: „Viel" machen (Gesetze, Anträge, Programme), bedeutet noch lange nicht, dass man in der Wahrnehmung der relevanten Akteursgruppen auch das „Richtige" macht. Outcome, Effektivität, Effizienz oder Equity sind weitere Referenzgrößen in den umfangreichen, dynami-

schen Perzeptions- und Bewertungsprozessen, die vor den (vorübergehend) abschließenden Urteilen bei Wahlen zu den Ergebnissen problempolitischen Handelns – also den Leistungen der jeweiligen politische Akteure – stehen.

Fragt man nach den Gruppen, die an unterschiedlichen Etappen der Formulierung von Leistungsanforderungen, ihrer Messung und Bewertung beteiligt sind,
eröffnet sich ein weitläufiges, heterogenes Akteursfeld. Es reicht von Bürgern, Wis-
senschaftlern, Experten, Medien- und Interessenakteuren bis hin zu den Politikern
selbst. Auch die Politiker als Leistungsproduzenten beteiligen sich über eigene
Zielfestlegungen und die Definition gesellschaftlicher Aufgaben aktiv an der Leis-
tungsbestimmung.

Leistungen lassen sich mehrdimensional beschreiben und charakterisieren.
Die definitiven Bewertungskriterien sind vielgestaltig und umstritten. Ausschlaggebende Maßstäbe für Leistungen hängen etwa ab von Auffassungen zu besonderen Aufgaben, relevanten Zielen, eigenen Erwartungen, grundlegenden Wertprio-
risierungen oder spezifischen Interessen. Auch auf Seiten der Leistungsproduzenten besteht prinzipielle Wahlfreiheit, welchen Aufgaben, Zielen und Erwartungen
man sich stellt – mit den möglichen Konsequenzen ist dann zu leben.

Welche Leistungsbereiche fordern den strategischen Regierungsakteur heraus? Es sind nicht nur die zunächst ins Auge springenden substantiellen Ergebnisse politischer Aktivität: Problembearbeitung und -lösung. Sicher ist die Leistungserbringung im Bereich der Problempolitik ein zentraler Gradmesser der bewertenden Gesamtschau. Aber auch innerhalb und mit der Organisation sind Leistungen
zu erbringen, genauso wie in den Feldern der Konkurrenzpolitik und Öffentlichkeit. Die unterschiedlichen Leistungsbereiche zeigen an, dass sich Regierungsakteure neben Problemlösungsleistungen auch um symbolische, personelle, thematische, organisatorische, wettbewerbsbezogene und kommunikative Leistungen
bemühen (müssen).

Insgesamt sind für Bewertungen und Urteile also keine „objektiven" Leistungen ausschlaggebend – die so auch gar nicht feststellbar wären. Strategische Akteure müssen schon aus Eigeninteresse am Deutungskampf um Aufgaben, Ziele,
Erwartungen, Maßstäbe und Urteile teilnehmen. Einfluss auf die Ergebnisse der
Leistungsbewertungen erlangen nicht die feststellbaren Leistungen selbst, sondern
die mit ihnen mehr oder weniger eng verknüpften *Leistungsprofile* der Akteure. Sie
ergeben sich aus Handlungsergebnissen, die den jeweiligen Akteuren zugerechnet
bzw. in der Zukunft zugetraut werden. Leistungsprofile zeigen also Akteurleis-
tungen, die andere als solche wahrnehmen. Allgemeine Leistungsprofile setzen
sich – angebunden an messbare Leistungserfolge – zusammen aus Einzelprofilen
zu den spezifischen Leistungsbereichen von Organisation, Problem- und Konkurrenzpolitik sowie öffentlicher Kommunikation.

3.4.3.4   Zum Verhältnis von Macht, Erwartungen und Leistungen

Wir haben Macht, Erwartungen und Leistungen als zentrale Steuerungsparameter des Strategieprozesses eingeführt. Erwartungen bilden die *Nachfrageseite*, eigenes Leistungsvermögen und Machtpotentiale weisen auf die Möglichkeiten der *Angebotsseite* hin, für die der Strategieakteur Sorge zu tragen hat. Erwartungen bleiben die externen Bezugsgrößen, in deren Licht sich Macht- und Leistungsgrenzen beurteilen lassen.

Alle drei Elemente sind wechselseitig abhängige, aber auch unabhängige Größen. Sie können sich parallel entwickeln und ineinander aufgehen. Genauso real sind aber klaffende Lücken, die zwischen ihnen entstehen. Der Strategieakteur ist nicht bloß passiver Beobachter dieses Dreiecks, sondern kann (und muss) die Parameter selbst und ihre Beziehungen zueinander steuernd beeinflussen. Wie erfolgreich er dabei ist, hat Konsequenzen für den strategischen Gesamterfolg. Die Entsprechung von Macht, Erwartungen und Leistungen stellt sich keineswegs von selbst ein. Fehlende Macht und hohe Erwartungen können zu mangelhaften Leistungsbewertungen führen. Leistungen, die an den Erwartungen vorbeigehen, bleiben unter Umständen ohne positive Rückwirkungen auf den Akteur, der sie erbracht hat. Viel Macht führt nicht notwendigerweise zu zufrieden stellenden Leistungen der Politik.

Die zunehmende Leistungsorientierung der Bürger bleibt nicht ohne Folgen. Auf Seiten der politischen Akteure stellt man sich diesen Erwartungen. Leistungsversprechen sind riskant, wenn die aufgebauten Erwartungen enttäuscht werden. Denn wahrgenommenes Leistungsversagen kann Machtwechsel befördern. Gerade weil die Politikakteure mitwirken am Auf- und Abbau eigener Macht, Heben und Senken von Erwartungen sowie dem Erbringen von Leistungen, eröffnet sich hier Raum für strategische Kalkulationen.

Alle drei Steuerungsparameter sind – in Grenzen – selbst steuerbar. Die Dreifach-Balancierung von Macht, Erwartungen und Leistungen kann als *die* zentrale strategische Aufgabe im Steuerungsprozess angesehen werden. Gelingt es, die drei Steuerungsparameter in ein Verhältnis der Korrespondenz zu befördern, ist ein bedeutender strategischer Erfolgsfaktor realisiert. In diesem Herstellungsprozess von Macht-, Erwartungs- und Leistungsentsprechung entwickelt sich politische Führung (Leadership) zu einem wesentlichen Baustein.

4 Strategische Regierungssteuerung unter Gerhard Schröder (1998-2005)

Im folgenden Kapitel werden die Prozesse strategischer Steuerung der Regierung Schröder zwischen 1998 und 2005 analytisch rekonstruiert. Der im dritten Kapitel entwickelte analytische Bezugsrahmen bildet das Fundament dieses Untersuchungsabschnitts. Ausgangspunkt der systematischen Rekonstruktion des strategischen Prozessprofils von Rot-Grün stellt die Kennzeichnung der strategischen Verfasstheit des Regierungsakteurs im Jahr 1998 dar. Die Beschreibung der strategischen Ausgangslage umfasst die Elemente Strategiefähigkeit und strategisches Konzept (Strategiebildung). Das dritte Element des Strategy-Making, die strategische Steuerung, bildet nachfolgend die Folie der detaillierten Prozessanalyse über unterschiedliche Regierungsphasen hinweg. Im Mittelpunkt der Untersuchung stehen nicht einzelne Policies oder Politikfelder, sondern das ressortübergreifende strategische Steuerungshandeln der Regierungsakteure. Die Strategiefokussierung soll, vom Startpunkt der strategischen Ausgangskonstellation, Entwicklungen im Strategieprofil aufzeigen und zu einer Charakterisierung des gesamten Steuerungsprozesses führen. Der Schwerpunkt der Analyse liegt auf der SPD und dem Regierungschef Schröder, also der Großpartei im Koalitionsbündnis, die machtpolitisch den „Kern" der Regierung ausmacht. Sie nimmt aber ebenso Bezug auf die Grünen, insofern und insoweit das Handeln und die Verfasstheit des kleinen Koalitionspartners Auswirkungen auf den Gesamtprozess der Regierungssteuerung haben.

4.1 Strategische Ausgangslage

Am Beginn der Steuerungsprozesse, also vor Ausübung der Regierungsfunktion, steht die strategische Startkonstellation. Die strategische Ausgangslage beinhaltet das charakteristische Erscheinungsbild des Regierungsakteurs zum Zeitpunkt der Amtsübernahme mit Bezug auf die spezifischen Merkmale des Strategy-Making. Sie bezieht sich insbesondere auf die Strategiefähigkeit, also die interne Verfasstheit des Regierungsakteurs mit Blick auf die Aspekte von Führung, Richtung und Strategiekompetenz, sowie das Vorhandensein eines strategischen Konzepts für die Regierungstätigkeit. Aufgrund der internen Verschränkung des Strategy-

Making bauen die Möglichkeiten strategischer Steuerung auf diesen Voraussetzungen strategischen Handelns auf, ohne dass es zu einem einfachen Vorher-
Nachher-Schema käme, wonach erst einmal (und etwa: ein für alle Mal) Strategiefähigkeit herzustellen sei und dann ein fertiges Strategiekonzept im Steuerungsprozess nur noch abgespult werden müsse (Raschke/Tils 2007: 79-82). Zum Auftakt
lässt sich nur die strategische Ausgangslage kennzeichnen, von der ausgehend
nachfolgend die permanente, simultane Bearbeitung der drei Handlungsbereiche
Herstellung von Strategiefähigkeit, Strategiebildung und strategische Steuerung
erfolgt.

4.1.1 *Prekäre Strategiefähigkeit*

Es sah gut aus für die SPD im September 1998. Geglückt war ein Wahlergebnis, das
erstmals in der Geschichte der Bundesrepublik Deutschland die Ablösung einer
Regierung durch Wahl und nicht nur durch den bloßen Wechsel eines Koalitionspartners ermöglichte. Rein rechnerisch standen der SPD als potentielle Regierungspartner die Grünen, die FDP und die CDU/CSU zur Verfügung. Hinter den
Sozialdemokraten lag ein inhaltlich, prozessual und kommunikativ äußerst professionell geführter Wahlkampf (vgl. Timm 1999, Machnig 1999, Bergmann 2002, Jun
2004), in dem sie dem „verbrauchten" Kanzler Helmut Kohl nach 16 Jahren Re-
gentschaft einen dynamischen Hoffnungsträger Gerhard Schröder gegenüber stellen konnten (Gabriel/Brettschneider 1998, Jung/Roth 1998: 9-12, Feist/Hoffmann
1999). Mit der Doppelspitze des Parteivorsitzenden Lafontaine und Kanzlerkandidaten Schröder gelang es, sowohl die Stammwähler zu halten und zu mobilisieren
als auch Wechselwähler für die SPD zu gewinnen (Alemann 1999, Schoen/Falter
2001). Der Wahlerfolg brachte die SPD in die komfortable Lage, dass sich ihr
stärkster politischer Konkurrent, die Union, nach der Wahlschlappe und dem Abgang von Helmut Kohl erst einmal wieder neu sortieren musste. Der lange Weg
aus der Opposition zurück an die Regierung war für die Sozialdemokraten endlich
abgeschlossen (Braunthal 2000).

Unter dem schönen Schein dieser Oberfläche zeigte sich jedoch schon bald eine prekäre Strategiefähigkeit des Parteiakteurs. Die vom Anspruchsniveau reduzierte Form einfacher Strategiefähigkeit einer Wahlkampf führenden Oppositionspartei musste von nun an den erhöhten Anforderungen strategischer Regierungsfähigkeit – als erweiterter Strategiefähigkeit – gewachsen sein, die die Handlungsbereiche von Exekutive und Legislative, Partei und Regierung, politischer Administration und bürokratischer Organisation miteinander verbindet.[21] Erst unter

---

[21]   Vgl. dazu das Kapitel 3.2.

diesem Anpassungsdruck wurde sichtbar, dass die SPD am Anfang ihrer Regierungstätigkeit die Führungsfrage nicht wirklich geklärt hatte, über kein funktionierendes strategisches Zentrum verfügte und ihre Richtungsbestimmung offen geblieben war. Eine für die Gesamtführung der Regierung entwickelte Strategiekompetenz ließ sich im Herbst 1998 nicht erkennen.

Der Blick auf die *Führung*, erster zentraler Bestandteil von Strategiefähigkeit, macht deutlich, dass sich im Wahlkampf ungeklärte Führungsfragen – also Abgrenzung und Akzeptanz eines strategischen Zentrums sowie Stabilisierung einer Führungshierarchie mit einer klaren Nr. 1 an der Spitze – durch professionelles Prozessmanagement überspielen lassen, die latent vorhandenen Konflikte aber spätestens mit der Verteilung von Positionen und der Übernahme von Funktionen im Regierungsapparat sichtbar werden. Es waren drei Machtzentren, die die SPD bis zum Ende des Wahlkampfs 1998 in ihrem Sinne zu steuern versuchten, ohne dass sich dabei ein strategisches Zentrum herausgebildet hätte (Raschke/Tils 2007: 501-506).

Das erste Machtzentrum gruppierte sich um den Parteivorsitzenden Oskar Lafontaine. Zwar wurde ihm das als Vorsitzender eigentlich zustehende Recht zur Ernennung des Kanzlerkandidaten durch das geschickte Manöver Schröders, die niedersächsische Landtagswahl 1998 zu einem Plebiszit über die Kanzlerkandidatur umzufunktionieren (Müller-Hilmer 1999), und sein eigenes zögerliches Agieren (Langguth 2009: 189-201) aus der Hand geschlagen. Gleichwohl sah er sich in der Doppelspitze als der „programmatische" Kopf der Partei und erwartete vom Kandidaten Schröder im Wesentlichen nur, dass er Unterstützung bei den Medien und Wählern organisierte. Ihm ging es um die inhaltliche Ausrichtung der Partei, die Bestimmung der Leitlinien der SPD und eine (spätere) gleichberechtigte „Richtlinienkompetenz" mit dem Kanzler im Falle eines Wahlsieges (Lafontaine 1999: 86). Gegenüber dem Kandidaten und der Wahlkampfzentrale der SPD, der Kampa, blieb er kritisch und misstrauisch. Lafontaine empfand das Konzept sowie die Überschriften des SPD-Wahlkampfs Schröderlastig und konnte den symbolischen Zuordnungen (Lafontaine: Traditionalist, Schröder: Modernisierer) nichts abgewinnen (Lafontaine 1999: 71).

Das zweite Machtzentrum bildete der Kanzlerkandidat, umgeben von den persönlichen Wahlkampf- und Medienberatern Bodo Hombach und Uwe-Karsten Heye. Schröder war klar, dass Lafontaine den Führungsanspruch für die Partei mit dem Abtreten der Kanzlerkandidatur an ihn nicht aufgegeben hatte. Er selbst suchte im Wahlkampf, in dieser Hinsicht stark unterstützt von Hombach (Geyer/Kurbjuweit/Schnibben 2005: 31-33, 46-47, 54), die Rolle des Modernisierers, der sich bereit zeigt, „alte Zöpfe" der Sozialdemokratie abzuschneiden, um eine Machtoption zu gewinnen. Das Misstrauen zu Lafontaine blieb, obwohl dieser sich im Wahlkampf dafür eingesetzt hatte, kritische Debatten innerhalb der SPD über den Modernisierungskurs der Partei im Keim zu ersticken (Anda/Kleine 2002: 206-207). Die Sorge des Schröder-Lagers war, sowohl von Lafontaine als auch von der Kampa als reiner „Wahlstimmenfänger" instrumentalisiert zu werden.

Das dritte Machtzentrum saß mit Franz Müntefering und Matthias Machnig in der Kampa. Den Wahlstrategen gelang auf der Grundlage eines Rahmenkonzepts, das sie sich selbst erarbeiteten, ohne es jemals als Gesamtpaket einer Wahlkampf-strategie den Führungspersonen bzw. Entscheidungsgremien der Partei vorzule-gen, das geschickte Einschlagen von Leitplanken. Diese legten in ihrer Summe einen Pfad fest, von dem nicht mehr ohne weiteres abgewichen werden konnte. Es waren einzelne Veranstaltungen, Inszenierungen und Policy-Projekte, die den Pro-tagonisten schmackhaft gemacht wurden, ohne sie in alle strategischen Überle-gungen und damit verfolgten Ziele einzuweihen. Natürlich gab es interne Konflik-te, Reibungsverluste und einzelne „Ausbruchsversuche" der unterschiedlichen Lager (Geyer/Kurbjuweit/Schnibben 2005: 29-59), letztlich entstand aber eine stra-tegische Gesamtlinie, die die beiden Aushängeschilder Lafontaine und Schröder nicht mehr verlassen konnten und wollten, da sie für die Gesamtpartei erkennbar Erfolg versprach. Die Säule des Konzepts bildete die Formel von „Innovation und Gerechtigkeit", die einerseits auf die „neue Mitte" zielte, andererseits aber auch die Traditionswähler der Sozialdemokratie ansprach (Feist/Hoffmann 1999: 218-224).

Der unaufgelöste Machtkampf der miteinander und gegeneinander spielen-den drei Zentren hatte zur Folge, dass eine Klärung ausblieb, wer die „wirkliche", von allen akzeptierte Nr. 1 sein soll. Lafontaine hoffte auf ein faire „Arbeitstei-lung", bei der er alle künftigen Entscheidungen mit dem Kanzler gemeinsam tref-fen würde (Lafontaine 1999: 86, 90). Schröder baute darauf, dass gegen das Amt des Bundeskanzlers „kein Kraut" und auch kein noch so großes Ministerium eines Oskar Lafontaines gewachsen seien (Schröder 2006: 113). Die Kampa schließlich legte sich im schwelenden Grundsatzkonflikt nicht fest, profitierte doch ihre Wahlkampagne gerade von der Unklarheit über die Person des Gesamtführenden. Ohne eindeutige Klärung der Führungsfrage und ohne ein eingespieltes strategi-sches Zentrum wechselte die SPD in die Regierung.

Auch die Frage der *Richtung*, zweites tragendes Element von Strategiefähig-keit, hatten die Sozialdemokraten beim Regierungsantritt nicht geklärt. Richtung stellt eine Rahmenvorgabe dar, die das Feld möglicher Positionsbestimmungen des regierenden Kollektivakteurs begrenzt. Sie zieht eine Grenze zu den politischen Konkurrenten vor allem durch Grundwerte, Leitideen und Kerninteressen. Trotz sich zum Teil überlappender Grundwerte sorgen Gewichtungen und Ideenverbin-dungen in der Regel dafür, dass der Richtungskorridor des Kollektivs unter-scheidbar bleibt. Es gibt eine Vielzahl von Indikatoren, die die Richtung anzeigen können, zum Beispiel die Wahl von Themen und dazugehörige politische Positionierungen, verfolgte Werte, Ziele und Interessen, gewählte Instrumente, verdichtete Ideen. Auch Personen und Bündnisse können spezifische Richtungsaussagen enthalten bzw. symbolisieren.

Im Fall der SPD lassen sich die durch ein Spannungsverhältnis gekennzeichneten Großbegriffe „Innovation und Gerechtigkeit" als Richtungsentscheidung interpretieren. Richtungsvorgaben erfordern also keine eindimensionale Eindeutigkeit ohne immanentes Konfliktpotential. Insofern kann diese zwischen traditioneller Wertgebundenheit und einem Modernisierungsversprechen liegende Wahlkampf-Formel der SPD auch als eine Bestimmung der eigenen Richtung in der Regierung verstanden werden, die nachfolgend durch Themen, Positionen, Ziele und Instrumente in Form von Regierungsentscheidungen konkretisiert wird. Als verdichtete Leitwerte der Orientierung für konkrete Entscheidungssituationen wären die Anspruchspole Innovation und Gerechtigkeit in der Lage gewesen, die Ausrichtung des strategischen Handelns der Regierung zu steuern und kommunikativ einzubetten. In Konfliktsituationen zwischen beiden Polen, die in einzelnen Themenpositionierungen und Entscheidungen offenbar würden, hätte man entsprechend nach Verbindendem, Ausgleich oder Kompensation suchen können.

Voraussetzung einer so gelagerten Richtungsbestimmung wäre gewesen, dass die zentralen Spitzenakteure diese Formel nicht nur als Wahlkampfmelodie, sondern als von allen getragene Grundentscheidung der Ausrichtung des künftigen Regierungshandelns verstehen und inhaltlich füllen. Denn Richtung ist ein subjektiver Faktor mit objektiven Konsequenzen. Sie ist ein Feld sich überlagernder Interpretationen, bei dem die Akteure sich selbst und anderen ihre Interpretationen des eingeschlagenen Richtungspfads fortlaufend unterbreiten müssen und durch entsprechendes Handeln dokumentieren. Deswegen hätte es nahe gelegen, den mit einer Richtungsvorgabe von Innovation und Gerechtigkeit verbundenen Spannungsbogen sozialdemokratischer Politik programmatisch zu unterfüttern.

Im Unterschied zu zahlreichen ihrer europäischen Schwesterparteien, nahm die SPD jedoch in den 1990er Jahren keine grundlegende programmatische Neuausrichtung vor. Das 1989 fixierte Grundsatzprogramm hatte 1998 nach wie vor Bestand. Dieses Grundsatzprogramm war allerdings hauptsächlich darauf ausgerichtet gewesen, eine programmatische Antwort auf die durch die Neuen Sozialen Bewegungen aufgeworfenen Fragen politischer und gesellschaftlicher Entwicklung zu finden (Meyer 1997). Auf neue Problemlagen und besondere Herausforderungen, die insbesondere durch die deutsche Einheit, die voranschreitende Verschränkung der Güter- und Dienstleistungsmärkte (vor allem durch Globalisierung und europäische Integration) sowie sozialen Wandel innerhalb der Gesellschaft (Demographie, Erwerbsstrukturen, Wertewandel etc.) entstanden waren (vgl. Merkel et al. 2006, Genschel 2004), gab es keine programmatische Antwort der deutschen Sozialdemokratie. Lange ungeklärte Führungsfragen führten allenfalls zu verstreuten und losen Ansätzen einer inhaltlichen Umorientierung (Meyer 1999, Egle/Henkes 2003), die sich deutlich von der klassischen sozialdemokratischen Politikformel „Wirtschaftswachstum + Umverteilung" (Merkel et al. 2006: 73) abgrenzt.

Unterhalb dieser ausgebliebenen programmatischen Arbeit gab es innerhalb der SPD dennoch zwei Grundtendenzen (neben einer dritten, traditionalistisch-gewerkschaftsnahen Linie). Man kann sie Markt-Gerechtigkeits- und Gerechtigkeits-Markt-Tendenz nennen. Die Markt-Gerechtigkeits-Tendenz ist primär marktorientiert und berücksichtigt nachgeordnet Gerechtigkeitsaspekte. Diese marktliberale Grundlinie denkt im „Paradigma des aktivierenden Wettbewerbsstaats" (Frenzel 2002: 160). Ihre Maxime heißt: „politics favoring markets" (160). Die Gerechtigkeits-Markt-Tendenz dagegen behandelt Gerechtigkeitsfragen nicht als nachgeordnet oder als Nebenfolge, sondern als gleich- oder höherwertig. Die Maxime lautet: "politics within markets" (161). Die Tendenz umfasst ein breites Spektrum von Positionen, denen gemeinsam ist, dass sie bei Problemlösungen und Profilierungen ausgehen vom sozialdemokratischen Zentralwert sozialer Gerechtigkeit.

Das zentrale Richtungsproblem der SPD 1998 lag darin, dass die Differenz der unterschiedlichen Tendenzen, repräsentiert von den beiden Spitzenfiguren Lafontaine und Schröder, durch die nach außen zielende Formel „Innovation und Gerechtigkeit" nur symbolisch überdeckt wurde. Schröder war in seiner Grundorientierung eher Anhänger der marktliberalen Tendenz innerhalb der Sozialdemokratie, Lafontaine stand mit neo-keynesianischen und verteilungspolitischen Positionen für den Vorrang der Gerechtigkeitsfrage (Heise 2002). Insofern blieb unbeantwortet, ob der Leitgedanke von „Innovation und Gerechtigkeit" die Richtungsfrage für die Sozialdemokratie additiv oder synthetisierend beantworten sollte – oder gar nicht. Es sollte sich bald herausstellen, dass sich dahinter nicht nur ein Problem der Balance, sondern ein grundsätzlicher Richtungsstreit verbarg. Implizit betonten die beiden Spitzenfiguren in der Öffentlichkeit – außer wenn die Wahlkampfinszenierung anderes vorsah (Geyer/Kurbjuweit/Schnibben 2005: 37-39) – jeweils die Richtungselemente, die ihren eigenen richtungspolitischen Vorstellungen am ehesten entsprach.

Die unentschiedene Richtungsfrage der SPD manifestierte sich auch auf der Ebene der Bündnispolitik, die ebenfalls Gradmesser des verfolgten Richtungsspektrums sein kann. Diese Unentschlossenheit spiegelte sich schon seit längerem in der Genese von Rot-Grün auf Landes- und Bundesebene (Richter/Schlieben/Walter 2004). Im Bundestagswahlkampf 1998 hatte man sich bei den

Sozialdemokraten – anders als die Grünen – nicht eindeutig auf eine bestimmte Koalition festgelegt (Timm 1999: 113-116, Stüwe 2005: 340). Neben einem rot-grünen Bündnis wurde auch eine Große Koalition für möglich gehalten (Lees 2000: 100-102). Aus Sicht der SPD und insbesondere ihres Spitzenkandidaten Schröders verfolgte man kein „rot-grünes Projekt", bei dem mit der Wahl des Koalitionspartners zugleich eine richtungspolitische Aussage verbunden wäre (Egle/Ostheim/Zohlnhöfer 2003b: 10-15). Auch wenn die Bildung einer rot-grünen Regierung von Gerhard Schröder schließlich als „logische Folge" (Frankfurter Allgemeine Zeitung, 29. September 1998) des überraschend deutlichen Wahlsiegs interpretiert wurde, ließ er selbst in seiner Biografie auch Sympathien für eine Große Koalition erkennen: „Ich wäre auch kein Gegner einer Großen Koalition gewesen. Im Gegenteil, der Berg von Problemen, den uns die Kohl-Regierung hinterlassen hatte, die Notwendigkeit von Reformen legten den Gedanken an eine Große Koalition nahe. Das glanzvolle Wahlergebnis von Rot-Grün am 27. September verwies derartige Überlegungen indessen in das Reich der Fantasie." (Schröder 2006: 100). Drastischer sind Überlieferungen von Akteuren, die den Wahlabend zusammen mit Schröder verbrachten. Darin wird deutlich, dass Schröder eindeutige Präferenzen für eine Große Koalition – etwa mit dem CDU-Politiker Volker Rühe – hatte. Sein Wahlkampfmanager Bodo Hombach erinnert sich, wie Schröder das Zusammengehen mit den Grünen mit den Worten „Ach Du Sch …" kommentierte (Langguth 2009: 206). Michael Spreng, damaliger Chefredakteur der „Bild am Sonntag", schreibt in seinem Politik-Blog: „So freute er sich am Wahlabend im Bonner Niedersachsen-Keller zwar über den Wahlsieg, sein Laune aber wurde deutlich schlechter, je höher der Sieg ausfiel. Bei nur wenigen Bundestagssitzen über der absoluten Mehrheit für Rot-Grün hätte er den Versuch mit der großen Koalition gemacht – mit der Begründung, man brauche eine stabile Regierungsmehrheit. Seine Messlatte dafür: weniger als 15 Stimmen Mehrheit für Rot-Grün. Je besser aber die Hochrechnungen wurden, um so mehr entschwand Schröders Machtperspektive. Als es dann 21 Bundestagssitze über der absoluten Mehrheit für Rot-Grün waren, sagte er verärgert: ‚Scheiße, jetzt muss ich das machen'." (Spreng 2009).

Der dritte Aspekt von Strategiefähigkeit, die Entwicklung von *Strategiekompetenz* für den Kollektivzusammenhang, war bis zur Bundestagswahl 1998 vor allem in der Kampa bearbeitet worden. Dort wurde strategisches Wissen und Know-how in den Feldern von Kommunikation, Organisation und Konkurrenzpolitik aufgebaut und etabliert, dort lag der Schwerpunkt der Strategieentwicklung und der strategischen Steuerung – allerdings nur für den Zusammenhang des Wahlkampfs. Wahlstrategie, Wahlkampfleitung und Wahlkampforganisation, seien sie auch noch so professionell entwickelt, mit einem kompetenten Team umgesetzt (vgl.

Machnig 1999, Timm 1999, Neuwerth 2001) und für den Wahlausgang von erheblicher Bedeutung (Schmitt-Beck 2001), beziehen sich auf die begrenzte Arena des Wahlkampfs, mit klar abgegrenzten Feldern von Aktion und Interaktion, einer reduzierten Anzahl von Strategieelementen (Timm 1999: 27-45) sowie einer spezifischen Wahlkampflogik (vgl. Raschke/Tils 2007: 187-189).

Mit der Regierungsübernahme stellte sich für die SPD im Herbst 1998 die Frage, ob und in welcher Weise es gelingen würde, diese entwickelte strategische Wahlkampfkompetenz zu transformieren und auszubauen – beispielsweise für den Zusammenhang von Problempolitik und die erweiterter Koordinationserfordernisse im Machtdreieck von Regierung, Parlament und Partei. Von nun an musste es um die ungleich schwierigere und komplexere Aufgabe gehen, strategische Regierungskompetenz aufzubauen, die Wissen und Managementfertigkeiten der Organisation, Koordination und Umsetzung für eine strategische Regierungssteuerung bereitstellt.

Obwohl strategische Regierungsprozesse im Falle von Koalitionsregierungen zwischen einer Groß- und Kleinpartei von der Person des Regierungschefs, der ihn tragenden Großpartei und den von ihr kontrollierten zentralen Steuerungsinstitutionen (wie beispielsweise dem Kanzleramt) her zu denken sind, kommt es für die Strategiefähigkeit der Gesamtregierung selbstverständlich auch auf die kollektiven strategischen Handlungskapazitäten des kleineren Koalitionspartners an. Deswegen soll ebenfalls kurz umrissen werden, wie es um die *Strategiefähigkeit der Grünen* bei ihrem Regierungseintritt im Herbst 1998 bestellt war.

Die Grünen gerieten nach demoskopischen Höhenflügen und erfolgreichen Landtagswahlen der Jahre zuvor im März 1998 in eine schwierige Lage (Raschke 2001: 83-89). Der eine Grund war selbstverschuldet. Es lag vor allem in den Parteitagsbeschlüssen von Magdeburg, wonach der Benzinpreis schrittweise auf fünf Deutsche Mark pro Liter anzuheben und am pazifistischen Kurs in der Außen- und Sicherheitspolitik festzuhalten sei (Stichwort: Ablösung des NATO-Bündnisses). Diese Entscheidungen waren trotz ihres langen Zeithorizontes und ihrer – unter den gegebenen Bedingungen – extrem unwahrscheinlichen Realisierung eine Einladung an die politischen Wettbewerber, den Grünen nachfolgend die Eignung zur Beteiligung an der Regierung abzusprechen. Die Beschlüsse hatten zugleich abschreckende Wirkung auf die potentielle grüne Wählerschaft (Arzheimer/Klein 1999, Egle 2003). Der andere Grund lag in der durch die Niedersachsen-Wahl entschiedenen Kanzlerkandidatur Schröders, der ausdrücklich kein rot-grünes Projekt verfolgte und gleichzeitig als populärer Spitzenkandidat eine Polarisierung zwischen den beiden Volksparteien sowie ihm und dem Altkanzler Helmut Kohl erreichte, die die kleinen Parteien in der öffentlichen Aufmerksamkeit an den Rand drängte (Feist/Hoffmann 1999, Schoen/Falter 2001, Klein/Ohr 2001). In der Folge waren die Grünen am Wahlabend im September 1998 mit einem Stimmenanteil von 6,7 Prozent bei ihrer Kernwählerschaft angelangt (sogar mit einem Verlust von 0,6 Prozent gegenüber 1994) und damit aufgrund des erzielten Wahlergebnisses als „Gegenmacht" zum großen Koalitionspartner geschwächt.

Die Klärung der *Führungsfrage* stieß bei den Grünen auf besondere strukturelle und politisch-kulturelle Barrieren (Raschke 2001: 44-49). Rotation, Amtszeitbegrenzungen, Mehrfachspitzen und das Trennungsgebot für Amt und Mandat hatten die Herausbildung von politischen Spitzenkräften mit Erfahrungen sowohl in Fraktionen bzw. (Landes-)Regierungen als auch in der Partei strukturell erheblich erschwert und ihre Verstreuung über die verschiedenen Organisationsbereiche gefördert. Die grüne „Denkweise" war geprägt durch tiefe Skepsis gegenüber jeder Form von Machtausübung: „Grüne wollten immer Macht verhindern, nicht aufbauen. Ihr Denken wird bestimmt durch die Blockierung von Machtkonzentration, nicht durch Vorstellungen über Machtverwendung. Begrenzen, verteilen, kontrollieren von Macht, das ist die Devise – nicht aber gestalten, führen und zusammenführen durch Macht." (Raschke 2001: 46). Dazu kam eine Misstrauenskultur gegenüber den innerparteilichen Eliten und zwischen diesen selbst. Über ein durch Konzentration, Verflechtung und Zentrierung gekennzeichnetes *strategisches Zentrum* verfügten die Grünen bei Regierungsantritt nicht. „Fischerismus" und Strömungsblockaden (Raschke 2001: 49-55) verhinderten eine strategische Strukturierung, bei der sich eine nicht nur mediale Nr. 1 (Joschka Fischer) herauskristallisiert und ein Strategiezentrum effektiv in und für die Partei wirken kann. Trotz innerer Orientierungsprobleme verfügten die Grünen deutlicher als ihr sozialdemokratischer Koalitionspartner über ein sich aus Selbstverständnis, Programmatik und Wählerauftrag speisendes *Richtungsprofil*, das eine „sozial-ökologischen Politik" verfolgte und mit dem sich die Partei auf der Basis von Themen und Projekten in die Koalition einbringen wollte (Raschke 2001: 56-89). Mit Blick auf die kollektive *Strategiekompetenz* kam es auch für die Grünen entscheidend darauf an, die in ihrer Partei bei verschiedenen Akteuren vorhandene individuelle Strategiekompetenz durch eine geeignete Platzierung für den Regierungszusammenhang zu nutzen.

Angesichts der unter dem Gesichtspunkt von Strategiefähigkeit schwierigen Ausgangslage beider Koalitionspartner war es eine offene Frage, ob ihnen der *nachholende Aufbau* von strategischer Regierungsfähigkeit als erweiterter Strategiefähigkeit gelingen würde – und zwar unter den erschwerten Bedingungen des Regierens selbst. Zwar wirkte von nun an der Druck der Verhältnisse in Regierungsverantwortung, der Disziplinierungseffekte erzeugen konnte. Zugleich aber erforderte die Regierungsführung Aufmerksamkeiten und Ressourcen, die einen stabilen, in ihren Grundelementen innerparteilich verankerten Aufbau von Strategiefähigkeit erschwerten.

4.1.2 Fehlendes Konzept strategischer Regierungsführung

Die Analyse des Kanzlers auf die Frage nach einem Konzept für die eigene Regierungsführung zum Zeitpunkt des Amtsantritts liest sich eindeutig: „So gesehen waren die gesamten sieben Jahre rot-grüner Regierung auch ein Nachholen dessen, was uns zu Beginn unserer Arbeit nicht zur Verfügung stand – ein umfassenderes reformerisches Programm." (Schröder 2006: 262). Er empfand das als unproblematisch: „Im Nachhinein war das vielleicht sogar ein Segen, denn wie hätte wohl das Design eines Reformprogramms ausgesehen, das intellektuell auf die politischen Erfahrungen der achtziger und neunziger Jahre gegründet gewesen wäre?" (Schröder 2006: 262). Aus strategischer Perspektive stellte das Fehlen einer kohärenten programmatischen Grundlage für das Regierungshandeln aber nur ein Teil des Problems dar.

Ein *Konzept strategischer Regierungsführung,* wie emergent es auch immer zustande gekommen sein mag, bedarf zusätzlicher Bestandteile. Erforderlich sind grundlegende Verständigungen über wichtige Ziele und Ideen dazu, mit welchen Mitteln diese unter gegebenen Kontextbedingungen möglicherweise erreichbar wären. Im Bewusstsein der Fluidität politischer Prozesse ginge es nicht um ein starres Strategiekonzept, das dann einfach nur noch „abzuarbeiten" wäre, aber doch um Leitvorstellungen für die Regierungsarbeit, die dann mit Hilfe von Zeit- und Aktionsplänen und in flexibler Reaktion auf die sich verändernden politischen Umstände umgesetzt werden können (vgl. Raschke/Tils 2007: 374-376). Leitkonzepte sollten, damit sie operativ wirksam werden, in ihrer *Reichweite* nicht zu sehr beschränkt sein, sich auf die Wertevielfalt der die Regierung stellenden Parteien beziehen lassen (*normative Komplexität*), und über möglichst weitgehende Ausschluss- und Anschlussfähigkeiten in unterschiedlichen Themen- und Problembereichen verfügen, da sie nur auf diese Weise ein relevantes *Steuerungspotential* entwickeln können (vgl. Raschke 2001: 77).

Gelegenheit für eine neue Regierungsformation, Grundzüge ihres strategischen Konzepts gleich beim Regierungsantritt sichtbar zu machen, bietet die *Regierungserklärung* des Bundeskanzlers. Im Falle Schröders blieb diese Gelegenheit weitgehend ungenutzt. Die Rede wurde vor allem geprägt von der Positionsbestimmung gegenüber seinem innerparteilichen Widersacher Lafontaine, der sich in den Medien nachfolgend auch über bestimmte Akzentuierungen beklagte (Zimmermann 2002: 253-254). Trotz vielfältiger Bezüge zur „Neuen Mitte" und dem Wahlkampfslogan „Innovation und Gerechtigkeit" war auch nach der Regierungserklärung unklar, unter welches Leitmotiv die Schröder-Regierung ihre Arbeit stellen wollte und welche Orientierungen im Regierungsbündnis zentral werden sollten. Die allgemeine Resonanz auf die Rede lautete eher: viel Rhetorik, wenig

Richtung (vgl. Zimmermann 2002). Wofür die Regierung eigentlich stehen wollte, wusste man auch nach der Regierungserklärung nicht.

Ein übergeordnetes, allgemeines Konzept strategischer Regierungsführung der Schröder-Regierung existierte nicht.[22] Vorhanden waren lediglich spezifische Wahlprogramme der beiden Koalitionspartner, die in die Koalitionsverhandlungen eingingen. Um die Umsetzung einzelner Elemente davon bemühte man sich gleich nach dem Regierungsantritt, ohne dass sie insgesamt ein kohärentes „rot-grünes Projekt" vermittelten.[23] Aus strategischer Sicht blieb das Fehlen eines allgemeinen Konzepts der Regierungsführung nicht ohne Folgen. Am sichtbarsten wurde es nachfolgend durch die Vielzahl von Überschriften für den von der Regierung gewählten Politikansatz, die in der ersten Legislaturperiode ausprobiert wurden, von denen jedoch keine dauerhaftere Verbindlichkeit für das konkrete Regierungshandeln entfaltete. Schröder trug diese Texte öffentlich vor, aber sie erreichten ihn selbst nicht. Genannt seien hier beispielsweise nur die konzeptionellen Bezugnahmen auf Zivilgesellschaft, modernes Regieren, den dritten Weg oder die Formel des Regierens mit ruhiger Hand.[24]

Am ehesten prägend wirkte zu Beginn die von Schröder forcierte Politik des *Moderierens ohne Vorgaben*, die allerdings weniger als Ausdruck eines prozessualen Strategiekonzepts erschien, sondern wohl eher dazu diente, sich von Prozessen der Strategieentwicklung und -umsetzung zu entlasten. Der damit verbundene Politikansatz wurde erst später von Frank-Walter Steinmeier, Schröders administrativer Stütze im Hintergrund,[25] zu einem Konzept der „Führung im Konsens" (Steinmeier 2001) verdichtet. Allerdings blieben die Bezugnahmen der handelnden Akteure auf diesen Strategieansatz spärlich. Das Konzept entwickelte aufgrund seiner inhaltlichen Unbestimmtheit und „Technizität" keine politische Orientierungsqualität.[26]

4.2 Steuerungsprozess und Entwicklungen im Strategieprofil

Im folgenden Abschnitt sollen, ausgehend von der skizzierten Ausgangslage, Steuerungsprozesse der rot-grünen Bundesregierung in den relevanten Steuerungsbe-

---

[22]   Das „strategische Konzept" Schröders nun ausgerechnet in einer Rede des Bundeskanzlers zur Nachhaltigkeitsstrategie der Bundesregierung zu suchen, erscheint hier wenig hilfreich (so aber Hasel/Hönigsberger 2007: 73-82). Diese Rede hatten andere ihm aufgeschrieben und der Bundeskanzler entwickelte gerade für die Umsetzung dieser Strategie überhaupt kein gesteigertes Interesse (vgl. Tils 2005).

[23]   Vgl. dazu auch das Kapitel 4.2.1.2.

[24]   Vgl. dazu etwa die Kapitel 4.2.1.4 und 4.2.2.4.

[25]   Vgl. Kapitel 4.2.1.1.

[26]   Vgl. Kapitel 4.2.2.4.

reichen und Entwicklungen im Strategieprofil untersucht werden. Um die Darstellung zu erleichtern, wird dabei eine zeitliche Phaseneinteilung vorgenommen, die den gesamten Steuerungsprozess in separate Einheiten zerlegt. Insgesamt lassen sich fünf Phasen rot-grüner Regierungssteuerung identifizieren: Krisen- und Findungsphase (September 1998-August 1999), Stabilisierungs- und Programmphase (September 1999-Oktober 2001), Niedergangs- und Schlussspurtphase (November 2001-September 2002), Vorbereitungs- und Durchsetzungsphase Agenda 2010 (Oktober 2002-Dezember 2004) sowie vorzeitige Abgangsphase (Januar 2005-September 2005).

Für die Einteilung der Abschnitte konnte zum Teil auf Phasenkennzeichnungen anderer Autoren zurückgegriffen werden (vgl. Raschke 2001: 118-130, Pulzer 2003: 153-157, Egle/Ostheim/Zohlnhöfer 2003b: 15-21, Zohlnhöfer/Egle 2007: 11-22). Um eine für die eigene Untersuchung sinnvolle Strukturierung zu erreichen, unterlag die hier vorgenommene Phaseneinteilung einem spezifischen Strategiefokus. Die gewählten Kriterien der Grenzziehung zwischen einzelnen Zeitabschnitten beziehen sich entweder auf die jeweilige strategische Verfasstheit der Gesamtregierung oder orientieren sich an zentralen Schwerpunkten der Regierungstätigkeit.

4.2.1 Krisen- und Findungsphase (September 1998-August 1999)

Die Krisen- und Findungsphase der neuen Regierung, die sich fast über das ganze erste Jahr hinzog, ist aus strategischem Blickwinkel vor allem durch den Zustand und die Dynamik im Bereich der Strategiefähigkeit gekennzeichnet. Der Abgang Oskar Lafontaines im März 1999, die Neuaufstellung innerhalb des Bundeskanzleramts, der Wechsel von Bodo Hombach zur EU als Sonderkoordinator für den Stabilitätspakt in Südosteuropa und die Übernahme der Position des SPD-Geschäftsführers (bzw. des SPD-Generalsekretärs) durch Franz Müntefering markieren zentrale Wegmarken einer Entwicklung, an deren Ende erhebliche Veränderungen im Hinblick auf die strategische Handlungsfähigkeit des Regierungsakteurs standen. Nach längerem Vorlauf gelang die Etablierung einer funktionierenden Regierungsmaschinerie, die weniger Reibungsverluste erzeugte und neue Potentiale für strategisches Regierungshandeln eröffnete.

4.2.1.1 Organisationssteuerung

Aus strategischer Sicht ging es für die Zeit nach der Regierungsübernahme auf der Ebene der Steuerung der eigenen Organisation in seinen Teilbereichen Regierung,

Fraktion und Partei[27] vor allem darum, wie die Regierungsakteure das Personaltableau und ihre Selbststrukturierung in den zentralen organisatorischen Handlungsfeldern gestalteten. Die Frage war, wie sich die SPD und die Grünen für den Regierungsprozess aufstellen und welche Folgen das für ihr strategisches Handlungsvermögen haben würde.

Analytisch gesehen werden damit in der Prozessbeschreibung Aspekte strategischer Organisationssteuerung mit denen von Strategiefähigkeit verbunden. Genau genommen wird hier also die Strategiefähigkeit in prozessualer Perspektive mit untersucht, obwohl sich Organisationssteuerung als strategische Selbststeuerung grundsätzlich von Strategiefähigkeit als Selbststrukturierung unterscheidet. Die analytische Verknüpfung bringt den grundsätzlich dynamischen Charakter von Strategiefähigkeit zum Ausdruck und zeigt die Vernetztheit des gesamten Strategy-Making. Die Bewältigung der Organisationssteuerung hängt von der Strategiefähigkeit ab und wirkt zugleich auf sie zurück. Das Verhältnis lässt sich als doppelte Wirkungsbeziehung beschreiben: einerseits kann sich Strategiefähigkeit im Prozess der Organisationssteuerung reproduzieren, andererseits beeinflusst Strategiefähigkeit das Vermögen und die Chancen zur Selbststeuerung. Strategiefähigkeit im Kontext der Steuerung der eigenen Organisation beschreibt also die Realisierung von Führung, Richtung und Strategiekompetenz im Steuerungsprozess.

Die *Führungsfrage* blieb innerhalb der SPD auch nach dem Wahlsieg und der Regierungsübernahme virulent. Sowohl Lafontaine als auch Schröder reklamierten den Führungsanspruch für sich, wobei Lafontaine Schröder die formale Führung als Kanzler nicht streitig machte, aber die inhaltlichen Leitlinien der Regierung in den für ihn zentralen Politikfeldern bestimmen wollte. Der Hinweis Schröders, man habe aus Zeitmangel „die Abklärung einer notwendigen Arbeitsteilung" (Schröder 2006: 115) nicht hinbekommen, verklärt die substantielle Bedeutung der Frage, wer die eigentliche Nr. 1 war. Die Nichtklärung der Beziehung und des Führungsverhältnisses zwischen diesen beiden dominierenden Akteuren bei den regierenden Sozialdemokraten verhinderte eine eindeutige Entscheidung an diesem zentralen Punkt kollektiver Strategiefähigkeit – mit weitreichenden Folgen für die Selbststeuerungsfähigkeit der Regierung bis zum Abgang von Lafontaine aus der Regierung im März 1999.

Der Konflikt um die Führung kam in verschiedenen Zusammenhängen zum Ausdruck, beispielsweise bei der Besetzung einer der zentralen Positionen organisatorischer Regierungssteuerung: dem Fraktionsvorsitz der Sozialdemokraten. Aus Schröders Sicht war klar, dass er Lafontaine auf dieser Position verhindern musste, da Lafontaine andernfalls mit dem Partei- und Fraktionsvorsitz zwei der drei

---

[27] Vgl. Kapitel 3.4.2.1.

Schlüsselfunktionen im Party-Government inne gehabt hätte und so seinen Führungsanspruch sowohl innerhalb der Partei als auch in der für den Regierungsprozess entscheidenden Regierungsfraktion hätte untermauern können (Langguth 2009: 219). Nach allen verfügbaren Informationen war Lafontaine selbst unsicher, welche Position er anstreben sollte. Nur eines war ihm klar: er wollte mehr als „nur" Ministerpräsident des Saarlandes und SPD-Parteivorsitzender sein. Erst beanspruchte er kurzzeitig den Fraktionsvorsitz, dann strebte er das Amt des Finanzministers an, das erweitert um die Grundsatz- und Europaabteilung des Wirtschaftsministeriums zu einem neuen „Kraftzentrum" innerhalb der Regierung werden sollte (Sturm 2009: 30-32). Doch beim Macht- und Führungspoker zwischen Lafontaine und Schröder kam mit Rudolf Scharping ein dritter Akteur ins Spiel, der nicht weichen wollte und, unterstützt von weiten Teilen der Fraktion, auf der Beibehaltung des Fraktionsvorsitzes beharrte. Lafontaine wollte Scharping auf jeden Fall verhindern und drohte deswegen sogar eine eigene Kampfkandidatur um den Vorsitz in der Fraktion an (Frankfurter Allgemeine Zeitung, 13. Oktober 1998, Geyer/Kurbjuweit/Schnibben 2005: 68-69). Sein Kalkül richtete sich darauf, eine Person an der zentralen Scharnierstelle des Fraktionsvorsitzes zu platzieren, der er vertraute und die seine inhaltlichen Politikvorstellungen unterstützen würde – diesem Anforderungsprofil entsprach aus seiner Sicht eher der bisherige Bundesgeschäftsführer Franz Müntefering als Rudolf Scharping (Bannas, Günter: Schröder und Lafontaine, Frankfurter Allgemeine Zeitung, 13. Oktober 1998). Schröder musste den Konflikt entschärfen und wollte Lafontaine an der Fraktionsspitze verhindern. Das gelang ihm, indem er Scharping mit Hilfe von Zusagen zur Stabilität des Wehretats und der Einsetzung einer Wehrstrukturkommission das Verteidigungsministerium antrug (Langguth 2009: 221) und zugleich zusagte, den von Lafontaine ins Spiel gebrachten Müntefering zur Absage einer Kandidatur zu bewegen (Geyer/Kurbjuweit/Schnibben 2005: 69). Fraktionsvorsitzender wurde schließlich der bisherige parlamentarischer Geschäftsführer Peter Struck.

Man kann die Tatsache, dass Lafontaine den Anspruch auf die Doppelfunktion von Partei- und Fraktionsvorsitz fallen ließ, als eine interne Niederlage um den Führungsanspruch für die Gesamtformation interpretieren (so Sturm 2009: 31). Lafontaines individuelles Konzept für das Erlangen der Steuerungshoheit in der Regierung sah anders aus. Ihm schwebte vor, als Finanzminister eine vergleichbar machtvolle Funktion zu übernehmen, wie sie der britische Schatzkanzler inne hat (Lafontaine 1999: 131-132). Er wollte auf diese Weise seinen inhaltlichen Führungsanspruch wahrnehmen. Sein Vetorecht in haushaltspolitischen Fragen sowie die dem Finanzministerium im Rahmen der Koalitionsverhandlungen zusätzlichen zugewiesenen Kompetenzen sollten den Finanzminister zum Steuerungszentrum des Regierungshandelns machen (Langguth 2009: 220, 230). Schröder kannte dieses

Ansinnen Lafontaines: „Oskar war entschlossen, sich im Kabinett als eine Art Schatzkanzler britischer Provenienz zu etablieren – nach dem Motto: Es ist mir gleich wer unter mir Bundeskanzler ist." (Schröder 2006: 107). Er lag letztendlich richtig mit seiner Einschätzung, dass selbst ein noch so starker Minister unter den deutschen Rahmenbedingungen von Kanzlerprinzip und Kanzleramt sich gegen den Regierungschef nicht würde dauerhaft durchsetzen können: „Gegen das Amt des Bundeskanzlers ist kein Kraut und auch kein noch so großes Ministerium gewachsen." (Schröder 2006: 113). Trotz der Präjudiz durch diese Form der Ämterbesetzung, die Lafontaine in die Kabinettsdisziplin einband und dem Entlassungsrecht des Bundeskanzlers unterwarf, war der Kampf um die Führung zu diesem Zeitpunkt noch nicht entscheiden.

Zumindest im Rahmen der Koalitionsverhandlungen überließ Schröder Lafontaine die personelle und programmatische Entscheidungshoheit (vgl. auch Fischer 2007: 56-60). Als Parteivorsitzender bestimmte Lafontaine die Zusammensetzung der SPD-Delegation in den Koalitionsverhandlungen und machte dabei etwa den traditionell orientierten Sozialpolitiker Rudolf Dreßler zum Sprecher dieses Themenbereichs (Sturm 2009: 25). Schröder nahm nur punktuell Einfluss, insbesondere wenn es um ökologische Forderungen des grünen Koalitionspartners ging. Ein bekanntes Beispiel dafür ist die vorab öffentlich in einem Bild-Interview getroffene Festlegung, dass mit ihm eine stärke Anhebung der Mineralölsteuer zu ökologischen Lenkungszwecken als 6 Pfennig pro Liter nicht zu machen sei. Auch wenn Schröder öffentlich immer den eigenen Anspruch des Kanzlers auf Führungs- und Richtungsbestimmung bekräftigte (vgl. etwa das Schröder-Interview „Ich bestimme die Richtlinien", Der Spiegel 44/1998), inhaltlich füllte er diesen im Rahmen der Koalitionsverhandlungen nicht aus. Die meisten Themen in den Koalitionsverhandlungen setzten die Grünen (z.B. Atomausstieg, doppelte Staatsbürgerschaft, Ökosteuer), inhaltlich wurden sie mit ihren Vorstellungen jedoch vielfach ausgebremst (Raschke 2001: 93-94). Bei den ökonomischen Zentralthemen Steuerreform, Rente und Spitzensteuersatz führte Lafontaine auf Seiten der SPD die Regie (Geyer/Kurbjuweit/Schnibben 2005: 67-68). Führungsrhetorik und inhaltlicher Führungsanspruch fielen bei Schröder zu diesem Zeitpunkt auseinander.

Schröder und Lafontaine gemeinsam schafften es nicht, für sich und die Partei eine Vorstellung dualer Führung (Raschke/Tils 2007: 291-292) zu entwickeln. Die Wahlkampf-Überschrift „Innovation und Gerechtigkeit" (vgl. Fischer 2005: 65-69), die das Auspendeln inhaltlicher Richtungsgegensätze versprach, wurde nicht in den Regierungsalltag integriert und als Leitformel durch den Regierungsprozess geführt. Das *Richtungsproblem* der Sozialdemokraten, personifiziert durch den eher traditionell orientierten Lafontaine auf der einen und den „Modernisierer" Schröder auf der anderen Seite, blieb ungelöst. Es kam durch die Machtkämpfe zwischen Schröder und Lafontaine zum Ausdruck und wurde zugleich durch ihre Auseinandersetzung um den Führungsanspruch überlagert. Eine einheitliche, wenn auch spannungsreiche Leitlinie sozialdemokratischen Regierungshandelns mit den Polen von klassisch sozialdemokratischen Gerechtigkeitsvorstellungen und Modernisierungsinitiativen entstand nicht.

Die systematische Bündelung von *Strategiekompetenz* innerhalb der Kernregierung wurde nach der Wahl durch unterschiedliche Machtzentren und die gewählten Organisationsstrukturen verhindert. Von den drei Zentren des Wahlkampfs (Raschke/Tils 2007: 501-506), den Teams um Schröder und Lafontaine sowie der Wahlkampfzentrale Kampa, löste sich letztere mit dem Regierungsübernahme auf. Das für den Wahlkampferfolg besonders wichtige Duo Franz Müntefering und Matthias Machnig, das in der Kampa als strategisches Gravitationszentrum fungiert hatte, verschwand im Fachressort Verkehr, Bau und Wohnungswesen. Ihr Beitrag für die strategische Steuerung der Gesamtregierung von dort aus war gering. Die neue Aufgabe verlangte von ihnen eine Perspektive der Ressortsteuerung mit Orientierungen und Logiken, die sich vom Gesamtinteresse einer Regierung lösten (Raschke 2001: 102-108, Tils 2003).

Das zweite Machtzentrum um Oskar Lafontaine versuchte sein „Modell der Oberaufsicht des Kanzlers" (Langguth 2009: 230) aus dem Finanzministerium heraus zu organisieren – nicht zuletzt durch einen Zuwachs an Zuständigkeiten und Kompetenzen (vgl. Busse 1999). Der Finanzminister stützte sich insbesondere auf die engen Vertrauten Claus Noé, Heiner Flassbeck und Joachim Schwarzer, die er zu seinen Staatssekretären bzw. seinem Haushaltsdirektor machte. Lafontaine scheiterte doppelt (Langguth 2009: 231-233). Erstens war es ein Irrtum zu glauben, dass es möglich sein würde, im politischen Normalprozess aus einem Ministerium heraus das Heft des Handelns der Gesamtregierung gegenüber dem Kanzler und Kanzleramt in den Händen zu halten – auch wenn man Parteivorsitzender ist und auf großen Rückhalt in der SPD zählen kann. Zweitens scheiterte er auch innerhalb seines Ressorts und Politikfelds. Die Mitarbeiter im Ministerium empfanden ihn als beratungsresistenten Chef, der sich von der eigenen Arbeitsebene abschirmte bzw. abkoppelte und darüber hinaus weder an inhaltlichen Abstimmungen mit anderen Ministerien noch mit dem Kanzleramt interessiert war. Auf dem Feld der globalen Finanzpolitik lief Lafontaine mit zahlreichen seiner Vorstöße (z.B. stärkere Regelung der Finanzmärkte, Forderungen nach Zinssenkungen an die Zentralbanken, Vorstoß für neues Wechselkurssystem) ins Leere und war bald international isoliert (Hanke, Thomas: Der Hase, der auch Igel war, Die Zeit 12/1999).

Im Bundeskanzleramt, in das nun mit dem Schröder-Team das dritte Machtzentrum des Wahlkampfs einzog, zeigten sich bald Probleme unklarer Kompetenzverteilungen, widersprüchlicher Rollenverständnisse und interner Konkurrenzverhältnisse. Schröders Besetzung der Position des Kanzleramtschefs mit seinem Wahlkampfberater Bodo Hombach war noch Teil des internen Machtkampfs mit Oskar Lafontaine, der Franz Müntefering oder Peter Struck für dieses Amt favorisiert hatte. Erst am Wahlabend konfrontierte Schröder Lafontaine mit der für die Steuerung der Kernregierung zentralen Personalie: „Ich habe mich entschieden: Bodo Hombach kommt ins Kanzleramt." (Geyer/Kurbjuweit/Schnibben 2005: 57). Neben Hombach wurde der frühere Leiter der Staatskanzlei aus Hannover und enge Vertraute Schröders, Frank-Walter Steinmeier, Staatssekretär im Bundeskanzleramt und Beauftragter für Nachrichtendienste des Bundes. Mit den Personalentscheidungen hatte sich Schröder zwar seinen Machtanspruch gegenüber Lafontaine in der Regierungszentrale gesichert, zugleich aber mit der so geschaffenen „Doppelspitze" im Kanzleramt neue Steuerungsprobleme heraufbeschworen, die die Bündelung von Strategiekompetenz erschwerten.

Das Problem bestand im Konkurrenzverhältnis zwischen Hombach und Steinmeier. Die Folge war, dass die unterschiedlichen Fähigkeiten der beiden Akteure sich nicht ergänzen und ihre grundlegend verschiedenen Auffassungen über die Funktion des Kanzleramts nicht zu einer komplementären Aufgabenerfüllung führen konnten. Hombach interessierte sich für konkrete Projekte (in Form von Sonderaufgaben wie beispielsweise der Befreiung deutscher Gefangener im Iran) sowie Konzepte und Visionen moderner Sozialdemokratie, die er entwickeln, umsetzen und kommunikativ verbreiten wollte – mit allenfalls loser Anbindung an die Programmarbeit der SPD oder die Einzelinitiativen der Ministerien. Organisation des Informationsflusses im Haus, Aktenarbeit, administrative Koordination und Kontrolle der Regierungsmaschinerie entsprachen weder seinem Interesse noch seinen besonderen Fähigkeiten. Ganz anders Steinmeier, der sich als im Hintergrund tätiger, effektiver Koordinator und Organisator der Regierungsarbeit begriff, akribisch alle Vorlagen be- und abarbeitete und handwerklich weitgehend fehlerfrei blieb (vgl. Perger, Werner: Dr. Makellos, Die Zeit 36/2000). Allgemeine Zielvorgaben zu machen, die Entwicklung übergeordneter Konzepte voranzutreiben oder gar Wahlkämpfe zu unterstützen waren nach seiner Auffassung keine Aufgaben des Bundeskanzleramts, sondern der regierenden Parteien. Im Kern lagen die Auffassungsgegensätze darin, ob sich das Kanzleramt nur als Kontroll- und Koordinationsinstanz begreift oder auch als politischer Akteur, der die Richtlinienkompetenz des Kanzler konzeptionell absichert.

Die individuelle Konkurrenz der beiden Akteure führte zu Machtspielen im Haus, die das reibungslose Funktionieren der Regierungszentrale behinderten. Steinmeier, der Schwierigkeiten hatte, die Zurücksetzung gegenüber Hombach zu akzeptieren, nutzte die eigenen Kenntnisse administrativer Prozesse und die Schwächen Hombachs, um seine Hausmacht informal zu vergrößern und mehr

Einfluss zu gewinnen. So platzierte er beispielsweise in einem seitenlangen Vermerk über ihre interne Arbeitsteilung (!) erst ganz am Ende des Papiers – wohl wissend, dass Hombach lange Vermerke kaum zu Ende las – den entscheidenden Satz, dass über die Vorlage aller Vorgänge vor dem Chef des Bundeskanzleramts der Staatsekretär entscheide. So konnte Steinmeier steuern, was Hombach überhaupt zu sehen bekam, und gleichzeitig den Informationsfluss im Amt besser kontrollieren. Steinmeier leitete frühzeitig die Kabinettsvorbesprechungen der Staatssekretäre aus den Ministerien, saß bei Fragestunden im Parlament, überwachte die Nachrichtendienste, stimmte die Arbeit des Kanzleramts mit den Landesregierungen ab und übernahm damit zentrale Koordinationsaufgaben innerhalb der Regierung. Hombach stürzte sich in eine Fülle von Einzelprojekten, etwa das Bündnis für Arbeit, die Energiepolitik, die Vorbereitung des Schröder-Blair-Papiers oder die Verhandlungen zum Entschädigungsfond ehemaliger Zwangsarbeiter, die seine verfügbaren Kapazitäten als Koordinator der Regierungspolitik erheblich beschränkten. Da aber keine ausdrückliche Arbeitsteilung existierte und eindeutige Kompetenzzuweisungen ausblieben, führten Konkurrenz und ungeklärte Aufgabenverständnisse zu Politik- und Abstimmungsprozessen, die das Erscheinungsbild der Regierung bald negativ beeinflussten (vgl. Der Spiegel 9/1999, Schwennicke, Christoph: Einer, der den Beißreflex kennt, Süddeutsche Zeitung, 5. Februar 1999).

Höhepunkt und besonderer Ausdruck der ungeklärten Machtverhältnisse im Kanzleramt, die zu vielen der „handwerklichen Fehler" anfänglicher Regierungssteuerung beitrugen, war das von Hombach und Steinmeier im Februar 1999 verfasste Papier, das neue Regeln für die Regierungskoordination festlegen sollte und (gezielt oder ungewollt) in die Öffentlichkeit gelangte (Schwennicke, Christoph: Regieanweisung und Gardinenpredigt, Süddeutsche Zeitung, 26. Februar 1999). Vorgeschlagen wurde unter anderem eine Berichtspflicht der Minister über ihre Arbeitspläne für die gesamte Legislaturperiode, eine Verpflichtung zur Abstimmung öffentlicher Äußerungen der Kabinettsmitglieder, ein Frühwarnsystem im Hinblick auf die Aktivitäten der Opposition, die Teilnahme der Fraktionsvorsitzenden an den Kabinettsrunden sowie die Installierung neuer Koordinationsgremien (Kabinettsausschüsse, Länderbetreuer etc.) (vgl. Gros 2000: 91-93). Die eigentliche Botschaft des Papiers lautete: Wir haben es nicht im Griff. Man kündigte – ohne erkennbare Not – die Beseitigung eines Problems an und bestätigte damit vor allem das Problem selbst.

Innerhalb der Kernexekutive unterblieb in dieser Anfangsphase eine – auch organisatorische – Bündelung der Kompetenz zu den zentralen Steuerungsbereichen von Organisation, Problem- und Konkurrenzpolitik, Kommunikation. Ein Netzwerk von Akteuren, das als *strategisches Zentrum* hätte fungieren können, existierte nicht. Die intensive Verzahnung von Regierung, Parlament und Partei blieb aus (vgl. Meng, Richard: Der Konflikt, der nicht sein darf, Frankfurter Rundschau, 5. März 1999). Lafontaine kontrollierte die Partei, er und die Parteizentrale um den SPD-Geschäftsführer Ottmar Schreiner waren aber an die Abstimmungsprozesse und Initiativen im Kanzleramt wenig – aus Lafontaines Sicht zu wenig – angeschlossen (Gros 2000: 93-94). Die Folge waren Informationsdefizite über Regierungsvorhaben, die Lafontaine frustrierten und gelegentlich zu verbalen Rundumschlägen führten („So kann man eine Regierung nicht führen"). Das Fraktionsmanagement von Peter Struck und dem Geschäftsführer der Fraktion, Wilhelm Schmidt, funktionierte, aber auch dort gärte der Unmut über fortlaufend wechselnde Regierungspläne ohne Linienführung (Der Spiegel 9/1999). Im Kanzleramt entwickelten sich – durch die Konkurrenzverhältnisse zwischen Hombach und Steinmeier überlagerte – Ad-hoc-Abstimmungsprozesse, an denen, in wechselnden Zusammensetzungen, vor allem Schröder, Hombach, Steinmeier und der Regierungssprecher Uwe-Karsten Heye beteiligt waren (Bannas, Günter: Heye ist häufig bei Schröder, Schröder taucht oft bei Hombach und Steinmeier auf, Frankfurter Allgemeine Zeitung, 4. Dezember 1998). Heye hatte Schröder ebenfalls aus der niedersächsischen Staatskanzlei mitgebracht und zum Chef des Bundespresseamts gemacht. Er war zugleich ein wichtiger persönlicher Berater Schröders in der ersten Legislaturperiode.

Eine konzeptionell arbeitende Einheit im Kanzleramt, die umfassendere Regierungsinitiativen sowohl programmatisch als auch prozessual vorbereiten und übergreifend hätte koordinieren können, gab es im Kanzleramt nicht. Die Planungsabteilung der Vorgängerregierung wurde gleich beim Regierungsantritt aufgelöst und einige ihrer medienbezogenen Aufgabenfelder ins Bundespresseamt verlagert (Fleischer 2009: 207). Hombach nahm einige der Planstellen und integrierte sie in seinen persönlichen Büro- und Arbeitsstab. Er umgab sich insbesondere mit Vertrauten aus seiner Zeit als Minister in Nordrhein-Westfalen und wollte diese Beratungskapazitäten mit dem Herauslösen aus der Planungsabteilung vor allem auch dem Zugriff seines internen Rivalen Steinmeier entziehen (Mertes 2000: 71-72). Der Stab arbeitete dann vor allem an der Vorbereitung und Umsetzung der Spezialaufgaben von Hombach mit und fiel damit für eine übergreifende Unterstützung der Regierungstätigkeit aus. Sein Einfluss auf programmatische Initiativen von Ministerien bzw. Gesamtregierung und die koordinierenden Tätigkeiten im Kanzleramt blieb gering. Die Konkurrenz zwischen Steinmeier und Hombach setzte sich auf der Arbeitsebene fort: „(...) die Stäbe beider arbeiteten autonom und zugleich rivalitätsmotiviert nebeneinander, argwöhnisch beobachteten die ‚Hannoveraner-' und ‚Düsseldorfer-Mitarbeiterstäbe' gegenseitig ihre Arbeit, die Berichte der beiden Akteure der Leitungsebene an Schröder blieben unabgestimmt und erfolgten getrennt." (Gros 2000: 94-95).

Insgesamt existierten bis ins Frühjahr 1999 hinein fragmentierte Führungsstrukturen, in denen Lafontaine zunehmend an den Rand gedrängt wurde. Unter dem Gesichtspunkt von *Macht* entwickelte sich dann der Rücktritt Lafontaines zum Zentralereignis anfänglicher rot-grüner Organisationssteuerung. Der Kampf um Führung wurde durch die Aufgabe Lafontaines entschieden. Am 11. März 1999 trat er vom Amt des SPD-Parteivorsitzenden sowie dem Posten als Finanzminister zurück und legte sein Bundestagsmandat nieder. Was auch immer die Motive Lafontaines für seinen Rücktritt gewesenen sein mögen, die nach außen kommunizierten politischen Argumente wie Kosovo-Entscheidung und Einsatz der Bundeswehr oder das Intrigenspiel aus dem Kanzleramt, das Gefühl mangelnden internen Einflusses, Überforderungserlebnisse im Amt, das „mangelnde Mannschaftsspiel", Angst vor Berlin (vgl. Geyer/Kurbjuweit/Schnibben 2005: 87-93, Langguth 2009: 227-245, Sturm 2009: 38-44), aus strategischer Perspektive war die Führungsfrage innerhalb der SPD damit geklärt. Schröder hatte jedoch Schwierigkeiten, mit dem entstandenen Führungs- und Richtungsvakuum auf Parteiebene etwas anzufangen. Er wollte zwar den Machtkampf mit Lafontaine gewinnen, schreckte aber vor der – aus dem Rückzug Lafontaines als Parteivorsitzendem folgenden – strategischen Anforderung zurück, die Partei und Regierung von nun an selbst integrierend und richtunggebend zu führen. Schröder zeigte innere Widerstände den SPD-Vorsitz zu übernehmen, fragte nach Kandidaten auf der Länderebene, schlug Franz Müntefering und Renate Schmidt vor (Urschel 2002: 294, Geyer/Kurbjuweit/Schnibben 2005: 93). Joschka Fischer und die Parteiführung mussten Schröder erst überzeugen, dass es zur Personalunion von Kanzler und Parteivorsitzendem unter den gegebenen Bedingungen keine Alternative gab. Es wurde sichtbar, dass die Klärung der Führungsfrage im machtbezogenen Ausscheidungskampf nicht automatisch zu einem „Mehr" an Strategiefähigkeit und strategischer Steuerungskompetenz führt, sondern *Leistungen* von Führung und Richtung fortlaufend durch Akteurhandeln substantiiert werden müssen (Raschke/Tils 2007: 508-514).

In dieser Hinsicht tat sich Schröder schwer. Sein Start war wenig ermutigend, er wurde mit nur 76 Prozent der Delegiertenstimmen am 12. April 1999 zum neuen Parteivorsitzenden gekürt. Sein bisheriger Weg an die Spitze, der vor allem über die Profilierung „gegen" die Partei funktioniert hatte (Micus 2005: 132-145, Oeltzen/Forkmann 2005: 106-111, Hogrefe 2002: 147-168), und seine bisherige, unabgesprochene „Arbeitsteilung" mit Lafontaine, der als Parteivorsitzender für die „Seele" der Partei zuständig gewesen war und diese mit mitreißenden Reden immer wieder hatte mobilisieren können, ließ sich nicht einfach transformieren in einen

Parteivorsitzenden Schröder, der von der Partei mit offenen Armen empfangen worden wäre. Es blieb bei der Tendenz Schröders, die Partei von oben und außen steuern zu wollen, ohne die Ansprüche der Partei anzuerkennen, bei der Richtungsbestimmung des künftigen Kurses greifbar mitwirken zu können. Eine emotionale Annäherung mit der Partei und die Stabilisierung von Schröders Führungsanspruch brachten erst die innerparteilichen Regionalkonferenzen im Herbst, die vom neuen Parteimanagement (Generalsekretär Franz Müntefering und Geschäftsführer Matthias Machnig) initiiert worden waren, und das für die SPD glückliche äußere Ereignis des CDU-Spendenskandals, das die öffentliche Aufmerksamkeit neu fokussierte und die Sozialdemokraten von den eigenen Schwierigkeiten ablenkte.

Im Juni 1999 bewegte Schröder Bodo Hombach, der inzwischen einen großen Teil seiner Handlungskapazitäten auf die eigene Verteidigung im Skandal um ungerechtfertigte Preisvergünstigungen beim privaten Hausbau aufwendete, zum Verlassen des Kanzleramts und zur Übernahme der Aufgabe eines Sonderkoordinators der Europäischen Union für den Stabilitätspakt in Südosteuropa. Die Gründe dafür werden darin gesehen, dass er seine Hauptaufgabe der Bekämpfung und des In-Schach-Haltens von Oskar Lafontaine erfolgreich erledigt hatte und in dieser Hinsicht nicht mehr weiter gebraucht wurde, dass er als Teil der Doppelführung im Kanzleramt maßgeblich für die internen Reibungsverluste verantwortlich war, und dass er schließlich immer wieder das Misstrauen von Schröder dadurch erregte, dass er sich selbst medial gern in den Vordergrund drängte. Hombach sagte zwar: „Ich will der Beleuchter sein und nicht der Beleuchtete" – tat aber genau das Gegenteil.

Die Grünen als Koalitionspartner waren in der Krisen- und Findungsphase des ersten Jahres nur lose und punktuell an die Steuerungsaktivitäten der Kernregierung angeschlossen (vgl. ausführlich Raschke 2001: 131-142). Die unterschiedlichen Machtzentren und wenig strukturierten Selbststeuerungsaktivitäten der Sozialdemokratie erschwerten das Finden von geeigneten Koordinationsroutinen. Was vorherrschte, waren unregelmäßige, informale und allenfalls lose verkoppelte Abstimmungsprozesse, die die Grünen als kleinen Koalitionspartner zusätzlich benachteiligten. Die Grünen – selbst intern wenig strategiefähig – hatten ihre beste Phase noch zum Zeitpunkt der Koalitionsverhandlungen, in denen sie ergebnisorientiert, kooperativ, strömungsübergreifend und gut organisiert agierten (Raschke 2001: 91-95). Der im Koalitionsvertrag vereinbarte Abstimmungsmodus über einen Koalitionsausschuss mit je acht Mitgliedern stand nur auf dem Papier (Koalitionsvertrag 1998), eine informal etablierte Koalitionsrunde tagte regelmäßiger, die entscheidenden Abstimmungsprozesse erfolgten jedoch in Viererrunden (Schröder, Lafontaine, Fischer, Trittin), zwischen Schröder/Lafontaine und Fischer, zum Teil

auch zwischen Schröder/Steinmeier und Rezzo Schlauch, dem Fraktionsvorsitzenden der Grünen (in Doppelspitze mit Kerstin Müller). Schlauch gewann in dieser
Informalität insbesondere dadurch an Einfluss, dass er ein gutes Verhältnis zum
Bundeskanzler entwickelte und Intimus von Joschka Fischer war. Als zentrale
Achse erwies sich schon bald die Beziehung zwischen Fischer und Schröder, auch
wenn sich Fischer nur zeitweilig für Fragen der Innenpolitik interessierte und gerade zu Beginn eher ein gutes Verhältnis zu Lafontaine hatte. Unklare Führungsstrukturen auf Seiten der Grünen, ungleiche Augenhöhe zwischen großem und
kleinem Koalitionspartner (die von den Sozialdemokraten stets betont und aktiv
herbeigeführt wurde) und die wenig strukturierte Selbststeuerung der SPD ließen
im ersten Jahr keine geordnete Koalitionsführung zu, die sachpolitische und personelle Fragmentierung vermied.

4.2.1.2 Problempolitiksteuerung

Das erste Jahr der rot-grünen Bundesregierung im Bereich der Problempolitikseu-
erung war vor allem geprägt durch das Abarbeiten sozialdemokratischer Wahlversprechen, die Themensetzungen des grünen Koalitionspartner, bei denen es im
anschließenden problempolitischen Bearbeitungsprozess zu erheblichen inhaltlichen „Abschleifungen" der ursprünglichen grünen Forderungen kam, sowie eine
unklare richtungspolitische Linienführung bei den unternommenen Problemlö-
sungsversuchen.

Aus Sicht der Sozialdemokraten und des Kanzlers standen wirtschaftspolitische Themen und vor allem die Bekämpfung der Arbeitslosigkeit im Zentrum der
Aufmerksamkeit. Dementsprechend wurde auch in der Präambel der Koalitionsvereinbarung der Abbau der Arbeitslosigkeit als oberstes Ziel der neuen Bundesregierung ausgegeben (Koalitionsvertrag 1998). Weitere Zentralthemen des Koalitionsvertrages, die Bereiche ökologische Modernisierung, ökologische Steuer- und
Abgabenreform, Bürgerrechte stärken, entsprachen eher den Reformversprechen
der Grünen aus dem Wahlkampf, die sich aus ihrem besonderen öko-libertären
Parteiprofil ergaben, das in vielerlei Hinsicht Spannungen und Konflikte mit den
Sozialdemokraten in der sozioökonomischen Dimension des wertebezogenen Koordinatensystems hervorrief (vgl. Raschke 2001: 56-68). Die Prioritäten der Grünen
lagen vor allem bei den – dem öko-libertären Parteiprofil entsprechenden – Pro-
grammvorhaben Atomausstieg, Ökosteuer, Energiewende und Reform des Staatsbürgerrechts.

Eine vergleichende Untersuchung der Wahlprogramme und die Analyse des
Prozesses der Koalitionsverhandlungen zeigen, dass Sozialdemokraten und Grüne
am Beginn ihrer gemeinsamen Regierungszeit kein gemeinsames programmati-

sches Projekt verfolgten (Lees 1999, Egle/Ostheim/Zohlnhöfer 2003b: 11-13). Inhaltliche Übereinstimmungen gab es am ehesten bei den gesellschaftspolitischen Themen der Innen- und Rechtspolitik, große Differenzen zeigten sich vor allem bei
den für die Grünen entscheidenden Themen des Umweltschutzes und der Außenpolitik. Der arbeitsmarkt- und wirtschaftspolitischen Schwerpunktsetzung der
Sozialdemokraten standen ökologische und energiepolitische Themenschwerpunk-
te der Grünen gegenüber. Die Koalitionsvereinbarung wurde wirtschaftspolitisch
von der SPD bestimmt, während die Grünen ihre Themen zwar in das abschlie-
ßende Dokument einbringen konnten, aber in ihren inhaltlichen Forderungen erheblich begrenzt wurden. Das zeigte sich nicht überall in der Koalitionsvereinbarung selbst, die wesentliche Forderungen des grünen Wahlprogramms – wenn
auch zum Teil in unverbindlicher Form – enthielt (vgl. Raschke 143-265). Es zeigte
sich vor allem im nachfolgenden problempolitischen Steuerungsprozess, wo nach
dem Diktum des Kanzlers „Der Koalitionsvertrag ist keine Bibel" (Der Spiegel
7/1999) schon bald von den Sozialdemokraten Abweichungen und eigene Akzent-
setzungen erzwungen wurden.

Ein Beispiel dafür waren die Verhandlungen zum Atomausstieg (Rüdig 2000,
Raschke 2001: 170-206). Hier waren im Abschnitt 3.2 des Koalitionsvertrages de-
tailgenau prozessuale Schritte und Maßnahmen zum umfassenden und unum-
kehrbaren Ausstieg aus der Nutzung der Kernenergie durch Gesetzesänderungen
und Energiekonsensverhandlungen niedergelegt worden, die schon bald durch
individuelle Akteurstrategien insbesondere des Kanzlers und seines – den betroffenen Energieversorgungsunternehmen nahe stehenden – Wirtschaftsministers
Werner Müller durchkreuzt wurden. Die vom Umweltminister Jürgen Trittin und
seinem Staatssekretär Rainer Baake zu Beginn verfolgte Konfliktstrategie, bei der
mit Hilfe einer Atomgesetz-Novelle gegenüber den Energieversorgungsunternehmen Druck für die nachfolgenden Verhandlungen aufgebaut werden sollte, um
schließlich innerhalb eines Jahres per Gesetz zu einem entschädigungsfreien Ausstieg aus der Kernenergienutzung zu gelangen, wurde schon innerhalb der Bundesregierung torpediert. Werner Müller reduzierte in den regierungsinternen Verhandlungen die geplante Atomgesetznovelle so weit, dass sie kaum noch als
Druckmittel gegenüber den Energieversorgungsunternehmen taugte. Schröder
diskreditierte den zuständigen Umweltminister fortlaufend und stellte klar, dass
eine endgültige Atomausstiegsregelung *nur* einvernehmlich mit den betroffenen
Unternehmen zustande kommen würde. Im Koalitionsvertrag war noch von
„möglichst im Konsens" die Rede gewesen. Schließlich beerdigten Schröder, Lafontaine, Fischer und Trittin in einer Viererrunde die Atomgesetznovelle und gingen ohne diese – in der Koalitionsvereinbarung fest verabredete Maßnahme – in
die Verhandlungen. Insgesamt zeigten die Atomkonsensgespräche, die erst nach

fast zweijähriger Dauer abgeschlossen werden konnten, sehr gegenläufige problempolitische Strategien der Regierungsakteure, die ihre Verhandlungsposition schwächten und den Energieversorgungsunternehmen in die Hände spielten. Insbesondere bei den Grünen, für die dieses Problemfeld überragende Bedeutung hatte, sorgten die eigene Schwäche ihrer Verhandlungsführer und das ständige Quertreiben von Wirtschaftsminister und Kanzler für erheblichen Unmut. Eine gemeinsame problempolitische Strategie der Regierung und das Bemühen um ihre Umsetzung waren bis zum Schluss nicht erkennbar.

Für die Sozialdemokraten stand zu Regierungsbeginn das Einlösen eigener Wahlversprechen im Mittelpunkt der Aufmerksamkeit. Sie hatte im Wahlkampf – nach dem Vorbild der britischen Labour-Partei aus dem Jahr 1997 – mit einer Pledge-Card geworben, auf der neun gute Gründe standen, warum die Menschen SPD wählen sollten (der zehnte Grund hieß Helmut Kohl)[28]. Diese betrafen die Bekämpfung von Arbeitslosigkeit, den Aufbau Ost, Bildung, Forschung und Wissenschaft, Kriminalität, Frauen-, Steuer-, Gesundheits- und Sozialpolitik. Sie wollte nun an einigen Punkten sofort einlösen, was dort zugesagt worden war. Das betraf insbesondere einige von der Vorgängerregierung eingeführte Verschärfungen und Kürzungen bei Renten, Kündigungsschutz, Lohnfortzahlung und Eigenbeteiligungen im Gesundheitswesen. Ganz im Einklang mit klassischer sozialdemokratischer Programmatik, die arbeitnehmer- und gewerkschaftsfreundlich ausgerichtet ist, wurden mit dem Gesetz zu Korrekturen in der Sozialversicherung und zur Sicherung der Arbeitnehmerrechte vom 25. November 1998 und dem Gesetz zur Stärkung der Solidarität in der gesetzlichen Krankenversicherung vom 19. Dezember 1998 unter anderem die Erhöhung der Zuzahlung zu Arzneimitteln und die Senkung der Lohnfortzahlung im Krankheitsfall auf 80 Prozent zurückgenommen, die Absenkung des Rentenniveaus mit Hilfe des demographischen Faktors der Rentenreform 1997 für zwei Jahre ausgesetzt und die Schwelle, ab der der volle Kündigungsschutz greift, wieder auf Unternehmen ab fünf Mitarbeitern (statt vorher zehn) gesenkt (vgl. Blanke/Schmid 2003: 221-223, Schmidt 2003b: 241-243). Diese Einzeländerungen in unterschiedlichen Politikbereichen entsprachen zwar der Wahlkampfrhetorik der SPD, die auf dem Vorwurf des „Sozialabbaus" durch die christlich-liberale Koalition ruhte, sowie einer gewerkschaftsfreundlichen Ausrichtung des eigenen Handelns, nicht aber einem übergeordneten Gesamtkonzept für

---

[28]   Dieser wahltaktische Clou, der die verbreitete Überdrüssigkeit an Kanzler Helmut Kohl für die SPD zu nutzen wusste, ging auf einen Fauxpas in der Vorbereitung der Walkampfkarte zurück. Ein Mitarbeiter der niedersächsischen Staatskanzlei hatte die Aufgabe, einen Vorschlag für eine Pledge-Card auszuarbeiten. Erst nachdem er sein Konzept vorgestellt hatte, fiel einem der Teilnehmer der Runde auf, dass die Karte nur neun Wahlversprechen enthielt. Werner Müller beendete das daraufhin einsetzende betretene Schweigen, indem er vorschlug, als zehntes Versprechen die Ablösung Kohls aufzunehmen.

die Neuausrichtung sozialdemokratischer Sozialpolitik, die nun das Regierungshandeln leiten sollte.

Ebenfalls ein Versprechen der Wahlkampfkarte war die Einleitung einer konzertierten Aktion für Arbeit, Innovation und Gerechtigkeit, von der man sich eine Verbesserung auf der Lage am Arbeitsmarkt erhoffte. Das „Bündnis für Arbeit, Ausbildung und Wettbewerbsfähigkeit" sollte gleich nach dem Regierungsantritt zum zentralen beschäftigungspolitischen Instrument der ersten Legislaturperiode werden (vgl. Ramge 2003, Schmid 2003, Heinze 2003, Siegel 2003). Eine analytische Rekonstruktion dieses Projekts aus strategischer Perspektive zeigt, dass es vor allem ungeklärte Führungs- und Richtungsfragen sowie wenig zielgerichtete Steuerungsaktivitäten der zentralen Regierungsakteure waren, die den Verlauf des Bündnisprozesses im ersten Jahr beeinflusst haben (Zohlnhöfer 2010). Ein Erklärungsansatz für das Scheitern des Bündnisses für Arbeit, der sich auf die spezifische Ausformung des deutschen Korporatismus mit einem Ausmaß institutioneller Segmentierung bezieht, die eine Reformpolitik auf der Basis integrierter Verhandlungen erschwert (Lehmbruch 2000), tritt damit in den Hintergrund, da es beim Bündnis für Arbeit zu einem wirklichen Kräftemessen zwischen Systemsteuerung und Subsystemautonomie gar nicht erst kam (Streeck 2003).

Schon auf der strategischen Zielebene gibt es plausible Argumente von am Entstehungs- und Umsetzungsprozess unmittelbar beteiligten Akteuren, dass das Bündnis für Arbeit vor allem wahltaktische Gründe hatte und dabei half, die bei den Sozialdemokraten inhaltlich ungeklärten Richtungsfragen zu überdecken: „Die tiefe innere Zerrissenheit der noch von Lafontaine geführten SPD musste es dem Kandidaten ratsam erscheinen lassen, sich während des Wahlkampfs so wenig wie möglich über die Mittel zu äußern, mit denen er der Beschäftigungskrise Herr werden wollte. Mit dem Hinweis auf ein noch zu gründendes Bündnis für Arbeit, das die zu treffenden Maßnahmen zunächst aushandeln müsse, konnte er entsprechenden Fragen jederzeit ausweichen." (Streeck 2003: 7).

Auch nach Ingangsetzung des Bündnisses im Dezember 1998 blieb problematisch, dass die Regierungsvertreter keinem einheitlichen inhaltlichen Konzept folgten, welches die – viele Themenfelder umfassenden – Gespräche strukturieren und die Teilnehmer des Bündnisses unter „Zugzwang" hätten setzen können (Heinze 2003: 151-152). Wenn die strategische Anlage des Verhandlungsprozesses aus Sicht des Bundeskanzleramtes auf einer Tauschlogik basieren sollte (Heinze 2003: 145), erscheint es wenig zielführend, große Teile der vorhandenen Tauschmasse (etwa gegenüber den Gewerkschaften) bereits ohne Gegenleistung zu verteilen – wie es mit der Rücknahme der Reformen in den Bereichen Kündigungsschutz, Lohnfortzahlung, Rente und Gesundheit geschehen war (Zohlnhöfer 2010). So vergab man Möglichkeiten der Paketverhandlungen, was auch die Arbeitgeberseite veranlasste, ihre zentralen Anliegen, insbesondere die Reform der Körperschaftssteuer, nicht zum Gegenstand der Gespräche werden zu lassen, sondern am Bündnis vorbeizuführen (Streeck 2003).

Darüber hinaus war die organisatorische Verankerung im Kanzleramt ohne entsprechende Priorisierung und Bereitstellung von koordinierender Manpower (trotz Steuerungs-, Benchmarking- sowie Arbeits- und Expertengruppen) für den Verlauf dieses vermeintlichen Zentralprojekts beschäftigungspolitischer Steuerung der Regierung wenig förderlich (Streeck 2003, Heinze 2003). Die für das Bündnis erarbeitete, international vergleichende Expertise (Benchmarking Deutschland 2001) trug zum Abbau von Positionsdifferenzen und zu einer gemeinsamen Problemdiagnose der Bündnisteilnehmer nicht maßgeblich bei (Siegel 2003: 170-171). Selbst der Abgang von Lafontaine im März 1999 und die damit geklärte Führungsfrage innerhalb der SPD änderten wenig an der geringen Bedeutung des Bündnisses für das Regierungshandeln. Seien es Rücksichtnahme von Schröder auf die sozialdemokratische Partei und Fraktion (so Streeck 2003) oder seine eigene Richtungsunsicherheit, das Bündnis für Arbeit hatte – noch ehe es richtig begonnen hatte – schon die Möglichkeit einer bedeutenden strategischen Funktion im Regierungsprozess verspielt.

Legt man die Mandatstheorie zugrunde, überrascht es nicht, dass die Regierung Schröder die Erledigung wichtiger Punkte der sozialdemokratischen Pledge-Card zu den ersten Amtshandlungen machte (Schmidt 2003b: 241-243). Regierungsentscheidungen nach Wahlen, das hat die Mandatstheorie empirisch zeigen können (Klingemann/Hofferbert/Budge 1994, vgl. auch die Übersicht in McDonald/Budge 2005), machen deutlich, das sich die Parteien in der Regierung bei der Politikgestaltung an dem orientieren, was sie vorher im Wahlprogramm und im Prozess des Wahlkampfs versprochen hatten und es einzulösen versuchen. Insofern hat die SPD diesen *Wahlerwartungen*, die sie selbst durch ihr Agieren im Wahlkampf und die Pledge-Card geweckt hatten, entsprochen. Unsicherer aber war, welche Erwartungen die Bürger und Wähler mit dem Wahlkampfversprechen von Gerechtigkeit *und* Innovation noch verbunden hatten. Hier hätte eine intensivere Interpretation des umfassenderen Mandats der Wähler stattfinden können, sofern diese nicht durch die Führungs- und Richtungskämpfe innerhalb der Sozialdemokraten und zwischen den Spitzenakteuren Lafontaine und Schröder blockiert gewesen wären. So blieben die problempolitischen Richtungsvorgaben der Sozialdemokraten im ersten Jahr unübersichtlich, und das sowohl vor dem Rücktritt Lafontaines als auch danach.

Wie wechselhaft die rot-grüne Koalition den Regierungsprozess im ersten Jahr richtungspolitisch steuerte, zeigt das Beispiel der Finanzpolitik (Braunthal 2000: 32-34, Zohlnhöfer 2003a, 2003b). Diese Inkohärenz war nicht auf koalitionsinterne

Auseinandersetzungen mit dem grünen Koalitionspartner zurückzuführen, da die SPD im Bereich der Finanzen die – nicht nur ministerielle – Hauptverantwortung trug und die Richtung der Problempolitik vorgeben konnte (vgl. Zohlnhöfer 2004). Der Politikwechsel verweist vielmehr auf einen Personenwechsel in der Leitung des Finanzministeriums, die nach dem Weggang Lafontaines der vormalige Hessische Ministerpräsident Hans Eichel übernahm. Danach zeigte sich, dass die neue Machtarchitektur innerhalb der Sozialdemokratie teilweise unmittelbar zu einer Kurskorrektur führte. Unter dem Finanzminister Lafontaine hatte die Bundesregierung noch eine expansive Haushaltpolitik betrieben (Zohlnhöfer 2003a: 67-75, 2003b: 195-197), ergänzt durch eine Steuerpolitik, die zumindest partiell auf eine konjunkturelle Belebung durch die Stärkung der Binnennachfrage setzte (Heise 2002: 36). Mit dem neuen Finanzminister ging es dann genau in die entgegengesetzte Richtung. Eichels „Zukunftsprogramm zur Sicherung von Arbeit, Wachstum und sozialer Stabilität" sah für das Folgejahr Kürzungen im Bundeshaushalt genau in der Höhe der von Lafontaine zusätzlich ausgegebenen 30 Milliarden Deutsche Mark vor, wozu alle Ressorts einen gleichmäßigen Kürzungsbeitrag von 7,5 Prozent zu leisten hatten. Der neue Finanzminister verzichtete ganz bewusst auf den Einsatz der Finanzpolitik zum Zweck der gesamtwirtschaftlichen Stabilisierung und hielt einen Konsolidierungskurs für erforderlich (Zohlnhöfer 2003a: 71). Materielle Konzessionen gegenüber dem in der SPD einsetzenden Protest gegen diesen haushaltpolitischen Kurswechsel hat es im Folgenden nicht mehr gegeben (Raschke 2001: 124). Insgesamt macht das Feld der Finanzpolitik deutlich, dass es der rot-grünen Regierung im ersten Jahr nicht gelang, eine kohärente Linie der Problempolitik zu entwickeln.

4.2.1.3 Konkurrenzpolitiksteuerung

Konkurrenzpolitisch war das erste Jahr rot-grünen Regierens insbesondere durch den Verlust der Regierungsparteien an Zustimmung innerhalb der Wählerschaft gekennzeichnet. Dabei traf die zunehmende Unzufriedenheit der Bürger die SPD wesentlich stärker als die Grünen. Nach den Daten der Mannheimer Forschungsgruppe Wahlen verlor die rot-grüne Bundesregierung zwischen November 1998 und September 1999 auf der von -5 bis +5 reichenden Zufriedenheitsskala 1,9 Punkte (vgl. Klein 1999: 42-43). Vom positiven Startpunkt in Höhe von 0,8 am Ende des Jahres 1998 war sie im September 1999 bei einem Wert von -1,1 angelangt. Der Anteil derjenigen, die der SPD zutrauten, die wichtigsten Probleme in Deutschland zu lösen, sank in dieser Zeit von knapp 40 Prozent auf etwas über 10 Prozent (Rosar/Dülmer 2005: 46). Noch drastischer erscheint dieser Zustimmungsrückgang, wenn man sich die Wahlabsichten der Bürger und die Unterstützung der einzelnen

Regierungsparteien in diesem Zeitraum näher anschaut. Nach den Trendumfragen von Infratest dimap musste die SPD innerhalb eines Jahres einen Rückgang der Wählerunterstützung von 42 Prozent auf 31 Prozent verkraften und verlor damit bundesweit innerhalb eines Jahres ein Viertel ihrer Wählerschaft (Klein 1999: 43, ähnlich auf der Basis von Forsa-Daten Stöss/Niedermayer 2000: 5-7). Im Osten waren die Verluste sogar noch höher. Die Grünen kamen glimpflicher davon. Sie büßten im gleichen Zeitraum nur einen Prozentpunkt ein. Ihre Unterstützung sank von 7 auf 6 Prozent. Dagegen konnte die Opposition ihre Zufriedenheitswerte stabil halten und die Wahlbereitschaft für die Union nahm erheblich zu. Hatten im Oktober 1998, unmittelbar nach der verlorenen Bundestagswahl, nur 36 Prozent der Wahlberechtigten bekundet, die Union wählen zu wollen, waren es im Herbst 1999 48 Prozent.

Zwar ist es normal, dass Regierungen im Laufe der Legislaturperiode bestimmten „Rhythmen" der Zustimmung unterliegen. Gerade zu Beginn der Amtszeit kommt es häufiger zu Zustimmungsverlusten, wenn die erste Euphorie des Neubeginns verflogen ist und unangenehme Entscheidungen getroffen werden müssen, die Zumutungen für die Wähler beinhalten (Jung/Roth 1998: 5, Roth 2003: 30). Dennoch spricht einiges dafür, dass der dramatische Rückgang an Unterstützung für Rot-Grün im ersten Jahr eher auf die inkohärenten Steuerungsbemühungen der neuen Regierung zurückzuführen ist – zumal sich ja die Zumutungen der neuen Regierung in der Anfangszeit aufgrund der partiellen Rücknahme sozialpolitischer Reformen der Vorgängerregierung (Pledge-Card) in Grenzen hielten. Die vielfältigen Probleme der Organisations- und Problempolitiksteuerung sind bereits thematisiert worden, sie kamen in den Spannungen und Zerwürfnissen der Spitzenakteure (Schröder/Lafontaine/Scharping, Hombach/Steinmeier, Schröder/Trittin etc.), unklaren Entscheidungs- und Organisationsstrukturen, Koordinationsproblemen zwischen Partei, Regierung und Fraktion sowie Bundes- und Landesregierungen, unzureichend vorbereiteten, ständig korrigierten und nachgebesserten politischen Vorhaben wie etwa den 630-DM-Jobs, der Ökosteuer, des Atomausstiegs oder der Scheinselbständigkeit zum Ausdruck (Stöss/Niedermayer 2000: 7, Langguth 2009: 231). Das alles wirkte auf die konkurrenzpolitische Lage zurück.

Veränderungen der konkurrenzpolitischen Konstellation betrafen zum einen die von den Wählern mit der Bundestagswahl 1998 verknüpften *Erwartungen*, die sich nicht auf einen grundlegenden Politikwechsel, aber auf eine Erneuerung des politischen Personals (Schröder statt Kohl) und eine neu entfaltete politische Dynamik (Innovation statt Stagnation) bezogen hatten (vgl. Schoen/Falter 2001, Egle/Ostheim/Zohlnhöfer 2003b). Diesen Wahlerwartungen entsprach die SPD im Wahlkampf insbesondere mit ihrem Slogan „Wir wollen nicht alles anders, aber vieles besser machen". Damit war keine richtungspolitische Kursänderung angekündigt, wohl aber bessere Leistungen. Dieses Leistungsversprechen führte zu Prozesserwartungen der Wähler, die die rot-grüne Koalition durch die Vielzahl von persönlichen Konflikten, inhaltlichen Inkonsistenzen und „handwerklichen Mängeln" beim Regieren wiederholt enttäuschte. Vor dem Hintergrund so gelagerter Erwartungsenttäuschungen wird der im ersten Jahr zu beobachtende Vertrauens- und Zustimmungsverlust gegenüber den Sozialdemokraten und der regierenden Koalition verständlich.

Auch in der Dimension von *Macht* ergaben sich relativ schnell nach dem Regierungswechsel grundlegende Verschiebungen, die die konkurrenzpolitische Konstellation und das problempolitische Handlungsvermögen der Regierung für den Rest der Legislaturperiode nachhaltig verändern sollten. Die Ablösung der von den Sozialdemokraten geführten hessischen Landesregierung bei der Landtagswahl am 7. Februar 1999 durch eine erstarkte CDU, die nun in Hessen gemeinsam mit der FDP die neue Regierung stellen konnte, beendete für die rot-grüne Bundesregierung sehr schnell die komfortable Situation einer gleichgerichteten Mehrheit in Bundestag und Bundesrat (Schmitt-Beck 2000a). Von nun an konnte die Opposition den Bundesrat prinzipiell als Vetospieler gegenüber der Regierung einsetzen. Die Machtverschiebung war das Ergebnis unterschiedlicher Ansätze konkurrenzpolitischer Themensteuerung von regierenden Sozialdemokraten und Grünen und der opponierenden Union.

Zentraler Bezugspunkt der konkurrenzpolitischen Auseinandersetzung und Kristallisationspunkt der Konfrontation zwischen Regierung und Opposition war die Reform des Staatsbürgerrechts, die die rot-grüne Koalition zu einem ihrer ersten wichtigen Gesetzgebungsprojekte gemacht hatte (vgl. Saathoff/Taneja 1999, Green 2000, 2004: 95-103). Zwar war die generelle Reformbereitschaft zwischen den Regierungspartnern seit den – detaillierten Festlegungen – in der Koalitionsvereinbarung (1998) unumstritten, jedoch existierten zwischen Sozialdemokraten und Grünen erheblichen Differenzen über die konkrete Ausgestaltung und Reichweite der Änderungen (Lees 2000: 119-121). Die Grünen waren der „Motor" in diesem Feld innen- und rechtspolitischer Reform, während wichtige sozialdemokratische Akteure wie der Innenminister (und ehemalige Grüne) Otto Schily schon im November 1998 mit Äußerungen über „Grenzen der Belastbarkeit" durch Zuwanderung deutlich gemacht hatten, dass für sie zunächst allenfalls die Reform des Staatsbürgerschaftsrechts in Frage kam und sie keine weiteren ausländerpolitischen Richtungsänderungen mittragen würden. Andere Sozialdemokraten, wie der SPD-Vorsitzende Lafontaine, drängten darauf, auch das Staatsbürgerschaftsrecht nur im Konsens mit der Opposition zu reformieren, da man die eher ablehnenden Einstellungen der Bevölkerung und der eigenen Wähler kannte und das populistische Potential dieses Themas fürchtete (vgl. Raschke 2001: 251).

Skeptische Sozialdemokraten und reformeifrige Grüne legten zwar im Januar 1999 einen Arbeitsentwurf vor, der die Einführung des Prinzips *ius soli* gegenüber dem bisherigen Abstammungsprinzip und die Einführung der „doppelten" Staatsbürgerschaft vorsah, also der Möglichkeit, unter bestimmten Voraussetzungen zwei Staatsangehörigkeiten inne haben zu können. Jedoch bildeten die auf umfassendere Reformen drängenden Grünen und bremsende Sozialdemokraten in dieser Frage keine geschlossene Formation, die zu einer strategisch angelegten Steuerung dieses Reformprojekts in der Lage gewesen wäre. Auf die schon frühzeitig erfolgenden Angriffe der Opposition reagierten sie nur defensiv – mit weitreichenden Konsequenzen für die weitere Themensteuerung (vgl. Busch 2003: 308-313). Eine angreifende Opposition trieb die defensiv agierende Regierung vor sich her.

Schon in der ersten Reaktion auf die Regierungserklärung Gerhard Schröders, in der er die Reform des Staatsbürgerschaftsrechts explizit angesprochen und gerechtfertigt hatte (vgl. BT-Plenarprotokoll 14/3, 60-61), machte der Oppositionsführer Schäuble deutlich, dass insbesondere die „doppelte" Staatsbürgerschaft eine Privilegierung der Ausländer gegenüber den Deutschen darstelle und auf Widerstand der Opposition treffen würde (BT-Plenarprotokoll 14/3, 78). Bereits 10 Tage vor der Präsentation des Regierungsentwurfes in der Öffentlichkeit, die am 13. Januar 1999 erfolgte, kündigte der CDU-Chef Schäuble eine breit angelegte Unterschriftensammlung der Unionsparteien gegen die doppelte Staatsbürgerschaft an – und machte damit diesen Aspekt der umfassender angelegten Reform des Staatsbürgerschaftsrechts zum zentralen Diskursobjekt der nachfolgenden konkurrenzpolitischen Auseinandersetzung. Im zur gleichen Zeit stattfindenden hessischen Wahlkampf des christdemokratischen Oppositionsführers Roland Koch wurde die Frage der Doppelstaatsbürgerschaft zum wichtigsten Wahlkampfthema. Eine Unterschriftenkampagne mobilisierte die Unionsanhänger. Die Union nutzte die Frage des Staatsbürgerschaftsrechts als „strategic tool" für ihre Konkurrenzpolitik (Schmidtke 2004).

Die Regierung hatte diesen Angriffen ohne ein eigenes gemeinsames Konzept nichts entgegenzusetzen. Man war einerseits sprachlos und andererseits empört über die „Hetzkampagne" der Unionsparteien, die Grünen zeigten sich darüber hinaus unzufrieden mit dem Regierungsentwurf, der hinter ihren eigenen Erwartungen zurückblieb, und hatten deswegen zusätzliche Probleme, offensiv für den eigenen Entwurf einzutreten (Saathoff/Taneja 1999: 123-127, Raschke 2001: 257). Die frühzeitige öffentliche Themenstrukturierung der Union und die dadurch ausgelöste Fokussierung auf den doppelten Pass ließen der SPD und den Grünen in der einseitigen Diskussion kaum noch Gelegenheit, eigene Akzente zu setzen. Die hessische Union übernahm im Landtagswahlkampf die Vorreiterrolle bei der bundesweiten CDU/CSU-Unterschriftenaktion. Die Bundesregierung blieb der populistisch geführten und auf einen Einzelaspekt reduzierten Diskussion verhaftet und entwickelte keine eigene, größere reformpolitische Kampagne, obwohl sich die Initiative beim Staatsbürgerecht ja aus wesentlich mehr Elementen zusammen setzte. Das zentrale konkurrenzpolitische Resultat der unionsdominierten Themensteuerung war der Machtwechsel in Hessen am 7. Februar 1999, der möglich wurde, weil die CDU vom Unmut der Wähler über die Reform des Staatsangehörigkeitsrechts mit kräftigen Zugewinnen profitierte (+ 4,2 Prozentpunkte) und die Grünen gleichzeitig mehr als ein Drittel ihrer Wähler einbüssten (- 4 Prozent) (vgl. Schmitt-Beck 2000).

Wie unabgestimmt die Bundesregierung in der Staatsbürgerrechtsfrage agierte, wird an dem sofort nach der Hessen-Wahl eingeleiteten Strategiewechsel der SPD deutlich – von dem die grünen Regierungsvertreter überrascht wurden (Raschke 2001: 258-259). Schröder und Lafontaine suchten nun nach einer Lösung im Konsens mit der FDP, um angesichts der neuen Mehrheitsverhältnisse im Bundesrat mit den Stimmen des Landes Rheinland-Pfalz, das von einer gelb-roten Koalition regiert wurde, eine Reform des Staatsbürgerrechts auch gegen die Union durchsetzen zu können. Am Ende der konkurrenzpolitischen Auseinandersetzung hatte die angreifende Opposition, die „skrupellos" eine populistisch ausgerichtete Kampagne gegen die Regierung vom Zaume gebrochen hatte, der ohne offensives Gegenkonzept agierenden rot-grünen Koalition konkurrenzpolitisch eine empfindliche Niederlage beigebracht. Sie führte zu neuen Machtverhältnissen im Bundesrat und veränderte damit die Interaktionen zwischen Regierung und Opposition für den Rest der Legislaturperiode nachhaltig. Hinterher sagten Zentralakteure in der Regierung, es wäre besser gewesen, zunächst mit einer kleinen, lediglich symbolhaften Initiative zu starten, um das politische Feld zu öffnen. Erst danach hätte man ein so großes Projekt wie die Neufassung des Staatsangehörigkeitsrechts anschieben sollen.

4.2.1.4 Kommunikationssteuerung

Das erste Jahr rot-grüner Kommunikationssteuerung erhielt seine Prägung durch die ungelösten Probleme der neuen Regierung auf der Ebene allgemeiner Organisationssteuerung.[29] Umkämpfte Führung, unklare Richtung und die fehlende Institutionalisierung strategischer Kompetenz in der Kernexekutive verhinderten auch koordinierte Steuerungsbemühungen öffentlicher Kommunikation für die Gesamtregierung.

---

[29]   Vgl. dazu den Abschnitt 4.2.1.1.

Das Management der Regierungskommunikation lastete vorrangig auf den Schultern des neuen Regierungssprechers Uwe-Karsten Heye, der ein enger Vertrauter Gerhard Schröders war und ihm bereits als Sprecher der niedersächsischen Landesregierung gedient hatte. Er befand sich allerdings in kommunikativer Konkurrenz etwa zu den offiziellen oder selbsternannten Sprechern des Finanzministeriums, der SPD-Flügel oder des „Spin Doctors" Bodo Hombach im Kanzleramt, die zum Teil jeweils eigene Wege der Medienkommunikation gingen (vgl. Marx 2008: 108-111). Klare Regeln, verbindliche Abläufe und geplante Kommunikationsprozesse konnten in der ersten Zeit kaum etabliert werden (Jun 2004: 349-350). Institutionell blieb es bei einem Nebeneinander von Kanzleramt und Bundespresseamt, dessen Chef Heye von nun an war. Für die Verankerung kommunikativer Kompetenz lässt sich innerhalb der Bundesregierung eine hohe Kontinuität gegenüber den Vorgängerregierungen konstatieren (Tenscher 2002). Die wichtigste Änderung bestand darin, dass im Kanzlerbüro offiziell keine Pressearbeit mehr stattfand (Marx 2008: 108), obwohl dort mit Thomas Steg, dem späteren Regierungssprecher, ein Kommunikationsfachmann saß. Gemäß seiner Zuständigkeitsbeschreibung war Steg für die Verbindungen zu gesellschaftlichen Gruppen verantwortlich, im Wesentlichen arbeitete er jedoch – neben und gemeinsam mit Reinhard Hesse – als Redenschreiber für Gerhard Schröder.

Als Regierungssprecher und „Friend of Gerd" hatte Heye zwar unmittelbaren Zugang zu Schröder, die institutionelle Zersplitterung kommunikativer Kompetenz innerhalb der Bundesregierung blieb aber. Auch wenn es sich der Regierungssprecher zur Aufgabe macht, in der Medienarbeit der Bundesregierung koordinierend zu wirken, Weisungen in die Ministerien hinein erteilen kann er nicht (Marx 2006: 91-92). Eine effektive und „geräuschlose" Koordination der Kommunikation von Kanzleramt, Fachministerien und Bundespresseamt konnte also nur gelingen, sofern die involvierten Akteure daran aktiv mitwirkten – was zu Beginn der rot-grünen Koalition nicht der Fall war. Heye selbst hat sich nach der Amtsübernahme – trotz des Nebeneinanders von Bundeskanzleramt, Ressorts und Bundespresseamt – um eine Neugestaltung der Presse- und Öffentlichkeitsarbeit bemüht, bei der „die inhaltliche und formale Konzentration auf die politischen Leitgedanken, Schwerpunkte und zentralen Ziele der Regierungspolitik sowie die Durchsetzung eines einheitlichen, zeitgemäßen und ästhetisch ansprechenden Erscheinungsbildes bei allen Produkten" (Heye 2002: 83) der Bundesregierung im Zentrum der Aufmerksamkeit stand. Eine Wirkung entfaltete das von Heye erarbeitete ressortübergreifende kommunikative Rahmenkonzept, dem das Kabinett am 2. Juni 1999 zustimmte, im ersten Jahr nicht. Es wurde erst vom Herbst 1999 bis Frühjahr 2000 durch eine Aufgabenkritik sämtlicher Abteilungen des Bundespresseamts konkretisiert und in den Jahren 2001 und 2002 sukzessiv umgesetzt (z.B. Entwicklung eines Corporate Designs, Redaktionskonferenz, Internet-Redaktion, Agentur, NewsRoom).

Wenn es im ersten Regierungsjahr ein zentrales kommunikatives Projekt der deutschen Sozialdemokraten gab, dann war es das Papier „Der Weg nach vorne für Europas Sozialdemokraten", das Gerhard Schröder und Tony Blair am 8. Juni 1999 gemeinsam in London vorstellten (Schröder/Blair 1999). Dieses so genannte Schröder-Blair-Papier verstand sich als Anstoß zur Modernisierung sozialdemokratischer Programmatik, die zwar den klassischen Werten der Sozialdemokratie verpflichtet bleibt (Fairness, soziale Gerechtigkeit, Freiheit, Chancengleichheit, Solidarität), aber sich den aktuellen Herausforderungen stellt, indem es Bereitschaft zeigt, die alten Mittel und traditionellen Instrumente sozialdemokratischer Politik zu modifizieren und so das Verhältnis von Staat und Markt, Eigenverantwortung und Solidarität, Angebots- und Nachfragepolitik neu zu justieren (vgl. Micus 2005: 74-75).

Vielleicht ist für das Schröder-Blair-Papier aus der Sicht kommunikativer Steuerung bezeichnend, dass sein Entstehen auf einem Missverständnis beruhte (Geyer/Kurbjuweit/Schnibben 2005: 104-106). Im Winter 1998 hatte es eine Anfrage aus London gegeben, ob man nicht im Rahmen einer deutsch-britischen Arbeitsgruppe etwas gemeinsam unternehmen wolle. Die Federführung übernahmen Bodo Hombach und Peter Mandelson, der damalige britische Minister für Industrie und Handel sowie enge Berater von Tony Blair, die operative Umsetzung ihre Mitarbeiter Mathias Bucksteeg und Roger Liddle. Kurz vor seinem Rücktritt beschwerte sich Lafontaine auch darüber, dass die britisch-deutsche Kooperation unter Umgehung der SPD-Zentrale vorbereitet wurde (Geyer/Kurbjuweit/Schnibben 2005: 91). Für das erste Treffen dieser Arbeitsgruppe sollte es eine „Agenda" geben. Hier kam es zum Missverständnis. Während die Deutschen mit der „Agenda" eine Tagesordnung gemeint hatten, verstanden die Briten darunter ein ausgearbeitetes Handlungskonzept, ein Manifest moderner sozialdemokratischer Politik. Hombach reagierte erfreut und so nahmen die Vorbereitungen zum Schröder-Blair-Papier ihren Lauf.

Es lässt sich nicht mit Sicherheit feststellen, ob Schröder selbst mit dieser Initiative strategische Intentionen verfolgte, die über die Interessen von Hombach und seinen Mitarbeitern an der Propagierung ihrer eigenen politischen Richtungsvorstellungen hinausgingen. Seine Einlassungen beim Lesen des Papiers auf dem Weg nach London zeigten eine eher spielerische Grundhaltung. „Na, das ist doch ein ordentliches sozialdemokratisches Papier" soll er nach der (erstmaligen?) Lektüre grinsend gesagt haben (Geyer/Kurbjuweit/Schnibben 2005: 104, Sturm 2009: 46). Wenn der Bundeskanzler mit dem Schröder-Blair-Papier ein strategisches Ziel verfolgte, dann konnte es nur darum gehen auszuloten, wie groß in der SPD nach dem Abgang von Oskar Lafontaine der Spielraum für eine konsequentere Moder-nisierungspolitik war (Meyer 2005: 73-74). Unterstellt man eine solche Zielvorstel-lung, werden für die Prozessteuerung und kommunikative Umsetzung dieser kommunikativen Initiative jedoch kaum komplexere Ziel-Mittel-Umwelt-Kalkulationen sichtbar. Die Vorbereitung, Veröffentlichung und Kommunikation des Papiers weisen eher auf einen situativ verstandenen „Versuchsballon" hin.

Das Papier entstand in einem von kleiner Mannschaft organisierten „Top-down"-Prozess (vgl. Liddle 2001), der auf einen Versuch der – zumindest teilwei-sen – Koordination mit bisherigen SPD-Positionen und Vertretern unterschiedli-cher Parteiströmungen keinerlei Wert legte. Man forderte externe Sachverständige sogar explizit zu möglichst radikalen Vorschlägen auf (Sturm 2009: 44-49). Eine genauere Kalkulation der potentiellen Wirkung der Art und Weise der Umsetzung des eingesetzten Mittels in der internen Umwelt, der sozialdemokratischen Partei, hätte die durch das Papier ausgelösten innerparteilichen Reaktionen antizipieren können. Sie deuteten sich im Vorbereitungsstadium schon dadurch an, dass sich Lafontaine und die Parteizentrale darüber beschwerten, an der Ausarbeitung des Konzepts nicht beteiligt zu sein (Geyer/Kurbjuweit/Schnibben 2005: 91). Die inner-parteilichen Reaktionen nach der Vorstellung des Konzepts waren, wie zu erwar-ten, heftig – und sie waren koordiniert (vgl. Sturm 2009: 48). Schröder und seine Berater schwiegen. Sie rechtfertigten sich weder vor oder nach der Präsentation jemals öffentlich mit Blick auf die Grundwerte und politischen Visionen der im Papier niedergelegten Positionen und Ziele (Meyer 2005: 73).

Noch heute zeigt Schröder mit seiner in der Autobiographie veröffentlichten Einschätzung zum Schröder-Blair-Papier wenig Verständnis für Bedingungen und Anforderungen innerparteilicher Kommunikationsprozesse: „Die allseitige Entrüs-tung über Blairs und meinen Vorschlag verhinderte eine inhaltliche Debatte. Wie-der einmal!, bin ich versucht zu sagen. Ich habe das Schröder/Blair-Papier erneut gelesen. Die Grundanalyse halte ich nach wie vor für richtig, auch wenn einige Instrumente noch nicht ausgereift waren." (Schröder 2006: 277). Dabei hing die Entrüstung mit dem Inhalt des Papiers zusammen. Die nachfolgende kommunika-tive Reaktion des linken Parteiflügels zeigte, dass eine simple Konfrontation der Partei mit der Schröder/Hombach-Linie angesichts der innerparteilichen Vorge-schichte und Schröders neuer Rolle als Parteivorsitzender, der normalerweise für die ganze Partei spricht, keinen Diskurs über die richtungspolitische Ausrichtung der deutschen Sozialdemokratie zuließ.

Der Bundeskanzler ließ das Schröder-Blair-Papier nach den heftigen Reaktio-nen aus der Partei und von den Gewerkschaften fallen. Es verschwand unmittelbar nach seiner Verkündung wieder in der Versenkung. Für die nachfolgende Regie-rungspolitik entfaltete es keine Wirkung. Bestehende Möglichkeiten, mittels vorbereitenden, begleitenden und weiterverfolgten kommunikativen Diskursbemühungen eine programmatische Neuorientierung der SPD voranzutreiben, wurden durch den eingeschlagenen Weg (nicht-)kommunikativer Steuerung von vornherein verspielt. So blieb die einzige Reaktion Schröders auf das Scheitern des Papiers die (gemeinsam mit Müntefering vorangetriebene) Eröffnung einer Programmdebatte innerhalb der SPD mit Hilfe einer Grundwertekommission, die im Jahr darauf ihre Arbeit begann – an ihr beteiligte sich Schröder dann nicht mehr (vgl. Meyer 2007).

Insgesamt ließ die fragmentierte Kommunikation aus dem Regierungsapparat im ersten Jahr keine konsistente und kohärente Kommunikationslinie rot-grüner Politik erkennen. Die Inkonsistenzen und Inkohärenzen der Regierungskommunikation ergaben sich einerseits aus ungelösten Konflikten innerhalb der Sozialdemokratie, unkoordinierten Regierungsaktivitäten innerhalb und zwischen den Koalitionspartnern sowie der fehlenden Institutionalisierung eines regierungsübergreifenden Kommunikationsmanagements. Dafür war aber andererseits auch die kommunikative Richtungsinkonsistenz des Bundeskanzlers selbst verantwortlich. Sie kommt in den richtungspolitisch wechselhaften diskursiven Kommunikationsangeboten Schröders des Jahres 1999 zum Ausdruck, die er auch nach dem Rückzug von Lafontaine (und damit nach der Klärung der Führungsfrage) unterbreitete. Es begann mit dem Schröder-Blair-Papier im Sommer 1999, das eine programmatische Neuausrichtung der deutschen Sozialdemokratie ankündigen sollte, und dazu Anleihen am modernisierten Labour-Programm und englischen Diskurs zum „Third Way" machte (s.o.). Es setzte sich im Herbst 1999 fort mit einer radikalen diskursiven Wende, bei der Schröder nun plötzlich die Nähe zum traditionell ausgerichteten sozialdemokratischen Diskurs der französischen Sozialisten unter Premierminister Lionel Jospin suchte, der sich mit einer links orientierten Rhetorik explizit gegen programmatische Veränderungen der Sozialdemokraten nach dem Muster des „Dritten Weges" richtete (vgl. Schmidt 2002b: 282-287, Egle 2009: 146-181). Diese Kehrtwende bestätigte Schröder dann auch am Ende des Jahres, als er sich auf einer staatsinterventionistischen Linie medienwirksam um die Rettung des angeschlagenen Bauunternehmens Holzmann bemühte (Geyer/Kurbjuweit/Schnibben 2005: 117-119) sowie gegen die Übernahme von Mannesmann durch Vodafone aussprach und damit klar machte, dass er für eine traditionelle soziale Marktwirtschaft kämpfen würde, die sich gegen eine schrankenlose Marktliberalisierung wendet (Schmidt 2002a: 183-184).

4.2.2   Stabilisierungs- und Programmphase (September 1999-Oktober 2001)

Insbesondere die personellen und organisatorischen Veränderungen im Kernbereich der Regierung, die durch den Spendenskandal einsetzende Schwächung der CDU/CSU-Opposition, eine anziehende Konjunktur und sinkende Arbeitslosenzahlen ermöglichten es der rot-grünen Koalition seit dem Herbst 1999, in eine stabilere Phase des Regierens einzutreten, bei der nachfolgend zahlreiche Reformprojekte (u.a. Erneuerbare-Energien-Gesetz, Green-Card, Atomausstieg, Steuerreform, „neue" Agrarpolitik, Rentenreform, Reform des Länderfinanzausgleichs und Solidarpakt II) eingeleitet bzw. abgeschlossen werden konnten. Deswegen erscheint es angemessen, die zweite Phase der Regierung Schröder (September 1999 – Oktober 2001) mit Blick auf ihre Strategiefähigkeit und ihre Policy-Aktivität als Stabilisierungs- und Programmphase zu kennzeichnen.

4.2.2.1   Organisationssteuerung

Der Zerfall der ursprünglich drei Machtzentren innerhalb der sozialdemokratischen Kernregierung führte zu einem durch innere Zerrissenheit und Streit gekennzeichneten Sommer/Frühherbst 1999 (Raschke 2001: 120-121), in dem in Nordrhein-Westfalen sogar über eine mögliche Ablösung des Kanzlers diskutiert wurde, um ein Wahldebakel bei der Landtagswahl im Frühjahr 2000 zu verhindern. Erst langsam fing die Neusortierung der regierungsinternen organisatorischen und personellen Aufstellung an zu greifen. Das Ausscheiden von Hombach im Juni 1999 erwies sich als erster, wichtiger Schritt, ein besser funktionierendes operatives Regierungsmanagement einzurichten. Im Kanzleramt konnte Steinmeier von nun an uneingeschränkt das administrative Tagesgeschäft steuern und reibungslose Abstimmungsprozeduren installieren, bei denen er umsichtig, faktensicher und kenntnisreich im Zentrum stand. Auf der Parteiseite übernahm Franz Müntefering in Zusammenarbeit mit Matthias Machnig seit dem Spätsommer die Verantwortung – formal als Generalsekretär, faktisch aber zum Teil als informaler Parteiführer – und organisierte eine bessere Verzahnung von Partei- und Regierungsapparat. Die Abstimmung zwischen Fraktion und Kanzleramt sowie der Partei wurde durch neue Konsultationsrunden von Fraktionsvorsitzendem, Bundesgeschäftsführer und Kanzleramtschef optimiert (Gros 2000: 93).

Im Wesentlichen waren es seit dem Herbst 1999 zwei Runden, die eine wirksamere Koordination des Handelns der Kernregierung gewährleisteten. In der ersten, der sog. Morgen- oder Kanzlerlage, trafen sich zwei bis dreimal wöchentlich Gerhard Schröder, sein Regierungssprecher Uwe-Karsten Heye, der Kanzleramtschef Frank-Walter Steinmeier, der SPD-Fraktionsvorsitzende Peter Struck und der Generalsekretär der sozialdemokratischen Partei, Franz Müntefering (vgl. Krause-Burger 2000: 33-39, Korte 2003: 21-22). Ergänzt wurde diese Runde zuweilen von Sigrid Krampitz, der Leiterin des Kanzlerbüros, und dem Staatsminister im Kanzleramt, Hans-Martin Bury, der nach den öffentlich gewordenen Mängeln der internen Regierungsorganisation im Frühjahr 1999 für Koordinationsaufgaben mit dem Parlament und den Bundesländern eingesetzt wurde. In der Morgenlage wurden vor allem die aktuelle politische Lage analysiert, Sachstandsberichte abgegeben, Positionen festgelegt, Sprachregelungen getroffen, Gesetzgebungsverfahren projektioniert, Abstimmungen zwischen Regierung, Partei und Fraktion vorgenommen (vgl. Korte 2008: 66), nicht aber weitergehende strategische Konzepte entwickelt.

Die zweite Runde, der „Steinmeier-Kreis", war auf der Arbeitsebene darunter angesiedelt und traf sich ein bis zweimal die Woche. An ihm nahmen regelmäßig teil der Kanzleramtschef Steinmeier, der SPD-Bundesgeschäftsführer Machnig, die Büroleiterin des Kanzlers, Krampitz, der parlamentarische Geschäftsführer der SPD-Bundestagsfraktion, Wilhelm Schmidt – manchmal ergänzt durch andere Akteure wie etwa den Büroleiter Schröders in der Parteizentrale, Rainer Sontowski. Hier ging es im schnellen Tempo um das Management des Regierungsalltags der Organisationsbereiche Regierung, Partei, Fraktion. Dabei prallten unterschiedliche Erwartungen an diese Abstimmungsrunde aufeinander. Während es aus der Sicht Steinmeiers insbesondere darum ging, Partei und Fraktion auf die Linie des Kanzleramts zu bringen, und zugleich die Befürchtung bestand, die Partei könne zuviel Einfluss gewinnen, war Machnig durchaus bestrebt, über die Alltags- und Organisationsfragen hinaus zu einer weitergehenden Projektabstimmung und größeren Linienführung des längerfristigen Regierungshandelns zu gelangen. Letztlich nicht auflösbare persönliche Argwohn- und Misstrauensverhältnisse ließen aber auf dieser Arbeitsebene kaum Raum für eine von allen Organisationseinheiten des Party-Government getragene, umfassend ausgerichtete Projektplanung, die über längere Zeiträume der Legislaturperiode hinweg strukturierend hätte wirken können.

Nach dem Ausscheiden von Hombach stellte sich im Kanzleramt auch die Frage, wie die Beratungs- und Planungskapazitäten Hombachs unter der neuen Hausleitung restrukturiert werden würden. Steinmeier entschloss sich, eine neue Abteilung 5 „Politische Analysen und Grundsatzfragen" unter der Leitung von Wolfgang Nowak zu gründen, in die einzelne Referate aus den bisherigen Gruppen 14 und 16 der Abteilung 1 (z.B. die Referate „Grundsatzfragen", „Kirchen") integriert wurden und die früheren Mitarbeiter Hombachs „verschwanden". Die Personalentscheidung Nowak ging noch auf Hombach zurück, aber da der Kanzler den früheren Staatssekretär aus Sachsen ob seiner unorthodoxen Art schätzte, konnte Steinmeier sie nicht verhindern. Die neue Abteilung war klein und insgesamt wenig an die operativen Normalprozesse im Kanzleramt angeschlossen (Fleischer 2009: 207-208). Sie verfolgte einzelne Projekte, wie etwa die Kontaktpflege zu Planungsabteilungen anderer Regierungen in Westeuropa oder die Vorbereitung der hochrangig besetzten Konferenz „Progressive Governance", die im Jahr 2000 in Berlin stattfand, und an der wichtige, der deutschen Sozialdemokratie nahe stehende Regierungschefs wie Tony Blair, Bill Clinton oder Lionel Jospin teilnahmen (vgl. Schröder 2002a). Der Wirkung der Planungsabteilung für das Regierungshandeln blieb sehr begrenzt. Die Zugänge ergaben sich im Wesentlichen nur direkt über die Achse Schröder-Nowak. Nowak versuchte sich immer wieder trickreich direkten Zugang zum Kanzler zu verschaffen, da seine Aktivitäten sonst weitgehend folgenlos blieben. Steinmeier betrachtete die Initiativen der Abteilung misstrauisch und unternahm regelmäßig Versuche, ihren Einfluss zu begrenzen. Das führte schließlich nach der Bundestagswahl 2002 zur Auflösung der gesamten Abteilung und der Rückführung des übrig gebliebenen Personals in die Abteilung 1. Wolfgang Nowak verließ das Kanzleramt. Eine Bündelung strategischer Kompetenz und eine darauf aufbauende Beeinflussung des operativen Steuerungsprozesses der Regierung erreichte die Planungsabteilung zu keinem Zeitpunkt.

Auch auf der Ebene der Partei stabilisierte sich die Sozialdemokratie im Herbst 1999. Am Anfang der Woche tagte das Präsidium und konnte so die Themen der Woche vorstrukturieren, bevor danach der geschäftsführende bzw. anschließend der gesamte Fraktionsvorstand zu Sitzungen zusammen kam und am folgenden Tag die Fraktion tagte (Raschke 2001: 126). Für das Verhältnis des Kanzlers und neuen Parteivorsitzenden zu seiner Partei entwickelten sich die Regionalkonferenzen im November und der SPD-Parteitag im Dezember zu bedeutenden Ereignissen (vgl. Der Spiegel 41/1999). Die Regionalkonferenzen waren das Instrument, um der nach wie vor bestehenden Skepsis der Partei gegenüber ihrem neuen Vorsitzenden entgegenzuwirken. Schröder warb dort um die Sympathien der Genossen und bediente sich dazu einer Tonlage, die im Gegensatz zur Sommermelodie des „Dritten Wegs" die Gerechtigkeitsfrage wieder klassisch sozialdemokratisch thematisierte. Die Bezugnahme auf die Erhöhung des Kindergelds, Steuerreform und die Versprechen der Pledge-Card sollten zeigen, dass die Gerechtigkeitsfrage, so wie sie sich für viele Sozialdemokraten stellte, durch eine Vielzahl von Maßnahmen des Regierungshandelns im ersten Jahr bedient worden war. Das Zugehen auf die Parteimitglieder und die semantische Ehrerweisung gegenüber der klassischen sozialdemokratischen Gerechtigkeitspolitik zeigte ihre Wirkung. Auf dem ordentlichen Parteitag vom 7. bis 9. Dezember 1999 in Berlin wählten die Delegierten Schröder erneut zu ihrem Vorsitzenden – mit einem deutlich verbesserten Ergebnis von 86,3 Prozent im Vergleich zur ersten Wahl vom

April. Die von langer Hand vorbereitete Parteitagsrede Schröders stand unter dem Leitmotiv des Gerechtigkeitsbegriffs. Er hatte dafür Rat bei einer großen Anzahl von Experten und Intellektuellen eingeholt und sich zugleich die öffentlich sichtbare Unterstützung von Hans-Jochen Vogel sowie Erhard Eppler gesichert, zwei ihm bislang eher skeptisch gegenüber stehenden „Veteranen" der Partei (vgl. Fischer 2005: 88-90). Die Annäherung von Partei und Parteivorsitzendem erzeugte den Eindruck einer „Heimkehr des verlorenen Sohns" (Prantl, Heribert: Heimkehr des verlorenen Sohns, Süddeutsche Zeitung, 8. Dezember 1999).

Die Abstimmung der Kernregierung mit dem kleinen Koalitionspartner verlief auch nach dem Herbst 1999 wenig systematisch und blieb organisatorisch unstrukturiert.[30] Formale Gremien wie der „Koalitionsausschuss" spielten kaum eine Rolle. Sie wurden von den Sozialdemokraten weitgehend gemieden (der Koalitionsausschuss tagte ein Jahr lang gar nicht!), da sie von nun an selbst organisatorisch besser aufgestellt waren und wenig Neigung und Interesse zeigten, die Grünen von sich aus institutionalisiert und auf gleicher Augenhöhe an der Gesamtsteuerung der Regierung zu beteiligen (Raschke 2001: 133). Die grünen Akteure suchten sich informale Wege regierungsinterner Koordination, die vor allem über den Kanzleramtschef lief. Die Folge mangelnder Steuerungsstrukturierung waren sachpolitisch fragmentierte Abstimmungsprozesse, die regelmäßig nicht die Ebene der Spitzenakteure erreichten und die Grünen strukturell benachteiligten. Je nach Politikbereich ergaben sich unterschiedliche Akteurkonstellationen, Einflussbeziehungen und Koordinationsmechanismen (vgl. dazu die Fallstudien in Raschke 2001: 143-265). Im Ergebnis war das mehr ein Beteiligungsproblem der Grünen als ein Gesamtsteuerungsproblem der Regierung.

Insgesamt verbesserten vor allem die geänderten organisatorischen Strukturen und Prozesse der Sozialdemokraten das Regierungsmanagement nach dem ersten Jahr und eröffneten Potentiale für eine vermehrt strategisch orientierte Regierungssteuerung. Inwieweit dieses Potential von den Akteuren im Zeitraum von September 1999 bis zum Oktober 2001 für eine strategisch angelegte Steuerung des Regierungshandelns genutzt wurde, die auf situationsübergreifenden Ziel-Mittel-Umweltkalkulationen ruhte und die einzelnen Bereiche von Problemlösung, Konkurrenz sowie öffentlicher Kommunikation betraf bzw. diese Aktionsfelder übergreifend bündelte, ist Gegenstand der nachfolgenden Analyseabschnitte.

---

[30]   Vgl. auch Abschnitt 4.2.1.1.

4.2.2.2 Problempolitiksteuerung

Nach dem Verlust der rot-grünen Bundesratsmehrheit im Februar 1999 sah sich die Regierung bei programmpolitischen Vorhaben mit einem zusätzlichen institutionellen Vetospieler konfrontiert, der ihre problempolitische *Macht* beschränkte. Vetospieler sind die individuellen bzw. kollektiven Akteure, die einer Änderung des (Policy-)Status quo zustimmen müssen (Tsebelis 1995, 1999, 2000, 2002). Der oppositionsdominierte Bundesrat als mit konstitutionellen Zustimmungsvorbehalten ausgestatteter Vetoakteur markierte bei zustimmungspflichtigen Gesetzen eine neue Grenze der Regierungsmacht im Hinblick auf Problemlösungen (Problempolitikmacht). Er konnte bei der konkreten Ausgestaltung von Policy-Konzepten nicht bloß mitwirken, sondern sie durch Verweigerung der Zustimmung potentiell zu Fall bringen. Auf der Basis des hier zugrunde liegenden dynamischen Modells von Vetoakteuren (vgl. Raschke/Tils 2007: 407-413), das die Kritik am statischen und eindimensionalen Vetomodell von Tsebelis aufnimmt (vgl. Birchfield/Crepaz 1998, Strøm 2000a, Benz 2003), bedeutet diese Konstellation, dass die rot-grüne Regierung seit dem Frühjahr 1999 nicht mehr über eine eigene, „sichere" Mehrheit im Bundesrat verfügte, sondern sich eindeutigen Oppositionsländern und „unsicheren" Landesregierungen (bestehend aus SPD/FDP-Koalitionen, SPD/PDS-Koalitionen oder Großen Koalitionen) gegenüber sah (vgl. Merkel 2003: 169-171), die den Bundesrat zu einem potentiellen institutionellen Vetospieler machten. Hieraus ergab sich ein folgenreiches Feld strategischer Interaktion zwischen Regierung und Opposition, in dem Koalitionsregierungen auf Länderebene zu Schlüsselakteuren wurden.

Drei Parameter sind gemäß des Vetospieleransatzes für die Veränderungselastizität politischer Systeme verantwortlich: Anzahl der Vetospieler, ihre programmatische Kongruenz und die vetospielerinterne Kohäsion (Tsebelis 1995: 289). Auf dieser Basis kommt George Tsebelis zu folgenden generellen Hypothesen (1995: 298, 301, 1999: 446, 2002: 25): Je höher die Anzahl der Vetospieler, desto geringer die Wahrscheinlichkeit von Policy-Change. Je größer die programmatische Distanz zwischen den einzelnen Vetospielern, desto geringer die Wahrscheinlichkeit von Policy-Change. Je größer die innere programmatische Einheitlichkeit der einzelnen (kollektiven) Vetospieler, desto geringer die Wahrscheinlichkeit von Policy-Change. Im strategischen Steuerungsprozess werden gerade die bei Tsebelis konstant gedachten Elemente zu Ansatzpunkten der Einflussnahme durch den Strategieakteur: Anzahl der Vetospieler, programmatische Kongruenz, inhaltliche Kohäsion.

Wie solche strategischen Einflussnahmen auf Vetospieler wirken können, zeigt die rot-grüne Steuerreform im Sommer 2000, bei der die Regierung nacheinander zwei Strategievarianten entwickelte und zur Anwendung brachte. Die erste Variante betraf die Anzahl der Vetospieler, während die zweite bei der inneren Kohärenz des oppositionellen Gegners ansetzte (vgl. Merkel 2003: 171-175). Es handelte sich jeweils um *begrenzte Konstellationsstrategien*, die zwar situationsübergreifend angelegt waren und auf Ziel-Mittel-Umwelt-Kalkulationen beruhten, aber allein auf die einmalige Realisierung dieser problempolitischen Reform gerichtet blieben.

Die Steuerreform war eines der zentralen Großprojekte rot-grüner Regierungspolitik der ersten Legislaturperiode. Man hatte sich schon im Rahmen des Koalitionsvertrags auf Grundzüge einer „Großen Steuerreform" in mehreren Stufen geeinigt, die vor allem die Senkung der Steuersätze bei der Lohn- und Einkommensteuer, eine Erhöhung des Kindergelds sowie eine Reform der Unternehmensbesteuerung zur Stärkung der Investitionskraft der Unternehmen zum Inhalt hatte (Koalitionsvertrag 1998). Nach der Präsentation eines innerhalb der Regierung abgestimmten Entwurfs zur Steuerreform durch Finanzminister Eichel und Kanzler Schröder im Dezember 1999 brachte die Regierung ihren im Bundesrat zustimmungspflichtigen Gesetzentwurf im Februar 2000 in den Bundestag ein. Gegen die Stimmen der Opposition verabschiedete der Bundestag das Gesetz im Mai mit den Stimmen der Mehrheitsfraktionen und überwies die Vorlage dem Bundesrat. Dort verfügten die der Bundesregierung grundsätzlich folgenden A-Länder Hamburg, Niedersachsen, Nordrhein-Westfalen, Sachsen-Anhalt und Schleswig-Holstein mit 23 Stimmen über keine sichere Mehrheit mehr. Dazu wären 35 Stimmen notwendig gewesen. Den oppositionellen B-Ländern Baden-Württemberg, Bayern, Hessen, Saarland, Sachsen und Thüringen konnten zu diesem Zeitpunkt 28 Stimmen zugerechnet werden, so dass die Länderregierungen der neutralen C-Länder mit unterschiedlichen Koalitionskonstellationen (Berlin, Brandenburg, Bremen, Mecklenburg-Vorpommern, Rheinland-Pfalz) 18 Stimmen besaßen. Der Bundesrat rief für das Steuersenkungsgesetz den Vermittlungsausschuss an.

In diesem setzte die Bundesregierung ihre *erste Strategievariante* ein, die sich auf die Anzahl der Vetospieler konzentrierte. Die bisherige öffentliche und parlamentarische Auseinandersetzung zur Steuerreform hatte gezeigt, dass Regierung und Opposition in ihren steuerpolitischen Vorstellungen gar nicht so weit auseinander lagen (Merkel 2003: 173-174). Sowohl SPD und Grüne als auch Union und FDP favorisierten eine generelle Entlastung der Bürger und Unternehmen. Man war sich darüber hinaus grundsätzlich darüber einig, dass der Eingangs- und Spitzensteuersatz gesenkt werden soll. Im Wesentlichen war die Reichweite der Reform umstritten. Die Opposition wollte schnellere und umfassendere Steuerentlastungen und eine stärkere Senkung des Spitzensteuersatzes. Um den Bundesrat angesichts der dort vorherrschenden Stimmenverhältnisse zu „neutralisieren", das heißt als institutionellen Vetospieler aus dem Spiel zu nehmen, versuchte die Bundesregierung den Oppositionsakteuren auf der programmatischen Ebene Gründe für eine Blockade zu nehmen. Zu diesem Zweck setzte sie auf die Handlungsoption einer Policy-Annäherung, die über die Definition der Politikinhalte eine Verringerung der programmatischen Distanz zum potentiellen Vetospieler zu erreichen suchte (vgl. zu einer solchen Strategievariante auch Benz 2003: 218-219). Das Ziel lag in einer Verbreiterung des Policy Winsets (vgl. dazu Tsebelis 1995: 293-301), der eine Zustimmung der Opposition im Bundesrat möglich machen könnte, und damit die Akteurkonstellation um diesen Vetospieler verringert hätte. Im Falle einer dennoch fortbestehenden Vetohaltung von Union und FDP sollte der Vorwurf taktisch-egoistischen Blockierens greifen, der zumindest konkurrenzpolitische Vorteile versprach. Dieser *Vetoreduktionsstrategie* folgend, war die Bundesregierung im Vermittlungsausschuss zu weitergehenden inhaltlichen Zugeständnissen bereit. Die Regierungsvertreter kamen der Opposition entgegen, indem man den Spitzensteuersatz auf 43 Prozent (statt 45 Prozent) senkte und erst ab einem zu versteuernden Einkommen von 102.000 DM (statt 92.000 DM) greifen ließ. Außerdem sollte die Gleichstellung von Personenunternehmen und Kapitalgesellschaften entfallen, Überkompensationen bei der pauschalen Anrechnung der Gewerbesteuer auf die Einkommensteuer eingeschränkt, die Steuerbefreiung der Veräußerungsgewinne von Anteilen an Kapitalgesellschaften verschoben und Umstrukturierungen bei Personenunternehmen erleichtert werden sowie die Möglichkeiten der Ansparabschreibung erhalten bleiben. Obwohl damit vielen Forderungen der Opposition entsprochen wurde, scheiterte dieser Strategieansatz am 4. Juli 2000 im Vermittlungsausschuss, weil die Vertreter der Union und FDP trotz der Policy-Annäherung bei ihrer Ablehnung zum Steuersenkungsgesetz blieben. Das sogenannte „unechte" Ergebnis des Vermittlungsausschusses wurde nur mit der Ausschussmehrheit der Mitglieder von SPD und Grünen verabschiedet. Die Verringerung der Anzahl von Vetospielern war missglückt, potentielle konkurrenzpolitische Vorteile durch eine Brandmarkung der oppositionellen „Totalblockade" würden sich erst noch erweisen müssen.

Die Regierung reagierte schnell und vollzog einen Strategiewechsel, der sich nun auf die innere Kohäsion des institutionellen Vetospielers Bundesrat richtete.[31] Diese *zweite Strategievariante* sah vor, durch finanzielle Vorteilsgewährungen für Teilkollektive der blockierenden Institution (hier die C-Länder) die aktive Spaltung des Vetospielers herbeizuführen (vgl. zu einer solchen Strategievariante auch Scharpf/Reissert/Schnabel 1976: 56). Das „Erkaufen" von Stimmen des Blocks der

---

[31]   Tsebelis unterscheidet Kohäsion von Parteidisziplin: „Cohesion refers to the difference of positions within a party *before* [Hervorhebung im Original, R.T.] a discussion and a vote take place inside the party. Party discipline refers to the ability of a party to control the votes of its members inside parliament." (Tsebelis 1995: 311).

C-Länder erfolgte bewusst außerhalb der formalen Gremien (Vermittlungsausschuss) in bilateralen Verhandlungen mit den einzelnen Landesregierungen (vgl.
Kropp 2004: 82-83). Dabei wurden einerseits Ausgleichszahlungen für die zu er-
wartenden geringeren Steuereinnahmen der Länder zugesagt. Andererseits wurden den „umworbenen" Koalitionsregierungen besondere Infrastrukturhilfen angeboten. Das von einer Großen Koalition regierte Berlin erhielt 200 Millionen Euro
für die innere Sicherheit, Museen sowie die Modernisierung des Olympiastadions.
Den ebenfalls von Großen Koalitionen regierten Ländern Brandenburg und Bremen sowie der SPD/PDS-Regierung in Schwerin wurde von Finanzminister Eichel
die finanzielle Unterstützung bei der Erfüllung von Landesaufgaben versprochen.
Bremen sicherte man sogar eine Bestandsgarantie als Stadtstaat zu. Die Kohäsion
des potentiellen Oppositionsblocks im Bundesrat erodierte. Sie hätte nur bei Enthaltungen der neutralen C-Länder aufgrund von Uneinigkeit zwischen den Koalitionspartnern und Gegenstimmen der ausschließlich oppositionsgeführten B-
Länder Bestand gehabt. Zum Ende des Verhandlungsprozesses gelang es Gerhard
Schröder in von ihm persönlich mit dem aus Rheinland-Pfalz stammenden FDP-
Repräsentanten Rainer Brüderle geführten Gesprächen, auch die dortige SPD/FDP-
Landesregierung zur Zustimmung zum Steuersenkungsgesetz zu bewegen (Gey-
er/Kurbjuweit/Schnibben 2005: 126-129). Der Preis dafür waren die weitere Senkung des Spitzensteuersatzes auf 42 Prozent ab 2005 sowie zusätzliche Maßnahmen zur Entlastung des Mittelstandes wie etwa die Steuerfreiheit für altersbeding-
te Betriebsveräußerungen, die noch im Sommer mit einem Steuersenkungsergän-
zungsgesetz beschlossen werden sollten. Die neue Strategie zeigte Wirkung, obwohl die Bundesratsmehrheit bis ganz zum Schluss gefährdet schien, weil auch
innerhalb   anderer   Landesregierungen   (z.B.   Brandenburg,   Mecklenburg-
Vorpommern) das Abstimmungsverhalten bis zuletzt umstritten blieb. Am 14. Juli
2000 stimmte der Bundesrat mit den Stimmen der sozialdemokratisch geführten
Landesregierungen sowie der Stimmen von Berlin, Brandenburg, Bremen und
Rheinland-Pfalz für die Steuerreform. Die Regierung hatte sich durchgesetzt, problempolitische Macht bewiesen und mit diesem Reformprojekt einen ihrer größten
Erfolge seit dem Regierungsantritt erzielt. Die der *Kohäsionsspaltungsstrategie*
zugrunde liegenden Kalküle waren aufgegangen. Erst viel später wurde deutlich,
dass sich die rot-grünen Gesetzesproduzenten bei der Steuerreform an ganz anderer Stelle verkalkuliert hatten. Die in der Reform vorgesehene Steuerfreiheit der
Gewinne aus der Veräußerung von Anteilen, die Kapitalgesellschaften an anderen
Kapitalgesellschaften halten, führten zu beträchtlichen und in dieser Höhe überhaupt nicht erwarteten Steuerausfällen beim Bund (vgl. Herz, Wilfried 2005: Das
größte Geschenk aller Zeiten, Die Zeit 37/2005), die durch spätere Nachbesserun-

gen (Sperrzeiten, Mindestgewinnbesteuerung) zwar gestoppt, aber nicht mehr rückwirkend rückgängig gemacht werden konnten.

4.2.2.3 Konkurrenzpolitiksteuerung

Die Durchsetzung programmpolitischer Vorhaben, wie beispielsweise das Erneu-erbare-Energien-Gesetz (Bechberger 2000, Raschke 2001: 206-217), die Green-Card (Green 2004: 110-132, Pethe 2006), die eingetragene Lebenspartnerschaft für Homo-sexuelle (Leitner 2003), die Rentenreform samt Einführung der Riester-Rente (Nullmeier 2003), der Länderfinanzausgleich oder der Solidarpakt II (Scheller 2005), wurde der Regierung in den folgenden zwei Jahren erleichtert durch die neue konkurrenzpolitische Lage, die sich seit dem Winter 1999/2000 einstellte (vgl. Pulzer 2003: 154-155). Sie war geprägt durch die Schwäche der Opposition und eine neue Stärke der Regierung.

Das leichte Spiel der Opposition mit der holprig gestarteten Regierung fand sein Ende, als die CDU im Herbst 1999 wegen der Spendenaffäre in eine große innerparteiliche Krise geriet und sich von nun an vor allem mit sich selbst beschäf-tigte. Der neue Partei- und Fraktionsvorsitzende, Wolfgang Schäuble, der sich nach dem „Gezeitenwechsel" der Abwahl Helmut Kohls bei der Bundestagswahl 1998 nur langsam als unbestrittene Nr. 1 der insgesamt verunsicherten Union hatte eta-blieren können und seine Position vor allem durch die Wahlerfolge 1999 stärkte, musste nun eine tiefe Krise der Partei managen und geriet dabei schnell selbst in ihren Strudel (vgl. Zolleis 2008: 235-251). Die medialen Enthüllungen und die eige-ne (Nicht-)Aufklärung des geheimen Kohlschen Kontensystems unter Nutzung schwarzer Kassen, sein „Ehrenwort", die Namen der Spender nicht zu nennen, eine nicht ordentlich verbuchte Spende des Waffenhändlers Wolfgang Schreiber, bei der Schäuble mitgewirkt hatte, und schließlich die ins Ausland verschobenen Millionenbeträge des hessischen CDU-Landesverbands lähmten die Union (vgl. Langguth 2001: 165-170). Die Führungsfrage brach erneut auf, als Wolfgang Schäuble im Februar 2000 aufgrund eigener Verstrickung in den Spendenskandal seinen Verzicht auf die Ämter des Partei- und Fraktionsvorsitzenden erklärte. Die CDU-Spendenaffäre bewirkte nicht nur, dass sich die Union vor allem um die Wiederherstellung eigener Handlungs- und Strategiefähigkeit bemühen musste. Sie war – neben ökonomischem Aufschwung, New-Economy-Boom und abneh-mender Arbeitslosigkeit – einer der wichtigen Faktoren, die der regierenden rot-grünen Koalition demoskopisch neuen Auftrieb verschaffte und sie in eine kon-kurrenzpolitisch günstigere Position brachte. Die Zufriedenheit mit der Arbeit der Bundesregierung stieg gemäß den Erhebungen von Infratest dimap in den ersten Monaten des Jahres 2000 (nach dem absoluten Tiefpunkt vom November 1999)

stark an und hielt sich bis zum September 2001 durchgängig auf einem relativ hohen Niveau (vgl. dazu die Übersicht in Geyer/Kurbjuweit/Schnibben 2005). Auch
in der Zustimmung bei der Bevölkerung (Sonntagsfrage) konnten die noch 1999
bei Landtags- bzw. Europawahlen und demoskopisch gebeutelten Sozialdemokraten nun besser punkten und erreichten wieder Werte, die in der Nähe ihres Bun-
destagswahlergebnisses von 1998 (40,9 Prozent) lagen.

In konkurrenzpolitischer Hinsicht besonders interessant sind in der Stabilisie-
rungs- und Programmphase zwei Fälle rot-grüner Regierungssteuerung. Das eine
Beispiel sind die „sozialen Korrekturen" an der Ökosteuer im Herbst 2000, das
andere ist das Handeln der Regierung und des Kanzlers im Zusammenhang mit
der BSE-Krise zum Jahreswechsel 2000/2001. In beiden Fällen überlappen sich
problem- und konkurrenzpolitische Aspekte. Daran wird einmal mehr deutlich,
dass für strategische Steuerungsprozesse ein innerer Konnex zwischen Problem-
und Konkurrenzpolitik besteht.

Die *Ökosteuer* der rot-grünen Koalition, die der Grundidee Energieverteue-
rung–Ressourcenschonung–Arbeitskostenreduktion folgte, war ein strategisch
steuerungsrelevantes Vorhaben, das die Regierungsakteure seit ihrer Machtübernahme 1998 kontinuierlich beschäftigte (vgl. zum Folgenden ausführlich Raschke
2001: 217-235). Der eine Grund dafür lag in der *gewählten Ausgestaltung* der ökologischen Steuerreform, die auf eine stufenförmige Anhebung hinauslief und auf
diese Weise dazu führte, dass sich das Thema jeweils quasi von selbst beim Erreichen der nächsten Stufe auf die Agenda setzte. Der andere Grund lag in der *konkurrenzpolitischen Bedeutung* des Projekts (vgl. auch Zohlnhöfer 2003a: 80-82). Die
Ökosteuer war für die Grünen essentieller Programmpunkt ihrer Regierungsbetei-
ligung, während sich innerhalb der SPD starke Befürworter und Skeptiker fanden.
Aus Sicht der Opposition bot die Reform wiederholt willkommene Angriffsflächen, da es einerseits innerhalb der Regierung fortlaufend zu Auseinandersetzungen um konkrete Ausgestaltungsfragen kam und andererseits große Teile der
Wählerschaft dem Projekt sehr skeptisch gegenüberstanden. Das lag vor allem an
der Eindimensionalität der öffentlichen Wahrnehmung der Ökosteuer, die sich vor
allem auf die damit einhergehende Erhöhung des Benzinpreises bezog.[32]

Mit Blick auf strategische Steuerungsprozesse interessant ist das mit dem Vorhaben verbundene Spannungsverhältnis zwischen problempolitischer Sichtweise,
die eine stufenweise Einführung der Energiebesteuerung aus Gründen der Stetigkeit, Berechenbarkeit und zunehmenden Lenkungswirkung sachlogisch sinnvoll
erscheinen lässt, und einer konkurrenzpolitischen Perspektive, die vor allem die

---

[32] An dieser Wahrnehmung waren die Grünen nicht unschuldig, die mit ihrem Magedeburger 5-
     Mark-Parteitagsbeschluss selbst die kommunikative Fokussierung auf eine – aus Sicht der meisten
     Bürger unangemessene – Erhöhung der Benzinpreise durch die Ökosteuer gefördert hatten.

Wettbewerbsrelevanz und Konfliktträchtigkeit des Themas sieht. Angesichts der Unverzichtbarkeit der Ökosteuer für die Grünen, deren zentrales problempoliti- sches Wahlversprechen dieses Projekt war, des eigenen sozialdemokratischen Wahlprogramms, das eine ökologische Steuerreform vorsah, und der problempoli- tischen Dominanz des Ökosteuerbefürworters Oskar Lafontaine zu Beginn der Legislaturperiode, die zu den Verabredungen einer stufenweisen Umsetzung im Koalitionsvertrag geführt hatte, beschränkte sich der Kanzler Schröder, der das Vorhaben vor allem unter konkurrenzpolitischen Aspekten betrachtete, im Steue- rungsprozess auf ein Handeln, das er als „Schadensbegrenzung" verstand.

Es begann noch im Wahlkampf mit der Festlegung Schröders, mit ihm sei eine Erhöhung der Benzinsteuer um mehr als 6 Pfennig nicht zu machen, setzte sich fort bei einer der vielen Verhandlungsetappen, als der Kanzler in der Koalitionsrunde im Juni 1999 die Ökosteuer als „sozialen Unfug" kritisierte und führte im Herbst 2000 schließlich zu den vom Kanzler geforderten „sozialen Korrekturen" am Kon- zept der ökologischen Steuerreform. Die von Schröder öffentlich angemahnte sozi- ale Abfederung war eine konkurrenzpolitische Reaktion auf die dritte von der Opposition getragene Kampagne nach der Einführung der zweiten Stufe der Steu- erreform am 1. Januar 2000, die von Protesten gegen die hohen Benzinpreise in mehreren deutschen Städten begleitet wurden (vgl. Raschke 2001: 229-231). Die Forderung des Kanzlers nach Ausgleichsmaßnahmen traf Sozialdemokraten und Grüne völlig unvorbereitet. Sie führten nach regierungsinternen Verhandlungen schließlich zu einem einmaligen Heizkostenzuschuss für Wohngeldempfänger sowie einer Umwandlung der Kilometerpauschale in eine erhöhte Entfernungs- pauschale. Problempolitisch waren solche Ausgleichsmaßnahmen bedenklich, weil etwa durch die Erhöhung der Entfernungspauschale die eigentlich angestrebte Lenkungswirkung der Ökosteuer konterkariert wurde.

Mangelnde interne problempolitische Kohärenz bei den Sozialdemokraten, konkurrenz- und problempolitische Konflikte innerhalb der rot-grünen Koalition sowie der Vorrang konkurrenzpolitischer Erwägungen des Kanzlers führten bei der Ökosteuerreform insgesamt zu einem Steuerungshandeln der Regierung, das der Opposition anhaltend eine Vielzahl von Angriffsflächen bot. Kommunikativ gelang es der Regierung zu fast keinem Zeitpunkt, in die Offensive zu kommen. Die Grünen litten unter den hohen Erwartungen ihrer eigenen Klientel und den – daran gemessen – bescheidenen Reformschritten. Die intern gespaltenen Sozi- aldemokraten blieben ebenfalls defensiv. Beiden Regierungspartnern fehlten kon- sistente und kohärente Begründungszusammenhänge *für* die Reform. Der Kanzler versuchte das Thema im Wesentlichen nur zu „neutralisieren". Unter diesen Be- dingungen war eine aktive, konkurrenzpolitisch erfolgversprechende Steuerung der Regierung bei der Konzeption, Weiterentwicklung und Durchsetzung der ökologischen Steuerreform kaum zu erreichen.

Problempolitischer Ausgangspunkt der *Agrarwende* war der erste deutsche Fall von Rinderwahnsinn (BSE) im schleswig-holsteinischen Hörsten am 24. November 2000 (vgl. Der Spiegel 48/2000). Das seit längerem auf europäischer Ebene schwelende Problem war damit endgültig in Deutschland angekommen. Gerhard Schröder reagierte schnell und stellte bereits kurze Zeit später klar: „BSE wird eine veränderte, verbraucherorientierte Landwirtschaft erzwingen. Das halte ich für ausgemacht. Ich sehe nicht, wie sonst auf Dauer wieder Vertrauen hergestellt werden kann. (...) Die Landwirtschaft muss eine Perspektive jenseits der Agrarfabriken entwickeln."(Schröder-Interview „Tiefer Einschnitt", Der Spiegel 49/2000). Eher intuitiv, auf der Basis sicheren politischen Instinkts, hatte Schröder damit angedeutet, dass es angesichts des Ausmaßes der Krise kein einfaches „Weiter so" würde geben können.

Gleichzeitig bildete die durch den Rinderwahnsinn ausgelöste Krise in der Gesundheits- und Agrarpolitik ein „Policy-Window" (Kingdon 1984), das Schröder gewillt war im Sinne eines bewusst gestalteten Gelegenheitsfensters (vgl. Raschke/Tils 2007: 186) zu nutzen. In der Krisenphase wurde deutlich, dass die beiden zuständigen Ministerien schon seit längerem gezielte Warnungen aus Brüssel vor der BSE-Gefahr missachtet hatten. Das mangelnde Krisenmanagement der beiden zuständigen Minister, Karl-Heinz Funke (Landwirtschaftsminister, SPD) und Andrea Fischer (Gesundheitsministerin, Grüne), brachte Schröder dazu, über weitreichende Neuorientierungen in Agrar-, Gesundheits- und Verbraucherpolitik und umfassendere institutionelle Veränderungen nachzudenken. Seine instinktiv ausgerufene „Agrarwende" mit dem Ziel einer Perspektiveentwicklung „jenseits der Agrarfabriken" sollte auch durch einen radikalen Schnitt im Regierungshandeln untermauert werden.

Eine Zuspitzung der Lage trat ein, als bekannt wurde, dass das Gesundheitsministerium einen alarmierenden Report des EU-Kommissars für Gesundheit und Verbraucherschutz, David Byrne, erhalten hatte und aufgrund angeblicher „Vertraulichkeit" nicht an das Landwirtschaftsministerium weitergeleitet hatte (Der Spiegel 3/2001). Auch wenn der Landwirtschaftsminister Anfang Januar noch einmal versuchte, mit einem neuen Acht-Punkte-Plan für eine verbraucher- und umweltorientierte Agrar- und Ernährungspolitik wieder in die Offensive zu kommen (vgl. Feindt/Ratschow 2003: 5), war bei Schröder über die Weihnachtszeit schon der Entschluss gereift, ein umfassenderes Revirement innerhalb der Regierung vorzunehmen: „Am Montag nach der Rückkehr hielt es den Kanzler nicht länger in Hannover. Am Abend gegen 21 Uhr kamen neben Kanzleramtschef Frank-Walter Steinmeier die Grünen Fritz Kuhn und Joschka Fischer ins Berliner Privathaus des Kanzlers in der Pücklerstraße. Schröder ließ keinen Zweifel daran, dass er einen Personalwechsel in den beiden Ministerien für nötig hielt. Auf Widerspruch stieß er nicht. Er bot den Grünen das zum Verbraucherministerium aufgestockte Landwirtschaftsressort an." (Der Spiegel 3/2001, S. 22).

Die Reaktion Schröders auf das BSE-Problem beinhaltete nicht ausschließlich situatives Krisenmanagement, auch wenn der konkrete Anlass zum Handeln einer Krisensituation entsprang. Die Umbesetzung und Neuausrichtung der Ministerien und das Schlagwort von der verbraucherorientierten „Agrarwende" hatte großes strategisches Potential. Hiermit wurde eine Öffnung des bisher geschlossenen und nur für Fachleute interessanten Felds der Agrarpolitik für eine breitere gesellschaftliche Öffentlichkeit vollzogen, die Fragen von Ernährung, Gesundheit und Landwirtschaft in einen inneren Zusammenhang brachte und die Zuständigkeits- und Aufmerksamkeitsbereiche der administrativen Landwirtschaftspolitik programmatisch erheblich erweiterte, was nicht zuletzt in der Namensänderung des Bundesministeriums für Verbraucherschutz, Ernährung und Landwirtschaft seinen Ausdruck fand (Gerlach et al. 2005: 6-7).[33]

Konkurrenzpolitisch eröffnete sich damit für die Regierung ein neues Feld politischer Profilierung, das die Bürger als Verbraucher ins Zentrum rückte und eine an ihren Interessen orientierte Agrarpolitik in Aussicht stellte. Für die Bürger waren gesundheitlich unbedenkliche Agrarprodukte im Zuge der BSE-Krise zu einem zentralen, neu im Bewusstsein verankerten Anliegen geworden, wie der Absatzeinbruch von Rindfleisch in Deutschland im November und Dezember 2000 um fast 60 Prozent zeigte. Der Wunsch nach Lebensmitteln, die nicht nur preiswert, sondern zugleich auch sicher und gesundheitlich unbedenklich sind, rückte vermehrt in den Mittelpunkt der Aufmerksamkeit. Schröder hatte das instinktiv sehr schnell erfasst.

Interessanterweise überließ Gerhard Schröder dieses potentielle Profilierungsfeld mit dem Angebot der Ministeriumsabgabe von sich aus den Grünen. Die Gründe dafür sind nicht völlig aufzuklären. Bislang hatte sich der Kanzler im Regierungsprozess, anders als etwa Helmut Kohl in der Koalition mit der FDP, nicht dadurch hervorgetan, seinem kleinen Koalitionspartner bewusst und freiwillig Erfolge zu gönnen bzw. Felder eigener Profilierung zu überlassen (vgl. Raschke 2001). Möglicherweise maß er der Agrarpolitik insgesamt nicht hinreichende Bedeutung zu oder er wollte mit dem Gesundheitsressort ein klassisch sozialdemokratisches Ministerium zurück oder er hatte Sorge, als Sozialdemokrat in Konflikte

---

[33] Das gilt trotz des Umstands, dass die genaue Namensfindung und die Voranstellung des Verbraucherschutzes in der neuen Ministeriumsbezeichnung unter hohem zeitlichem Stress eher zufällig in der Interaktion zwischen Kanzleramt und neuen Mitarbeitern des Ministeriums zustande kamen.

mit den Interessenvertretern der Landwirte zu geraten. Denn bisher hatte sein aus Niedersachen mitgebrachter Landwirtschaftsminister Funke eher traditionelle Agrarklientelpolitik betrieben. Vielleicht sah Schröder angesichts des verregelten Politikfelds und der Dominanz europäischer Akteure in diesem Bereich auch die erheblichen Schwierigkeiten voraus, die eine wirkliche Umorientierung in der Agrar- und Verbraucherpolitik mit sich bringen würde – und wollte diese Probleme aus dem engen Zuständigkeitsbereich der SPD heraushalten. In jedem Fall stieß Schröder mit dieser Aktion, die nicht mit weiteren Kreisen seiner Partei abgestimmt war, bei einigen Sozialdemokraten auf nachträglichen Widerstand, für den es dann allerdings bereits zu spät war (vgl. Der Spiegel 3/2001).

So blieb es Renate Künast und ihrem Team innerhalb des Ressorts überlassen, die Agrarwende programmatisch zu unterfüttern und prozessual zu gestalten. Sie war als neue Verbraucherschutz- und Landwirtschaftsministerin durchgesetzt worden, nachdem es Widerstände innerhalb der SPD (Gerhard Schröder) und bei den Grünen (Joschka Fischer) gegen die aufgrund ihrer Politikfelderfahrung eigentlich nahe liegende Bärbel Höhn (Ministerin für Umwelt und Naturschutz, Landwirtschaft und Verbraucherschutz in Nordrhein-Westfalen) gegeben hatte. Die vorgefundene Ausgangslage am 12. Januar 2001 gestaltete sich schwierig.

Konzeptionell existierten für eine umorientierte Agrar- und Verbraucherpolitik innerhalb der Regierung bislang lediglich zwei einigermaßen ausgearbeitete Konzepte, aus denen Elemente übernommen werden konnten. Zum einen ein Arbeitspapier von Umweltstaatsekretär Rainer Baake und Landwirtschaftsstaatsekretär Martin Wille, das wohl aufgrund eigener strategischer Interessen des Umweltministeriums am 3. Januar 2001 an die Öffentlichkeit gelangte, zum anderen ein Non-Paper aus dem Kanzleramt, das ebenfalls Anfang Januar verfasst worden war (Feindt/Ratschow 2003: 5-6). Das Kernteam der neuen Ministerin Künast um die beiden grünen Staatsekretäre Alexander Müller und Matthias Berninger sowie ihren engen Mitarbeiter Bernt Farcke musste aus dem vorhandenen Material und eigenen Ideen unter großem Zeitdruck ein Konzept entwickeln, auf dem die künftige Ressortpolitik basieren konnte – und nebenbei die Rede für die auf den 8. Februar terminierte wichtige erste Regierungserklärung der Ministerin im Bundestag schreiben sowie der in der Landwirtschaftspolitik noch relativ unerfahrenen Künast Grundbegriffe und Zusammenhänge des neuen Zuständigkeitsbereichs beibringen (vgl. Der Spiegel 4/2001). Das fortan entwickelte Konzept der „Agrarwende" setzte mit einer Vielzahl von Maßnahmen vor allem auf eine Ausweitung von Biolebensmitteln, die Einführung von verschärften Standards tiergerechter Haltung, mehr Lebensmittelsicherheit und einen verbesserten Verbraucherschutz (vgl. Feindt/Ratschow 2003, Gerlach et al. 2005)

Die zweite Herausforderung lag darin, die strategische Neuausrichtung eines Ressorts voranzutreiben, das bislang eher passiv und am Status quo orientiert auf von außen kommende Anforderungen bzw. Richtungsvorgaben (vor allem der EU-Ebene) reagiert hatte und insbesondere für seine auf engen Beziehungen zum Bauernverband beruhende Klientelpolitik bekannt war (vgl. etwa Andrlik 1981, Heinze 1992, Tils 2002a). Das grüne Kernteam, zum Teil unterstützt vom im Amt gebliebenen sozialdemokratischen Staatssekretär Martin Wille, nutzte diese Chance, indem sie von der Spitze des Ministeriums aus mit einer kleinen Gruppe in das konservative und noch traditionell orientierte Ministerium „hineinregierte" und es ihnen durch einen gezielten Netzwerkaufbau innerhalb des Hauses in den folgenden Jahre zunehmend gelang, ohne ein umfassendes Personalrevirement Elemente einer neuen Ressortpolitik zu implementieren. Gleichwohl blieb ein großer Teil der Konzeptentwicklung und Umsetzungsarbeit auf Dauer in der kleinen (Führungs-)Gruppe des Ministeriums konzentriert.

Wenig überraschend stieß die Neuorientierung der Bundesregierung in der Landwirtschafts- und Verbraucherpolitik bei den etablierten Agrarinstitutionen auf Widerstand. Schröder selbst erfuhr das, als er nach seiner Ankündigung einer „Agrarwende" in einen offenen Konflikt mit dem Bauernverband geriet (Handelsblatt, 11. Januar 2001). Schon 1999 hatte Schröder auf dem Deutschen Bauerntag in Cottbus ein Erlebnis mit den landwirtschaftlichen Interessevertretern, das ihn persönlich sehr traf. Dort wurde er beim eigentlich geplanten Grußwort derart niedergebrüllt, ausgepfiffen und mit landwirtschaftlichen Agrarprodukten beworfen, dass er nach kurzer Zeit wutentbrannt das Manuskript beiseite legte und gegen den Lärm anbrüllte – um schließlich unter der ohrenbetäubenden Geräuschkulisse in Siegerpose die Bühne zu verlassen (Der Spiegel 27/1999). Dieses Erlebnis wirkte bei Schröder für den Rest seiner Amtszeit nach. Sein Verhältnis zu den Bauern blieb fortan gestört.

Nach allen verfügbaren Informationen ist davon auszugehen, dass nicht zuletzt die seit diesem Ereignis zerrüttete Beziehung zwischen Schröder und dem Bauernverband dazu beigetragen hat, dass sich der Kanzler nach seiner Entscheidung der institutionellen bzw. personellen Neuordnung aus eigenem Antrieb nicht weiter in die Umsetzung der „anderen" Landwirtschafts- und Verbraucherpolitik involvierte und sich weitgehend aus diesem Politikbereich heraushielt. Für den Bauernverband und seinen Präsidenten Gerd Sonnleitner blieben die Türen des Kanzleramts geschlossen, Verbindungen zu den Interessenvertretern liefen allein über die neue Ministerin Renate Künast. Schröder gab ihr für die strategische Ausrichtung der neuen Landwirtschaft- und Verbraucherpolitik relativ freie Hand. Seinem diskontinuierlichen Strategiestil folgend, hatte Schröder situativ eine Krise genutzt und als politisches Gelegenheitsfenster gestaltet, um eine strategisch folgenreiche Entscheidung zu treffen, diese aber anschließend nicht mehr weiter zu verfolgen und damit auch das mögliche Entwicklungspotential dieser Neuorientierung zu verspielen.

4.2.2.4 Kommunikationssteuerung

Auch wenn das alltägliche Regierungsmanagement und die Vorausplanung und Koordination einzelner Policy-Projekte in der Stabilisierungs- und Programmphase reibungsloser funktionierte als noch im ersten Jahr, setzten sich manche der kommunikativen Merkmale des Anfangs der rot-grünen Regierung auch zwischen September 1999 und Oktober 2001 fort. Themenfolgen und Organisationsabläufe standen frühzeitiger fest, eine übergeordnete kommunikative Dramaturgie in Verknüpfung mit zentralen Botschaften war damit nicht automatisch vorhanden.

Innerhalb der Kernregierung um den Kanzler zeigte man sich im Frühjahr 2000 unzufrieden mit der Außendarstellung der Regierung (vgl. Der Spiegel 17/2000, Marx 2008: 114-115). Die Kritik entzündete sich auch am Regierungssprecher Uwe-Karsten Heye. Seine Nähe zum Kanzler, seine politische Beratungsleistung und seine Fähigkeit Schröder auch ohne vorherige Absprache jederzeit authentisch interpretieren zu können, waren unbestritten, dennoch schien er vielen Beobachtern mit der Fülle der Aufgaben überlastet zu sein. Die Neuorientierung im Bundespresseamt[34] kam nur schleppend voran, dort beklagte man sich, dass die häufige Abwesenheit Heyes ein „Haus ohne Führung" bedinge. Selbst eher einfache Dinge, wie die Einführung eines einheitlichen Layouts der Pressemitteilungen aus den Ministerien der Bundesregierung, scheiterten zunächst an den Eigeninteressen der Ressorts. Journalisten beschwerten sich hinter vorgehaltener Hand über die Nicht-Erreichbarkeit des Regierungssprechers. Der Kanzler wünschte sich in internen Runden eine bessere öffentliche Darstellung seiner Arbeit. In der Folge wurde diskutiert, den bisherigen Kommunikationsberater des Finanzministers Eichel, Klaus-Peter Schmidt-Deguelle, als zusätzlichen Berater für die Öffentlichkeitsarbeit der Bundesregierung ins Kanzleramt zu holen. Heye wehrte sich jedoch und konnte die Neubesetzung verhindern.

Die interne Wahrnehmung des Mangels an übergeordneter Linienführung der Regierungskommunikation löste eine zweitägige Klausur in einem Potsdamer Hotel aus, an der unter anderem Steinmeier, Bury, Heye, seine Stellvertreter Béla Anda und Charima Reinhardt, der Vizeverwaltungschef des Bundespresseamts, Peter Ruthenstroh, sowie die Kommunikationsberater Michael Geffkens, Michael Kronacher und Klaus-Peter Schmidt-Deguelle teilnahmen (vgl. Schwennicke, Christoph:

---

[34]   Vgl. dazu auch den Abschnitt 4.2.1.4.

Eine Regierung als Gesamtkunstwerk, Süddeutsche Zeitung, 12. April 2000).[35] Eine Antwort auf die Frage nach einem übergeordneten Deutungs- und Interpretationsschema für die künftigen Regierungsaktivitäten fand man dort nicht. Schmidt-Deguelle wurde hinterher mit der Aussage zitiert, die Dichte der Ergebnisse dieses Treffens sei wohl noch unzureichend. Die Vielfalt angebotener Deutungsrahmen zwischen 2000 und 2001 spiegelt sich wieder in mindestens drei zentralen rhetorischen Figuren, die dem Wahlkampfslogans von „Neuer Mitte" und „Innovation und Gerechtigkeit" sowie dem letzten kommunikativen Großangebot aus dem Jahr 1999, dem Schröder-Blair-Papier, folgten: Zivilgesellschaft, Führung im Konsens, ruhige Hand. Bemerkenswert ist, dass bei allen diesen Kommunikationsangeboten eher die Prozess- und Akteur-Dimension im Mittelpunkt der Aufmerksamkeit stand, weniger eine richtungspolitische oder wertgebundene Festlegung.

Im März 2000 hatte Gerhard Schröder in einem Beitrag für die Süddeutsche Zeitung mit dem Titel „Die zivile Bürgergesellschaft. Anregungen zu einer Neubestimmung der Aufgaben von Staat und Gesellschaft", der später auch in der Zeitschrift Die Neue Gesellschaft/Frankfurter Hefte abgedruckt wurde (Schröder 2000), der *Zivilgesellschaft* eine herausgehobene Rolle für die Gestaltung künftiger Politik zugeschrieben. Aus seiner Sicht ging es um eine „(...) ‚Zivilisierung des Wandels' durch politische Integration und ein neues Bürgerbewusstsein. Um mehr Eigenverantwortung, die zu Gemeinwohl führt." (Schröder 2000: 201). Der Staat sei vor allem bei der Aktivierung der Bürger und bei der Schaffung von Bedingungen gefragt, unter denen die Bürger selbst aktiv und eigenverantwortlich gesellschaftliche Angelegenheiten gestalten und unter sich regeln können (Schröder 2000: 207). Obwohl der Kanzler in diesem Beitrag sein neues Verständnis vom Verhältnis Staat-Bürger entfaltete und die Möglichkeiten einer politischen Revitalisierung der Gesellschaft an Beispielen der Reform des Gesundheitswesens, der Erhaltung und Erneuerung deutscher Städte, am Stiftungsrecht sowie an der Kommunikations- und Computerkultur illustrierte, etablierte sich der Begriff der „Zivilgesellschaft" nachfolgend weder im öffentlichen Diskurs noch in der Semantik der Regierungsakteure als zentraler Leitbegriff für die Politik der rot-grünen Koalition.

Ein mehr von Kanzler Schröders Kanzleramtschef, Frank Walter Steinmeier, geprägtes begriffliches Konzept war das Bild von der *„Führung im Konsens"*, das den neuen Regierungsstil der rot-grünen Koalition verdeutlichen sollte: „Die von der rot-grünen Bundesregierung initiierten Konsensrunden und Foren (...) zielen auf einen ‚innovativen Konsens' jenseits der traditionellen ideologischen Gräben. In diesem ganz spezifischen Sinne hat die Bundesregierung unter Gerhard Schröder die Suche nach Konsens zu einem Markenzeichen ihrer Politik gemacht. Kon-

---

[35] Interessanterweise fehlte mit Wolfgang Nowak der für politische Analysen und Grundsatzfragen zuständige Leiter der Planungsabteilung im Kanzleramt (vgl. Der Spiegel 17/2000).

senssuche wird hier zu einem dynamischen Prozess, in dessen Verlauf man traditionelle Blockaden überwindet und dafür sorgt, dass sich in komplexen Entscheidungsprozessen die Waagschale im richtigen Moment zugunsten der Erneuerung senkt. (...) Es geht nicht um die Schaffung von parallelen Entscheidungsstrukturen, sondern um temporär wirksame Instrumente, die die politische Willensbildung beschleunigen und auf eine möglichst breite gesellschaftliche Grundlage stellen." (Steinmeier 2001: 263-264). Der Kanzleramtschef kommt dabei zu folgendem Schluss: „Wir haben die Politik dialogfähig gemacht und einen Stil des Regierens kreiert, der den Menschen wieder das Gefühl gibt, mit ihren Sorgen, Wünschen und Erwartungen ernst genommen zu werden. Das ist unsere Antwort auf die Politikverdrossenheit: Führung im Konsens, Führung zum Konsens, und das ganz ohne Scheu vor dem immer auch notwendigen Konflikt." (Steinmeier 2001: 272). Punktuell, etwa beim Bündnis für Arbeit oder der Vielzahl der eingesetzten beratenden Kommissionen, kennzeichnete dieses Konzept durchaus Kernmerkmale des prozessualen Politikansatzes der Regierung Schröder in der Zeit der ersten Legislaturperiode. Für eine übergeordnete Bündelung des Regierungshandelns blieb die – von zentralen Regierungsakteuren und Schröder im Übrigen auch nur spärlich gebrauchte – Konsens-Formel allerdings inhaltlich zu unspezifisch und begrifflich zu „technisch".

Fast „naturgemäß" periodisch blieb auch die Formel der *Politik der ruhigen Hand*, die Schröder selbst seit Mitte 2001 zur Charakterisierung seines von nun an geltenden wirtschaftspolitischen Grundsatzes einführte, auf kurzfristige wirtschaftliche Entwicklung nicht mehr unmittelbar mit staatlichen Handeln zu reagieren. Bereits im Juli 2001 hatte er auf einer Sitzung des SPD-Parteivorstands intern angekündigt, dass es vor der nächsten Bundestagswahl weder weitere Einsparungen im Sozialbereich noch zusätzliche Konjunkturprogramme geben würde, da die Bundesregierung bereits alles Notwendige getan habe und von jetzt an jede hektische Reaktion vermeiden werde (Sturm 2009: 62). Die Politik der ruhigen Hand war geboren und begleitete das rot-grüne Regierungshandeln, heftig kritisiert von der Opposition, zwischen 2001 und 2002 zumindest eine zeitlang.

Einige Beobachter meinten nach intensiver Suche den Begriff *Nachhaltigkeit* ausfindig gemacht zu haben, der als begriffliche Klammer, als nachgereichte Philosophie der rot-grünen Regierung der ersten Legislaturperiode verstanden werden könnte (vgl. Meng 2002: 224-227). Doch spielte Nachhaltigkeit (als engeres ökologisches Konzept oder als umfassender Deutungsrahmen, der unterschiedliche Politikfelder einschließt) weder in den Selbstbeschreibungen der Akteure, noch in der medialen Berichterstattung, noch in der wissenschaftlichen Analyse, noch in der Bürgerwahrnehmung der operativen rot-grünen Politik eine besondere Rolle. Der

Bezug des Kanzlers zum Konzept der Nachhaltigkeit lässt sich eher als ein Nicht-Verhältnis charakterisieren (vgl. Tils 2005: 213-290).

Insgesamt wurde in der Stabilisierung- und Programmphase keiner der vielen eingesetzten Begriffe systematisch über die unterschiedlichen Themenfelder und durch die einzelnen Problembereiche „durchdekliniert", um auf diese Weise ein kommunikatives Interpretations- und Deutungsschema für die Regierungsaktivitä-ten zu vermitteln, das einer einheitlichen Kommunikationslinie folgt. In ihrem unverbundenen Nebeneinander konnten die einzelnen Konzepte so weder zu einer kontextsetzenden Orientierungshilfe für das Verständnis des Regierungshandelns von außen noch zu einer Leitlinie für die Regierungsakteure selbst werden.

4.2.3 Niedergangs- und Schlussspurtphase (November 2001-September 2002)

Der hier als Niedergangs- und Schlussspurtphase charakterisierte Zeitraum von November 2001 bis zur Bundestagswahl am 22. September 2002 hatte seinen Aus-gangspunkt in erster Linie im Stimmungsumschwung der Wählerschaft und im Auftakt zu einem Bundestagswahlkampf, der von den Akteuren bereits fast ein Jahr vor der Wahl eingeleitet wurde. Für die SPD markierten die nach den Terror-anschlägen in den Vereinigten Staaten von Amerika einsetzende Weltwirtschafts-krise und das Steigen der Arbeitslosenzahlen in Deutschland über die Marke von vier Millionen zum Jahreswechsel 2001/2002 eine Trendwende in den Zustim-mungswerten bei den Bürgern, während die demoskopische Krise bei den Grünen vor allem auf der inneren Zerrissenheit um die Frage einer militärischen Reaktion auf die Terroranschläge in Afghanistan beruhte (vgl. Egle/Ostheim/Zohlnhöfer 2003b: 19-20). Bei der Messung der Wahlabsichten fielen die Sozialdemokraten erstmals seit dem CDU-Spendenskandal wieder hinter die Union zurück und die Grünen blieben zum Teil unter 5 Prozent (Rosar/Dülmer 2005: 51-53). Über diese Zeichen eines *stimmungspolitischen Niedergangs* hinaus, stand die regierende Koali-tion mit Blick auf den Wahlkampf vor der neuen Herausforderung, Regierungs-steuerung und Wahlkampfführung mit einander verknüpfen zu müssen, also eine Wahlauseinandersetzung aus der Regierung heraus zu gestalten. Der Wahlkampf brachte Rot-Grün an den Rand einer Niederlage und fand erst mit einem fulminan-ten *Schlussspurt* ein erfolgreiches Ende. Der knappe Sieg bei der Bundestagswahl verschaffte den Sozialdemokraten und Grünen doch noch die Möglichkeit, ihre Regierungskoalition für eine weitere Legislaturperiode fortzusetzen.

4.2.3.1 Organisationssteuerung

Im Prozess der Wahlauseinandersetzung verschränken sich die Arenen *Regierung-Opposition* und *Wahlkampf* mit ihren je spezifischen Rahmenbedingungen, Akteurkonstellationen und besonderen Handlungslogiken (vgl. zu diesem Arenenkonzept Raschke/Tils 2007: 187-192). Die relevanten Akteurskonstellationen spitzen sich auf die untereinander im Wettbewerb stehenden kollektiven Parteiakteure zu. Die Adressaten des eigenen Handelns und primären gedanklichen Bezugspunkte sind – noch fokussierter als sonst – die Bürger als Wähler. Die Arenenlogik des Wahlkampfs fordert von den Parteien in der Regierung, sich führungsstark, kompetent, richtungssicher, problemlösungsfähig zu präsentieren und – in einer Gesamtperspektive sowie in einzelnen Feldern – eine positive Leistungsbilanz vorzulegen. Die Opposition präsentiert sich als sach- und personalpolitische „bessere" Alternative, als „Regierung im Wartstand". Der Wahlkampf bedingt eine Zuspitzung der Politik auf das konkurrenzpolitische Handlungsfeld. Alle Handlungen in den einzelnen Steuerungsbereichen von Organisation, Problempolitik und Kommunikation werden verstärkt auf ihre Rückwirkungen für die nun im Zentrum stehende Konkurrenzpolitik überprüft.

Der Wahlkampf beinhaltet für die Organisationssteuerung der regierenden Parteien besondere Anforderungen. Auf den ersten Blick scheint ein Wahlkampf aus der Regierung heraus erhebliche Vorteile mit sich zu bringen. Die Regierungsparteien verfügen, anders als die Opposition, über zusätzliche Ressourcen eines politisch-administrativen Unterbaus (Kanzleramt, Ministerien, Bundespresseamt), die sie – zumindest vermittelt – im Wahlkampf einsetzen können. Ein Wahlkampf als Regierungsakteur kann aber auch zu organisatorischen Nachteilen führen. Die regierenden Parteien stehen eher als ihre oppositionellen Gegner vor dem Problem, eine institutionelle Zentrierung des Wahlkampfmanagements zu erreichen. Solche Probleme der Organisationssteuerung zeigten sich in der Wahlauseinandersetzung vor der Bundestagswahl 2002 insbesondere bei der SPD – trotz aller Professionalisierungstendenzen des Wahlkampfmanagements, die durch die erneute Einrichtung einer Kampagnenzentrale, die Verpflichtung eines prominenten und öffentlich „sichtbaren" Wahlkampfmanagers, die personelle und finanzielle Aufstockung der Kampagneneinrichtung, die Gewährleistung permanenter Aktualität der Informationen über Wähler, Medien und Gegner sowie die zunehmende Ausgliederung bestimmter Aktivitäten an Werbeagenturen und Internetdienstleister zum Ausdruck kamen (vgl. Tenscher 2005: 113-118).

Die Sozialdemokraten versuchten mit der Einrichtung der Kampa/02 im Oktober 2001 das organisatorische Modell des erfolgreichen Wahlkampfs 1998 zu kopieren. Eine von Parteizentrale und Kanzleramt unabhängige Kampagneneinrichtung wurde etabliert, in der unter dem Wahlkampfleiter Matthias Machnig in zehn unterschiedlichen Abteilungen über 100 fest angestellte und freiberufliche Mitarbeiter in der Medienplanung und Meinungsforschung, dem Veranstaltungsmanagement und Fundraising sowie der Presse- und Gegnerbeobachtung arbeiteten (vgl. SPD-Parteivorstand 2002). Daneben wurde unter der Leitung des Generalsekretärs Franz Müntefering im Willy-Brandt-Haus und im Berater- und Mitarbeiterstab Schröders im Kanzleramt an der Kampagnengestaltung gearbeitet. Meinungsverschiedenheiten über die Ausrichtung der Wahlkampfführung (Themenwahl, Polarisierung, Lagerwahlkampf, Rolle des Irakkonflikts etc.), Kompetenz- und Zuständigkeitsgerangel zwischen Kampa/02, Parteizentrale und Kanzleramt, persönliche Differenzen und (neue) Misstrauensverhältnisse zwischen den drei Zentralfiguren Machnig, Müntefering, Schröder führten zu einer Vielzahl organisatorischer Friktionen in der sozialdemokratischen Kampagne (vgl. Sturm 2009: 78-80).

Die persönlichen Reibungen zwischen den wichtigsten Akteuren und die Entkopplung zwischen den drei als Wahlkampfeinrichtungen agierenden Institutionen beeinträchtigten die Organisationssteuerung der SPD in der Wahlauseinandersetzung insgesamt erheblich (vgl. Lösche 2003: 43-44). Sie war im Mai 2002, also nur vier Monate vor der Wahl, so weit gestört, dass der Wahlkampfleiter Machnig mit seiner aufgeschriebenen aktuellen Lageanalyse und einem ausgearbeiteten Konzept für die Schlussphase des Wahlkampfs, das verschiedene thematische Optionen und ein zeitlich durchgeplantes Ereignismanagement bis zum 22. September enthielt, beim Kanzler keine Resonanz mehr fand. Die Analyse der akuten sozialdemokratischen Akteurs-, Organisations-, Argumentations-, Präsentations-, Kommunikations- und Mobilisierungsprobleme sowie Vorschläge zu ihrer Lösung (z.B. Etablierung eines Kernwahlkampfteams, Durchführung eines Sonderparteitags) fanden zwar Schröders unmittelbare Zustimmung („Das ist alles richtig!"), blieben aber ohne Konsequenzen für die weitere Wahlkampfführung der Sozialdemokraten. Die Planung und Umsetzung des Wahlkampfs war inzwischen im Kanzleramt zentriert, unterstützt vom SPD-Generalsekretär Franz Müntefering und seinem Büroleiter Kajo Wasserhövel. Das auf den Kanzler bezogene Wahlkampfmanagement erfolgte im engsten Mitarbeiterkreis Schröders. Auch Steinmeier wirkte hier mit – und zwar nicht nur bei originär problempolitischen Aufgaben des Kanzleramts (vgl. zum Beispiel Geyer/Kurbjuweit/Schnibben 2005: 195) –, auch wenn er sonst stets deutlich gemacht hatte, dass die Durchführung eines Wahlkampfs aus rechtlichen und politisch-administrativen Gründen der Arbeitsteilung nicht aus der Regierungszentrale heraus gesteuert werden dürfte.

Das sozialdemokratische Grundproblem der Organisationssteuerung im Wahlkampf 2002 lag weniger darin, dass es mit der Kampa/02, dem Willy-Brandt-Haus und dem Kanzleramt drei prinzipiell in die Kampagne involvierte Institutionen gab. Problematisch war vielmehr, dass nicht geklärt werden konnte, aus welchem Haus die Richtungsvorgaben und die grundsätzliche Linienführung des Wahlkampfs kommen sollten. Nur bei unverkennbarer Zuordnung und eindeutiger, von allen beteiligten Akteuren akzeptierter Hierarchie kann so ein Zusammenspiel funktionieren. Die Richtlinien des Wahlkampfs bestimmt dann ein Haus, während die anderen als „Agenturen" bei der Umsetzung der entsprechenden Vorgaben wirken (vgl. Lösche 2003: 44).

4.2.3.2 Problempolitiksteuerung

Mit der Entscheidung über die Beteiligung von 3900 deutschen Soldaten an dem Anti-Terror-Einsatz „Operation Endurig Freedom" der USA in Afghanistan stand der rot-grünen Koalition nach dem Kosovo-Krieg im November 2001 im Bundestag die zweite große außenpolitische Zerreißprobe der ersten Legislaturperiode bevor. Für den Kanzler gab es keinen Zweifel. Nach seiner Verkündung der „uneingeschränkten Solidarität" mit den Amerikanern unmittelbar nach den Terroranschlägen in New York, der Verurteilung der Anschläge als Bedrohung des Weltfriedens und der internationalen Sicherheit durch die Vereinten Nationen und der Ausrufung des Bündnisfalls bei der NATO musste die Bundesregierung sich an den militärischen Operationen in Afghanistan aktiv beteiligen (vgl. Sturm 2009: 65-66). Hieran setzten im Folgenden alle weiteren strategischen Kalkulationen der sozialdemokratischen Kernregierung an.

Die erste zu klärende Frage war, wie man das *strategische Ziel* eines positiven Bundestagsbeschlusses erreichen konnte. Mit Widerständen war zum einen in Teilen der sozialdemokratischen Fraktion, aber vor allem bei den Grünen zu rechnen. Aus der Erfahrung der Kosovo-Entscheidung und aufgrund der allgemeinen politischen Grundsätze der Grünen zu militärischen Auslandseinsätzen Deutschlands kannte man die Sprengkraft einer derartigen Entscheidungssituation im Lager des kleinen Koalitionspartners (*Umweltfaktoren*). Deshalb gab es schon auf der Zielebene zwei Möglichkeiten. Man konnte versuchen, die eigene Kanzlermehrheit zu erreichen *oder* sich – wovon auszugehen war – auf ein positives Votum des oppositionellen Gegners im Parlament (mit Ausnahme der PDS) verlassen (breite Mehrheit). Schröder sah sich unter Zugzwang, einerseits aufgrund seines Versprechens der „uneingeschränkten Solidarität", andererseits um die Funktionsfähigkeit der Regierung im bevorstehenden Wahljahr zu demonstrieren. Niemand sollte sagen können, dass die Mehrheitsfraktionen nicht mehr hinter der Regierung und dem Kanzler stünden (Langguth 2009: 285-286).

Nachdem der Kanzler die strategische Zielentscheidung „eigene Mehrheit" schnell getroffen hatte, wurde kalkuliert, mit welchen *strategischen Mitteln* das Ziel der Kanzlermehrheit unter den vorhandenen *Kontextbedingungen* des Widerstands in den Regierungsfraktionen zu erreichen war. Zunächst setzte man auf die Mittel „öffentlicher Druck" und „interne Überzeugungsarbeit". Es wurden aufwendige und konfliktreiche Prozesse, bei denen sozialdemokratische und grüne Spitzenakteure in Fraktionssitzungen, an der Basis und mit Hilfe vieler Einzelgespräche versuchten, die potentiellen Abweichler zu identifizieren und auf Zustimmungskurs zu bringen (vgl. Geyer/Kurbjuweit/Schnibben 2005: 157-164). Doch der Widerstand sowohl innerhalb der SPD als auch bei den Grünen schien kaum überwindbar. Angesichts dieser Ausgangslage mehrten sich die Stimmen, auf eine eigene Mehrheit zu verzichten und nur die Zustimmung einer breiten Mehrheit im Bundestag anzustreben. Die Situation und strategische Zieldefinition wurde diffuser. Noch am 11. November, fünf Tage vor der angesetzten Bundestagsentscheidung, registrierte man 15 Abweichler bei den Grünen und mindestens zwei ablehnende sozialdemokratische Mandatsträger. Bei mehr als sieben Abweichlern würde es für keine Kanzlermehrheit reichen.

In der Umgebung Müntefering/Machnig setzten neue Planspiele ein. Das nun diskutierte *strategische Mittel* hieß „Vertrauensabstimmung". Die Entscheidung über den Afghanistan-Einsatz konnte, so die Überlegung, auch mit der Vertrauensfrage nach Artikel 68 Grundgesetz verknüpft werden. Die *Kalkulation* von *Mittel* und *Umwelt* zeigte, dass damit zwar der Druck auf die eigenen Fraktionen noch einmal erheblich gesteigert werden könnte, aber zugleich der Regierungs- und Koalitionsbruch drohte. Die Strategen kamen jedoch zum Schluss, dass das Risiko für die SPD gering sei. Man fühlte sich in einer Win-Win-Situation. Entweder es gelang, mit der Vertrauensfrage die Fraktionen zu disziplinieren oder es würde zur Auflösung des Bundestags kommen. Für die in diesem Fall anzustrebenden Neuwahlen (anvisierter Termin: 6. Februar 2002) sah man sich angesichts der Lage der Union, die noch keinen Kanzlerkandidaten hatte, gut gerüstet. Die SPD würde zur stärksten Kraft und hätte dann alle Optionen. Den unter diesen Bedingungen wahrscheinlichen Verlust des grünen Koalitionspartners, der bei Wahlen in einer solchen Konstellation vermutlich unter 5 Prozent geblieben wäre, nahm man bewusst in Kauf. Die Alternativen einer sozial-liberalen oder sogar Großen Koalition erschienen (mindestens) ebenso attraktiv.

Müntefering übernahm die Aufgabe, Schröder und Steinmeier von dieser neuen Option zu überzeugen. Noch während er im Kanzleramt mit Schröder sprach, ging der sozialdemokratische Fraktionsvorsitzende Peter Struck in Gesprächen mit Fraktionsmitgliedern davon aus, dass man notfalls ohne Kanzlermehrheit würde agieren müssen. Erst am Abend des 12. November entschied sich Schröder endgültig für die strategische Option der Verknüpfung von Sachentscheidung und Vertrauensfrage und informierte Struck und die Grünen. Auch in den folgenden Tagen standen weitere „Überzeugungsgespräche" und Probeabstimmungen im Mittelpunkt der Aktivitäten (Geyer/Kurbjuweit/Schnibben 2005: 165-169). Am Schluss wurde dem Kanzler mit 336 zu 326 Stimmen das Vertrauen ausgesprochen und dem Auslandseinsatz der Streitkräfte zugestimmt (keine Enthaltungen). Nur die SPD-Mandatsträgerin Christa Lörcher war bereits vorher aus der Fraktion ausgetreten und verweigerte – nun als fraktionslose Abgeordnete – dem Kanzler ihre Stimme. Bei den grünen Fraktionsmitgliedern votierten Annelie Buntenbach, Winfried Hermann, Christian Simmert und Hans-Christian Ströbele mit „Nein" (vgl. BT-Plenarprotokoll 14/202, 19893-19895). Trotz großer Bedrängnis insbesondere bei den Grünen hatte die Koalition gehalten und stand die Kanzlermehrheit (wenn auch denkbar knapp).

Mit Blick auf die konkrete *problempolitische Entscheidung* des Afghanistan-Einsatzes der Bundeswehr hatte die Kernmannschaft um den Kanzler eine *begrenzte Prozess-Strategie* entwickelt, deren einzelne Komponenten zum Teil potenziell weitreichende *konkurrenzpolitische Folgen* beinhalteten. Die als strategische Mittel eingesetzte Vertrauensabstimmung hätte nicht nur zur Ablehnung des Militäreinsatzes, zum Regierungsbruchs, zur Auflösung des Bundestags und zu Neuwahlen führen können. Der Kanzler nahm mit seiner Strategieentscheidung bewusst eine völlige andere konkurrenzpolitische Konstellation in Kauf, die neue Koalitionen wahrscheinlich gemacht hätte. In Kenntnis der wirklichen Entscheidungsgrundlagen und -prozesse wirken die entsprechenden Einlassungen des Kanzlers in seinem Erinnerungsbuch geschönt: „Also entschied ich, die Abstimmung über die Beteiligung der Bundeswehr am Einsatz in Afghanistan mit der Vertrauensfrage zu verbinden, um die Abweichler in der Koalition auf meinen Kurs zu zwingen. Zuvor hatte ich mit Frank-Walter Steinmeier und Sigrid Krampitz die Frage erörtert, ob ich die kraftraubende Überzeugungsarbeit einstellen und ein negative Votum als Antwort auf die Vertrauensfrage in Kauf nehmen sollte. Die Konsequenz wären Neuwahlen gewesen, wegen der Schwäche der Grünen womöglich mit der Folge einer Großen Koalition. In Anbetracht der heraufziehenden weltpolitischen Probleme und der in ihrer Folge entstehenden Verwerfungen in der Weltwirtschaft erschien uns eine solche Perspektive verantwortbar. Ich habe schließlich entschieden, diese Möglichkeit nicht weiterzuverfolgen. Der Grund war eher persönlicher denn politischer Natur. Ich konnte und wollte einem äußerst loyalen Joschka Fischer einen solchen Schritt nicht zumuten." (Schröder 2006: 179-180).

Ausgangspunkt und Anlass zur Einsetzung der sog. *Hartz-Kommission* (eigentlich Kommission „Moderne Dienstleistungen am Arbeitsmarkt") im Februar 2002 war der Skandal um die Bundesanstalt für Arbeit, bei dem durch einen Bericht des Bundesrechnungshofs offenbar wurde, dass die Vermittlungsleistungen von Arbeitslosen durch die Bundesanstalt wesentlich schlechter ausfielen als ihre eigenen örtlichen Statistiken in den Arbeitsämtern dies auswiesen, und dass diese Verzerrungen auf bewusste Falschbuchungen zurückzuführen waren (vgl. Weimar 2004, Jann/Schmid 2004, Siefken 2007: 182-228). Auf diese *problempolitische Krise* im Feld der staatlichen Arbeitslosenvermittlung reagierte die Bundesregierung unter maßgeblichem Einfluss des Bundeskanzlers am 24. Februar mit einem Zweistufenplan, der in einem *ersten Schritt* vorsah, mit Hilfe von Sofortmaßnahmen moderne Leitungsstrukturen bei der Bundesanstalt einzuführen, den Wettbewerb in der Vermittlung zu stärken, die Kooperation mit Dritten auszubauen und für mehr Qualität und Kundenorientierung zu sorgen. In einem *zweiten Schritt* wurde zur Vorbereitung weiterer gesetzgeberischer Schritte umgehend die Kommission „Moderne Dienstleistungen am Arbeitsmarkt" berufen, die dann bis zum Ende dieser Legislaturperiode Konzepte für den künftigen Aufgabenzuschnitt, eine neue Organisationsstruktur und einen Umsetzungsplan vorlegen sollte (Pressemitteilung des Bundesministeriums für Arbeit und Soziales, 24. Februar 2002).

Diese erste Reaktion Schröders auf den Vermittlungsskandal war Ausdruck eines *situativen problempolitischen Krisenmanagements*, das mit der Einsetzung der Hartz-Kommission aber zugleich ein Mittel zur gezielten Öffnung von zeitlich versetzten Kommunikations- und Entscheidungsspielräumen beinhaltete (vgl. Murswieck 2003: 125-126). Der Kanzler verfolgte angesichts der aktuellen Lage zunächst vor allem drei Ziele (Siefken 2007: 188). *Erstens* sollten umfassendere Reformen auf später vertagt werden, um eine zeitliche Trennung von der aktuellen Skandalsituation zu bewirken. *Zweitens* sollte die Berufung einer relativ unabhängigen Kommission die Möglichkeit offen halten, in einer späteren Phase möglicherweise weiter reichende Reformen initiieren zu können. *Drittens* ging es dem Kanzler auch darum, eine bereits ins Gespräch gebrachte interne Expertenkommission innerhalb der Bundesanstalt für Arbeit zu verhindern, da er für diesen Fall zu viele am Status quo orientierte Beharrungskräfte befürchtete.

Schröder selbst und das Kanzleramt spielten bei der Besetzung der neuen Kommission eine zentrale Rolle. Der Kanzler überraschte den als Kommissionsvorsitzenden vorgesehenen Personalvorstand der Volkswagen AG, Peter Hartz, der ihm noch aus Niedersachsen bekannt war und dem er vertraute, mit einem Anruf unmittelbar vor der angesetzten Pressekonferenz und ließ ihm damit praktisch keine Wahl bei der Annahme des Angebots (Hartz 2007: 198-199). Der zunächst begrenzte Arbeitsauftrag für die Kommission, nämlich Vorschläge zur Schaffung moderner Dienstleistungen am Arbeitsmarkt zu entwickeln, wurde bald – vorangetrieben von den Kommissionsmitgliedern – erheblich erweitert und beinhaltete dann zusätzlich das Ziel der Suche nach geeigneten Maßnahmen, um die Arbeitslosigkeit auf das volkswirtschaftliche Niveau der Vollbeschäftigung zurückzuführen (vgl. Weimar 2004: 95-96). Der Kanzler unterstützte Hartz bei dieser gewaltigen Verbreiterung des eigenen Aufgabenspektrums mehrfach in vertraulichen Gesprächen, da er sich von der Kommission neue Impulse für mögliche Reformschritte auf dem Arbeitsmarkt erhoffte, die über die engere Umgestaltung der Bundesanstalt für Arbeit hinausgingen (Siefken 2007: 197).

Erst später im Verlauf des Wahljahres entdeckte Schröder die Hartz-Kommission als *konkurrenzpolitisches Mittel des Bundestagswahlkampfs* und setzte sie gezielt für Zwecke der *Erwartungssteuerung* bei den Wählern ein. Im Frühsommer waren der Kanzler und die sozialdemokratischen Wahlkämpfer angesichts des nach wie vor klaren Umfrage-Rückstands auf die Union fast schon verzweifelt auf der Suche nach Themen, die ein positiveres Bild vom Regierungshandeln der SPD zeichnen könnten (Geyer/Kurbjuweit/Schnibben 2005: 191). Das betraf insbesondere das Feld der Arbeitsmarktpolitik. Zwar hatte man mit der Einsetzung der Hartz-Kommission veranschaulicht, dass dem Problem der Arbeitslosigkeit hohe Aufmerksamkeit geschenkt wird (vgl. Sturm 2003c: 117). Nun mussten aber auch konkrete Lösungsvorschläge präsentiert werden, die deutlich machen konnten, dass von einer sozialdemokratisch geführten Regierung zumindest nach der Wahl die Einleitung erfolgversprechender Reformmaßnahmen zu erwarten wäre. Aus diesem Grund betrieb Schröder die vorzeitige Veröffentlichung der Kommissionsvorschläge bereits im Juni, obwohl der Abschluss der Kommissionsarbeit erst für den August vorgesehen war (Geyer/Kurbjuweit/Schnibben 2005: 195). Mit den Hartz-Konzepten hoffte Schröder – trotz ausgebliebener Erfolge am Arbeitsmarkt – die Stilisierung der eigenen Reformbereitschaft vorantreiben zu können und zugleich die Immunisierung gegen Vorwürfe der Untätigkeit in diesem für den Wahlkampf so wichtigen Politikfeld zu erreichen (Siefken 2006: 385). Er wusste, dass sich die Wahlentscheidungen der Bürger mit Blick auf die regierende Parteien nicht nur an den bisherigen Leistungen orientieren, sondern auch künftige Erwartungen an die problempolitische Kompetenz der parteipolitische Akteure mit einbeziehen würden. Die folgenden Wochen sollten zeigen, dass diese Kalkulation aufging.[36] Der Positivtrend für die SPD wurde dadurch verstärkt, dass es der Union nicht gelang, auf die Veröffentlichung der Hartz-Vorschläge und die arbeitsmarktpolitischen Reformankündigungen der Regierung mit einer eigenen abgestimmten Position zu reagieren und diese widerspruchsfrei zu kommunizieren (Siefken 2007: 213-214).

In strategischer Hinsicht demonstrierte der Umgang des Kanzlers mit dem Skandal der gefälschten Vermittlungsstatistiken beim Bundesamt für Arbeit (wie schon die BSE-Krise) seine individuelle Fähigkeit, in krisenhaften Situationen zuweilen Maßnahmen zu entwickeln und durchzusetzen, die über eine aktuelle Krisenbewältigung hinaus ein weitergehendes problempolitisches. bzw. konkurrenzpolitisches Potential entfalten können.

---

[36]   Vgl. dazu auch den folgenden Abschnitt zur Konkurrenzpolitiksteuerung (4.2.3.3).

4.2.3.3 Konkurrenzpolitiksteuerung

Aus der Perspektive der SPD war das *strategische Ziel* des Wahlkampfs klar: die Sozialdemokraten sollten stärkste politische Kraft bleiben und mit Gerhard Schröder weiterhin den Kanzler stellen. Die Wege dorthin und die eingesetzten *Mittel*, also die strategische Anlage des Wahlkampfs, wechselten allerdings im Verlauf der Kampagne. Die Strategiewechsel waren zum einen Ergebnis der nicht reibungslos funktionierenden Organisationssteuerung (s.o.), zum anderen die Folge sich dynamisch und zum Teil ungünstig entwickelnder *Umweltfaktoren* (Umfrageergebnisse, Problementwicklungen, Themenkonjunkturen) und nicht zuletzt eine Antwort auf das strategische Agieren der Union. Insofern kann der konkurrenzpolitische Wettbewerb zwischen SPD und CDU/CSU im Bundestagswahlkampf auch als strategisches Interaktionsspiel rekonstruiert werden.

Für die SPD als die große der Regierungsparteien hatte sich die *strategische Ausgangslage* gegenüber 1998 grundsätzlich geändert. Damals konnte sie sich aus der Opposition heraus als neue und bessere Alternative zur „verbrauchten" Regierung Kohl präsentieren. Als jetzige Regierungspartei fragte man sie aber nicht nur nach möglichen Reformperspektiven, sondern auch ihre bisherige *Leistungsbilanz* spielte in der Wahrnehmung der Wähler eine gewichtige Rolle (vgl. Klein 2005: 58). Und hier hatten die Sozialdemokraten ein Problem. Die aktuelle Lage im Feld der Arbeitsmarkt- und Wirtschaftspolitik, ein für die Wahlentscheidung der Bürger zentraler Politikbereich, war alles andere als gut. Das Problemfeld hatte in der Wählerwahrnehmung und -zurechnung noch an Bedeutung gewonnen durch die früheren Ankündigungen Schröders, man wolle sich an der Reduktion der Arbeitslosigkeit messen lassen. Entsprechend weit lagen die Sozialdemokraten im Vorfeld der Bundestagswahl hinter der Union zurück bei den Werten wirtschaftlicher und arbeitsmarktpolitischer Lösungskompetenz (vgl. Dülmer 2005).

Die erste strategische Antwort der SPD auf diese missliche Ausgangslage bestand in einer *Personalisierung- und Polarisierungsstrategie*, die insbesondere von der Kampa/02 ausgearbeitet worden waren und von ihr vehement forciert wurde (Tenscher 2005: 119-120). Mit ihr wollte man einen vornehmlich themenorientierten Bilanzierungswahlkampf vermeiden, Gerhard Schröder als „Kanzler der Mitte" positionieren und den Kandidaten der Union als formatlos und rückwärtsgewandt stigmatisieren (vgl. Helle 2003). Diese Strategie war nach der Kanzlerkandidaten-Entscheidung der Union mit zum Teil heftigen Angriffen auf Edmund Stoiber verbunden, der als konservativer Zauderer gebrandmarkt wurde.

Dagegen setzte die Union eine *Kompetenz- und Angriffsstrategie*, die durch den Versuch ergänzt wurde, mit Hilfe des persönlichen Wahlkampfberaters Michael Spreng am Image und an der medialen Präsentation des bayerischen Ministerpräsidenten zu arbeiten (vgl. Spreng 2003, Perger, Werner: Schröder mies machen!,

Die Zeit 15/2002). Die Union hatte ihre Lektion aus der Niederlage von Franz Josef Strauß bei der Bundestagswahl 1980 gelernt. Stoiber ließ sich nicht auf die Polarisierungsstrategie der SPD ein: „Er präsentierte sich vielmehr als ein kompetenter und erfolgreicher Politiker der Mitte, bemühte sich um einen an Sachthemen orientierten Wahlkampf, kritisierte Fehler, Versäumnisse und uneingelöste Versprechungen von Rot-Grün und konzentrierte sich dabei auf die beiden Problembereiche, die auf der Prioritätenliste der Wähler ganz oben standen und die die Achillesferse von Rot-Grün bildeten: Arbeit und Wirtschaft (Schlusslicht-Kampagne)." (Stöss/Neugebauer 2002: 23).

Bald wurde deutlich, dass die Polarisierungsstrategie der SPD durch die Gegenstrategie der Union ins Leere zu laufen drohte. Die Umfragewerte für die Sozialdemokraten lagen seit der Bekanntgabe des Union-Kanzlerkandidaten Stoiber bis in den Sommer hinein zum Teil weit hinter den der Christdemokraten zurück (Stöss/Neugebauer 2002: 9, 24). Der CDU/CSU gelang es im Gegensatz zu der SPD bereits frühzeitig, ihre Stammwähler zu mobilisieren (Roth 2003; 25-26). Die interne Kritik an der Wahlkampfführung der Kampa/02 und an den dort handelnden Akteuren nahm zu. In der SPD machte sich Rat- und Mutlosigkeit breit (Geyer/Kurbjuweit/Schnibben 2005: 188-196). Zwischenzeitlich glaubte man nicht mehr wirklich an ein Rumreißen des Ruders. Schon begann man im Kanzleramt über personelle Absicherungsstrategien verdienter Mitarbeiter für den Fall einer Wahlniederlage nachzudenken. Ein letzter Ausweg wurde nur noch in einem Strategiewechsel gesehen, der dann vom Kanzleramt forciert wurde.

In einer Abkehr vom vorrangigen Kampf um die Wechselwähler der Mitte und von den im Vordergrund stehenden persönlichen Angriffen auf die Person Stoiber sollte es bei der nun verfolgten *Mobilisierungs- und Koalitionsstrategie* (vgl. Alemann 2003: 54-56, Stöss/Neugebauer 2002: 27-29) zunächst einmal darum gehen, das eigene Stammklientel wieder für eine Stimmenabgabe an die Sozialdemokraten zu motivieren. Zudem sah die neue Strategie vor, sich eindeutiger als bisher für die Fortsetzung des rot-grünen Regierungsbündnisses auszusprechen und damit die Richtungskomponente der anstehenden Wahl zu betonen (Tenscher 2005: 120). Zwar hatte es auch schon davor einzelne gemeinsame Aktionen mit dem kleineren Koalitionspartner gegeben, etwa als der grüne Bundesgeschäftsführer Reinhard Bütikofer und Franz Müntefering im Januar gemeinsam ein „Schröder-Fischer"-Plakat vorstellten, um deutlich zu machen, dass die Union sich noch über den geeigneten Kandidaten streite (Merkel-Stoiber), während die Regierung schon über zwei Zentralfiguren verfüge. Dennoch führte erst der SPD-Strategiewechsel zu einem öffentlich sichtbareren Schulterschluss mit den Grünen, der seinen Höhepunkt in gemeinsamen Wahlkampfauftritten vom Kanzler und Außenminister kurz vor dem 22. September fand.

Im Zuge des Strategiewechsels fand die Hinwendung der SPD zur eigenen Parteibasis, den Stammwählern, Arbeitnehmern und Gewerkschaften statt. Das Bekenntnis zu den Grünen als gewolltem Regierungspartner wurde durch eine klare Abgrenzung zur Union und FDP sowie Angriffen auf das „andere Lager" ergänzt. Insbesondere der Wahlparteitag Anfang Juni (vgl. auch Altendorfer 2003) dokumentierte den vollzogenen Strategiewechsel: „Die Delegierten waren vor Freude aus dem Häuschen, als sich ihr hemdsärmliger Vorsitzender klar von den Konservativen und den Neoliberalen distanzierte, sich demonstrativ für die Interessen der Arbeitnehmer und für soziale Gerechtigkeit einsetzte und sich unzweideutig zur rot-grünen Koalition bekannte. Damit hatte er die Sympathie der Parteifunktionäre (wieder) gewonnen, die Gewerkschaften überzeugt (DGB-Chef Sommer bekannte sich überraschend deutlich zur SPD) und wohl auch einen mächtigen Motivationsschub bei den Wahlkämpfern bewirkt." (Stöss/Neugebauer 2002: 28).

Für die weiteren Mobilisierungsbemühungen der Sozialdemokraten waren geeignete Themen erforderlich. Als am wirkungsmächtigsten erwiesen sich neben der Hartz-Kommission die Jahrhundert-Flut und der Irakkonflikt. Während die Flutkatastrophe der SPD im August unverhofft „zugespült" und von Schröder anschließend konsequent für eigene Mobilisierungszwecke genutzt wurde, kann das Irak-Thema als ein von der Regierung für den Wahlkampf instrumentalisiertes und auf die Agenda gesetztes Kommunikationsprojekt betrachtet werden, das zwar an Realentwicklungen angekoppelt blieb, aber in der vorgenommenen Zuspitzung von den Wahlkampfakteuren bewusst gestaltet worden war.[37]

In Folge des Strategiewechsels der SPD hatte von nun an die Union ein Problem mit ihrer Wahlkampfanlage. Ihrer einseitig auf Arbeit und Wirtschaft angelegte Strategie fehlten am Schluss Themen, die noch hätten nachgeschoben werden können (Spreng 2003: 64). Der Inhalt der Unionsstrategie war zu diesem Zeitpunkt bereits aufgebraucht. Als Stoiber im Spätsommer zudem schlecht auf die Themen Flut bzw. Irak reagierte, zeigte sich, dass die Unionsstrategen nicht über hinreichende Improvisations- und Reaktionsfähigkeiten verfügten, um erneut eine schlüssige strategische Antwort auf die nun verfolgte SPD-Strategie zu finden (Niedermayer 2003: 45-52, Wiesendahl 2003: 72-73).

Letztlich gelang die Bestätigung der Regierung Schröder am Wahltag nicht ausschließlich aufgrund der gezeigten Handlungskompetenz bei der Flutkatastrophe und durch die Positionierung zum Irak-Konflikt, auch wenn beide Faktoren maßgeblich zur Aufholjagd der SPD beigetragen haben. Ebenso bedeutsam war, dass bei den Wählern nach wie vor eine tief sitzende Skepsis gegenüber der Union herrschte. Trotz ihrer beachtlichen Kompetenzwerte überzeugte die Union zu kei-

---

[37]   Vgl. dazu den folgenden Abschnitt (4.2.3.4).

nem Zeitpunkt eine Mehrheit der Bevölkerung davon, dass sie besser als die amtierende Regierung in der Lage wäre, die anstehenden Probleme zu lösen. Eine *Wechselstimmung* entwickelte sich demzufolge nicht (vgl. Hilmer 2003b). Als noch wesentlicher für die Zustimmungsgewinne der SPD erwies sich die erst spät im Wahlkampf angefangene Thematisierung der Vorschläge der *Hartz-Kommission* (Geyer/Kurbjuweit/Schnibben 2005: 195-197), mit der es den Sozialdemokraten gelang, arbeitsmarktpolitische Erfolge in Aussicht zu stellen und eigene Reformfähigkeit zu demonstrieren. Diese noch im Juli weit „offene Flanke" der SPD, als sie bei den Werten der Arbeitsmarktkompetenz 20 Prozentpunkte hinter der Union lag, wurde mit Hilfe der Ankündigung einer Eins-zu-Eins-Umsetzung der Hartz-Reformideen unmittelbar vor der Wahl fast egalisiert (Hilmer 2003a: 212).

Insgesamt war der SPD – trotz über weite Strecken fehlender organisatorischer Zentrierung der Kampagnenführung – ein dynamisches Nachjustieren ihrer Wahlkampfstrategie gelungen, das in Kombination mit dem beliebten und fulminant kämpfenden Kanzler (vgl. Schoen 2004), der über den gesamten Wahlkampf hinweg in seinen Persönlichkeitswerten weit vor seinem Konkurrenten Stoiber lag (vgl. Hilmer 2003a, Maurer/Reinemann 2003, Rosar/Ohr 2005, Gabriel/Neller 2005), am 22. September zu einem Ergebnis von 38,5 Prozent führte und auf diese Weise – denkbar knapp mit nur 9 Mandaten Vorsprung[38] – die Fortsetzung der Regierung mit den Grünen (8,6 Prozent) ermöglichte.

4.2.3.4   Kommunikationssteuerung

Ein aus der Situation geborenes Muster der Kommunikationssteuerung zeigte die Wahlkampfthematisierung der außenpolitischen Position der Bundesrepublik Deutschland zu einer potentiellen militärischen Intervention der Vereinigten Staaten von Amerika gegen den irakischen Machthaber Saddam Hussein. Noch im Juli waren Kanzler Schröder und seine Berater auf der dringenden Suche nach weiteren Themen, mit denen mehr Menschen zur Stimmenabgabe für die Sozialdemokraten mobilisiert werden konnten. Schon länger hatte Schröder mit der Idee gespielt, die Irak-Frage im Wahlkampf einzusetzen, zumal er wusste, dass er bei einem „Nein" Deutschlands mit breiter Zustimmung in der Bevölkerung rechnen konnte. Dennoch bliebe er lange unschlüssig, wohl im Bewusstsein der potentiellen diplomatischen Kosten, die eine kategorische Ablehnung einer deutschen Beteiligung im Irak haben könnte (Sturm 2009: 83-84). Letztlich bewogen ihn der Mangel an Alternativen sowie der Rat von Heidemarie Wieczorek-Zeul, Joschka Fischer und Manfred Bissinger, die aktive Thematisierung der

---

[38]   Vier Bundestagssitze dieses Vorsprungs wurden im Übrigen nur durch Überhangmandate erreicht (Forschungsgruppe Wahlen 2005: 16).

Nicht-Beteiligung an einer etwaigen Irak-Invasion zu betreiben (vgl. etwa Geyer/Kurbjuweit/Schnibben 2005: 200-201).

Bei seiner Wahlkampfrede am 5. August 2002 in Hannover zeigte Schröder, dass er entschlossen war, den Irak-Konflikt zu einem zentralen Thema des sozialdemokratischen Wahlkampfs zu machen. Ein konkreter Anlass, sich in dieser Frage positionieren zu müssen – etwa durch eine offizielle Anfrage der Amerikaner nach einer möglichen militärischen Beteiligung der Deutschen im Kampf gegen den irakischen Diktator – bestand zu diesem Zeitpunkt nicht (Langguth 2009: 289). In Hannover verkündete Schröder: „Und mit Bezug auf die Diskussion über eine militärische Intervention etwa im Irak sage ich: Ich warne davor, meine Damen und Herren, über Krieg und militärische Aktionen zu spekulieren. Ich warne davor und sage denen, die in dieser Situation etwas vorhaben, wer das will, der muss nicht nur wissen, wie er rein kommt, sondern er braucht eine politische Konzeption dafür, wie es dann weitergeht. Und deswegen sage ich: Druck auf Saddam Hussein ja. Wir müssen es schaffen, dass die internationalen Beobachter in den Irak können. Aber Spielerei mit Krieg und militärischer Intervention – davor kann ich nur warnen. Das ist mit uns nicht zu machen, meine Damen und Herren." (Schröder 2002b: 8).

Der bisherige Verlauf deutsch-amerikanischer Konsultationen bezüglich des Umgangs mit dem irakischen Diktator war nach Aussage von Außenminister Fischer vor allem durch Unbestimmtheit gekennzeichnet gewesen: „Keine der beiden Seiten hat aber präzise gesagt, was sie wollte. Man schlich wie eine Katze um den heißen Brei." (Langguth 2009: 289). Zu unterschiedlichen Gelegenheiten des Wahljahres, etwa am 31. Januar und 20. April in Washington sowie am 22. Mai in Berlin, saßen die deutsche und amerikanische Seite zusammen und tauschten in diplomatischen Formeln ihre jeweiligen Positionen zur Irak-Politik aus. Das Unausgesprochene wurde Bestandteil von Interpretationen und führte zu manch (gewolltem oder ungewolltem) Missverständnis (vgl. Szabo 2004: 17-28, Geyer/Kurbjuweit/Schnibben 2005: 176-178, 188, 193-194). Die Deutschen meinten früh herausgehört zu haben, dass der amerikanische Präsident eine militärische Intervention im Irak plane. Sie gingen aber davon aus, dass sie vorher konsultiert würden und eine endgültige Entscheidung nicht vor der Bundestagswahl falle. Auch hierfür hatte es Signale von den Amerikanern gegeben. Gleichzeitig glaubten die Deutschen, die eigene ablehnende Position gegenüber einem Militäreinsatz deutlich gemacht zu haben. Wenn auch die Skepsis der Deutschen für die amerikanische Seite unübersehbar war, so blieb deren endgültige Haltung für den Fall eines Militärschlags im Ungefähren. Die spätere Verärgerung der Bush-Administration über Deutschland entsprang wohl weniger der Tatsache, dass sich die deutsche Regierung nicht an der Invasion im Irak beteiligte, sondern dass Schröder das Thema für Wahlkampfzwecke einsetzte (vgl. Szabo 2004: 20, Langguth 2009: 289).

Es gibt verschiedene Hinweise darauf, dass Schröder Bush bei einem der Treffen versprach, nicht vorzeitig öffentlich gegen einen Irakkrieg Position zu beziehen. Dieses Versprechen wurde mit dem Wahlkampfauftritt auf dem Opernplatz in Hannover am 5. August gebrochen.

Die kommunikative Formel, mit der Schröder sein „Nein" zum Irakkrieg verband, war die eines „deutschen Wegs" (vgl. Sturm 2009: 82-83, Langguth 2009: 290-291). Der „deutsche Weg" sollte aber nicht nur die Irak-Position kennzeichnen, sondern zugleich Bezüge zur Sozial- und Arbeitsmarktpolitik herstellen und auf diese Weise eine übergreifende Metapher für die jetzt propagierte deutsche Wirtschafts- und Außenpolitik darstellen (vgl. Müntefering-Interview „Richtig reingrätschen", Der Spiegel 33/2002). Die historisch missverständliche Formel stieß jedoch nicht nur bei der Opposition, sondern auch innerhalb der Regierung auf deutliche Kritik. Der Außenminister Fischer hielt nichts von ihr: „Forget it!" (Geyer/Kurbjuweit/Schnibben 2005: 204). Angesichts der damit erzielten kontroversen kommunikativen Wirkungen verschwand der „deutsche Weg" schnell wieder aus der Wahlkampfrhetorik der Kanzlers und seiner Mitstreiter, nicht aber das „Nein" der Bundesregierung zu einem möglichen Kampfeinsatz gegen den irakischen Diktator. Damit hatte Schröder auf der Schlussgeraden des Wahlkampfs endlich ein mobilisierend wirkendes Thema gefunden, das den Sozialdemokraten neue Hoffnung im Bundestagswahlkampf vermitteln konnte und die Opposition zugleich vor erhebliche kommunikative Probleme stellte (vgl. Laube 2007: 237-239).

Über etwaige kommunikative Folgeprobleme einer solchen außenpolitischen Haltung Deutschlands und daraus resultierende diplomatische Kosten, die sich dann vor allem erst nach dem Wahlsieg auf unterschiedlichen Ebenen realisierten (vgl. Szabo 2004: 34-51), hatte man sich angesichts der eigenen thematischen Notlage im Sommer 2002 hinweg gesetzt. Allem Anschein nach bestanden dazu aus Sicht der Zentralakteure keine Alternativen, wollte man aus dem Rennen um die Bundestagswahl nicht vorzeitig ausscheiden. Schröder selbst gibt einer solchen Interpretation Nahrung, wenn er in seinen Erinnerungen schreibt: „Geradezu unverständlich fand ich die Reaktion der Opposition und einiger besonders bellizistisch agierender Medien, die es ungeheuerlich fanden, dass ich damit den Irak zum Wahlkampfthema gemacht hätte. Wie hätte ich wohl den Wahlkampf bestehen können, ohne eine klare Haltung zu diesem die Menschen bewegenden Thema zu zeigen?" (Schröder 2006: 210-211). Und an anderer Stelle hinzufügt: „Die klare Absage an die militärische Option durch die Bundesregierung, durch Kanzler und Außenminister, wirkte sich zweifellos auf den Ausgang der Bundestagswahl 2002 aus." (Schröder 2006: 296).

4.2.4 Vorbereitungs- und Durchsetzungsphase Agenda 2010 (Oktober 2002-Dezember 2004)

Der glückliche Wahlausgang und die zu Beginn äußerst holprige Fortsetzung der rot-grünen Koalition führten nachfolgend zum größten innenpolitischen Projekt der gesamten Kanzlerschaft Schröders: der Agenda 2010. Der Zeitraum von Oktober 2002 bis zum Dezember 2004 ist vor allem durch die Vorbereitung sowie innerparteiliche und parlamentarische Durchsetzung dieses umfangreichen politischen Reformvorhabens gekennzeichnet. Mit der Agenda lag erstmals seit 1998 ein umfassenderes gestaltungspolitisches Konzept vor, das eine Fülle unterschiedlicher innenpolitischer Maßnahmen unter einem kommunikativen Dach zusammenführen sollte. Die Veränderungsreichweite und -tiefe sowie die inneren und äußeren politischen Umsetzungsprobleme des Reformkonzepts erzwangen in den folgenden zwei Jahren die durchgehende Aufmerksamkeit der Regierungsakteure für dieses Zentralprojekt. Deswegen erscheint die Kennzeichnung dieser Steuerungsphase über die Agenda 2010 als gestaltungspolitisches, strategisches Großvorhaben sinnvoll.

4.2.4.1 Organisationssteuerung

Der erst auf der Zielgeraden erreichte Wahlsieg der rot-grünen Koalition führte gleich zu Beginn der neuen Legislaturperiode zu erheblichen organisatorischen Problemen der Regierungssteuerung. Die wahlkämpfenden Akteure hatten sich bis zur Erschöpfung verausgabt, um die Aufholjagd der Regierungsparteien in der Wahlauseinandersetzung zu ermöglichen. Der *Wahl-Regierungs-Konnex*, das heißt die innere Verknüpfung von Wahlkampf, Wahlentscheidung (und damit verbundenem Mandat), Regierungsbildung und Regieren wurde von den Akteuren sträflich vernachlässigt (Raschke/Tils 2007: 518).

Anders als die Wähler, die die während des Wahlkampfs genährten Erwartungen eines bevorstehenden wirtschaftlichen Aufschwungs, schneller Erfolge der Hartz-Reformen und die Gewährleistung sozialer Gerechtigkeit nun unmittelbar an die neue (alte) Regierung richteten, taumelten die handelnden Akteure – physisch und psychisch ausgelaugt – in die bevorstehende zweite Amtsperiode. Schon kurz nach der Wahl stellte Gerhard Schröder in einem Interview zum Ablauf der Koalitionsgespräche selbstkritisch fest: „Wir hatten lange genug Zeit, uns auf die Neuauflage der Koalitionsverhandlungen vorzubereiten. Und wenn dann steuerliche Vorschläge auf den Tisch kommen, deren wirtschaftliche Konsequenzen nicht hinreichend abgeklopft sind, jedenfalls nicht im ersten Durchgang, kann man das besser machen." (Schröder-Interview „Notfalls auch mit Zwang", Die Zeit

49/2002). Und sein damaliger Finanzminister, Hans Eichel, konstatiert rückblickend: „Steinmeier und ich wollten, die Wählkämpfer wären erst einmal in den Urlaub gefahren und dann aufgetankt zurückgekommen." (Langguth 2009: 300).

Die Schwäche der Hauptakteure, die sich zunehmend manifestierende prekäre Wirtschafts- und Haushaltslage und das in den Regierungsparteien vorherrschende konzeptionelle Vakuum führten zu Koalitionsverhandlungen, die „anarchischen Haushaltsverhandlungen" nahe kamen und durch eine vielstimmige „Kakophonie" bestimmt wurden (vgl. Sturm 2009: 96-112). Unterschiedlichste Vorschläge für den Abbau von Steuerprivilegien, für neue Steuern- und Abgaben zur Haushaltskonsolidierung oder zur Neuordnung des Verhältnisses von Staatsausgaben und privatem Konsum machten die Runde. Die Übernahme einer programmatischen und prozessualen Führungsrolle gelang Schröder nicht. Es schien vielmehr so, als Laufe die Regierungsorganisation aus dem Ruder und drohe ein erheblicher Autoritätsverlust des Kanzlers. Auch unter zentralen Entscheidungsakteuren, insbesondere zwischen Müntefering und Schröder, kam es zu Auseinandersetzungen, welcher Weg aus dieser krisenhaften Lage führen könnte (vgl. Fischer 2005: 139-140, Geyer/Kurbjuweit/Schnibben 2005: 235-238).

Kurz nach der großen Genugtuung Schröders, die Opposition doch noch in ihre Schranken verwiesen und die von ihm unbedingt gewollte zweite Amtsperiode erreicht zu haben, stand der Kanzler nun vor dem Scherbenhaufen eines missglückten Neustarts. Innerhalb des Regierungslagers verbreitete sich die Auffassung, dass nach Abschluss der Koalitionsverhandlungen nicht einfach so weiter regiert werden konnte. Erwartet wurde ein Aufbruchsignal, das über die im Koalitionsvertrag vereinbarten Maßnahmen hinausgehen sollte. Aufforderungen zum Handeln kamen innerhalb der Sozialdemokraten sowohl vom linken wie vom rechten Flügel. Auch die Grünen zeigten sich unzufrieden mit dem Auftakt zur zweiten Legislaturperiode. Eine eindeutige richtungspolitische Linie zeigten die an den Kanzler gerichteten Forderungen nicht.

Schröder reagierte auf die entstandene missliche Lage in einer für ihn typischen Weise. Er wollte nach dem verkorksten Beginn mit Hilfe eines Befreiungsschlags *Handlungskompetenz* beweisen und gleichzeitig den eigenen *Führungsanspruch* untermauern. Nach der *richtungspolitischen Unklarheit* im Wahlkampf und im Prozess der Regierungsbildung, bei der die SPD einerseits klassisch sozialdemokratische Gerechtigkeitspositionen bezogen und mit der Koalitionsvereinbarung auf Interessenbefriedigung gerichtete Wahlversprechen abgearbeitet hatte (Koalitionsvertrag 2002), andererseits – auf Initiative des Kanzlers – eine auf Modernisierung und Wirtschaftsnähe hinweisende Personalentscheidung für Wolfgang Clement als neuen „Superminister" für Wirtschaft und Arbeit traf (Geyer/Kurbjuweit/Schnibben 2005: 227-228, Sturm 2009: 100-102), deutete Schröder erst am Jahresende öffentlich deutlicher an, welches richtungspolitische Signal von seinem Befreiungsschlag ausgehen sollte: „Es geht nicht mehr um die Verteilung von Zuwächsen. Neue Ansprüche sind nicht zu erfüllen. Vielmehr werden wir – wenn wir soliden Wohlstand, nachhaltige Entwicklung und neue Gerechtigkeit bewahren wollen – manche Ansprüche zurückschrauben und Leistungen einschränken oder gar streichen müssen, die vor einem halben Jahrhundert berechtigt gewesen sein mögen, heute aber ihre Dringlichkeit und damit auch ihre Begründung verloren haben." (Gerhard Schröder: Wir werden Leistungen streichen, Handelsblatt, 15. Dezember 2002). Die innere Entscheidung für mit „Zumutungen" verbundene reformpolitischen Vorschläge in den Bereichen Wirtschaftspolitik, soziale Sicherungssysteme und Arbeitsmarkt traf der Kanzler – allen verfügbaren Informationen nach – Anfang Dezember (vgl. auch Geyer/Kurbjuweit/Schnibben 2005: 234). In seinen Erinnerungen schreibt er: „Schon vor Weihnachten 2002 hatten Frank-Walter Steinmeier, mein Chef des Kanzleramtes, und ich die Lage nach den Koalitionsverhandlungen schonungslos analysiert. Uns war klar, dass wir die Legislaturperiode mit der Koalitionsvereinbarung nicht würden überstehen können. Wir waren uns einig: Die Zeit war reif für ein offensives Reformprogramm, das weit über den Koalitionsvertrag hinausreichte." (Schröder 2006: 390).

Die inhaltlich-konzeptionelle Ausgestaltung der Reformvorschläge und die Gestaltung dieses Neuanfangs waren allerdings nach wie vor offen. Die Politikentwicklung wurde in der Regierungszentrale unter der Leitung des Kanzleramtschefs Frank-Walter Steinmeier zentralisiert (Korte 2007: 173-181). Das betraf zwar nicht das konzeptionelle Fundament der Hartz IV-Reform, das vor allem im Wirtschafts- und Arbeitsministerium erarbeitet worden war (vgl. Hassel/Schiller 2010: 229-263), wohl aber die Konzeption der Gesamtstrategie. In einer kleinen Arbeitsgruppe entwickelten Beamten der Arbeitsebene des Kanzleramts und einzelner Ministerien einen umfassenden und einschneidenden Ansatz zur Neugestaltung der sozialen Sicherungssysteme in Deutschland. Damit wurde zugleich entschieden, dass die Konzeptentwicklung ausschließlich aus der Kernexekutive heraus erfolgen sollte – „ohne" die Partei, wenn nötig sogar „gegen" die Partei. Dem Kanzler bekannt und mit ihm abgestimmt war zu diesem Zeitpunkt nur die politische Stoßrichtung der erarbeiteten Vorschläge, nicht aber deren genauer Inhalt (Sturm 2009: 114).

Schröder blieb unsicher, wie die engere und weitere Umwelt auf einen dezidierten richtungspolitischen Vorstoß reagieren würde, und zog es deshalb vor, zunächst einmal einen „Testballon" steigen zu lassen (vgl. Marx 2008: 117, Blome, Nikolaus: Reformthesen aus dem Kanzleramt, Die Welt, 21. Dezember 2002). Dazu diente kurz vor Weihnachten das Lancieren eines in der Arbeitsgruppe des Kanzleramts erstellten „Strategiepapiers" an die Presse (Tagesspiegel) und den sozial-

politischen Sprecher der Union, Horst Seehofer. Ausgeschlossen vom Vorabinfor-
mationsfluss blieben die von den Vorschlägen sachpolitisch betroffenen Ressorts
(z.B. das Gesundheitsministerium von Ulla Schmidt) sowie – sehr zum Ärger der
Genossen – die sozialdemokratische Partei und Fraktion. Die Reaktionen der Partei, Medien, Gewerkschaften und politischen Gegnern ließen den erwartbaren Widerstand nicht als unüberwindlich erscheinen (vgl. Delfs, Arne: Geteiltes Echo, Die
Welt, 23. Dezember 2002) – insbesondere unter kalkulatorischer Berücksichtigung
der aktuellen Situation der Regierung. Die internen Vorbereitungen eines reformpolitischen zweiten Aufschlags wurden fortgesetzt. Der Kreis der von nun an beteiligten Akteure erweiterte sich etwas, blieb aber auf administrative Akteure und
einzelne externe Berater beschränkt (Korte/Fröhlich 2009: 308-318).

Auf einem Beratungstreffen Mitte Februar entstand die Idee, den anvisierten
Neuanfang in Form einer großen Regierungserklärung zu gestalten, bei dem die
innen- und außenpolitischen Herausforderungen in einen Zusammenhang gebracht werden sollten (Korte 2007: 175-176). Dieser Vorschlag fand Schröders Zustimmung. Das zugrunde liegende Kalkül bestand darin, den verbreiteten Rückhalt in Partei und Bevölkerung für die Position der Regierung in der Irak-Frage
durch eine thematische Verknüpfung möglichst auch auf die – erwartbar umstrittene – innenpolitische Neupositionierung der Regierung „auszudehnen", ohne
dass die beiden Themenfelder wirklich einen inneren Konnex aufwiesen: „Ich be-
haupte nicht, dass unsere Haltung in der Irak-Frage und der Entwurf der Agenda
2010 zwei Teile einer erdachten Strategie waren." (Schröder 2006: 391). Der Termin
der Rede wurde taktisch festgelegt. Er sollte zeitlich mit Beratungen zu geplanten
Steuergesetzen im Bundesrat zusammen fallen, um der Opposition ein Aufmerksamkeitsfenster für die Kritik an der Regierung zu entziehen.

Die Inhalte der Agenda 2010, die der Partei und Fraktion Anfang März in Umrissen präsentiert worden waren und mit der Regierungserklärung am 14. März
2003 offen auf dem Tisch lagen, zeigten, dass der Regierungschef sein reformpoliti-
sches Konzept bei der folgenden *parteiinternen Organisationssteuerung* ohne Einbettung in einen sozialdemokratischen Wertediskurs durchsetzen wollte. Die SPD
wurde mit der neuen Richtungsentscheidung programmatisch unvorbereitet konfrontiert. Das wird von wesentlichen Trägern des Durchsetzungsprozesses, wie
beispielsweise Franz Müntefering, im Rückblick selbst kritisch gesehen, aber auf
den Zeitmangel geschoben (Fischer 2005: 143). Das deutsche Vorgehen bei der
Einleitung grundlegender reformpolitischer Prozesse unterschied sich von anderen
sozialdemokratischen Parteien in Europa (vgl. Merkel 2000). Anders als im britischen Vergleichsfall dieser Studie, bei der sich Tony Blair vor der Einleitung eines
Kurswechsels intensiv um eine programmatische und organisatorische Neuausrichtung der Partei gekümmert hatte und dafür auch sein ganzes Gewicht als Füh-

rungspersonen einsetzte (Chadwick/Heffernan 2003, Russell 2005), erfolgte die Wende zur Agenda 2010 situativ und richtete sich gegen die bisherige Programmatik der eigenen Partei (vgl. Egle/Henkes 2003).

Es wirkte schon länger ein *Programm-Praxis-Dualismus*, bei dem die Programmdebatte weder von der Regierungspraxis beeinflusst, noch die Arbeit an einem neuen sozialdemokratischen Grundsatzprogramm seit 2000 erkennbare Bedeutung für das Handeln der Regierung gewann (Meyer 2007). Auch der Kanzler beteiligte sich nie selbst systematisch an der programmatischen Debatte. Mit der Agenda 2010 entkoppelten sich Regierung, Regierungszentrale und Kanzler programmatisch endgültig von der Partei. Die mit dieser Reform verbundenen substantiellen Änderungen der inhaltlichen Ausrichtung trafen die SPD als Organisation „unvermittelt". Das zeigt exemplarisch der mit der Agenda einhergehende Paradigmenwechsel beim Gerechtigkeitsbegriff, der sich vom alten Gerechtigkeitsverständnis des Berliner Grundsatzprogramms von 1989 in der Locke-Kantischen Tradition von gleicher Freiheit ablöste (Meyer 2004). Die Agenda war sichtbares Zeichen der Beendigung einer sozialdemokratischen Politik der Gerechtigkeit, die sich vor allem um ein Mehr an Gleichheit in der Verteilung von Einkommen, Eigentum und Macht bemüht.

Der unerwartete Politikwechsel führte dazu, dass die Agenda in den für die Kernregierung relevanten organisatorischen Teilbereichen, insbesondere in der sozialdemokratischen Parteiorganisation und Parlamentsfraktion auf erheblichen Gegendruck stieß. Es begann mit einem von bayerischen Jungsozialisten initiierten SPD-Mitgliederbegehren gegen die Agenda, das die Parteiführung völlig unvorbereitet traf (Fischer 2005: 144-145), aber nach fulminanter medialer Aufmerksamkeit zu Beginn relativ schnell erfolglos im Sande verlief (Sturm 2009: 140-144). Es setzte sich fort bei Regionalkonferenzen, die von der Parteiführung in Reaktion auf die innerparteiliche Kritik als „Beschwichtigungs- und Durchsetzungsmittel" eingesetzt wurden. Begleitet wurden die innerparteilichen und fraktionsinternen Kämpfe von Massenprotesten auf den Straßen, an denen auch Mitglieder des linken Flügels der SPD beteiligt waren. Sowohl beim Sonderparteitag im Juni 2003 und als auch beim Bochumer Parteitag am Ende des Jahres stand die Agenda und die sich darum rankenden Konflikte im Mittelpunkt der Aufmerksamkeit (vgl. Fischer 2005: 145-159, Zohlnhöfer/Egle 2007: 13-17, Schmid 2007: 281-284, Langguth 2009: 302-306). Auf relevante Veränderungen und Abschwächungen der Maßnahmenpakete ließ sich Schröder im Durchsetzungsprozess nicht ein. Auch ein symbolisches Zugehen auf die eigenen Parteiakteure oder ein Unterstreichen ihrer besonderen Bedeutung für die Umsetzung der reformpolitischen Vorschläge fand kaum statt. Der Parteispitze um Gerhard Schröder gelang die innerorganisatorische Durchsetzung der Reform in Partei und Fraktion nur, weil der Kanzler sein politisches Schicksal mit dem Reformpaket verknüpfte und das machtpolitische Mittel konkreter Rücktrittsdrohungen mehrfach einsetzte. Bis zum Kanzlersturz wollten die Kritiker nicht gehen, aber inhaltlich konnten der Kanzler und die Parteiführung viele Genossen nicht überzeugen, wie etwa die „Abstrafungen" führender Agenda-Verfechter unterhalb des Kanzlers (z.B. Olaf Scholz, Wolfgang Clement) bei den Personalwahlen des Bochumer Parteitags deutlich machten.

Insgesamt kommt in der Art und Weise der Organisationssteuerung für das Reformprojekt der Agenda 2010 das individuelle Strategieprofil Schröders zum Ausdruck, das vom Strategiestil her dezisionistisch, monologisch, nicht-kompensatorisch blieb und Schröder in der individuellen Charakteristik als Situationist, Gelegenheits- und Zufallsstrategen ausweist (Raschke/Tils 2007: 517). Die Agenda war, gemessen am damit verbundenen Policy-Shift etwa im Bereich der Arbeitsmarktpolitik (vgl. Oschmiansky/Mauer/Schulze Buschoff 2007), eine Ad-hoc-Strategie, die mit Hochdruck erst unter dem Eindruck von haushaltspolitischer und ökonomischer Krise Ende 2002 in kleinem Kreis entstanden ist. Der dezisionistische, monologische und nicht-kompensatorische Strategiestil Schröders zeigt sich, wenn man die relevanten Bezugseinheiten bei der Strategieentwicklung auszumachen versucht. Sie lagen nicht im Bereich der Organisation (vgl. Nullmeier 2008). Weder bildete die eigene Partei bei der Agenda 2010 den Bezugspunkt des politischen Handeln der zentralen Akteure um den Bundeskanzler. Die SPD wurde nicht nur nicht „mitgenommen", sondern sogar als größte Gefahr für das Reformpaket angesehen. Noch kann der grüne Regierungspartner als wichtiger Bezugspunkt der Strategieentwicklung gelten, da für Schröder immer nur die sozialdemokratische Führung der Regierung und ein Kanzler Schröder von zentraler Bedeutung waren. In Betracht kommt, das legen auch die öffentlichen Äußerungen des Führungspersonals nahe, am ehesten eine Bezugseinheit „Deutschland", mithin ein gesamtstaatliches, nationales Interesse, das die Entscheidungsträger als Grundlage für ihr Handeln reklamieren. Damit verweist die Strategie der Agenda 2010 aber allein auf den internationalen Vergleich, während die innerstaatlichen und innerparteilichen Politikprozesse, und damit auch die eigene Organisation, weitgehend ignoriert wurden.

4.2.4.2   Problempolitiksteuerung

Das programmpolitische Großprojekt der Agenda 2010 war weder im Wahlkampf angekündigt worden, noch tauchte es in der Koalitionsvereinbarung auf (Koalitionsvertrag 2002). Schröder stellte eine Verknüpfung der Agenda mit dem Scheitern des Bündnisses für Arbeit her, indem er nach der letzten erfolglosen Zusammenkunft der Bündnisteilnehmer Anfang März im Kanzleramt nur noch sich selbst vorbehielt zu sagen, wie und in welche Richtung sich das Land verändern müsse: „Ich stehe in der Verantwortung" (vgl. Geyer/Kurbjuweit/Schnibben 2005: 255, Blome, Nikolaus: Reden und Regieren, Die Welt, 5. März 2003). Später behauptete er in einem Interview: „Ich möchte Ihnen zunächst etwas zum Zustandekommen der Agenda 2010 sagen. Die Regierungsvorhaben hängen vor allem mit dem Scheitern des Bündnisses für Arbeit Anfang 2003 zusammen." (Schröder-Interview „Wir müssen die Abzocker-Mentalität brechen", Frankfurter Allgemeine Zeitung, 23. September 2004). Dieser kausale Zusammenhang trifft ebenso wenig zu wie die problemlösungsorientierten politikwissenschaftlichen Analysen zum Scheitern des Bündnisses (Trampusch 2004). Das Bündnis für Arbeit war schon lange vorher missglückt.[39] Die zeitliche Koinzidenz wurde vom Kanzler bewusst zur Ankündigung eigener reformpolitischer Anstrengungen genutzt, um auf der symbolischen Ebene deutlich zu machen, dass von nun an nur noch die Regierung als Akteur zum Ergreifen aller erforderlichen Maßnahmen übrig geblieben sei.

Problempolitisch wird man die Agenda 2010, der Terminologie von Hall (1993) folgend, in einigen Teilen als ein Reformprojekt dritter Ordnung charakterisieren können,[40] bei dem das politische Handeln unter ein neues Paradigma gestellt wird, aus dem sich Veränderungen sowohl auf der Ebene instrumenteller Justierungen und der Instrumente selbst ergeben, aber auch auf der Ebene der Zielhierarchien, auf denen die Policies beruhen. Die Neujustierungen und -einführungen von Instrumenten, die Reformen erster und zweiter Ordnung kennzeichnen, berühren viele von der Agenda betroffene Politikbereiche. In einzelnen Feldern, etwa bei der Zielhierarchisierung im Kontext der Gerechtigkeitsfrage (vgl. Egle/Henkes 2003: 89-90, Schmidt 2007b: 297-298), werden aber auch grundlegende Zielverschiebungen erkennbar, die das Kernmerkmal von Reformen dritter Ordnung darstellen.

In strategischer Hinsicht interessant sind die mit der Agenda 2010 verfolgten Ziele. Hier zeigte sich bei der Entwicklung und Durchsetzung des Reformpakets eine Doppelebene von *machtpolitischen* und *problempolitischen Zielen*, aus deren innerer Verknüpfung sich die besondere Aufgabe strategischer Regierungssteuerung ergab. In kurzfristiger machtpolitischer Perspektive ging es dem Kanzler, wie oben dargelegt, vor allem um eine Demonstration eigener Handlungsstärke und die Erneuerung seines uneingeschränkten Führungsanspruchs. Mit Blick auf die problempolitischen Ziele erwies sich die Agenda als komplexes Gesamtprojekt, das viele einzelne Teilprogramme einschloss, mehrere Politikfelder betraf und eine Vielzahl unterschiedlicher Einzelziele verfolgte. Sie war sachlich nur schwer auf einen Punkt zu bringen. Selbst Insider waren unfähig zu sagen, was alles dazuge-

---

[39]   Vgl. dazu auch den Abschnitt 4.2.1.2.
[40]   Vgl. dazu auch das Kapitel 3.4.

hört. Der Kanzler beispielsweise nennt in seiner Biographie andere Reformfelder als die offizielle Broschüre der Bundesregierung. Während Schröder von den sieben zentralen Reformbereichen Arbeitsmarktpolitik, Kündigungsschutz, Tarifrecht, Ausbildung, Modernisierung der Handwerksordnung, Reform des Gesundheitswesens, Steuer- und Investitionspolitik spricht (Schröder 2006: 392-397), verweist die von der Bundesregierung verbreitete, offizielle Broschüre auf die Felder Wirtschaft, Ausbildung, Steuern, Bildung und Forschung, Arbeitsmarkt, Gesundheit, Rente und Familienförderung (Presse- und Informationsamt der Bundesregierung 2003).

Die mit der Agenda verfolgten kurzfristigen *machtpolitischen Ziele* erreichte Schröder schnell. Der richtungspolitisch diffuse, holprige Start der Regierung geriet in Vergessenheit, der Kanzler kam wieder in die Offensive und untermauerte mit den Reformvorschlägen seine uneingeschränkte Richtlinienkompetenz. Auch wenn die Reform selbst umstritten war, der Führungsanspruch des Kanzlers war es fortan nicht mehr. Die ganze Komplexität strategischer Regierungssteuerung, die auf kalkulatorischen Analysen und Entscheidungen für die Steuerungsbereiche im Einzelnen und ihrer interdependenten Gesamtschau beruht,[41] zeigte sich jedoch bald auf der Ebene *problempolitischer Ziele*. Die besondere Schwierigkeit der mit der Agenda verbundenen inhaltlichen Zielvielfalt lag in der – aus strategischer Perspektive notwendigen – Verknüpfung von *problempolitischen* mit *kommunikativen* Aspekten. Ein Projekt, das problempolitisch keinen eindeutigen Kernbereich aufwies und dem es an klaren, verbindlich kommunizierbaren Zielen fehlte, erschwerte schon aus diesen Gründen – unabhängig von allen Inhalten und Wirkungen – das Steuerungshandeln im Politikprozess. Es zeigte sich etwa, wenn die Hauptakteure in den nachholenden Begründungen für die Notwendigkeit der Agenda-Reform immer wieder auf unterschiedliche Ziele, Problemfelder, Ansätze zur Problemlösung Bezug nahmen und es ihnen nicht gelang, eine in problempolitischer Hinsicht klar umrissene übergeordnete Zielvorstellung zu formulieren oder einen eindeutigen, leicht verständlichen problempolitischen Handlungsschwerpunkt zu benennen.

Analysiert man die Agenda aus einer Perspektive, die *problempolitische* mit *konkurrenzpolitischen* Aspekten in Beziehung setzt, zeigt sich, dass gerade die sozialdemokratischen Wähler das Reformpaket als sozial besonders unausgewogen empfanden (vgl. Hilmer/Müller-Hilmer 2006, Feist/Hoffmann 2006). Das betraf vor allem die Wahrnehmung vieler Menschen, dass die durch langjährige Beitragszahlungen „erworbenen" Ansprüche auf Sozialleistungen durch die Reformen „verwirkt" werden konnten, mit der Folge dass man als Arbeitnehmer, der lange in die Arbeitslosenversicherung eingezahlt hatte, bei längerer Arbeitslosigkeit mitunter

---

[41]   Siehe ausführlich Kapitel 3.4.

schlechter dastand als ein Sozialleistungsempfänger, der nicht berufstätig war und über keine Ersparnisse verfügte (Schmidt 2007b: 301-302). Über Ergebnisse aus Fokus-Gruppen waren der Regierung die Verletzungen des Gerechtigkeitsempfindens bereits frühzeitig bekannt, differenzierte demoskopische Ergebnisse nach der Agenda-Regierungserklärung erhärteten diese Sachlage weiter (Raschke/Tils 2007: 520). Die substantiellen Änderungen gerade im Bereich der Arbeitsmarktpolitik wurden als ausschließlich „fordernd" (im Sinne von Negativsanktionen) erlebt, ohne dass sie gleichzeitig von „fördernden" Anreizstrukturen begleitet worden wären. Einem so wahrgenommenen Bias des Reformkonzepts stand als Gegengewicht auch kein positives Projekt sozialer Gerechtigkeit gegenüber, das – zumindest bis zu einem gewissen Grad – kompensatorisch hätte wirken können.

4.2.4.3 Konkurrenzpolitiksteuerung

In konkurrenzpolitischer Perspektive zeigte die Agenda 2010 eine Reaktion des Kanzlers auf das Abstürzen der Sozialdemokraten in der Wählergunst gleich nach der Bundestagswahl. Die *Erwartungsenttäuschung* der Wähler über den Auftakt zur zweiten Legislaturperiode führte zu einem dramatischen Zustimmungsverlust der Regierung und ihres Kanzlers in der Bevölkerung. Das traf insbesondere die Sozialdemokraten: „Allein im ersten Monat nach Abschluss der Koalitionsverhandlungen verlor die SPD in der politischen Stimmung zehn Punkte. Nicht einmal ein halbes Jahr nach ihrem knappen, aber keinesfalls überraschenden oder gar zufälligen Wahlsieg lag sie in der Wählergunst bei gerade noch 22%. Die Zustimmungswerte für die stärkste Partei im Deutschen Bundestag hatten sich zwischen September 2002 und Februar 2003 mehr als halbiert und bei der Leistungsbeurteilung wurde Rot-Grün auf der +5/-5-Skala so tief im Negativbereich verortet wie keine andere Regierung zuvor. Gleichzeitig waren die Unionsparteien in der politischen Stimmung mit 58% im Februar 2003 in bis dahin unerreichte Dimensionen vorgestoßen." (Kornelius/Roth 2007: 32-33).[42] Auch die in diesem Zeitraum fallenden Wahlen in Hessen und Niedersachsen am 2. Februar 2003 wuchsen sich für die Sozialdemokraten zu einem Debakel aus (vgl. Schmitt-Beck/Weins 2003, Müller-Rommel 2003). Die Botschaft war klar: die Wahlergebnisse stellten vor allem „Denkzettel" für Berlin dar.

Die *machtpolitische Konstellation* im Bundesrat, in der die Opposition über einen komfortable Stimmenvorsprung (jedoch keine Zweitdrittel-Mehrheit) verfügte,

---

[42] Dieses gleich zu Beginn verloren gegangene Vertrauen konnten Schröder und die SPD in der gesamten noch folgenden Amtszeit nie mehr ganz zurückgewinnen (Hilmer/Müller-Hilmer 2006: 187).

erzwang ein Regieren „mit" der Opposition in der Länderkammer (vgl. Egle/Zohlnhöfer 2007: 524-528). Dort verzeichnete man einen Höchststand bei der Anrufungsquote zum Vermittlungsausschuss. Schon vor der Agenda wurden die auf den Vorschlägen der Expertenkommission beruhenden Gesetze Hartz I und II im Dezember 2002 nach einem Vermittlungsprozess gemeinsam mit der Opposition verabschiedet. Auch die Maßnahmen der Agenda waren nur mit Hilfe der bürgerlichen Parteien durchsetzbar. Gerade im Prozess der Durchsetzung dieses Projekts gab es keine Blockade, sondern Ermöglichung – bei Verschärfungen der Gesetzesvorschläge durch die schwarz-gelben Oppositionsparteien, die der SPD zugerechnet wurden. Insbesondere die Hartz IV-Reform als wichtiger Bestandteil der Reformpolitik wurde vor allem mit Hilfe einer „informalen großen Koalition" im Vermittlungsausschuss des Bundesrates durchgesetzt – ohne positiven Rückhalt der nur über Zwangsmittel zur Zustimmung genötigten eigenen Organisation (vgl. Egle 2009: 266-273).

Unter strategischen Gesichtspunkten wird deutlich, dass Schröder das Erreichen seines *kurzfristigen machtpolitischen Ziels*, der Rückgewinnung politischer Initiative, in *längerer zeitlicher Perspektive* durch eine erhebliche Schwächung der eigenen Partei in organisatorischer und konkurrenzpolitischer Hinsicht „erkaufte". Denn über das konkrete Reformvorhaben hinaus hatte der Agenda-Prozess für die SPD verheerende Folgen. Nicht nur verlor sie in den für die Durchsetzung der Agenda entscheidenden Jahren 2003 und 2004 mit knapp 90.000 Austritten noch einmal überdurchschnittlich viele Parteimitglieder (Niedermayer 2007b), sondern forcierte mit der vor allem durch die Agenda-Politik ausgelösten Abspaltung der WASG und nachfolgenden Gründung der gesamtdeutschen Linkspartei.PDS auch die Etablierung einer neuen linken Konkurrenz, die die SPD innerhalb der Parteienkonkurrenz nachhaltig schwächen sollte (vgl. Zohlnhöfer 2007, Neller/Thaidigsmann 2007, Niedermayer 2006). Die organisatorischen Folgen für die SPD und die dadurch ausgelösten Veränderungen im deutschen Parteiensystem reichen bis in die Gegenwart (Machnig/Raschke 2009). Aus Schröders Sicht fielen *taktische* und *strategische Erfolgspotentiale* der Agenda zusammen, bald wurde jedoch deutlich, dass der SPD aus dieser Politik in längerfristiger Perspektive gravierende machtpolitische Nachteile erwuchsen.

Die konkurrenzpolitische Analyse des Prozesses der Um- und Durchsetzung der Agenda zeigt Auffälligkeiten in den Bereichen der *Zeit-* und *Erwartungssteuerung*. In zeitlicher Hinsicht ist bemerkenswert, dass das als besonders einschneidend erlebte Hartz IV-Gesetz am 1. Januar 2005 in Kraft trat, nur wenige Monate vor der Landtagswahl im Bundesland Nordrhein-Westfalen, die nach (öffentlich geäußerter) Einschätzung des Bundeskanzlers und der sozialdemokratischen Regierungsvertreter als entscheidend auch für den Ausgang der Bundestagswahl angesehen wurde. Damit realisierten sich nicht nur für alle Betroffenen die schmerzhaften Konkretisierungen des Gesetzes und die mit neuen Regelungen stets verbundenen administrativen Unsicherheiten und Anlaufprobleme. In der öffentlichen Auseinandersetzung wirkte zudem das gesetzestechnisch bedingte Anschwellen der Arbeitslosenzahlen auf über 5 Millionen für die SPD als verheerendes Symbol des Misserfolgs der Regierung in der Arbeitsmarktpolitik. Alle diese Effekte vergrößerten den demoskopischen Abstand zwischen der SPD und der Union weiter.

Es war bekannt, dass die Hartz-Gesetze eine Ungleichzeitigkeit von kurzfristigen Belastungen und lediglich potentiellen, langfristigen Erfolgen erzeugen würden. Der Bundeskanzler selbst hat darauf später hingewiesen: „Es gibt eine zeitliche Lücke zwischen den teilweise schmerzlichen Reformbeschlüssen und den erst später eintretenden Erfolgen." (Schröder 2006: 414). Strategisch lag deswegen der Versuch einer Erwartungssteuerung nahe. Erwartungssteuerung nimmt Einfluss auf das Verhältnis von bestehenden Erwartungen und den eigenen Leistungsmöglichkeiten durch Interpretationen und Einordnungen (vgl. Raschke/Tils 2007: 420-423). Denkbar wäre ein Versuch gewesen, die Wähler und Bürger darauf vorzubereiten, dass die Erfolge der Agenda-Politik nicht „über Nacht" eintreten würden und von anderen günstigen Rahmenbedingungen (Weltkonjunktur) abhingen. Die Verfechter der Agenda agierten eher umgekehrt. In diesem Zusammenhang war es insbesondere der damalige „Superminister" für Wirtschaft und Arbeit, Wolfgang Clement, der sich durch das weitere Hochschrauben der Erfolgserwartungen hervortat. Fast schien es, als glaubte Clement, der großen Einfluss auf die konkrete Ausgestaltung der Hartz-Gesetze hatte, selbst an unmittelbare, kurzfristige Erfolge der getroffenen Maßnahmen – unabhängig von allen konjunkturellen Entwicklungen. So wiesen etwa im Vorbereitungsstadium der Hartz-Gesetze die an der Entwicklung der Maßnahmen beteiligten Vertreter der Unternehmensberatung McKinsey mehrfach auf das Problem hin, dass die Arbeitslosenzahlen durch Änderungen der Arbeitslosigkeitsstatistik mit Inkrafttreten der Normen signifikant anschwellen würden. Diese Bedenken wischte Clement jedes Mal mit glühenden Worten der Begeisterung über das getroffene Maßnahmenpaket beiseite. Das Missverhältnis von forcierter Erwartung und dahinter zurückbleibender Wirkungsrealität schwächte die SPD weiter gegenüber ihren politischen Konkurrenten.

Die Anlage, Breite und Tiefe der Agenda-Politik sowie ihre konfliktorientierte, kompromisslose Präsentation und Durchsetzung erscheinen angesichts erwartbarer Widerstände und eingetretener Folgewirkungen erklärungsbedürftig. Sie verweisen auf eine analytische Rekonstruktions- und Interpretationslinie, die die *persönliche Haltung des Kanzlers* und seine eigene *Ziel- und Motivlage* ins Zentrum rücken (vgl. Raschke/Tils 2007: 519-520). Mit dem Rücken zur Wand – den sicheren Niedergang bei einem Weiter-so vor Augen – wollte Schröder, ohne Rücksicht auf Partei(en) und Verbände, einer Modernisierungspolitik zum Durchbruch verhelfen. Erhaltung des Sozialstaats durch Anpassung an veränderte Rahmenbedingungen (Globalisierung, Alterung), Strukturreformen in den sozialen Sicherungssystemen und mehr Eigenverantwortung des Einzelnen waren die der Reformpolitik zugrunde liegenden Leitvorstellungen. Ein Bewusstsein über den schmalen Grat zwischen Um- und Abbau des Sozialstaats war bei den Initiatoren der Agenda nur schwach ausgeprägt, es machte sie bei ihrer Maßnahmenwahl nicht vorsichtig und risikobewusst: „Mit Kritik im Detail hatte ich sehr wohl gerechnet, aber nicht mit dem, was dann kommen sollte." (Schröder 2006: 398). Da Schröder davon überzeugt war, dass die Agenda 2010 eine „durch und durch sozialdemokratische Politik" (Schröder 2006: 499) darstellte, konnte und wollte er den wesentlich aus der SPD und den Gewerkschaften kommenden Widerstand dagegen nicht nachvollziehen.

Eine biographisch orientierte Rekonstruktion findet auch Hinweise auf besondere persönliche Motive. Da die Lebensziele – Kanzler- und Wiederwahl – erreicht waren, entstand ein neues Gefühl der Ungebundenheit. Die Agenda 2010 war sein Mittel, sich aus der desolaten Lage nach der gewonnenen Bundestagswahl (Koalitionsverhandlungen, öffentliche Kritik, Umfragetief, Wahlniederlagen) zu befreien und zugleich auch in der Innenpolitik historisch bedeutende Wegmarken zu setzen, die seiner Kanzlerschaft besondere Prägung verleihen sollten. Die Unterstützung für das anvisierte Reformprojekt konnte auch vom politischen Gegner kommen – jetzt ging es nach Schröders Auffassung in jeder Hinsicht um das Ganze. Die Perspektive war nicht auf zwölf Jahre gerichtet, auf langlebige Beziehungen zur eigenen Partei und den Gewerkschaften. Es ging vor allem um persönliche Selbstbehauptung und Durchsetzungskraft. Wobei zum Gegner immer mehr die Gewerkschaften und „die Funktionäre" der eigenen Partei, „die Parteilinken" wurden, die er in seinen Erinnerungen dafür verantwortlich macht, dass die Agenda nicht so akzeptiert wurde, wie sie es – seiner Auffassung nach – ohne die Kritik dieser Akteure getan worden wäre (vgl. Schröder 2006: 396-420).

4.2.4.4   Kommunikationssteuerung

Die Kommunikationssteuerung der Agenda war zunächst durch einen länger andauernden und am Ende fast inflationären *Erwartungsaufbau* gekennzeichnet. Nach der Entscheidung, dass der Aufschlag zu einer neuen Reformpolitik in Form einer Regierungserklärung erfolgen sollte, ergingen sich die Hauptakteure in mehr oder weniger präzisen Andeutungen zu Inhalt und Reichweite des anvisierten reformpolitischen Neubeginns („unangenehme Reformen", „Heulen und Zähneklappern nach der Rede" etc.). Zwar gelang es dadurch, den Tatendrang der Regierung zu demonstrieren und die innenpolitische Diskussion in der Öffentlichkeit zu dominieren, ohne konkret werden zu müssen (Korte/Fröhlich 2009: 311-313). Allerdings erreichte die Erwartungszuspitzung solche Ausmaße, dass manche Beobachter zu Recht fragten: „Wie soll ein Regierungschef solchen propagandistisch aufgeblasenen Erwartungen je gerecht werden?" (Leicht, Robert: Heute prassen, morgen zahlen lassen, Die Zeit 12/2003). Dementsprechend zurückhaltend bis enttäuscht fielen die Reaktionen auf die dann wirklich gehaltene Rede des Kanzlers am 14. März 2003 aus (vgl. Der Spiegel 12/2003).

Im Kontrast zum gezielt entwickelten externen Spannungsbogen blieb die *interne Kommunikationssteuerung* vor der Regierungserklärung in Umfang und Detailfreude äußerst begrenzt (vgl. Korte 2007: 176-177, Korte/Fröhlich 2009: 312-317). Aus dem kleinen Team, das die Rede vorbereitete, drangen nur spärliche Informationen über die konkreten Inhalte nach außen. Beteiligt waren vor allem der Kanzleramtschef Frank-Walter Steinmeier, des Kanzlers Redenschreiber Reinhard Hesse, der stellvertretende Regierungssprecher Thomas Steg, die Kanzlerbüroleiterin Sigrid Krampitz und ihr Stellvertreter Albrecht Funk sowie die Gattin des Regierungschefs, Doris Schröder-Köpf. Erst ab Ende Februar wurden dann unterschiedlichen Gruppierungen der Partei (z.B. Parlamentarische Linke, Seeheimer Kreis), einzelne Kabinettsmitglieder, Ministerpräsidenten und Spitzen von Landesverbänden, Gewerkschaftsvertreter, die Fraktionen über Elemente der geplanten Reform informiert. Es erfolgte aber zugleich der Verweis auf weitere „Überraschungen", die erst bei der eigentlichen Regierungserklärung bekannt gemacht werden sollten.[43] Der rot-grüne Koalitionsausschuss wurde mit dem Reformkonzept nicht befasst, die koalitionsinterne Abstimmung bzw. die Mitteilung der Reforminhalte fand über Joschka Fischer statt.

Die der Regierungserklärung nachfolgende *externe Kommunikationssteuerung* litt unter der Vielfalt der von SPD-Akteuren eingesetzten Argumente. Es ging los mit der Frage, ob die Agenda in sich gerecht (im Sinne von „Alles, was Arbeit schafft, ist gerecht"), perspektivisch gerecht (in längerer Sicht Wirtschaftswachstum ermöglichen und den bedrohten Sozialstaat erhalten) oder nur durch Kompensation mit anderen Maßnahmen gerecht werden könnte (die es dann nicht gab). Es setzte sich fort damit, dass Schröder seinen Generalsekretär Olaf Scholz allein ließ bei der Verortung der Reform in übergeordneten Wertzusammenhängen und dieser mit seinem Reframing-Versuch von Gerechtigkeitsvorstellungen in der eigenen Partei kläglich scheiterte – nicht zuletzt deshalb, weil seine Diskursinitiati-

---

[43] Deswegen erhielt auch die parlamentarische Opposition mit dem vorab verteilten Redetext eine „gekürzte" Fassung (Schröder 2006: 392).

ven als nachgelagerte Rechtfertigungskommunikation erschienen und von der formalen Nr. 1, dem Kanzler, nicht unterstützt wurden (Meyer 2005: 79-80).

Auch der *Name* des Reformkonzepts, geboren von Doris Schröder-Kopf erst kurz vor Schluss der Vorbereitungen zur Regierungserklärung (Schröder 2006: 393), war nicht in der Lage, eine übergreifend bündelnde und kontextsetzende Orientierung – zentrales Element jeder strategischen Kommunikationssteuerung – zu vermitteln. Der technische Begriff Agenda 2010[44] vermochte den tieferen Sinn und die sozialdemokratische Wertanbindung des Projekts nicht deutlich zu machen. Ebenso stellten die Wörter der „Hartz-Sprache" – die Reformvorschläge der Hartz-Kommission waren wichtiger Bestandteil der Reformagenda – eine Mixtur aus Management- und Werbesprache dar, die zwar zur Welt des Konsums und erfolgreichen Wirtschaftens, nicht aber zur bedrückenden Situation von Langzeitarbeitslosigkeit und staatlicher Fürsorge passten (Klein 2007: 194-201).

Die weitere Kommunikation des Reformkonzepts blieb ohne Abstimmung mit den Erwartungen und Bedürfnissen der SPD-Wähler und SPD-Mitglieder. Insbesondere fällt auf, wie weit sie sich von der Alltagskommunikation der Bürger abkoppelte (Nullmeier 2008), die für die politische Meinungs- und Willensbildung zentral ist (Schmitt-Beck 2000b). Wenn man einen kommunikativen Bezugspunkt ausmachen will, war es allein die in den Massenmedien veröffentlichte Meinung, die zu dieser Zeit als reformfreundlich charakterisiert werden konnte (Meyer 2005: 75-76). In den Kommentaren der Medien war die kommunikative Resonanz auf die Agenda überwiegend positiv (wenn auch die Maßnahmen oft als noch nicht weitgehend genug kritisiert wurden). Die Reform wurde als sichtbares Zeichen dafür gewertet, dass die deutschen Blockaden nun durchbrochen seien und Deutschland wirtschaftlich wieder international wettbewerbsfähig werden könne. Die Willensbekundungen der SPD-Führung und der sie stützende hegemoniale Mediendiskurs erreichten jedoch unter den sozialdemokratischen Wählern keine nachhaltigen Überzeugungs- und Einstellungsveränderungen.

Die in der Kommunikation der Agenda eingesetzten einfachen Formeln, die lediglich auf die Alternativlosigkeit dieser Politik verwiesen, gaben dem umfassenden, weit verzweigten und folgenreichen Reformpaket keinen kommunikativen Halt. Schon bei der großen Agenda-Rede im März 2003 wollte Schröder jeden „Schmus" vermeiden und strich die von seinen Redenschreibern Steg und Hesse eingefügten, übergeordneten Begründungszusammenhänge wieder aus seinem Redetext (Geyer/Kurbjuweit/Schnibben 2005: 258). Auch die Verspätung der offiziellen Regierungskommunikation zur Agenda, die erst im August 2003 begann und mit den vorherigen Kampagnen des Wirtschafts- und Arbeitsministeriums

---

44 Noch weniger die von Schröder – gegen den Rat von Experten – bei der Regierungserklärung benutzte bürokratische Formel „Agenda zwanzig zehn".

(Hartz-Gesetze) und Gesundheitsministeriums (Gesundheitsreform) nicht abgestimmt war, verdeutlichte das kommunikative Steuerungsproblem (Klein 2007:
167).

Trotz zentralisierter Politikentwicklung im Kanzleramt zerfaserten die Kommunikationsanstrengungen der Regierung zwischen Bundespresse- und Informationsamt, Ressorts und Regierungszentrale: „Als Schröder und Anda Anfang 2004
mehr Kommunikationsdisziplin der Ministerien bei der Vermittlung der *Agenda
2010* verlangten, verwiesen diese auf ihre Eigenständigkeit." (Marx 2008: 121). Auf
diese Weise ließ sich kein legitimatorischer Reformdiskurs initiieren. Dass aber
umfassend angelegte Reformdiskurse eine höhere Unterstützung der Bevölkerung
erreichen und Legitimationsverluste begrenzen helfen können, hat sich bei ver-
gleichbaren Politikprozessen in anderen Ländern gezeigt (Mau 1998, Schmidt
2002a).

Schröder selbst wehrt sich gegen die Einschätzung, dass die von seiner Regierung ausgehende Reformkommunikation unter Begründungsarmut gelitten habe:
„Da sich die Struktur unserer Sozialsysteme seit fünfzig Jahren praktisch nicht
verändert hatte, waren der Umbau des Sozialstaates und seine Erneuerung unab-
weisbar geworden – mit dem Ziel, seine Substanz zu erhalten. Deshalb brauchten
wir durchgreifende Neuerungen. Diesen Zusammenhang und die daraus folgende
Begründung für die Reformnotwendigkeiten habe ich oft genug vorgetragen. Es ist
also falsch, wenn in der Öffentlichkeit, auch in der SPD, immer wieder behauptet
wurde, der politische Hintergrund der Agenda 2010 sei nicht hinreichend deutlich
gemacht worden. Wer hören wollte, konnte wohl hören. Und wer nicht gehört hat,
der wollte nicht." (Schröder 2006: 392).

Zu einem anderen Analyseergebnis kommt man, wenn man die Merkmale
strategischer Kommunikationssteuerung seines damaligen stellvertretenden Regierungssprechers, Thomas Steg, zugrunde legt: „Um ein ambitioniertes Projekt
durchsetzen zu können, braucht man über mehrere Monate eine in sich schlüssige,
konsistente Kommunikationsstrategie. (...) Zunächst müssen die Inhalte vermittelt
werden. Danach muss man auf der Mesoebene die Einzelmaßnahmen in einen
Kontext bringen. Man muss Erklärungen liefern, eine Geschichte erzählen, das
narrative Element muss hinzukommen, damit die Sinnhaftigkeit in einem strukturellen Zusammenhang verstanden wird. Dann kommt noch die Metaebene der
politischen Kommunikation hinzu. Dort muss diese Politik in einen Zukunftsentwurf, in ein Bild von zukünftiger Gesellschaft eingebunden sein." (Steg zitiert in
Tretbar 2003: 193-194). Vor dem Hintergrund dieser Folie zeigte die Regierungskommunikation – abgesehen von der (allerdings wenig Sinnvermittlung stiften-
den) Überschrift „Agenda 2010" – kaum zusammenführende Elemente, die über
die Vermittlung einzelner Inhalte und Maßnahmen hinausgingen. Eine Leitlinie

der Kommunikation wurde nicht sichtbar, ein bejahender Zukunftsentwurf fehlte, das Besetzen positiver Begriffe blieb ebenso aus wie die Entwicklung einer übergreifenden „Erzählung" (vgl. Marx 2008: 119).

Von großen „didaktischen Schwierigkeiten" im Kontext der Agenda-Kommunikation spricht auch Franz Müntefering, schiebt diese Mängel aber allein auf den Zeitfaktor. Die Reformmaßnahmen seien eingeleitet worden, „(...) ohne dass wir die Überschriften und Zielsetzungen mit beschrieben haben. Das war eine Schwäche, wir hatten aber dafür keine Zeit mehr. Das haben wir auf der Strecke gesehen, es war aber nicht mehr zu verhindern. Eigentlich müsste man vom Allgemeinen zum Speziellen gehen, aber das war letztes Jahr [2003] zeitlich nicht mehr möglich. Wir mussten viele, viele Dinge gleichzeitig machen und dann begleitend oder im Nachhinein erklären, wohin die Reise eigentlich gehen soll." (Müntefering zitiert in Fischer 2005: 143).

Die Agenda-Kommunikation entsprach weitgehend dem *monologischen Strategiestil* Schröders. Sie war auf Top-down-Durchsetzung gerichtet und nicht als ein umfassender, auf Legitimation zielender Diskurs angelegt, der fortlaufend Bezüge zu grundlegenden Werten und weiter greifenden Entwicklungen herzustellen weiß und maßgeblich von der Person des Leaders getragen wird (vgl. Meyer 2005). Das entsprach dem Typ Schröders, dem es zwar um griffige und überzeugende Argumente in der direkten Kommunikation ging, der aber wenig Interesse an umfassenden Diskursen über Grundwerte und übergreifende Politikansätze zeigte (Meng 2002: 41-54). Bei der Agenda 2010 ging Schröder sogar so weit, dass er für die legislative Durchsetzung der Fraktion im Bundestag zentrale Akteure erst sehr spät oder (teilweise) gar nicht informierte, geschweige denn konsultierte (Meyer 2005: 76).

Die analytische Rekonstruktion der Agenda-Politik hat die Schwierigkeiten der rot-grünen Regierung aufgezeigt, sowohl innerhalb der relevanten Steuerungsbereiche von Organisation, Problem- und Konkurrenzpolitik sowie Kommunikation als auch in der Herstellung von Verbindungen zwischen ihnen eine integrierte Gesamtsteuerung zu gewährleisten. Nur die Herstellung eines inneren Zusammenhangs zwischen den einzelnen Elementen der Steuerung hätte zur Entwicklung und Umsetzung einer übergreifenden Regierungsstrategie führen können.

4.2.5 *Vorzeitige Abgangsphase (Januar 2005-September 2005)*

Die Schlussphase der Kanzlerschaft Schröders begann mit den Landtagswahlen in Schleswig-Holstein Anfang 2005. Dort scheiterte die vormalige Landeschefin Heide Simonis nach einem schlechten sozialdemokratischen Wahlergebnis (38,7 Prozent) trotz viermaligen Antritts bei der parlamentarischen Wahl zur Ministerpräsidentin einer vom Südschleswigschen Wählerverband (SSW) tolerierten rot-grünen Minderheitsregierung (vgl. Saretzki/Tils 2006). Das dramatische Scheitern der populären SPD-Kandidatin Simonis zeigte auch in Berlin Wirkung: „Er [Schröder][45] hatte am 29. März (...) nochmals die als ‚Pattex-Heidi' verspottete Simonis getroffen, doch ihre Nichtwahl in Kiel muss ihm in den Knochen gesteckt sein. Jemand aus seiner Umgebung formulierte: ‚Er wollte kein Pattex-Kanzler' sein, der sichtbar an seinem Sessel klebte." (Langguth 2009: 315). Die erneute Schlappe bei der Landtagswahl im sozialdemokratischen Stammland Nordrhein-Westfalen am 22. Mai führte dann zur Entscheidung des Kanzlers, über eine gescheiterte Vertrauensfrage vorgezogene Neuwahlen herbeizuführen, an die sich eine intensive Wahlkampfperiode anschloss, die schließlich bei der Bundestagswahl am 18. September zum Ende der rot-grünen Regierung und Abgang Schröders führte. Der Zeitraum vom Januar bis September 2005 wird hier *vorzeitige Abgangsphase* genannt. Sein besonderes Erkennungsmerkmal ist vor allem die in macht- und konkurrenzpolitischer Perspektive spektakuläre Entscheidung vorgezogener Neuwahlen.

4.2.5.1 Organisationssteuerung

Bezeichnend für die Steuerung der eigenen Regierungsorganisation bei der Vorbereitung der Entscheidung über das Verfahren zur vorzeitigen Auflösung des Bundestags war ihre *Zentralisierung* auf ganz wenige Akteure. Gleichviel, wer die Idee wirklich aufgebracht hat, Müntefering oder Schröder (Sturm 2009: 207-208), sie wurde in der Folge nur in sehr kleinem Kreis diskutiert und vorangetrieben. Die wichtigsten internen Diskussionen zum Für und Wider einer solchen Entscheidung fanden zwischen dem Kanzler und dem Parteivorsitzenden statt. Der „Deal" zwischen Schröder und Müntefering bestand darin, dass jeder über ein informales Veto-Recht verfügte. Bei einem „Nein" von einem der beiden sollte die Neuwahlidee nicht weiter verfolgt werden.

Mit dem Gedanken an die Radikallösung einer vorgezogenen Bundestagswahl spielten Schröder und Müntefering wohl spätestens seit den verlorenen Landtagswahlen in Schleswig-Holstein. Beide dachten über mögliche Handlungsalternativen nach, falls – was absehbar war – auch die Wahlen in Nordrhein-Westfalen verloren gehen sollten. Sicher ist, dass seitdem gelegentlich Gespräche zwischen Müntefering und Schröder zu diesem Thema stattfanden. Eingehende Lageanalysen, das Durchspielen verschiedener Szenarien und Optionen sowie eine systematische Erörterung möglicher Konsequenzen blieben jedoch aus. Frank-Walter

---

[45]   Ergänzung durch *R.T.*

Steinmeier war einer der Wenigen, die schon frühzeitiger in die Gedankenspiele von Kanzler und Parteivorsitzendem einbezogen wurden. Im Wesentlichen ging es dabei aber um die sorgfältige Prüfung möglicher verfassungsrechtlicher Hürden eines solchen Schritts und die Entwicklung rechtlich „wasserdichter" Begründungen für eine mögliche Vertrauensfrage des Kanzlers. Sie allein konnte in der konkreten Situation zu vorzeitigen Wahlen führen, da das Grundgesetz kein Selbstauflösungsrecht des Parlaments vorsieht. Steinmeier blieb bis zum Schluss ein Gegner eines solchen Schrittes.

Offizielle Gremien in Regierung, Partei und Parlament wurden mit der Frage vorzeitiger Neuwahlen vor der Entscheidung nicht befasst – wenig verwunderlich angesichts des damit einhergehenden Risikos, das für viele der involvierten Akteure auch eine Verkürzung ihrer Amtszeit um mindestens ein Jahr bedeuten konnte. Nicht zuletzt wegen des Offenhaltens der Situation und eines möglichen Überraschungscoups gegenüber der Opposition ergab sich hier fast zwangsläufig ein Gebot der Geheimhaltung. Die Grünen als Koalitionspartner wurden ebenfalls nicht konsultiert. Nur Außenminister Joschka Fischer unterrichtete man im April, ohne ihn allerdings in die Beratungen einzubinden: „,Ich hielt das für Quatsch und unnötig.' Aber so war die rot-grüne Realität: Als es mit der Koalition zu Ende ging, wurde Fischer nur in Kenntnis gesetzt." (Langguth 2009: 319).

Letztlich wurde die folgenreiche Neuwahl-Entscheidung am Nachmittag des 22. Mai 2005 relativ überraschend und spontan getroffen. Noch um die Mittagszeit hatte Frank-Walter Steinmeier nach Gesprächen mit Schröder den Eindruck, es komme nicht zu Neuwahlen („Wir machen weiter"). Auf dieser Grundlage informierte der Kanzleramtschef auch Außenminister Fischer am Telefon: „,Mach dir keine Sorgen: Das ist weg'." (Langguth 2009: 319). Danach trafen erste, für die SPD besonders düstere Prognosen vom Meinungsforschungsinstitut Forsa ein. Sie waren schlechter als das spätere tatsächliche Ergebnis. Daraufhin suchte Schröder mit Müntefering noch einmal das Vieraugengespräch. Schröder sagte, er habe die Entscheidung zur Einleitung von Neuwahlen am Ende allein getroffen und der Parteivorsitzende Müntefering habe sie mitgetragen (Hofmann, Gunter: Leiser Zweifel im Kanzleramt, Die Zeit 24/2005). Müntefering war auf dessen Entschluss zum Handeln nicht wirklich vorbereitet. Soweit man das beurteilen kann, hat er diese Entscheidung nicht abgelehnt, ihr aber auch nicht überzeugt zugestimmt.

Die unterschiedlichen Begründungen der beiden Hauptprotagonisten am Wahlabend zeigen, dass es angesichts der Spontaneität der Entscheidung noch nicht einmal Zeit für die Festlegung einer einheitlichen Sprachregelung gab. Müntefering war der Erste, der am Wahlabend um 18.28 Uhr vor die Kameras trat und verkündete: „Wir suchen die Entscheidung. Es ist Zeit, dass in Deutschland die Verhältnisse geklärt werden. (...) Die Menschen sollen das strukturelle Patt zwischen Bundestag und Bundesrat beantworten." (Feldkamp 2006: 20). Während also Müntefering das strukturelle Patt von Bundestag und Bundesrat zum Ausgangspunkt der Neuwahlentscheidung machte, stellte Schröder in seiner späteren Fernsehansprache ganz die Agenda 2010 in den Mittelpunkt. Aus seiner Sicht sollte es um ein Plebiszit über die Reformpolitik der rot-grünen Bundesregierung gehen: „Deutschland befindet sich in einem tief greifenden Veränderungsprozess. Es geht darum, unser Land unter den besonderen Bedingungen der Überwindung der deutschen Teilung auf die Erfordernisse des 21. Jahrhunderts auszurichten. Mit der Agenda 2010 haben wir dazu entschiedene Weichen gestellt. (...) Bis sich aber die Reformen auf die konkreten Lebensverhältnisse positiv auswirken, braucht es Zeit. Vor allem aber braucht es die Unterstützung der Bürgerinnen und Bürger für eine solche Politik. (...) Für die aus meiner Sicht notwendige Fortführung der Reformen halte ich eine klare Unterstützung durch eine Mehrheit der Deutschen gerade jetzt für erforderlich." (Feldkamp 2006: 20-21, Batt 2007: 65).

Zwei Tage später wurde dann mit dem SPD-Vorstand erstmals ein offizielles Parteigremium mit der angestrebten Herbeiführung von vorgezogenen Bundestagswahlen befasst. Hier zeigt sich, dass es für die internen Organisationsmitglieder zu diesem Zeitpunkt kaum mehr möglich war, dem Vorhaben entschieden entgegenzutreten, ohne den Kanzler und den Parteivorsitzenden mit Wirkung nach außen zu beschädigen. Dementsprechend gab es bei der Abstimmung über das geplante Vorgehen nur zwei Gegenstimmen und eine Enthaltung. Im am Mittwoch tagenden Kabinett waren die Neuwahlen kein Thema, die Ministerkollegen erfuhren die näheren Begründungen für das Vorziehen der Bundestagswahl erst in der Kabinettssitzung am 29. Juni 2005 – zwei Tage vor der Abstimmung über die Vertrauensfrage im Bundestag. Innerhalb der Koalition sollte weiterhin allein der Bundesaußenminister Fischer an den weiteren Vorbereitungen beteiligt werden. Das beschloss der Koalitionsausschuss von Sozialdemokraten und Grünen in seiner Sitzung am 31. Mai (vgl. insgesamt Feldkamp 2006).

Am meisten gemurrt wurde hinter vorgehaltener Hand in der sozialdemokratischen Fraktion, bei der die Entscheidung des Kanzlers die Lebensplanung vieler Parlamentarier empfindlich durcheinander gebracht hatte (vgl. Langguth 2009: 318). Nicht nur traf der Entschluss des Kanzlers die Fraktionsmitglieder wie alle anderen völlig unvorbereitet. Auch hängen eine ganze Reihe von Versorgungsansprüchen der Parlamentarier gerade an der Mitgliedschaft im Bundestag über volle zwei Legislaturperioden – und genau diese Zeitspanne war durch die eigenmächtige Verkürzung der Wahlperiode durch den Kanzler nun akut gefährdet. Neben der gefühlten Missachtung führte das dazu, dass eine ganze Reihe von sozialdemokratischen Abgeordneten sich lange nicht sicher waren, ob sie dem Kanzler wirklich das Vertrauen entziehen bzw. sich der Stimme bei der Abstimmung enthalten sollten. Die beiden grünen Abgeordneten Werner Schulz (Bündnis 90/Die Grünen) und Jelena Hoffmann (SPD) strengten ein Organverfahren vor dem Bundesverfassungsgericht an, bei dem die Verfassungsmäßigkeit einer auf diesem Weg „gewollten" Niederlage bei der Vertrauensabstimmung überprüft werden sollte.

Am 1. Juli entzog der Bundestag dem Kanzler erwartungsgemäß das Vertrauen. Die erforderliche Kanzlermehrheit wurde verfehlt. Weil sich 140 Fraktionsmitglieder der SPD der Stimme enthielten und die gesamte Opposition mit „Nein" stimmte, erhielt Schröder nur 151 Ja-Stimmen bei 296 Nein-Stimmen und 148 Enthaltungen (vgl. BT-Plenarprotokoll 15/185, 17485A). Da der Bundespräsident am 21. Juli dem Vorschlag des Kanzlers entsprach und den 15. Deutschen Bundestag auflöste (vgl. Bundesgesetzblatt Teil I 2005, Nr. 45, 2169) und der Zweite Senat des Bundesverfassungsgerichts in seiner Entscheidung vom 25. August in seiner Mehrheit keine rechtlichen Bedenken gegen die „auflösungsgerichtete" Vertrauensfrage hatte (vgl. Edinger 2006, Batt 2007), stand den vorgezogenen Bundestagswahlen am 18. September 2005 nichts mehr entgegen.

4.2.5.2　Problempolitiksteuerung

Im letzten halben Jahr der Schröder-Regierung standen inhaltliche Projekte und problempolitische Prozessteuerung kaum noch im Zentrum der Aufmerksamkeit aller beteiligten Akteure. Einige Teile der verabschiedeten innenpolitischen Reformen der Agenda traten am 1. Januar 2005 in Kraft, hatten aus der Perspektive von Regierungssteuerung nun aber vor allem Auswirkungen in den Bereichen der eigenen Organisation, in den Konkurrenzbeziehungen und der öffentlichen Kommunikation. Die Neuwahl-Entscheidung überlagerte spätestens seit Ende Mai alle problempolitischen Debatten. An einem Punkt wird in einer kurzen öffentlichen Auseinandersetzung die Verknüpfung von Problem- und Konkurrenzpolitik noch einmal relevant. Das ist die Frage einer möglichen *Kopplung* der *Vertrauensfrage* des Bundeskanzlers mit der Abstimmung über die *Unternehmersteuerreform* im Bundestag.

Auf der Suche nach plausiblen und verfassungs- bzw. rechtsprechungskonformen Begründungen für eine Vertrauensabstimmung gab es im Kreis um Schröder Überlegungen, eine problempolitische Entscheidung als Beleg für die Instabilität der Koalitionsregierung zu nutzen. Die Wahl des „Testballons", den man in diese Richtung steigen lassen wollte, fiel auf die geplante Unternehmensteuerreform, bei der eine Senkung des Körperschaftssteuersatzes von 25 auf 19 Prozent vorgesehen war (vgl. Frankfurter Allgemeine Zeitung, 27. Mai 2005). Innerhalb der Grünen gab es Stimmen, die die Zustimmung zu dem Vorhaben von einer entsprechenden Gegenfinanzierung abhängig machen wollten. Der Regierungssprecher Béla Anda und der SPD-Fraktionsvize Joachim Poß äußersten daher öffentlich Zweifel, ob die Grünen das Projekt noch mittragen wollten, da „maßgebliche Führungskräfte" der Grünen (gemeint war vor allem die Finanzexpertin Christine Scheel) nicht bereit seien, der Senkung dieser Steuern in der zweiten und dritten Lesung im Parlament zuzustimmen. Deswegen habe der Kanzler für diese „unverzichtbare" Reform keine eigene Mehrheit und einen triftigen Grund für die Vertrauensfrage. Doch das Spiel war zu durchsichtig. Die Grünen zeigten umgehend, dass sie dieses „alberne Schwarze-Peter-Spiel" (Volker Beck) nicht mitspielen würden, bei dem den Grünen die Schuld für das Scheitern der Regierung zugeschoben werden sollte (vgl. Feldkamp 2006: 21). Sie kündigten an, dass sie geschlossen hinter dem Kanzler stehen würden, wenn, wie zuvor auf dem Job-Gipfel vereinbart, für das Gesetzesvorhaben keine Kreditfinanzierung der Steuernachlässe vorgesehen sei. Bald wurde deutlich, dass das von der Regierungsspitze initiierte Manöver der Verknüpfung von Problem- und Konkurrenzpolitik nicht funktionieren würde, weil es zu durchschaubar war. In einem Gespräch mit Fischer, der sich über den Affront telefonisch beschwerte, sicherte Schröder anschließend zu, dass er die Grünen nicht aus der Koalition drängen wolle und es eine solide Regelung für die Gegenfinanzierung der Körperschaftssteuersenkung geben werde (vgl. Potsdamer Neueste Nachrichten, 30. Mai 2005). Die Herstellung eines konkreten problempolitischen Zusammenhangs mit der Vertrauensabstimmung war missglückt.

Dieses Beispiel der Begründungssuche für die Vertrauensfrage zeigt, in welche Probleme sich Schröder mit seiner spontanen „Vorwärtsstrategie" (Hofmann, Gunter: Leiser Zweifel im Kanzleramt, Die Zeit 24/2005) selbst hinein manövriert hatte. Es galt nun gute Gründe zu finden, die politisch und rechtlich eine Vertrauenskrise innerhalb der Regierung belegen konnten. Angesichts der bisher – zumindest nach außen gezeigten – Disziplin in der Koalition und den parlamentarischen Fraktionen kein leichtes Unterfangen.

Die Anlage des Steuerungshandelns bei der Herbeiführung der Neuwahlen weist auf *persönliche Merkmale* Schröders hin, seine Art Politik zu machen. Er ist ein *Offensivspieler*, der aus bedrängten Lagen eigentlich nur einen Weg kennt: nach vorn. Ein „Aussitzen" nach Art von Helmut Kohl oder ein kluges Defensivspiel, das wartet, bis bessere Züge möglich sind, die einen Ausweg aus misslichen Lagen weisen, liegt ihm nicht (Langguth 2009: 317). Kommt Schröder in Bedrängnis, sucht er den Befreiungsschlag – und sei es eine „Befreiungskapitulation" (Gunter Hofmann) wie im Fall der vorgezogenen Neuwahlen. Es spricht einiges dafür, dass Schröder im Mai 2005 innerlich mit seiner Kanzlerschaft abgeschlossen hatte und nun nach einer – wie auch immer gearteten – Entscheidung suchte. Abwarten erschien ihm als Hängepartie.

Später, in seiner Autobiographie, zeichnete Gerhard Schröder ein Horrorsze-nario, zu dem gehörten: Totalblockade der Union; Massenagitation der Medien, bürgerlichen Parteien und Wirtschaftsverbände; Erzwingung des Kanzlerrücktritts durch die Parteilinke; „eine Zerreißprobe nach der anderen" und „Staatskrise" (Schröder 2006: 489). Das war jedoch nur ein Szenario unter vielen. Schröders stili-sierte für sich eine Entscheidungssituation, die ihm keine andere Wahl ließ. Erwä-gungen, wie *Will and Skill* eines aktiven, selbstbewussten Akteurs der schwierigen Lage und weiterer Entwicklung hätten entgegenwirken können, spielten keine entscheidende Rolle mehr. Es fehlte ein eigener politischer Wille, der in längerer Perspektive dagegenhält.

Dabei gab es Gesichtspunkte für ein Standhalten: der gerade von Schröder immer wieder beschworene Zeitbedarf für das Greifen der Reformen (der sprach für den spätest möglichen Wahltermin); die zu erwartende Verbesserung der Kon-junktur (die auch harte politische Maßnahmen in ein günstigeres Licht rückt); die Stimmungsdemokratie, von der so oft die Rede ist und die man beeinflussen kann (vor dem Hintergrund eigener positiver Erfahrungen mit den Stimmungsumbrü-chen 1999/2000 oder 2002 und der 2006 stattfindenden Fußball-Weltmeisterschaft im eigenen Land); schließlich die Grundorientierung erfahrener Politiker, dass man nicht vorzeitig aufgibt, weil man zu oft erlebt hat, wie auch in scheinbar aus-weglosen Situationen Unerwartetes geschieht.[46]

Gerhard Schröder persönlich wollte eine schnelle Entscheidung. Die drei an-deren starken Akteure des inneren Kreises folgten ihm nicht (Frank-Walter Stein-meier und Joschka Fischer) oder nur widerstrebend (Franz Müntefering). Sie hat-ten andere Lage-, Entwicklungs- und Optionseinschätzungen. Als der Kanzler die Situation jedoch in dieser Weise definierte, zeigte er, dass ihm die Kraft für einen lang andauernden Kampf gegen interne und externe Widerstände fehlte. In dieser Situation machte es auch für Müntefering keinen Sinn mehr, Schröder zum Wei-termachen zu überreden.

4.2.5.3 Konkurrenzpolitiksteuerung

Wie wir gesehen haben, verweisen die plausibelsten Interpretationen bei der ana-lytischen Rekonstruktion der Neuwahlentscheidung des Kanzlers auf die *Person* Schröders und seinen *Politikstil*. Der Befreiungsschlag befreite ihn aus inneren Nö-ten und entsprach seinem Persönlichkeitstyp, der auf kurzfristiges, überraschen-des, eindrucksvolles Handeln setzt. Die Befreiung läge darin, aus der als schmach-

---

[46]   So generalisierte Willy Brandt seine Erfahrung, „dass es hoffnungslose Situationen kaum gibt, solange man sie nicht als solche akzeptiert." (Brandt 1989: 83).

voll erlebten Defensive herauszukommen, den Gegner wieder angreifen zu dürfen, die eigene Person als einzige Ressource, an die man noch glaubt, in die Waagschale werfen zu können. Schröder – ein Regierungschef als Spieler[47] und ein leidenschaftlicher Wahlkämpfer: „„Die Neuwahl-Entscheidung war ein echter Schröder', sagt einer seiner Minister. Schröder wollte es noch einmal wissen." (Sturm 2009: 211). Sein Wille, eine schnelle Entscheidung herbeizuführen, überlagerte die Vielzahl möglicher kalkulatorischer Abwägungen hinsichtlich der Neuwahl-Aktion. Über den unbedingten Vorsatz hinaus, nicht in eine als politische Dauerkrise erlebte Lage zu geraten, kommen für die Analyse in konkurrenzpolitischer Perspektive verschiedene strategische Ziele in Betracht. Ihre mögliche kalkulatorische Fundierung ist von unterschiedlicher Qualität. Da die „wirklich" verfolgten Ziele der Akteure bislang im verborgenden geblieben sind, kann politische Strategieanalyse hier nur einen allgemeinen Plausibilitätscheck vornehmen.

Zwei von den Akteuren explizit formulierte Ziele lauteten: *Blockade im Bundesrat aufheben* und *Plebiszit über die Agenda 2010*. Das Blockade-Argument beruht auf den für die Regierung ungünstigen Machtverhältnissen im Bundesrat. Die SPD-Politik, so die Begründung für Neuwahlen, werde von der bürgerlichen Mehrheit im Bundesrat blockiert. Dieses Argument überzeugt zum einen kaum, weil die Bundesratsmehrheit sich nicht durch eine Bundestagswahl verändert. Zum anderen hatten die bürgerlichen Parteien Schröder bei der Durchsetzung der Agenda 2010 in Bundestag und Bundesrat erst die erforderlichen Mehrheiten besorgt, über die er mit der SPD nicht mehr verfügte. Das zweite geäußerte Ziel hieß Plebiszit über die Agenda 2010. Hier stellten sich, abgesehen von den strukturellen Grenzen eines themenbezogenen Plebiszits im Rahmen von Wahlen, den Entscheidungsakteuren in strategischer Perspektive eine Fülle von Fragen, die eher gegen diesen Schritt sprachen: sollten Wähler SPD-Abgeordnete vom linken Flügel, die gegen die Agenda 2010 waren, abwählen und damit die SPD schwächen? Wie konnte man die widerstrebende Partei-Linke durch Wahl disziplinieren, wenn man gleichzeitig für die Gesamtpartei ein besseres Wahlergebnis wollte? Welche Aussichten konnte man bei der Wahl haben, wenn das gewünschte Entscheidungsthema auf breite Ablehnung stieß, was gerade beim eigenen Wählerpotential der Fall war?

Eine andere Zielrichtung beträfe *koalitionspolitische Optionen*. Normalerweise will eine regierende Koalition bei einer Wahl bestätigt werden. Hier war es aber lediglich Joschka Fischer, der als eher einsamer grüner Spitzenkandidat für die Wiederwahl von Rot-Grün kämpfte. Schröder dagegen erklärte Rot-Grün für unzeitgemäß: „Rot-Grün, sagt Schröder, habe nicht wirklich zu den Problemen gepasst. (...) Das ‚eigentliche Problem', darum macht er auch jetzt kein Geheimnis,

---

47   Vgl. unter anderem Hogrefe (2002) zur Charakterisierung von Schröder als Spieler.

bestand aus Schröders Sicht darin, dass die Kombination Rot-Grün zu dieser ‚gesellschaftlichen Situation', die wir haben, nicht wirklich passte." (Hofmann, Gunter: Leiser Zweifel im Kanzleramt, Die Zeit 24/2005). Negativ formuliert bedeutete so ein Ziel einen Schlussstrich unter Rot-Grün zu setzen. Positiv formuliert hieße das Ziel dann Koalitionswechsel. Rot-Grün hatte seit der Bundestagswahl 2002 die Mehrheit verloren – bei starken Anteilen der Grünen.[48] Wie konnte Schröders Koalitionsvorstellung nach einer rot-grünen Regierung aussehen? Es blieb eine bürgerliche Mehrheit, die zur Zeit der Neuwahlforderung wahrscheinlichste Variante, oder die immer mögliche Große Koalition. Schröders „staatspolitische" Argumentation lässt sich so verstehen, dass die Reformpolitik eine neue parlamentarische Mehrheit brauchte, entweder eine bürgerliche oder eine der Großen Koalition. In einem Interview im Oktober 2006 sagte Müntefering auf die Frage, ob das politische Kalkül der Neuwahl nicht darin bestand, die Sozialdemokraten in eine Große Koalition zu retten, damit sie wenigstens nicht in die Opposition gehen müsste: „An dieser Mutmaßung ist eines richtig: Ich wollte, dass die SPD nicht in die Opposition kommt." (Müntefering-Interview „Kleinkarierter Mist", Die Zeit 43/2006).

Weitere Kalküle, die zur Neuwahl-Entscheidung beigetragen haben, ohne dass sie als ausschlaggebende Gründe oder eigenständige strategische Ziele gelten können, beziehen sich auf die *Schwächung konkurrenzpolitischer Gegner*. Ein Beweggrund, der vor allem Müntefering, aber auch Schröder zugeschrieben wurde, lag wohl darin, dem Gründungsprozess der Linkspartei zuvorzukommen und sie dadurch zu schwächen.[49] Darin sieht etwa Ottmar Schreiner, Mann des linken SPD-Flügels, einen zentralen Impuls für die Einleitung vorgezogener Bundestagswahlen: „Einer der Gründe für die Neuwahlen war der Versuch, einer entstehenden Linken frühzeitig das Wasser abzugraben."(Langguth 2009: 323). Mit Blick auf die Union lag eine Chance darin, diesen Gegner zu überraschen, weil er zu diesem Zeitpunkt weder über einen Kanzlerkandidaten verfügte noch über ein Programm beschlossen hatte. Allerdings lagen die Unionsparteien demoskopisch weit vorn, so dass dieser Mangel die Christdemokraten kaum in ihren Grundfesten erschütterte.

Zusätzliche Bedingung und möglicherweise unterstützendes Motiv der Aktion waren zudem die regierungsinternen Erkenntnisse über die *prekäre Haushaltslage* (vgl. Schäfers, Manfred: Im Haushaltsloch, Frankfurter Allgemeine Zeitung, 20. Dezember 2005), die unter Verknüpfung von *problempolitischen* und *konkurrenzpolitischen Aspekten* ebenfalls die Abkürzung der Legislaturperiode nahe legen mochten. Im Frühjahr 2005 legte Finanzminister Eichel auf einer Klausursitzung

---

[48]   Nur im Herbst 2004 gab es eine kurzfristige Erholung (vgl. Zohlnhöfer 2007: 136).

[49]   Allerdings ging dieses Kalkül nicht auf, weil die Neuwahlentscheidung bei den Linken eher als Katalysator wirkte (vgl. Holtmann 2009: 34).

seine Überlegungen zur mittelfristigen Haushaltspolitik dar – und präsentierte erschütternde Zahlen: „Es bestehe keinerlei Aussicht auf einen verfassungskonformen Haushalt, dozierte er. Eichel verwies auf ein strukturelles Defizit von 40 bis 50 Milliarden Euro und schlug daher eine Erhöhung der Mehrwertsteuer um vier Prozentpunkte vor. Nur so, argumentierte er, seien die totale Schieflage des Haushalts und enorme Verstöße gegen die Maastricht-Kriterien zu verhindern." (Sturm 2009: 209-210). Die Mehrwertsteuererhöhung sollte nach den Vorstellungen von Eichel zur Hälfte in die Haushaltskonsolidierung und einen geringeren Arbeitslosenversicherungsbeitrag fließen. Eichel selbst hielt das für eine kluge Strategie: „Intern argumentierte ich, wenn die Opposition die Mehrwertsteuererhöhung ablehne, können man sie nach ihrem Rezept fragen und im Wahlkampf darauf verweisen, dass sie nach der Wahl eine viel ungerechtere Lösung beschließen würde." (Sturm 2009: 210). Da auch die allermeisten Länder finanziell mit dem Rücken zur Wand standen, hatte Eichel die Hoffnung, die notwendige Mehrheit dafür im Bundesrat zusammenzubekommen: „Die Ministerpräsidenten von Sachsen-Anhalt, Böhmer, und des Saarlands, Müller (beide CDU), sollen dem Bundesfinanzminister signalisiert haben, einen solchen Schritt zu unterstützen; Sachsens Regierungschef Milbradt (ebenfalls CDU) wollte dies möglicherweise ebenfalls mittragen (...)." (Schäfers, Manfred: Im Haushaltsloch, Frankfurter Allgemeine Zeitung, 20. Dezember 2005, S. 1). Auch wenn Müntefering und Schröder das geplante Vorgehen von Eichel als politisch naiv und absurd ablehnten („Du bist wohl verrückt"), mag die bedrohliche Haushaltssituation des Bundes sie auf der Suche nach einem Weg zur Verkürzung der Legislaturperiode bestärkt haben.

Noch heute werden das damalige Zeitmanagement der SPD-Führung und die dahinter liegenden Kalküle hinterfragt: „Die Ausgangsbedingungen für die Bundestagswahl 2009 unterscheiden sich jedoch von 2005. Damals stand die Bevölkerung zwar noch unter dem Eindruck der jahrelangen wirtschaftlichen Schwäche, fasste aber allmählich Hoffnung auf Besserung. Die Wahl fiel in den hochlaufenden Aufschwung; bis heute wird sich die Führung der SPD sicher fragen, ob sie nicht viel bessere Voraussetzungen gehabt hätte, wenn sie den ordentlichen Wahltermin 2006 abgewartet hätte." (Köcher, Renate: Nüchterne Wechselstimmung, Frankfurter Allgemeine Zeitung, 17. Juni 2009). Diese Frage muss jedoch auch für eine politische Strategieanalyse hypothetisch bleiben.

4.2.5.4 Kommunikationssteuerung

Anhand von zwei Ausschnitten soll die Kommunikationssteuerung der letzten Monate unter Rot-Grün rekonstruiert werden. Das eine Beispiel ist der kommunikative Umgang der Regierung mit dem Bundespräsidenten im Vorlauf der parlamentarischen Vertrauensabstimmung und der Auflösung des Bundestags, das andere die sich anschließende Kampagnensteuerung in der Wahlauseinandersetzung mit der Opposition.

Die Kommunikationssteuerung gegenüber dem Bundespräsidenten Horst Köhler im Vorfeld der Neuwahlentscheidung war einerseits geprägt durch das eigene Misstrauen des Kanzlers gegenüber der parteipolitischen Neutralität des Staatsoberhaupts, andererseits durch die späteren Schwierigkeiten der sozialdemokratischen Regierungsspitze, ihre Genossen gegenüber Köhler kommunikativ zu disziplinieren.

Schröder und Müntefering wollten am Wahltag des 22. Mai die mediale Deutungshoheit und das Überraschungsmoment ihres Neuwahl-Coups unbedingt sicherstellen – nicht zuletzt, um die vorhersehbar aufbrechenden Diskussionen über den Zustand der SPD und ihre Regierungsfähigkeit nach der verheerenden Wahlschlappe in den Hintergrund zu drängen. Dafür nahmen sie sogar die Missachtung der Institution des Bundespräsidenten in Kauf. Mit Horst Köhler fand vor der Verkündung der Neuwahl-Entscheidung durch Franz Müntefering am frühen Abend der Landtagswahl in Nordrhein-Westfalen keine Abstimmung statt (vgl. Der Spiegel 23/2005, Feldkamp 2006, Langguth 2007). Schröder begründete die ausgebliebene Vorabinformation des Staatsoberhaupts mit der mangelnden Erreichbarkeit des Bundespräsidenten, der wahrscheinlichere Grund lag aber darin, dass man befürchtete, Köhlers Umfeld würde die Nachricht über dieses Vorhaben vor der offiziellen Bekanntmachung eigenständig verbreiten (Sturm 2009: 212-213).

Dieses Misstrauen gegenüber dem Bundespräsidenten beeinflusste die Kommunikationsteuerung der Regierung auch im späteren Prozess der Einleitung vorgezogener Neuwahlen. So warfen etwa der stellvertretende Vorsitzende der SPD-Fraktion Ludwig Stiegler, der Sprecher des Seeheimer Kreises, Johannes Kahrs, oder die sozialdemokratische Vizepräsidentin des Bundestags Susanne Kastner dem Bundespräsidenten in Interviews mangelnde parteipolitische Zurückhaltung bzw. Parteilichkeit vor (Feldkamp 2006: 23). In der SPD gab es verbreitet Vermutungen, dass der Bundespräsident Informationen der vertraulichen Gespräche zwischen dem Kanzler und ihm über die Gründe für die angestrebte Vertrauensfrage an die Öffentlichkeit lanciert habe. Das betraf insbesondere das in den Medien verbreitete Argument Schröders, er verfüge über keine Rückhalt in der eigenen Fraktion mehr und müsse deswegen eine Vertrauensabstimmung mit dem Ziel der Auflösung des Bundestags vornehmen (vgl. Der Spiegel 23/2005). Der Partei- und Regierungsführung um Gerhard Schröder und Franz Müntefering gelang es anschließend nur mühsam und unter Einsatz ihrer ganzen politischen Autorität, diese medialen Verbalattacken gegen den Bundespräsidenten wieder einzudämmen. Sie befürchteten, die Erfolgsaussichten des angestrebten Verfahrens könnten unter der öffentlichen Auseinandersetzung und der Kritik am Staatsoberhaupt leiden. Da der Bundespräsident am 21. Juli mit der Auflösung des Parlaments den Weg für Neuwahlen frei machte, erfüllten sich diese Annahmen nicht. Die Wahlkampfkommunikation der Sozialdemokraten richtete sich wieder auf ihre parteipolitischen Gegner.

Gemessen an den Ausgangsbedingungen zum Zeitpunkt der Einleitung der vorgezogenen Neuwahlen, gelang insbesondere den Sozialdemokraten in einem – dem Wahlkampf von 2002 in seiner Dynamik nicht unähnlichen – Schlussspurt im Sommer 2005 doch noch ein durchaus beachtliches Wahlergebnis. Es führte sie trotz erheblicher eigener Verluste mit 34,2 Prozent fast an die ebenfalls schwach abschneidende Union (35,2 Prozent) heran (vgl. Forschungsgruppe Wahlen 2009). Die Grünen verloren zwar nur geringfügig an Stimmen (-0,5 Prozent), waren jedoch hinter der FDP und der Linkspartei nur fünftstärkste Kraft. Noch im Mai hatten die Sozialdemokraten in der politischen Stimmung am Boden gelegen, während die Union sich im Höhenflug befand und unter den Bürgern eine nennenswerte Wechselstimmung vorherrschte (Jung/Wolf 2005: 3-4). Der christdemokratische Vorsprung schmolz jedoch im Laufe der Wahlkampfauseinandersetzung – insbesondere ab dem Spätsommer 2005 – immer stärker ab. Den Sozialdemokraten gelang eine eindrucksvolle *Schlussmobilisierung*.

Die Wahlkampagne der SPD ruhte vor allem auf den drei Eckpfeilern von Personalisierung, Emotionalisierung und Polarisierung (vgl. Tenscher 2009: 135-139). Die *Personalisierung* fokussierte primär auf den Kanzler als Spitzenkandidaten, der gegenüber Merkel mit seinen Schlüsselkompetenzen Führungsstärke und Symphatie zu punkten versuchte. Die Tatsache, dass der Kanzler fast im Alleingang für die SPD sprach (Brettschneider 2005a: 23), kam schon fast einer „Monopolisierung" gleich. Die *Emotionalisierung* setzte vor allem ab August 2005 ein, als problematische Äußerungen des brandenburgischen Innenministers Jörg Schönbohm, der den gewaltsamen Tod von neun Babys mit einer spezifisch ostdeutschen Verwahrlosung des Gemüts in Verbindung brachte, und des bayerischen Ministerpräsidenten Edmund Stoiber, der „den Frustrierten" des Ostens nicht erlauben wollte, über Deutschlands Zukunft zu entscheiden, den Sozialdemokraten eine Vielzahl unverhoffter Angriffsflächen boten (vgl. Käppner, Joachim: Die Frustrierten, Süddeutsche Zeitung, 12. August 2005). Die *Polarisierung* schließlich setzte auf die Präsentation der Sozialdemokraten als einzig verlässliche Partei der sozialen Gerechtigkeit und der Solidarität, wozu eine weiter nach links verschobene Positionierung im SPD-Wahlmanifest gehörte (Niedermayer 2007a: 27).

Dagegen stand die Kampagnenkommunikation der Union, die auf *Ehrlichkeit*, *Sachrationalität* und *Vertrauenswürdigkeit* setzte (Niedermayer 2007a: 26-34). Sie hatte ihren Ausgangspunkt beim großen demoskopischen Vorsprung der Opposition zum Wahlkampfauftakt. Ein „typischer" Angriffswahlkampf der Opposition erschien vor diesem Hintergrund wenig aussichtsreich. Deswegen entschied man sich – verbunden mit einer Kritik der negativen Bilanz der Regierung im Feld der Wirtschafts- und Arbeitsmarktpolitik – den Wählern nüchtern und ehrlich zu sagen, wie die Lage Deutschlands eingeschätzt wird und auf welche Maßnahmen sich die Bürger für die Zukunft einzustellen haben. Merkel selbst wurde als kompetente und vertrauenswürdige Kandidatin präsentiert, ohne dass die Union einer besonderen Personalisierung Vorschub leistete. Dieser „Ton neuer Sachlichkeit" (Karl-Rudolf Korte) erschwerte dann eine geeignete kommunikative Reaktion der christdemokratischen Wahlkämpfer auf die seit dem Sommer zunehmenden „Polarisierungen, Simplifizierungen und Diffamierungen seitens der Schröder-Mannschaft" (Tenscher 2009: 138). Die auf Emotionalität und Personalisierung setzende SPD-Kommunikation hatte zudem gegenüber den sachrationalen Kommunikationsbemühungen der Union eine wesentlich höheres Medienecho (Brettschneider 2005a: 23-24).

Der kommunikative Clou und die *besondere Kommunikationsleistung* der Regierung bestanden darin, die Verhältnisse von Regierung und Opposition in der öffentlichen Kommunikation virtuell umzudrehen. Sie führte quasi einen *Oppositionswahlkampf aus der Regierung* heraus. Dies war nur möglich, da die Union und ihre Kanzlerkandidatin im Frühjahr/Sommer 2005 demoskopisch sowie in der öffentlichen Wahrnehmung bereits gewonnen zu haben schien. Angela Merkel war bereits die „gefühlte Kanzlerin" (Korte 2005: 13) und die Sozialdemokraten gerierten sich kommunikativ als Opposition. In typischer Oppositionsmanier wurde auf ein aggressives *Negative Campaigning* gesetzt, bei dem vor allem der im Kompetenzteam der Union für die Finanzpolitik zuständige ehemalige Verfassungsrichter und Steuerexperte Paul Kirchhof in den Mittelpunkt der Kritik rückte: „Fortan wurde der ‚Professor aus Heidelberg', diese ‚merkwürdige Gestalt' mit seinem ‚illusorischen und zutiefst ungerechten' Steuermodell, der als ‚Mann der Kälte'" und der ‚Grausamkeiten' den Deutschen ‚an die Rente' und sie zu seinen ‚Versuchskaninchen' machen wolle und dessen Pläne zu einer ‚kalten, unsolidarischen und unmenschlichen Gesellschaft' führen würden, die den ‚inneren Frieden' des Landes zerstören, konsequent zur Personifizierung des radikal Unsozialen stilisiert." (Niedermayer 2007a: 33).

Diese Kampagne gegen Kirchhof führte einerseits zu einer *medialen Aufmerksamkeitsfokussierung* auf das Thema *Steuerpolitik* und andererseits, wie von den Sozialdemokraten gewollt, zu dessen Verbindung mit dem Aspekt von *sozialer Gerechtigkeit* (Brettschneider 2005a: 24). Letztlich war den sozialdemokratischen Angriffen Erfolg beschieden: „Mit ihrer negative-campaigning-Strategie gelang es der SPD, das wirtschaftpolitische Thema Steuerpolitik zu einem sozialpolitischen zu machen, es mit der Wertedimension zu verbinden, sich selbst als Gralshüterin der sozialen Gerechtigkeit und die Union als Partei der sozialen Kälte zu stilisieren und zudem die Vertrauenswürdigkeit als zentrale Imagedimension der Unions-kampagne zu erschüttern." (Niedermayer 2007a: 34).

Die Schlussmobilisierung der Sozialdemokraten konnte auch deshalb so gut funktionieren, weil viele Wähler bis kurz vor der Wahl noch unentschieden waren, welcher Partei sie ihre Stimme geben wollten. Der Anteil der Unentschlossenen lag 2005 um rund 50 Prozent über dem der letzten Bundestagswahlen von 2002 (Hilmer/Müller-Hilmer 2006: 201). Den SPD-Wahlkämpfern kam insbesondere die eher unpolitische Prägung dieses neuen Typs der bis zuletzt unentschlossenen Wechselwähler entgegen, da diese Wählergruppen besonders empfänglich für stärker emotional geprägte und intensiv medial gestützte Kampagnen sind (Jung/Wolf 2005: 4). Das entsprach genau der kommunikativen Anlage der sozialdemokratischen Wahlkampfstrategie.

5 Das Strategieprofil der Schröder-Regierung: Erklärungen

Im vorangegangenen Kapitel wurde aufgezeigt, unter welchen strategischen Voraussetzungen die Regierung Schröder ihre Arbeit 1998 aufnahm und welchen Veränderungen ihr strategisches Steuerungsprofil im Zeitverlauf unterschiedlicher Phasen der Regierungstätigkeit unterworfen war. Im nun folgenden Abschnitt besteht die Aufgabe darin, die daraus gewonnen Erkenntnisse im Hinblick auf die Gesamtheit des strategischen Steuerungsprofils der Schröder-Regierung zusammen zu führen und anschließend nach Erklärungen der spezifischen Profilausprägungen zu suchen. Strategische Ausgangskonstellation und Profilentwicklung zeigen in der Gesamtschau ein *strategisches Steuerungsprofil* (Strategieprofil), das als charakteristisches Erscheinungsbild des Regierungsakteurs mit Bezug auf die spezifischen Merkmale des Strategy-Making definiert wurde.

5.1 Das Profil strategischer Steuerung unter Kanzler Schröder

Die charakteristischen Merkmale strategischer Regierungstätigkeit unter Schröder offenbaren mit Blick auf die vier zentralen Steuerungsfelder vor allem die ausgebliebene Kopplung relevanter Organisationsbereiche in Regierung, Partei und Parlament, wechselnde Stoßrichtungen in der Problempolitik, die besondere Konkurrenzstärke der Regierung und ihres Kanzler in Zeiten des Wahlkampfs sowie eine im Wesentlichen situativ angelegte Regierungskommunikation.

5.1.1 Ungekoppelte Organisationssteuerung

Ein Kernmerkmal der Regierung Schröder lag in der spezifischen Art und Weise ihrer Organisationssteuerung. Sie weist Charakteristika der Nicht-Kopplung auf. Der Kontext von parlamentarischem Regierungssystem und Party-Government, der die Parteiendemokratie Deutschlands als Strukturmerkmal kennzeichnet, stellt besondere Anforderungen an die Organisationssteuerung einer Regierung.[50] Die

---

[50] Vgl. dazu das Kapitel 3.1.

kollektive Parteiregierung setzt sich zusammen aus Regierungsmitgliedern, administrativen Akteuren, den Mehrheitsfraktionen als Trägern der Regierung, und Akteuren aus den an der Regierung beteiligten Parteiorganisationen. Strategische Organisationssteuerung erfordert angesichts der Vielzahl unterschiedlicher Steuerungsaufgaben einerseits eine *institutionelle Ausdifferenzierung* des Kollektivs, andererseits *gerichtete Steuerungsleistungen* der Führung, die das Handeln der Regierung im engeren Sinne, der außerparlamentarischen Parteiorganisation in ihren Bezügen zur Regierung sowie die Aktivitäten der Fraktionen, die die Regierung im Parlament tragen, koordinieren und integrieren.[51] Die Regierungsteuerung unter Kanzler Schröder prägte eine Distanz der Regierung (im engeren Sinne) zur Parteiorganisation und -fraktion sowie die Nutzung eines fragmentierten Modells der regierungsinternen Organisationsstruktur.

5.1.1.1 Parteidistanziertes Regieren

Im Kontext von Party-Government durchdringen Parteien und Parteiakteure alle relevanten Regierungsinstitutionen. Daraus erwächst für die Führungsakteure der Regierung die Aufgabe, sämtliche „faces of party" (Katz/Mair 1993) in das eigene Steuerungshandeln einzubinden. Schwierig genug als oppositionelle Partei, wird diese Anforderung für Regierungsparteien zusätzlich erschwert, weil dann nicht nur die Verknüpfung von Partei und Regierung, sondern zugleich die koordinierende Steuerung von Legislative und Exekutive sowie politischer Administration und bürokratischer Organisation zu gewährleisten ist (Goetz 2006). Trotz der prinzipiellen Notwendigkeit einer Integration der Partei in den Prozess der Regierungssteuerung im Party-Government, bleiben den Akteuren erhebliche Ausgestaltungsspielräume bei der Erfüllung dieser Aufgabe. Die spezifische Form der Einbindung der einzelnen Organisationsbereiche hat jedoch Folgen – sowohl für die Regierung und den Regierungsprozess als auch für die Partei.

Die Diagnose *parteidistanzierten Regierens* unter Schröder bezieht sich vor allem auf die Regierungsführung der sozialdemokratischen Akteure in der Kernregierung. Bei den Spitzenakteuren um den Kanzler dominierte eine instrumentelle Perspektive[52] auf die Organisation, bei der man Partei und Fraktion mehr als ein Instrument zur Steuerung des Regierungshandelns und weniger als eigenständige, zentrale Impulsgeber für die Politikentwicklung und -durchsetzung ansah. Sichtbar geworden ist dieser auf Distanz angelegte Modus der Steuerung gegenüber

---

[51]   Vgl. dazu das Kapitel 3.4.2.1.
[52]   Vgl. Kapitel 3.4.2.1.

den Organisationsbereichen von Partei und Fraktion an vielen Stellen des Regierungsprozesses.

Bis zum Rücktritt von seinen Regierungs- und Parteiämtern und der Rückgabe des Parlamentsmandats im Frühjahr 1999 suchte aus den *unterschiedlichen Machtzentren* der sozialdemokratischen Regierungsakteure nur Oskar Lafontaine eine enge Bindung an die Partei.[53] Er beschwerte sich auch öffentlich darüber, dass er als Parteivorsitzender und die Partei insgesamt an die politischen Initiativen des Kanzleramts nicht hinreichend angeschlossen seien. Nach dem Abgang Lafontaines schreckte Schröder vor der nahe liegenden Lösung der Übernahme einer eigenen *Doppelfunktion* von *Parteivorsitz* und *Kanzler* zunächst zurück, obwohl gerade diese Funktionsbündelung eine wichtige Voraussetzung für die engere Kopplung zwischen Partei und Regierung darstellen konnte. Im Zögern und dem schließlich eher widerwilligen erfolgten Antritt als Parteivorsitzender setzte sich das Muster eines eher distanzierten Verhältnisses von Schröder zu seiner Partei fort, das schon im eigenen Aufstieg „gegen" die Partei sichtbar geworden war. Es fand seine Fortsetzung in der Tendenz Schröders, die Sozialdemokraten auch als Vorsitzender von außen und oben steuern zu wollen, ohne besondere Rücksicht auf die eigenen Ansprüche der Partei.[54]

Parteidistanz bewies der Kanzler auch mit dem im kleinen Kreis vorbereiteten und im Juni gemeinsam mit dem britischen Regierungschef präsentierten *Schröder-Blair-Papier*.[55] Die Inhalte dieses Konzepts und das eigene Erstaunen über die Reaktionen in der Partei zeigten das geringe Verständnis Schröders für Bedingungen und Anforderungen innerparteilicher Kommunikationsprozesse und seine neue Rolle als Parteivorsitzender. Angesichts der Vorgeschichte innerhalb der Sozialdemokratie und seines neuen Amts als Repräsentant der „Gesamtpartei" erlebten die Genossen diese dezidierte richtungspolitische Positionierung des Kanzlers vor allem als Affront gegen die Partei.

Im *Wahlkampf 2002* wirkten die Spannungen zwischen Partei und Regierungszentrum fort, die schon Teile des vorherigen Regierungsprozesses gekennzeichnet hatten. Persönliche Konflikte zwischen Zentralakteuren in Regierung, Fraktion und Partei sowie Entkopplungstendenzen im Verhältnis der sozialdemokratischen Wahlkampfeinrichtungen untereinander führten zu erheblichen Problemen einer einheitlichen Organisationssteuerung.[56] Der informale Sieger der Auseinandersetzungen um Führungsanspruch und Richtungsvorgaben war am Ende das Kanzleramt, nicht die Partei im Willy-Brandt-Haus oder das Kampa/02-Team.

---

[53]   Vgl. Kapitel 4.2.1.1.
[54]   Vgl. Kapitel 4.2.1.1.
[55]   Vgl. Kapitel 4.2.1.4.
[56]   Vgl. Kapitel 4.2.3.1.

Auch das *Regieren mit Kommissionen* lässt sich als Ausdruck von Parteidistanz im Steuerungsprozess interpretieren.[57] Öffentlichkeitsorientierte externe Politikberatung und „von außen" kommende programmatische Konzeptentwicklung durch Expertengremien nutzte Schröder einerseits als Mittel zur Beeinflussung der öffentlichen und medialen Agenda sowie zum Verschieben von Entscheidungszeiträumen. Andererseits diente das Regieren mit Kommissionen aber auch als gezieltes Instrument zur Überwindung (partei)politischer Widerstände im Zusammenhang mit reformpolitischen Regierungsvorhaben (vgl. Murswiek 2003).

In gleicher Weise war der strategische Einsatz von *Vertrauensabstimmungen* und *Rücktrittsdrohungen* als *Disziplinierungsmittel* in und außerhalb des Parlaments – beispielsweise bei der Entscheidung über den Afghanistan-Einsatz im November 2001[58] oder der Durchsetzung der Agenda 2010[59] – Resultat eines Steuerungsmodus, der sich in den Entscheidungsgrundlagen und verfolgten Zielen zum Teil in beträchtlichen Widerspruch zu den Auffassungen und Interessen von Partei und Fraktion setzte. Gleichviel, ob man das Ausüben dieses Drucks angesichts der konkreten Entscheidungssituationen jeweils als unausweichlich ansah, es war ein Symptom zuvor nicht erfolgter inhaltlicher und prozessualer Kopplung von Regierung, Partei und Fraktion.

Gerade die umfassende Reformpolitik der Agenda 2010 machte das sozialdemokratische Regieren in Distanz zur eigenen Partei besonders sichtbar. Die zentralisierte Programmentwicklung, eine nachgelagerte Organisationsbeteiligung sowie die Nichteinbettung des Großprojekts in einen sozialdemokratischen Wertediskurs offenbarten eine Orientierung der Spitzenakteure, die ihren Horizont nicht in der bisherigen Programmatik der deutschen Sozialdemokratie fand.[60] Der schon länger virulente *Programm-Praxis-Dualismus*, bei dem die Programmdebatte weder von der Regierungspraxis beeinflusst wurde, noch die Programmarbeit erkennbare Bedeutung für das Handeln der Regierung gewann (Meyer 2007), fand in der Agenda 2010 einen neuen Höhepunkt.

5.1.1.2 Separierte Strukturierung der Kernexekutive

Profilbildend für den Steuerungsprozess des administrativen Kerns der Regierung zeigte sich unter Schröder die Beibehaltung der „gesäulten" und separierten Struktur der deutschen Ministerialverwaltung. Ihr besonderes Merkmal liegt in einer organisationsförmig gestalteten Koordinations- und Kontrollroutine, die im We-

---

[57]   Vgl. dazu etwa Kapitel 4.2.3.2.
[58]   Vgl. Kapitel 4.2.3.2.
[59]   Vgl. Kapitel 4.2.4.1.
[60]   Vgl. Kapitel 4.2.4.1.

sentlichen eine kompetente Organisation problempolitischer Konzepte und ihrer inneradministrativen Abstimmung gewährleistet (vgl. Sturm/Pehle 2007). Es unterblieben Ansätze, die Regierungszentrale auch institutionell zu einem umfassenderen strategischen Steuerungszentrum auszubauen, das als eine Art „Schaltzentrale" für die vier zentralen Steuerungsbereiche Organisation, Problempolitik, Konkurrenzpolitik und Kommunikation hätte fungieren können.

Ganz im Gegenteil bestand die wesentliche institutionelle Neuerung in der Regierungszentrale zu Beginn von Rot-Grün darin, eine Art *Parallelstruktur* von *Koordinationskompetenz* (Steinmeier) und *Visionskompetenz* (Hombach) im Kanzleramt zu installieren. Sie stand der Etablierung einer integrierenden Kompetenz entgegen.[61] Dies war allerdings mehr Folge einer spezifischen Personenkonstellation und -wahl als eines systematischen Versuchs der Neuausrichtung des Kanzleramts. Die gewählte Struktur misslang in strategischer Hinsicht nicht nur aufgrund der institutionellen Fehlkonstruktion, die in der Doppelung statt Zusammenführung steuernder Kompetenz lag. Sie misslang auch aufgrund der persönlichen Konkurrenzverhältnisse zwischen dem Kanzleramtschef Bodo Hombach und dem Staatsekretär Frank-Walter Steinmeier. Die Konflikte zwischen Hombach und Steinmeier führten zu internen Machtspielen, die in den ersten Monaten von Rot-Grün selbst die alltäglichen Koordinations- und Kontrollroutinen im Kanzleramt behinderten – von einer Zentrierung der Steuerungskompetenz war man weit entfernt.

Eine institutionell auf Dauer angelegte *Analyse- und Planungsabteilung*, die Regierungsinitiativen sowohl konzeptionell hätte vorbereiten können und gleichzeitig an die relevanten Politikprozessen in der Regierung unmittelbar angeschlossen gewesen wäre, entstand nicht.[62] Kompetenzen politischer Planung hatte Hombach gleich beim Regierungsantritt von der Linie in seinen eigenen Stab im Kanzleramt integriert. Nach seinem frühen Abgang wurde diese Umstrukturierung vom neuen Kanzleramtschef Steinmeier rückgängig gemacht. Die früheren Mitarbeiter Hombachs versetzte man unter der Leitung von Wolfgang Nowak in die neue Abteilung für politische Analysen und Grundsatzfragen, ohne dass diese für die strategische oder operative Steuerung des weiteren Regierungsprozesses größere Bedeutung erlangte. Folgerichtig wurde diese Arbeitseinheit nach der Bundestagswahl 2002 vollständig aufgelöst.

Die institutionelle Zerfaserung *kommunikativer Kompetenz* innerhalb der Bundesregierung, die sich in einer separierten Kommunikation von Kanzleramt, Ressorts und Bundespresseamt ausdrückt, blieb auch während der Kanzlerschaft Schröders erhalten. Daran änderten die Bemühungen der rot-grünen Regierungs-

---

61   Vgl. Kapitel 4.2.1.1.
62   Vgl. dazu die Kapitel 4.2.1.1 und 4.2.2.1.

sprecher Uwe-Karsten Heye und Béla Anda um eine Neuordnung der internen Organisation des Bundespresseamts und eine optimierte kommunikative Prozesssteuerung nichts.[63] Eine „nachgelagerte" kommunikative Steuerung wurde unter diesen strukturellen Bedingungen zum Erkennungsmerkmal rot-grüner Regierungskommunikation. Die Steuerungseffektivität hing von der Kooperationsbereitschaft der unterschiedlichen Regierungsakteure ab. Diese verfolgten jedoch auch institutionelle Eigeninteressen. Deswegen gelang es der Regierung Schröder im gesamten Regierungszeitraum allenfalls periodisch, die strukturelle Heterogenität und Fragmentierung der Regierungskommunikation durch eine optimierte Prozesssteuerung auszugleichen.[64]

Zu einem weiteren Erkennungsmerkmal der regierungsinternen Koordination wurden *sachpolitisch fragmentierte Abstimmungsprozesse* zwischen der SPD und den Grünen.[65] Sie waren auch eine Folge organisatorischer Nicht-Strukturierung dieser notwendigen Koordination innerhalb der Regierung. Sie drückte sich in der untergeordneten Bedeutung formaler Gremien wie des Koalitionsausschusses aus und führte insbesondere auf Seiten der Grünen zu einer Suche nach informalen Kanälen der Abstimmung. Nach der Klärung der Hierarchie im Kanzleramt wurde dann insbesondere der neue „operative Chef" Steinmeier zum meistgesuchten Ansprechpartner. Aus der Gesamtsteuerungsperspektive einer Regierung stellten sich die unterschiedlichen Akteurkonstellationen, Einflussbeziehungen und gefundenen Koordinationswege vor allem als ein Beteiligungsproblem der Grünen dar.

5.1.2 Problempolitik ohne Linienführung

Kennzeichnend für viele Bereiche der innenpolitischen Problempolitik unter Schröder waren Richtungswechsel, bei denen vorher ausgegebene Problemlösungslinien kurze Zeit später neu justiert und bereits getroffene politische Sachentscheidungen wieder „kassiert" wurden. Eine leicht erkennbare, einheitliche Linie wertgebundener Gestaltungsziele, die man mit verlässlichen Instrumenten dauerhaft anzustreben versuchte, entstand durch diesen Steuerungsmodus nicht. Die problempolitischen Richtungswechsel entsprangen keineswegs ausschließlich umweltbezogenen Kalkulationen, die andere, eigentlich bevorzugte Optionen als nicht durchsetzbar erscheinen ließen. Sie hatten ihren Ursprung ebenso in wechselnden normativen Absichten.

---

[63]   Vgl. dazu die Kapitel 4.2.1.4 und 4.2.2.4.
[64]   Vgl. dazu die Kapitel 4.2.1.4, 4.2.2.4, 4.2.3.4, 4.2.4.4 und 4.2.5.4.
[65]   Vgl. dazu etwa das Kapitel 4.2.2.1.

Es begann damit, dass das viel beschworene „rot-grüne Projekt" zumindest kein gemeinsames programmatisches Projekt war.[66] Einigen inhaltlichen Übereinstimmungen zwischen Sozialdemokraten und Grünen im Bereich der Innen- und Rechtspolitik standen große Differenzen in der Umwelt- und Außenpolitik gegenüber. Während die SPD die Handlungsschwerpunkte im arbeitsmarkt- und wirtschaftspolitischen Sektor sah, lagen diese für die Grünen bei ökologischen und energiepolitischen Themen. Aus den Programmen der Koalitionäre ergab sich folglich kein eindeutiges und übereinstimmendes problempolitisches Profil, um dessen Umsetzung es in der Folge hätte gehen können.

Eine fehlende problempolitische Gradlinigkeit zeigte sich dann etwa in den „mehrfachen Diskontinuitäten" (Zohlnhöfer 2003a) der Finanzpolitik im ersten Regierungsjahr.[67] Diese richtungspolitische Inkohärenz war nicht auf Probleme innerhalb der Koalition oder gar eine Koalitionsräson zurückzuführen, da die SPD in der *Finanzpolitik* die Richtung bestimmte. Sie war vielmehr Folge des personalpolitischen Wechsels von Lafontaine zu Eichel. Er führte die Wende von expansiver Haushalts- und aktiver Konjunktursteuerung zu einem Sparkurs in der Haushaltspolitik und steuerpolitischen Impulsen auf der Angebotsseite herbei. Die jeweiligen Minister folgten ihren eigenen Vorstellungen und legten dementsprechend den Kurs fest, da der Kanzler keine eindeutigen Linien vorgab.

Ähnliche Kurswechsel lassen sich auch für die *Ökosteuer* feststellen, etwa bei den „sozialen Korrekturen" ihrer Ausgestaltung im Herbst 2000.[68] Die Anlage dieses steuerpolitischen Instruments war durch ihre stufenweise Einführung auf „Wiedervorlage" angelegt. Auf diese Weise enthielten wiederkehrende Entscheidungserfordernisse angesichts der verbreiteten Widerstände gegen diese Steuer regelmäßig konkurrenzpolitische Brisanz. Hier gab insbesondere der Kanzler nicht nur einmal konkurrenzpolitischen Kalkulationen den Vorrang. Folge davon war, dass eine stetige, berechenbare und auf deutliche Lenkungswirkung zielende Ausgestaltung vor allem an seinem Widerstand scheiterte und die problempolitische Linienführung der Regierung in diesem Feld beeinträchtigte.

Auch in anderen Policy-Feldern entwickelten sich Zick-Zack-Profile der eingeschlagenen Problemlösungspfade. Als Beispiele seien nur genannt die umfangreichen Re-Regulierungen und nachfolgende Deregulierungen im Arbeitsrecht (Scheinselbständigkeit, geringfügige Beschäftigungsverhältnisse, Kündigungsschutz etc.), die Rücknahme privater Zuzahlungen im Gesundheitswesen und deren Wiedereinführung oder die Aussetzung des demographischen Faktors in der

---

66 Vgl. Kapitel 4.2.1.2.
67 Vgl. Kapitel 4.2.1.2.
68 Vgl. Kapitel 4.2.2.3.

Rentenformel und dessen Renaissance als Nachhaltigkeitsfaktor (vgl. etwa Rose 2003, Egle 2009).

Den dramatischsten programmpolitischen Kurswechsel beging Schröder mit dem Großvorhaben der Agenda 2010. Diese Reform war vorher weder im Wahlprogramm noch im Koalitionsvertrag der Neuauflage von Rot-Grün angekündigt worden. Sie traf vor allem die eigene Partei völlig unvorbereitet.[69] Die zum Teil drastischen Maßnahmen, die eine Fülle unterschiedlicher Politikfelder betrafen, brachen nicht nur mit langen sozialdemokratischen Traditionen, sondern auch mit weiten Teilen der bisherigen Regierungspolitik. Die Agenda-Politik erwies sich in einigen Bereichen sogar als ein Reformprojekt dritter Ordnung (vgl. Hall 1993). Dabei wird das Regierungshandeln nicht nur geringfügig modifiziert, sondern unter ein gänzlich neues politisches Paradigma gestellt, das weitreichende Veränderungen auf der Ebene von Zielhierarchien, Instrumenten und instrumentellen Justierungen beinhaltet.[70]

5.1.3   Konkurrenzstärke im Wahlkampf

Eine besondere Stärke der Regierung Schröder (und insbesondere des Kanzlers selbst) lag in der Wahlkampfkompetenz gegenüber der parteipolitischen Konkurrenz. Zweimal gelang es Gerhard Schröder und der SPD, aus fast ausweglos erscheinenden strategischen Lagen doch noch sehr respektable Wahlergebnisse zu erzielen. 2002 erlaubte das Resultat der Bundestagswahl die Fortsetzung von Rot-Grün. 2005 führte die sozialdemokratische Wahlkampfführung (im Zusammenwirken mit den Fehlern der Union) zu einer erstaunlichen Aufholjagd, die die SPD in einer Großen Koalition an der Macht hielt. Auch diese *Konkurrenzstärke im Wahlkampf* gehört zum spezifischen Steuerungsprofil der Regierung Schröder. Sie wurde, außerhalb des wahlpolitischen Wettbewerbs, teilweise durch geschickte *konkurrenzpolitische Schachzüge* in der *Personalsteuerung* ergänzt.

Im Wahlkampf trafen Schröders persönliche Stärken als sympathischer, rhetorisch versierter Kämpfer der Sozialdemokratie und sein eigenes politisches Grundverständnis zusammen, das die konkurrenzpolitische Auseinandersetzung mit dem Gegner ins Zentrum aller Politik rückt: „Sicherlich ist Politik gestalten, Politik machen, Entscheidungen treffen die zentrale Aufgabe für einen Politiker, sozusagen die Pflicht. Aber die Kür für mich ist der Wahlkampf, die direkte Begegnung mit dem Wähler, das Werben, das Kämpfen um Stimmen, der Austausch von Argumenten. Politische Beschlüsse fassen, das können auch Technokraten, es besser

---

[69]   Vgl. dazu die insbesondere die Kapitel 4.2.4.1 und 4.2.4.2.
[70]   Vgl. Kapitel 4.2.4.2.

wissen, das können auch Journalisten; aber Wahlkämpfe führen, das können und müssen eben nur Politiker." (Schröder 2006: 496).

In der Wahlauseinandersetzung 2002 zeigten sich die Sozialdemokraten flexibel bei der Anpassung ihrer zunächst gewählten Personalisierungs- und Polarisierungsstrategie. Als diese ins Leere lief, ersetzte man sie durch eine Mobilisierungs- und Koalitionsstrategie.[71] Die Union hatte dem wenig entgegenzusetzen, weil ihre Wahlkampfanlage statisch blieb. In der Ausfüllung der neuen Strategie erwiesen sich situative Eingebungen des Kanzlers hilfreich für ein Themenmanagement, das Mobilisierungsthemen wie den Irakkrieg in den Vordergrund spielte und (katastrophische) Fenster der Gelegenheit wie die Jahrhundert-Flut nutzte, um eigene Handlungskompetenz zu demonstrieren. Unterstützt von einer fehlenden Wechselstimmung, tief sitzender Wählerskepsis gegenüber der Union sowie der (durch die Einsetzung der Hartz-Kommission genährten) Erwartung baldiger arbeitsmarktpolitischer Erfolge, gelang der Regierung Schröder ein Last-Minute-Swing. Er beruhte auf eigener Wahlkampfstärke.

Die sozialdemokratische Wahlkampagne 2005 setzte auf Personalisierung, Emotionalisierung und Polarisierung.[72] Die eindrucksvolle Schlussmobilisierung der SPD, die einen uneinholbar scheinenden Vorsprung der Union auf der Zielgeraden fast noch egalisierte, gelang aufgrund besonderer kommunikativer Leistungen. In deren Mittelpunkt stand wiederum der exzellente Wahlkämpfer Schröder. Ein Oppositionswahlkampf aus der Regierung heraus, aggressives Negative Campaigning (vor allem gegen Paul Kirchhof) und eine mediale Fokussierung auf das Thema Steuerpolitik in Verbindung mit dem Wertegesichtspunkt von sozialer Gerechtigkeit bewirkten, dass die Sozialdemokraten ganz am Ende ein hohe Zahl unentschlossener Wähler zur Stimmenabgabe für ihre Partei bewegen konnten. Auch hier waren das intuitiv-situative Gespür des Kanzlers und seine konkurrenzpolitische Wahlkampfstärke ausschlaggebende Erfolgsfaktoren.

Personalpolitisch gelangen Schröder zuweilen Besetzungen, die sich *konkurrenzpolitisch* günstig auswirkten. Ein Beispiel dafür ist die Platzierung von Otto Schily als Innenminister der rot-grünen Bundesregierung. Daneben gab es auch eine Fülle von Ministerentscheidungen, die entweder gar keinen Erfolg hatten (z.B. Jost Stollmann) oder aber aufgrund von Skandalen zu vorzeitigen Rücktritten führten.[73] Davon unbenommen bleibt jedoch die zuweilen gezeigte Fähigkeit Schröders, personalpolitische Entscheidungen für Zwecke der Konkurrenzpolitik einzusetzen.

Schilys Nominierung bedeutete personal- und organisationspolitisch die Durchsetzung einer eher parteifremden Figur innerhalb der SPD. Konkurrenzpoli-

---

[71]   Vgl. Kapitel 4.2.3.3.
[72]   Vgl. Kapitel 4.2.5.4.
[73]   Vgl. dazu im Einzelnen Sturm (2009).

tisch schloss sie vor allem eine offene Flanke im Bereich innerer Sicherheit gegenüber der Union. Zwar blieb die Kompetenzvermutung für Innere Sicherheit trotz
Otto Schily immer bei den Unionsparteien. Durch das Sheriff-Image Schilys wurde
das jedoch neutralisiert und schadete der SPD im Folgenden konkurrenzpolitisch
nicht mehr. Dieses Beispiel illustriert, wie Schröder durch geschickte personalpolitische Schachzüge Möglichkeiten der latenten Image-Wirkung einzelner Person für
die eigene Konkurrenzpolitik zu Nutzen wusste.

Auf ähnlicher Ebene, wenn auch konkurrenzpolitisch weniger wirkungsvoll,
spielten die Besetzungen von Beauftragten der Bundesregierung mit führenden
Repräsentanten von Union und FDP. Sie irritierten und ärgerten die Opposition
manches Mal (vgl. Langguth 2009: 280). Zu nennen wären hier etwa der FDP-
Politiker Otto Graf Lambsdorff, der die Verhandlungen über die Entschädigungen
von Zwangsarbeitern führte, der ehemalige christdemokratische Bundespräsident
Richard von Weizsäcker, der die Leitung der Kommission zur Sicherheit und Zu-
kunft der Bundeswehr übernahm, vor allem aber die Besetzung des Vorsitzes der
Zuwanderungskommission mit der Unionspolitikerin Rita Süßmuth, die in der
Zuwanderungsfrage wesentlich liberaler dachte als ihre Partei.

5.1.4 Situative Kommunikation

Im Steuerungsbereich Kommunikation fiel unter Schröder vor allem die inkonsistente und inkohärente *kommunikative Linienführung* auf. Sie kam in vielfach *wechselnden Deutungsrahmen* zum Ausdruck. Ein Kommunikationsangebot der Regierung, das die Vielzahl politischer Maßnahmen unter einem kommunikativen Dach
über einen längeren Zeitraum hätte sinnstiftend bündeln können, blieb aus. Kennzeichnend waren *situative Kommunikationsleistungen* ohne zusammenführende
Elemente der Narration und ein an *kurzfristigen Erfolgen* orientierter kommunikativer Steuerungsmodus.

Das erste Jahr zeigte keine Transformation und Fortführung der erfolgreichen
Wahlkampfformel „Innovation und Gerechtigkeit" im Regierungsprozess, sondern
schnelle Wechsel unterschiedlicher Positionen und eine vielfältige kommunikative
Anschlusssuche. Sie reichten vom reformerischen Schröder-Blair-Papier mit Anleihen am britischen „Third Way" bis zum traditionell ausgerichteten sozialdemokratischen Diskurs der französischen Sozialisten unter Lionel Jospin.[74]

Die *kommunikative Zersplitterung* setzte sich auch in der Stabilisierung- und
Programmphase der Regierung Schröder fort.[75] Die im Folgenden angebotenen

---

[74]   Vgl. Kapitel 4.2.1.4.
[75]   Vgl. Kapitel 4.2.2.4.

Deutungsrahmen (z.B. Zivilgesellschaft, Führung im Konsens, ruhige Hand) blieben vielfältig und ohne richtungspolitische oder wertgebundene Festlegung. Keine der eingesetzten Kommunikationsfiguren wurde über unterschiedliche Felder hinweg systematisch für die Deutung und Interpretation des eigenen Regierungshandelns genutzt.

Eine *kurzfristige Orientierung* offenbarte die kommunikative Steuerung der Positionsfindung Deutschlands gegenüber der Irak-Intervention der Vereinigten Staaten von Amerika.[76] Ohne konkreten äußeren Anlass nutzte Schröders die ablehnende Positionierung gegenüber möglichen militärischen Interventionen der US-Regierung für Wahlkampfzwecke, weil er auf die Mobilisierungskraft einer solchen deutschen Haltung im eigenen Wählersegment vertraute. Diese Maßnahme zeigte zwar die gewünschte Wirkung im Bundestagswahlkampf 2002 und trug damit zum späten Wahlsieg von Rot-Grün bei. Sie führte jedoch gleichzeitig zu kommunikativen und diplomatischen Folgekosten, mit denen Schröder sich dann bei der Fortführung seiner Amtsgeschäfte konfrontiert sah.

Gerade die *Wahlkampfkommunikation* gehörte zu den Stärken kommunikativer Steuerung unter Schröder. Mit situativ erfolgreicher, flexibler und insbesondere von den zentralen Wahlkämpfern Schröder und Fischer exzellent umgesetzter Kampagnenführung gelang es der Regierung in beiden Wahlauseinandersetzungen, kommunikative Vorteile zu erringen, die sich positiv auf die erzielten Ergebnisse auswirkten. Ein besonderer Coup gelang im Wahlkampf 2005, als die Regierungsakteure es schafften, die Regierungs- und Oppositionsrollen in der öffentlichen Auseinandersetzung durch kommunikative Umdeutung zu vertauschen.[77] Sie führten fortan einen Oppositionswahlkampf aus der Regierung heraus, der die Sozialdemokraten im Wahlergebnis nahe an die zuvor weit vorn liegende Union heranführten, ohne dass es allerdings diesmal für eine Fortführung von Rot-Grün gereicht hätte.

Auch beim reformpolitischen Großvorhaben Schröders, der Agenda 2010, setzten sich einige der charakteristischen Merkmale rot-grüner Kommunikationssteuerung fort.[78] Es mangelte an vorausschauender *Erwartungssteuerung*, der Partei und Wähler auf den geplanten Richtungswechsel hätte vorbereiten können. Der Präsentation des Reformpakets in der Regierungserklärung vom 14. März 2003 folgte eine nachgelagerte *Rechtfertigungskommunikation*. Diese litt unter der Vielfalt eingesetzter Argumentationsfiguren, die Bezugnahmen auf einen übergeordneten Wertzusammenhang vermissen ließen und die verkündeten Maßnahmen als alternativlos vorführten. Die offizielle und abgestimmte Regierungskommunikation

---

76   Vgl. Kapitel 4.2.3.4.
77   Vgl. Kapitel 4.2.5.4.
78   Vgl. Kapitel 4.2.4.4.

verspätete sich um ein halbes Jahr. Die einzelnen Reformfelder und -ziele blieben unscharf. Name und Sprache der Agenda waren keine kommunikativen Stützen und wirkten eher kontraproduktiv. Es gelang nicht, das Reformpaket (über die einheitliche Überschrift hinaus) kommunikativ zu bündeln, mit einem *positiven Zukunftsentwurf* und einer *Leitlinie* zu verbinden, die die ganzen Anstrengungen mit Bezug auf eine übergreifende „Erzählung" zusammenfasst.

Das insgesamt sichtbar gewordene kollektive Kommunikationsprofil der Regierung entsprach in großem Umfang den kommunikativen Stärken des Kanzlers Schröders. Sie lagen in der griffigen und überzeugenden Argumentationsführung in Zusammenhängen direkter Kommunikation. In diesem Profil manifestierte sich zugleich Schröders spezifischer Persönlichkeitstyp, der wenig Interesse an umfassenden Diskursen über Grundwerte und übergreifende Politikansätze zeigte (vgl. Meng 2002: 41-54).

5.1.5 Resümee: fragmentierte Regierungssteuerung

Fasst man in dieser Perspektive das Steuerungsprofil der Regierungszeit Schröder zusammen, werden vor allem *strategische Fragmente* sichtbar. Nahezu immer blieb die Orientierung kurzfristig, die strategische Konzeptentwicklung bruchstückhaft und die Organisation von Strategiekompetenz unvollendet. Das schloss strategisch intendierte Handlungsketten, situativ erfolgreiche Ziel-Mittel-Umwelt-Kalkulationen, gelungene Policy-Politics-Verknüpfungen oder die konsequente Umsetzung begrenzter Konstellationsstrategien keineswegs aus. Dennoch bleibt das Bild einer Regierung, die zwar einige *strategische Momente*[79] hatte, nicht aber den Versuch der Gestaltung eines auf dauerhafte Kohärenz und Konsistenz angelegten strategischen Steuerungsprozesses unternahm.

5.2 Erklärungen des strategischen Steuerungsprofils

Im folgenden Abschnitt steht die Suche nach Ursachen für das strategische Steuerungsprofil der Regierung Schröder im Zentrum der Aufmerksamkeit. Identifiziert werden sollen Einflussfaktoren, die zur ungekoppelten Organisationssteuerung, Problempolitik ohne Linienführung, Konkurrenzstärke im Wahlkampf und situativen Kommunikation, also der insgesamt fragmentierten Regierungssteuerung unter Kanzler Schröder beigetragen haben.

---

[79] Vgl. zur Kategorie des strategischen Moments Raschke/Tils (2007: 156-159).

Gemäß der Anlage der Arbeit handelt es sich hierbei um ein Muster *komplexer Erklärung*,[80] der die umfassende und zugleich spezifische Darlegung des Explanandums – hier das strategische Steuerungsprofil der Regierung Schröder – vorausgegangen ist. Darauf aufbauend soll nun nach Einflussfaktoren gesucht werden, die zur Erklärung der Entwicklung der zuvor analytisch rekonstruierten strategischen Prozessverläufe beitragen können. Die umfassende Gesamterklärung ist dabei aus einer Vielzahl unterschiedlich zusammengesetzter und miteinander verknüpfter Einzelerklärungen aufgebaut. Sie nehmen zum Teil Bezug auf im analytischen Bezugsrahmen entwickelte Kategorien (Strategiefähigkeit des Regierungsakteurs, Konzept strategischer Regierungsführung, Kernelemente strategischer Regierungssteuerung).

Ein komplexes Erklärungsmuster grenzt sich ab von der Vorstellung, dass es einfache *deterministische Erklärungszusammenhänge* für die besondere Ausformung eines strategischen Regierungssteuerungsprofils geben könne. Ausgegangen wird vielmehr davon, dass keine kausalen Imperative existieren, die bestimmte Ausformungen des Strategieprofils zwingend herbeiführen. Auch *monokausale Erklärungsmuster*, die die spezifische Profilausprägung nur auf eine einzige Ursache zurückführen wollen, gehen an der strategischen Realität vorbei. Das strategische Steuerungsprofil ist, das hat die bisherige Analyse verdeutlicht, Folge und Ergebnis eines komplexen Zusammenwirkens von Akteurintentionen, Akteurkonstellationen und -interaktionen sowie relevanten Umweltfaktoren. Deswegen muss es für die Erklärung darum gehen, die verschiedenen Einflussvariablen und ihre Wirkungen auf das strategische Steuerungsprofil zu präzisieren.

Die Besonderheiten des hier gewählten analytischen Zugriffs *verstehenden Erklärens*[81] kommen auch im Erklärungsabschnitt zum Tragen. Verstehendes Erklären meint, in der klassischen Formel Max Webers, „soziales Handeln deutend verstehen und dadurch in seinem Ablauf und seinen Wirkungen ursächlich erklären" (Weber 1980: 1). Dabei wird das Verstehen des „Sinnzusammenhangs" (Weber 1980: 4), in dem der Akteur handelt, als ein Erklären des tatsächlichen Ablaufs des Handelns angesehen. Eine verstehende Strategieanalyse meint auf der Ebene von Erklärungen, dass sie politisch-strategische Handlungen analytisch nachvollziehen, deutend verstehen und auf dem Fundament dieses Verständnisses in ihren Abläufen und Wirkungen ursächlich erklären will. Für die generalisierende und erklärende Funktion können dieselben Begriffe und analytischen Kategorien verwendet werden, die schon bei der strukturierten Erfassung und Darstellung hilfreich waren.

---

[80]   Vgl. Kapitel 1.2.
[81]   Vgl. Kapitel 1.2.

Bezogen auf unseren Untersuchungsgegenstand bedeutet verstehendes Erklären, dass ein wesentlicher Teil des Erklärungsprozesses schon in der analytischen Rekonstruktion des strategischen Regierungssteuerungsprozesses lag. Für den Erklärungsabschnitt werden lediglich noch einmal einzelne Einflussgrößen „isoliert" und in ihrem Einfluss auf die besondere Ausformung des strategischen Steuerungsprofils spezifiziert. Der innere Zusammenhang von Verstehen und Erklären ist zugleich Ausdruck der besonderen Theorieanlage des hier verfolgten handlungstheoretisch-akteurzentrierten Ansatzes politischer Strategieanalyse (vgl. Raschke/Tils 2010). In dieser Perspektive kommt dem Erklärungsabschnitt so etwas wie eine „Brückenfunktion" zu – vom deutenden Nachvollzug einzelner Strategieprozesse hin zu einzelfallübergreifenden Aussagen einer um Generalisierung bemühten allgemeinen Strategietheorie.

5.2.1 Geringe Strategiefähigkeit

Ein zentraler Erklärungsfaktor ist die Strategiefähigkeit des kollektiven Regierungsakteurs. (Fehlende) Strategiefähigkeit beeinflusste die strategische Profilentwicklung wesentlich. Die Krisen- und Findungsphase der Regierung war vor allem Ausdruck des vorher ausgebliebenen Aufbaus von Strategiefähigkeit, bei der Führung und Richtung innerhalb des Kollektivakteurs hätte geklärt werden müssen.[82] Über den gesamten Zeitraum der Kanzlerschaft Schröders blieb die Strategiefähigkeit entweder prekär oder aber, in Phasen der relativen Stabilisierung, für das Steuerungshandeln der Regierung wenig genutzt. Kennzeichen der geringen Strategiefähigkeit waren unbalancierte Führung, Richtungswechsel und versprengte Strategiekompetenz. Sie trugen zu den Phänomenen ungekoppelter Organisationssteuerung, Problempolitik ohne Linienführung und situativ orientierter Regierungskommunikation ursächlich bei.

5.2.1.1 Unbalancierte Führung

Die Nicht-Klärung der Führungsfrage zwischen Oskar Lafontaine und Gerhard Schröder innerhalb der SPD hatte objektive Bedeutung für das strategische Handlungsvermögen der Regierung. Ohne Sicherheit darüber, wer Führung und Richtung der Formation bestimmt, also die unbestrittene Nr. 1 war, konnte ein zielorientiertes Navigieren im Regierungsprozess nicht gelingen. Während Lafontaine

---

[82]   Vgl. dazu die Kapitel 4.1.1 und 4.2.1.

die Führungsrolle inhaltlich interpretierte, wurde die Entscheidung darüber aus der Sicht Schröders mit seiner eigenen Kanzlerschaft getroffen.

Die anfängliche Differenz zu Lafontaine war für Schröder ein psychologisches, kein politisches oder gar strategisches Problem.[83] Er sah nicht, dass die SPD nach dem völligen Rückzug Lafontaines ein massives Gerechtigkeitsproblem haben würde. Primär nicht einmal wegen der Parteilinken, die sich – stellvertretend für Lafontaine – auf diese Frage fokussierte, sondern wegen enttäuschter Erwartungen sozialdemokratischer Wähler (Hilmer 2001). Gefordert war vom neuen Parteivorsitzenden nun eine *organisatorische Gesamtführung* der Sozialdemokraten, die die unterschiedlichen Pole innerhalb der Partei integrierend repräsentiert. Schröder tat das Gegenteil. Das Schröder-Blair-Papier vergrößerte die Schwierigkeiten der Nach-Lafontaine-Phase durch die einseitige Ausrichtung des Führungshandelns. Das Konzept polarisierte ohne Wertbegründung und ideellen Überbau, den Tony Blair und Labour für ihre Regierung geliefert hatten. Die Gerechtigkeitsfrage, die sich zudem in Großbritannien und Deutschland wegen unterschiedlicher kultureller Traditionen anders stellte (vgl. Mau 1998, 2003), wurde ausgeblendet.

Das nicht-kompensatorische Handeln des Regierungschefs, die unbalancierte Führung Schröders hatte vor allem Konsequenzen in der Problempolitik und bei der Gestaltung der Regierungskommunikation. Wechselhafte, aber wiederholt einseitig dominante Signale in den von der Regierung initiierten Problemlösungsansätzen trugen zum Phänomen einer Problempolitik ohne Linienführung bei. Auch die kommunikativen Signale der Regierung blieben situativ orientiert, ohne klare Kontur und Stetigkeit. Sie zeigten nicht den Versuch eines integrierenden Führungshandelns, das die unterschiedlichen Ansprüche innerhalb der Sozialdemokratie organisatorisch balanciert hätte.

5.2.1.2 Richtungswechsel

Gerhard Schröders Kanzlerschaft war gekennzeichnet durch Führung *ohne* klare Richtung. Er war immer macht- und situationsorientiert, nie programm- und richtungsorientiert. Seine Richtungsansagen blieben sprunghaft und wechselnd wie die Situationen, für die sie bestimmt waren. Eine Grundlage für kontinuierliche, antizipierende Strategiebildung und Steuerung konnte daraus nicht entstehen. Nicht nur die fehlende organisatorische Gesamtführung, auch die fehlende programmatische Richtungskonsistenz seiner Partei trug zur Problempolitik ohne Linienführung und zur Abwesenheit einer kommunikativen Leitidee für das Regierungshandeln bei.

---

[83]   Vgl. dazu die Darstellung bei Schröder (2006: 123-129).

Der Richtungslose, der Schröder insgesamt war, startete 1997/1998 vom Modernisierungspol, auf den ihn die Wahlkampagne als Gegenpol zu Lafontaine gestellt hatte.[84] Die Koalitionsverhandlungen mit den Grünen und das Regierungsprogramm 1998 bestimmte Lafontaine, den Schröder weitgehend gewähren ließ. Die daraus entstehende Linie war in wirtschafts- und sozialpolitischen Fragen eher traditionalistisch. Nach dem Abgang Lafontaines stellte sich Schröder nicht der richtungspolitischen Aufgabe, die sich daraus ergab. Den Gerechtigkeitspol ließ man personell unbesetzt und eine personifizierte Dialektik zwischen Modernisierung und Gerechtigkeit wurde nicht zum Drehbuch des Regierens. Dann aber musste Schröder von nun an selbst die *programmatische Gesamtintegration* politisch gestalten und symbolisieren. Tatsächlich versuchte er im Widerspruch dazu, die Partei auf eine eher radikale Modernisierungslinie fest zu legen: ideologisch mit dem Schröder-Blair-Papier, problempolitisch mit Hans Eichels Spar- und Konsolidierungspolitik. Aber auch dies erreichte nicht die Verbindlichkeit, die für eine konsistente Linienführung notwendig gewesen wäre. Das zeigten etwa die in andere Richtungen weisende Anleihen an den traditionell-sozialdemokratischen französischen Diskurs Ende 1999. Es setzte sich im weiteren Regierungsprozess fort durch wechselnde problempolitische Richtungen, aber keine zusammenführenden Begründungen. Erst mit der Reformpolitik der Agenda 2010 sendete der Kanzler ein eindeutiges, längerfristiges Richtungssignal aus, das er dann auch bis (fast)[85] zum Schluss durchhielt – allerdings gegen weite Teile der eigenen Partei (und Wähler).

Zu den fortlaufenden Richtungswechseln trug Schröders inhaltliche Anlehnungsbedürftigkeit bei. Er hatte weder Kraft noch Neigung zu eigener Richtungsbestimmung. Das wechselnde problempolitische und kommunikative Profil der Regierung entstand durch Anlehnung an ausgearbeitete Positionen anderer. Zunächst war Schröder eine Weile festgelegt auf die Rolle als Gegenwicht zu Lafontaine. Als der ging, entwickelte er kein Gesamtkonzept aus eigenen Stücken, sondern lehnte sich an Blair an. Dann bezog er aus Eichels Zukunftsprogramm einiges an Sprache und Begründungen (z.B. Generationengerechtigkeit). Gleichzeitig lehnte er sich an das Bündnis für Arbeit an, von dem er die Aushandlung eines gemeinsamen Programms erwartete, das dann auch seins werden sollte. Eine eigene Linie gab er dort nicht vor. Später schmückte er sich vor allem mit den Problemlösungsleistungen der Grünen, bevor er erstmalig mit der Agenda-Politik ein klares eigenes sozialdemokratisches Richtungsprofil entwickelte. Dieses trug allerdings

---

[84] Als niedersächsischer Ministerpräsident war er bei Bedarf auch interventionistisch, ähnlich wie später bei der Holtzmann-Rettung – durchaus unter Verletzung marktwirtschaftlicher Regeln.

[85] Im Wahlkampf 2005 wurden Aspekte sozialer Gerechtigkeit im Unterschied zur Agenda wieder besonders betont.

durch eine parteidistanzierte Regierungsführung, eine fehlende Wert- und Programmanbindung sowie die nicht-strategische Kommunikationsgestaltung zugleich zum vorzeitigen Ende seiner Kanzlerschaft bei. Insgesamt waren die fortlaufenden Richtungswechsel ein wesentliches Element fehlender Strategiefähigkeit und hatten erheblichen Anteil an der problempolitischen und kommunikativen Inkonsistenz des Regierungshandelns.

5.2.1.3 Versprengte Strategiekompetenz

Der Aufbau einer anfänglichen Parallelstruktur von Vision und Koordination im Kanzleramt, die später auf die alleinige Koordinationskompetenz Steinmeiers reduziert wurde, prozessual kaum angeschlossene Analyse- und Planungskapazitäten und separierte Kommunikationskapazitäten führten innerhalb des Regierungskerns zu allenfalls loser, kaum operativ wirksamer Strategiekompetenz.

Versprengte Strategiekompetenz war zum einen Ausdruck der tradierten institutionellen Strukturierung der deutschen Kernexekutive, zeigte zum anderen aber auch, dass von den regierenden Spitzenakteuren keine Anstrengungen zur Etablierung integrierender Strategiekompetenz unternommen wurden. Hierdurch entstand ein institutionelles Vakuum bei der inhaltlich und prozessualen, also übergreifend-strategischen, Zusammenführung der relevanten Steuerungsbereiche. Die fehlende „Nachfrage" bei den Spitzenakteuren wurde auch nicht auf informalem Weg ausgeglichen.

5.2.2 *Strategiebildung und Steuerungskonzepte*

Die analytische Rekonstruktion der rot-grünen Regierungsjahre hat deutlich gemacht, dass es unter Schröder selten zu konsistenter Strategiebildung für einen längeren Zeitraum kam. So fehlte eine Grundlage für das eigene Steuerungshandeln. Vorübergehende, allenfalls lose an das eigentliche Regierungshandeln angebundene Beratungsrunden und vereinzelte Konzeptpapiere bildeten keine Basis für die fortlaufende Regierungssteuerung. Das galt sowohl in programmatischer als auch in prozessualer Hinsicht – ganz zu schweigen von einem Konzept strategischer Regierungsführung, das problem- und konkurrenzpolitische sowie kommunikative Aspekte miteinander verbunden hätte.

Fehlende Strategiebildung und ausbleibende Steuerungskonzepte wirkten auf die Art und Weise der Regierungsführung zurück. Sicher stellen Steuerungskonzepte keine einfachen „Drehbücher" für eine Legislaturperiode dar, die die Akteure nur durchzuspielen und abzuspulen hätten. Gleichwohl können sie als Gerüst und Haltepunkt dienen, die den Orientierungen und Handlungen der Akteure eine Struktur geben. Trotz in Einzelfällen gelungener Steuerung und eine partiellen Zeitplanung von Gesetzgebungsprojekten im Kanzleramt entstand, ohne Steuerungskonzept, eine kurzfristig orientierte Regierungsführung. Man dachte von Situation zu Situation und entwickelte keine programmatische und kommunikative Leitidee.

Hintergrund des Mangels an ausgearbeiteten Steuerungskonzepten war ein programmatisches Vakuum, mit dem Schröder in die Regierung startete. Die SPD hatte sich nicht an den Richtungskämpfen der europäischen Sozialdemokratie in den 1990er Jahren beteiligt. Sie hatte keine Anstrengungen unternommen, ihre eigenen internen Dissense über die Ausrichtung moderner sozialdemokratischer Politik in vertiefender Programmarbeit zu klären. Diese Unklarheit der Partei wurde verschärft durch Schröders inhaltlich-programmatisches Desinteresse, das im Regierungsprozess zur „charakteristischen Dichotomie zwischen politischer Tagespraxis und Programmatik" (Meyer 2007: 83) führte. Später stellte Schröder selbstkritisch fest, „dass es weder bei der SPD noch bei den Grünen eine konsistente Vorstellung von einem gemeinsamen Regierungsprogramm gab" (Schröder 2006: 103). Folge des konzeptionellen Vakuums sowohl in programmatischer als auch in prozessualer Hinsicht waren inkonsistente, zum Teil widersprüchliche Problempolitiken und vielfach wechselnde rhetorische Kommunikationsangebote mit nur geringem „Wiedererkennungswert".

5.2.3 Leadership

Führung in ihren unterschiedlichen Aspekten von strategischem Kompass, Strategiestil und Funktionen strategischer Führung[86] ist in dieser Studie bislang in den Zusammenhängen der analytischen Rekonstruktion, Profilverdichtung und Erklärung für die einzelnen Steuerungsbereiche wiederholt diskutiert worden.[87] Dabei hat sich gezeigt, dass die Erfüllung von Führungsaufgaben und das Erbringen von Führungsleistungen von Regierungschef bzw. strategischem Zentrum das Steuerungsprofil einer Regierung beeinflusst. So wirkt etwa der individuelle Umgang mit Strategiefragen, die Orientierungssicherheit und Mobilisierungsfähigkeit der Führungsakteure oder ihre Art der Entscheidungsvorbereitung und -durchsetzung auf die Profile von Organisationssteuerung, Problempolitik, Konkurrenzverhalten und Kommunikationsgestaltung zurück. An dieser Stelle werden nur noch einmal

---

[86]   Vgl. dazu das Kapitel 3.4.1.
[87]   Es findet seine Fortsetzung bei der Kennzeichnung der Wirkungen des individuellen Strategieprofils auf das kollektive Strategieprofil im folgenden Kapitel (5.2.4).

kurz einige spezifische Wirkungen der Ausübung von strategischen Führungs-
funktionen für das Steuerungsprofil der Schröder-Regierung aufgerufen. Das thematisierte Set der strategischen Leadership-Funktionen umfasst dabei Führungssicherung, Richtungsnavigation, Entscheidungsdurchsetzung, Mobilisierung und
Orientierung.[88]

Nach dem Abgang seines Kontrahenten Lafontaine war der Führungsanspruch Schröders in Partei und Regierung weitgehend unangefochten. Er profitierte davon, dass potentielle Anwärter auf seine Nachfolge (wie beispielsweise Franz
Müntefering) in Krisensituationen die Position der Nr. 1 nicht in Frage stellten,
loyal blieben und keine eigenen Kanzlerambitionen entwickelten. Schröders Ausfüllung der Leadership-Funktion *Führungssicherung* hatte vor allem Konsequenzen
in der organisatorischen Dimension des strategischen Steuerungsprofils seiner
Regierung. Das *parteidistanzierte Regieren* unter Schröder war auch Folge seiner
spezifischen Art und Weise der Führungssicherung. Der Rückgriff auf „Zwangsmittel" wie Rücktrittsdrohungen und Vertrauensabstimmungen gegenüber Partei
und Fraktion offenbarte einen Mangel an inhaltlich motivierter Führungsunter-
stützung.

Hinsichtlich der Erbringung von Leistungen der *Richtungsnavigation* hat die
empirische Analyse gezeigt, wie die Richtungs- und Orientierungsunsicherheit
Schröders zu einer *Problempolitik ohne Linienführung* führte. Ausbleibende Richtungsvorgaben des Regierungschefs und seine eigene Anlehnungsbedürftigkeit an
die Ziel- und Richtungsvorstellungen anderer führten zu diskontinuierlichen politischen Kursen in zentralen Feldern der Problempolitik. Die Finanz-, Haushalts-
und Arbeitsmarktpolitik oder der radikale Kurswechsel der Agenda 2010 lieferten
Beispiele dafür.

Sowohl bei der *internen* wie auch der *externen Entscheidungsdurchsetzung* zeigte
sich Schröder selbst zwar als individuell entscheidungsfähig. Dennoch hatte er zu
Beginn seiner Amtszeit und bei der späteren Durchsetzung der Agenda 2010 mit
erheblichen Problemen bei der Entwicklung und Ausübung von Führungsmacht
zu kämpfen. Auch die Handlungs- und Entscheidungsfähigkeit des strategischen
Zentrums in der Regierung erwies sich lange Zeit als prekär. Insgesamt hatte
Schröders individueller Steuerungsmodus bei der Vorbereitung und Herbeiführung von Regierungsentscheidungen erheblichen Anteil an der *ungekoppelten Or-
ganisationsteuerung* während seiner Kanzlerschaft.

Auch wenn Schröder erhebliche Probleme bei der internen Mobilisierung von
Unterstützung in Partei und Parlament hatte, vollbrachte er in externen Wahl-
kampfbezügen 1998, 2002 und 2005 erstaunliche *Mobilisierungsleistungen.* Zwar
hatte er die ungünstigen Ausgangskonstellationen für die SPD in den Wahlausei-

---

[88]   Vgl. dazu das Kapitel 3.4.1.1.

nandersetzungen 2002 und 2005 zu einem erheblichen Teil durch sei eigenes Steuerungshandeln in der Regierung mit verursacht. Dennoch gelang es ihm in den Wochen der jeweiligen Wahlkämpfe wiederholt, beträchtliche Rückstände in der Wählergunst durch einen geschickten Themeneinsatz und eine mobilisierende Wahlkampfführung wettzumachen bzw. zu verringern. Schröders Kompetenzen bei der Wahlkampfmobilisierung beeinflussten die *Konkurrenzstärke* seiner Regierung in den Wahlauseinandersetzungen.

Der Wille und die Fähigkeiten Schröders zur Vermittlung einer kontextsetzenden *Orientierung* waren begrenzt. Wechselnde Deutungsrahmen und eine inkonsistente kommunikative Linienführung ließen nur Raum für kurzfristig ausgerichtete Kommunikationsleistungen, bei denen Normativmaßstäbe für die Ausrichtung des Regierungshandelns und Umrisse eines Handlungshorizonts der Regierungsakteure vermisst wurden. Das Desinteresse Schröders an der Entwicklung von übergeordneten Orientierungsbezügen führte zur Ausbildung einer vornehmlich *situativen Regierungskommunikation*.

5.2.4 Individuelles Strategieprofil des Regierungschefs

Besondere Wirkung auf das strategische Steuerungsprofil der Gesamtregierung hatte die individuelle strategische Charakteristik Schröders. Das *kollektive Strategieprofil* des Regierungsakteurs muss unterschieden werden vom *individuellen Strategieprofil* des Regierungschefs. Aufgrund der besonderen Einflussressourcen[89] des Regierungschefs und seiner herausragenden Bedeutung für das kollektive Regierungshandeln, können individuelle Charakteristika seines Strategieprofils auf das Strategiehandeln der Regierung als Kollektiv durchschlagen. Dennoch bleiben individuelles und kollektives Strategieprofil unterscheidbare Analysegrößen. Für die Erklärung des strategischen Steuerungsprofils von Rot-Grün ist das individuelle Strategieprofil Schröders von zentraler Bedeutung.

Individuelle Strategieprofile setzen sich zusammen aus hervorstechenden persönlichen Eigenschaften und Fähigkeiten sowie Eigenarten beim Umgang und der Behandlung von Strategiefragen. Sie verweisen auf die individuelle *Strategiekompetenz* und den *Strategiestil* der Nr. 1. Im individuellen Strategieprofil fließen kognitive, bewertende und praktische Elemente zusammen. *Strategiekompetenz* bedeutet die individuelle Fähigkeit zur Bearbeitung von Strategiefragen. Dazu gehören strategisches Wissen und Managementfähigkeiten, die für das operative Geschäft unabdingbar sind. Bei Spitzenakteuren ist das Erfahrungswissen besonders wichtig. Es umfasst die in der Praxis durch Erfahrung, Lernen, Reflexion aufgebauten stra-

---

[89]   Vgl. dazu etwa die Kapitel 3.4.3.1 und 8.3.1.

tegischen Kenntnisse. Sie lassen sich charakterisieren durch je spezifische Ausprägungen und Kombinationen von strategischer Denkweise, Orientierungsschema, Kompass, Kalkulation und Intuition.[90] *Strategiestile* unterscheiden die besondere Art des Umgangs mit strategischen Fragen.[91] „Stilbildend" wirkt die Verbindung von persönlichen Fähigkeiten und Neigungen, Erfahrungen und Beobachtungen, eigenen Interessen sowie den eingeschlagenen Wegen der Informations- und Entscheidungsfindung.

Ein Teil der *Strategiekompetenz* Schröders lag im *Operativen*, in der zügigen, plausiblen, konstellationsadäquaten Leitungstätigkeit. Das Operative war aber nicht rückgebunden an „erdachte Strategien"[92], sondern meist unmittelbar auf die Situation bezogen oder auf das, was aus ihr folgen könnte. Es tendierte also zur Taktik. Dementsprechend vertrat Schröder – wenig überraschend – eine *situative Grundauffassung* von Politik. Aus seiner Sicht ging es nicht um eine Anwendung von Strategie in Situationen, sondern die Generierung von Politik aus Situationen. Die analytische Rekonstruktion des deutschen Regierungsprozesses hat – etwa beim BSE-Skandal, der Flutkatastrophe oder der Agenda 2010 – ein Muster des Strategisierens gezeigt, das auf spezifische Konstellationen reagierte, Ziele aus der Situation heraus definierte, und allenfalls nachträglich mit einer Linie versah. Als Augenblickspolitiker und Krisenmanager setzte Schröder auf die Technik *situativen Strategisierens*. Aus einer schwierigen, vielleicht krisenhaften Situation wurden personelle, organisatorische, sachliche, symbolische Lösungen entwickelt, die in sich strategische Qualitäten, Versprechen oder auch nur Assoziationen enthielten.

Diese Situationsstärke ging einher mit situationsübergreifenden Schwächen. Politischer *Instinkt* wurde so hoch bewertet, dass jede antizipierende strategische Anstrengung auf Misstrauen und Unverständnis stieß. Schröder gehörte, auch nach seiner eigenen Einschätzung, zu den intuitiven Politikertypen: „Meine analytischen Fähigkeiten sind begrenzt. Ich bin niemand, der ein Problem kühl und präzise in seine Komponenten zerlegt. Aber ich kann sehr schnell die Schwächen und Stärken einer Konzeption erkennen, sehe schnell den Kern eines Problems und finde die Lösung eher emotional." (Schröder in Koelbl 2002: 391).

Die bisherige Analyse hat auch gezeigt, dass Schröder keinen *strategischen Kompass* für eine verlässliche Wegspur hatte. Der fehlte für seine *Partei*, zu der er ein distanziert-instrumentelles Verhältnis hatte. Kein Kompass informierte auch über die *Bündnispolitik*. Noch 1998 hatte Schröder mehr Sympathien für eine Große Koalition als für Rot-Grün. Nach sieben Jahren Rot-Grün erklärte er diese Koalition nachträglich zu einem Irrtum. 2000 irritierte das Techtelmechtel mit der Wester-

---

[90]   Vgl. dazu auch Raschke/Tils (2007: 83-120) sowie das Kapitel 3.4.1.3 in diesem Buch.
[91]   Vgl. Kapitel 3.4.1.2.
[92]   Ein Begriff von Schröder (2006: 391).

welle-FDP seinen Koalitionspartner (Hufnagel 2004: 131-133). Schröder verfolgte, bis zur Agenda 2010, kein einziges, großes *Policy-Projekt*. Er setzte keine Wert- und Zielakzente, die bei der Wegsuche hätten helfen können.

Primär auf Macht statt auf Inhalt zu achten und inhaltliche zu Machtfragen umzudefinieren – ein Markenzeichen Schröders – war nicht Teil eines strategischen Kompasses, sondern eine reduktionistische Variante des *Orientierungsschemas*. Schröders Ideal ließe sich mit *Macht* und *Moderation* beschreiben. Da er das selbst nicht als defizitär empfand, suchte er auch keine Kompensation durch vertiefte Programm- und konzeptionelle Strategiearbeit. Wenn man ein Leitmotiv Schröders sucht, läge es – nach Einschätzung von Akteuren aus seinem Nahbereich – allenfalls im situativen (aber nicht systematischen) Aufbrechen politisch festgefahrener Formationen, wie sie beispielsweise bei der gezielten Nutzung und teilweise provokativen Besetzung von Expertenkommissionen im Regierungsprozess sichtbar geworden ist.

Zum individuellen Strategieprofil Schröders gehörte auch der geringe Elaborierungsgrad seines *Strategiestils*. Politischer Instinkt wurde so hoch bewertet, dass jede antizipierende strategische Anstrengung auf Misstrauen und Unverständnis stieß. So entstand das Bild eines Gelegenheits- und Zufalls-Strategen. Ein Gelegenheits-Stratege, der *diskontinuierlich* und letztlich *unsystematisch* mit Strategiefragen umging. Der *politicszentrierte* Zug war so stark, dass strategische Politikziele und ein inhaltlich steuernder Kompass das Handeln kaum beschwerten. *Fragmentiert* war der Strategiestil schon durch die isolierende Betonung von Machtfragen sowie durch die geringe Neigung, Strategien dauerhaft zu verfolgen. Er blieb auch *nichtkompensatorisch*, da keine strategische Arbeitsteilung organisiert wurde. Sie hätte beispielsweise eine Beratung strategischer Kommunikation oder programmatischer Konzepte erst delegiert und anschließend gesamtstrategisch zu integrieren versucht. Bei aller Gesprächsfreudigkeit Gerhard Schröders neigte er in strategischen Fragen zu *Monologen* und einem *Dezisionismus*, bei dem Entscheidungen ohne wirkliche Erwägung von Alternativen und ohne Relevanz der Begründung getroffen wurde (z.B. Agenda 2010, Neuwahlentscheidung). So ließen sich kurzfristige und begrenzte Gesichtspunkte, die der einsame Kämpfer sich zurechtgelegt hatte, nicht dialogisch aufbrechen.

Das Situative, Instinktgesteuerte, Kompasslose im Strategieprofil Schröders hatte, wie die empirische Rekonstruktion des Steuerungsprozesses vielfach illustrieren konnte, Konsequenzen für die Ausgestaltung der kollektiven Regierungssteuerung. Problempolitik ohne stringente Linienführung, ungekoppelte Organisationssteuerung, situative Kommunikation, aber auch die situationsangepasste Konkurrenzstärke entsprachen überraschend weitgehend der besonderen Kompetenz und dem Strategiestil Schröders. Wer in der Funktion des Kanzlers mit entsprechender Ressourcenausstattung und Entscheidungshoheit eine Regierung ohne wertgebundenen Kompass, vorrangig machtorientiert, ohne klare Bündnisvorstellung, parteidistanziert führt und dabei einen diskontinuierlichen, unsystematischen, politicszentrierten, monologischen, nicht-kompensatorischen, fragmentierten und dezisionistischen Strategiestil ausformt, leistet als Nr. 1 keinen Beitrag zu einer strategischen Regierungssteuerung. Dazu hätte sich Schröder um ein fortlaufend koordiniertes Handeln der relevanten Party-Government-Akteure, eine kohärente und konsistente Problempolitik und eine von übergeordneten Leitideen getragene öffentliche Kommunikation bemühen müssen.

So bleibt das Paradox eines „situativen Strategen", der Schröder war. Sein Potential als „Könnte-Stratege" gelangte ohne Wertschätzung des Faktors Strategie durch ihn selbst und eine diese Richtung tragende Umgebung nicht zur Entfaltung. Vor diesem Hintergrund forcierte das *individuelle Strategieprofil* Schröders, wie gesehen, die Ausformung einer *fragmentierten strategischen Kollektivsteuerung*.

5.2.5   Resümee: Nr. 1 prägt den Steuerungsprozess

Die *strategische Ausgangskonstellation* der Regierung Schröder kennzeichnete eine prekäre Strategiefähigkeit, bei der die Fragen von Führung und Richtung im Wesentlichen ungeklärt blieben und ein übergeordnetes strategisches Steuerungskonzept für das Regieren fehlte. Die *strategische Steuerungstätigkeit* der Regierung Schröder zeigte mit Blick auf die vier zentralen Felder Organisation, Problemlösung, Konkurrenz und Öffentlichkeit über die unterschiedlichen Phasen hinweg vor allem vier Muster: ausgebliebene Kopplung relevanter Organisationsbereiche in Regierung, Partei und Parlament, wechselnde Stoßrichtungen in der Problempolitik, eine besondere Konkurrenzstärke der Regierung und ihres Kanzler im Wahlkampf sowie eine vor allem situativ angelegte Regierungskommunikation.

Im Rahmen der *Erklärung* dieses strategischen Steuerungsprofils konnten Einflussfaktoren identifiziert werden, die zur fragmentierten Regierungssteuerung unter Schröder beigetragen haben. Zu nennen ist zum einen die geringe Strategiefähigkeit des kollektiven Regierungsakteurs und der ihn tragenden politischen Parteien, die durch unbalancierte Führung, spontane Richtungswechsel und versprengte Strategiekompetenz zum Ausdruck kam. Darüber hinaus kam es kaum zu einer konsistenten Strategiebildung für einen längeren Zeitraum, auf die man als Grundlage für das eigene Steuerungshandeln hätte zurückgreifen können. Hinsichtlich der Leadership-Funktionen gelang Schröder zwar nach dem Abgang des internen Gegenspielers Oskar Lafontaine die Sicherung des eigenen Führungsanspruchs, angesichts seiner eigenen Richtungslosigkeit und Orientierungsschwäche basierte die Entscheidungsdurchsetzung jedoch regelmäßig auf dem Einsatz von „Zwangsmitteln" und erreichte nur selten eine inhaltlich motivierte Mobilisierung.

Es war vor allem das individuelle Strategieprofil Schröders, das in seiner operativen Orientierung zur Ausformung „situativen Strategisierens" der Gesamtformation beitrug. Dabei wurden aus schwierigen, krisenhaften Situationen heraus personelle, organisatorische, sachliche, symbolische Lösungen mit strategischem Potential entwickelt, ohne dass diese in längerfristiger und übergreifender Perspektive das Regierungshandeln hätten leiten können. Das verhinderte zunächst des Kanzlers eigene Sprunghaftigkeit. Später, als er mit der Agenda 2010 eine eigene Richtung gefunden hatte, wurde die durch ihn forcierte inhaltliche und kommunikative Entkopplung von den die Regierung tragenden Party-Government-Akteuren zu einem Steuerungsproblem. Die Rekonstruktion und Analyse des strategischen Steuerungsprofils der Schröder-Regierung verdeutlichte, dass die Nr. 1 mit seiner individuellen strategischen Charakteristik den strategischen Steuerungsprozess der Gesamtformation wesentlich prägte.

Man könnte noch weiter gehen und sagen, dass das Handeln Schröders als Kanzler noch heute die strategische Lage der Sozialdemokratie bestimmt. So gesehen dauert der *Schröder-Zyklus* nach wie vor an (vgl. Raschke 2010). Seine Entscheidung, mit der Agenda 2010 zu Beginn der zweiten Legislaturperiode ein umfassendes Reformprojekt aufzulegen, hatte prägende Kraft nicht nur für die Jahre rot-grüner Regierungssteuerung. Sie wirkt noch heute im Parteiensystem und bei den Sozialdemokraten nach. Man kann über die Sachrationalität der Agenda-Politik streiten und gute Gründe für sie ins Feld führen. Sie war aber keineswegs alternativlos. Unterscheidet man mit Elmar Wiesendahl die Aspekte von Interesse, Identität und Macht (Wiesendahl 2010: 27), lässt sich konstatieren, dass sich die mit der Agenda verbundenen Maßnahmen *interessenpolitisch* mit alten Forderungen von CDU/CSU, FDP und den Wirtschaftsverbänden deckten, während sie die Gewerkschaften und die eigenen Stammwählerschaft vor den Kopf stießen. Die Hauptlast der Reformkosten trug die Arbeitnehmerschaft. *Identitätspolitisch* lud die Agenda-Politik der SPD eine massive, bis heute andauernde Identitätskrise auf. *Machtpolitisch* zahlte die SPD mit vielen Wahlniederlagen einen hohen Preis. Sie bereitete außerdem den Weg für den gesamtdeutschen parlamentarischen Durchbruch der Linken, stabilisierte damit das Fünf-Parteiensystem und schaffte sich selbst neue Konkurrenz im weiter ausdifferenzierten „linken Lager".

6 Strategische Regierungssteuerung unter Tony Blair (1997-2005)

Im Folgenden werden die ersten beiden Amtsperioden Tony Blairs als britischer Premierminister zwischen 1997 und 2005 in strategischer Perspektive untersucht. Wie bei der Analyse der Schröder-Jahre findet die analytische Rekonstruktion mit Rückgriff auf den Bezugsrahmen des dritten Kapitels statt. Ausgehend von der Beschreibung der strategischen Ausgangslage, die die Elemente von Strategiefähigkeit und strategisches Konzept (als Ergebnis von Strategiebildung) umfasst, konzentriert sich die nachfolgende Analyse auf die zentralen Elemente des Prozesses der strategischen Steuerung über unterschiedliche Regierungsphasen hinweg. Am Ende soll die analytische Deskription wieder zu einer Gesamtcharakterisierung des Steuerungsprozesses führen. Die Analyse kann ganz auf den Regierungschef Tony Blair und die ihn tragenden Party-Government-Akteure der Labour-Partei fokussiert bleiben, da die Blair-Regierung – begünstigt durch das britische Wahlsystem mit seinem Mehrheitswahlrecht – in beiden Legislaturperioden als „single party government" in Erscheinung trat.

6.1 Strategische Ausgangslage

An erster Stelle soll die strategische Ausgangslage der Blair-Regierung analytisch erfasst werden, da das charakteristische Erscheinungsbild zum Zeitpunkt der Amtsübernahme die späteren Prozesse strategischer Regierungssteuerung signifikant beeinflusst. Die strategische Ausgangslage bezieht sich vor allem auf die Aspekte anfänglicher Strategiefähigkeit mit ihren Elementen Führung, Richtung und Strategiekompetenz sowie die Art und Gestalt eines strategischen Regierungskonzepts. Beim Regierungsantritt zeigte sich, dass die Labour-Partei in den zurückliegenden Jahren den antizipierenden Aufbau von Strategiefähigkeit betrieben und den Versuch der Entwicklung eines Strategiekonzepts unternommen hatte.

6.1.1 Antizipierter Aufbau von Strategiefähigkeit

Als 1994 nach dem tödlichen Herzinfarkt des bisherigen Parteichefs John Smith ein neuer Parteivorsitzender für Labour gesucht wurde, stand für Tony Blair ein *Ziel* im Vordergrund. Nach vier aufeinander folgenden Wahlniederlagen wollte er die Labour-Partei für die Mehrheit der britischen Bürger endlich wieder wählbar machen, damit sie nach der großen Enttäuschung der 1992er-Wahl – als man sich eigentlich gute Chancen ausgerechnet hatte (Becker 2001: 103) – 1997 erstmals seit 18 Jahren die Möglichkeit einer Regierungsübernahme erhalten sollte. Dazu gehörten aus seiner Sicht vor allem zwei Dinge: seine eigene *Führung* als Parteivorsitzender sowie eine *programmatische* und *organisatorische Neuaufstellung* der Partei, die sie für seine Hauptzielgruppe, die „working middle class", wieder attraktiver machte.

Allerdings war Tony Blair Anfang der 1990er Jahre keineswegs der „starke Mann" innerhalb der Partei und damit so etwas wie ein „natürlicher" Nachfolger für John Smith. Führender intellektueller Kopf und besser vernetzt innerhalb des Partei war vielmehr sein enger politischer Freund und Weggefährte Gordon Brown (Naughtie 2002: 49-50). Was nun – trotz persönlicher Betroffenheit beider Akteure über den Tod Smiths – einsetzte, war ein mit vielen Winkel- und Schachzügen geführter parteiinterner Kampf zwischen Blair und Brown um die Position der neuen Nr. 1 (vgl. ausführlich Seldon 2005: 184-195, Peston 2005: 44-71). Dieser Führungswettbewerb sollte in seinen Folgen auch noch viele Jahre später das Steuerungshandeln der Labour-Regierung maßgeblich beeinflussen.

Schon bei der Klärung der *Führung* wurde die künftige *Richtungsperspektive* ins Zentrum der Entscheidung gerückt. Gordon Brown galt als der Akteur, der in Partei und bei den Gewerkschaften besser verankert war. Blair aber hatte den öffentlich stärkeren Rückhalt, personifizierte die Mitte-Orientierung in besonderer Weise und schien auch für bessere Wahlchancen der Partei zu stehen. Die Vertrauten um Blair waren stets bemüht, diese Eigenschaften ihres Kandidaten in den Vordergrund zu rücken. Sie wollten damit die in parteiorganisatorischer Innenperspektive wahrscheinlichere Variante Brown unwahrscheinlicher zu machen. Umfragen zu den möglichen Kandidaten für den Parteivorsitz (im Gespräch waren neben Blair und Brown auch John Prescott, Margaret Beckett und Robin Cook) zeigten jedenfalls, dass Blair mit Abstand der beliebteste Kandidat war. Letztlich fiel die Entscheidung über mögliche Kandidaturen und personelle Konstellationen in persönlichen Verhandlungen zwischen Blair und Brown.

Beide Akteure schenkten sich nichts in ihrem Ausscheidungskampf um die Führungsposition. Das Ausloten der jeweiligen Chancen und die Verhandlungen untereinander zogen sich einige Zeit hin. Relativ schnell wurde jedoch deutlich, dass Blair über das bessere „Momentum" verfügte und konkurrierende Kandidaturen die Partei insgesamt schwächen würden. Angesichts des Popularitätsvorsprungs von Blair schwenkte Brown Ende Mai in seiner Verhandlungsführung um. Er konzentrierte sich fortan nicht mehr auf das Amt des Parteivorsitzenden, sondern auf das Festzurren einer größtmöglichen Kompensationsleistung von Blair im Gegenzug für den eigenen Verzicht. Im Kern ging es um zwei Fragen: wie weit würde die Handlungsfreiheit eines Ministers Brown für den Bereich der ihm wichtigen Felder in der Innenpolitik reichen und würde Blair ihm nach ein paar Jahren Regierungszeit die Position des Regierungschefs überlassen.[93]

Das Vertrauensverhältnis zwischen beiden Akteuren gestaltete sich trotz der engen und intensiven Zusammenarbeit der letzten Jahre so, dass Brown mit Hilfe interner Papiere zu einer schriftlichen Fixierung getroffener Abmachungen zu gelangen versuchte. In einem später bekannt gewordenen Schreiben hieß es: „Gordon has spelled out the fairness – social justice, employment opportunities and skills – which he believes should be the centrepiece of Labour's programme and Tony is in full agreement with this, and that the party's economic and social policies should be further developed on this basis." (Seldon 2005: 193). Belegt ist, dass Brown die Passage „Tony is in full agreement with this" durch „Tony has guaranteed this will be pursued" ersetzen wollte – und damit scheiterte.

Die Inhalte des Gesprächs und (vermeintliche) Vereinbarungen beim berühmten Besuch im Granita Restaurant am 31. Mai 1994 lassen sich nicht genau rekonstruieren, weil die Teilnehmer an diesem Abend mit unterschiedlichen Verständnissen der getroffenen Übereinkünfte und verschiedenen Versionen des Gesprochenen auseinander gingen. Eines war Blair jedoch an diesem Abend bereits klar. Er hatte den Parteivorsitz und damit die Chance auf das Amt des Premierministers von Brown nur unter der Bedingung zugestanden bekommen, dass Brown wesentliche Linien der Innenpolitik unter einer möglichen Labour-Regierung mitbestimmen durfte. Und Blair musste darüber hinaus immer damit rechnen, dass Brown auf die eigene Nachfolge eines Premiers Blair pochen würde. Wann das sein könnte und wie genau die formalen und informalen „Zuständigkeits- und Verantwortungsbereiche" beider Akteure in einer künftigen Labour-Regierung aussehen würden, blieb zu diesem Zeitpunkt völlig unklar. Wichtige Konfliktlinien und Reibungsflächen bei der späteren Regierungssteuerung waren in dieser „Vereinbarung" jedoch bereits angelegt.

Dessen ungeachtet waren damit die neuen Rollenzuteilungen für Brown und Blair geregelt. Nach seiner Inthronisierung als Parteivorsitzender wurde Blair zur eindeutigen Nr. 1. Die Führungsfrage war zunächst geklärt. Beide Akteure agier-

---

[93] Wie überzeugt sowohl Blair als auch Brown von ihrem gemeinsamen Labour-Projekt waren, lässt sich auch daran ablesen, dass hier zwei Oppositionspolitiker bereits das Fell eines Bären verteilten, der noch lange nicht erlegt war.

ten bis zur Regierungsübernahme weiter in engem Schulterschluss miteinander. Trotz mancher Reibungsverluste arbeiteten sie in einer Art Zweckbündnis für den Gesamterfolg zusammen. Führung hieß für Blair von nun an vor allem zweierlei: erstens die Durchsetzung seines (und Browns) Projekts der Modernisierung der Labour-Partei und zweitens Leadership in dem Sinne, dass er sich, die Partei und das Land auf „tough choices" einer Labour-Regierung vorbereiten sowie dabei als künftige Nr. 1 eine „clear direction" vorgeben wollte (Kavanagh/Seldon 2000: 241).

Schon mit der Entscheidung für Blair, der die Wahl zum Vorsitzenden auf dem Parteitag im Juli 1994 überlegen gewann (vgl. Stark 1996: 60-63), war auf der personalpolitisch-symbolischen Ebene die *Richtungsaussage* für eine nun anstehende Modernisierungs-Agenda der Labour-Partei verbunden. Blair befand sich dort, wo er sein wollte. Unter Rückdrängung der innerparteilichen Linken und Gewerkschaften und mit der Unterstützung eines Gordon Brown in der zweiten Reihe, mit dem er sich inhaltlich weitgehend einig wusste, wollte er die aus seiner Sicht immer noch vorhandenen Wählbarkeitshindernisse Labours auflösen (vgl. Fielding 2003: 96-101). Dazu gehörten weitere programmatische und organisatorische Veränderungen, die mit der Bestimmung neuer inhaltlicher Politikpositionen auf der Basis von allgemeinen Grundwerten, Leitideen und Kerninteressen eine neue *Richtung* der Labour-Partei vorgeben und nach außen sichtbar machen sollten. Der öffentlich kommunizierte Begriff für diese neue Richtungsvorgabe mit programmatischen und organisatorischen Elementen lautete *New Labour*.[94]

Die zentralen Merkmale *organisatorischer Restrukturierung* betrafen die innerparteilichen Mitwirkungsmöglichkeiten der Mitglieder unter Zurückdrängung des Einflusses des linken Parteiflügels und der Gewerkschaften.[95] Der neue Vorsitzende Blair war keineswegs der erste, der Maßnahmen mit dieser Zielrichtung einleitete. Bereits davor hatte es innerparteiliche Reformen gegeben, auf denen Blair aufbauen konnte (vgl. Becker 1999: 90-94, Reid/Pelling 2005: 166-179). So wurden beispielsweise schon 1993 das individuelle Stimmrecht der Gewerkschafter auf dem Parteitag (keine Blockabstimmung mehr), die Auswahl der Parlamentskandidaten nur noch durch Parteimitglieder (und nicht mehr Einzelgewerkschaften) nach dem Prinzip „One Member One Vote" und der neue Modus für die Wahl zum Parteivorsitzenden bzw. seiner Stellvertreter installiert. Er sah vor, dass Mitglieder des Unterhauses sowie des Europäischen Parlaments, der Gewerkschaften, aber eben auch Einzelmitglieder in den Wahlkreisparteien die Führung der Partei bestimmten (Becker 2001: 104). Das neue Verfahren gelangte dann bei Blairs eigener Wahl zum Parteivorsitzenden erstmals zur Anwendung (Moran 2005: 308).

---

[94]   Vgl. dazu das Kapitel 6.1.2.

[95]   Vgl. zu den vielschichtigen Entwicklungen im Verhältnis von Labour und Gewerkschaften etwa die Arbeiten von Steve Ludlam (1999, 2000, 2003, 2004).

Die Neuordnungen betrafen aber auch andere Felder innerparteilicher Willensbildung und Entscheidung, etwa das Verhältnis zwischen Parteibasis und -führung bei der Programmgestaltung, Zusammensetzung und Arbeitsweise des Parteivorstandes oder die Struktur der jährlichen Parteitage (vgl. umfassend Fielding 2003, Russell 2005, auch Seyd 1998, Taylor 1999). In ihrer Summe erhöhte sich durch die Reformen die Legitimationswirkung innerparteilicher Entscheidungen. Sie veränderten zudem das Gesicht der Partei nach außen und ermöglichten ein Steuern des Parteikollektivs unter stärkerer „Umgehung" der Gewerkschaften. Deren bisherige Dominanz bei der innerparteilichen Willensbildung und Entscheidungsfindung war vielen britischen Bürgern ein Dorn im Auge und hatte Labour bei Wahlen geschwächt (vgl. King/Wybrow 2001: 152-158).

Ein zentrales *programmatisches Signal* der neuen Richtungsbestimmung ein Jahr nach der Wahl Blairs zum Vorsitzenden war die Reform des berühmten Clause Four der Labour Party Constitution, in der die zentralen Werte und Ziele der Partei präzisiert werden (vgl. Wring 1998, Jones 2000, Fielding 2003: 74-78). Unabhängig davon, ob damit angesichts der eher geringen praktischen Bedeutung der eigenen Parteiverfassung ein realer ideologischer Richtungswechsel verbunden war, wurde der Clause Four zum Symbol für einen Bruch mit alten Traditionen. Aus Sicht der Reformer verabschiedete man sich damit von angestaubten und elektoral schädlichen Positionen der Labour-Partei. Die innerparteilichen Auseinandersetzungen um die Revision des Clause Four symbolisierten den Kampf zwischen „Old" und „New" Labour. Darauf ruhten auch die strategischen Intentionen der Reforminitiatoren um Blair (Seldon 2005: 216-228). Es entsprach ihren Kalkülen, wenn etwa der Präsident der Gewerkschaft der Minenarbeiter, Arthur Scargill, wetterte, mit der Opposition gegen die Änderungspläne kämpfe man um die Seele der Partei (The Independent on Sunday, 13. November 1994). Nur so konnte die Neufassung des Clause Four zugleich eine neue Richtung der Partei demonstrieren, die sich von alten anti-kapitalistischen und anti-marktwirtschaftlichen Zöpfen wie „common ownership of the means of production, distribution and exchange" ablöste und in den Werte- und Zielgrundlagen modernisiert zeigte.[96]

Die Beispiele machen deutlich, dass neben einigen substantiellen Änderungen das wesentlich „Neue" an New Labour vor allem die „big bang"-Sprache und -Präsentation der Reformen waren. Die allermeisten Neuerungen hatten in jahre-

---

[96]   Den Anfang des neuen Clause Four hatte Blair nach gemeinsamen Diskussionen mit seinem Berater Philip Gould selbst zu Papier gebracht. Er lautete: „The Labour Party is a democratic socialist party. It believes that by the strength of our common endeavour we achieve more than we achieve alone, so as to create for each of us the means to realise our true potential and for all of us a community in which power, wealth and opportunity are in the hands of the many, not the few, where the rights we enjoy reflect the duties we owe, and where we live together, freely, in a spirit of solidarity, tolerance and respect." (vgl. Gould 1999: 229).

lang andauernden, kleinteiligen, graduellen Aushandlungsprozessen innerhalb der Partei langsam Gestalt angenommen (Russel 2005: 250-255). Die Inszenierung des grundlegend Neuen war das Ergebnis einer bewussten Kommunikationspolitik der Führung um Blair (Wring 2005: 137-138), da man dort davon ausging, dass der angestrebte Wählerzulauf für Labour nur stattfinden konnte, sofern man hinreichend glaubwürdig demonstrierte, dass sich die Partei in ihrer organisatorischen und programmatischen Aufstellung wirklich grundlegend ändert (Gould 1999: 96-99, Bale 1999: 199-200, Kavanagh 2001: 6-7). Richtungsänderung und Richtungskommunikation wurden als Einheit aufgefasst.

Erforderlich erschien „evidence of change", wozu auch die bewusste Hervorhebung innerparteilicher Konflikte um die Reformen gehörte. Der damalige Kommunikationsberater Blairs, Philip Gould, sah das Aufzeigen innerparteilicher Widerstände und den Kampf mit anschließenden Siegern und Verlierern als notwendigen Bestandteil der Neuaufstellung: „Without conflict (...) people are simply not convinced" (Gould 1999: 263). Der kommunikativ vermittelte (und von der Presse dankbar aufgenommene) Eindruck einer – von Konflikten begleiteten – grundsätzlichen und umfassenden Neuausrichtung war vor allem das Resultat erheblicher Anstrengungen der Führung nach 1994. Den Führungsakteuren ging es um einen Aufbau von Strategie- und Kommunikationskompetenz innerhalb der Partei, der nach innen und außen sichtbar werden sollte.

Strategiekompetenz (als Fähigkeit den Anforderungen an strategisch handelnde Kollektivakteure in Form von Wissen und Managementfertigkeiten zu entsprechen) wurde vor allem mittels enger Vertrauter und Berater in der unmittelbaren Arbeitsumgebung eingerichtet. Hier zeigte sich im Zeitverlauf eine erstaunliche *personelle Kontinuität*. Die wichtigsten der im Umfeld von Blair und Brown tätigen Akteure begleiteten diese auch im späteren Regierungsprozess. Erst durch besondere Situationen und Umstände in der Regierung (z.B. Skandale, Rücktritte) ergab sich später eine höhere Fluktuation.

Einer der zentralen Beratungsakteure Tony Blairs war *Peter Mandelson* (vgl. Macintyre 1999, Seldon 2005: 155-176). Die von ihm erfüllten Aufgaben zeigten ein weites Spektrum: Öffentlichkeitsmanagement, Mediencoaching, Programm- und Konzeptplanung, Entwicklung politischer Strategien. Dazu kam eine enge, intensive, freundschaftliche Beziehung, erst im Dreieck Mandelson-Brown-Blair (insbesondere seit 1987), später vor allem zwischen Blair und Mandelson. Mandelson hatte sich in der Entscheidungssituation 1994 für einen Parteivorsitzenden Blair stark gemacht. Dadurch nahmen die Spannungen im Verhältnis Mandelson-Brown zu. Der frühere Director of Communication der Labour Party (1985-1990) saß seit 1992 als Abgeordneter im Unterhaus, bis er 1996 die Position der Leitung der Kampagne für die Unterhauswahlen 1997 übernahm. Sein großer Einfluss auf Blair und die Entwicklung des Projekts New Labour ist unbestritten. Er manifestierte sich auch in dem von Mandelson und Roger Liddle verfassten konzeptionellen Beitrag „The Blair Revolution" (Mandelson/Liddle 1996, Mandelson 2002). Mandelson blieb lange Zeit der erste Ansprechpartner, wenn Blair persönlichen oder politischen Rat suchte.

Der Kampagnenmanager und Meinungsforscher *Philip Gould*, der bereits an Labours Wahlkampfführung 1987 und 1992 mitgewirkt hatte, wurde zu einer der Zentralfiguren des Inner Circle für die Bereiche Demoskopie (unter intensiver Nutzung des Instruments von Fokusgruppen), Wahlkampfstrategie und übergreifende Konzeptentwicklung. Gould war ein intimer Kenner der Wahlkampfpraxis von Bill Clinton in den USA, von der Labour lernen sollte (vgl. Stephens 2004: 92-97). Er verfasste konzeptionelle Positionspapiere wie etwa 1995 das Strategie-Memo „The Unfinished Revolution", das er später auch in seinem Buch mit dem gleichnamigen Titel verarbeitete (Gould 1999). Gemeinsam mit Blair folgte Gould einer Auffassung der parteiinternen Zentralisierung. Gewollt war ein „single chain of command" mit dem unmissverständlichen Führungsanspruch des Parteivorsitzenden, der zentralen Kontrolle der Parteikommunikation und der Distanzierung von den Gewerkschaften (Kavanagh/Seldon 2000: 246).

Im September 1994 holte Blair schließlich *Alastair Campbell* in sein Team, der bis dahin den Job als Politikchef des linken Boulevardblatts *The Mirror* bekleidet hatte (vgl. Oborne/Walters 2004: 93-102). Auch ihn verband mit Blair bereits eine längere freundschaftliche Beziehung. Campbell wurde Blairs persönlicher Pressesprecher, in Abgrenzung zu David Hill, dem Sprecher der Gesamtpartei (Marx 2008: 81). Obwohl Campbell nicht Blairs erste Wahl gewesen war (Seldon 2005: 297-298), zeigte sich bald, dass er zu einem entscheidenden Baustein bei der Erneuerung der Partei werden sollte – aber auch beim politischen Aufstieg der Person Blair. Campbell konzentrierte sich insbesondere auf den Aufbau besserer Beziehungen von Labour zum konservativen Medienspektrum. Dieses Ziel sollte beispielsweise durch exklusive Beiträge von Blair und seinem Umkreis in konservativ orientierten Presseorganen erreicht werden (Wring 2005: 139-140). Dabei half die zunehmende Unzufriedenheit der „Tory Press" über die aktuelle konservative Regierung unter John Major. In der Oppositionszeit trug Campbell damit insbesondere in drei Bereichen zu Labours Neuaufstellung bei: „he moulded Blair, he remoulded the party's media operation and he built an entirely new understanding between the Labour Party and the press." (Seldon 2005: 299).

Blair, Brown, Mandelson, Campbell waren die Zentralakteure des Labour-Projekts in der Vor-Regierungsphase. Schlüsselfragen der weiteren Entwicklung wurden zwischen diesen Akteuren ausgehandelt, ergänzt durch regelmäßig zweimal in der Woche stattfindende Diskussionen „on strategy", an denen auch Gould teilnahm (Kavanagh/Seldon 2000: 248). Aufgrund der engen und exklusiven Ko-operation dieser Gruppe der „Political Five" (Oborne/Walters 2004: 99) lassen sich die genannten Akteure als *strategisches Zentrum* der Labour-Partei bis zum Regie-rungsantritt im Mai 1997 bezeichnen.

Daneben kamen auf der Seite Blairs einigen anderen Akteuren wichtige Funk-tionen beim Aufbau und der Anwendung von Strategiekompetenz für die Neuaus-richtung des Kollektivakteurs Labour zu. Das waren beispielsweise *Jonathan Po-well*, der ab Anfang 1995 als Chief of Staff die organisatorische Umsetzung getrof-fener Entscheidungen und die administrativ-personelle Vorbereitung für eine Re-gierungsübernahme sicherstellte, *David Miliband*, der vor allem als kommunikativ-konzeptioneller Berater und Redenschreiber fungierte, *Sally Morgan*, die sich in der Parteizentrale um die Pflege der parteiinternen Beziehungen bemühte, oder die persönlich mit Blair befreundete *Anji Hunter*, die zum „Gatekeeper" des Büro Blair avancierte und in ihren Ansichten als „Tony's line to middle England" (Kava-nagh/Seldon 2000: 248, auch Seldon 2005: 471) galt. Auf Seiten des zweiten Man-nes, Gordon Brown, waren wichtige Berater vor allem der in Policy-Fragen – und auch sonst – einflussreiche *Ed Balls*, der im Wesentlichen inhaltlich-konzeptionell mitwirkende *Ed Miliband* sowie *Charlie Whelan*, der als Sprecher Browns fungierte (vgl. Lipsey 2000: 93-94, Rawnsley 2001: 34-35, Scott 2004: 18-19, Peston 2005: 72, 81-82, 110-111).

Das Projekt New Labour basierte zu wesentlichen Teilen auf einer allumfas-senden *Professionalisierung kommunikativer Kompetenz* und der Etablierung eines neuen *Regimes innerparteilicher Kommunikationsdisziplin*. Kommunikation stand nach dieser Auffassung also im Zentrum des Aufbaus von kollektiver Strategie-kompetenz. Das entsprechende Grundverständnis lautete: „Policy initiatives were closely linked with presentation: the latter was not an 'add-on'. Communications were carefully targeted at key voters via selected media outlets (particular national papers), controlled and co-ordinated by the leader's office. Success in this opera-tion required elaborate preparation and co-ordination, deciding on the appropriate publicity format and media outlets, pre- and post-event 'spinning' to reporters, to ensure that the story was prominently covered and interpreted in a preferred manner. The objective was to get the media to report Labour's agenda on Labour's terms and to put party critics and the opposition on the back foot." (Kava-nagh/Seldon 2000: 247).

Die drei *Grundprinzipien* des verfolgten Ansatzes politischer Kommunikation hießen „rhetoric, repetition, rebuttal" (vgl. Franklin 2004a: 90-91). Gesetzt wurde auf eingängige Slogans, deren Inhalte und Botschaften verständlich und anschluss-fähig sein sollten (rhetoric). Fortlaufende Wiederholung galt als unverzichtbar, um die Botschaften bei den Rezipienten ankommen zu lassen (repetition). Schließlich

bereitete man sich gründlich auf erwartbare Gegenattacken der politischen Konkurrenten vor, um sie unmittelbar widerlegen und entkräften zu können (rebuttal).
Für den Bereich der Reaktionsfähigkeit und -möglichkeit erweiterte Labour sein
Aktivitätsspektrum sogar noch: „Neu war an Labours Ansatz, dass auch innerparteiliche Kritiker gnadenlos zurückgeschlagen wurden (*rubbishing*[97]). Im Extremfall
sollte eine erwartbare Attacke des Gegners beantwortet werden, bevor sie überhaupt geritten wird (*prebuttal*[98])." (Marx 2008: 82).

Die Professionalisierung *kommunikativer Kompetenz* erstreckte sich nicht nur
auf das klassische „above-the-line"-Spektrum politischer Kommunikationstätigkeit
(z.B. Pressemitteilungen, Parlamentserklärungen, journalistische Hintergrundgespräche), sondern vor allem auch auf „below-the-line"-Aktivitäten, mit denen man
neue politische Positionierungen der Partei in der öffentlichen Wahrnehmung ver-
ankern wollte (vgl. Barnett/Gaber 2001: 96-115). Die „below-the-line"-Techniken
umfassten bei Labour vor allem das *spinning* als nachträgliche, verbindliche Interpretation unverbindlich-mehrdeutiger Äußerungen der politischen Führung durch
Politikvermittlungsexperten, das systematische *off-the-record-briefing*, das politische
Aussagen und Positionen in einen größeren Zusammenhang einordnete, oder die
exklusive Vorabinformation von Journalisten, die eine (positive) Vorberichterstat-
tung (*trailing*) zu späteren Ereignisse erreichten sollte (vgl. Marx 2008: 82-85). *Innerparteiliche Kommunikationsdisziplin* wurde durch Meldepflichten von Abgeordneten und Kandidaten im Vorfeld von Medienkontakten umgesetzt, die eine interne
Abstimmung und das konsequente Durchhalten einer einheitlichen Kommunikationslinie der Partei (*staying on message*) gewährleisteten konnten (Barnett/Gaber
2001: 105-106). Ein weiteres zentrales Mittel, um den Menschen die neuen politischen Ideen und Konzepte nahe zu bringen, waren „special events" wie Kongres-
se, Presseveranstaltungen, Konferenzen, vor allem aber „große Reden" des Parteivorsitzenden (vgl. Richards 2004). Dieses kommunikative Instrument sollte bis in
die Schlussphase der gesamten Regierungszeit Blairs stets seine besondere Bedeutung behalten.

Das Bemühen der neuen Führung um das Projekt New Labour und der Versuch, die Partei stärker in die die Mitte der britischen Gesellschaft zu rücken, bewirkten auch im konservativen Teil der Medienwelt positive Resonanz (vgl.
Scammell/Harrop 1997, Thomas 2005: 121-137). Das betraf insbesondere die Boule-
vardpresse von Rupert Murdoch (z.B. das Massenblatt *The Sun*), die klassischer-
weise die Konservativen unterstützte. Sie mündete 1996 in der historischen Verkündung: „The Sun backs Blair". Diese Entwicklung war das Ergebnis unterschiedlicher Einflusslinien. Einerseits trugen dazu Niedergangssymptome des

---

[97]   Hervorhebung im Original, *R.T.*
[98]   Hervorhebung im Original, *R.T.*

Premierministers John Major, das persönliche (Miss-)Verhältnis des Regierungschefs zur Presse und die Wahrnehmung abnehmender inhaltlich-politischer Differenz zwischen Labour und Conservatives bei. Andererseits war der neue, verbrei-
terte Rückhalt für Blair in der Presse auch Folge des aktiven Medienmanagements
der Labour-Akteure, ihres kommunikativen Kompetenzaufbaus und ihrer professionalisierten Einflussnahme auf die politische Berichterstattung.

6.1.2 Konzepte strategischer Regierungsführung

Tony Blair zeigte sich überzeugt davon, dass übergeordnete Ideen, Ziele und Werte für die Steuerung einer Regierung unabdingbar sind: „I have always believed
that politics is first and foremost about ideas. Without a powerful commitment to
goals and values, governments are rudderless and ineffective, however large their
majorities." (Blair, zitiert in Plant 2001: 555). Dabei lag Blairs Politikkonzeption
weniger das Grundverständnis einer geschlossenen Ideologie zugrunde, das die
Analyse der gegenwärtigen politischen und gesellschaftlichen Verhältnisse aus
einem übergeordneten theoretischen Bezugsrahmen ableitete. Wesentlich pragma-
tischer suchte er lediglich nach einem Set von übergeordneten Leitorientierungen,
die dem Handeln der Partei in der Regierung eine klar erkennbare Richtung geben
konnte – vor allem in der Außenwahrnehmung (vgl. Plant 2001). Die Labour-Partei
sollte beim Regierungshandeln über kommunikative Bezugspunkte verfügen, auf
die man für die Begründung der eigenen Politik zurückgreifen konnte. Ein solcher
Politikansatz korrespondierte mit seinen persönlichen Stärken beim Entwerfen
und Kommunizieren der Vision einer besseren und gerechteren Gesellschaft (vgl.
Theakston 2002).

New Labour und Third Way waren die zwei wichtigsten Konzepte, die solche
Funktionen für die Labour-Partei und -Regierung übernehmen sollten. In den Augen der handelnden Akteure stellte New Labour dabei die sich direkt an die allgemeine Öffentlichkeit und Bürger richtende Kurzformel dar, mit der man die
Erneuerung der Partei gegenüber „Old Labour" zum Ausdruck bringen wollte.
Third Way dagegen bot die Plattform für elaboriertere Diskussionen zur Neuausrichtung der britischen Sozialdemokratie, die zahlreiche Anschlussstellen bot und
damit intellektuelle Diskurse zur erneuerten Grundlegung Labours befördern sollte. Obwohl an unterschiedliche Bezugsgruppen gerichtet, hatten beide Konzeptionen gemeinsam die Ziele, eine Kontrastfolie zum alten Image der Labour-Partei zu
bilden und zugleich eine alternative Vision zum „Thatcherismus" bereitzustellen
(vgl. Hay 1994).

New Labour und Third Way basierten auf pragmatischen und populären
Grundorientierungen (vgl. Powell 2000). Sie fanden ihren jeweiligen Inhalt vor

allem durch negative Abgrenzungen gegenüber alten Parteipositionen (New Labour) bzw. der Zurückweisung von Standpunkten des Neo-Liberalismus und Staatsinterventionismus (Third Way). Propagiert wurde ein neuer Weg der Sozialdemokratie für moderne Kontextbedingungen, der die Bindung an dynamisches wirtschaftliches Wachstum bei gleichzeitiger Gewährleistung von sozialer Gerechtigkeit versprach (vgl. etwa Mandelson/Liddle 1996, Giddens 1998, Blair 1998). Damit waren weder die Konturen des Neuen bereits klar, noch ergaben sich daraus unmittelbar eindeutige, kohärente Politikkonzepte für unterschiedliche Policy-Bereiche. Die Konzeptionen zeichneten sich vor allem durch vielfältige Anschlussmöglichkeiten bei gleichzeitig wenig ausgeprägter Spezifizierung aus. Ihre Grundbotschaften waren allgemein zustimmungsfähig. Sie verbanden das vom Wähler in großer Mehrheit gewollte Festhalten am Kapitalismus mit dem Versprechen von Werteorientierung, Gemeinschaft, Mitgefühl, Verantwortung, sozialer Inklusion und individueller Freiheit (vgl. Temple 2000, Powell 2000).

Mit den Konzepten von New Labour und Third Way verfügte der sich formierende Regierungsakteur zwar über allgemeine inhaltlich-programmatische Grundlagen. Allerdings stellten die Ansätze kein unmittelbares *strategisches Steuerungskonzept* für die neue Regierung bereit. Dazu waren ihre Inhalte zu unspezifisch und zu unkonkret. Sie erschienen eher als das Ergebnis einer „(...) method of picking the best bits from left and right; resulting in a pragmatism based upon choosing what works and what makes you popular, all concocted in the most palatable blend" (Theakston: 2002: 308). Die flexible, unideologische und vor allem auf elektoralen Erfolg gerichtete Orientierung der Akteure bei der Konzeptentwicklung und -anwendung zeigte sich etwa bei einer Antwort Peter Mandelsons auf die Frage, ob es irgendeine inhaltliche Position geben könnte, die Labour nicht um des wahlpolitischen Erfolgs aufgeben würde. Der Vordenker der Partei und enge Berater von Blair sagte daraufhin lediglich ein Wort: „No" (Temple 2000: 304).

Vorteile des Abstraktionsgrads und der Unspezifität der Konzepte lagen darin, dass sie für ganz unterschiedliche Politiken kommunikative Anschlussmöglichkeiten bereithielten. Diskussionsanstöße und der Nachweis einer konzeptionellen Unterlegung der eigenen Politik ließen sich so im Wege vielfältiger Kommunikationsaktivitäten erreichen. Ein *Nachteil* bestand darin, dass die Ausfüllungsbedürftigkeit der Konzepte enorme fortlaufende Kommunikationsanstrengungen erzwang. Der im neuen Politikansatz von Labour zum Prinzip erhobene Pragmatismus („what counts is what works") konnte die Kontextualisierung politischer Entscheidungen nicht von sich aus leisten, sondern bedurfte dazu der ständigen „großen Erzählung", die den jeweiligen Wertebezug der verfolgten pragmatischen Realpolitik verdeutlichte (Sturm 2006b: 281-285). Gemessen an den Kriterien für operativ wirksame Leitkonzepte[99] stießen die Labour-Konzeptionen an Grenzen einer noch einhegbaren Reichweite, vermittelbaren normativen Komplexität und eines realisierbaren Steuerungspotentials.

Trotz aller Unbestimmtheit ließen sich den Konzepten von New Labour und Third Way zentrale Grundprinzipen entnehmen, die für die Politik der Blair-Regierung nachfolgend Orientierungsqualität entwickeln sollten. Insofern stellten sie zwar keine Konzepte strategischer Regierungsführung dar, enthielten aber wichtige strategische Leitlinien, die die Navigationsbemühungen der Regierungs-akteure unterstützten und ihre Politikentscheidungen beeinflussten. Fünf basale Orientierungsprinzipien ließen sich identifizieren (vgl. Giddens 2007: 107-109): (1) Rücke die Förderung und Unterstützung einer prosperierenden ökonomischen Entwicklung ins Zentrum der Regierungspolitik. (2) Positioniere die Labour-Partei politisch in der Mitte der Gesellschaft. (3) Konzentriere dich beim Einsatz für sozia-le Gerechtigkeit auf die Verbesserung der Startchancen für Benachteiligte. (4) Re-formiere (deswegen) die öffentlichen Dienstleistungen und investiere in sie, vor allem in den Bereichen Bildung und Gesundheit. Und überlasse schließlich (5) den Konservativen kein politisches Mobilisierungsthema (z.B. Kriminalitätsbekämp-fung, Immigration), sondern positioniere dich so, dass derartige Themen politisch neutralisiert werden. Der nachfolgende Politikprozess sollte zeigen, dass die Ak-teure, allen voran der Premierminister selbst, diese Prinzipien immer wieder zur Grundlage des Steuerungshandelns von Partei und Regierung machten.

6.2 Steuerungsprozess und Entwicklungen im Strategieprofil

Ausgehend von der Untersuchung der Strategiefähigkeit Labours und seiner stra-tegischen Konzeption zum Zeitpunkt der Regierungsübernahme, erfolgt die analy-tische Rekonstruktion strategischer Steuerungsprozesse der Labour-Regierung erneut auf der Basis einer zeitlichen Phaseneinteilung, die als Strukturierungshilfe dient. Auch für den britischen Fall beziehen sich die Kriterien für die Phaseneintei-lungen entweder auf die strategische Gesamtkonstitution der Regierung oder be-deutende Handlungsfelder in den jeweiligen Zeiträumen. Vor diesem Hintergrund ergeben sich für die Blair-Jahre fünf Abschnitte, für die nun die Entwicklungen in den einzelnen Steuerungsbereichen nachgezeichnet werden: Aufbruch- und Opti-mismusphase (Mai 1997-Juni 1998), Ernüchterungs- und Neujustierungsphase (Juli 1998-Juli 1999), „Delivery"- und Wahlkampfphase (August 1999-Juni 2001), „War on terrorism"- und Autoritätsverlustphase (Juli 2001-Februar 2003) sowie Irak-krieg- und Konfliktphase (März 2003-Mai 2005).

---

[99]   Vgl. dazu das Kapitel 4.1.2.

6.2.1 Aufbruch- und Optimismusphase (Mai 1997-Juni 1998)

Am Anfang stand ein fulminanter Wahlsieg von Blair und Labour (vgl. King et al. 1998), der der neuen Regierung einen äußerst komfortablen Vorsprung im Unterhaus bescherte und die Opposition für längere Zeit marginalisierte. Der erdrutschartige Sieg (*landslide*) brachte der Labour-Partei 419 Mandate im Parlament ein, während die bisherige Tory-Regierung lediglich 165 Unterhaussitze erringen konnte (Butler/Butler 2006: 109). Dabei darf allerdings nicht übersehen werden, dass Labour mit 44,5 Prozent Stimmenanteil kein überragend gutes Ergebnis erzielte, sondern vor allem von der katastrophalen Schwäche der bisherigen Regierung und einer insgesamt geringen Wahlbeteiligung profitierte, die besonders zu Lasten der schlecht mobilisierenden Konservativen ging (vgl. King 1998, Johnston/Pattie 2001, Pattie/Johnston 2001).

Dennoch war die *Wahlstrategie* von Labour, die auf drei miteinander verbundenen Kernelementen ruhte, voll aufgegangen (vgl. Crewe 2001: 67-71). Sie bestand darin, den Aufbau eigener Strategiefähigkeit im Wege der Modernisierung der eigenen Partei in organisatorischer und kommunikativer Perspektive (erstes Element)[100] mit einer inhaltlich-konzeptionell unterfütterten Neupositionierung im Mitte-Rechts-Spektrum des ideologischen Koordinatensystems zu verbinden (zweites Element),[101] um so zielgerichtet eher bisherige Nicht-Labour-Wähler zu gewinnen als die klassische eigene Labour-Anhängerschaft zu mobilisieren (drittes Element).[102] Labour sollte eine akzeptierte und wählbare Alternative zu den Konservativen sein. Der berühmte „Blair-Effekt" war weniger ein persönlicher Sieg Blairs über Major (bei den individuellen Kompetenzzurechnungen gab es zwischen beiden Akteuren nur geringe Unterschiede), sondern vor allem das Ergebnis genau dieser Strategie. „New" Labour wurde von den Wählern gegenüber „Old" Labour als fundamental verändert wahrgenommen. Die Partei erreichte gerade in den früheren Hochburgen der Konservativen in Mittel-England bei den Mitte-orientierten Wählern der arbeitenden Mittel-Klasse erstaunliche Stimmengewinne gegenüber den Konservativen. Und sie brachte viele konservativ Orientierte zur Stimmenenthaltung oder einer taktischen Stimmenabgabe für Labour, um die in ihrer Wahrnehmung abgehalfterte Major-Regierung abzulösen.

Voller Selbstbewusstsein und Tatendrang übernahmen Blair und seine Mannschaft die Amtsgeschäfte und den Regierungssitz. Das erste Labour-Jahr stand nach langen Jahren der Opposition im Zeichen *ungebrochener Aufbruchsstimmung* und *vollen Optimismus* der neuen Regierungsakteure. Sie wollten den Neuanfang

---

[100]   Vgl. Kapitel 6.1.1.
[101]   Vgl. Kapitel 6.1.2.
[102]   Vgl. auch Blair (2010: 1-2).

der eigenen Partei zugleich zu einem Neuanfang der britischen Gesellschaft insgesamt machen. Der eigene Anspruch war kein geringerer, als die Politik in Großbritannien nach langen Jahren der Thatcher- bzw. Major-Regierung grundlegend zu
erneuern.

6.2.1.1 Organisationssteuerung

Bei aller Euphorie war eines der ersten Probleme der neuen Regierungsakteure
ihre eigene *Unerfahrenheit* (Riddell 2005: 41-42). Das bestätigt Blair selbst in seinen
Erinnerungen (Blair 2010: 5). Nur einer der neuen Minister, der Generalstaatsan-
walt John Morris, war kein Debütant. Allerdings saß er außerhalb des Kabinetts.
Die zentralen Akteure der neuen Regierung waren geübte Oppositionsakteure,
verfügten jedoch über keinerlei Erfahrung bei der Führung eines Ministeriums
oder anderen großen Apparats. Seminare über Regeln und Funktionsweisen der
britischen Administration, die in der Vorbereitung auf die mögliche Machtübernahme organisiert worden waren, konnten Einsichten der realen Praxis einer Regierungsführung nicht ersetzen.

   Alex Allan, der Principal Private Secretary John Majors, und Robin Butler, der
langjährige Cabinet Secretary, bemühten sich in den ersten Tagen, einen reibungs-
losen *Übergang* von der alten zur neuen Regierung zu organisieren. Sie machten es
zu ihrer Aufgabe, die neue Regierungsmannschaft und insbesondere den Premier
in die Gepflogenheiten von Whitehall und Downing Street einzuweisen (Kava-
nagh/Seldon 2000: 251). Dabei wurde schnell klar, dass Tony Blair sich wenig für
althergebrachte Strukturen und Prozesse der britischen Ministerialverwaltung
interessierte: „Mr Blair thinks politically, not constitutionally. He is sensitive to
moods, not structures." (Hennessy 1999: 7). Bereits hier deutete sich an, was die
Organisationssteuerung der folgenden Jahre kennzeichnen sollte und vom neuen
Premierminister schon früher in seinem konzeptionellen Beitrag zum *Third Way*
angekündigt worden war: „Our approach is ‚permanent revisionism', a continual
search for better means to meet our goals (...)." (Blair 1998: 4).

   Permanente Anpassungsprozesse und *wenig Rücksicht* auf *traditionelle administrative Struktur- und Prozessmuster* sollten zur Leitlinie des Handelns der neuen Regierung bei der Einrichtung der Struktur und des Personaltableaus innerhalb der
Kernexekutive werden. Vorrangiges Anliegen der Führungsmannschaft war die
Fortsetzung ihres bisherigen Arbeitsstils: „Tony Blair and Gordon Brown had a
project which they imposed from the centre. They and their small group were used
to working intimately together with as few people as possible privy to their secrets.
They wanted to carry on like that in government." (Rawnsley 2001: 28).

Vor dem Hintergrund dieser Interessenlage fielen die ersten zentralen *Personalentscheidungen* wenig überraschend aus (vgl. Kavanagh/Seldon 2000: 251-271). Alastair Campbell wurde Chief Press Secretary, Jonathan Powell bekam die Position des Chief of Staff. Beide erhielten als Political Advisor Weisungsbefugnis gegenüber den klassischen Ministerialbeamten.[103] Peter Mandelson übernahm einen Posten als Minister ohne eigenen Geschäftsbereich (Minister Without Portfolio), der die Verantwortung für die übergeordnete Koordination und Präsentation der Regierungspolitik tragen sollte. David Miliband wurde zunächst informaler, später formaler Chef der Policy Unit, und war angehalten, diese – organisatorisch angebunden und personell vergrößert – für eine bessere Policy-Koordination innerhalb der Regierung neu aufzustellen. Anji Hunter erhielt, von den Civil Servants kritisch beäugt, die neue, nicht genauer spezifizierte Position „Special Assistant to the Prime Minister" und kümmerte sich vor allem um Organisation und Planung des terminlichen Tagesgeschäfts von Blair. Sally Morgan stand dem Political Office vor und sollte (in erweiterter Fortsetzung ihrer bisherigen Tätigkeit in der Parteizentrale) die Aktivitäten von Partei, Regierung und Interessenorganisationen koordinieren. Philip Gould ging nicht in die Kernexekutive, blieb aber mit seiner strategischen Consulting-Firma als politischer Berater und Chefdemoskop Blairs eng an die internen Regierungsprozesse angeschlossen. Gordon Brown machte – gegen den Willen Blairs (Rawnsley 2001: 20-21) – Charlie Whelan zu seinem Sprecher in der Regierung und vertraute weiterhin auf Ed Balls als ökonomischen Berater (ab 1999 als Chief Economic Advisor to HM Treasury).

Insgesamt nahm die Zahl der *Special Advisor* in Downing Street mit dem Amtsantritt Blairs erheblich zu. Im Prime Minister's Office ist die Menge der Special Advisor, anders als im Cabinet Office, nicht begrenzt. Waren vor der Regierungsübernahme im März 1997 nur sechs derartige Positionen in No. 10 besetzt, stieg diese Zahl bis zum Oktober 1997 bereits auf achtzehn und erreichte zwei Jahre später den hohen Stand von sechsundzwanzig Spezialberatern (vgl. Fawcett/Gay 2005: 54, Committee on Standards in Public Life 2003: 50). Diese Zunahme externer Akteure in der Kernexekutive, die nicht die klassische Civil Servant-Laufbahn absolviert hatten, nahm ein früheres Muster der Rekrutierungspolitik wieder auf. Sie hatte unter Blair aber einen besonderen „political imprint" (Kavanagh/Seldon 2000: 290).

Mit dem Einzug der Special Advisor neuen Typs, die vorrangig aus der Parteizentrale Labours (Millbank Tower) rekrutiert worden waren, offenbarte sich ein „culture clash" zwischen den Neuankömmlingen und den alteingesessenen

---

[103] Diese Entscheidung erforderte eine Änderung des Constitutional Rule Book for Political Advisors und blieb bei den traditionell orientierten Civil Servants, wie etwa Robin Butler, nicht ohne Widerspruch (vgl. auch Clifford 2000: 36-37, Kavanagh/Seldon 2000: 252-253, Rawnsley 2001: 27-28).

Ministerialbeamten: „the young turks of the Downing Street Policy Unit simply could not believe, for example, that a permanent secretary on his way home on a Surrey commuter train might not be equipped with a mobile telephone or even a pager. They had a building, Millbank Tower, equipped for electoral war, which had monitored every news bulletin, every paragraph, however obscure, of political news; they have found a government machine whose culture still seemed them to be working to nineteenth-century time – and, worse still, to regard the publicity operation as defensive rather than offensive." (Macintyre 1999: 396). Zwar gewöhnten sich Advisor und Civil Servants im Laufe der Zeit stärker aneinander, die grundlegenden Stil- und Habitusdifferenzen sollten aber im weiteren Steuerungsprozess verschiedentlich zu Dysfunktionalitäten und Inneffektivitäten bei der Vorbereitung und Ausformung des Regierungshandelns führen.

Die *Strukturreformen* in der *Kernexekutive* begannen gleich nach dem Wahlsieg. Sie durchzogen im weiteren Verlauf die gesamte Regierungszeit Blairs (vgl. Burch/Holliday 2004). Kleinere Änderungen betrafen zunächst die Einrichtung eines Constitution Secretariat im Cabinet Office für die bessere Koordination der geplanten Dezentralisierungsreformen (Devolution) oder die Neufassung der Regeln über intra- und interministerielle Zusammenarbeit (Ministerial Code 1997). Diese sahen vor, dass die einzelnen Minister Downing Street stets zu konsultieren haben, bevor sie Informationen veröffentlichten, größere Interviews gaben oder Policy-Initiativen starteten.

Eine *systematischere Neuorganisation* setzte mit Beginn des Spätherbstes 1997 ein. Dabei wurde zunächst – dem eigenen Grundsatz der Stärkung kommunikativer Kompetenz folgend – die Strategic Communication Unit gegründet, die unter der Leitung von Alastair Campbell für eine kohärente und konsistente Präsentation der Regierungspolitik sorgen sollte (Burch/Holliday 1999: 34). Interne Abstimmungspflichten der externen Kommunikation wurden für den Zweck etabliert, öffentliche Statements aus der Regierung mit dem Programm und den Botschaften von New Labour zu synchronisieren. Eine Social Exclusion Unit, die auch dem Premierminister zuarbeitete, gründete man im Winter 1997/1998. Ihr Tätigkeitsschwerpunkt stellte die Überprüfung geplanter Regierungsmaßnahmen in ihren Wirkungen für die ressourcen- und chancenarmen gesellschaftlichen Bevölkerungsanteile dar. So sollten weitere soziale Verwerfungen durch eine Politik von Labour unterbunden werden (Burch/Holliday 2004: 5-6). Im Juli 1998 schuf man schließlich eine Performance and Innovation Unit, die Ministeriumsgrenzen überschreitende Programme und Maßnahmen (cross-cutting issues) analysieren, Policy-Initiativen vorbereiten und besondere Aspekte einzelner Regierungspolitiken untersuchen sollte (Burch/Holliday 1999: 39). Gemeinsam war allen diesen organisatorischen Restrukturierungen, dass sie Kohärenz- und Effektivitätssteigerungen bei der Herstellung von Regierungspolitik in den Mittelpunkt der Reformbestrebungen stellten.

Wichtige Funktionen bei der inneradministrativen Politikentwicklung unter Blair übernahm die *Policy-Unit*. Ihr Chef, David Miliband, konfigurierte sie nach seinen und den Vorstellungen des Premierministers vor allem aus vertrauten Akteuren des eigenen, engeren Umfelds. Die einzelnen Mitarbeiter der Unit konzentrierten sich jeweils auf spezifische Politikfelder, sorgten für gute Verbindungen zu den Ministern, Mitarbeitern und Beratern der jeweiligen Ressorts und wurden dort zumeist als „authoritative voice" des Premierministers akzeptiert (Burch/Holliday 1999: 41, Kavanagh/Seldon 2000: 266). Blair bat seine Kabinettskollegen gleich zu Beginn, die Policy Unit in die Programm- und Konzeptentwicklung ihrer eigenen Ministerien zu integrieren – verbunden mit der impliziten Botschaft, dass sie andernfalls mit ihren Initiativen auch den Kontakt zu ihm verlieren und sich damit die Chancen für eine Realisierung erheblich verschlechtern würden (Kavanagh/Seldon 2000: 266). Der Beitrag der Policy Unit für den Regierungsprozess lag erstens in der Konkretisierung der Third-Way-Konzeption für einzelne Politikfelder und Politiken (vgl. Butler 2000), zweitens im Netzwerkaufbau mit Akademikern, Medien, Think Tanks (vor allem dem Labour nahe stehenden Institute for Public Policy Research) und der Forcierung breiterer Policy-Diskurse, drittens in der Erarbeitung von White Papers als Grundlage weiterer Politikentwicklung (Kavanagh/Seldon 2000: 268-269), viertens der Mitwirkung bei der Vorbereitung von Reden und Artikeln von Blair und fünftens der Teilnahme an der systematischen Ausgabenkontrolle innerhalb der Regierung (Fleischer 2009: 203-204).

Die Mission seiner *Zentrierungs-* und *Kontrollbestrebungen* brachte der neue Premierminister gleich zu Anfang unmissverständlich zum Ausdruck: „Tony Blair said the last government had been a shambles and we had to learn from that. He said we will sink or swim together. He was serious about proper coordination through the centre, on policy and on press." (Campbell 2007: 201). Insgesamt wurden mit den Veränderungen der personalen und organisatorischen Steuerung gleich zu Beginn der Regierungsübernahme Absichten und Instrumentierungen der neuen politischen Führung sichtbar, die später den Vorwurf der „control freakery" entstehen ließen (vgl. Heffernan 2006).

Das *strategische Zentrum* der neuen Regierung bestand im Kern aus zwei Akteuren: Blair und Brown. Sie trafen die zentralen Grundentscheidungen innerhalb der Regierung und zeigten sich in erster Linie für die strategische Linienführung der Gesamtformation verantwortlich. Blair und Brown waren die einzigen Akteure, die wechselseitig über eine Vetoposition bei der internen Entscheidungsfindung verfügten. Darum und darunter bildeten sich unterschiedliche Macht-, Entscheidungs- und Einflusskreise, die sich je nach Zeitpunkt, Anwesenheit und Themenfeld wiederkehrend neu konfigurierten (vgl. unter anderem Hennessy 1999, Kavanagh/Seldon 2000, Rawnsley 2001, Naugthie 2002, Seldon 2005). So gab es etwa zu Beginn der Amtszeit regelmäßige, bilaterale Gespräche zwischen Tony Blair und John Prescott, dem Deputy Prime Minister und Chef des neu gebildeten Superministeriums Umwelt, Verkehr und Regionen, der wichtige Funktionen bei der Abstimmung des Regierungshandelns mit Parteibelangen übernahm. Daneben fanden Treffen der „Big Four" (Blair, Brown, Prescott und Jack Straw, dem Innenminister) an jedem Donnerstagmorgen statt. Den beiden Hauptakteuren zuordnen lassen sich ihre jeweiligen „Camps", zusammengesetzt aus Beratungsakteuren, in denen auf Seiten von Blair anfänglich vor allem Mandelson, Campbell, Powell und Miliband sowie auf Seiten Browns vor allem Whelan und Balls zentrale Bedeutung zukam.

Trotz aller Euphorie, die der strahlende Wahlsieg bei der Kernmannschaft ausgelöst hatte, wurde schon kurz nach dem Regierungsantritt sichtbar, dass die Spannungen zwischen Blair und Brown bereits pulsierten unterhalb der Oberfläche einer nach wie vor funktionierenden und für den Gestaltungsauftrag als notwendig erachteten Zusammenarbeit. Die Verletzungen und das Misstrauen von Brown gegenüber Blair seit dem Ausscheidungskampf 1994 und ein im Brown-Camp verbreitetes Gefühl der ungerechtfertigten Benachteiligung gegenüber dem Premier trugen dazu bei: „In the eyes of Brown's circle, Blair's leadership was tainted with a touch of illegitimacy, as if he sat on a stolen throne." (Naugthie 2002: 80). Dementsprechend hat Brown – trotz Annahme seiner Rolle als Nr. 2 – seinen inhaltlich-programmatischen Gestaltungsanspruch neben Blair nie aufgegeben. Manchmal schien es im Regierungsalltag fast so, als agierte Blair „(...) as a quasi-presidential figure directing government strategy, making treaties and fighting wars and painting the big picture, with Brown as the all-powerful economic overlord." (Naugthie 2002: 81, ähnlich Scott 2004: 19-20). Aber auch Blair versuchte oft einzelne Policies und Projekte an sich zu ziehen und hierfür die Entscheidungshoheit zu beanspruchen. Im Ergebnis führte das bei fast allen prozessualen und inhaltlichen Entscheidungen zu täglichen (Einzel-)Verhandlungen der beiden Hauptprotagonisten, die die Akteure einerseits zusammenbanden, die aber andererseits fortlaufend Spannungen zwischen ihnen produzierten.

Die sich im späteren Regierungsverlauf verschärfenden Konflikte und Einflusskämpfe[104] blieben von Beginn an nicht auf Blair und Brown beschränkt, sondern bezogen ihre „Camps" stets mit ein. Ein Beispiel dafür ist etwa die Übernahme der Position des Secretary of State for Trade and Industry von Peter Mandelson im Sommer 1998. Das empfindlich gestörte Verhältnis zwischen den früheren „buddies" Mandelson und Brown seit Mandelsons Wechsel auf die Seite von Blair

---

[104]   Vgl. dazu auch die analytische Rekonstruktion der nachfolgenden Regierungsphasen.

bei der Kür des Parteivorsitzes 1994 führte mit dazu, dass Brown den Positions-wechsel von Mandelson intern ebenfalls unterstützte (Macintyre 1999: 397-405). Ein Kalkül dabei war, den Beratungseinfluss des allgegenwärtigen Mandelson auf Blair in seiner Funktion als Regierungskoordinator im Hintergrund zu reduzieren und ihn mit einem eigenen Ministerium zu „beschäftigen" – auch um den Preis, dass Mandelson damit erstmals an den Kabinettstisch rückte. Eine zweite Überle-gung bestand darin, die unbestrittenen politischen Fähigkeiten Mandelsons im Interesse der Gesamtregierung für die Führung eines Ressorts zu nutzen. Aus Sicht von Blair ging es bei der Personalentscheidung Mandelson einerseits darum, einen von seinen Vertrauten so zu platzieren, dass dessen ministerielle Zuständigkeiten in den Herrschaftsbereich des allmächtigen Schatzamtes hineinragten. Anderer-seits hoffte er, die Beziehungen zwischen Mandelson und Blair ließen sich in einem engeren Arbeitsverhältnis wieder konsolidieren (vgl. Rawnsley 2001: 162-163). So war es oft. Die Zentralakteure trafen ihre Entscheidungen regelmäßig im Span-nungsverhältnis zwischen dem Streben nach einem Erfolg des Ganzen und inter-ner Konkurrenz um Einfluss.

Die von Blair gestützte Art „neuer" Organisationssteuerung, die wesentlich auf informalen Praktiken ruhte, beschränkte sich nicht nur auf den Bereich der Kernregierung. Wichtiger Bestandteil des Projekts New Labour sollte zugleich die Öffnung der Partei(akteure) hin zu wichtigen Repräsentanten aus dem ökonomi-schen Bereich sein. Ein problemloser Zugang zur neuen Regierung konnte die Marktnähe und -aufgeschlossenheit der veränderten Partei demonstrieren. Offen-heit, Informalität und Unerfahrenheit, gekoppelt mit geringem Interesse an „Stan-dardverfahren" und hohem Interesse an materiellem Nutzen für die eigene Partei führte die neue Regierung gleich zu Beginn in größere Korruptions-Skandale – obwohl man im Wahlprogramm noch versprochen hatte mit dem Filz der Vor-gängerregierung Schluss zu machen („We will clean up politics") (vgl. King 2002c: 24-29).

Der erste größere Fall ereignete sich bereits im November 1997 mit der Affäre um Bernie Ecclestone, dem bekannten Multimillionär und uneingeschränkten Herrscher über die Formel 1 (vgl. Macintyre 1999: 377-390, Rawnsley 2001: 89-105). Die Ereigniskette war sehr übersichtlich und legte den Korruptionsverdacht nahe. Im Januar 1997 hatte Ecclestone 1 Million Pfund an die Labour-Partei gespendet. Nach der Amtsübernahme kämpfte die neue Regierung für ein europaweites Ver-bot von Reklameaktivitäten und Sponsoring der Tabakindustrie – was insbesonde-re die Formel 1, die viel Geld mit Tabakwerbung verdient, hart getroffen hätte. Bernie Ecclestone bat um einen informalen Termin beim Premierminister, bekam diesen sogleich und kurz nach dem Treffen ereignete sich ein abrupter Politik-wechsel der Regierung. Von nun an setzte sich die Labour-Regierung für eine

Ausnahme des Werbeverbots im Bereich der Formel 1 ein. Wie auch immer es zur Änderung der Labour-Position gekommen war, der Skandal beruhte auf mindestens drei elementaren Fehlern: erstens hatte Blairs mit Ecclestone einem 1-Millionen-Pfund-Wahlkampfspender unkompliziert eine „Privataudienz" gewährt, zweitens gab es nicht einmal ein Protokoll dieses informalen Treffens und drittens hatte Blair im selben Zeitraum mit keinen anderen potentiell Betroffenen des Tabakwerbeverbots gesprochen, so dass hier alles nach einer ungerechtfertigten Privilegierung aussah (Rawnsley 2001: 93-94). Blair fürchtete schon, dieser Skandal könne das schnelle Ende seines Daseins als Premierminister bedeuten, als eine vor allem von Alastair Campbell entwickelte offensive Medienstrategie zur „Schließung" des Themas beitrug. Blair entschuldigte sich, räumte eigene Fehler ein, kündigte die Rückbesinnung auf die selbst formulierten Prinzipien an und die Wahlkampfspende wurde zurückerstattet. Das Ende dieses Skandals führte allerdings nicht zum versprochenen Wandel. Filz- und Korruptionsskandale sollten auch im Folgenden dauerhafter Begleiter der Labour-Regierung sein.

Für die Organisationssteuerung im Kontext von Party-Government zentral bleibt die Verknüpfung der *Regierung im engeren Sinne* und der *außerparlamentarischen Parteiorganisation*.[105] Koordination der Willensbildung und Entscheidungsfindung im Konnex von Regierung und Partei stellen unverzichtbare Elemente strategischer Steuerungsbemühungen dar. Dabei treten vor allem auf Seiten der Regierungsakteure (fast) „natürliche" Tendenzen der Entkopplung zutage. Die Eigenlogik des Regierungshandelns und die neuen Handlungskontexte mit ihren jeweils spezifischen Akteurkonstellationen lassen die Wünsche und Bedürfnisse der eigenen Partei in den Hintergrund treten. Derartigen Tendenzen muss man aktiv entgegentreten, will man bei der Organisationssteuerung erfolgreich sein. Aus Steuerungssicht gefährlich wird eine Entkopplung, die sich zum generellen Verlust der Zustimmung der Partei für das Regierungshandeln auswächst, da Regierungen im Kontext von Party-Government auf die Unterstützung der eigenen Partei angewiesen bleiben.

Kennzeichen der anfänglichen Organisationssteuerung des Konnexes von Regierung und Partei unter Blair war die Fortsetzung der bereits zu Oppositionszeiten begonnenen Restrukturierungsbemühungen parteiinterner Willensbildung und Entscheidungsfindung. Dieser Grundintention entsprach auch das Reformprojekt *Partnership in Power*, das man innerhalb der Partei bereits seit 1996 vorbereitete und schließlich auf dem ersten Parteitag nach der Machtübernahme offiziell verabschiedete (vgl. Webb 2000: 203-206, Seyd 2002: 97-102). Die – auf den Labour-Generalsekretär Tom Sawyer zurückgehende – Initiative sollte die Programmentwicklung innerhalb der Partei auf eine neue Grundlage stellen, und die bisherige,

---

[105]   Vgl. dazu auch das Kapitel 3.4.2.1.

regelmäßig wiederkehrende Praxis öffentlich und konfrontativ ausgetragener Konflikte um programmatische Positionen ersetzen: „The principle aim of the new policy making structure was to facilitate consensus within the party, in particular to prevent a repetition of the discord between government and the extra-parliamentary organs that had beset the party in the past, by creating institutional incentives for the reconciliation of disagreement through compromise and mutual accommodation." (Shaw 2002: 165).

Um dieses Ziel zu erreichen, stufte man die vormals zentrale Bedeutung des Parteivorstandes und der jährlichen Parteitage für die Programmentwicklung zurück. Drei neue Gremien wurden geschaffen: das *Joint Policy Committee* als oberster Hüter des Programmfindungsprozesses („strategic oversight"), das *National Policy Forum* (NPF), verantwortlich für das Vorantreiben einer kontinuierlichen und systematischen Programmentwicklung, sowie mehrere *Policy Commissions*, die sich jeweils einzelnen Themenfeldern widmen. Zwar bleibt nach wie vor der Parteitag die finale Entscheidungsinstanz, sein Einfluss sowie der in der alten Struktur größere Einfluss der Gewerkschaftsführer und ihrer Delegationen wurden jedoch durch das nun vorgeschaltete Prozedere deutlich reduziert. Die vor allem durch sachliches Know-how getragene Dominanz der Parteiführung nimmt im neuen Verfahren zu.

In kritischer Perspektive unterminiert das neue Verfahren vier Kernprinzipien der früheren innerparteilichen Entscheidungsfindung: „First, the principle of equity has been compromised to the extent that the articulate professional and the well resourced are likely to have greatest impact. Second, transparency is now less apparent because very few have knowledge of what happens to submissions coming into the policy commission. Third, accountability has been reduced because the scope for manipulation is enormous. Finally, autonomy has been undermined by the tight control of the NPF's activities by the party centre." (Seyd 2002: 101). Aus Sicht einer enger mit dem Regierungszentrum abgestimmten Programmfindung und eines auf stärkere Kontrolle der Parteiführung angelegten Prozesses forciert die Neuregelung eine enger gekoppelte Organisationssteuerung im Verhältnis von Regierung und Partei. Sie federt Meinungsverschiedenheiten ab, macht sie besser steuerbar und wirkt konsensfördernd. Damit zeigen sich an dieser Stelle Spannungslinien zwischen Prinzipien innerparteilicher Demokratie und einer unter Effektivitätsgesichtspunkten optimierten strategischen Organisationssteuerung. Sie lassen sich mit dem Begriff eines „new democratic centralism" (Shaw 2002) fassen.

6.2.1.2 Problempolitiksteuerung

Die problempolitische Steuerung der Blair-Regierung begann mit einem Pauken-
schlag: nur wenige Tage nach der Wahl wurde die *Bank of England* bei der Geldpolitik in die *operative Unabhängigkeit* entlassen. Operative Unabhängigkeit bedeutet,
dass man die angestrebte Inflationsrate zwar nach wie vor politisch festlegt, die
geldpolitischen Entscheidungen jedoch nicht mehr länger vom Schatzminister und
Präsidenten der Bank of England gemeinsam getroffen werden, sondern die Kontrolle der Zinssätze und Wahrung der Geldwertstabilität in den Händen des Geld-
instituts liegen.[106] Zeitgleich mit der Bekanntgabe dieser Maßnahmen erhöhte der
Schatzkanzler Brown letztmalig selbständig den Leitzins um einen Viertelpunkt
und formulierte als Zielgröße der künftigen Inflationsrate die Richtmarke 2,5 Prozent (vgl. Stephens 2001: 188-191).

Die Erklärung der Unabhängigkeit der Zentralbank bedeutete eine *tief greifen-
de Veränderung* der bisherigen *britischen Finanzpolitik* und entfaltete zugleich große
Symbolwirkung. Labour verdeutlichte damit, dass die neue Regierung sich selbst
finanzpolitische Zurückhaltung auferlegen und den Marktkräften sowie Experten
die Regulation der Geldwirtschaft überlasse würde. Dieser Schritt war Teil einer
umfassenderen Strategie, um als Labour-Partei finanz- und wirtschaftspolitisches
Vertrauen zurück zu gewinnen. Die Parteiführung wollte damit ihre wirtschaftspolitische Erneuerung unter Beweis stellen und zugleich demonstrieren, das man sich
den Herausforderungen globalisierter Finanzmärkte gewachsen fühlt (Merkel et al.
2006: 125). Finanz- und wirtschaftspolitische Stabilität sowie das Vertrauen der
Unternehmen und Finanzmärkte in die Labour-Partei galten den Spitzenakteuren
als zwingende Voraussetzung, um überhaupt aussichtsreich Reformen in anderen
gesellschaftlichen Bereichen Großbritanniens anstoßen zu können (Becker 2002:
58).

Diese erste wichtige Policy-Entscheidung war zugleich prägnanter Ausdruck
neu etablierter Formen der *Willensbildung* und *Entscheidungsfindung* innerhalb der
Kernregierung. Die Initiative zur Erklärung der Unabhängigkeit der Zentralbank
ging auf Gordon Brown zurück. Er hatte bereits in früheren Jahren signalisiert,
dass er sich eine Übertragung der Geldpolitik auf die Bank of England vorstellen
könnte (Stephens 2001: 189). Überraschend waren vor allem der Zeitpunkt und die
taktischen Winkelzüge, mit denen Brown in dieser Frage auch Blair überrumpelte,
und eine schnelle Entscheidung innerhalb der Regierung erwirkte (vgl. Rawnsley
2001: 31-38). Drei Tage nach der Wahl und unmittelbar vor dem Regierungsantritt

---

[106]   Genauer gesagt wurde ein Monetary Policy Comittee gegründet, das aus dem Präsidenten der
Bank und seinen zwei Stellvertretern sowie unabhängigen – vom Schatzkanzler zu ernennenden –
Experten besteht. Es sollte von nun an die Geldpolitik eigenverantwortlich bestimmen.

konfrontierte Brown den zukünftigen Premier erstmals mit seinem Plan, sofort bei der Übernahme der Amtsgeschäfte die Unabhängigkeit der Bank of England zu verkünden. Der Zeitpunkt war bewusst gewählt. Der künftige Premier und sein Schatzkanzler saßen im Chaos zwischen den Kisten des umzugsbereiten Blair in dessen Londoner Wohnung und Brown presste Blair, seine Zustimmung sogleich zu erteilen. Blair zögerte noch, obwohl die beiden diese Maßnahme schon früher erörtert hatten und er ihr grundsätzlich positiv gegenüber stand. Er konsultierte Roger Liddle und Peter Mandelson – beide rieten zu. Schließlich gab Blair seine Zustimmung, die Bank noch am folgenden Dienstag bei einer Pressekonferenz durch den neuen Schatzkanzler in die operative Unabhängigkeit zu entlassen. Brown selbst hatte bereits alle notwendigen Schritte vorbereitet, um die damit verbundenen Maßnahmen unverzüglich umzusetzen.

Im konkreten Ablauf zeigte sich bereits hier ein keineswegs untypisches *Muster der Entscheidungsfindung*. Das strategische Zentrum aus Brown und Blair allein entschied über die Unabhängigkeitsfrage. Das Verfahren vor dem Entschluss spiegelte die typischen Entscheidungsstile der beiden Hauptakteure wider: „Brown dealt with issues by brooding, alone or within his tight ring of trustees, before crashing his decision on colleagues. Blair circled and circled around subjects, like a plane endlessly orbiting a runway, more often casting widely for advice, before descending on a conclusion." (Rawnsley 2001: 31). Neben Blair und Brown sowie ihren Beratern wussten auf Ministerebene überhaupt nur noch John Prescott und der Außenamtschef Robin Cook von dem Plan (Stephens 2001: 190). Sonstige Fraktions- oder Kabinettsmitglieder wurden nicht informiert, geschweige denn gefragt. Zwischen Tony Blair und Robin Butler, dem in das geheime Vorhaben eingeweihten Cabinet Secretary, kam es zum Disput über den Ausschluss des Kabinetts von einer so folgenschweren Entscheidung. Butler beharrte vor dem Hintergrund langjähriger britischer Tradition auf einer Einbeziehung des Kabinetts. Blair zeigte kein Interesse daran, dem Kabinett ein Mitspracherecht zu geben. Er sei sicher, die Kollegen würden zustimmen, wenn man sie fragte, war die Formel, mit der er Butler beschied.

Ähnlich gelagerte Entscheidungsprozesse offenbarten sich auch bei einem weiteren zentralen Themenfeld, das die neue Regierung im Laufe des ersten Jahres zu entscheiden hatte: die Frage der Position Großbritanniens hinsichtlich der anstehenden dritten Stufe der *europäischen Währungsunion*, der Einführung des Euro zum 1. Januar 1999 (vgl. Hix 2000). Die vom vormaligen Premierminister John Major ausgehandelte Option zur Nichtteilnahme an dieser letzten Stufe der Währungsunion gab der Labour-Regierung einerseits die Möglichkeit, die Frage zeitlich nach hinten zu schieben, erforderte aber andererseits – auch wegen der besonderen ökonomischen Bedeutung dieser Frage – das präzisere Umreißen einer eigenen

Position. Angesichts der bevorstehenden britischen Ratspräsidentschaft 1998 kam man im Herbst 1997 innerhalb der Regierung zum Schluss, dass man zeitnah eine gemeinsame britische Haltung finden musste – hierin stimmten der Blair-Berater Jonathan Powell und der Brown-Berater Ed Balls überein. Weniger Einigkeit herrschte über den Inhalt der zu formulierenden Position. In den Wahlkampf war Labour mit der Festlegung gezogen, man wolle an der dritten Stufe eher nicht zum frühesten Zeitpunkt (Anfang 1999) teilnehmen. Die weiteren Entscheidungen sollten vor allem von den Bedingungen und Erfordernissen der britischen Wirtschaft abhängig gemacht werden und man wollte vorher in jedem Fall die Bevölkerung durch ein Referendum dazu befragen.

Trotz aller wirtschaftlichen Rhetorik, die Entscheidung über die Einführung war eine genuin politische Entscheidung, deren ökonomische Basis allenfalls generalisierte Ein- und Abschätzungen der weiteren finanz- und wirtschaftpolitischen Entwicklungen sein konnten. Die Haltung Blairs war vor allem durch Unentschiedenheit geprägt. Einerseits wollte er eine neue britische Führungsposition in Europa beanspruchen. Blair und seinem Berater, dem Pro-Europäer Peter Mandelson, war klar, dass eine Teilnahme am Euro diesen Anspruch untermauern und Großbritannien stärker ins Zentrum Europas rücken würde (vgl. Mandelson 2002: 167-170). Andererseits wusste Blair nicht zuletzt über die Fokus-Gruppen von Philip Gould, dass die Briten der neuen Währung nach wie vor äußerst skeptisch gegenüber standen. Blair kreiste um das Problem, beriet sich im kleinen Kreis mit einer Vielzahl von Akteuren (u.a. Alastair Campbell, Derek Scott, Roger Liddle), konnte sich aber nicht zu einer klaren politischen Linie entschließen. Das Kabinett hatte die Frage des Beitritts zur Währungsunion seit der Regierungsübernahme nicht ein einziges Mal diskutiert.

Der europaskeptischere Brown, der bei seinen Überlegungen die Risiken eines Währungsbeitritts, die negativen Einstellungen der Briten und die möglichen Einschränkungen seines eigenen Handlungsspielraums als Schatzkanzler in den Vordergrund rückte, kam Blair zuvor. Unter Ausnutzung der informalen Entscheidungsprozeduren und mit Hilfe taktischer Schachzüge legte er eigenmächtig eine neue Position der Regierung fest (vgl. Rawnsley 2001: 72-88, Campbell 2007: 252-256). Den Anfang machte ein Telefonanruf bei Blair, bei dem er ihm ankündigte, der Zeitung *The Times* ein Interview zur britischen Europa-Position geben zu wollen. Blair stimmte unter der Bedingung zu, dass Brown die konkreten Inhalte des Interviews mit Campbell absprach. Brown tat dies, ließ Campbell aber im Glauben, die darin getätigten Aussagen seien zwischen Blair und Brown abgestimmt worden. Unter Einschluss des zusätzlichen „Spin", den die Redaktion der Times dem Interview noch hinzufügte, lautete die Überschrift im Blatt schließlich: „Brown rules out single currency for the lifetime of this parliament" (The Times, 18. Oktober 1997). Tony Blair tobte, Labour erhielt ein katastrophales Medienecho und Brown musste mit ansehen, wie die Finanzmärkte mit erheblichen Kursverlusten reagierten. In einer Krisensitzung, bei der sich Blair, Campbell, Mandelson, Powell und Brown, Balls sowie Whelan gegenübersaßen, erörterte man – nach einem Lagebericht Blairs mit ätzenden Nebenbemerkungen und offener Kritik an Brown – mögliche Wege aus der Vertrauenskrise, die durch die unumstößliche Formulierung und die bekannten sachlichen Differenzen zwischen Brown und Blair in dieser Frage ausgelöst worden waren. Öffentlich wurde ein baldiges, umfassendes Statement des Schatzkanzlers angekündigt.

Am 27. Oktober 1997 legte Gordon Brown die bei vorangegangen internen Verhandlungen gefundene Kompromisslinie der Regierung in einer Grundsatzrede zur Wirtschafts- und Währungsunion vor dem Unterhaus dar. Bei der Kompromissfindung hatten sich vor allem die Positionen des Schatzkanzlers durchgesetzt. Das Herzstück der Rede bestand in der Bennennung von fünf Kriterien (five economic tests), an denen künftig das Ja oder Nein der britischen Regierung zum Beitritt in die Euro-Zone abhängen soll: „1. Sustainable convergence between Britain and the economics of the single currency. 2. The new currency system should have enough flexibility to be able to cope with economic change. 3. Membership of the single currency should have a favourable impact on investment. 4. The financial service industry of Britain, especially the City of London, must benefit from the single currency. 5. The single currency must have a position impact on employment within Britain." (Blair 2002: 217). Eine noch in dieser Rede vollzogene „Anwendung" der Regeln ließ Brown zu dem Schluss kommen, dass die volle Teilnahme Großbritannien an der Wirtschafts- und Währungsunion zum 1. Januar 1999 definitiv ausgeschlossen und ein späterer Anschluss an die Euro-Zone zumindest für die erste Legislaturperiode von Labour als höchst unwahrscheinlich anzusehen sei (vgl. Wanninger 2007: 104-105).

Anders als bei dieser eher zögerlichen und wenig abgestimmten Entscheidungsfindung kamen die *Aufbruchstimmung* und der *Tatendrang der Akteure* im ersten Labour-Jahr im Bereich der problempolitischen Steuerung vor allem durch das Anstoßen einiger zentraler Policy-Projekte zum Ausdruck. Das betraf etwa das *Welfare to Work*-Programm, bei dem im Bereich der Arbeitsmarktpolitik durch unterschiedliche *New Deals* mit „Problemgruppen" der Arbeitslosenvermittlung (z.B. jugendliche Arbeitsuchende, ältere Arbeitslose, Alleinerziehende, Langzeitarbeitslose) deren Chancen am Arbeitsmarkt mit Hilfe von verschiedenen Maßnahmen der Förderung (z.B. Beratung, Fortbildung) und des Forderns (z.B. Einschränkung der Wahlfreiheit, Sanktionen) signifikant verbessert werden sollte (vgl. Finn 2001: 76-86, Becker 2002: 57-58). Das betraf auch den Bereich der Kriminalitätsbekämpfung, in dem die neue Regierung 1998 mit dem *Crime and Disorder Act* gleich zu

Anfang Signalpunkte setzen wollte (vgl. Charman/Savage 1999, Leng/Taylor/Wasik 1998, Morris 2001). Diese Policy, die bereits wichtiger Bestandteil des Wahlkampfs gewesen war, sollte das Resultat eines längeren Erneuerungsprozesses sichtbar machen, bei dem sich Labour von früheren unklaren Positionen und Programmen deutlich distanziert (vgl. Downes/Morgan 2002). Mit ihr propagierte Labour neue Schwerpunkte in der Kriminalitätsbekämpfung, die einen umfassenderen Schutz der örtlichen Sicherheit und mehr präventives Handeln versprachen. Umfangreiche Maßnahmenpakete sahen unter anderem „anti-social behaviour orders", lokale „crime audits", „annual youth justice plans" oder gezielte Schritte gegen rassistische Gewalt und Hetze vor (vgl. Savage/Nash 2001: 112-114). Ein drittes Beispiel ist der *National Minimum Wage Act*, mit dem 1998 ein zentrales Versprechen aus dem Wahlkampf eingelöst wurde. Die konkrete Einführung eines landesweiten Mindestlohnes stellte eine weitreichende Maßnahme zur Stärkung der Arbeitnehmerrechte dar (vgl. Simpson 1999, Shaw 2007: 125-129).

Mit dem *Good Friday* bzw. *Belfast*-Abkommen im April 1998 gelang Tony Blair (und seinem zentralen Unterhändler Jonathan Powell) schließlich ein wichtiger Durchbruch bei der Suche nach einer Lösung des jahrzehntelangen Nordirland-Konflikts (vgl. Aughey 2001: 205-219, O'Leary 2001: 449-487, Seldon 2005: 349-363, Powell 2008). Unter großem persönlichem Einsatz bei der Konfliktvermittlung hatte Blair hier, losgelöst von Gordon Brown, eine wichtige vertragliche Grundlage geschaffen. Von dieser Basis aus ließen sich weitere Konfliktlösungsbemühungen unternehmen. Damit war das Problem zwar noch lange nicht gelöst, aber Blair hatte erstmals bewiesen, dass er vollmundigen Ankündigungen sowie seinen selbst formulierten hohen moralischen Ansprüchen und friedenspolitischen Visionen durch geschickte Diplomatie auch gerecht werden konnte.

6.2.1.3 Konkurrenzpolitiksteuerung

Der fulminante Wahlsieg von Labour brachte der Partei – mit Unterstützung des britischen Mehrheitswahlrechts – einen so großen Mandatsvorsprung, dass das Verhältnis von *Regierung* und *Opposition* im Parlament, aber auch die politischen Kräfteverhältnisse insgesamt *asymmetrisch* wirkten. In der öffentlichen Wahrnehmung, der Bürgerwahrnehmung und in der Wahrnehmung der Regierungsakteure spielte die Konkurrenzpolitik in der Anfangszeit kaum eine Rolle (vgl. auch Crewe 2001: 72-77, King 2002c: 39-41). Die Regierung konzentrierte sich aufs Regieren. Das Oppositionshandeln stellte keine relevante Bezugsgröße der Regierenden dar. Anders verhielt es sich mit Ergebnissen von Meinungsumfragen oder Fokusgruppen, die man in der Regierung mit großem Interesse verfolgte. Die eindeutigen Mehrheitsverhältnisse und das Fehlen einer zweiten Kammer als potentiellem

Vetospieler im britischen Regierungssystem stützten eine solche „Nichtachtung" des politischen Gegners. Aus Sicht der Regierung fand Opposition zunächst einmal nicht statt. Konkurrenzpolitiksteuerung fiel mangels Opposition aus.

Die *konservative Partei* beschäftigte sich nach der herben Wahlschlappe, bei der sie mehr als die Hälfte ihrer Parlamentssitze einbüsste, zunächst vor allem mit sich selbst (vgl. zum Folgenden ausführlich Norton 2002, O'Hara 2005: 279-308). Der vormalige Premier John Major zog persönliche Konsequenzen aus der Niederlage und erklärte sofort nach der Wahl seinen Rücktritt vom Parteivorsitz. Der erst 36 Jahre alte William Hague siegte im Juni 1997 beim parteiinternen Kampf um seine Nachfolge. Damit war die *Führungsfrage* geklärt. Hague wollte nach den langen Regierungsjahren einen wirklichen Neustart der konservativen Partei in der Opposition einleiten. Aus seiner Sicht sollte die nun umzusetzende *Erneuerungsstrategie* einerseits eine Entschuldigung bei den Wählern für die gemachten Fehler, das eigene arrogante Verhalten und die Abschottung von den Bedürfnissen der Bevölkerung umfassen, andererseits eine organisatorische und programmatische Runderneuerung der Partei beinhalten (Norton 2002: 73-77).

Trotz kleinerer Erfolge bei einigen Nach- und Lokalwahlen verfehlten die Konservativen auf der Landesebene das Ziel, in absehbarer Sicht wieder ein ernstzunehmender Konkurrent für die regierende Labour-Partei zu werden. Bei den in Umfragen erhobenen Wahlabsichten der Briten erreichten die Konservativen im ersten Jahr nicht einmal die 30-Prozent-Marke, während die Labour-Partei – trotz Schwankungen – stabil über 50 Prozent Wählerzustimmung lag (King/Wybrow 2001: 24). Das Problem, in den Augen der Wähler nicht mehr die „natürliche" Regierungspartei mit klar ausgewiesener Regierungs- und Wirtschaftskompetenz zu sein, ließ sich nicht so schnell beheben.

Die Gründe für das Scheitern eines schnellen Comebacks der Konservativen saßen tief (Baston 2001: 167-170, Norton 2002: 78-92). Trotz intensiver Beschäftigung mit Programmfragen gelang es nicht, eine klare neue *programmatische Richtungsperspektive* für die Partei zu entwickeln. Die Konservativen blieben in wichtigen inhaltlichen Fragen intern *gespalten* (insbesondere über die Frage der Beteiligung am europäischen Integrationsprozess). Die allgemeine Enttäuschung über die nicht hinreichend klare programmatische und organisatorische Erneuerung wurde der Führung angelastet und führte zu Vorwürfen des *Führungsversagens*. Nicht zuletzt riss die Kette der Verwicklung von konservativen Politikern in Finanz-, Sex- oder andere *Politikskandale* nicht ab. Alles in allem trugen diese Entwicklungen nicht dazu bei, dass die Partei wieder als ernstzunehmende und jederzeit handlungsbereite „Regierung im Wartestand" wahrgenommen wurde.

Das Fehlen einer kraftvollen Opposition könnte zur Folge haben, dass sich Akteure aus der Regierungspartei in Parlament bzw. außerparlamentarischer Partei-

organisation ermutigt fühlen, sich bei bestimmten Sachfragen selbst zur Opposition gegenüber der eigenen Regierung aufzuschwingen, da der Zwang zur Geschlossenheit und die Disziplinierung durch Parteienkonkurrenz weitgehend ent-
fällt. Aber auch solche Effekte *oppositionellen Regierungshandelns* ließen sich im ersten Labour-Jahr kaum beobachten. Selbst kleinere Rebellionen blieben die Ausnahme. Im Parlament herrschten auf Regierungsseite „the sounds of silence"
(Cowley 2002: 22).

In der gesamten ersten Arbeits- und Sitzungsperiode des Parlaments, die vom
7. Mai 1997 bis zum 19. November 1998 dauerte und damit außergewöhnlich lang
war, wurden insgesamt 52 Gesetze im Parlament verabschiedet. In nur 16 Fällen
gab es überhaupt Gegenstimmen auf Seiten der die Regierung tragenden Labour-
Abgeordneten (vgl. Cowley 2002: 22-40). Auch wenn die ersten Sitzungsperioden
einer neuen Regierung generell weniger Rebellionen im Parlament kennen, gab es
damit im ersten Jahr einen besonders geringen Anteil von Abstimmungen im Unterhaus, bei denen Abweichler in den eigenen Reihen festgestellt werden mussten.
Allerdings trifft ebenso zu, dass bei den wenigen kontroversen Gesetzesvorhaben
eine im Vergleich zu früheren Zeiten durchaus beachtliche Anzahl von Gegenstimmen aus dem eigenen Lager zu konstatieren war. Die drei umstrittensten Gesetzesvorhaben betrafen die Kürzung der staatlichen Hilfe für Alleinerziehende,
das Bombardment von (vermeintlichen) Anlagen zur Herstellung von chemischen
und biologischen Waffen im Irak sowie die Einführung von Studiengebührungen
bei gleichzeitiger Kürzung der staatlichen Studierendenunterstützung. Bei der
Kürzung der staatlichen Leistungen für Alleinerziehende gab es mit 47 Gegenstimmen den höchsten Anteil an Zustimmungsverweigerern und die Regierung
verlor zugleich vier Abgeordnete durch Rücktritt (vgl. Cowley 2000: 123-124, 2002:
24-36).

6.2.1.4 Kommunikationssteuerung

Neben der frühzeitig begonnenen Professionalisierung kommunikativer Kompetenz und dem längerfristig angelegten Projekt New Labour, das die Erneuerung
der Partei in programmatischer, symbolischer und elektoraler Perspektive beinhaltete, setzte die Regierung Blair gleich nach der Übernahme der Amtsgeschäfte auf
eine Kommunikationspolitik, die sich darum bemühte, die tagtägliche mediale
Berichterstattung zum Regierungshandeln proaktiv zu steuern und ein positives
Medienecho zu organisieren (vgl. Heffernan 1999: 58-64). Das *Kommunikationsmanagement* sollte erstens erreichen, dass die Positionen des Premiers durch eine umfassende Koordination der Aktivitäten der Ministerien und des Regierungschefs
sowie den Einsatz von Instrumenten der Öffentlichkeitsarbeit und des Politikmar-

ketings in den Mittelpunkt politischer sowie medialer Aufmerksamkeit rücken (*agenda building*). Zweitens bemühte man sich, die grundsätzliche Botschaft (*overall message*) in allen offiziellen Verlautbarungen der Regierung deutlich werden zu lassen. Drittens sollten die Akteure der Regierungszentrale einen möglichst weitgehenden Einfluss auf die mediale Berichterstattung erhalten (vgl. Becker 2005: 306-308, Wring 2005: 147-154).

Man wollte aber nicht nur (mit-)bestimmen, über *was* die Medien berichten, sondern auch, *wie* sie darüber berichten. Mit Hilfe eines den Selbstpräsentationen unterlegten Spins wurde versucht, eine positive Berichterstattung hervorzurufen bzw. „anzuleiten". Die besondere Fokussierung auf die Vorwegnahme von Bewertungen, von denen man hoffte, dass sie in der folgenden Berichterstattung Widerhall finden würden, führte in der Umsetzung durchaus zu Dimensionen der kommunikativen Regierungssteuerung, die sich klar von den Vorgängerregierungen absetzten und eine neue Stufe der permanenten Kampagnenführung der Regierung einleiteten: „They have transformed governing, more clearly than any predecessor, into permanent campaigning." (Scammell: 2000: 182). In einem internen Papier machte der neue Kommunikationschef Alastair Campbell deutlich, wie er sich ein neues Kommunikationsmanagement vorstellt, das die Wirkungsdimension stärker in die eigene Arbeit integriert: „The government must lay down big messages around every event (...). There are three parts to any story – the build up, the event and the follow through. My sense is hat the middle of these three gets all the attention. There is insufficient attention to advance publicity – the briefing of editors, feature writers and others both before and after." (The Times, 2. Oktober 1997).

Zentrales Element der Kommunikationsstrategie Labours blieb die Fokussierung auf die mediale Berichterstattung – vor allem im *Fernsehen* und den großen *Tageszeitungen* (vgl. Scammell 2001: 514-526, Jun 2004: 374-379). Bürger und Wähler wollte man vor allem auf diesen Kanälen erreichen und von der Arbeit der neuen Regierung überzeugen. Medienpräsenz (unter Marginalisierung der politischen Gegner) und positive Berichterstattung sollten fortlaufende politische Unterstützung in der Bevölkerung garantieren. Wie sich bald zeigte, bestand dabei nur ein schmaler Grad zwischen dem Erreichen der Wähler „durch die Medien hindurch" und dem Abrutschen in eine Haltung, die publizistische Aufmerksamkeit nur noch als Selbstzweck begreift. Die Nutzung der Medien als zentrale politische Vermittlungsinstanz erforderte die Anpassung an deren Gesetzmäßigkeiten: „Sorgfältige Kenntnis und Adaption der Medienlogik sind dazu erforderlich, denn deren Kenntnis ist Voraussetzung zur Überwindung der Selektions- und Aufmerksamkeitsbarrieren der Medien, deren Logik wesentlich geprägt ist von Nachrichtenfaktoren und beim Fernsehen zusätzlich durch die Grenzen der Visualisierbarkeit."

(Jun 2004: 374). Die Überwindung der massenmedialen Selektionsbarrieren und das Gewinnen von Meinungsführerschaft und Deutungshoheit über Themen, Problemdefinitionen und -lösungen in den Medien stellten die zentralen Richtgrößen des kommunikativen Steuerungshandelns unter Blair dar.

Ein Teil der expliziten Konzentration auf die Medialisierung ihrer Politik bestand darin, schon die eigene *Politikproduktion* als *Ereignis* zu inszenieren (Heffernan 1999: 63). Politik im Sinne von Herstellungs- und Darstellungspolitik (vgl. Sarcinelli 2005: 113-123, Sarcinelli/Tenscher 2008: 7-11) verschmolzen in der Perspektive der handelnden Akteure zu einer Einheit. Dazu gehörte eine offensive Kommunikation über die Bedeutung der eigenen Kommunikation, weniger in der instrumentellen Dimension der selbst angewendeten Techniken als in Form des Anspruches, in der britischen Gesellschaft „great debates" und „public dialogues" zu initiieren (vgl. die Kritik dazu bei Fairclough 2003: 119-127). Bestandteil davon war eine *Personalisierung* der Regierungskommunikation, die insbesondere den Premierminister Tony Blair in den Mittelpunkt rückte: „The central image of New Labour's electoral marketing is Tony Blair himself." (Finlayson 2003: 51). In diesem Zusammenhang wurden die Medien vor allem als Bühne eingesetzt, um in direkten Kontakt mit den Bürgern und Wählern zu treten: „More than any recent Prime Minister, Blair is aware of the importance of presentation to promote policy and himself. (...) he is prepared to ‚go public', using various media outlets for interviews, press articles under his name, radio phone-ins and personal appearences to carry his case directly to voters." (Kavanagh/Seldon 2000: 282). Als Resultat davon erschienen in den Medien allein in den ersten beiden Regierungsjahren mehr als 160 Artikel unter dem Namen des Premierministers, was Blair 1999 die zweifelhafte Ehrung als freier Journalist des Jahres (*freelance of the year*) einbrachte (vgl. Marx 2008: 89-90, Wring 2005: 151).

Die kontrollorientierte Kommunikationssteuerung Labours fußte auf einer *Zentralisierung* kommunikativer Kompetenz in Downing Street. Nach der Reorganisation der Kernexekutive im Winter 1997/1998[107] war es vor allem die *Strategic Communication Unit* unter Campbell, die sich für die Regierungskommunikation verantwortlich zeigte (vgl. Scammell 2001: 520-526, Oborne/Walters 2004: 187-226). Die neu gegründete *Media Monitoring Unit* arbeitete ihr zu, indem sie 24 Stunden am Tag das mediale Geschehen beobachtete (vgl. Marx 2008: 88-89).[108] Die *Strategic Communication Unit* versuchte das im Wahlkampf so erfolgreich aus dem Partei-

---

[107] Vgl. dazu das Kapitel 6.2.1.1.
[108] Erst im weiteren Verlauf kam 1999 die *Research and Information Unit* hinzu, die das aus dem Milbank-Tower bekannte und nun erweiterte Wahlkampf-Datenbanksystem mit Sprachregelungen für eine Vielzahl von Themen, einem Pressemitteilungsarchiv sowie Daten und Statistiken auch für die Regierung nutzbar machen sollte.

hauptquartier gesteuerte Kommunikationsmanagement nun auch auf die Regierung zu übertragen. Koordination aus einem starken Zentrum heraus, die Durchsetzung einer Sprachregelung für alle Regierungsakteure und die systematische Nutzung unterschiedlicher medialer Plattformen waren dabei zentrale Bestandteile (Kavangh/Seldon 2000: 255). Jeder Tag begann mit einem *lobby-briefing* der Medien mit den Themen des Tages durch Campbell und seine Mitarbeiter, das man nachmittags noch einmal aktualisierte. Dieses Briefing reichte man anschließend an alle Ministerien und Parlamentsabgeordnete weiter (ergänzt um ein *media-briefing* aus der Parteizentrale), damit allen relevanten Akteuren die aktuellen Themen, jeweiligen Positionen und übergeordneten Kommunikationslinien der Regierung dazu jederzeit „präsent" waren (Becker 2000: 878-879, Jun 2004: 382-383).

Die *Kommunikationsplanung* innerhalb der Regierung wurde längerfristig angelegt. Für mindestens acht Wochen im Voraus führte und koordinierte man alle wichtigen Termine, Konferenzen, Gesetzesvorlagen, Berichte, aber auch andere medial bedeutsame Ereignisse, um das eigene Timing der Regierungskommunikation hierauf abzustimmen (vgl. Becker 2000: 879, Scammell 2001: 524). In kürzerer Perspektive sorgte eine Übersicht des Wochenplans (*grid*) in Tabellenform dafür, dass man mit eigenen öffentlichwirksamen Initiativen nicht innerhalb der Regierung untereinander in Konkurrenz trat oder gegen externe Ereignisse den Kampf um mediale Aufmerksamkeit verlor: „The Grid was marked ‚Restricted' and consisted of six vertical columns, one for each weekday and one for the weekend. Each one listed events under a series of headings: main news, statistics, other government news, Europe, general and other themes expected during the week. It gave a privileged insight into the news values of the Number 10 press machine, reading as it does like a newspaper news schedule, with separate sections for politics, world news, show business and sport." (Oborne/Walters 2004: 235). Ein *grid-meeting* jeden Mittwochmittag traf unter der Leitung von Jonathan Powell die Entscheidungen über die Ausgestaltung des Plans und die darauf abgestimmten Terminierungen der Regierungsaktivitäten (Kavanagh/Seldon 2000: 255).

Charakteristisch für die kommunikative Steuerung im ersten Labour-Jahr waren aber nicht nur die neue, systematische Planung und straffere Organisation der Regierungskommunikation, sondern auch die *intuitiven Fähigkeiten* und *kommunikativen Kompetenzen* Tony Blairs. Das Beispiel der maßgeblich durch den Premierminister gesteuerten kommunikativen Reaktion der Regierung auf den Unfalltod von Prinzessin Diana macht das anschaulich (vgl. Rawnsley 2001: 59-71, Seldon 2005: 284-291). Es zeigt eine bemerkenswerte – von Intuition und Professionalität getragene – Fähigkeit Blairs, anderen in einer komplizierten Lage situationsangemessene kommunikative und symbolische Impulse zu geben. Er selbst zeigte sich in der Lage, gegenüber der Öffentlichkeit einen geeigneten Reaktionszeitpunkt, die richtigen Worte und eine angemessene Tonlage zu finden. Diese kommunikative Kompetenz führte ihn nur vier Monate nach der Amtsübernahme zu einem Höhepunkt öffentlicher Popularität und politischer Autorität.

Am 31. August 1997 verunglückte die *Prinzessin von Wales* und ehemalige Frau des britischen Thronnachfolgers Prinz Charles bei einem Autounfall in Paris so schwer, dass sie wenige Stunden später ihren inneren Verletzungen erlag. Tony Blair machte diese Nachricht selbst betroffen. Er spürte sofort, dass die nach wie vor hohe Popularität und Beliebtheit Dianas bei den Briten zu einer außergewöhnlichen emotionalen Welle des Mitgefühls und der Trauer führen würde. Gemeinsam mit Alastair Campbell überlegte er telefonisch lang und intensiv, wie eine geeignete Reaktion des Premierministers auf dieses Ereignis aussehen könnte (vgl. Campbell 2007: 230-234). Beide kamen überein, dass nur ein kurzes Statement von Blair persönlich dieser Situation gerecht würde. Zu diesem Schluss kam man insbesondere auch deswegen, weil nach einem Telefonat mit dem Königshaus deutlich geworden war, dass dort lediglich eine kurze, schriftliche und unpersönliche Stellungnahme herausgegeben werden würde.

Mit Sinn für eine *kommunikativ-symbolische Inszenierung* entschieden Blair und Campbell, dass der Premierminister seine Worte des Mitgefühls nicht einfach irgendwo, sondern auf dem Weg zu einem Kirchenbesuch sprechen sollte.[109] Geplant wurde ein emotionaler Auftritt, der sich klar abgrenzte von der wortkargen Reaktion der königlichen Familie. Blair war sichtlich bewegt als er sagte: „I feel like everyone else in this country today – utterly devastated. Our thoughts and prayers are with Princess Diana's family – in particular her two sons, two boys – our hearts go out to them. We are today a nation, in Britain, in a state of shock, in mourning, in grief that is so deeply painful for us. She was a wonderful and warm human being. Though her own life was often sadly touched by tragedy, she touched the lives of so many others in Britain – throughout the world – with joy and with comfort. How many times shall we remember her, in how many different ways, with the sick, the dying, with children, with the needy, when, with just a look or a gesture that spoke so much more than words? She would reveal to all of us the depth of her compassion and her humanity. How difficult things were for her from time to time, surely we can only guess at – but the people everywhere, not just here in Britain but everywhere, they kept faith with Princess Diana, they liked her, they loved her, they regarded her as one of the people. She was the people's princess and that is how she will stay, how she will remain in our hearts and in our memories forever." (Blair 1997).

---

[109]   Später flog Blair sogar von Sedgefield nach London, um bei der Ankunft der sterblichen Überreste Dianas auf britischem Boden anwesend zu sein.

Diese kurze Stellungnahme war eine bemerkenswerte *Leistung* politischer Kommunikation. Sie verband emotionale Umgangssprache („utterly devasted", „our hearts go out to them") mit staatstragenden, feierlichen Ausdrücken der Trauer („we are today a nation, in Britain, in a state of shock, in mourning") und zeigte Blair damit zugleich als Premierminister und als normalen, mitfühlenden Menschen („like everyone else"). Vor allem aber trafen die Worte genau die Empfindungen vieler Briten an diesem Morgen: „Blair instantly and accurately divined what the country – or at least a large proportion of its people – needed to hear. It proved that his own instincts were often his most reliable focus group. He defined public sentiment and by doing so surfed and channelled the emotion that was washing across of Britain." (Rawnsley 2001: 62). Der von Campbell ins Spiel gebrachte Begriff von Diana als „People's Princess" wurde in der nachfolgenden medialen Berichterstattung und Wahrnehmung der Menschen zu einem tragenden Schlüsselbegriff (Seldon 2005: 286).

Die glaubwürdige und gekonnte Haltung Blairs stand im starken Kontrast zur reservierten Reaktion der Königin und ihrer Familie. Sie führte in den Medien und der Bevölkerung zu intensiven Diskussionen und teils heftiger Kritik. In den folgenden Tagen bemühten sich die Akteure in Downing Street und der Premierminister in vielfältigen Telefonaten mit dem Königshaus, die Royals zu veränderten kommunikativen und symbolischen Handlungen zu bewegen. Zentrale Diskussionspunkte waren etwa die Art und Weise der Bestattung bzw. der Charakter einer solchen Trauerfeier, die Möglichkeit einer Fernsehansprache der Königin oder die Symbolfrage, ob die Fahne auf dem Buckingham Palast auf Halbmast weht. Erst auf internen und öffentlichen Druck bewegte sich die Queen und entschloss sich, die Fahne des Buckingham Palast als Ausdruck königlicher Trauer auf Halbmast setzen zu lassen und darüber hinaus den Tod der von ihr wenig geschätzten früheren Schwiegertochter Diana in einer Fernsehansprache zu würdigen. Selbst in die dort von der Königin gefundenen Worte hatte der Kommunikationsexperte Campbell noch einige „humanising phrases" (Rawnsley 2001: 68) wie zum Beispiel ‚speaking as a grandmother' hineinredigiert (Campbell 2007: 243).

Auch wenn man insgesamt den Einfluss von Blair und seinen Mitarbeitern auf das Königshaus in dieser Woche nicht überschätzen sollte,[110] hatte der Premierminister nicht nur selbst äußerst angemessen auf den Todesfall und die dadurch ausgelösten Emotionen reagiert. Er leistete zugleich einen Beitrag dazu, die Königin und ihre Familie vor einer vollständigen Fehlreaktion auf das tragische Ereignis zu bewahren und sie damit vor weiteren Erschütterungen der britischen Monarchie und ihrer königlichen Autorität zu schützen. In der Folge führte die *unpolitische*

---

[110] Wesentliche Entscheidungen, wie etwa die Ausgestaltung der Trauerfeier für Prinzessin Diana, traf der königliche Stab ohne Einfluss von außen.

Begebenheit des Todes der Prinzessin von Wales zu einer weiteren Steigerung des *politischen Selbstbewusstseins* der neuen Regierung: „The whole experience boosted not only Blair's self-confidence, but also that of Number 10. ‚Diana's death brought people in Number 10 together as nothing before had done,' said one senior official. ‚It showed Number 10 that it could run events.'" (Seldon 2005: 290).

6.2.2 Ernüchterungs- und Neujustierungsphase (Juli 1998-Juli 1999)

Im Sommer 1998 setzte nach dem euphorischen Auftaktjahr eine Phase der *Ernüchterung* ein. Blair begann zu realisieren, dass die Regierung außenpolitischen Belangen im vergangenen halben Jahr viel Zeit und Aufmerksamkeit gewidmet hatte (vor allem dem Nordirlandkonflikt und der britischen EU-Ratspräsidentschaft). Nicht zuletzt deswegen waren die hochgesteckten – und durch die Labour-Rhetorik zusätzlich genährten – Erwartungen der Medien und der Bevölkerung hinsichtlich der Veränderungstiefe und des Reformtempos im Bereich der Innenpolitik keineswegs erfüllt (Seldon 2005: 426). Intern nahm der Eindruck zu, dass man es nicht einfach bei einem „Weiter so" belassen konnte, sondern zu *Neujustierungen* beim Regieren kommen musste. Dazu traten bis zum Sommer 1999 weitere Ereignisse, die in der Wahrnehmung der Akteure Veränderungen bei der Steuerung von Organisation, Problem- und Konkurrenzpolitik sowie Kommunikation nahe legten oder sogar notwendig machten.

6.2.2.1 Organisationssteuerung

Ein erster Schritt und zugleich ein Symbol des innenpolitischen Neuanfangs sollte eine *Regierungsumbildung* sein. Dafür sprachen aus Sicht Blairs vor allem drei Gründe. Erstens hatten sich um zwei Zentralfiguren der Regierung für die Reform des britischen Wohlfahrtstaates öffentliche Kontroversen entwickelt. Zum zweiten war er in Teilen mit den bisherigen Leistungen seiner Regierungsmitglieder nicht zufrieden. Nicht zuletzt ging es aus Sicht des Regierungschefs schließlich um eine Neujustierung der eigenen Einflusssphären gegenüber Brown.

Auslöser der öffentlich gewordenen regierungsinternen Konflikte zwischen Harriet Harman (Secretary of State for Social Security), dem unter ihr für die Reform des staatlichen Fürsorgesystems zuständigen Frank Field (Minister of Welfare Reform im Range eines Minister of State) sowie Gordon Brown war ein Konzeptpapier (Green Paper), in dem Field radikale Reformideen formuliert hatte: „He wanted more people to take out private pensions rather than depend on the state. He wanted an attack on benefit fraud and tighter controls on incapacity benefit as a way of getting more people back to work. He wanted the right to payments from the state to be matched with responsibilities by those receiving the cash. He made it clear that he detested means-testing, regarding it as demeaning and wanted, instead, flat-rate benefits." (The Observer, 2. Juli 2006). Der Konflikt beruhte vor allem darauf, dass Brown das – aus seiner Sicht – eigene Territorium der Wohlfahrtstaatsreform nicht aus den Händen geben wollte. Als Schatzmeister zeigte er keine Bereitschaft, die mit den Reformideen verbundenen Kosten zu tragen. Blairs Lösungsvorschlag sah vor, Harman zu entlassen und Field innerhalb der Regierung anderswo zu platzieren (vgl. Sunday Times, 22. Februar 2009). Frank Field, der seine Rolle als unkonventioneller Vordenker gesehen hatte („think the unthinkable"), kam ihm zuvor, indem er angesichts der geplanten Versetzung (unter Protest) von sich aus zurücktrat.

Blair nutzte diesen konkreten Anlass, um zu einer umfassenderen Regierungsumbildung zu gelangen, die vermeintliche personelle Fehlentscheidungen rückgängig machen und seinen Einfluss gegenüber Brown stärken sollte (Seldon 2005: 426-427). Zusammen mit den Vertrauten Alastair Campbell, Jonathan Powell, Anji Hunter, Sally Morgan sowie Blairs Privatsekretär im Parlament, Bruce Grocott, brütete man über Personenlisten und versuchte eigene und des Schatzkanzlers „camp followers" ausfindig zu machen. Das Ziel bestand darin, bei der Neukonfiguration mehr Akteure zu installieren, die sich eher Blair zurechnen ließen (Rawnsley 2001: 162-166). Neben Mandelson, der zum Secretary of State for Trade and Industry aufstieg,[111] waren auch David Clark (Minister for the Cabinet Office), Gavin Strang (Minister for Transport), Ivor Richard (Leader of the House of Lords) sowie – sehr zum Ärger von Gordon Brown – enge Vertraute des Chancellor of the Exchequer, wie etwa der vormalige Chief Whip Nick Brown, Tom Clarke (Minister for Film and Tourism) oder Nigel Griffith (Parliamentary Under Secretary of State, Department for Trade and Industry) von den Personalrochaden und -entlassungen betroffen. Gegen die Verabschiedung seines Paymaster-Generals, Geoffrey Robinson, wehrte sich Brown erfolgreich. Allerdings musste Robinson dann ein halbes Jahr später aufgrund seiner Verwicklung in den Skandal um Peter Mandelson zurücktreten.

Überhaupt erzwangen *Politikskandale* recht bald und regelmäßig wiederkehrend eine Fortsetzung der personellen Auswechselpolitik.[112] Skandale um Bereicherung, Korruption oder Sexaffären stellten in der britischen Politik kein neues

---

[111]   Vgl. dazu auch die Kapitel 6.2.1.1 und 6.2.2.4.

[112]   Schon im Oktober 1998 reichte etwa der Minister für Wales, Ron Davies, im Zusammenhang mit Vorwürfen, er habe in den Clapham Commons (Parkgelände in London) homosexuelle Kontakte gesucht, seinen Rücktritt mit den Worten ein, es habe sich um einen „moment of madness" gehandelt (vgl. Jones 1999: 244-255).

Phänomen dar (vgl. Bösch 2006), sie wurden aber – im Widerspruch zu den selbst formulierten moralischen Ansprüchen New Labours – zu einem ständigen Begleiter der neuen Machthaber und beeinträchtigten in ihren Konsequenzen die Steuerungsbemühungen der Regierung erheblich. Das lag vor allem daran, dass oft zentrale Akteure des Regierungshandelns in die Affären verstrickt waren. Betroffen von der Skandalwelle im Winter 1998/1999 waren mit Peter Mandelson und Charlie Whelan zwei wichtige Entscheidungs(mit-)träger aus den vertrauten Umkreisen des Regierungschefs und Schatzkanzlers.

Peter Mandelson stolperte nur ein halbes Jahr nach der Übernahme seines Ministeramtes, ebenso wie sein „Kreditgeber" Geoffrey Robinson, über eine nicht angegebene Summe von 373.000 Pfund, die Robinson Mandelson schon 1996 für den Kauf eines Hauses im Londoner Stadtteil Notting Hill geliehen hatte (vgl. The Guardian, 22. Dezember 1998). Das Verschweigen des unter den marktüblichen Zinsen liegenden Kredits aus Freundschaftsgründen stellte möglicherweise einen Verstoß gegen die Regeln des Ministerial Conduct dar. Nach der Veröffentlichung dieser Informationen, die bislang nicht einmal Mandelsons engem Vertrauten Blair bekannt gewesen waren, traten Robinson wie auch Mandelson von ihren Ämtern zurück.

Sowohl die Personalwechsel als auch durch Skandale ausgelöste Rücktritte einzelner Regierungsakteure können als sichtbarer Ausdruck der weiter *zunehmenden Konflikte* zwischen Blair und Brown sowie ihren Camps interpretiert werden. Es ging um die inhaltliche und prozessuale Vorherrschaft innerhalb der Kernexekutive. Durchaus glaubwürdige Gerüchte lassen vermuten, dass einzelne Skandale und Rücktritte von Akteuren der miteinander konkurrierenden Mannschaften hinter den beiden Spitzenpolitikern bewusst durch das Weitergeben von geheimen Informationen an die Medien ausgelöst bzw. forciert wurden, um die jeweils andere Seite zu schwächen. Solch eine Vermutung kostete kurz nach dem Rücktritt Mandelsons auch den Sprecher und Intimus von Brown, Charlie Whelan, seinen Job. Obwohl Whelan heftig bestritt, die Quelle der Informationen der Presse über den Mandelson-Kredit gewesen zu sein, musste er im Januar 1999 ebenfalls seinen Hut nehmen. Die Aufmerksamkeit der Medien war nur noch auf seine Person, nicht aber mehr auf die Politik der Regierung gerichtet. Ein Festhalten an ihm erschien deswegen unmöglich (vgl. Scammel 2001: 516).

Unter den Bedingungen zunehmender Spannungen zwischen den Hauptakteuren Blair und Brown, die ja zugleich das strategische Zentrum der Regierung darstellten, erhielten die wenigen Akteure einen erheblichen Bedeutungszuwachs, die *Vermittlungsaufgaben* zwischen den Kontrahenten übernehmen konnten. Explizit einzelnen Camps zuzuordnende Akteure fielen dafür aus. Zu einer der Zentralfiguren innerhalb der Kernexekutive, die vermittelnde Funktionen übernehmen konnten, entwickelte sich *Jeremy Heywood* (vgl. auch Kavanagh/Seldon 2000: 263-265). Der Civil Servant Heywood stammte aus dem Schatzamt und hatte dort insbesondere gute Beziehungen zum Brown-Vertrauten Ed Balls entwickelt. Er galt als einer der talentiertesten und klügsten Köpfe im Schatzamt. Zunächst übernahm er in Downing Street den Posten des Economic Affairs Private Secretary, später die Funktion als Principal Private Secretary Blairs (Februar 1999). Er arbeitete zugleich intensiv mit der Policy Unit zusammen. Heywood entwickelte sich zum einen bei Maßnahmen, die eine enge Abstimmung von No. 10, anderen Departments und dem Treasury erforderten (insbesondere dem Comprehensive Spending Review), zu einer zentralen Vermittlungsinstanz. Er schlichtete inter- und intraministerielle Auseinandersetzungen, schnürte Verhandlungspakte und wirkte koordinierend. Zum anderen wurde er auch bei Einzeltreffen zwischen Blair und Brown zu einer Kompromiss suchenden und ausgleichenden Schlüsselfigur. Die vertieften Kenntnisse des Schatzamtes, seine guten Beziehungen zu Balls und das Vertrauen in seine „Neutralität" sowohl von Blair als auch von Brown waren für den Einfluss von Heywood entscheidend. Allerdings gab es immer wieder Auseinandersetzungen zwischen den beiden Spitzenakteuren, bei denen auch er keine Schlichtungsarbeit mehr zu leisten imstande war. Insbesondere Brown bestand oft darauf, dass alle anderen anwesenden Akteure, außer Blair und ihm selbst, den Raum zu verlassen hatten. Durch die geschlossenen Türen war anschließend nur noch das Gebrüll der Kampfhähne zu vernehmen.

Trotz aller organisationsinternen Reibereien setzte die Regierungsspitze ihre Bemühungen fort, insgesamt zu einer *kohärenteren organisatorischen Steuerung* des Regierungshandelns zu gelangen. Diese Unterfangen firmierten unter Begriffen wie „Better Government", „Getting Government Right" oder „Modernising Government". Die internen Modernisierungsbestrebungen können als Antwort der britischen Sozialdemokraten auf die konstatierten, unerwünschten Folgen früherer konservativer Reformanstrengungen im Bereich des öffentlichen Sektors gelesen werden: Fragmentierung und fehlende Steuerungsfähigkeit der Zentralregierung (Bevir/Rhodes 2003: 131-132). Seit dem Rückbau des Staates unter den britischen Konservativen wurden staatliche Leistungen gleichzeitig von der Zentralregierung, lokalen staatlichen Stellen, speziellen Agenturen oder Akteuren des Privatsektors bereit gestellt, ohne dass es hier zu gezielten Koordinationsanstrengungen gekommen wäre (Fragmentierung). Gleichzeitig fehlten der Zentralregierung die Mittel, um bei der Bereitstellung staatlicher Leistungen durch andere Akteure als sie selbst steuernd einzugreifen. Die Agenturen und Privatakteure konnten sich deshalb zunehmend der Kontrolle durch die Kernregierung und ihre Ressorts entziehen (Steuerungsschwäche). Im Unterschied zu den Konservativen beteuerte Labour mit der Modernisierung-Agenda, dass es Chancen zur Revitalisierung des

Staates und seiner Handlungsmöglichkeiten gäbe, sofern die Regierung sich selbst und seine Institutionen reformierte (Bevir/Rhodes 2003: 140).

Nicht wie eigentlich geplant schon im Herbst 1997, sondern erst mit dem White Paper „Modernising Government" im März 1999 (und weiteren, die später folgen sollten) stellte die Regierung ein Konzeptpapier für die interne Reform-Agenda vor (Modernising Government 1999). Das Konzept war umfassend angelegt und wurde nach und nach durch eine Fülle unterschiedlicher Einzelansätze erweitert (vgl. McAnulla 2006: 147-160). „Joined-up Government" war in diesem Gesamtpaket ein besonders wichtiges Projekt, das einen entscheidenden Beitrag zur Bekämpfung der Fragmentierung und Steuerungsschwäche des Zentrums leisten sollte. Er wurde ergänzt durch die „Partnership"-Initiative, die nicht nur das Zusammenwirken der zentralstaatlichen Institutionen forcieren sollte, sondern auch eine bessere Kooperation mit der Vielzahl staatlicher Leistungserbringer im kommunalen, privaten und freiwilligen Sektor in Aussicht stellte.

Die Grundidee des „Joining-up" versprach den Rückbau der Fragmentierung staatlicher Leistungserbringung ohne grundlegende Strukturreform: „It therefore seeks to align the activities of formally separate organizations towards particular goals of public policy. Therefore, joined-up working aims to coordinate activities across organizational boundaries without removing the boundaries themselves. These boundaries are inter-departmental, central-local, and sectoral (corporate, public, voluntary/community). To join up, initiatives must align organizations with different cultures, incentives, management systems and aims." (Ling 2002: 616). Als geeignetes Mittel zur Beförderung von Kooperation und Verbesserung der eigenen Handlungsfähigkeit erschien den Labour-Akteuren die Stärkung des Regierungszentrums (Kavanagh/Richards 2001: 17). Hier sollten geeignete Veränderungen in der Organisation und bei der Prozesssteuerung vorgenommen werden, die eine Optimierung staatlicher Leistungserbringung ermöglichten. Dazu gehörte die Schaffung von „cross-cutting units" (z.B. Social Exclusion Unit, Performance and Innovation Unit)[113], das Kreieren von „task forces" für spezielle Beratungs- und Koordinationsaufgaben (vgl. Platt 1998) oder die Etablierung von „area-based initiatives" und „action zones" (vgl. McAnulla 2006: 149-150).

Die übergeordneten Ziele des Modernising-Government-Ansatzes lauteten: „Ensuring that policy making is more **joined up and strategic**. Making sure that **public service users**, not providers, are the focus, by matching services more closely to people's lives. Delivering public services that are **high quality and efficient**."[114] (Modernising Government 1999: 6). Eine genauere Analyse zeigt *unter*-

---

[113]   Vgl. dazu auch das Kapitel 6.2.1.1.
[114]   Hervorhebungen im Original, *R.T.*

schiedliche Zielebenen. Die Regierung verfolgte mit ihrer Modernisierungs-Agenda sowohl instrumentelle als auch politisch-kommunikative Ziele.

In *instrumenteller Perspektive* wollte man sich *erstens* bei der Entwicklung und Umsetzung von Regierungspolitiken nicht an organisatorischen Grenzen oder bestehenden Aufgabenzuweisungen orientieren, sondern an von allen getragenen Zielinhalten und sorgfältig definierten Zielmarken. *Zweitens* sollten die neu entwickelten Politiken die Bedürfnisse und Erfahrungen aller Betroffenen berücksichtigen (inclusive policy making) sowie, *drittens*, unnötige Belastungen vermeiden. Ein *viertes* Element stellte das Versprechen der Einbeziehung neuer Akteure aus lokalem, privatem, freiwilligem Sektor in die Politikentwicklung und -umsetzung sowie die umfassende Beratung durch externe Experten dar. Außerdem wurde, *fünftens*, ein verbessertes Risikomanagement in Aussicht gestellt. Schließlich ging es, *sechstens* und *siebtens*, um eine Orientierung an den Programmen und Erfahrungen anderer Staaten bzw. der europäischen Union in den einzelnen Politikfeldern und die Berücksichtigung dort gemachter Erfahrungen, die im Wege von empirischen Erhebungen, Testläufen, Evaluationen für eigene Lernprozesse genutzt werden sollten (vgl. Modernising Government 1999: 16-17, Williams 1999).

In *politisch-kommunikativer Perspektive* passte die mit dem neuen Ansatz verbundene Modernisierungsrhetorik aus Sicht der Akteure hervorragend zu dem mit dem Projekt New Labour aufgebauten Modernisierungsimage, das sich nun auch bei der organisatorischen Neugestaltung der Politikentwicklung und -umsetzung in der Regierung abgrenzte gegenüber der „alten" Politik früherer konservativer Regierungen. Ziel-, Bürger- und moderne Managementorientierung ergänzten sich hier und sollten den neuen Machthabern politische Attraktivität verleihen: „In short, it sounded good – catchy, inclusive, common-sense and sufficiently different from the policies of the defeated Conservatives." (Pollitt 2003: 36).

In *strategischer Perspektive* rekonstruiert, zeigte die Doppelung von instrumenteller und politisch-kommunikativer Zielebene zahlreiche Verknüpfungen von organisatorischen, problempolitischen, konkurrenzpolitischen sowie kommunikativen Aspekten. Neue Ansätze und Orientierungen beim Policy-Making (Problempolitik) sollten mit der Restrukturierung von institutionell-administrativen Prozessen sowie Willensbildungs- und Entscheidungsverfahren (Organisation) verbunden werden und gleichzeitig mit Hilfe einer gelungenen Öffentlichkeitsarbeit (Kommunikation) die klare Abgrenzung zu den politischen Gegnern erlauben (Konkurrenzpolitik). Nicht geringer als „Modernising Government" lautete der selbst formulierte Anspruch. Die mit einem solch umfassenden Projekt in der Umsetzung verbundenen Probleme zeigten sich nicht viel später.[115] Sie lagen einerseits im Reformumfang und -anspruch begründet, wurden aber andererseits auch

---

[115]   Vgl. dazu das Kapitel 6.2.3.1.

durch die spezifische Ausgestaltung der Reformbemühungen seitens der Labour-Regierung verursacht.

6.2.2.2 Problempolitiksteuerung

Zu einem wichtigen Instrument der Problempolitiksteuerung der Labour-Regierung entwickelte sich die Kombination von *Comprehensive Spending Review, Public Service Agreements* und dem *Public Services and Public Expenditure Kabinettsausschuss* (vgl. Deakin/Parry 2000: 198-223). Das erste Verfahren eines Comprehensive Spending Review wurde gleich nach der Wahl eingeleitet und fand im Juli 1998 seinen Abschluss (HM Treasury 1998a). Es beinhaltete eine detaillierte Übersicht der von den unterschiedlichen Ministerien verfolgten Grundintentionen und ihren Einzelzielen für die nächsten drei Jahre. Das Vorgehen sollte zu einer Art „Selbstvergewisserung" führen, welche einzelnen Ausgabenprogramme in den Ressorts bestanden und inwieweit sich diese mit den selbst gesetzten und den von der Regierung insgesamt formulierten Zielen deckten. Diese zentralen, übergeordneten Ziele der Regierung lauteten „increase sustainable growth and employment; promote fairness and opportunity; and deliver efficient and modern public services" (HM Treasury 1998b: 5).

Im Dezember 1998 schlossen sich dann die verbindlichen Public Service Agreements an, in denen die Ministerien im Einzelnen darlegen mussten, wie sie die bereitgestellten Mittel zielgenau, mit höheren Standards und effektiv einsetzen wollten, um eine Verbesserung staatlicher Leistungen zu erreichen (HM Treasury 1998b). Das eingeleitete Verfahren zeigte typische Merkmale von Ansätzen des New Public Management, indem es auf Ziel- und Ergebnisfokussierung, Controlling, outputorientierte Wirkungsanalysen und Kontraktmanagement setzte.[116] Orientierung auf Politikergebnisse, verbesserte Effizienz, Messung der tatsächlichen erbrachten Leistungen und fortlaufendes Monitoring wurden groß geschrieben (HM Treasury 1998b). Nicht inkrementale Veränderungen, sondern rational gesteuerte Prozesse sollten das Regierungshandeln leiten (Powell 1999: 290).

Als dreigliedriges problempolitisches Steuerungsinstrument erfüllten Comprehensive Spending Review, Public Service Agreements und der Public Services and Public Expenditure Kabinettsausschuss eine *doppelte Funktion.* Sie sollten zur Verbesserung der regierungsinternen Problempolitikentwicklung und -umsetzung beitragen, wobei allerdings wichtige Fragen ausgeklammert blieben – beispielsweise wie man mit den Ausgabeplänen umzugehen gedachte, falls sich die

---

[116]   Vgl. zu den Zielen und Instrumenten des New Public Management als neuer Steuerungsform etwa Bogumil/Jann (2005: 199-204) oder Jann (2005: 74-84).

wirtschaftliche Lage erheblich verschlechtern sollte (vgl. Barker 1998). Durch neue Priorisierungen wollte man insbesondere die Erhöhung der staatlichen Ausgaben in den Reformbereichen Ausbildung, Gesundheit, Kriminalitätsbekämpfung und Verkehr ermöglichen und gleichzeitig eine generelle staatliche Leistungsverbesserung erreichen. Dieses waren die *expliziten Ziele*, die von der Regierung stark gemacht wurden: „Our aim is to reallocate money to key priorities; to change policies so that money is well spent; to ensure that departments work better together to improve services; to weed out unnecessary or wasteful spending." (HM Treasury 1998a).

Die damit *implizit verfolgten Ziele*, weniger transparent, aber für die Protagonisten des Comprehensive Spending Review – allen voran Gordon Brown – von mindestens ebenso großer Bedeutung, lagen in der Sicherung von Einfluss und Kontrolle über die Politik und Budgets der unterschiedlichen Ressorts. Durch den eigenen Vorsitz beim Kabinettsausschuss Public Services and Public Expenditure, der auf der Basis systematischer Erkenntnisse über die einzelnen Leistungsbereiche in den letzten 15 Jahren die Allokation der staatlichen Ausgaben überwachte, aber auch durch die direkten Verhandlungen des Schatzamtes mit den einzelnen Ressorts, erreichte Brown – auch im Verhältnis zum Premierminister – eine selbst für den traditionell einflussreichen britischen Schatzkanzler ungewöhnliche starke Stellung (Burch/Holiday 2004: 6). Er nutzte sie weidlich, um seinen Einfluss auf die Politik der Regierung zu sichern und weiter zu auszubauen. Jedes Ressort musste mit dem Schatzamt seinen Kontrakt verhandeln, in dem niedergelegt war, welche Ziele in welchen Schritten bis wann erreicht werden sollten und wie das jeweilige Ministerium dazu seine internen Ressourcen verteilen wollte. Die dafür zur Verfügung gestellten Ressourcen standen unter einem Finanzierungsvorbehalt. Die Mittel wurden nur dann freigegeben, wenn die Ressorts ihre Zusagen einhielten (vgl. Powell 1999: 290).

In kritischer Perspektive zeigte das Beispiel der *Housing Policy* unter Labour deutlich, dass der neue Ansatz nicht immer zu den postulierten Klarheiten bei der laufenden Politikentwicklung führte (vgl. Kemp 1999). Die Analyse der nach einem Jahr entwickelten Ministeriumspolitik machte deutlich, dass gerade im Feld der Wohnungspolitik wichtige Kernfragen nicht geklärt worden waren: „These big policy questions include the reform of Housing Benefit and support for homeowners, the balance between bricks and mortar subsidies and Housing Benefit, the level and structure of social housing rents, the role of housing in community care and the links between housing and Welfare to Work. Most of these questions concern the interface between housing and other aspects of social policy, including social security, income taxation, community care and employment." (Kemp 1999: 143).

Mit dem Comprehensive Spending Review und den Public Service Agreements gelang es dem strategischen Zentrum (und insbesondere dem Schatzkanzler
Gordon Brown), ein problempolitisches Instrument in die Hand zu bekommen, mit
dem man mehr Geld in die neuen Reformfelder (Ausbildung, Gesundheit etc.)
umleiten konnte, ohne zwingend das Gesamtbudget oder sogar die Einkom-
mensteuern erhöhen zu müssen (Kemp 1999: 142). Insbesondere die Vermeidung
von Steuererhöhungen war eines der Zentralversprechen der neuen Regierung im
zurückliegenden Wahlkampf gewesen. Außerdem sicherte Brown sich mit der
Verfügungsgewalt über die entscheidenden Ressourcen und ihre Bindung an Politikziele, auf die er selbst maßgeblich Einfluss nehmen konnte, eine Schlüsselpositi-
on für die Ausgestaltung der gesamten Regierungspolitik. Er konnte auf diese
Weise erhebliche *problempolitische Macht* entfalten.

Der mit dem neuen problempolitischen Steuerungsmodell erhobene Anspruch, von nun an nur noch wissenschaftlich fundierte, an quantitativen Messgrößen und Best Practise-Fällen orientierte Politiklösungen zu erarbeiten und umzusetzen (vgl. Strategy Unit 2006), die – evidenzbasiert, rational und effektiv –
schnell und tief greifend wirken würden, konnte nicht eingelöst werden. Das galt
insbesondere in Feldern mit fest verwurzelten Strukturproblemen, wie etwa der
britischen Gesundheitspolitik. Der *britische Gesundheitsdienst* (NHS), der aus allgemeinen Steuermitteln finanziert wird, auf monopolistischen Versorgungsstruktu-
ren basiert und den Bürgern eine kostenfreie medizinische Behandlung verspricht,
konnte seit jeher weder vom Umfang noch von der Leistungsqualität her eine angemessene medizinische Versorgung bereitstellen (vgl. Mau 2005: 106-108). Er gilt
im Vergleich zu Gesundheitssystemen anderer entwickelter Industrienationen als
chronisch unterfinanziert und strukturell ineffektiv. Auch die Labour-Regierung
musste hier erkennen, dass ihre ersten Programme zu Verbesserung des National
Health Service nicht die erhofften Wirkungen zeigten (vgl. etwa North 2001).

Zwei Antworten auf Umstände wie diese, bei denen schnelle Erfolge ausblieben, waren charakteristisch für die Labour-Regierung. Beide Reaktionsmuster weisen auf Elemente von Blairs *individuellem Strategiestil* hin. Seinen problempolitischen Steuerungsansatz kennzeichneten eine *konzeptionelle Orientierung* und große
Ungeduld.[117] Ausbleibende Ergebnisse der unternommenen Reformanstrengungen
führte er vor allem auf zwei Faktoren zurück: unzureichende Konzepte und fehlende Ressourcen. Mancher Akteur aus der Umgebung des Premierministers beklagte den fehlenden Sinn des Regierungschefs für die Dauer, die umfassend angelegte Reformprozesse in Großorganisationen oder ganzen teilsystemischen Handlungsbereichen (wie beispielsweise der Gesundheitsversorgung) grundsätzlich
erfordern.

---

[117]   Vgl. dazu auch die Selbsteinschätzungen von Blair (2010: 2, 27-28).

Den individuellen Vorstellungen des Regierungschefs entsprechend und vom Schatzkanzler unterstützt, wurde der Einsatz von zusätzlichen finanziellen Mitteln in den wichtigen Reformfeldern zu einer der Schlüsselgrößen des problempolitischen Steuerungshandelns in der Anfangszeit der Labour-Regierung: „For all Brown's prodigious competence, and for all their undoubted achievements together, neither he nor Blair had fallen upon any effective answer for improving public services beyond throwing more money at them, having spent the first two years in power starving them of cash." (Seldon 2005: 438).

Die weiteren reformpolitische Ansatzpunkte bestanden in von ständiger Ungeduld getragenen Modifikationen der bereits entwickelten Programme und Maßnahmenpakete sowie der parallelen Initiierung ganz neuer Lösungsansätze. Denn wenn sich keine ummittelbaren Verbesserungen einstellten, so Blairs Auffassung, konnte das nur an der fehlenden Eignung der bisher eingesetzten Mittel liegen. Die *problempolitischen Neujustierungen* wurden ergänzt durch die für die Regierung typischen *Kommunikationsaktivitäten*, mit denen untermauert werden sollte, dass man nun die geeigneten Lösungen gefunden habe: „The government was constantly active in promoting new legislation, pursuing new, centrally driven initiatives and seeking always to dominate the argument." (Faulkner 2008: 233).

6.2.2.3 Konkurrenzpolitiksteuerung

In konkurrenzpolitischer Perspektive bemerkenswert erschienen die *Kooperationsangebote* der *regierenden Labour-Partei* an die *oppositionellen Liberaldemokraten* gleich nach der Amtsübernahme. Schon lange vor der Wahl gab es insbesondere im Umfeld von Blair Überlegungen, die Liberaldemokraten möglicherweise sogar durch ein Kabinettsmitglied in die Regierung einzubinden (Rüdig 1999: 104, Fielding 2003: 48-53). Als treibende Kräfte hinter diesen Kooperationsbemühungen hatten sich Tony Blair und der Vorsitzende der Liberaldemokraten, Paddy Ashdown, erwiesen. Nach dem haushohen Stimmenvorsprung der Labour-Partei bei den Unterhauswahlen 1997 nahm Blair jedoch bald Abstand von der Idee einer Beteiligung der Liberalen an der Regierung. Stattdessen lud er die Liberaldemokraten ein, in einem neu geschaffenen *Joint Cabinet Committee* mitzuwirken, das sich intensiver mit möglichen konstitutionellen Reformen auseinandersetzen und hierzu Vorschläge unterbreiten sollte. Das Komitee traf sich unter dem Vorsitz von Blair alle zwei Monate und war zu gleichen Teilen aus Repräsentanten beider Parteien zusammengesetzt.

Die Arbeit des Komitees wurde ergänzt von einer Kommission unter dem Vorsitz von Lord Jenkins of Hillhead, die bis zum Herbst 1998 konkrete Vorschläge für eine Wahlrechtsreform unterbreitete, die das bestehende Mehrheitswahlrecht mit einzelnen Elementen eines Verhältniswahlrechts kombinierte (vgl. Dunleavy 2000: 141-142). Die weitere Verfolgung eines solchen Projekts stieß aber innerhalb beider Parteien auf Widerstand. Den meisten Liberaldemokraten gingen die Reformansätze nicht weit genug, den Traditionalisten der Labour-Partei schon viel zu weit. Insbesondere Gordon Brown, John Prescott und Jack Straw erwiesen sich innerhalb des Kabinetts als wichtige Gegner einer Wahlrechtsänderung (Rüdig 1999: 82, Denver 2002: 148, Fielding 2003: 52-53).

Umso überraschender war, dass Blair und Ashdown im November 1998 eine weitere gemeinsame Initiative starteten, die die bisherige Zusammenarbeit bei der Erörterung konstitutioneller Fragen auf andere Felder wie die Gesundheits- und Ausbildungspolitik sowie die Modernisierung des Wohlfahrtstaates ausdehnen sollte (Denver 2002: 148). Obwohl das Zusammenwirken zwischen Regierung und Teilen der Opposition eine zeitlang höchst intensiv zu sein schien, ließ Tony Blair nicht viel später die Idee einer Änderung des Wahlrechts angesichts der starken Gegenkräfte innerhalb der eigenen Partei geräuschlos versanden (Dunleavy 2000: 142). In Anbetracht der komfortablen Mehrheitsverhältnisse im Parlament konnte Blair auch ohne Reform und Kooperation mit den Liberaldemokraten leben. Solange die Mehrheitsfähigkeit von Labour nicht akut gefährdet war, musste er das Ansinnen nicht weiter mit Druck verfolgen (Fielding 2003: 53, Sturm 2006a: 245).

Eine vertiefte Kooperation zwischen den beiden konkurrierenden Parteien warf eine ganze Reihe von strategischen Fragen auf, die im Spannungsfeld von *Policy*, *Office* und *Vote* lagen (vgl. Rüdig 1999). Sie bezogen sich etwa auf elektorale Erfolgsaussichten, ideologische Parteiendifferenzen, Programmentwicklungen, Mobilisierungs- und Rekrutierungschancen von Wählern und Mitgliedern oder langfristige koalitionspolitische Ausrichtungen. Vor dem Hintergrund der zahlreichen Implikationen einer derartigen Kooperation in einem System des Mehrheitswahlrechts blieben die von den Akteuren im Einzelnen verfolgten *strategischen Absichten* undeutlich.

Philip Gould, Blairs enger Strategieberater im Hintergrund, hatte in seinem Buch „The Unfinished Revolution" (1999) eine langfristig angelegte Kooperation zwischen Labour und den Liberaldemokraten als strategisches Links-von-der-Mitte-Projekt propagiert, das aus seiner Sicht sogar irgendwann zu einer Parteifusion führen könnte. Die Kooperationsangebote von Blair an die Liberalen vor der Wahl und manche seiner Handlungen stützten eine Interpretation, die mutmaßt, dass der Labour-Chef eine *Annäherungsstrategie* ebenfalls zu seinem Projekt machte. Das schnelle Abrücken von einer *inklusiven Strategie* nach der Regierungsübernahme, die die Liberaldemokraten zwar nicht gleich in die Regierung eingebunden, ihnen aber doch eine „privilegierte Partnerschaft" im Rahmen gemeinsamer Policy-Projekte angeboten hatte, lässt dagegen Zweifel an der Ernsthaftigkeit der

Absichten Blairs aufkommen. Viel spricht dafür, dass die parteiinternen Gegen-kräfte, die eigene elektorale Stärke und die Unsicherheit über das konkrete Ziel einer solchen strategischen Neuausrichtung unter Bedingungen eigener Mehrheits-fähigkeit schließlich dazu führten, dass Blair das Projekt in der Folgezeit nicht mehr systematisch verfolgte. Immer drohte die Gefahr, durch zuviel Nähe im lin-ken Lager Wählerstimmen an die Konservativen zu verlieren.

6.2.2.4 Kommunikationssteuerung

Das professionelle Kommunikationsmanagement der Labour-Regierung, das seine Prägung durch eine hohe Kontrollintensität erfuhr und auf den tragenden Elemen-ten von ständiger Ereignisproduktion und Personalisierung ruhte,[118] hatte unter-schiedliche Konsequenzen. Einerseits trug es zu einer abgestimmten Außendarstel-lung der Regierung bei, bei der man trotz der generellen Steuerbarkeitsresistenz des Mediensektors zu einem starken Öffentlichkeitsakteur werden und – gemessen an den schwierigen Umweltbedingungen in diesem Feld – relativ weitreichenden Einfluss auf die mediale Berichterstattung erlangen konnte. Andererseits ließen sich auch eine ganze Reihe von *kritischen Wirkungen* nicht übersehen (vgl. Sey-mour-Ure 2002: 132-137). Sie hängen mit der Selbstbezüglichkeit der Medienakteu-re zusammen und der ständigen Befürchtung, selbst Opfer von Instrumentalisie-rungen seitens der Politik zu werden – mit den entsprechenden (Gegen-)Reakti-onen in der Berichterstattung.[119]

Eine der Folgen der spezifischen Art und Weise der Öffentlichkeitsarbeit unter Blair lag darin, dass die in die Wege geleitete operative Kommunikation und die regierungseigenen Personalisierungsbemühungen regelmäßig dazu führten, dass die für die kommunikativen Angebote zuständigen *Akteure* selbst zum *Bestandteil der Kommunikation* wurden, die sie eigentlich nur präsentieren sollten. Im Falle der Demission von Charlie Whelan, dem Sprecher und engen Berater von Gordon Brown, führte das im Zuge der Mandelson-Robinson-Affäre[120] zu der Selbstein-schätzung, dass eine Fortsetzung der eigenen Arbeit unter Bedingungen der Zent-rierung der Berichterstattung auf die Öffentlichkeitsarbeiter der Regierung unmög-lich würde: „I do however take the view that the job of press secretary becomes extremely difficult if the press secretary, and not the department he serves, beco-mes the story and the subject of excessive attention." (The Independent, 5. Janu-ar 1999).

---

[118]   Vgl. Kapitel 6.2.1.4.
[119]   Vgl. dazu auch das Kapitel 3.4.2.4.
[120]   Vgl. dazu das Kapitel 6.2.2.1.

Ein weiteres Resultat des kommunikativen Steuerungsmodus der Labour-Regierung war die *Fragilität* des damit aufgebauten *Persönlichkeitsimages der Führungsakteure*, vor allem des Premierministers selbst. Eine Regierungskommunikation, die ihre Politik vor allem als Ausfluss der persönlichen Integrität und Kompetenz ihrer Spitzenfiguren präsentiert, steht und fällt dann auch mit jedem Hoch und Tief in der persönlichen Glaubwürdigkeit und den Leistungen ihrer zentralen Repräsentanten. Die Regierung als Ganzes wird schnell verwundbar, wenn und soweit persönliche Fehler oder Leistungsdefizite ruchbar werden – und sei es nur, um dem Interesse der Medien folgend, mit ihren Nachrichten stets neue politische Höhepunkte und Krisefälle zu kreieren. Phänomene dieser Art ließen sich während der Regierungszeit von Blair vielfach beobachten. Ein Beispiel dafür lieferte etwa die Benzinpreis-Krise[121], bei der Blair nicht nur persönlich an drei aufeinander folgenden Abenden vor laufenden Kameras Pressekonferenzen abhielt (ein bis dahin einmaliger Vorgang in der Geschichte britischer Premierminister), sondern von dieser Stelle aus auch die Beendigung der Krise innerhalb von 24 Stunden versprach. Er scheiterte mit dieser Ankündigung kläglich. Die persönliche Verantwortungsübernahme für die Bewältigung der Krise und der artikulierte Führungsanspruch, der nicht zum angekündigten Erfolg führte, brachten nicht nur die persönlichen Umfragewerte des Premierminister auf eine rasante Talfahrt, sondern ließen gleich die gesamte Regierung zum ersten Mal seit der Wahl 1997 signifikant in der Wählergunst abstürzen (Seymour-Ure 2002: 134).

Schließlich trug die besondere Medienzentrierung der Regierungsaktivitäten unter Blair dazu bei, dass *politische Regierungskrisen* oft mit *medialen Nebenhandlungen* verwoben waren, die diese auslösten, verstärkten oder in ihrem Verlauf erheblich beeinflussten. Mediale Nebenhandlungen, das zeigt ein Blick auf die Regierungsumbildungen, spielten in der ersten Legislaturperiode unter Blair eine wesentlich größere Rolle als unter den Vorgängerregierungen. Vergleiche der Gesamtzahlen von mit öffentlichen Skandalen im Zusammenhang stehenden Regierungsumbildungen zu den ersten Amtsperioden von Margaret Thatcher (1979-1983) oder John Major (1992-1997) zeigen, dass bei Blair zwischen 1997 und 2001 von den sieben insgesamt durchgeführten Neubesetzungen der Regierung fünf auf eine mediale Nebenhandlung zurückzuführen waren. Bei Thatcher und Major hatte dagegen von jeweils vier Regierungsumbildungen lediglich eine (Major) oder gar keine (Thatcher) einen medialen „sub-plot" (vgl. Seymour-Ure 2002: 134-135).

Die Wirkungen der spezifischen Kommunikationssteuerung unter Blair kulminierten – zusammengenommen – im an die Regierung gerichteten Vorwurf, sie produziere mehr *kommunikativen Spin* als *politische Substanz*. Der Versuch der Blair-Administration durch eine vorab medialisierte Politik, die die Logik des Medien-

---

[121]   Vgl. dazu detailliert das Kapitel 6.2.3.2.

systems und die Produktionsbedingungen der Journalisten antizipiert und in die eigenen Strategien zur Platzierung von Themen, Personen und Interpretationen integriert, die Medienberichterstattung in ihrem Sinne zu „instrumentalisieren" (Jun 2004: 385), rief zuweilen heftige Kritik hervor. Schon bei den Rücktrittsfällen von Ron Davies und Peter Mandelson[122] hatte es Spin-Vorwürfe gegeben, da Alastair Campbell in beiden Fällen die Rücktrittsschreiben entworfen und darin zum Teil „geschönte" Versionen der tatsächlichen Vorgänge verfasst hatte (Rawnsley 2001: 245-246, Seldon 2005: 167). Schnell kam außerdem heraus, dass die offiziellen Verlautbarungen, Blair selbst habe von den Einzelvorgängen bei Ron Davies nichts gewusst und dieser selbst habe ihm seinen Rücktritt angeboten, nicht zutrafen (Marx 2008: 91). Gerade in diesem Fall offenbarten öffentlich gemachte Informationen aus dem Bereich „hinter der Bühne" ein technisch-instrumentelles Kommunikationsverständnis der Akteure, das dem „auf der Bühne" gezeigten Mitgefühl und Verständnis für den involvierten Protagonisten widersprach.

Die Spin-Vorwürfe nahmen im Verlauf der Jahres 1999 an Schärfe zu (vgl. Foley 2000: 197-198). Viele Kommentatoren in den Medien beklagten, dass die Konzentration der Regierungsakteure auf die kommunikative Präsentation ihrer eigentlichen Politik schadete. Die Verschmelzung von kommunikativer Image-Produktion und Policy-Entwicklung, so der Vorwurf, führe zu Vernachlässigung des Blicks auf die wirklichen Realitäten und einer Orientierung auf selbst kreierte „Scheinwelten". Insbesondere die von einer privilegierten Informationsversorgung ausgeschlossenen Teile der Medien äußerten zunehmend Kritik. Auch die konservative Opposition nahm den Spin-Faden gern auf. Der Oppositionsführer William Hague bündelte die Kritik später unter dem Etikett: „government by photo-call and government by spin." (vgl. Barnett/Gaber 2001: viii).

Der Spin-Vorwurf war Ausdruck eines tiefer liegenden Problems der Kommunikationssteuerung von Blair und seiner Regierungsmannschaft. Es lag im festen Glauben an die Allmächtigkeit des eigenen professionellen Kommunikationsmanagements, der die Steuerbarkeit von Medien und Öffentlichkeit überschätzte. Unbestritten ist, dass eine straff organisierte und disziplinierte Öffentlichkeitsarbeit erhebliche Einflusserweiterungen erzielen kann Die Blair-Administration neigte jedoch zu einer *übersteuerten Instrumentalisierung* von Medienakteuren und öffentlichen Kommunikationsprozessen, die ihre Erfolge bei der Beeinflussung medialer und öffentlicher Meinung teilweise konterkarierten. Vermutungen bzw. Befürchtungen der Journalisten und Rezipienten, man solle instrumentalisiert werden, das zeigte der Spin-Vorwurf, führten zu entsprechenden Gegenreaktionen. Auch eine kontrollorientierte Kommunikationssteuerung war nicht in der Lage, eine bestimmte öffentliche und mediale Wahrnehmung der Regierung zu

---

[122]   Vgl. dazu das Kapitel 6.2.2.1.

„erzwingen". Prozesse öffentlicher Kommunikation ließen sich nicht von einzelnen Akteuren zentral steuern, auch wenn die regierungsinterne Professionalisierung zu einer Steigerung der eigenen Einflusschancen beitragen konnte.

Im Übrigen hatten *interne Konflikte* zwischen den verschiedenen Camps innerhalb der Regierung ihren Anteil am Vorwurf des Spin-Doctoring (Heffernan 1999: 66-67). Denn die externe Kommunikation und (heimlich) nach außen getragene Informationen wurden von den Regierungsakteuren auch als Mittel der internen Konfliktbearbeitung eingesetzt. Vor allem durch bewusste „leaks" und entsprechende „briefings" machte man viele der verwendeten Instrumente der Kommunikationssteuerung für die Außenwelt erst voll sichtbar und transparent. Insider-Informationen über interne Vorgänge als Stoff für Bücher über die Regierung (z.B. Rawnsley 2001) und ihre Zentralakteure (z.B. Routledge 1998, Seldon 2005) führten zu mehr Kenntnissen über die Zustände innerhalb der Regierung als manchen – drinnen wie draußen – lieb war. Daneben entsprach die Nutzung der Medien, um über mögliche interne Dissidenten des Regierungskurses zu spekulieren und diese damit vor dem Ausbrechen aus der verabredeten Linie zu warnen, dem neuen kommunikativen Steuerungsmodus unter Blair. *Kommunikationsmacht* wurde auf diese Weise zur Disziplinierung der eigenen Partei und zur Untermauerung des eigenen Führungsanspruches eingesetzt.

Übersteuerte Versuche der *Medienbeeinflussung* zeigen allerdings nur eine Seite der Labour-Regierung. Eine weniger stark ausgeprägte, aber ebenfalls vorhandene Seite war die eigene *kommunikative Öffnung* hin zur Bevölkerung (vgl. Scammell 2001: 529-532, kritisch Finlayson 2003: 50-51). In einzelnen Initiativen versuchte man die Bürger in die Regierungspraxis einzubeziehen: „Government has demonstrated willingness to use referenda for constitutional reform and the introduction of the euro. It has experimented with deliberative democracy, in the form of citizens' juries, at local and regional level. It claimed a world first with the establishment in July 1999 of the People's Panel, 5,000 randomly selected voters who form a sort of permanent focus group on the delivery of government services." (Scammell 2001: 529). Beide Ansätze, die permanente Kampagne und die kommunikative Öffnung, entsprachen dem Willen, ein Band des Vertrauens zwischen Regierung und Bürgern zu entwickeln. Es sollte zu einer responsiven Regierungsführung gegenüber den Bedürfnissen der Bevölkerung beitragen und zugleich die Wahlchancen der regierenden Labour-Partei erhöhen.

6.2.3 „Delivery"- und Wahlkampfphase (August 1999-Juni 2001)

Nach der Ernüchterung über ausbleibende, flächendeckend positive Politikergebnisse in den von Labour bearbeiteten Problemfeldern sollte 1999 endlich zum groß angekündigten *„year of delivery"* werden – auch auf die Gefahr hin, dass mit dieser Ankündigung die Erwartungen der Bürger und Wähler hinsichtlich sichtbar einsetzender Erfolge noch gesteigert würden (Seldon 2005: 428-429). Blair und seinem Team war bewusst, dass offene Flanken bei den innenpolitischen Reformschauplätzen sich zu einem ernsthaften Problem bei der nun langsam heranrollenden *Wahlkampfphase* auswachsen konnten. Möglicherweise stellten sie sogar eine Gefahr für ihre Wiederwahl dar. Blair selbst wollte mit seiner Ankündigung, „the government should be judged on bread-and-butter domestic issues and not by cheap political gossip" (Seldon 2005: 428) die Regierung wieder in die Offensive bringen – trotz interner Warnungen, die Reformerfolge könnten noch länger auf sich warten lassen. Vor allem das Bemühen um die Einlösung dieser selbst aktiv mit *aufgebauten Erwartungshorizonte* stand in der nun folgenden „Delivery"- und Wahlkampfphase in den einzelnen Steuerungsbreichen im Mittelpunkt der Aufmerksamkeit der Regierungsakteure.

6.2.3.1 Organisationssteuerung

Das Delivery-Versprechen kann auch als eine Reaktion auf die Probleme der Organisationssteuerung gelesen werden, die mit dem Anspruch der modernisierten Regierungssteuerung (Joined-up Government, Partnership etc.) verbunden waren.[123] Das gilt unabhängig davon, ob die handelnden Akteure das selbst so sahen. Als Kernprobleme der Umsetzungsbemühungen eines Joined-up-Government unter Blair erwiesen sich – retrospektiv betrachtet – einerseits Gesichtspunkte, die in der umfassenden Reformanlage zu suchen waren, andererseits solche, die sich aus der spezifischen Reformgestaltung durch die Blair-Administration ergaben. Beide Aspekte sind einer strategischen Analyse zugänglich.

Probleme der *umfassenden Reformanlage* des regierungsinternen Modernisierungsprojekts zeigen sich bereits, wenn man sich dessen Anwendungsbereich und Reichweite vergegenwärtigt (vgl. Pollitt 2003: 37-38). Es umfasste vom Anspruch her sowohl das *Policy-Making* wie auch die anschließende *Implementation*, die sich bekanntlich wechselseitig bedingen und beeinflussen. „Joined-up Government" versprach darüber hinaus nicht nur Zusammenführung unterschiedlicher Akteure und Verfahren auf der *horizontalen Ebene* (also etwa Ministerium, Cabinet Office und Downing Street), sondern zugleich die *vertikale Verzahnung* verschiedener Entscheidungsebenen (lokal-regional-national). Angestrebt wurde zudem die Koordination ganz unterschiedlicher Akteurtypen, die sich von *staatlichen Institutionen* über vom Staat beauftragte *Agenturen* bis hin zu *privaten Organisationen* erstreckte.

---

[123]   Vgl. dazu das Kapitel 6.2.2.1.

Ferner sprach man mit dem Projekt ein breites Spektrum unterschiedlicher Ziel- und Handlungsfelder an, das von einzelnen *Adressatengruppen* (z.B. Asylanten, Senioren, Familien) über bestimmte *Regionen* (z.B. die sog. „action zones") bis hin zu ganzen *Policy-Sektoren* (z.B. Gesundheit, Verkehr) reichte. Schließlich bedeutete die von den Reforminitiatoren selbst propagierte Orientierung an den Bedürfnissen und Ansprüchen der Bürger in letzter Konsequenz, dass man sich nicht nur um die Zusammenführungen und bessere Kooperation von *Organisationen* zu bemühen hatte, sondern Foren schaffen, Mechanismen entwickeln und Partizipationsmöglichkeiten eröffnen musste, die die *einzelnen Bürger* in die Lage versetzen konnten, ihre Belange einzubringen.

Neben das Problem eines umfassenden Reformanspruch traten Schwierigkeiten, die sich aus der *spezifischen Reformgestaltung* durch die Blair-Regierung ergaben (vgl. Perri 6 et al. 2002: 95-102). Eines der Zentralprobleme lag – vor allem angesichts der Mammutaufgaben, die sich die Akteure selbst auferlegt hatten – in der *Ungeduld* der Labour-Regierung und des Premierministers selbst (*Reformtempo*). Blair zeigte auch in diesem Reformprozess eine Grundhaltung, die bei der Auswahl geeigneter Instrumente und hinreichender Ressourcen erwartete, dass sich die Dinge zügig zum Besseren wenden. Dementsprechend war er immer wieder bereit und gewillt, Modifikationen und Neujustierungen vorzunehmen, sobald nach seinem Eindruck positive Effekte nicht schnell genug sichtbar wurden. Ein Verständnis dafür, dass es gerade bei Großvorhaben wie diesen Zeit braucht, Vertrauen zwischen den Akteuren aufzubauen, die richtigen Stellschrauben für das Greifen von Reformmaßnahmen zu finden und funktionierende Kooperations- und Koordinationsroutinen zu etablieren, blieb unterentwickelt. Die Folge dieser Ungeduld waren permanente Rekonfigurationen von Programmen und Verfahren, die sich für Umsetzung des Reformvorhabens oft nicht als förderlich erwiesen.

Ein zweites Grundproblem lag in der *Reformzersplitterung*, die zu einer Vielzahl paralleler, sich teilweise überlappender Einzelinitiativen und -projekte führte. Zum Teil wird in dieser Hinsicht von Phänomenen der „initiativitis" und des „fragmented holism" gesprochen (Perri 6 et al. 2002: 96-97). In der Tat war das Volumen der speziellen Programme, unterschiedlichen Fördertöpfe und Zeitpläne unüberschaubar groß. In der Folge nicht klar trennbarer Zuständigkeiten kam es regelmäßig vor, dass sich in den einzelnen Regionen und bei bestimmten Akteursgruppen beispielsweise Maßnahmen der *Drug Actions Teams, Health Action Zones* und *Crime and Disorder Bill Arrangements* überlappten und wechselseitig behinderten. Für die Verantwortlichen bedeutete das zuweilen auch, die gleichen Themen und Probleme in verschiedenen Akteurskonstellationen und Foren immer wieder erneut zu diskutieren. Die Fülle unterschiedlicher Reformstränge führte in solchen

Fällen nicht zu einem mehr an Integration, sondern brachte zusätzliche Fragmentierung.

Mit Blick auf die mit der Modernisierungs-Agenda ebenfalls verfolgten Ziele der Abschwächung von Ressortkonflikten und -konkurrenz sowie der Bekämpfung von horizontaler und vertikaler Desintegration entwickelte sich die *Top-down-Zentrierung der Reformumsetzung* zu einem dritten Grundproblem. Die Spitzenakteure unterschätzten die Bedeutung tradierter „Verwaltungskulturen" und die sich in ministerieller Konkurrenz ausdrückenden kompetitiven Orientierungen der administrativen Akteure, die sich nicht einfach durch Join-up-Dekrete von oben auflösen ließen.[124] Eine Gesamtverantwortung der Akteure auf jeder Hierarchieebene für das insgesamt erreichte Politikergebnis ließ sich nicht einfach ohne ein Anreizsystem implementieren, das sich aktiv gegen eingefahrene Handlungsmuster in der Kernexekutive wendet: „In power, Labour has undertaken a series of structural reforms to deliver joined-up government, but it has not confronted the ‚politics' of joined-up government. Politics and personalities matter in Westminster." (Kavanagh/Richards 2001: 16).

Eine Reform, die wie das „Modernising Government"-Programm vor allem auf der *Autorität* des Premierministers fußte, hatte es – ohne stetigen Druck des Zentrums – schwer, sich dauerhaft in den eingeschliffenen Handlungs- und Verwaltungsroutinen zu etablieren. Oft hing die Umsetzung einzelner Reformschritte davon ab, ob das strategische und operative Zentrum der Regierung sich explizit für diese einsetzte oder nicht – und die dort tätigen Akteure konnten (und wollten) nicht allerorten permanente Überwachungsfunktionen übernehmen. Die Ressortkonkurrenz auf nationaler Ebene ließ sich nicht einfach durch Anordnung aushebeln: „A senior official pointed out that the Number 10 Policy Unit regarded the Policy and Innovation Unit ‚as part of its operation, whereas I have to see it as part of the rest of Whitehall.' This demonstrates the tensions between institutional coordination and Prime Minister-led joined-upness in policy-making. In the former, departments retain a sense of ownership; in the latter they may feel threatened. But without wholesale institutional change, comprehensive joined-up government will be difficult to achieve." (Kavanagh/Richards 2001: 17).

---

[124]   Zum hierarchisch orientierten internen Steuerungsmodus stellte ein Insider fest: „Number 10 meanwhile believed that if they gave everybody in the departments a bloody good kick and set them enough targets, the right outcomes would result." (Seldon 2005: 429).

6.2.3.2 Problempolitiksteuerung

Im Feld der *Verkehrspolitik* entwickelte die Blair-Regierung einen Steuerungsmodus, der verdeutlichte, dass dieser Problembereich weder im Mittelpunkt der Regierungspolitik stand noch der fortwährenden Aufmerksamkeit der strategischen Zentrumsakteure unterworfen war. Außerdem zeigte die Bearbeitung britischer Verkehrsprobleme (vgl. ausführlich Glaister et al. 2006) eine Reihe von *typischen Steuerungsmustern* der Labour-Administration, die über das konkrete Einzelfeld hinausweisen und generelle Charakteristika der Verknüpfung von *organisatorischer* und *problempolitischer Steuerung* unter Blair sichtbar machen.

Obwohl das britische Bahnnetz veraltet war und die Straßeninfrastruktur auf der Insel mit dem rasant wachsenden automobilen Verkehrsaufkommen kaum mithalten konnte, obwohl also das britische Verkehrssystem vor gewaltigen Herausforderungen stand, zeigte Blair wenig Interesse an diesem Problemfeld. In Kenntnis der geringen Bedeutung dieses Thema für die Wähler hatte er jemand gesucht, an den er dieses komplexe Problemfeld delegieren konnte. Er fand ihn in *John Prescott*, den er zum stellvertretenden Regierungschef und Minister für Umwelt, Verkehr und Regionen machte. Die Personalentscheidung sollte Blair in den ersten Jahren einerseits die organisatorische Unterstützung durch Prescott sichern. Dieser hatte bereits vor der Regierungsübernahme wichtige Funktionen bei der programmatischen und organisatorischen Erneuerung der Partei übernommen, indem er den eingeschlagenen Kurs unterstützte (ohne selbst Träger davon zu sein) sowie befriedend und integrierend in die Partei hineinwirkte. Prescott setzte das auch in der Regierung durch einen engen Schulterschluss mit den Partei- und Parlamentskollegen fort (vgl. Seldon 2005: 409-420). Andererseits beschäftigte Blair den Deputy Prime Minister mit der Zuweisung dieses Großressorts und band ihn auf diese Weise mit schwierigen problempolitischen Aufgaben ein.

Trotz eines umfangreichen Konzeptpapiers (White Paper) „A New Deal for Transport: Better for Everyone" aus dem Jahr 1998 und der Präsentation eines ambitionierten 10-Jahres-Planes „Transport 2010" zwei Jahre später ließ die Regierung das Thema insgesamt schleifen und konnte kaum konkrete Politikergebnisse vorweisen – nicht zuletzt deshalb, weil sich Gordon Brown und das Schatzamt in Fragen der Verkehrspolitik gegenüber John Prescott immer dann als Bremser erwiesen, sobald die einzelnen Projekte erhebliche staatliche Aufwendungen erforderten (vgl. Glaister 2007).

Blair selbst engagierte sich in der Verkehrspolitik nur dann, wenn er sich durch äußere Umstände dazu genötigt sah. Dies war vor allem in Krisensituationen der Fall, die wie die Benzinpreis-Proteste die Regierung als Ganzes in Bedrängnis brachten. In Fällen wie diesen zog er die gesamte weitere Steuerung des Regierungshandelns an sich. Der *Kriseninterventionismus* entsprach seinem hierarchisch-kontrollorientiertem Grundverständnis der Regierungsorganisation, das Blair schon vor seinem Antritt als Premierminister entwickelt hatte, aber im Verlauf der Amtszeit immer stärker ausbildete. Er entsprach zugleich dem von ihm forcierten Top-down-Ansatz organisatorischer und problempolitischer Steuerung: „Taking control over events, such as during the fuel crisis in 2000 and the foot and mouth crisis in 2001, confirmed Blair's belief that he alone, assisted by his close team in Number 10, could solve any problem." (Seldon 2005: 694).

Zwar konnte Blair die *Benzinpreis-Krise* im September 2000 abwenden (vgl. Rawnsley 2001: 396-414, Glaister 2007: 245-246). Allerdings erschütterte sie die Bürger- und Selbstwahrnehmung des Premierminister und seiner Regierung grundlegender, als es zunächst den Anschein hatte. Der weltweite Ölpreisanstieg, ähnliche Proteste französischer Lastwagenfahrer und ein Stufensteuertarif auf Benzin, den die Labour-Regierung von den Konservativen übernommen, aber noch einmal erhöht hatten, waren Auslöser der Krise. Sie veranlassten wütende britische Lastwagenfahrer und Farmer, die Straßen vor Raffinerien und Speicherdepots für Benzin zu blockieren. Die Protestierenden verlangten eine Reduktion des zu hohen Benzinpreises. Vor allem ging es ihnen um die Absenkung der Steuern auf Öl. Wurden diese Proteste von der Regierung anfangs noch als lokale Phänomene wahrgenommen, änderte sich diese Haltung nach dem ersten Protestwochenende, an dem sichtbar wurde, dass die Just-in-time-Versorgung der Öllieferanten bei Fortsetzung der Blockaden schnell versiegen würde. Großbritannien drohte der Stillstand. Die Benzinversorgung von Bussen, Bahnen und Lastwagen stockte, man fürchtete Engpässe bei der Nahrungsmittelverteilung. Dem Land wurde in aller Deutlichkeit die Bedeutung einer am Öl hängenden Verkehrsinfrastruktur vor Augen geführt.

Krisensitzungen in der Regierung offenbarten fehlende Notfallpläne und führten den Akteuren ihre eigene Hilflosigkeit vor Augen. Der Versuch, durch Druck auf die Öllieferanten und mit Hilfe von Polizeieskorten mehr gefüllte Lastwagen aus den Raffinerien und Depots zu geleiten, schlug weitgehend fehl. Das vom Premierminister auf einer Pressekonferenz gegebene Versprechen, innerhalb von 24 Stunden die flächendeckende Benzinverteilung wieder sicherzustellen, konnte nicht gehalten werden. Die Ölmanager zeigten sich wenig kooperativ und beharrten darauf, kaum handlungsfähig zu sein, weil die meisten Kraftfahrer nicht bei ihnen beschäftigt wären. Die Sympathie der Bevölkerung für die Protestler erschwerten aus Sicht der Regierung eine „härtere" Gangart und Maßnahmen einer öffentlichen Stigmatisierung. Um der sich zuspitzenden Lage halbwegs Herr zu werden, ließ die Regierung Lastzüge mit Benzin aus den militärischen Depots an Krankenhäuser liefern. Die Armee verfügte aber nur über geringe Kapazitäten. Der Einsatz des Militärs zur Auflösung der Blockaden wurde intern diskutiert, schreckte aber sowohl die Militärs wie auch die Regierungsakteure. Medienbilder von der Armee auf britischen Straßen beim Einsatz gegen die eigene Bevölkerung sollten unbedingt vermieden werden.

Nach einer weiteren Dramatisierung der Lage, die flächendeckende Engpässe vor allem bei der Krankenhaus- und Lebensmittelversorgung entstehen ließen, änderte die Regierung ihre *Strategie*. Hatte man zu Beginn die Bedeutung der Krise heruntergespielt, um dem Protesten ihre Kraft zu nehmen und eine hysterische Massenstimmung mit Panikkäufen zu verhindern, setzte die Regierung von nun an auf eine Dramatisierung der drastischen Konsequenzen der Blockadeaktionen für die Sicherstellung der öffentlichen Daseinsvorsorge, die auch menschliche Opfer zur Folge haben könnten. Die Hoffnung bestand darin, die sichtbaren „spielerischen" Elemente des Protests in den Augen der Öffentlichkeit und in der medialen Berichterstattung zu beseitigen. Die Änderung der Strategie entfaltete Wirkung. Gespräche von Vertretern der Transport- und der Polizeigewerkschaften mit den Akteuren vor Ort bewegten die Protestierenden schließlich zur Aufgabe ihrer Blockaden.

Im Nachgang belegten Ergebnisse aus den Fokusgruppen von Philip Gould, dass das Hauptproblem der Krise in der Wahrnehmung der Bürger nicht die ärgerlich hohen Benzinpreise waren, sondern das Gefühl, dass die Regierung und der Premierminister in diesen Tagen die Kontrolle über das Land verloren hatten. Blair selbst war darüber erschrocken, dass er die Dramatik der Situation und die Stimmungslage in der Bevölkerung unterschätzt hatte: „This was a petrifying week for a government whose pre-eminent obsession was to be competent and in charge – or at least appear as such. It was a deeply shaking experience for a Prime Minister who set such store by his ability to tune himself to popular sentiment." (Rawnsley 2001: 414).

Auch in dieser Krise ließen sich Konflikte im *strategischen Zentrum* feststellen (Rawnsley 2001: 412-414). Brown, der sich im Krisenverlauf auffallend zurückgehalten und – ungewöhnlich genug – Blair fast allein die Initiative überlassen hatte, wehrte sich lange gegen eine Dramatisierung der Situation und lehnte den Sprachgebrauch einer „nationalen Krise" ab. Ein Nachgeben gegenüber den Forderungen der Senkung staatlicher Benzinsteuern kam aus seiner Sicht nicht in Frage. Von kurzfristigen Schwankungen des Benzinpreises, so seine Position, könne man die Steuerpolitik einer Regierung nicht abhängig machen. Außerdem fürchtete er einen Dominoeffekt, bei der auch andere Bevölkerungsgruppen durch Proteste eine Änderung der Regierungspolitik für erreichbar halten könnten. Intern argumentierte Brown, dass man sich von kurzfristiger Unpopularität erholen könne, aber ein Reputationsverlust bei Willensstärke und Durchhaltevermögen für eine Regierung auch langfristig nicht kompensierbar wäre. Blair, der diese Position am

Anfang teilte, veränderte seine Auffassung im Krisenverlauf. Responsivität gegenüber den Forderungen der Protestierer und der verbreiteten Auffassung in der Bevölkerung, dass die Benzinpreise zu hoch seien, erschien ihm angesichts der erlebten Dramatik der Lage als Gebot der Stunde. Er setzte sich mit seiner Forderung nach einem Entgegenkommen durch. Im November 2000 verkündete Brown eine Reihe von Maßnahmen, die den hohen Benzinpreisen und den Wettbewerbsnachteilen inländischer Lastwagenfahrer durch teuren Sprit entgegenwirken sollten (z.B. Beendigung der jährlichen Stufenerhöhung der Benzinsteuer um 6 Prozent, Einführung einer Straßennutzungsgebühr für ausländische Lastkraftwagenfahrer).

Weitere Kopplungen *organisatorischen* und *problempolitischen* Regierungshandelns unter Blair, die auf ein generelles Steuerungsprofil verweisen, wurden bei anderen Politiken im Verkehrsbereich erkennbar. Ein Beispiel ist die *Teilprivatisierung der Londoner U-Bahn* in Form einer Public Private Partnership, das die Unterhaltung der Infrastruktur – nicht jedoch das Eigentum und den Zugbetrieb – in die Hände privater Unternehmen legte, um auf diese Weise Geld für Zukunftsinvestitionen für das System zu akquirieren (vgl. Glaister 2007: 251-261).

Hier fiel zunächst – wie auch in anderen Politikfeldern – auf, dass es Gordon Brown und sein Ressort waren, die ungeachtet aller formalen Kompetenzzuweisungen (federführend zuständig war eigentlich das Ministerium für Umwelt, Transport und Regionen) die Entwicklung und Umsetzung der Underground-Privatisierung steuerten. Die *Macht des Schatzamtes* war nicht zu brechen. Trotz aller öffentlichen Dementis, bei denen immer wieder betont wurde, nur beratend tätig zu sein und das Verkehrsministerium bei der Politikentwicklung lediglich zu unterstützen, musste John Prescott bald einsehen, dass er sich intern gegen die Direktiven des Schatzamtes nicht durchsetzen konnte. Im weiteren Verlauf entwickelten sich über die Ausgestaltung der Privatisierung auch Konflikte zwischen dem Schatzamt und Downing Street, da in diesem Projekt Blairs Dezentralisierungsbestrebungen (hier mit Blick auf die Mitspracherechte des Londoner Bürgermeisters) und Browns Ansprüche auf alleinige Entscheidungskompetenz in Konflikt gerieten.

Innerhalb der Regierung und beim ebenfalls involvierten Londoner Bürgermeister existierten eine ganze Reihe unterschiedlicher organisatorischer Modelle zur Finanzierung des Ausbaus der Infrastruktur der Londoner U-Bahn. Aber das Treasury wich im jahrelangen Diskussions- und Verhandlungsprozess, der von der Regierung bereits 1998 ernsthaft begonnen worden war und sich bis ins Jahr 2003 hinzog, nie von seiner ursprünglichen Idee der organisatorischen Lösung des Problems in Form einer Public-Privat-Partnership ab. Schließlich setzte sich das

Schatzamt gegen eine Fülle von gegenläufigen Kommissionsberichten und Expertenauffassungen, die günstigere und effizientere Alternativen sahen, durch.

Ein nicht zuletzt aus den Dominanzbestrebungen des Schatzamtes resultierendes Problem mangelnder Effektivität der Arbeit der Regierung bestand darin, dass an den unterschiedlichsten Stellen der Kernexekutive zeitgleich – aber nicht koordiniert und abgestimmt – an Lösungsmodellen für die Londoner Underground gearbeitet wurde. Jeder der beteiligten Regierungsakteure, sei es das Prescott-Ministerium, das Schatzamt, der Premierminister und seine Berater oder der Londoner Bürgermeister und sein Apparat, entwickelte eigene Konzepte. Im Ergebnis führte das zu *überlappenden Konzept- und Strategieentwicklungen*, die ein abgestimmtes, einheitliches Regierungshandeln erschwerten.

Schließlich bestätigte das Vorhaben der Underground-Modernisierung ein Muster administrativen Regierungshandelns, das *externen Beratern* einen wesentlich größeren Einfluss auf die Politikentwicklung gewährte als den *Beamten*. In diesem Fall wurde die Detailarbeit eines großen Policy-Projekts nicht innerhalb der Kernexekutive und den zuständigen Ministerien, sondern – im Auftrag und unter Kontrolle des Schatzamtes – von einer externen Gruppe von Geschäftsleuten geleistet. Wie groß der Einfluss dieses Beraterkreises auf die schließlich umgesetzte Politik war, kommt in einer Stellungnahme des Generalzahlmeisters aus dem Schatzamt, Geoffrey Robinson, vor dem Unterhaus plastisch zum Ausdruck: „We could skin a cat in so many ways, and when it came to public-private partnerships – which were quite innovative – there were many different options available. No. 10 had its view; the advisers to No. 10 had their view; the then Department of Transport, Local Government and the Regions had its view; I had a view; the Treasury had a view; and the Deputy Prime Minister had very strong views. We had to find a way that we could all see would carry this forward. (…) I convened a group of four business men with experience of both the public and private sectors to make a recommendation to us. Essentially, that recommendation is what we have today." (House of Commons Debattenprotokoll, 27. Juni 2002)[125]. Insgesamt wurden im Verfahren der Entwicklung und Umsetzung der Public-Private-Partnership zur Modernisierung der Infrastruktur der Londoner Underground mehrere hundert Millionen Pfund für Beratung ausgegeben (Glaister 2007: 260).

---

[125]   ULR (14.01.2010):

http://www.publications.parliament.uk/pa/cm200102/cmhansrd/vo020627/debtext/20627-18.htm

6.2.3.3 Konkurrenzpolitiksteuerung

Orientierungshilfen für die Akteure und die Ausrichtung ihres künftigen Regierungshandelns, hier insbesondere mit Blick auf die anstehenden Wahlkampfvorbereitungen, waren *interne Memoranden*, die vor allem aus dem Beraterkreis Blairs stammten (vgl. auch Becker 2000: 875-876). Eine vertrauliche *strategische Lageanalyse* zur Mitte der Legislaturperiode mit dem Titel „Half-Way There: Mid-Term Assessment", die auch *strategische Optionen* für künftiges Handeln enthielt, legte etwa der Blair nahe stehende Meinungsforscher, Kampagnen- und Kommunikationsexperte Philip Gould vor (vgl. Seldon 2005: 429-430).

Er konstatierte nach wie vor erhebliche *konkurrenzpolitische Stärken* Labours gegenüber den Konservativen, die in den aktuellen Meinungsfragen stabil mit Abstand hinter der Regierungspartei lagen (vgl. King/Wybrow 2001: 20) und auch ihren früheren Vorsprung als Partei ökonomischer Kompetenz eingebüsst hatten (vgl. King/Wybrow 2001: 55-65). Trotz einiger *problempolitischer Erfolge*, die die Wähler der Regierung zuschrieben (etwa in der Nordirland-Frage), warnte Gould aber zugleich vor der Verletzlichkeit der Regierung bei oppositionellen Angriffen auf ihre bisherige *Leistungsbilanz* in zahlreichen innenpolitischen Reformfeldern. Im Bereich der öffentlichen Leistungen, so Gould, vermissten die Menschen bislang substantielle Verbesserungen. Außerdem nahmen die Reputation der Regierung und das Vertrauen der Menschen in sie ab. Den Grund dafür sah Gould in zuviel „Spin" und *enttäuschten Erwartungen*. Die nach wie vor große Europa-Skepsis der britischen Bürger konnte nach seiner Auffassung den Euro zu einem gefährlichen Mobilisierungsthema der Opposition werden lassen. Um die Schwäche der Opposition zu zementieren, müsse Blair, so der Ratschlag von Gould, im Wege *öffentlicher Kommunikation* wieder stärker Visionen und Werte von Labour in den Vordergrund rücken. Der „Spin" durch Regierungsakteure solle künftig durch mehr Substanz ersetzt werden. Außerdem empfahl Gould eine Schwerpunktsetzung auf drei zentrale Reformprojekte, an deren Ergebnissen man sich messen lassen wolle – auch um nicht in der Fülle der zu bearbeitenden Problemfelder unterzugehen.

Zu ähnlichen Schlussfolgerungen kam auch der Blair-Berater Matthew Taylor als er zum Ende der ersten Legislaturperiode feststellte, dass insbesondere die Projekte Labours, die eine grundlegende Reform der *Public Services* versprachen, noch lange nicht zum gewünschten Erfolg geführt hätten (Taylor 2001). Gerade in den zentralen Modernisierungsfeldern wie Schule und Bildung, Gesundheitswesen, Kriminalitätsbekämpfung habe man sich um die Etablierung neuer Standards bemüht, dieses aber noch lange nicht umgesetzt: „Overall, Labour has appeared to lack a clear public service strategy. There has been an emphasis on quality, effectiveness and outcomes, but it appears that little thought has been given to the tradeoffs involved in such policies or to what might come after the 'standards' agenda." (Taylor 2001: 10).

Überlegungen dieser Art flossen in die Wahlkampfvorbereitung ein, obwohl Blair meist nur einzelne Hinweise der Analysen für das eigene Handelns übernahm.[126] Es zeichnete sich ab, dass die bevorstehenden Wahlen im Land durch die Politikmüdigkeit der Menschen, eine schwache Opposition und Ernüchterung über die bisherigen Leistungen der regierenden Labour-Partei gekennzeichnet sein würden (vgl. auch Geddes/Tonge 2002). Überspitzt formuliert ließ sich eine allgemeine „apathische" Grundstimmung im Land diagnostizieren (Norris 2001).

Die Möglichkeit der britischen Regierung, den Wahlzeitpunkt innerhalb der maximal fünfjährigen Legislaturperiode selbst zu bestimmen, machte die *Wahlterminierung* zu einer anspruchsvollen *strategischen Steuerungsaufgabe*. Sie wurde erschwert durch eine massive Krise der britischen Agrarpolitik zu Beginn des Jahres 2001 (vgl. ausführlich Rawnsley 2001: 463-481). Am 20. Februar 2001 bestätigte das britische Agrarministerium, dass einen Tag zuvor auf einer Farm in Essex erstmals der Erreger der Maul- und Klauenseuche nachgewiesen worden war. In den folgenden Wochen breitete sich der hoch ansteckende Virus – trotz der Massenkeulung von Schweinen, Rindern und Schafen – so rasant aus, dass bereits Ende April mehr als 1500 Fälle der Erkrankung von Tieren an dieser Krankheit zu konstatieren waren (King 2002c: 38). In Folge des dramatischen Verlaufs der Epizootie, ungünstigen Prognosen und der aufkommenden Diskussion, ob die Regierung darauf mit hinreichenden und durchgreifenden Gegenmaßnahmen reagiert hatte, machte Tony Blair die Bekämpfung der Maul- und Klauenseuche Mitte März schließlich zur „Chefsache".

Zugleich stellte sich immer drängender die Frage, ob auf die Krise auch mit einer Änderung des anvisierten Wahlzeitpunkts zu reagieren sei. Ursprünglich hatten Blair und sein Team sich intern bereits seit längerem für einen Wahltermin am 3. Mai 2001 entschieden und die entsprechenden Vorbereitungen für den Wahlkampf eingeleitet. Nun streute der Verlauf der Epizootie Zweifel, ob man an diesem Fahrplan würde festhalten können. Tony Blair zeigte sich unentschlossen. Es bedurfte einer ganzen Reihe von Beratungssitzungen und intensiver *strategischer Kalkulationen*, bis die Entscheidung am 30. März 2001 feststand. Das *strategische Ziel* war die ganze Zeit klar: es ging um einen für die Chancen der Labour-Partei optimalen Zeitpunkt der Unterhauswahlen. Das *strategische Mittel* bestand im Privileg des Premierministers, während seiner fünfjährigen Amtsperiode mit einem Mindestvorlauf von lediglich 10 Tagen jederzeit Neuwahlen ausrufen zu dürfen. Die aktuellen Konstellationen in dem für die Entscheidung *relevanten Umweltausschnitt*

---

[126]   Dieses Verhalten widersprach häufig den umfassenden Zustimmungsbekundungen Blairs zu den Inhalten der Lageberichte.

der konkurrenzpolitischen Lage war *strategischen Kalkulationen* schwerer zugänglich, da sie sich fortlaufend änderten. Die dynamischen Entwicklungen im Krisenverlauf, die entsprechenden Wahrnehmung des Problems durch die Bürger und der Stand der öffentlichen Diskussion machten die strategische Entscheidungsfindung zu einem Risikospiel.

Im *Kalkulationsprozess* (Rawnsley 2001: 474-475) sprach sich Philip Gould auf der Basis aktueller demoskopischer Ergebnisse und Erkenntnissen aus seinen Fokusgruppen dafür aus, den Wahltermin angesichts der Krise zeitlich nach hinten zu schieben. Ein Festhalten am Mai-Termin könne als insensitiv und zynisch gegenüber den Sorgen der Briten wahrgenommen werden. Zwar führe Labour aktuell mit weitem Abstand vor den Konservativen, wovon angesichts der unklaren weiteren Krisenverlaufs natürlich nicht mit Sicherheit auch für die Zukunft ausgegangen werden könne. Aber eine Verschiebung berge die große Chance, als ein um das Land besorgter Staatsmann wahrgenommen zu werden und einen großen Sieg einzufahren. Peter Mandelson, Sally Morgan und Anji Hunter unterstützten die Argumente einer solchen Kalkulation. Nur Alastair Campbell argumentierte längere Zeit dagegen, weil er an die Kraft seiner eigenen Wahlkampagne glaubte. Eine öffentliche Debatte über den Termin würde sich nach wenigen Tagen der Kampagnenführung in Luft auflösen, so seine Position. Gegen die Verlegung des Wahltermins sprachen aber nicht nur aktuelle, demoskopische Vorteile der Regierung gegenüber der politischen Konkurrenz. Ebenso einbezogen in die kalkulatorischen Überlegungen wurde die potentielle Gefahr, mit der Verschiebung ein Signal momentaner Handlungsunfähigkeit der britischen Regierung auszusenden. Real waren bereits die ökonomischen Einbussen im Agrar- und Tourismussektor. Der ohnehin schon negativ betroffene Tourismus in den ländlichen Gebieten Großbritanniens drohte bei einer drastischen Reaktion wie der Verlegung der Wahl endgültig zum Erliegen zu kommen.

Der *Entscheidungsprozess* zeigte *typische Muster* der Regierung Blair. Kabinettskollegen oder Parteiakteure spielten allenfalls eine marginale Rolle im Verfahren der Entscheidungsfindung. Sie wurden erst nachträglich mit dem Entschluss des Premierministers konfrontiert. Blair selbst blieb lange unschlüssig und holte sich wieder und wieder Rat bei seinen engsten Vertrauten ein. Die Entscheidung traf er schließlich im engsten Kreis seiner unmittelbaren Beraterumgebung. Ungewöhnlich war nur die Zurückhaltung Gordon Browns, des zweiten Akteurs im strategischen Zentrum. In den Entscheidungstagen beunruhigten Brown mehr die aktuellen Turbulenzen an den internationalen Börsen, deren Wirkungen auf die allgemeine weltwirtschaftliche und britische Ökonomie damals nicht absehbar waren. Sie stellten für ihn eine potentielle Bedrohung des Labour-Siegs bei einem späteren Wahlgang dar. Am Schluss überließ Brown aber gern Blair das Risiko der Entscheidung: „‚It has to be your decision, Tony.'"(Rawnsley 2001: 476-477). Es war vielleicht einer der ganz wenigen, raren Momente, in denen Brown froh war, nicht selbst Regierungschef zu sein.

Blair entschied sich schließlich dafür, die für den 3. Mai geplante Wahl auf den 7. Juni 2001 zu verschieben. Auf der Basis der Erfahrungen der letzten Monate schien im die Gefahr zu groß, durch ein Festhalten am ursprünglichen Termin als zynisch und abgehoben von der Stimmung der Bevölkerung wahrgenommen zu werden. Jede Entscheidungsalternative barg erhebliche Risiken. Blair entschied sich für die Rolle des fürsorglichen Staatsmannes, der in Stunden der Krise alles für deren Abwendung tut und nicht am *business as usual* festhält. Ausschlaggebend für diesen Entschluss war nicht zuletzt eine Präsentation des wissenschaftlichen Chefberaters der Regierung, David King, in dessen Szenarien der Höhepunkt der täglichen Ansteckungsrate mit dem Virus der Maul- und Klauenseuche für einen der ersten Maitage vorausgesagt wurde. Die Wahlverschiebung erfolgte also durch den Premier, aber unter kräftiger Mitwirkung der die Regierung beratenden Epidemiologen.

Die Art und Weise der Bekanntgabe dieser Wahlverlegung durch die Regierung verdeutlichte erneut die große Bedeutung, die die handelnden Akteure der *medialen Berichterstattung* für den eigenen Politikerfolg zumaßen. Die mit allgemeiner Spannung erwartete Bekanntmachung des neuen Wahltermins erfolgte zunächst nicht durch den Regierungschef persönlich, sondern durch das Massenblatt *The Sun* (Rawnsley 2001: 477-478). Dieses hatte Tage vorher noch mit Nachdruck behauptet, man wisse aus sicheren Quellen, dass die Regierung am ursprünglichen Wahltag festhalte (und das sei auch richtig so). Um die Boulevardzeitung nicht zu brüskieren und damit einer möglicherweise kritischen Berichterstattung dieser für die öffentliche Meinungsbildung wichtigen Zeitung während des Wahlkampfes zu entgehen, versorgte man das Blatt mit der Exklusivinformation und verschaffte ihr so am Samstag, einen Tag nach der eigentlichen Entscheidung, eine große Bühne. Das Kalkül ging auf. Die Labour-freundliche Überschrift lautete: „Election OFF: Now it's June 7 as Blair puts country before party." (The Sun, 31. März 2001). Erst am darauf folgenden Montag trat Blair selbst vor die Presse, um der Öffentlichkeit die Gründe für seine Entscheidung darzulegen.

Im sich anschließenden vierwöchigen Wahlkampf setzte die Strategie der Labour-Wahlkampagne (vgl. Dermody/Scullion 2001, Fielding 2002) *erstens* darauf, den nicht zuletzt in den beiden großen Krisen des vergangenen halben Jahres (Benzinpreis sowie Maul- und Klauenseuche) wahrnehmbaren Tendenzen der „Entfremdung" der Bevölkerung gegenüber der Regierung und ihren politischen Handlungsträgern entgegenzuwirken. Man zeigte sich mit „Thank you"-Plakaten dankbar für das bislang geschenkte Vertrauen der Briten und präsentierte sich

zugleich als eine Partei, der Fehler einer zu starken Distanzierung von den Bedürfnissen der Wähler in Zukunft nicht mehr passieren würden. Das *zweite* tragende
Element der Kampagne bestand in dem Versuch hervorzuheben, dass die grundlegenden Modernisierungsreformen bereits eingeleitet seien und schon erste Erfolge
erkennbar geworden wären, die Regierung aber noch mehr Zeit (also eine zweite
Legislaturperiode) benötige, um sie erfolgreich zu beenden („Labour will continue
to make Britain better"). Schließlich setzte Labour, *drittens*, auf ein Negative Campaigning, in dem man die „schlechten Zeiten" unter früheren Tory-Regierungen
betonte, um sich gegenüber den Konservativen mit den eigenen Kompetenzen und
der bisherigen Regierungsführung positiv abzusetzen („Get out and vote. Or they
get in", „Economic Disaster II").

Dagegen versuchte die konservative Partei im Rahmen ihrer Kampagne – aus
einer defensiven und schwachen Position heraus – deutlich zu machen, dass die
Labour-Regierung ihre Reformversprechen bislang nicht eingelöst und dabei sogar
früher gemachte Zusagen gebrochen habe, dieser Zustand sich auch in einer weiteren Amtszeit nicht ändern würde („Can you really wait another 4 years?") und die
Konservativen mit ihrem Spitzenkandidaten William Hague eine positive Alternative darstellten (Dermody/Scullion 2001). Die Wahlkampf-Schwerpunkte lagen
dabei auf den Themen von zu hohen Steuern („You have paid the tax"), der Wiederherstellung von Recht und Ordnung sowie der Rettung des Pfunds („Keep the
Pound").

Rekonstruiert man die Wahlauseinandersetzung im Frühsommer 2001 in strategischer Perspektive, war der letztlich klare Wahlsieg der Labour-Partei, die gegenüber dem fulminanten Wahlsieg von 1997 nur 2,5 Prozent Wählerstimmenan-
teil verlor und lediglich sechs Parlamentssitze einbüsste (vgl. Butler/Butler 2006:
109), weniger das Resultat eigener *konkurrenzpolitischer Leistungen* der Regierung
(im Sinne einer erfolgreichen Wahlkampfstrategie), als vielmehr Ausdruck der
allgemeinen *konkurrenzpolitischen Konstellation*.

Ein Blick auf die Meinungsumfragen am Anfang und Ende der „heißen"
Wahlkampfphase zeigt, dass der Vorsprung von Labour gegenüber der Konkurrenz im Mai durchschnittlich bei 49 Prozent zu 32 Prozent für die Konservativen
und 14 Prozent für die Liberaldemokraten lag, während er vier Wochen später auf
46 Prozent zu 31 Prozent (Konservative) und 18 Prozent (Liberaldemokraten) zu-
sammengeschrumpft war (vgl. Bartle 2002: 172-174). So gesehen konnten allein die
Liberaldemokraten ihre Zustimmungswerte *durch* den Wahlkampf selbst verbessern. Und das obwohl ihnen von allen drei Parteien die geringsten Ressourcen für
die Wahlkampfführung zur Verfügung standen: „It appears that voters were won
over by some combination of Charles Kennedy's charm, the Liberal Democrats'
'honest' approach to taxation and public spending, their ability to stick to their

preferred agenda of public services, and focusing on the last-minute tactical voting decisions." (Bartle: 2002: 173).

Dagegen konnten sowohl Labour als auch die Konservativen ihre eigenen Anhänger nicht aktivieren und mussten einen absoluten Verlust von knapp drei Millionen (Labour) bzw. 1,2 Millionen Stimmen (Konservative) hinnehmen (Butler/Butler 2006: 109). Überhaupt gelang es den beiden großen Parteien nicht, durch eigene Mobilisierungsbemühungen eine mit nur 59,1 Prozent historisch schlechte Quote der Wahlbeteiligung abzuwenden. Der Ergebnis der bevorstehenden Wahlen schien für zu viele schon fest zu stehen, mit der Folge, dass sie sich für die anstehende Entscheidung nicht mehr sonderlich interessierten: „Collectively this meant the election was seen as a non-event for many, with commentators describing it as the most uninspiring in a generation." (Dermody/Scullion 2001: 970).

Es war vor allem die Schwäche der Opposition, die am Wahltag eine Niederlage der regierenden Labour-Partei verhinderte (vgl. Cowley/Quayle 2002). Selbst auf dem Höhepunkt der Benzinpreis-Krise – und damit einem Tiefpunkt des Ansehens der Labour-Regierung – im September 2000 konnten die Konservativen bei der Frage nach den Wahlabsichten der Bürger nicht an Labour vorbeiziehen. Sie kamen zwar bis auf fünf Prozentpunkte an die Regierungspartei heran (35,5 zu 40,6 Prozent) und damit Labour erstmals seit langer Zeit wieder bedrohlich nahe, mussten aber schon kurz danach wieder einen Rückgang bei der eigenen und ein Anwachsen der Zustimmung für ihre regierenden Konkurrenten konstatieren (King/Wybrow 2001: 25).

Labour profitierte letztlich davon, dass die Wähler zu keinem vernichtenden Urteil über ihre *Regierungsleistung* der letzten vier Jahre kamen (vgl. Bartle 2002). Zwar gab es einen erheblichen Reputationsverlust bei der Ehrlichkeit, Vertrauenswürdigkeit und Einheit der regierenden Partei zu verzeichnen. Außerdem herrschte Unzufriedenheit über die bislang ausgebliebenen grundlegenden Verbesserungen im Bereich der öffentlichen Leistungen. Gleichwohl wurde anerkannt, das Labour zu ökonomischer Stabilität, schwacher Inflation und geringer Arbeitslosigkeit beigetragen hatte. Vor allem sah man aber in der aktuellen Opposition keine Alternative, der man besseres Regieren zugetraut hätte. Es waren vor allem *prospektive Erwartungen* an die Problemlösungsfähigkeit und allgemeine Regierungskompetenz der Labour-Partei, die – trotz in Teilen negativer *retrospektiver Leistungsbewertungen* – dazu führten, der Regierungspartei noch eine zweite Chance zu geben (Bartle 2003). Die darin zum Ausdruck kommende allgemeine Stimmungslage konnte die Wahlkampagne der Labour-Partei mit ihrem Slogan „Al lot done, a lot to do" einfangen, auch wenn die Wähler – anders als Labour – den zweiten Teil der Aussage sehr viel stärker betonten.

6.2.3.4 Kommunikationssteuerung

Die nicht abebbende Aufmerksamkeit der Medien für den *Spin-Vorwurf* hatte die Blair-Regierung vor der heraufziehenden Wahlkampfzeit zunehmend beunruhigt (vgl. Marx 2008: 93-95). Ein weiteres internes Memorandum von Blair, das im April 2000 an die Öffentlichkeit geraten war, hatte seinen Anteil daran. In dem Papier beklagte der Premierminister, dass die Regierung in der öffentlichen Wahrnehmung zunehmend den Kontakt zu den britischen Instinkten verloren habe, und es nun darauf ankäme durch „'eye-catching' populist initiatives" (Cockerell 2001: 571) wieder den Anschluss an die Bedürfnisse und Emotionen der Bürger zu gewinnen. Er persönlich wollte dabei so eng wie möglich mit neuen Initiativen, die etwa den Bereich Kriminalität und Immigration betreffen sollten, in Verbindung gebracht werden. Dieser interne Vermerk lenkte erneut den Medienfokus auf die kommunikativen Praktiken der Regierung. Innerhalb der Regierung befürchtete man daraufhin (nicht zum ersten Mal), eine fortdauernde Berichterstattung über die eigenen vermeintlichen und realen Spin-Aktivitäten sowie Versuche zur Instrumentalisierung der Medien könnten im schlimmsten Fall sogar den eigenen Wahlsieg gefährden. Dagegen sollten zwei Mittel wirken: *Transparenz* und *Korrekturgesten*.

Nach langem Zögern[127] stimmten der Kommunikationschef, Alastair Campbell, und sein Chef, Tony Blair, zu, die Türen zur Kommunikationsabteilung in Downing Street für eine *TV-Dokumentation* über die Öffentlichkeitsarbeit der Regierung zu öffnen. Ein Team des BBC durfte deshalb im ersten Halbjahr 2000 die tagtägliche Arbeit der Pressestelle im Prime Minister Office beobachten und filmen. Der Einblick in die tatsächlichen Abläufe und die Arbeit der Kommunikationsexperten, so die Hoffnung von Campbell und Blair, sollten dem Eindruck des Manipulativen der regierungsinternen kommunikativen Steuerungsbemühungen entgegenwirken: „(...) he and Blair had agreed to the filming – despite the objections of some political advisors and officials in the Number Ten press office – because they felt the Government could gain from an accurate representation of the state of play between Number Ten and the media." (Cockerell 2000: 9). Die Absicht bestand darin, die eigene Professionalität zu dokumentieren, aber jeden Anschein des Konspirativen zu vermeiden.

Schnell wurde deutlich, dass eine TV-Dokumentation allein die tiefer liegenden Spannungen im Verhältnis Medien-Regierung nicht auflösen würde. Sie waren in den Augen Campbells Ausdruck einer sich verändernden medialen Wahrnehmung der eigenen kommunikativen Professionalisierung: „(...) we became far

---

[127]   Anfragen dazu hatte es vom bekannten und erfahrenen Fernseh-Dokumentaristen Michael Cockerell schon seit 1994 gegeben (vgl. Cockerell 2000: 7).

more professional in adapting to the demands of the media. As we got more professional, at first the media liked it and thought it was a good thing. But subse-
quently, it led to alienation between the media and us. I think they were irritated
by our professionalism – trying to get simple messages heard in a complex, noisy
media environment was difficult for us, and our professionalism and success as a
political party led to considerable media alienation. They used to love our 'brand-
ing' of New Labour. Now they profess to hate it and, for some, their view of it con-
taminates their view of everything we do. (...) I would argue that what we were
doing was the basics needed for a professional media operation for a major organisation. But therein lay the seeds of spin."(Campbell 2002: 18-19).

Blair und Campbell kamen überein, dass es zusätzlicher (symbolischer) *Gesten
der Korrektur* des eigenen kommunikativen Repertoires bedurfte, um einer Berichterstattung den Boden zu entziehen, die sich mehr auf Fragen des Spins als der
politischen Inhalte konzentrierte. Neben öffentlicher Selbstkritik sollten drei konkrete Änderungen die eigene Wandlung dokumentieren (vgl. Cockerell 2000: 13-
14, Campbell 2002: 21-22). *Erstens* würde in Zukunft Campbell nicht mehr zweimal
täglich das *briefing* der „lobby journalists" durchführen, sondern allenfalls noch
einmal in der Woche. Dieser Rückzug aus dem Tagesgeschäft sollte ihm mehr Frei-
räume eröffnen, sich den übergreifenden, längerfristigen Botschaften der Regierung zu widmen. *Zweitens* wollte man das kommunikative Zusammenwirken von
Regierung und Parlament intensivieren, um letzteres in der öffentlichen Wahrnehmung wieder aufzuwerten.[128] Drittens sollten der Premierminister und seine
Kabinettskollegen persönlich öfter für „on-camera briefings", also vom Fernsehen
übertragene Pressekonferenzen zur Verfügung stehen, damit das „off the record
briefing" in der Lobby an Bedeutung verlöre.

Große Wirkung entfalteten diese Maßnahmen allerdings nicht. Die kritische
Personalisierung der Regierungskommunikation in den Medien – allen voran im
Zusammenhang mit der Reizfigur Campbell – setzte sich auch im Wahlkampf fort
(beispielsweise bei der medialen Kritik an der Bekanntmachung der Verschiebung
des Wahltermins über das Boulevardblatt *The Sun*)[129]. Erst nach der Wahl 2001
entschloss sich die Regierung, umfassendere organisatorische und personale Veränderungen der Kommunikationssteuerung durchzuführen. Dabei ging es vor
allem darum, die Strukturen so umzuformen, dass Campbell als Berater erhalten

---

[128]   Im Widerspruch zu dieser Ankündigung stand dann allerdings, dass der Premierminister den
Wahlkampf nicht – wie traditionell – vor dem Parlament einleitete, sondern sich dafür eine Schule
aussuchte (Wring 2002: 86). Damit sollte wohl vor allem der Einsatz der Regierung für das Re-
formfeld Ausbildung unterstrichen werden.

[129]   Vgl. dazu das Kapitel 6.2.3.3.

blieb, aber verstärkt aus der öffentlichen Wahrnehmung und damit, so der Wunsch, auch aus der Kritik „verschwinden" würde.[130]

Trotz aller Spin-Kritik, über die generelle Medienberichterstattung im Wahlkampf 2001 konnte sich die Labour-Regierung nicht beklagen. Manche Kommentatoren formulierten sogar die These, dass die frühere „Tory press" inzwischen zu einer veritablen „Tony press" mutiert sei (Wring 2002: 85). Zwar gab man sich in den Medien gelangweilt und wenig inspiriert von der politischen Auseinandersetzung. Aber sowohl im Zentralmedium Fernsehen wie auch bei den Tageszeitungen und im Radio entwickelte sich – trotz aller Ausdifferenzierung von Zielgruppen und Inhalten – eine eher regierungsfreundliche Berichterstattung zum Mainstream (vgl. Wring 2002). Vor allem im Bereich der Tageszeitungen konnte Labour noch einmal mehr Blätter als bei der letzten Wahl auf seine Seite ziehen. Dabei stützten die Medienakteure mit ihrem Verhalten die Vermutung, dass die eigene Positionierung weniger von den Inhalten als vom wahrscheinlichen Wahlergebnis abhängig gemacht worden war. Die geringen Chancen der Opposition machten eine Neigung erkennbar, früh auf den erwarteten Sieger zu setzen. Man folgte auf diese Weise sowohl den vermuteten Präferenzen der Leser als auch eigenen organisatorischen Interessen – bei einem abnehmenden politischen Selbstverständnis über die eigene Rolle in der Wahlkampfauseinandersetzung. Von besonderer symbolischer Bedeutung war die Unterstützung Labours durch einzelne konservative Zeitungen, wie etwa des traditionell konservativ orientierten Blattes (Daily und Sunday) *Express*, das viele Jahre auf Seiten der Torries gestanden hatte.

6.2.4 „War on Terrorism"- und Autoritätsverlustphase (Juli 2001-Februar 2003)

Die Terroranschläge des 11. September 2001 in den Vereinigten Staaten wurden für die Blair-Regierung zu einem einschneidenden Ereignis, das die Regierungsaktivitäten in der zweiten Legislaturperiode grundlegend verschob. Außenpolitik, innere Sicherheit und der vom amerikanischen Präsidenten George W. Bush ausgerufene „war on terror", der sich – von der Labour-Regierung nachdrücklich unterstützt – weltweit gegen terroristische Aktivitäten und die sie (vermeintlich bzw. real) stützenden Regime richtete, banden nachfolgend die Aufmerksamkeit von Blair und seiner Regierungsmannschaft. Die politischen Handlungsschwerpunkte, die gemäß den Wahlkampfversprechen und eigenen Priorisierungen eigentlich auf den innenpolitischen Reformfeldern und hier insbesondere auf der Verbesserung öffentlicher Leistungen liegen sollten, verschoben sich zusehends. Mit den teilweise „einsamen" außenpolitischen Entscheidungen des Premierministers bei der

---

[130]   Vgl. dazu das Kapitel 6.2.4.4.

Unterstützung der amerikanischen Anti-Terror-Politik setzte außerdem ein schleichender *Autoritätsverlust* Blairs in der Öffentlichkeit und der eigenen Partei ein.

6.2.4.1 Organisationssteuerung

Gleich nach der Wahl im Juni 2001 standen jedoch zunächst einmal Maßnahmen der *Organisations- und Personalsteuerung* mit dem Ziel der Optimierung innenpolitischer Reformprozesse im Fokus. Blair wollte neue organisatorische und personelle Vorkehrungen treffen, die – mit ihm selbst als Hauptakteur – ein *handlungsfähiges Regierungszentrum* sicherstellen und (endlich) zu den gewünschten Erfolgen in den *zentralen Reformfeldern* führen sollten. Insbesondere vier institutionelle Neuerungen dienten diesen Zielen.

In *Downing Street* wurden das Private Office des Regierungschefs und die bisherige Policy Unit zum *Policy Directorate* zusammengefasst. Die Leitung übernahm Blairs Principal Private Secretary, Jeremy Heywood, der einerseits für das Personalmanagement und Budget der Mitarbeiter in No. 10 zuständig blieb (Fawcett/Gay 2005: 59), andererseits – gemeinsam mit dem Special Advisor Andrew Adonis als „Head of Policy" – der vormaligen Policy Unit innerhalb der Kernexekutive mehr Durchschlagskraft verleihen sollte: „The new directorate was the brain child of Heywood, who wanted to create machinery to fit in with Blair's preferred method of working, which was to just have one 'expert' advising him on each subject, as well as creating a more dynamic engine capable of driving forward Blair's agenda throughout Whitehall." (Seldon 2007: 38).

Im *Cabinet Office* erfolgten gleich drei organisatorische Veränderungen (vgl. Sturm 2006a: 236). Erstens erhielt es eine von Michael Barber geleitete *Delivery Unit*, die sich darum kümmern sollte, dass die Regierung ihre angestrebten Ziele in den zentralen innenpolitischen Reformfeldern Gesundheitsversorgung, Bildung, Kriminalitätsbekämpfung und Transport in Zukunft erreichen würde (Fawcett/Gay 2005: 58). Diese Unit arbeitete auf der Basis eines spezifischen Steuerungs- und Kontrollkonzepts ihres Leiters (vgl. Barber 2007), mit dem dieser Blair in Vorgesprächen überzeugt hatte. Es bestand zunächst darin zu überprüfen, wie sich der Stand der Zielerreichung der einzelnen Ministerien mit Blick auf ihre Public Service Agreements[131] in ihren „key delivery areas" und das letzte Wahlprogramm darstellte. Auf der Grundlage von in kurzen Abständen erhobenen Daten wollte man dann die weitere Entwicklung engmaschig begleiten bzw. „korrigieren" (vgl. Fawcett/Rhodes 2007: 91). Die Kontrolle bezog sich auf spezifische Einzelziele bzw. Zielindikatoren der jeweiligen Reformbereiche (Beispiele aus der Gesundheitsvor-

---

[131] Vgl. dazu das Kapitel 6.2.2.2.

sorge: heart disease mortality, cancer mortality, waiting lists, waiting times oder der Transportpolitik: road congestion, rail punctuality), um dann auf dem Fundament des eigenen Delivery-Ansatzes konkrete Maßnahmenpläne zu entwerfen, ihre Umsetzung zu überwachen und ihre Wirkung zu prüfen (vgl. Barber 2007: 48-51, 70-109).

Für einen zum Teil überschneidenden Zweck wurde zeitgleich das *Office of Public Service Reform* eingerichtet (vgl. Fawcett/Gay 2005: 58, Sturm 2006a: 236, Fawcett/Rhodes 2007: 88). Es erteilte dem Premierminister einerseits Ratschläge, wie die Selbstverpflichtung der Regierung für eine umfassende Reform der öffentlichen Leistungen eingelöst werden konnte. Dazu analysierte sie die bisherigen strukturellen Merkmale des öffentlichen Leistungssystems grundlegend und entwickelte eine neue „Delivery-Philosophie" für alle zentralen und lokalen Bereiche der Public Services. Andererseits wirkte das Office of Public Service Reform auch bei der konkreten Umgestaltung des Civil Service in dem von der Regierung angestrebten Sinne mit (vgl. Office of Public Service Reform 2002).

Schließlich etablierte man eine *Forward Strategy Unit*, die sich vor allem dem „blue skies policy thinking" (Fawcett/Gay 2005: 58) widmen, aber dem Premierminister auch für einzelne konkrete Projekte zur Verfügung stehen sollte. Sie wurde schon ein Jahr später mit der Performance and Innovation Unit unter dem Namen *Prime Minister's Strategy Unit* zusammengeführt und von Geoff Mulgan geleitet. Auch in dieser Arbeitseinheit entwickelten die Akteure ausgefeilte Konzepte. Hier bezogen sie sich auf eine komplexe Strategieentwicklung in den Regierungsinstitutionen. Die ausgearbeiteten Strategieansätze zeichneten sich vor allem durch eine besondere Wissenschafts- und Managementorientierung aus (vgl. Strategy Unit 2004). Ausgehend von einer klaren Lageanalyse und Spezifizierung des jeweils verfolgten Projekts sollten wissenschaftlich aufbereitete Daten die strategische Zielfindung lenken, um auf dieser Basis konkrete Programme und Maßnahmenpakete entwickeln zu können. Dabei wurden „strategic skills" wie strukturiertes Denken, die Kapazität zur Entwicklung von evidenzbasierten Optionen und Umsetzungsplänen sowie das Management von Personen, Interessengruppen, Projekten und Öffentlichkeitsarbeit besonders hervorgehoben. Die Strategy Unit wollte sich zudem um die gezielte Entwicklung von „strategic capability" innerhalb der Regierung bemühen – sowohl im Hinblick auf die Kompetenz zur Strategiebildung als auch auf die Fähigkeit, eine strategische Handlungsperspektive in der Alltagspolitik zu integrieren.

Die neu entwickelten regierungsinternen Arbeitseinheiten entsprangen typischen Merkmalen des organisatorischen Steuerungsansatzes unter Blair. Es waren *personen-* und *aufgabenzentrierte Überlegungen*, die den Premierminister bei der Neustrukturierung leiteten (vgl. Seldon 2007: 20-23). Die für ihn im Sommer 2001

im Vordergrund stehende innenpolitische Aufgabe bestand im „Liefern" von substantiellen Verbesserungen in den wichtigen Politikfeldern. Die meisten seiner
engsten Berater, allen voran Alastair Campbell und Peter Mandelson, waren keine
Policy-Experten. Deshalb suchte er kompetente Akteure seines Vertrauens mit
– den eigenen Reformprioritäten entsprechenden – Politikfeldkenntnissen, die er
mit einem geeigneten institutionellen Unterbau in seine Kernexekutive einbinden
konnte. Er fand sie in *Michael Barber*, dem früheren Lehrer und Professor, der zuletzt im Department for Education and Employment eng mit dem zuständigen
Minister David Blunkett zusammengearbeitet hatte, *Andrew Adonis*, der seit 1998 in
der Policy-Unit mitwirkte, und *Geoff Mulgan*[132], der ebenfalls in der Policy Unit
gearbeitet und später ihre Leitung übernommen hatte. Alle drei wurden in ihren
neuen Funktionen zu zentralen Policy-Beratern der zweiten Legislaturperiode.

Die veränderten Strukturen stützten eine Tendenz zur *Multiplizierung administrativer Kompetenz*. Während sich die Konkurrenzverhältnisse um Einfluss und
Zuständigkeit zuspitzten, verschwammen die Grenzen zwischen den Aufgaben
der einzelnen organisatorischen Bereiche und Abteilungen zusehends. Die spezia-
lisierten Arbeitseinheiten bearbeiteten oft gleiche Problem- und Politikfelder, nur
unter jeweils anderen Aspekten (Policy, Strategy, Delivery, Social Exclusion etc.).
Es kam zu überlappender Problembearbeitung sowie einer Vervielfachung komplexer Ansätze, Instrumente und Lösungsvorschläge. Parallelisierung und „Überkonzeptualisierung" waren die Folgen selbst produzierter Hindernisse administrativen Regierungshandelns.

Besonders sichtbar wurde die Multiplizierung administrativer Zuständigkeit
bei den Kontrollbestrebungen ministerieller Zielverfolgung. Die sich hier bald
entwickelnde *Konkurrenz* zwischen *Delivery Unit* und *Schatzamt* erhielt ihre zusätzliche Brisanz durch die Zentrumskonflikte zwischen Brown (Treasury) und Blair
(Prime Minister's Office/Cabinet Office) (Fawcett/Rhodes 2007: 102).[133] Sowohl
Barber und seine Mannschaft als auch Brown und das Treasury überprüften den
Grad der Zielverwirklichung und das Einlösen der in den Public Service Agreements eingegangenen Verpflichtungen durch die einzelnen Ressorts. Die entstehenden Konflikte waren vorprogrammiert, da das Monitoring ein wirksames Mittel der Einflussnahme auf die Ressortpolitik darstellte – ein Instrument der problempolitischen und organisatorischen Steuerung, das sich weder Brown noch Blair
(vermittelt über Barber) entgehen lassen wollte.

---

[132]   Auch Geoff Mulgan hat, wie erstaunlich viele der Mitglieder der Labour-Administration, seine
         Erfahrungen der Policy-Steuerung in der Kernexekutive zu einem Buch über „The Art of Public
         Strategy" verdichtet (Mulgan 2009).
[133]   Vgl. dazu auch – wenig überraschend – die abschwächende Interpretation bei Barber (2007: 55-58).

Im *strategischen Zentrum* der Regierung wurden bereits vor der Wahl die in der zweiten Amtszeit weiter an Schärfe zunehmenden Auseinandersetzungen um die machtpolitische Vorherrschaft und inhaltliche Steuerungshoheit sichtbar. Blair spielte bei seinen Überlegungen zur *Personensteuerung* eine Zeitlang sogar mit dem Gedanken, den internen Zentrumskonflikt eskalieren zu lassen, indem er Brown den Posten als Schatzkanzler entzog (vgl. Seldon 2005: 677-678, 2007: 32-33). Er wusste, dass dies ein höchst risikoreiches Unterfangen für die gesamte Regierungskonstellation sein könnte. Entsprechend vorsichtig und skeptisch blieben auch die Stimmen seiner engsten Berater: „Powell, long-time foe of Brown, saw the attraction of removing him, though he did not think it politically possible. Sally Morgan thought similarly, as did Mandelson, a vehement voice from the wings. Campbell had become thoroughly disillusioned with Browns's antics at Millbank during the campaign when he 'wound up Alastair very badly'. One aide said, 'Alastair began to think that Tony would get on much better with Gordon out of the way!' Anji Hunter was less sure, aware of Blair's deep inner conflicts over him. There were 'endless discussions about moving Gordon, which went on and on an on and on', recalled one senior source." (Seldon 2007: 33).

Eine Entmachtung von Brown schien Blair höchst verlockend. Zwischenzeitlich gab es auch Überlegungen, ihm das Außenamt anzubieten. Diese Idee wurde jedoch schnell wieder fallengelassen (Seldon 2005: 677). Die *Kalkulationen* gingen dahin, dass Brown entweder die außenpolitischen Aktivitäten der Regierung in den nächsten vier Jahren ebenso zu dominieren versuchen würde, wie er es in der Innenpolitik in den letzten vier Jahren getan hatte, oder aber – noch wahrscheinlicher – diese Offerte ablehnte, um sich auf die Hinterbänke des Parlaments zurückzuziehen und von dort eine Revolte gegen den Premierminister zu organisieren. Beides waren Aussichten, die Blair zu vermeiden suchte. Er kam zu der Überzeugung, dass eine Versetzung – auch für ihn selbst – zu viele Risiken barg. Außerdem würde es kaum möglich sein, der Öffentlichkeit und der eigenen Partei zu vermitteln, dass der in seiner politischen Arbeit im Schatzamt seit 1997 erfolgreiche Brown einer neuen Regierung gar nicht mehr oder nicht in der bisherigen Position angehören sollte. Brown, der von diesen Planspielen naturgemäß nichts wusste, war geschockt, als er davon Monate später durch eine Indiskretion in Whitehall erfuhr (Peston 2005: 329).

Aber auch Brown verschärfte nach dem Wahlsieg die Zentrumskonflikte, indem er immer offensichtlicher seine Ungeduld über die bislang ausgebliebene Terminierung eines Abgangs von Blair zum Ausdruck brachte. Aus Browns Sicht wurde die Einlösung dieses Teils des vermeintlichen Granita-Pakts[134] nun höchste Zeit. Er meinte, dass er bislang alles für den Erfolg von Labour in Regierung und

---

[134]   Vgl. das Kapitel 6.1.1.

Wahlkampf getan hatte und dementsprechend Anspruch auf ein präzises Datum für die Übernahme des Premierministeramtes erheben konnte. Alle Informationen, die ihn aus der Umgebung von Blair erreichten, wiesen jedoch eher in eine andere Richtung. Dort überlegte man, wie der Einfluss des Schatzamtes in Zukunft zurückdrängt werden konnte. Brown verlor langsam die Geduld: „'When is that man going?' he asked repeatedly." (Seldon 2005: 678). Es wird sogar davon berichtet, dass Brown in diesem Zusammenhang bei einer Unterredung gegenüber Blair die Fassung verlor, auf den Tisch schlug und ihn anbrüllte: „When are you going to move off and give me a date? I want your job now!" (Seldon 2005: 678).

Da Blair jedoch weiterhin weder Andeutungen machte, ob er seinen Platz überhaupt räumen würde, noch wann er möglicherweise gehen könnte, verlagerten sich die Konflikte erneut auf die Steuerungsebene der Regierung. Organisation und Problempolitik blieben die bereits bekannten vorrangigen Kampffelder. Neben den administrativen Vermittlungsakteuren (allen voran Jeremy Heywood) übernahm auf politischer Ebene vor allem *John Prescott* Vermittlerfunktionen zwischen den beiden Konfliktakteuren. Prescott hatte – neben seinem Wirken als Minister – bereits seit langem wertvolle Vermittlungsdienste im Verhältnis von Blair zur Labour-Partei geleistet: „What Prescott did was to coax a reluctant Blair to take the Labour Party in and outside Parliament more seriously than he would instinctively have done. (...) His importance cannot be overestimated. He created nothing of New Labour, but he had it in his power to destroy it. He was not the architect of New Labour; he was the man who helped secure its foundations and who stopped ill winds from blowing it away." (Seldon 2005: 419-420). Diese Vermittlungsbemühungen sollten nach dem Verständnis Prescotts auch im Verhältnis Blair-Brown ihre Wirkung entfalten. Nicht nur einmal lud der Deputy Prime Minister deswegen zu gemeinsamen Treffen ein, um schlichtend einzugreifen und Kompromisslinien auszuloten (vgl. Seldon 2007: 229-231). Allerdings konnte auch er die zunehmende Eskalation der Konflikte allenfalls aufhalten, stoppen ließen sie sich nicht. Die ausgehandelten Kompromisse umfassten häufig nur einen kleinsten gemeinsamen Nenner – und lange hielten sie nie.

6.2.4.2 Problempolitiksteuerung

Die Bekämpfung der Kriminalität offenbarte in der zweiten Amtsperiode weitere typische *problempolitische Steuerungsmuster* der Labour-Regierung. Eine Neuorientierung Labours in der Kriminalitätspolitik hatte schon das Regierungshandeln seit 1997 geprägt,[135] ohne dass es dabei zu Fundamentalreformen gekommen wäre (vgl.

---

[135]   Vgl. dazu auch das Kapitel 6.2.1.2.

Morris 2001). Der Leitspruch von New Labour „tough on crime and tough on the causes of crime" aus dem Wahlprogramm 1997 drückte sich jedoch in einer Vielzahl von Gesetzesinitiativen (z.B. Police Act 1997, Crime and Disorder Act 1998, Regulations of Investigatory Powers Act 2000, Terrorism Act 2000, Criminal Justice and Public Order Act 2001, vgl. Newburn/Reiner 2007: 327-328) und sogenannten „get-tough-on-crime initiatives" sowie „crime summits" (vgl. Tonry 2004: 41-47) aus. Insgesamt wurde damit die Bedeutung unterstrichen, die die Labour-Regierung – und vor allem der Premierminister selbst – diesem Politikfeld beimaß.

Die von der Regierung gesteuerte Vermittlung von *Problem- und Kommunikationspolitik* beeinflusste jedoch auch die Wahrnehmungsmuster der Kriminalitätsentwicklung in der Bevölkerung. Trotz mancher Verbesserungen im Problemfeld waren diese vor allem durch eine Zunahme der Furcht vor Kriminalität gekennzeichnet (vgl. Toynbee/Walker 2005: 195-233, Quinn 2006: 18-19). Drei zentrale Elemente der kommunikativen Begleitung der von der Regierung getragenen Kriminalitätspolitik trugen hierzu bei (Newburn/Reiner 2007: 333-335). Erstens ein zugespitztes kommunikatives *Framing* der eigenen politischen Initiativen, das das Bedrohungspotential krimineller Aktivitäten betonte, um die besondere Aufmerksamkeit der Boulevard-Presse zu erregen. Zweitens eine aktive Ankündigungspolitik von Maßnahmen der Kriminalitätspolitik, um von anderen die Regierung betreffenden „bad stories" abzulenken. Hierdurch wurde das Problemfeld zusätzlich ins Zentrum öffentlicher Aufmerksamkeit gerückt. Und schließlich eine sorgsam choreographierte Präsentation von Maßnahmen der Kriminalitätsbekämpfung, die die harte und unnachgiebige Haltung des Premierministers gegenüber Kriminellen zum Ausdruck bringen sollte.

Als Ausdruck einer so strukturierten Verknüpfung von Problem- und Kommunikationspolitik kann auch das kurz nach dem Wahlsieg eingeleitete Regierungshandeln der Kriminalitätsbekämpfung gelten. Besondere Aufmerksamkeit des Premierministers fand die alltägliche Straßenkriminalität in den Großstädten Englands. Schon in seinem Sieger-Statement am 8. Juni 2001 hatte Blair unter anderem verkündet: „Then there is the reform of our criminal justice system. There is no issue that touches our citizens more deeply than crime and law and order on our streets and we need to make the changes there so that we have a criminal justice system that punishes the criminal, but also offers those convicted of crime the chance to rehabilitate and get their way out of a life of crime." (The Guardian, 9. Juni 2001).

Aus Sicht des Premierministers dokumentierte dann eine signifikante Steigerung der Fälle von Straßenkriminalität Anfang des Jahres 2002 einen unmittelbaren Handlungsbedarf, dem er am 17. März 2002 mit der Verkündung einer „Street Crime Initiative" nachkam. Sie versprach eine schnelle Reduktion von Überfällen,

Diebstählen von Mobiltelefonen und anderen Formen der Straßenkriminalität insbesondere in den Gebieten, die 80 Prozent der gesamten Kriminalität auf den
Strassen der Großstädte ausmachten (vgl. Seldon 2007: 72-76). Bei einer Unterredung mit dem zuständigen Minister, David Blunkett, und dem Leiter der Delivery
Unit, Michael Barber, fragte Blair diesen, wie schnell er konkrete Maßnahmenpläne
vorlegen könne, um dem Problem in kurzer Zeit für alle sichtbar Herr zu werden.
Die Antwort, dafür benötige er in Zusammenarbeit mit dem Innenministerium
ungefähr sechs Wochen, befriedigte Blair nicht (Barber 2007: 148). Er verlangte
unmittelbares Regierungshandeln.

Die *Ungeduld* des *Premierministers* führte zu erheblichen Aktivitätssteigerun-
gen innerhalb der Administration. Man wollte alles daran setzen, die angekündigten schnellen und sichtbaren Erfolge auch herbeiführen zu können. Die *Steuerungsaktivitäten* wurden zugleich *zentralisiert*, um die aktuelle Priorität dieses Problem-
felds zu untermauern und den „Ernst der Lage" zu dokumentieren. Blair ergriff
dabei die Initiative und ging sogar so weit, für die Bearbeitung des Problems der
Straßenkriminalität das Notfall-Komitee COBRA einzuberufen. COBRA steht für
den *Cabinett Office Briefing Room Alpha*, in dem die Regierung unter Leitung des
Premierministers ihr Handeln in nationalen Krisenfällen abstimmt. Ursprünglich
als Instrument für außenpolitische Bedrohungen gedacht und eingesetzt, war es
bereits das dritte Mal, dass Blair die COBRA für innenpolitische Krisenfälle einbe-
rief. Die ersten beiden Fälle waren die Benzinpreis-Krise im Herbst 2000[136] und der
Ausbruch der Maul- und Klauenseuche[137]. Ebenso tagte das Gremium, das sich je
nach Problemfall aus unterschiedlichen Regierungsmitgliedern zusammensetzte,
nach den Terroranschlägen vom 11. September 2001.

Der in öffentlichen Statements besonders betonte Ansatz des *groß angelegten
Krisenmanagements* fußte vor allem auf engmaschiger Kontrolle sowie flexibler
Neujustierung bereits ergriffener Maßnahmen im Falle ausbleibender Wirksamkeit
(vgl. Barber 2007: 148-160). Man konzentrierte sich auf zehn ausgewählte Brenn-
punkte der Straßenkriminalität (in den großen Städten des Landes), die sich vor
allem als ein Problem jugendlicher Straftäter darstellte. Zentrale Verantwortungs-
träger der involvierten Bereiche (von der Polizei bis hin zur Schule) kamen in der
COBRA – anfangs wöchentlich, später in größeren Abständen – zusammen. Die
Problemanalyse hatte zu konkreten Einzelzielen und einer kurzen Liste der wichtigsten Gegenmaßnahmen geführt, die Blair bei den COBRA-Treffen als Checkliste
stets bei sich trug. Jeden Freitag wurden der Premierminister und sein Innenminister mit aktuellen Zahlen zur Straßenkriminalität im ganzen Land und in den einzelnen Reformgebieten versorgt. Die genaue Lokalisierung jedes einzelnen Über-

---

136   Vgl. dazu das Kapitel 6.2.3.2.
137   Vgl. dazu auch das Kapitel 6.2.3.3.

falls führte zu einer Karte mit den wichtigsten „hot spots". Dort konnte anschließend beispielsweise eine Erhöhung der Polizeipräsenz erfolgen. In der Tat zeigte
die Vielzahl der ergriffenen Maßnahmen, das koordinierte und zentralisierte Vorgehen sowie die zeitlich eng getaktete Prozess- und Erfolgskontrolle in diesem Fall
relativ schnell Wirkung. Schon im Oktober 2002 hatte die „Street Crime Initiative"
in den ausgewählten Problemgebieten eine Reduktion der allgemeinen Straßenkriminalität um 16 Prozentpunkte und eine Reduktion der Straßenüberfälle um
25 Prozent erreicht (vgl. HM Inspectorate of Constabulary 2003). Es wurde aber
ebenso schnell deutlich, dass viele Probleme der Straßenkriminalität mit anderen
gesellschaftlichen und sozialen Problemen verkoppelt waren und auf allgemeine
Strukturmängel des britischen Polizei-, Sozial- und Justizsystem hinwiesen, die
von einer solchen Problemlösungsinitiative gar nicht berührt wurden (vgl. Barber
2007: 157-158).

6.2.4.3 Konkurrenzpolitiksteuerung

Konkurrenzpolitisch war die Zeit nach dem zweiten Wahlsieg Labours von der
Frage geprägt, ob es den Konservativen als stärkster Oppositionskraft gelingen
würde, eine geeignete Gegenstrategie gegen die konkurrenzpolitischen Strategie-
elemente Labours zu finden. Diese hatten sich bereits bei zwei Wahlgängen als
äußerst erfolgreich erwiesen und ihr Handeln im Regierungsprozess geprägt.

Die *zentristische Strategie* Labours (vgl. Norris 2005, Seldon/Snowdon 2005), die
ihren Ursprung im Projekt New Labour[138] hatte, kennzeichnete vor allem drei Dinge. *Erstens* eine gesellschaftliche Schichten übergreifende Wahlattraktivität durch
eine politische Positionierung, die sowohl akademische Milieus wie auch das klassische Labourklientel von Arbeitern und Angestellten ansprach. *Zweitens* die aktive und ausdrückliche Besetzung einer Mitteposition im parteipolitischen Spektrum
(„centre ground"), die sich gezielt Policy-Schwerpunkten anderer Parteien anpass-
te. Etwa gegenüber den Liberaldemokraten im Hinblick auf konstitutionelle Reformen (vgl. Flinders 2004, Norton 2007), gegenüber den Konservativen im Hinblick auf die ökonomische Grundausrichtung der eigenen Politik (vgl. Annes-
ley/Gamble 2004, Smith 2005, Taylor 2005) oder gegenüber den Nationalisten bei
Ansätzen zur Dezentralisierung (vgl. Mitchell 1998, 2009). *Drittens* das Bemühen
um ein möglichst kohärentes Erscheinungsbild des regierenden Parteikollektivs
auf der Basis einer starken politischen Führung und der Disziplinierung von Par-
laments- und Parteiakteuren.

---

[138]   Vgl. dazu auch das Kapitel 6.1.2.

Hierauf mussten die Konservativen in den Jahren nach 2001 eine Antwort finden, wenn sie sich für die nächsten Wahlen wieder Siegchancen erarbeiten wollten. Dazu hätte es den *Konservativen* in der Nachwahlperiode jedoch gelingen müssen, hinreichende Strategiefähigkeit aufzubauen und eine kohärente Oppositionsstrategie zu entwickeln. Beides funktionierte, wie schon nach der Wahl 1997,[139] nicht.

Die Entwicklung von *Strategiefähigkeit* setzte zunächst die Klärung der *Führungsfrage* voraus. Der sich drei Monate nach dem Erfolg von Labour bei der internen Wahl zum neuen Parteiführer als Nachfolger von William Hague gegenüber seinen innerparteilichen Konkurrenten durchsetzende Duncan Smith hatte von Beginn an mit Akzeptanzproblemen zu kämpfen (vgl. Seldon/Snowdon 2005: 136-139). Sein Sieg basierte vor allem auf der Zustimmung innerhalb der Parteiorganisation. Er konnte jedoch keine mehrheitliche Unterstützung der konservativen Abgeordneten im Parlament gewinnen (vgl. Kelly 2004: 399-402). Dort missfiel, dass Smith bislang weder auf Regierungserfahrung als Minister zurückgreifen konnte und – wenn überhaupt – lediglich mit seiner euroskeptischen Haltung öffentlich in Erscheinung getreten war. Das reichte vielen erfahrenen konservativen Parlamentariern als Ausweis politischer Führungsfähigkeit nicht. In seiner nur zweijährigen Amtszeit verfehlte Smith als Parteivorsitzender das Ziel, die konservativen Parteimitglieder, Abgeordneten und Wähler hinter sich zu vereinen (vgl. auch Snowdon/Collings 2004). Demoskopische Erhebungen zu Image und Wahlchancen zeigten, dass es unter seiner Führung nicht gelang, die Oppositionspartei in den Umfragewerten öfter vor der Regierung zu platzieren – notwendige Voraussetzung, um überhaupt als potentielle Regierungspartei gelten zu können (vgl. Broughton 2004).

Ein Grund für die fehlende Zustimmung lag in der Unklarheit über die *richtungspolitische Ausrichtung* der Konservativen. Obwohl Smith gleich zu Anfang einen umfangreichen Policy-Review ankündigte und die Entwicklung einer neuen programmatischen Plattform initiierte (Clark/Kelly 2004: 379), wurde im späteren Verlauf deutlich, dass der Partei eine für viele zustimmungsfähige Policy-Agenda fehlte, die einen Gegenentwurf zur Regierung hätte bilden können. Vermisst wurde eine klare richtungspolitische Kursbestimmung, die kommunikativ an grundlegende konservative Prinzipien angebunden gewesen wäre und die Partei wieder hätte zusammen führen können (vgl. Dorey 2004). Seine als *Strategiekonzept* gedachte Vision eines „Compassionate Conservatism" stieß auf Skepsis und Widerstand bei wichtigen Akteuren in der Partei. Sie konnte sich als allgemein anerkannte konzeptionelle und kommunikative Grundlage für die künftige Ausrichtung oppositionellen Handelns nicht durchsetzen.

---

[139]   Vgl. dazu das Kapitel 6.2.1.3.

Als Elemente der Entwicklung von *Strategiekompetenz* setzte Smith in der Parteizentrale auf die Etablierung einer eigenständigen *Policy Unit*. Diese sollte sich um eine systematische Analyse der programmatischen Grundlagen der Partei und ihre Neuentwicklung kümmern. Ein *Marketing Department* sollte der Partei zu einem besseren öffentlichen Image verhelfen. Die Policy Unit arbeitete mit einem dreistufigen Ansatz: „First, the problems of specific areas would be identified, contrasting the British experience with that of other countries. Secondly, specific proposals would be brought forward, usually in the form of a consultation document. Thirdly, most of these proposals would be elaborated and finalised." (Clark/Kelly 2004: 380). Die Marketing-Abteilung nutzte neue Technologien, erprobte moderne Methoden politischer Demoskopie und versuchte die Kommunikationsaktivitäten der Partei zu professionalisieren (vgl. Lees-Marshment 2004).

Trotz dieser Reformanstöße schlug der Versuch des Vorsitzenden Smith fehl, die Konservativen zu einer strategiefähigen Oppositionspartei mit einem Erfolg versprechenden strategischen Konzept zu machen. Die neu geschaffenen Organisationseinheiten erzielten keine dauerhaft wirksamen und für das gesamte Kollektiv verbindlich werdenden Arbeitsergebnisse. Die fehlende Akzeptanz für Smiths Führungsanspruch und die in der Gesamtausrichtung unklare politische Positionierung ließen eine Verbesserung der konkurrenzpolitischen Lage seiner Partei gegenüber der Labour-Regierung nicht zu.

6.2.4.4 Kommunikationssteuerung

Schon vor der Wahl 2001 wollte die Blair-Regierung den Spin-Vorwürfen, die in der Öffentlichkeit viel Resonanz fanden, die Grundlage entziehen. Die Person Alastair Campbell sollte aus dem Fokus medialer Berichterstattung genommen werden.[140] Diesen Bestrebungen kam man nach der Wahl mit *veränderten administrativen Strukturen* der *Kommunikationssteuerung* nach (vgl. Helms 2005b: 67, Fawcett/Gay 2005: 90, Fawcett/Rhodes 2007: 82-83). Dabei wurde für Campbell die neue Position des *Director of Communication and Strategy* geschaffen, die ihn aus dem medienpolitischen Tagesgeschäft etwas herausnehmen sollte, aber ihm die Oberaufsicht über die kommunikativen Aktivitäten der Regierung beließ. Seine Weisungsbefugnis gegenüber den Beamten in Whitehall blieb unangetastet. Campbell unterstanden die *Pressestelle*, die nun mit Godric Smith und Tom Kelly von zwei Civil Servants geleitet wurde, die vom Special Advisor Peter Hyman geführte *Strategic Communication Unit* sowie die *Research and Information Unit* (Leitung: Philip Bassett).

---

[140]   Vgl. dazu das Kapitel 6.2.3.4.

Trotz dieser Strukturmaßnahmen ließ das praktizierte *kommunikative Manage-ment* der Regierungsakteure den Spin-Vorwurf alsbald wieder aufleben. Die erste der sich *fortsetzenden Krisen* wurde weder in Downing Street selbst noch in einem der zentralen Reformministerien (Gesundheit, Bildung etc.) ausgelöst. Die zur Kri-tik Anlass gebenden Vorfälle ereigneten sich vielmehr eher im Randbereich der Regierung (Ressort für Verkehr und Regionalpolitik). Sie hatten aber eine umso heftigere Wirkung und demonstrierten zugleich, wie flächendeckend innerhalb der Regierung mit bestimmten Public Relations-Techniken gearbeitet wurde. Später stand dann, bei einer Auseinandersetzung zwischen Medien- und Regierungsak-teuren im Zusammenhang mit der Beerdigung der Queen Mother, auch wieder Alastair Campbell im Zentrum öffentlicher Kritik.

Am 11. September 2001, nur eine Stunde nach den Anschlägen auf das World Trade Center in New York, erhielten die Beamten der Pressestelle des Ministeri-ums für Verkehr und Regionalpolitik, das seit dem Juni 2001 Stephen Byers in re-duziertem Zuschnitt von John Prescott übernommen hatte, eine Mail. Diese ent-hielt den Hinweis der externen Beraterin des Ministers, Jo Moore, dass dies ein sehr guter Tag sei, um schlechte Nachrichten loszuwerden („it's now a very good day to get out anything we want to bury"). Die Mail wurde einen Monat später durch eine Indiskretion aus dem Ministerium bekannt und in den Medien veröf-fentlicht. Die Bekanntmachung löste angesichts der schrecklichen Ereignisse in New York eine Welle öffentlicher Empörung über den Zynismus der Regierungs-akteure aus (vgl. Kuhn 2005: 106-107, Marx 2008: 95-96).[141]

Die Affäre strahlte in zwei Richtungen aus. Sie aktualisierte einerseits den Vorwurf, die Labour-Regierung sei – koste es, was es wolle – lediglich an *kommuni-kativen Spin* interessiert, zeige ein ausschließlich technisch-instrumentelles Kom-munikationsverständnis und lasse dabei jede Form menschlicher Anteilnahme und Mitgefühl vermissen (vgl. auch Franklin 2004b). Sie offenbarte andererseits grund-sätzliche *Konflikte* zur Rolle der *Special Advisor* und ihrem Verhältnis zu den *Civil Servants* in Whitehall. Denn es war klar, dass die Veröffentlichung der Mail nur erfolgen konnte, weil es im Ministerium undichte Stellen gab, die das Zuspielen der Informationen an die Medien ermöglichten. Die Beamten im Ministerium drückten damit ihren Unmut über die Einflussnahme der externen Berater auf ihre Arbeit aus, die sich Moore mit dieser Mail angemaßt hatte, ohne über ein formales Weisungsrecht zu verfügen. Die Indiskretion und die nachfolgende Eskalation des Konflikts deuteten die teilweise tiefen Gräben zwischen Beratern und Beamten

---

[141]   Vgl. dazu auch die ausführliche Untersuchung dieser Vorgänge durch das Select Committee on Public Administration in ihrem Bericht „These Unfortunate Events" (Committee on Public Admi-nistration 2002).

an.[142] Der zuständige Minister Stephen Byers versuchte der Krise Herr zu werden, indem er Moore dazu brachte, sich zu entschuldigen. Sie behielt aber zunächst ihre Position. Außerdem wurde der Ex-BBC-Reporter Martin Sixsmith mit Beamtenstatus zum neuen Leiter der Pressestelle des Ministeriums. Der Kleinkrieg zwischen den Civil Servants und der Beraterin Moore setzte sich jedoch fort – unter Einbeziehung der Medien. Die Einflussnahmen von Downing Street und dem Kommunikationschef Alastair Campbell auf die Vorgänge im Verkehrs- und Regionalministerium zeigten zunächst wenig Wirkung (Committee on Public Administration 2002: 13). Schließlich wurde im Mai 2002 die Notbremse gezogen. Alle Beteiligten, der Minister, seine Beraterin und der neue offizielle Sprecher des Ressorts, mussten gehen. Eine instinktlose Mail hatte einen handfesten politischen Skandal produziert, der die Art und Weise der Kommunikationssteuerung der Blair-Regierung brandmarkte und interne Zerwürfnisse zwischen Beamten und Beratern dokumentierte.

Zusätzliche Kritik an der Kommunikationssteuerung der Regierung und (vor allem) dem Verhalten Campbells entzündete sich in den Medien im Frühjahr 2002 anlässlich des Todes der Königinmutter (vgl. Oborne/Walters 2004: 303-312). Dabei stellte sich der eigentliche Anlass der Auseinandersetzungen zwischen Medien und Regierung als nachrangig heraus. Das Vorgehen beider Konfliktparteien zeigte allerdings, wie tief zerrüttet das Verhältnis zwischen dem zentralen kommunikativen Steuerungsakteur der Regierung, Alastair Campbell, und einem Teil der Medien inzwischen war. Ausgangspunkt der hart geführten Auseinandersetzung war ein Bericht im Daily Telegraph, wonach sich Offizielle aus Downing Street für die Beerdigungszeremonie der Königinmutter eine prominentere visuelle Präsentation des Regierungschefs Blair wünschten: „[they][143] wanted him to appear, on foot, just a couple of minutes before the royal procession (…) their idea was to get Tony and Cherie walking along gladhanding the crowd and looking sombre." (vgl. Daily Telegraph, 10. April 2002). Der nachfolgenden Berichterstattung (vor allem im Evening Standard, der Mail on Sunday und dem Magazin Spectator) begegnete Campbell mit aller Schärfe. Sie hatte der Regierung unterstellt, sie wolle den Tod der Königinmutter zur Verherrlichung des Regierungschefs nutzen. Er bewirkte nicht nur die Veröffentlichung von Gegendarstellungen durch den Regierungsvertreter Jeremy Heywood (vgl. Daily Telegraph, 13. April 2002), sondern schaltete auch die unabhängige Press Complaints Commission ein. Der sich nun entspinnende und öffentlich ausgetragene Kampf demonstrierte nicht nur die Feindseligkeit einzelner Medienorgane gegenüber Campbell und der Regierung, er zeigte auch, wie dünnhäutig Campbell inzwischen geworden war und zu welchen Über-

---

142   Vgl. dazu auch das Kapitel 6.2.5.1.
143   Ergänzung durch *R.T.*

reaktionen das bei der Kommunikationssteuerung der Regierung führen konnte (Kuhn 2005: 107).

6.2.5 Irakkrieg- und Konfliktphase (März 2003-Mai 2005)

Die letzte Phase der zweiten Legislaturperiode unter Blair wurde vor allem von der Beteiligung der Briten am *Krieg im Irak* dominiert. Die zentrale innenpolitische Fragestellung lautete, auf welcher argumentativen und legitimatorischen Grundlage der Einsatz der britischen Streitkräfte an der Seite Amerikas erfolgte. Blair, der sich von Anfang an für eine militärische Lösung eingesetzt hatte, sah sich mit zunehmendem Widerstand in Regierung, Partei und Öffentlichkeit konfrontiert. Daneben erreichte die Handlungsfähigkeit des strategischen Zentrums der Regierung einen weiteren, neuen Tiefpunkt. *Eskalierende Konflikte* zwischen Blair und Brown sowie ihren jeweiligen Gefolgsleuten lähmten die innenpolitischen Aktivitäten der Regierung. Die Aufmerksamkeit der administrativen Akteure richtete sich zum Teil weniger auf die eigentliche Regierungspolitik als auf die ständige Beobachtung und den flexiblen Umgang mit den jeweiligen Machtkonstellationen zwischen den beiden Kraftzentren. Inneradministrative Prozesspolitik dominierte die regierungsinterne Entwicklung und Umsetzung der Problempolitik.

6.2.5.1 Organisationssteuerung

Weitere organisatorische Änderungen in der Kernexekutive, die im Herbst 2003 stattfanden, waren nur noch zum Teil Ausdruck selbstbestimmten Handelns der Regierungsakteure. Der Irak-Krieg reduzierte seit März 2003 nicht nur die Aufmerksamkeitsfenster Blairs für die Innenpolitik erheblich. Er war fortan innenpolitisch selbst kaum noch sichtbar: „'Once the war began, we lose sight of him for month'" (Seldon 2007: 201). Kritische öffentliche Diskussionen um die Rechtfertigung des Militäreinsatzes im Irak, allen voran die David Kelly-Krise, nötigten Blair weitere *personalpolitische* und *organisatorische Umgestaltungen* im Regierungsapparat ab. Sie trafen ihn an empfindlicher Stelle, weil mit Alastair Campbell einer seiner engsten Vertrauten die Regierung auf öffentlichen Druck hin verlassen musste. Nach dem Abgang von Anjii Hunter aus persönlichen Gründen kurz nach der Wahl 2001 und dem Rücktritt von Peter Mandelson etwas später, ging mit Campbell eine weitere zentrale Einflussperson des inneren Zirkels um Blair.

Campbells Demission hing zusammen mit dem Tod von David Kelly. Er war Mikrobiologe, Biowaffenexperte und Regierungsberater mit Blick auf das Bedrohungspotential des Hussein-Regimes durch den Besitz von biologischen bzw.

chemischen Kampfstoffen. Die Umstände des Todes von Kelly blieben unklar. Kelly hatte zuvor bei der Erstellung von Dossiers der Regierung mitgewirkt, die das Bedrohungspotential Saddam Husseins untermauern sollten, um damit die Beteiligung Großbritanniens beim militärischen Einsatz gegen den Irak zu rechtfertigen. Der im Raum stehende Vorwurf lautete, dass Alastair Campbell bei der Erstellung des Dossiers darauf hingewirkt haben soll, das Bedrohungspotential Husseins möglichst groß erscheinen zu lassen. Damit sollte sich der Krieg gegen den Irak besser legitimieren lassen. Kelly wiederum habe diese Information Reportern des BBC zugespielt, die sie anschließend veröffentlichten. Auf Druck der Regierung gab die BBC schließlich David Kelly öffentlich als Quelle ihrer Berichterstattung an. In der Anhörung eines Untersuchungsausschusses im Parlament geriet Kelly am 15. Juli 2003 stark unter Druck.[144] Er gab dort zu, sich mit dem BBC-Reporter Andrew Gilligan getroffen zu haben, bestritt jedoch, dass die später veröffentlichten Informationen von ihm stammten. Zwei Tage danach wurde Kelly mit aufgeschnittenen Arterien und voll von Schmerzmitteln tot aufgefunden.

Die Kelly-Affäre erneuerte und vertiefte die Manipulationsvorwürfe an die Regierung mit Blick auf die von ihr für den Irak-Einsatz angegebenen Rechtfertigungsgründe. Sie untermauerten die immer wieder aufbrechende Kritik am Spinning der Regierungskommunikation – die sich vor allem am Director of Communication and Strategy entzündete. Campbell wurde für die Außenwirkung der Regierung zunehmend zu einer Belastung (Seldon 2007: 218-221). Deswegen kamen er und Blair nach längeren internen Überlegungen überein (ursprünglich hatte Campbell sofort nach dem Tod von Kelly gehen wollen), dass dieser nach der Einsetzung der Hutton-Kommission, die die Umstände von Kellys Tod näher untersuchen sollte (Hutton-Report 2004), zurücktreten würde (vgl. Campbell 2007: 722-755). Am 29. August 2003 verließ Alastair Campbell die Regierung.

Der Abgang Campbells wurde zum Anlass genommen, in der Regierung grundlegendere personelle und organisatorische Strukturveränderungen vorzunehmen. Sie sollten auch einen nach *außen sichtbaren Steuerungswandel* in der Organisation der Regierungsinformation und -kommunikation dokumentieren. Reformvorschläge einer von der Regierung bereits im Februar 2003 beauftragten Untersuchung zur Beziehung von Regierung, Medien und Öffentlichkeit, die unter der Führung von Bob Phillis (Chief Executive der Guardian Media Group) arbeitete, wurden dabei publikumswirksam aufgenommen. Die Phillis-Kommission hatte in ihrem internen Zwischenbericht im August 2003 drei wesentliche Faktoren für die Verschlechterung des Verhältnisses von Regierung, Medien und Öffentlichkeit identifiziert: „the communications strategy adopted by the Labour administration

---

[144]   Vgl. dazu das Wortprotokoll der Vernehmung von David Kelly unter (ULR 15.02.2010) http://www.publications.parliament.uk/pa/cm200203/cmselect/cmfaff/uc1025-i/uc102502.htm.

on coming into power in 1997; the reaction of the media and the press in particular to that; and the response of the Civil Service to the new demands that were placed on it." (Phillis-Report 2004: 7).

Unter ausdrücklicher Berücksichtigung einiger von Phillis angemahnter Reformen gab Blair Anfang September 2003 bekannt, dass der von ihm neu ernannte Nachfolger Campbells, *David Hill*, gegenüber den Civil Servants keine Weisungsbefugnis mehr innehaben werde. Außerdem wurde die Position des Civil Service durch Berichtspflichten der Kommunikationsakteure gegenüber dem Head of Civil Service, *Andrew Turnbull*, gestärkt (Fawcett/Gay 2005: 64-68). Die Personalentscheidung Hill war zugleich ein Symbol für einen neuen Kommunikationsstil der Regierung. Hill war zum einen sehr vertraut mit Blair und langjährig in der Labour-Partei verankert. Zum anderen war er bekannt für einen eher ruhigen, sachlichen und ausgleichenden Arbeitsstil, der einen starken Kontrast zur polarisierenden Wirkung von Campbell markierte. Dieser Arbeitsstil ermöglichte die Entwicklung eines sehr guten Verhältnisses zu Journalisten und Medien. Mit den marginalen Änderungen in der Organisationssteuerung, die eher auf der symbolischen Ebene lagen, dokumentierte die Regierung ihren Willen, auf die angespannten Beziehungen zu Medien und Öffentlichkeit zu reagieren – ohne ihren kommunikativen Steuerungsmodus radikal umzustellen.

Weitere organisatorische Änderungen betrafen die personelle Aufstellung im *Policy Directorate*. Im Sommer diskutierte Blair mit dem reaktivierten Peter Mandelson, der nach dem Abgang von Campbell vorübergehend wieder sehr nahe an Blair heran rückte (bevor er 2004 zur europäischen Kommission nach Brüssel ging), wie die Policy-Steuerung innerhalb der Regierung durch personelle Verschiebungen optimiert werden könnte (vgl. Seldon 2007: 222-224). Bei der fast schon traditionellen Sommer-Denkpause wollte Blair eine inneradministrative Aufstellung finden, die bis zum Ende der Legislaturperiode halten und einen erneuten Wahlsieg ermöglichen sollte. Man kam zum Schluss, dass der Labour-Mann *Matthew Taylor* den inzwischen durch seine Art immer mehr polarisierenden *Andrew Adonis* als Head of Policy ersetzen würde. Taylor sollte von nun an gemeinsam mit *Geoff Mulgan* als Kopf der Strategy Unit die übergeordnete Policy-Entwicklung in Downing Street steuern. Adonis blieb der Regierung erhalten. Blair ernannte ihn zum Prime Minister's Senior Policy Advisor on Education, Public Services and Reform (Fawcett/Gay 2005: 66). Am Ende des Jahres verließ auch *Jeremy Heywood* die Regierung (er wechselte zu Morgan Stanley) und machte damit den Posten des Head of Policy Directorate frei.

Nach den Vorstellungen eines internen Memorandums sollte – zusätzlich zur personellen Neuaufstellung – auch die *interne Koordination* durch enger getaktete Meetings verbessert werden: „at 8 A.M. for all Number 10 unit heads; Monday afternoons, chaired by Mandelson, on short-term strategy; and on Wednesday with Blair to review and plan longer-term strategy." (Seldon 2007: 224). Allerdings hielten die Akteure diese Pläne angesichts des sprunghaften tagespolitischen Managements von Blair nicht lange durch. Es kam danach nur noch zu situativ einberaumten Steuerungstreffen. Erst im Vorlauf zum Wahlkampf 2005 formierte sich erneut eine unregelmäßig tagende Freitagsrunde unter Beteiligung von Matthew Taylor, die sich bemühte, problempolitische, parteiorganisatorische und kommunikative Gesichtspunkten so miteinander zu verknüpfen, dass eine einheitliche politische Positionierung der Regierung entstehen konnte.

Keine dieser Maßnahmen war allerdings dafür vorgesehen bzw. dazu in der Lage, die sich zu einem der organisatorischen Zentralprobleme auswachsenden Konfliktverhältnisse im *strategischen Zentrum* der Regierung zu mildern. Der Kampf zwischen Blair und Brown um die Position der künftigen Nr. 1 erreichte neue Höhepunkte. Ausdruck davon war etwa die offene Rebellion von Brown gegen die Pläne der *Foundation Hospitals* bzw. *Foundation Trusts* (vgl. Peston 2005: 295-309, Seldon 2007: 240-247). Die Grundidee dieser problempolitischen Initiative lag darin, lokalen Krankenhäusern des National Health Systems mehr Unabhängigkeit und Gestaltungsspielraum gegenüber Vorgaben der Regierung einzuräumen. Diese Art von Krankenhäusern sollte nicht mehr das Department of Health managen. Man wollte sie der unabhängigen Leitung von lokalen Verantwortungsträgern übergeben. Das Vorhaben schloss die selbständige Finanzierung der Krankenhäuser mit ein. Vor allem hiergegen wehrte sich Gordon Brown. Er befürchtete, dass die fehlende Finanz- und Steuerungshoheit der Regierung zum Zusammenbruch der Ausgabendisziplin in diesen Krankenhäusern führen würde, das Treasury jedoch bei möglichen finanziellen Kollapsen eine Garantiefunktion übernehmen müsste. Fehlende Kontrollmöglichkeiten bei gleichzeitiger finanzieller Gesamtverantwortung wollte er nicht zulassen. Der Konflikt wuchs sich zu einem *politischen, ideologischen* und *persönlichen* Kampf zwischen Brown und Blair aus. Brown ging es einerseits darum, finanzielle Risiken für seinen Haushalt abzuwenden, andererseits den Anschein zu vermeiden, die Regierung setze ausschließlich auf eine Privatisierungspolitik im Gesundheitssystem. Außerdem wollte er dem Regierungschef die Grenzen seines Einflussbereiches aufzuzeigen. Wieder mussten gängige Muster der Vermittlung über „neutrale" Civil Servants, in diesem Fall vor allem Jeremy Heywood und Andrew Turnbull (seit 2002 Cabinet Secretary sowie ehemaliger Treasury-Mitarbeiter), greifen. Schließlich gelang eine Kompromissbildung, die besagte, dass nur sehr leistungsstarke Krankenhäuser ein eigenständiges Finanzierungsmanagement betreiben durften. Sie waren hierbei auch an finanzielle Obergrenzen des Schatzamtes gebunden. Brown hatte sich damit eine finanzielle Letztkontrolle gesichert.

Das Health and Social Care Bill, mit dem die finanziell unabhängigen Krankenhäuser eingeführt werden sollten, hatte damit zwar erst einmal die Hürde der Entscheidungsfindung in Whitehall genommen. Aber Blair sah sich anschließend weiteren organisatorischen Steuerungsproblemen bei der Sicherung der Regierungsmehrheit für das Projekt der Foundation Trusts im *Parlament* gegenüber. Auch dort formierte sich Widerstand. Im Blair-Lager ging man davon aus, dass dieser parlamentarische Protest von Brown gestützt wurde (Seldon 2007: 245). Die Befürchtung war, dass Brown die innenpolitische Autorität des wegen seines Irak-Feldzugs ohnehin geschwächten Regierungschefs weiter untergraben wollte, um den Prozess der Amtsübergabe zu beschleunigen. Dass er damit zugleich den ebenfalls als Nachfolger Blairs gehandelten Alan Milburn schaden konnte, der die Foundations Trusts als Gesundheitsminister protegierte, war ihm nach Einschätzung der internen Gegner nur Recht. Milburn erklärte im Juni 2003 seinen Rücktritt, für den er in der Öffentlichkeit allerdings private Gründe anführte (vgl. The Guardian, 12. Juni 2003). Blair musste im House of Commons und House of Lords bis zum Schluss um die Zustimmung zu seinem Reformprojekt kämpfen, konnte sich aber nach einer Reihe von weiteren Zugeständnissen (etwa beim Hunting Bill) schließlich doch noch durchsetzen, auch wenn die Stimmenmehrheiten denkbar knapp ausfielen (vgl. Hindmoor 2004: 121-124).

Es gab weitere Felder, in denen sich die grundlegenden strategischen Zentrumskonflikte ausdrückten. Auch die Zweigleisigkeit der von Blair im September 2003 initiierten *Fünfjahrespläne* und der vom Treasury (und Brown) gesteuerten, jährlichen *Comprehensive Spending Review-Verfahren* zeigten das Bestreben beider Protagonisten, die inhaltliche und prozessuale Führung bei der problempolitischen Gestaltung in wichtigen Feldern der Innenpolitik zu übernehmen (vgl. Seldon 2007: 287-292). Die Idee der Fünfjahrespläne kann einerseits als Entscheidung Blairs interpretiert werden, eine dritte Amtszeit anzustreben, weil andernfalls die Etablierung so langer Entscheidungshorizonte aus seiner Sicht wenig Sinn gemacht hätte. Andererseits verfolgte Blair damit eine *interne Angriffsstrategie* auf die vom Schatzamt großflächig in Anspruch genommene innenpolitische Entscheidungshoheit. Mit der planerischen Konzentration auf wenige Reformfelder (Health, Education, Law and Order), der Einbeziehung von möglichst viel Ressortkapazität und der Mobilisierung von Unterstützung bei den Kabinettskollegen versuchte Blair eine Gegenmacht gegen das Comprehensive Spending Review-Verfahren aufzubauen. Brown und seine Mitarbeiter erlebten dies als Kampfansage, gegen man die sich wehren wollte: „'Blairs five-year plans wouldn't happen. Our spending review is the real five-year plan.'" (Seldon 2007: 289). Im Ergebnis führten Fünfjahrespläne und Comprehensive Spending Review im ersten Halbjahr 2004 zu *Parallelprozessen der Organisationssteuerung*, bei der man sich wechselseitig behinderte, um Prioritätten und Geld kämpfte. Die Akteure der Ministerialverwaltung wurden damit in Orientierungsprobleme und Abstimmungsschwierigkeiten gestürzt. Insgesamt ging es weniger um eine optimierte Verzahnung organisatorischer und problempolitischer Steuerungsbemühungen, als um den konfliktorisch ausgetragenen *Machtanspruch* der beiden Spitzenfiguren Blair und Brown.

Bereits seit längerem hatten sich neben den Auseinandersetzungen im strategischen Zentrum auch Konflikte im Verhältnis *politische Führung, Political Advisor* und *Civil Servants* manifestiert. Die Regierung beförderte diese durch ihren spezifischen Modus der Organisationssteuerung zusätzlich. Das überraschte nicht. Sein mangelndes Vertrauen in die Staatsbediensteten hatte Blair schon 1999 in seiner berühmten *Scars on my back*-Rede vor der British Venture Capitalist Association ausgedrückt: „One of the things I would like to do, as well as stimulating more entrepeneurship in the private sector, is get a bit of it into the public sector as well. I mean people in the public sector are more rooted in the concept that 'if it's always been done this way, it must always be done this way' than any group of people I've ever come across. You try getting a change in the public sector and public services – I bear the scars on my back after two years in government. Heaven knows what will be like if it is a bit longer." (The Guardian, 7. Juli 1999).

Nicht zuletzt aufgrund der Kritik, die die Regierung für die Gestaltung ihres Verhältnisses zu den Civil Servants erntete, setzte man eine Untersuchungskommission ein. Das Committee on Standards in Public Life unter Vorsitz von Nigel Wicks sollte bis zum Ende der zweiten Amtsperiode klären, wie sich die Beziehungen zwischen politischer Führung, Beratern und Beamten gewandelt haben, welche Grenzlinien zwischen den Aufgaben dieser Akteure zu ziehen sind und welche Konsequenzen sich daraus für die Zukunft ergeben (vgl. Committee on Standards in Public Life 2003). Der Wicks-Report sprach die Empfehlung aus, Civil Service und Special Advisor organisatorisch voneinander zu separieren, um das Vertrauen in die klassische Neutralität der Beamten wiederherzustellen und die Möglichkeiten politischer Manipulation zu begrenzen. Die Regierung reagierte auf die umfangreichen Empfehlungen äußerst selektiv (vgl. Sturm 2006b: 292-293). Änderungsvorschläge, die an die Substanz interner Machtkonzentration und -verhältnisse gingen (wie beispielsweise die Weisungsbefugnisse mancher Berater gegenüber den Beamten), wurden nicht aufgenommen. Umgesetzt dagegen hat man die für die Beibehaltung eigener Kontrollmöglichkeiten ungefährlichen Maßnahmen wie beispielsweise die Ernennung eines unabhängigen Ethik-Beraters, der ministerielle Interessenkollisionen und inneradministrative Korruption bekämpfen sollte.

Charakteristisch für die spezifische Ausformung des organisatorischen Verhältnisses von Beamten und Beratern unter Blair war zuallererst die *Expansion* der in Whitehall beschäftigen *Special Advisor* (vgl. Committee on Standards in Public Life 2003: 50, Kavanagh/Richards 2003: 192). Das betraf nicht nur Downing Street[145], sondern sämtliche Ministerien. Waren unter der Vorgängerregierung John Majors noch insgesamt achtunddreißig Special Advisor beschäftigt gewesen, stieg diese Zahl unter Blair gleich mit der Regierungsübernahme auf siebzig an, um in den Jahren 2001 und 2002 schließlich mit einundachtzig Beratern (davon sechsundzwanzig in No. 10 und fünfundfünfzig in den einzelnen Ministerien) ihren Höhepunkt zu erreichen. Die finanziellen Aufwendungen für die zusätzlichen Berater stiegen entsprechend von 1,8 Millionen Pfund 1996/1997 bis auf 5,1 Millionen Pfund fünf Jahre später.

Veränderungsprozesse betrafen jedoch nicht nur die Anzahl der Special Advisor, sondern auch das Verhältnis von politischer Führung, Beratern und Staatsbediensteten (vgl. auch Helms 2005b: 66-70). Dabei verliefen die *zentralen Konfliktlinien* nicht über die Ausgestaltung von einzelnen Politiken (Maßnahmen, Programme, Zielgrößen etc.), sondern über die generelle *Rolle* und *Einflussmöglichkeiten* der am Entscheidungsprozess beteiligten Akteure (vgl. Wilson/Barker 2003: 366-371). Relativ stabil blieben die von ihrem Neutralitätsverständnis durchdrungenen Rollenauffassungen der Civil Servants (Sturm 2006a: 236), die ihre Kompetenzen in der Bereitstellung langjähriger policybezogener und administrativer Kenntnisse, der Vermittlung von unterschiedlichen Interessen im jeweiligen Politikfeld und in der Organisation der ministeriellen Beratung sahen. Gewandelt hatten sich jedoch die *Erwartungen*, die die neuen Regierungsakteure an sie richteten – und die sie aus ihrer Sicht enttäuschten.

Die Erwartungen der politischen Führung bezogen sich weniger auf die langjährigen eigenen Erfahrungen der Administratoren in ihren jeweiligen Spezialgebieten, sondern vor allem auf die *Bereitstellung* von systematischer, wissenschaftlich fundierter *Expertise*, die auch Ergebnisse unterschiedlicher problempolitischer Lösungsansätze anderer Länder (best practise) beinhalten sollte: „What was new among many new ministers, with their strong think-tank connections, was a greater interest in research, especially survey and social science data, as well as lessons to be learned from social experiments at home and abroad. (...) The new ministers and their advisors came to define the 'cleverness' they expected in more knowledge-based terms. (Foster 2001: 741). Gerade hier versagten technisch veraltete und nicht auf dem neuesten Wissensstand operierende Informations- und Recherchesysteme in der Ministerialverwaltung und die Civil Servants hatten Schwierigkeiten, die ungeduldigen Forderungen der politischen Akteure zu erfüllen.

---

[145]   Vgl. dazu auch das Kapitel 6.2.1.1.

Die Zusammenarbeit mit Beamten wurde aus Sicht von Beratern und Regierungsakteuren zusätzlich erschwert durch das bei den Civil Servants vermutete *Desinteresse* an der Gestaltung von *Implementationsprozessen*, einem der Hauptaugenmerke in der späteren Regierungsphase Labours (delivery/targeting)[146]. So unterstellte ein Senior Advisor in Downing Street den Beamten: „Most civil servants are not interested in delivery. They like to be involved in policy making, but delivery and measuring the success of the policies are seen to be lower grade activities." (The Independent, 1. April 2004). Angesichts derartiger Vertrauensgräben blieben zusätzliche Erwartungsenttäuschungen nicht aus, die die Entwicklung spannungsreicher Beziehungen zwischen Politikern, Beratern und Staatsbeamten forcierten.

Die konfliktorischen Wirkungen enttäuschter Erwartungen entfalteten sich vor dem Hintergrund eines grundlegend neuen *Steuerungsansatzes* der politischen Führung. Er nahm in erster Linie nicht die klassischen Kompetenzen der Beamten in Anspruch, sondern griff für die Konzept- und Politikentwicklung auf eigene Beratungsakteure und Informationsnetzwerke zurück. Den Beamten wurde damit vielfach eine neue, reduzierte Rolle als bloße Informationsbeschaffer zugewiesen. Charakteristisch für den neuen Steuerungsmodus waren auf engen Vertrauensbeziehungen ruhende Akteurkonstellationen innerhalb der Kernexekutive („personalization rather than politicization", Hennessy 2001: 493). Sie bezogen eigene in- und externe Beratungsakteure in die administrativen Entscheidungsprozesse ein. In den informalen Netzwerken entwickelte sich eine von den klassischen Whitehallakteuren unabhängige, konzeptionelle Politikentwicklung. In diesen Politikformulierungsprozessen bekamen mit gesellschaftlichen Akteuren – insbesondere aus Verbraucher- und Interessengruppen – besetzte *task forces* größeren Einfluss (Kavanagh/Richards 2003: 193, Foster 2001: 738). Außerdem wurden neu eingerichtete bzw. aufgewertete interne Arbeitseinheiten wichtiger, die vor allem mit vertrauten Akteuren aus der Gruppe der Special Advisor besetzt wurden (z.B. Policy Directorate, Performance and Innovation Unit/Forward Strategy Unit, Delivery Unit). *Akteurkonstellationen* und *Entscheidungsprozeduren* der inneradministrativen Politikentwicklung und -umsetzung veränderten sich so, dass dem Civil Service Einflussmöglichkeiten genommen wurde.

Zwar gab es zahlreiche Civil Servants, die sich den geänderten Verhältnissen sehr schnell anpassten und wichtige inneradministrative Vermittlungsfunktionen übernehmen konnten (z.B. Jeremy Heywood, Richard Wilson, Ivan Rogers, Andrew Turnbull). Dennoch blieb im Regierungsprozess eine Grundhaltung der politischen Akteure prägend, die sich generell misstrauisch gegenüber der Leistungsfähigkeit des Civil Service zeigte. Die Special Advisor erhielten auf diese Weise einen

---

[146]   Vgl. dazu auch die Kapitel 6.2.3, 6.2.4 und 6.2.5.2.

besonderen Status: „Though as always there were differences between departments and between ministers, more than in the past special advisors in departments and at No. 10 reinforced the distancing of ministers from civil servants. (…)
They became a main channel of communication between ministers, between the
prime minister and other ministers and with the lobbies, and with the networks of
interested consulted on each policy." (Foster 2001: 740).

Verschärft wurden die Grenzlinien zwischen Beratern und Ministerialbeamten
durch *kulturelle* und *habituelle Differenzen.* Auf der einen Seiten standen die oft jüngeren, ehrgeizigen, konzeptionell orientierten, zugleich jedoch wenig erfahrenen
Political Advisor, denen die Civil Servants als bedächtige, routineorientierte, eher
rückwärtsgewandte Bedenkenträger erschienen. Das galt vor allem für die Mitarbeiterebene der verschiedenen neuen Arbeitseinheiten, aber auch die operative
Führungsebene. Auf der anderen Seite befanden sich die langjährig in Whitehall
sozialisierten Beamten, die sich an dem zum Teil hochnäsigen und anmaßenden
Habitus der einströmenden, sehr dynamischen, aber in der Bereitstellung von Lösungen für großorganisatorische und systemische Probleme vielfach kenntnisarmen Berater rieben.

6.2.5.2 Problempolitiksteuerung

Im Feld der *Außenpolitik* traf Tony Blair schon frühzeitig – und, soweit ersichtlich,
ohne großen Beratungseinfluss – die Grundentscheidung, gemeinsam mit den
Amerikanern nicht nur gegen den weltweiten Terrorismus vorzugehen, sondern
auch das Regime Saddam Husseins im Irak aktiv zu bekämpfen. Diese Entschlossenheit, die auch das Führen eines Krieges gegen Hussein einschloss, wurde bereits im Frühjahr 2002 bei Konsultationen mit dem amerikanischen Präsidenten
George W. Bush deutlich (vgl. Clarke 2007: 606, Seldon 2007: 80-95). An dieser
Grundhaltung hat sich im nachfolgenden problempolitischen Steuerungsprozess
im Wesentlichen nichts mehr geändert (vgl. auch Hoggett 2005, Danchev 2007). In
internen Beratungen gab sich Blair überzeugt, dass ihm nur ein unbedingter Schulterschluss mit den Amerikanern Einflussmöglichkeiten auf die Strategie der Bush
Administration eröffnen würde (Campbell 2007: 612). Seinen Beitrag sah er dabei
insbesondere in intensiven Bemühungen um eine breitere legitimatorische Grundlage für das Vorgehen gegen den Irak auf europäischer (Europäische Union) und
internationaler Ebene (United Nations), aber auch in einer militärischen Unterstützung der Vereinigten Staaten.

Auch wenn manches auf der persönlichen Motivebene Blairs offen bleibt, finden sich für die *strategische Zielebene* klare Hinweise, dass es Blair von Anfang an
– unabhängig von den im Einzelnen geltend gemachten Gründen – um einen Re

gimewechsel im Irak ging (Campbell 2007: 612, Bluth 2004: 890). Das bestätigen die Aussagen Blairs vor dem von Sir John Chilcot geleiteten britischen Untersuchungsausschuss zum Irak-Krieg im Jahre 2010, mit denen er deutlich machte, dass er die Beseitigung Husseins damals (genauso wie heute) als zwingend ansah: „I feel responsibility but no regret for removing Saddam Hussein. I think he was a monster. I believe he threatened not just the region but the world, and in the circumstances we faced it was better to deal with his threat and remove him from office. The world is better as a result." (The Guardian, 29. Januar 2010). Vieles spricht für eine frühzeitige, eher intuitive Ziel- und Entscheidungsfindung Blairs auf der Basis moralischer Überzeugungen, bei der möglicherweise auch seine Religiosität eine nicht unerhebliche Rolle spielte (vgl. Hoggett 2005: 425-427, Seldon 2005: 515-531).

Es war ein Set von drei grundlegenden Argumenten, die Blair für den Irakkrieg geltend machte (vgl. Hoggett 2005: 418-422). Das *sicherheitspolitische Argument* arbeitete mit der Denkfigur einer Drohkulisse, die für alle westlichen Industrienationen (und insbesondere Großbritannien) von der Kombination von Massenvernichtungswaffen, diktatorischen Regimen und dem internationalen Terrorismus ausginge. Das *„Special Relationship"-Argument* zwischen den Vereinigten Staaten und dem Vereinigten Königreich beruhte auf einem Begründungszusammenhang, der eine – historisch verankerte – besondere Nähebeziehung zwischen beiden Staaten konstatierte, aus der sich besondere Verpflichtungen gegenseitiger Unterstützung ergäben (vgl. Danchev 2007). Das *Demokratisierungsargument* schließlich beanspruchte ein Recht auf humanitäre Interventionen in fremden Staaten, um dort bestimmte (westliche) Werte wie Freiheit, Demokratie, Toleranz und Gerechtigkeit zu etablieren. In diesem Sinne sollte der Krieg im Irak zweierlei bewirken: „(...) freedom *from*[147] dictatorship and the freedom *of*[148] 'democracy and markets'." (Hoggett 2005: 422).

Die Besonderheit der problempolitischen Steuerung im Vorfeld und während des Irak-Feldzuges lag darin, dass Blair für die Mobilisierung von Unterstützung für den militärischen Angriff auf das Hussein-Regime bei den zentralen Mitspielern und potentiellen Vetoakteuren *Kabinett* und *Parlament* jeweils auf eine Entscheidungsstrukturierung zurückgriff, die eine Zustimmung der beteiligten Akteure (und der allgemeinen Öffentlichkeit) zu seiner eigenen Position wahrscheinlicher machen sollte (vgl. O'Malley 2007). Die selektive Nutzung der zur Verfügung stehenden (geheimdienstlichen) Informationen, die Definitionen von spezifischen Entscheidungsalternativen sowie der Einsatz seiner persönlichen Autorität und Macht als Regierungschef waren die bevorzugten *strategischen Steuerungsmittel* der

---

[147]   Hervorhebung im Original, *R.T.*
[148]   Hervorhebung im Original, *R.T.*

Beeinflussung der Politikprozesse, die vor dem Militäreinsatz abliefen und ihn begleiteten.

Im *Kabinett* versuchte Blair die Prozesse der Entscheidungsfindung so zu strukturieren, dass sich kritische Debatten und mögliche Widerstände gegen den von ihm eingeschlagenen Kurs nicht entfalten konnten. Seine Möglichkeiten, als Premierminister die Tagesordnung des Kabinetts und die Bereitstellung der entsprechenden Unterlagen zu steuern, nutzte er in diesem Sinne. Der Kabinettskollegin Clare Short soll Blair gesagt haben, dass er Kabinettsdiskussionen über eine militärische Intervention nicht wünsche, da sie eskalieren könnten (Short 2005: 142). Der Butler-Report (2004), der den Entstehungsprozess des für die Interventionsentscheidung zentralen Regierungsdossiers „Iraq's Weapons of Mass Destruction" intensiv untersucht hat, kam mit Blick auf die selektive Informationspolitik von Blair gegenüber der Mehrzahl der Kabinettskollegen zu ähnlichen Schlussfolgerungen: „Excellent quality papers were written by officials, but these were not discussed in Cabinet or in Cabinet Committee. Without papers circulated in advance, it remains possible but is obviously much more difficult for members of the Cabinet outside the small circle directly involved to bring their political judgement and experience to bear on the major decisions for which the Cabinet as a whole must carry responsibility. The absence of papers on the Cabinet agenda so that Ministers could obtain briefings in advance from the Cabinet Office, their own departments or from the intelligence agencies plainly reduced their ability to prepare properly for such discussions." (Butler-Report 2004: 147-148).

Die im *Parlament* gegen die militärischen Interventionspläne drohende „Rebellion" von Labour-Abgeordneten konnte Blair nur mit persönlichem Engagement und unter Einsatz ihm zur Verfügung stehender Machtmittel abwenden (vgl. Cowley/Stuart 2004: 304-308). Blair und seine Kabinettskollegen intervenierten kurz vor der entscheidenden Parlamentsabstimmung persönlich bei den eigenen Fraktionsmitgliedern: „The day before the vote, seven members of the Cabinet trawled the Commons tea-room. 'It was an extraordinary sight; ministers and whips outnumbered backbenchers by two to one', according to one rebel. Individual ministers were asked to act as 'friend' to the rebels, and over the weekend telephoned many of the 121 Labour rebels from the February vote to try to persuade them into abstaining or voting against the amendment. Another 50 potential rebels were also contacted in this way. At a hastily arranged (and packed) meeting of the Parliamentary Labour Party on the Tuesday morning, Blair also rallied the doubters (…). Some Labour MPs had meetings with four Cabinet ministers in a day, while Tony Blair set up camp in the Commons tea-room (a rare event), seeing waverers in groups of three." (Cowley/Stuart 2004: 307). Blair warf seine ganze persönliche Autorität und Integrität als Premierminister in die Waagschale. Hinter vorgehaltener Hand wurden den potentiellen Abstimmungsgegnern mögliche Konsequenzen einer Abstimmungsniederlage der Regierung vor Augen geführt: „„Do you support regime change in Baghdad or Downing Street?'" (Cowley/Stuart 2004: 307-308). Auf diese Weise gelang es schließlich, die Mehrheit der eigenen Fraktion im Parlament sicher zustellen (bei 139 Gegenstimmen aus dem eigenen Lager). Man war damit für den Einsatz im Irak nicht auf die Stimmen der (ebenfalls zustimmenden) Opposition angewiesen. Die strategischen Steuerungsmittel Blairs hatten sowohl im Kabinett als auch im Parlament gegriffen.

Die von Blair im Zusammenhang seiner Vernehmung vor dem Irak-Untersuchungsausschuss im Jahr 2010 vor britischen Journalisten getätigten Aussagen zeigten, dass die in den einzelnen Etappen des Entscheidungsprozesses vorgebrachten Argumente jeweils nicht der ausschlaggebende Grund für den Militäreinsatz waren. Nach Blairs Auffassung wäre der Einmarsch auch dann gerechtfertigt gewesen, wenn man damals gewusst hätte, dass der Irak über keine Massenvernichtungswaffen verfügte: „I would still have thought it right to remove him [Saddam Hussein][149]. I mean obviously you would have had to use and deploy different arguments about the nature of the threat." (The Guardian, 12. Dezember 2009). Blairs Wille zum Einmarsch stand frühzeitig fest, die Wahl der Argumente dafür blieb flexibel.

In der *Innenpolitik* der Irakkrieg- und Konfliktphase überzeugte die sich aus der Steuerungslogik des Comprehensive Spending Review und der Public Service Agreements ergebende Problempolitik *idealpolitisch*, indem sie eine radikale Aufgabenkritik mit der präzisen Definition neuer Ziele verband, zu deren Erreichen sich die Ministerien in den Public Service Agreements verpflichteten.[150] *Realpolitisch* führte die konkrete Ausgestaltung dieses Vorhabens durch die Blair-Administration jedoch zu einem Steuerungsproblem (vgl. Sturm 2006b: 293-299). Es lässt sich zugespitzt als „*overtargeting*" charakterisieren. Der eingeschlagene Weg der Labour-Regierung bestand nicht in einer Zielfindung, die sich auf wenige – vielleicht sogar nicht einzeln exakt nachprüfbare –, aber richtungweisende Vorgaben konzentrierte. An diesen hätten sich die übergreifende richtungspolitische Ausrichtung des Regierungshandelns und ihre *problempolitischen Leistungen* gut ablesen lassen. Sie definierte stattdessen für die einzelnen Politikfelder eine Fülle quantitativ messbarer und damit gut kontrollierbarer Einzelziele. Dieser Steuerungslogik folgend, wurde eine Veränderung der einzelnen Messgrößen zum Hauptzweck der Regierungsanstrengungen. Denn je mehr Ziele dieser Art man erreichte, desto erfolgreicher musste die eigene Politik sein.

---

[149]　Ergänzung durch *R.T.*
[150]　Vgl. dazu auch das Kapitel 6.2.2.2.

Ungewollte, aber zum Teil zwingende Konsequenzen eines solchen problem-politischen Steuerungsmodus waren angesichts der Menge von Zielen *Abstimmungsprobleme* bei der Zielverfolgung. Einzelne Zielgrößen widersprachen sich bzw. beeinflussten sich wechselseitig negativ. Gerade auf damit einhergehende *Priorisierungsprobleme* wurde von den Akteuren nach einer Weile selbst hingewiesen, als ein Minister der Presse sagte: „The targets were a good idea at first but have become a menace. They were not drawn up in conjunction with frontline staff. Priorities were distorted in order to meet them." (The Independent, 17. Januar 2004). Die Überbetonung quantifizierbarer Ziele, deren Erreichungsgrad zwar gut messbar war, die aber problempolitisch nicht immer zu den zweckdienlichsten Vorgaben gehören mussten, führte mitunter zu *Orientierungsproblemen* bei der eigentlichen Problembewältigung. Dazu kamen *Dokumentationsprobleme* der Zielerreichung, die sich als sehr aufwendig erwies und in der Folge teilweise einen übermäßigen Ressourceneinsatz für die Aufbereitung der Informationen erforderte. Außerdem mussten die entsprechenden Kontrollinstanzen für den Grad der Vorgabenerfüllung installiert werden, ohne dass damit alle *Überwachungsprobleme* gelöst werden konnten. Dennoch verschlangen der Aufbau entsprechender Kontrollinstitutionen, wie etwa das Benefit Fraud Inspectorate oder die Commission for Health Improvement, jährlich wenigstens 20 Millionen Pfund (Rhodes 2000a: 153). Schließlich zeigten sich *Kommunikationsprobleme*, wenn beispielsweise positive Entwicklungen bei den Schulleistungen britischer Kinder bzw. Jugendlicher als Defizite erschienen und keine positive öffentliche Würdigung erfuhren, weil die viel zu optimistisch gesetzten Zielmarken nicht erreicht worden waren (The Independent, 17. Januar 2004). Am schlimmsten waren die durch das Instrument des Targeting ausgelösten *Zielerreichungsprobleme*, die etwa dann zutage traten, wenn Fortschritte bei einem spezifischen Defizit wie beispielsweise der Wartezeit im National Health System durch andere Probleme an gleicher Stelle (in diesem Fall eine Welle von Infektionen) erkauft wurden (Sturm 2006b: 296).

Die Antwort der Regierungsakteure auf die mit der Zielkonzentration einhergehenden Schwierigkeiten bestand im Wesentlichen in der Reduktion ihrer Anzahl. Man verringerte die 600 konkreten Zielvorgaben aus dem Sommer 2000 auf zunächst 160, um sich dann 2003 und 2004 nur noch mit 130 Zielen zu begnügen (vgl. The Independent, 17. Januar 2004, Sturm 2006b: 295, 298). Flankiert wurde die Selbstbeschränkung mit einer Festlegung von einer begrenzten Anzahl von „flagship targets" oder „smart targets", die besondere Kernziele öffentlichkeitswirksam hervorheben sollten. Das Grundproblem des verfolgten Steuerungskonzepts konnte mit den ergriffenen Maßnahmen nicht gelöst werden. Denn die Konzentration des eigenen Steuerungshandelns auf eine Vielzahl von einzelnen quantitativen Mess- und Zielgrößen bringt die allgemeinen Probleme eines politischen Targeting besonders drastisch zum Vorschein: „Targets are an essential part of a non-market model of public services, but they are intrusive, imperfect, irritating and in the longer term futile and unsustainable. Targets contain the seeds of their own demise." (Mather 2003: 489).

6.2.5.3 Konkurrenzpolitiksteuerung

In der Endphase der zweiten Legislaturperiode richteten sich die konkurrenzpolitischen Bemühungen der Regierungsakteure darauf, das große Ziel eines dritten und damit historischen[151] Wahlsiegs für die Partei zu erringen. Die *konkurrenzpolitische Ausgangslage* verwies auf eine keineswegs unangefochtene Regierungspartei und einen zunehmend umstrittenen Premierminister (vgl. Norris 2005). Umfrageergebnisse machten deutlich, dass viele Briten mit der Irak-Politik ihrer Regierung nicht einverstanden waren. Sie zweifelten an den legitimatorischen Grundlagen für den dortigen Militäreinsatz und misstrauten den diesbezüglichen Führungsqualitäten Blairs. Auch die Ergebnisse innenpolitischer Reformanstrengungen im Bereich öffentlicher Dienstleistungen überzeugten die meisten Bürger nur in Teilsegmenten. Kleine und größere Revolten von Labour-Abgeordneten im Parlament (vgl. Cowley/Stuart 2005), deutlich voneinander abweichende inhaltliche Politikvorstellungen in der Regierungsspitze sowie die offen ausgetragenen Rivalitäten zwischen Blair und Brown vermittelten zudem den Eindruck eines innerlich zerrissenen und zerstrittenen Regierungsakteurs. Auch der umfangreiche personalpolitische Aderlass in der bisherigen Amtszeit, sowohl auf den Ministerbänken wie auch auf der Ebene inneradministrativer Beratung, prägte das Bild einer zunehmend verschlissenen Regierung. Ihm waren wichtige Architekten des Projekts New Labour zum Opfer gefallen (z.B. Campbell, Mandelson).

Diese Konstellation konnte dem neuen Tory-Parteivorsitzenden Michael Howard in die Hände spielen, der die Führung der oppositionellen Konservativen im November 2003 vom glücklosen Smith übernommen und der Partei wieder mehr Selbstvertrauen eingeflösst hatte (vgl. Roth 2004). Allerdings war ihm klar, dass ein inzwischen weit verbreiteter Unmut über die *Leistungen* der aktuellen Regierung nicht ohne weiteres zu einer Stärkung der eigenen Partei führte. Dafür galt es, die Wähler davon zu überzeugen, dass die Konservativen auch auf der nationalen Ebene die bessere politische Alternative darstellen und ein *Politik-* und *Regierungswechsel* notwendig sei (Broughton 2004).

---

[151]   Niemals zuvor hatte ein Labour-Premierminister drei konsekutive Wahlsiege bei den britischen Parlamentswahlen erreichen können.

Die mittlerweile erfahrenen Wahlkämpfer Blair und Brown wussten, dass es für sie darum gehen musste, dem aus der allgemeinen konkurrenzpolitischen Lage drohenden Gegenwind mit der eigenen *Wahlkampfführung* zu trotzen. Sie reagierten darauf mit einem Wahlkampf, der sich bewusst mit negativen Aspekten ihrer Wahrnehmung in der Öffentlichkeit auseinandersetzte (vgl. Kavanagh/Butler 2005: 68-83). Das Wahlprogramm versprach weitere Verbesserungen im Bereich der Public Services, bestätigte die zentristische Grundstrategie New Labours, indem es die Unterstützung der „hard working families" betonte, und unterstrich die eigenen Leistungen bei der Stabilisierung der britischen Ökonomie. Besonderer Wert wurde auf den öffentlichen Schulterschluss zwischen Blair und Brown gelegt. Blair betonte die herausragende Bedeutung seines Schatzkanzlers für die Regierung. Beide Kontrahenten waren in der Kampagnenphase sichtlich bemüht, keine neuen Angriffsflächen im Hinblick auf ihre Geschlossenheit zu produzieren. Auch das interne Wahlkampfteam setzte sich aus Akteuren beider Lager zusammen. Neben der Akzentuierung der eigenen Leistungen bei der Sicherung ökonomischer Prosperität und der Ausgabensteigerung für das Gesundheitssystem sollte vor allem das Thema Bildung den Wahlsieg sichern. Die Issues der Asyl- und Immigrationspolitik versuchte man zu neutralisieren. Schließlich wurde in der hauptsächlich gegen die Konservativen geführten Kampagne immer wieder betont, dass als Alternative zu Labour eben nur die als kaum regierungsfähig wahrgenommene große Oppositionspartei zur Verfügung stehe. Vor einer (taktischen) Stimmenabgabe (als Warnschuss für Labour) für die in den Umfragen zulegenden Liberaldemokraten warnte man nur in der Schlussphase noch einmal explizit mit dem Hinweis, eine Stimme für die kleinere Oppositionspartei könnte den Konservativen den Einlass in Downing Street „durch die Hintertür" ermöglichen.

Die Konservativen versuchten mit ihrem Kandidaten und Angriffen auf die Regierungspolitik zu punkten. Einen besonderen Schwerpunkt bildete die Asyl- und Immigrationspolitik, obwohl man dies bestritt, um nicht in den Verdacht einer rechtspopulistischen Kampagnenführung zu geraten. Die Medien zeigten sich vom Wahlkampf wenig beeindruckt: „The media once again tended to portray the election as a great bore and lament the lack of colour and excitement." (Kavanagh/Butler 2005: 71).

Eine Gesamtschau von Kampagnenführung und Wahlumfragen offenbart, dass die konkurrenzpolitische Steuerung des Wahlkampfs Labour ein wenig genutzt hat, während sie den Konservationen eher schadete (vgl. ausführlich Wlezien/Norris 2005). Die direkten Effekte der am 5. April 2003 startenden Kampagne waren allerdings nichts besonders ausgeprägt. Bezogen auf einzelne Politik- und Problemfelder wurde deutlich, dass Labour in fast allen Bereichen vor der Konkurrenz lag (Gesundheit, Bildung, Europa, Ökonomie, Steuer, öffentliche Leistungen und Terrorismusbekämpfung). Nur in den Feldern von innenpolitischer Sicherheit sowie Asyl- und Immigrationspolitik traf das nicht zu. Daran änderte sich im Kampagnenverlauf wenig. Wenn es überhaupt Effekte gab, dann lagen sie darin, dass die Konservativen weiter an Boden verloren. Das galt vor allem in den Feldern gesundheitspolitischer und wirtschaftspolitischer Kompetenz. Am ehesten feststellen ließen sich leichte Verschiebungen bei der Bedeutung einzelner Themenfelder. Am sichtbarsten wurde das für die Bildung, die in der Wahrnehmung der Bürger zum zweitwichtigsten Thema aufstieg. Ansonsten ließen sich kaum besondere Priming-Effekte beobachten. Wenn sie stattfanden, führten sie kaum zu Verschiebungen zwischen den beiden Hauptkonkurrenten, sondern ließen die Zustimmung für die Liberaldemokraten steigen – auf Kosten der Konservativen (etwa bei Bildung und Immigration). Selbst die Werte der beiden Spitzenkandidaten veränderten sich im Verlauf des Wahlkampfs nicht. 38 Prozent der Wähler hielten Blair für den besseren Mann als Premierminister, 26 Prozent dagegen präferierten Howard – vor Beginn der eigentlichen Kampagne genauso wie an ihrem Ende.

Auch wenn sich leichte Effekte des Wahlkampfs feststellen lassen, die *grundlegenden Voraussetzungen* eines erneuten *Labour-Wahlsiegs* standen bereits vor der offiziellen Eröffnung der Kampagne fest. Als Grundbedingung des späteren Siegs können die relative *Wahl- und Mobilisierungsschwäche* der *Konservativen* und die schon vor dem eigentlichen Wahlkampf verhältnismäßig *stabilen Präferenzen* der Wähler gelten. Die britischen Bürger wollten in ihrer Mehrheit mit der Stimmabgabe zwei Dinge erreichen (vgl. King 2006). Erstens sollte eher die Labour-Partei ein drittes Mal gewinnen als die Konservativen, denen man eine erfolgreiche Regierungsführung weniger zutraute – vor allem bei der Sicherung wirtschaftlicher Prosperität und Reformen in den Sektoren Gesundheit und Erziehung (Norton 2006: 44). Zweitens sollte der aktuellen Regierung Stoff zum Nachdenken gegeben werden, indem man sie nur noch mit einer substantiell reduzierten Mehrheit im Parlament ausstattete. Das Wahlergebnis spiegelte diesen Wählerwillen erstaunlich gut wider. Labour büßte gegenüber den Wahlen von 1997 (43,2 Prozent) und 2001 (40,7 Prozent) mit 35,2 Prozent noch einmal erheblich Stimmenanteile ein. Die Partei lag damit nur noch knapp vor den Konservativen, die 32,2 Prozent der Stimmen erreichten. Dennoch konnte die Blair-Regierung ihre Mehrheit im Unterhaus behaupten. Sie musste mit 355 Sitzen allerdings gegenüber 1997 (418) und 2001 (412) erhebliche Mandatseinbußen hinnehmen.

6.2.5.4 Kommunikationssteuerung

Die Bedeutung, die Labour der kommunikativen Steuerung ihrer Regierungstätigkeit insgesamt zugemessen hat, lassen sich auch an der Steigerung der *Kosten* für die Regierungskommunikation unter Blair ablesen. Betrugen diese 1997 noch 575.000 Pfund, stiegen sie bis 2004 um mehr als das Vierfache auf 2,4 Millionen Pfund (vgl. The Independent, 21. Januar 2004). Diese Beträge umfassten nur das jährliche Budget der Kommunikationsabteilungen in Whitehall. Die insgesamt für die öffentlichkeitsbezogene Aktivitäten der Regierung ausgegebenen Mittel lagen noch um ein Vielfaches höher. Sie waren schon in den ersten Labour-Jahren um fast das Dreifache gewachsen (1997: 110,8 Millionen Pfund, 2001: 295,4 Millionen Pfund). Derartige Steigerungsraten riefen fast zwangsläufig kritische Stimmen hervor (vgl. Franklin 2004a: 99-102). Die Kritik entzündete sich vor allem an drei Aspekten. Erstens an der Gesamthöhe der für die kommunikativen Zwecke ausgegebenen Mittel. Zweitens an der Zielgenauigkeit der eingesetzten finanziellen Ressourcen. Drittens an der zeitlichen Koinzidenz vieler kommunikativer Initiativen mit bevorstehenden Wahlen. Sie nährte den Verdacht, dass damit nicht nur allgemein Regierungsinformation und -aufklärung geleistet werden sollte, sondern eigennützig Wahlwerbung für die Labour-Partei betrieben wurde. Allerdings blieb diese Kritik weitgehend folgenlos. Die Regierung rechtfertigte die Kostenexplosionen mit der Zunahme von kommunikativen Aufgaben und neuen kommunikativen Verantwortlichkeiten.

Zum Ende der zweiten Legislaturperiode konzentrierten sich viele der kommunikativen Steuerungsbemühungen des Regierungschefs auf den Erhalt bzw. die Wiederherstellung eines positiven *öffentlichen Images* seiner Person. Wesentliche Bestandteile dieses Images hatten im Zuge der Irak-Entscheidung sowie der Vorbereitung und Umsetzung ihrer öffentlichen Rechtfertigung in Downing Street gelitten (Kuhn 2007: 135). Die öffentlichen Diskussionen über den militärischen Feldzug gegen Hussein rankten sich auch um die Frage, ob Blair für die Rechtfertigung seines militärischen Eingreifens die Wahrheit überdehnt bzw. das britische Volk bewusst belogen haben könnte. Durch die Fokussierung der Öffentlichkeitsarbeit der Regierung auf den Premierminister geriet damit zugleich die gesamte Regierung unter kommunikativen Stress. Das frühere Bild von Blair als politischer Führungspersönlichkeit, die Eigenschaften wie Kompetenz, Stabilität, Fairness und persönliche Integrität in sich vereint, geriet immer mehr ins Wanken. Eines der Spezifika des aufgebauten Images von Blair lag in seiner besonderen kommunikativen Attitüde, die ihn als normale, liebenswerte und höchst vertrauenswürdige Person erscheinen ließ: „Blair speaks directly to the people in his own name, bypassing the party and the state. (...) he wants to be seen as 'one of us'. He seeks to generate an identification of equivalence rather than identification with some ideal to which we aspire." (Finlayson 2002: 593). Dieses Image eines normalen britischen Bürgers, der zwar als Premierminister besondere Verantwortung trug, dem aber in jeder Hinsicht vertraut werden konnte, wankte. Es war kaum zu vereinbaren mit der Realität eines Regierungschefs, der britische Soldaten in den Krieg schickte, hierfür aber allenfalls wacklige Rechtfertigungsargumente vorbringen konnte und unter Umständen sogar zum Mittel der Lüge gegriffen hatte. Der mit der Irak-Entscheidung einhergehende Imageverfall Blairs ließ sich auch durch das kommunikative Bemühen um Imagekorrekturen nicht dauerhaft aufhalten.

7 Das Strategieprofil der Blair-Regierung: Erklärungen

Nachdem im letzten Kapitel die strategische Ausgangslage der Regierung Blair bei der Amtsübernahme 1997 und die strategischen Profilentwicklungen in den unterschiedlichen Phasen des Steuerungsprozesses im Einzelnen nachgezeichnet worden sind, geht es nachfolgend – wie schon bei der Schröder-Fallstudie – zunächst darum, die in der analytischen Rekonstruktion gewonnenen Erkenntnisse in zusammenfassender Perspektive zu einem generalisierten strategischen Steuerungsprofil der Regierung zu bündeln. In einem zweiten Schritt soll anschließend nach Einflussfaktoren gesucht werden, die einen Beitrag zur Erklärung der spezifischen Ausformung des Profils strategischer Steuerung der Blair-Regierung leisten können.

7.1 Das Profil strategischer Steuerung unter Premierminister Blair

Die kennzeichnenden Merkmale des Steuerungsprofils der Regierung Blair waren im Hinblick auf die im Kontext von Party-Government und parlamentarischen Regierungssystem relevanten Handlungsfelder eine von multiplizierten Strukturen und informaler Entscheidungsfindung geprägte Organisationssteuerung, ehrgeizige und umfangreiche problempolitische Steuerungsaktivitäten, eine signifikante Konkurrenzstärke sowie eine kontrollintensive Kommunikationssteuerung.

7.1.1 Parallelisierte Organisationssteuerung

In organisatorischer Perspektive hat die Analyse der Regierungsprozesse unter Blair einen Modus der Steuerung gezeigt, der sich in zweierlei Hinsicht als *parallelisiert* charakterisieren lässt. In der *ersten Dimension* parallelisierter Organisationssteuerung, dem bipolaren Kontinuum[150] von *Formalität* und *Informalität*, weisen die Steuerungsaktivitäten der Regierung eine starke Tendenz der Betonung von informalen Willensbildungs- und Entscheidungsprozessen auf. Die Begünstigung

---

[150] Die Idee eines Kontinuums von Formalität und Informalität statt einer Dichotomie von formal/informal findet sich auch schon in einem Beitrag Klaus von Beymes zu den informalen Komponenten des Regierens (vgl. Beyme 1991).

informaler Politikprozesse, die insbesondere vom Regierungschef selbst aktiv betrieben wurde, führte zu einer Parallelität von Entscheidungsstrukturen. Dabei etablierten sich neben den formalen eben auch informale Wege der Regierungssteuerung, die die formalen Regeln vielfach überwölbten und zum Teil sogar ersetzten. Auch wenn die Kopräsenz von Formalität und Informalität zur gängigen Praxis jedes Regierungshandelns gehört, wurde die besondere Nutzung eines informalen Steuerungsmodus zu einem der prägenden Merkmale der Organisationssteuerung unter Blair.

In der *zweiten Dimension* einer parallelisierten Organisationssteuerung fällt für die Blair-Regierung eine Tendenz zur Multiplizierung von exekutiven Strukturen auf. Nimmt man hierfür die Unterscheidung von *integriert vs. multipliziert* zum Ausgangspunkt, wies das Steuerungshandeln unter Blair zwar einerseits auf ein Bemühen hin, strategische Aufgaben zu zentrieren und den Integrationsgrad des eigenen Handelns zu erhöhen. Andererseits multiplizierte man durch die spezifische Ausformung der inneradministrativen Organisation in vielfältiger Weise die Aktivitäten und Strukturen der exekutiven Steuerung.

7.1.1.1 Informalität des Steuerungshandelns

Mit dem Begriff des *Informalen* lassen sich Arbeits-, Kommunikations- und Machtbeziehungen jenseits des formalen Aufbaus einer Organisation erfassen (vgl. dazu Wewer 1991). Erst die Gesamtheit der formalen und informalen „Spielregeln" innerhalb der Organisation konkretisieren die internen Entscheidungsstrukturen eines Kollektivs. Informalität ergänzt Formalität und mag sie in Teilbereichen sogar ersetzen. Den Akteuren eröffnen informale Strukturen zusätzliche, parallele Handlungsebenen. Diese lassen sich für Zwecke der Organisation oder eigene Zwecke nutzen. Informale Strukturen können den persönlichen Handlungsspielraum erweitern, aber auch für neue Begrenzungen sorgen, wenn bestehende formale Beteiligungs- und Entscheidungsrechte durch eine informale Prozesssteuerung außer Kraft gesetzt werden. Im Falle der Regierung Blair hatte die Präferenz des Premierministers für das Informale Konsequenzen für den Steuerungsmodus des Regierungskollektivs. Informale Praktiken wurden zu einem prägenden Merkmal der gesamten Organisationssteuerung unter seiner Führung.

Organisatorische Informalisierungsprozesse im Party-Government-Kontext können unterschiedliche *Teilbereiche* betreffen (vgl. Helms 2005a: 76-77). Zu diesen gehören der exekutive Binnenbereich, aber auch die horizontalen Beziehungen zwischen der Regierung und der sie im Parlament tragenden Fraktionen sowie das Verhältnis zur außerparlamentarischen Parteiorganisation. In vertikaler Hinsicht sind in Mehrebenensystemen die Verhältnisse zwischen Regierung und darunter angesiedelten politischen Verantwortungsebenen durch unterschiedliche Grade der Formalisierung geprägt. Schließlich können auch die staatlich-gesellschaftlichen Beziehungsmuster zwischen der Regierung und privaten Akteuren mehr oder weniger formalisiert sein. Für die Regierung Blair hat die analytische Rekonstruktion insbesondere Informalisierungsprozesse im administrativen Binnenbereich aufgezeigt. Aber auch die Steuerung im Beziehungsdreieck von Regierung, Parlament und Partei sowie die Gestaltung der staatlich-gesellschaftlichen Verbindungen wiesen Merkmale des Informalen auf.

Für das organisatorische Steuerungshandeln im *exekutiven Binnenbereich* prägend waren vor allem die *informalen Beziehungsnetzwerke* von Akteuren, die sich um Blair und Brown, die beiden Hauptakteure des strategischen Regierungszentrums, gruppierten. In Anlehnung an eine Begriffsverwendung Niklas Luhmanns (1972: 326-331), nicht aber an die dabei vorgenommenen spezifischen Bedeutungszuschreibungen[151], kann man diese informalen Gruppen als *„strategische Cliquen"* bezeichnen. Der *Cliquen*-Begriff passt, weil diese Akteurzusammenhänge um Blair und Brown in ihrer Mitgliederzahl begrenzt blieben, keine feste Formalität, aber doch Statusunterschiede und eine Führungsordnung ausbildeten. Außerdem beruhten sie auf besonderen persönlichen Vertrauensverhältnissen zwischen der Führungsperson und den beteiligten Netzwerkakteuren. Als *strategisch* lassen sich diese Cliquen qualifizieren, weil in diesen informalen Gruppen für die Ausrichtung des gesamten Regierungskollektivs zentrale Entscheidungen erörtert und beschlossen wurden. Das machte nicht alle Mitglieder der strategischen Cliquen zugleich zu Akteuren des strategischen Zentrums der Regierung. Dieses setzte sich im Kern nur aus den beiden Spitzenakteuren Tony Blair und Gordon Brown zusammen, die – trotz ihrer internen Konflikte – das Schaltzentrum der Regierung bildeten.[152] Der Einfluss der Cliquen beruhte jedoch auf der Kompetenz ihrer Mitglieder für einzelne Steuerungsbereiche (Kommunikation, Problempolitik, Wahlkampf etc.) und ihrer unbedingten Loyalität gegenüber den jeweiligen Gruppenanführern Blair und Brown.

---

[151]   Die Abgrenzungsnotwendigkeit bezieht sich vor allem auf das bei der Luhmannschen Verwendung unterlegte Verständnis des Strategischen, das reduziert bleibt und normative Konnotationen aufweist. Strategie meint dort lediglich die Unterordnung der Organisationsziele unter eigene Machtziele: „[Strategische Cliquen, Ergänzung durch *R.T.*] (...) distanzieren sich auf andere Weise von der formalen Organisation, nämlich indem sie diese ihrer eigenen Zielsetzung unterordnen, sie als bloßes Mittel zur Ratifikation von Entscheidungen oder zur Festigung von Machterwerben behandeln." (Luhmann 1972: 327). Von Luhmanns Charakterisierung der Besonderheiten von Cliquen lässt sich dagegen vieles übernehmen.

[152]   Vgl. dazu auch das Kapitel 6.2.1.1. In der Vorregierungsperiode bis 1997 existierte noch ein erweitertes strategisches Zentrum, das aus den „Political Five" Blair, Brown, Mandelson, Campbell und Gould bestand (vgl. Kapitel 6.1.1).

Innerhalb der beiden Strategie-Cliquen wiederum bildeten sich konzentrische Kreise der Nähe und des Einflusses von Akteuren um die Führungsfigur. Brown und Blair führten die Beteiligten je nach Zeitpunkt, Arbeitszusammenhang und Themenfeld zu Einzelerörterungen bei sich zusammen. Zum engsten Kreis der Clique um Blair gehörten beispielsweise – mit Schwankungen über Zeit sowie Veränderungen durch Positions- und Funktionswechsel – Alastair Campbell, Peter Mandelson oder Anji Hunter. Im Umkreis von Brown bestand dieser engste Kern etwa aus Ed Balls, Ed Miliband oder Charlie Whelan. Im erweiterten Cliquenzusammenhang konfigurierten sich nach Zeitraum, aktuellem Vertrauensverhältnis und Themenzusammenhang immer wieder neue Akteurkonstellationen, die strategische Funktionen übernahmen.[153]

Informalität kennzeichnete nicht nur die Zusammensetzung und das Wirken dieser Gruppen, sondern auch das weitere organisatorische Steuerungshandeln der Regierung Blair innerhalb der Exekutive. Das betraf zum einen das fortgesetzte Bemühen der Spitzenakteure in der Regierung, das formale Beteiligungs- und Entscheidungsrecht des Kabinetts zu „umspielen".[154] Das betraf zum anderen die Nutzung informaler Praktiken, um den Einfluss der Civil Servants in der Administration zurückzudrängen.[155] Die Etablierung einer großen Anzahl von Akteuren in der Gruppe der Special Advisor und ihre privilegierte Einbeziehung in die Prozesse der Politikentwicklung und Umsetzung zeugen davon.

Die Bevorzugung informaler Zusammenkünfte und Absprachen durch Blair entsprach einerseits seinem Arbeitsstil, andererseits auch seinem ausgeprägten Willen zur Einflusskontrolle: „*Blair*[156] bevorzugt Vieraugengespräche mit einzelnen Ministern, ad hoc gebildete Gruppen und Task Forces, um die spezifischen Probleme einzelner Geschäftsbereiche zu diskutieren. Mit diesem auch ‚Sofa-Government' genannten Vorgehen stellt *Blair*[157] sicher, dass seine Berater in die Entscheidungs- und Umsetzungsprozesse in jedem Ministerium eingebunden sind." (Becker 2005: 305). Auf diese Weise wurde Informalität für den Regierungschef zu einem strategischen Mittel der inneradministrativen Einflusssicherung.

Auch in den horizontalen Beziehungen zwischen der *Regierung* und den sie im *Parlament* tragenden Akteuren wurden unter Blair Informalisierungsprozesse sichtbar. Das betraf einerseits den Versuch des Regierungschefs, durch regelmäßige informale Konsultationen mit Abgeordneten der Regierungsfraktion über die

---

[153]   Vgl. dazu die vielfältigen Beispiele aus den einzelnen Steuerungsbereichen der Rekonstruktion strategischer Regierungsprozesse unter Blair im Kapitel 6.

[154]   Vgl. dazu auch die Kapitel 6.2.1.2, 6.2.3.3 oder 6.2.5.2.

[155]   Vgl. dazu insbesondere das Kapitel 6.2.5.1 sowie die vielfältigen Beispiele in den anderen Abschnitten des Kapitels 6.

[156]   Hervorhebung im Original, *R.T.*

[157]   Hervorhebung im Original, *R.T.*

dortigen Stimmungen, Probleme und Anliegen informiert zu sein, um frühzeitig auf sie reagieren zu können (vgl. auch Becker 2005: 305-306). Die geringe Anzahl parlamentarischer „Revolten" in der Auftaktphase der Regierung zeugten von der anfänglichen Wirksamkeit dieser Maßnahmen.[158] Allerdings hielt Blair diesen Steuerungsmodus nicht dauerhaft durch. Außerdem überlagerten in späteren Regierungsphasen zentrale inhaltliche Differenzen das Verhältnis zwischen Abgeordneten und Regierungsspitze (z.B. in der Irak-Frage) so, dass es Blair nur punktuell gelang, durch informale Einflussnahmen Blockaden im Parlament aufzulösen.[159]

Schließlich trug die neue Offenheit der Labour-Regierung im Verhältnis zu *gesellschaftlichen Akteuren* (vor allem Wirtschaftsvertretern) besondere informale Züge. Diese Art von Informalität und ein geringes Interesse an Standardverfahren, gekoppelt mit einer gewissen Naivität und einem ausgeprägten Interesse an materiellen Erträgen für die eigene Partei bescherten der Regierung allerdings verschiedentlich größere Korruptions-Skandale. Denn ihre Entscheidungen schienen durch informale Gespräche und eine großzügige Spendenbereitschaft beeinflussbar bzw. „käuflich" zu sein.[160]

7.1.1.2 Multiplizierung exekutiver Strukturen und Prozesse

Im Hinblick auf die zweite Dimension der parallelisierten Organisationssteuerung erwies sich für das Regierungshandeln unter Blair die Multiplizierung exekutiver Strukturen und Prozesse als profilbildend. Sie war zum Teil das Ergebnis eines *intendierten Steuerungsprozesses* der regierungsinternen Organisation, zum Teil aber auch nur die *nicht gewollte Konsequenz* anders gemeinter organisatorischer Integrationsbemühungen. Solche Prozesse der Multiplizierung und Integration lassen sich sowohl in der *horizontalen* wie *vertikalen Ausdehnung* des Regierungshandelns beobachten. Das heißt, sie fanden auf ein und derselben sowie zwischen unterschiedlichen Regierungsebenen statt (vgl. Flinders 2002: 53).

Kennzeichnend für die organisatorische Steuerung unter Blair war zunächst einmal das Bemühen der Akteure, durch eine *Zentralisierung* von Entscheidungskompetenzen die Bündelung strategischer Aufgaben der Regierungssteuerung in den Bereichen Organisation, Problempolitik, Konkurrenz und Kommunikation im Zentrum von Whitehall voranzutreiben. Auf diese Weise wollte man einen höheren *Integrationsgrad* des Handelns im Kern der Regierung sicherstellen. Die analyti-

---

[158]   Vgl. Kapitel 6.2.1.3.
[159]   Vgl. dazu etwa das Kapitel 6.2.5.2.
[160]   Vgl. Kapitel 6.2.1.1.

sche Rekonstruktion der strategischen Regierungssteuerung hat eine Fülle solcher Maßnahmen sichtbar gemacht, die den Ausbau von Downing Street und des Cabinet Office zu einer „Schaltzentrale" des Regierens bewirken und zugleich den unbeschränkten Steuerungszugriff des strategischen Regierungszentrums sicherstellen sollten. Als Beispiele dafür seien nur die Bestrebungen zur Zentralisierung administrativer Politikentwicklung, -umsetzung und -koordination in der Policy-Unit (später Policy Directorate) bzw. Delivery Unit genannt oder die Zusammenführung der kommunikativen Regierungsaktivitäten und unterschiedlicher Kommunikationseinheiten unter der Kontrolle eines Director of Communication and Strategy, der zugleich unmittelbar an die übergeordnete Politiksteuerung im Strategiezentrum angeschlossen war.[161]

Dagegen stand auf der *horizontalen Ebene* des Regierungshandelns die *Multiplizierung exekutiver Strukturen* und *Prozesse* als Folge und Ausdruck der Konflikte im strategischen Zentrum der Regierung. Teilweise waren solche Vermehrfachungen administrativer Zuständigkeit gewollt, weil die beiden Hauptkontrahenten Blair und Brown Umstrukturierungen der Kernexekutive zur Sicherung bzw. Erhöhung ihres eigenen Einflusses auf die Politikprozesse in Whitehall nutzten und dafür bewusst die Multiplizierung von Strukturen und Verfahren einsetzten. Sie waren aber teilweise auch unintendierte Konsequenz eines internen Machtkampfs, bei dem es nur darum ging, die Entscheidungsmöglichkeiten des Konfliktpartners zu reduzieren. Die Phasenrekonstruktion des vorangegangenen Kapitels verdeutlichte, wie erheblich die Konflikte im strategischen Zentrum die Steuerung des Regierungskollektivs erschwert haben. Das galt insbesondere, als die Intensität der Auseinandersetzung zwischen den beiden Spitzenfiguren im Zeitverlauf zunahm.[162] Die Multiplizierung und Überlappung administrativer Kompetenz etwa im Policy Directorate, der Forward Strategy Unit oder der Social Exclusion Unit sowie die Etablierung exekutiver Konkurrenz, beispielsweise zwischen der Delivery Unit und dem Comprehensive Spending Review des Schatzamtes oder der Konflikt zwischen den Fünfjahresplänen Blairs und der jährlichern Budgetsteuerung Browns, waren Folgen davon.[163]

In ihrem Ausmaß wohl als unintendiert anzusehen sind die *Multiplizierungen administrativer Zuständigkeiten* in der *horizontalen* und *vertikalen Richtung* des Regierens, die die Regierung Blair insbesondere mit ihrem umfassenden Reformprogramm „Modernising Government" produzierte.[164] Die Neustrukturierung administrativer Problembearbeitung im Rahmen einer Vielzahl unterschiedlicher Initia-

---

[161]   Vgl. dazu im Einzelnen die Kapitel 6.2.1.1, 6.2.1.4, 6.2.4.1, 6.2.4.4 und 6.2.5.1.
[162]   Vgl. dazu auch die Kapitel 6.2.1.1, 6.2.2.1, 6.2.3.1, 6.2.3.2, 6.2.4.1 und 6.2.5.1.
[163]   Vgl. dazu etwa die Kapitel 6.2.3.2, 6.2.4.1 oder 6.2.5.1.
[164]   Vgl. dazu umfassend die Kapitel 6.2.2.1, 6.2.3.1 und 6.2.4.1.

tiven bewirkte kompetenzrechtliche Abgrenzungsschwierigkeiten und eine zusätzliche institutionelle Fragmentierung. Das betraf sowohl die Zerfaserung eindeutiger Verantwortlichkeiten auf der horizontalen Exekutivebene wie auch Kompetenzverteilungen in vertikaler Richtung. Ein Beispiel dafür waren die Mehrfachzuständigkeiten für die Gewährleistung öffentlicher Leistungen von Regierungseinrichtungen, „special purpose bodies", dem Freiwilligen- und Privatsektor, die den Koordinationsaufwand nicht verringerten, sondern zusätzlich erhöhten (vgl. auch Rhodes 2000a: 156-157).

7.1.2 Ehrgeizige und umfangreiche Problempolitik

Den Beginn der Problempolitik unter Blair kennzeichneten eine besondere Aufbruchstimmung und ein ausgeprägter Tatendrang der Akteure, der in einer Fülle unterschiedlicher problempolitischer Aktivitäten und Initiativen der Regierung zum Ausdruck kam.[165] Bereits kurze Zeit später wurde dann aber sichtbar, dass die Bandbreite der von umfassenden Ansprüchen getragenen Reformversuche eine ganze Reihe von Schwierigkeiten erzeugte.

Das erste Problem lag im *Umfang der Reformen* selbst.[166] Die Blair-Regierung ergriff gleichzeitig für eine Fülle politischer Großfelder Problemlösungsinitiativen. Genannt seien hier nur Health, Education, insgesamt der Bereich der Public Services, aber auch Transport, Constitution oder Devolution. Überall wurden grundlegende Reformversuche unternommen. Es war aber nicht nur die Anzahl der Reformbereiche, die die Handlungskapazitäten der Regierung an ihr Limit führten, sondern auch die in den Feldern angestrebten Änderungen. Sie reichten von der Politikentwicklung bis zu ihrer Umsetzung, umfassten die Verzahnung von vertikalen und horizontalen Ebenen des Regierens und schlossen die Koordination ganz unterschiedlicher Akteurtypen ein (staatlichen Institutionen, Agenturen, privaten Organisationen etc.). Auch das von den Reformen betroffene Zielspektrum war breit. Es reichte von einzelnen Adressatengruppen über bestimmte Regionen bis hin zu ganzen Policy-Sektoren. Die Lösungsansätze sollten darüber hinaus nicht nur eine bessere Kooperation von Organisationen ermöglichen, sondern zusätzliche Partizipationschancen eröffnen. Man wollte die einzelnen Bürger in die Lage versetzen, ihre Belange besser einbringen zu können.

Drei weitere Grundprobleme ergaben sich aus der *spezifischen Reformanlage* der problempolitischen Steuerung unter Blair.[167] Zu nennen ist hier zum einen das

---

[165] Vgl. Kapitel 6.2.1.2.
[166] Vgl. Kapitel 6.2.3.1.
[167] Vgl. Kapitel 6.2.3.1.

Reformtempo, das eine hohe Taktung aufwies, aber kaum Zeit einräumte, die ergriffenen Maßnahmen wirken zu lassen. Die Ungeduld der Regierung führte zu fortlaufenden Neujustierungen und Modifikationen der Reformkonzepte, was das Erreichen der eigenen Ziele mitunter erschwerte. Ein zweites Grundproblem bestand in der *Reformzersplitterung*, die zu einer Vielzahl paralleler, sich teilweise überlappender Reformprojekte und Einzelinitiativen führte. Ein drittes Grundproblem ergab sich schließlich aus der *Top-down-Zentrierung* der Reformbemühungen, die einerseits tradierte Verwaltungskulturen nicht einfach aufheben konnte, andererseits für die Durchsetzung der Änderungen auf die Autorität des Regierungschefs und seine Interventionen angewiesen blieb. Da die Handlungskapazitäten der Regierungsspitze naturgemäß Begrenzungen unterlagen, bestand im Zentrierungsbestreben ebenfalls ein Hindernis der umfassenden Reformimplementation.

Einige der Schwierigkeiten der Problempolitiksteuerung verweisen auf den *individuellen Strategiestil* des Regierungschefs. Blairs problempolitischen Steuerungsansatz kennzeichneten eine *konzeptionelle Orientierung* und große *Ungeduld*.[168] Ausbleibende schnelle Erfolge wurden zumeist auf unzureichende Konzepte oder fehlende Ressourcen zurückgeführt. Die übliche Reaktion bestand in der kurzfristigen Weiter- bzw. Neuentwicklung problempolitischer Lösungsstrategien und in der Steigerung des Ressourceneinsatzes. Dieser „Aktionismus" wurde unterstützt durch fortwährende Kommunikationsaktivitäten, die verdeutlichen sollten, dass man nun die geeigneten Policy-Instrumente gefunden habe.

In der zweiten Legislatur nahm der *Ehrgeiz* des Premiers in der *außenpolitischen Problemsteuerung* zunehmend Raum ein.[169] Dabei musste Blair großen Aufwand betreiben, seine einsam getroffene Entscheidung der bedingungslosen Unterstützung der amerikanischen Regierung im internationalen Kampf gegen den Terror und bei der militärischen Irak-Invasion innenpolitisch durchzusetzen. Das gelang ihm zwar durch den Einsatz von Steuerungsinstrumenten wie der selektiven Nutzung von Geheimdienstinformationen, der Definitionshoheit über Entscheidungsalternativen sowie des Machtmitteleinsatzes als Regierungschef. Es führte aber zugleich zu erheblichen Einbussen bei seiner persönlichen politischen Popularität. In der *Innenpolitik* kennzeichnete die problempolitische Steuerung der Regierung in zentralen Feldern ein „overtargeting", das intern Abstimmungs-, Priorisierungs-, Orientierungs-, Dokumentations-, Überwachungs-, Kommunikations- und Zielerreichungsprobleme aufwarf.[170]

---

[168]   Vgl. dazu etwa die Kapitel 6.2.2.2 oder 6.2.4.2.
[169]   Vgl. Kapitel 6.2.5.2.
[170]   Vgl. Kapitel 6.2.5.2.

7.1.3 Konkurrenzstärke

Die besondere *konkurrenzpolitische Leistung* der Labour-Regierung lag darin, ihre in Oppositionszeiten aufgebaute elektorale Stärke in den acht Regierungsjahren zwischen 1997 und 2005 erhalten und in den Wahlgängen 2001 und 2005 stets aktualisieren zu können. Die Jahre zwischen 1994 und 1997 hatten Blair und Brown dazu genutzt, ihre Partei strategiefähig zu machen. Die Entwicklung von Strategiefähigkeit, bei der Führung und Richtung geklärt sowie Strategiekompetenz aufgebaut wurde,[171] und eine elektoral höchst erfolgreiche Wahlkampfstrategie brachte der Partei den fulminanten Sieg bei den Unterhauswahlen 1997 ein. Er erlaubte ihr nachfolgend ein in der Mehrheitsdimension ungefährdetes Regieren durch einen hohen Mandatsvorsprung.

Die *Wahlstrategie* Labours hatte vor allem drei Elemente ausgemacht.[172] Neben dem organisatorischen und kommunikativen Kompetenzaufbau in der eigenen Partei waren das vor allem die Hinwendung zu einem wesentlich erweiterten Wählerspektrum sowie die inhaltlich-programmatische Positionierung im Zentrum des parteipolitischen Spektrums. Die konkurrenzpolitische Stärke beruhte im Wesentlichen darauf, dass man mit den eigenen organisatorischen Reformen, den professionalisierten Kommunikationsfähigkeiten und den vertretenen inhaltlichen Positionen glaubwürdig vertreten konnte, eine runderneuerte Partei zu sein (New Labour). Das Geheimnis des konkurrenzpolitischen Erfolgs von New Labour lag darin, nicht nur einfach programmatische Positionen geändert zu haben, sondern den Wählern, den Medien und der politischen Konkurrenz gegenüber vermitteln zu können, dass mit diesen Positionsänderungen eine Verschiebung der Partei in Richtung der gesellschaftlichen Mitte verbunden war (centre ground). Weil ihr 1997 die glaubwürdige Vermittlung der eigenen Selbsterneuerung gelang, sie aber diese Zusicherung – ergänzt um weitere Aspekte von erbrachten Leistungen und aufgebauten Erwartungen[173] – auch in den beiden Wahlkampagnen 2001 und 2005 stets aktualisieren konnte, war die Regierung Labour so lange und so oft wahlpolitisch erfolgreich (Hindmoor 2004).

Die mit dem Wahlsieg 1997 allgemein geschaffene – und später immer wieder erneuerte – *konkurrenzpolitische Konstellation* blieb auch deshalb für die Labour-Regierung vorteilhaft, weil es den Konservativen als großer Oppositionskraft in den nachfolgenden Jahren nicht gelang, sich so zu erneuern, dass sie von einer Mehrheit der Briten als eine handlungsfähige „Regierung im Wartestand" wahrgenommen wurde. Unter dem Major-Nachfolger William Hague verhinderten

---

171   Vgl. Kapitel 6.1.1.
172   Vgl. Kapitel 6.2.1.
173   Vgl. die Kapitel 6.2.3.3 und 6.2.5.3.

programmatische Unklarheiten, Führungsprobleme und Politikskandale die Regeneration zu einer strategiefähigen Oppositionspartei.[174] Auch die späteren Parteivorsitzenden Duncan Smith und Michael Howard vermochten es nicht, einen unangefochtenen eigenen Führungsanspruch durchzusetzen, die konservative Partei inhaltlich hinter sich zu einen und für die Bürger zu einer realen Regierungsalternative zu machen, obwohl die Labour-Regierung in den Wahljahren 2001 und 2005 durchaus nicht als unschlagbar galt.[175] Fehlende Strategiefähigkeit und konkurrenzpolitisch letztlich nicht erfolgreiche Wahlkampfstrategien der Konservativen verhinderten, dass die Opposition die Regierung Blair ernsthaft gefährden konnte.

Aus diesem Grund ergab sich auch keine Notwendigkeit, das längerfristige angelegte Projekt einer intensivierten Zusammenarbeit mit den Liberaldemokraten so fortzusetzen, wie Blair es ursprünglich geplant hatte – insbesondere angesichts des Widerstandes, die diese *strategische Kooperation* innerhalb der Labour-Partei auslöste.[176] Eine *solide Konkurrenzpolitik*, die wenig Fehler machte (so etwa bei der strategischen Entscheidungen über die Terminierung der Unterhauswahlen im Jahr 2001)[177] und außerdem auf mehr mediale Unterstützung[178] als in früheren Jahren bauen konnte, die *Wahl- und Mobilisierungsschwäche der Konservativen* sowie relativ *stabile Präferenzen* der Wähler reichten, um die Opposition aus der Regierung heraus in Schach zu halten und die für Labour historisch einmaligen drei konsekutiven Wahlsiegen zu erringen.

7.1.4 Kontrollorientierte Kommunikation

Der Kontrollbias des kommunikativen Steuerungsprofils der Regierung Blair kam schon in der Neugestaltung der administrativen Kommunikationsstrukturen im Zentrum der Regierung kurz nach dem Wahlsieg von 1997 zum Ausdruck. Die *Zentrierung* der regierungsinternen Kommunikationsaktivitäten unter Oberaufsicht der Strategic Communication Unit und eine *rigide Kommunikationssteuerung* gewährleisteten ein proaktives und auf kommunikative Linienführung bedachtes Kommunikationsmanagement. Diese Form der Kommunikationssteuerung fand durch eine enge persönliche Bindung des kommunikativen Zentralakteurs, Alastair Campbell, an die Regierungsspitze zusätzliche Stützung. Bei den späteren Anpassungen der grundlegend neuen Kommunikationsstrukturen im Regierungs-

---

[174]   Vgl. Kapitel 6.2.1.3.
[175]   Vgl. die Kapitel 6.2.3.3, 6.2.4.3 und 6.2.5.3.
[176]   Vgl. dazu das Kapitel 6.2.2.3.
[177]   Vgl. Kapitel 6.2.3.3.
[178]   Vgl. etwa die Kapitel 6.1.1 und 6.2.3.4.

prozess versuchten die Akteure die generellen Vorteile eines solchen, auf Kontrolle basierenden kommunikativen Steuerungsmodells beizubehalten.[179]

Die mit modernen Instrumenten der Öffentlichkeitsarbeit und des politischen Marketings verfolgten Ziele waren weitreichend. Sie betrafen das Agenda-Building, die Sicherstellung einer *overall message* und den Versuch einer möglichst umfassenden Beeinflussung der Medien. Sich zeitlich und inhaltlich überschneidende kommunikative Initiativen einzelner Ressorts oder eine anders verursachte inkohärente Präsentation der Regierungspolitik wurden weitgehend vermieden. Das *permanent campaigning* der Regierung sollte jedoch nicht nur die Gegenstände der Berichterstattung in den Medien (mit-)bestimmen, sondern versuchte zusätzlich, gezielten Einfluss auf die Inhalte der medialen Diskurse zu gewinnen. Die *kommunikativen Kontrollbestrebungen* der Regierung zeigten damit in eine doppelte Richtung. Sie richteten sich einerseits nach *innen* in die eigene Administration, aber zugleich auch nach *außen* auf die Medien und ihre Akteure.[180]

Zusätzliche Bestandteile der kontrollorientierten Kommunikation unter Blair waren eine ständige *Ereignisproduktion*, eine systematisch und längerfristige angelegte *Planung der Kommunikation*, die durch den wöchentlichen *grid* konkretisiert und aktualisiert wurden, sowie die bewusste *Personalisierung* von politischen Maßnahmen und Handlungen.[181] Dabei spielte der Regierung die besondere Kommunikationsstärke ihres Premierministers in die Hände. Sie wurde an unterschiedlichen Stellen des Regierungsprozesses sichtbar und bewirkte eine zusätzliche positive *Personalisierung*.[182]

Beobachten ließen sich jedoch auch negative Wirkungen einer so angelegten Regierungskommunikation.[183] Eine der kritischen Folgen des von der Blair-Regierung verfolgten Kommunikationsansatzes war, dass die *Akteure* – nicht zuletzt ausgelöst durch die eigene Personalisierung – selbst zum *Bestandteil der Kommunikation* wurden. Das beeinträchtigte ihre Arbeitsfähigkeit im Falle kritischer Berichterstattung teilweise erheblich. Dazu kamen weitere negativ wirkende Effekte, wie etwa die durch die starke Personalisierung der Regierungspolitik aufgebaute *kollektive Abhängigkeit* vom *individuellen Image* der *Spitzenakteure*. Schwankungen der individuellen Zustimmungs- und Glaubwürdigkeitswerte wurden so fast ungebrochen auf das gesamte Regierungskollektiv übertragen. Auch die Tatsache, dass *politische Regierungskrisen* regelmäßig mit *medialen Nebenhandlungen* verwoben waren, ließ sich als Ergebnis der spezifischen Kommunikationsgestaltung unter

---

[179]   Vgl. ausführlich die Kapitel 6.2.1.4, 6.2.2.4., 6.2.3.4, 6.2.4.4. und 6.2.5.1.
[180]   Vgl. Kapitel 6.2.1.4.
[181]   Vgl. Kapitel 6.2.1.4.
[182]   Vgl. dazu beispielsweise das Kapitel 6.2.1.4.
[183]   Vgl. dazu die Kapitel 6.2.2.4 und 6.2.5.4.

Blair interpretieren. Und schließlich konnte die Dominanz der öffentlichen *Spin-statt-Substanz-Debatten*, die den gesamten Regierungsprozess begleiteten, zum Teil auf eine *übersteuerte Instrumentalisierung* von Medienakteuren und öffentlichen Kommunikationsprozessen der Blair-Regierung zurückgeführt werden. In Reaktion darauf nutzten die Journalisten ihre Einflussmittel, um sich gegen überzogene Kontroll- und Steuerungsversuche der Regierung zu wehren.

Auch in der *Verknüpfung* von *problempolitischer* und *kommunikativer Steuerung* traten die einerseits positiven, andererseits negativen Konsequenzen einer kontrollorientierten Regierungskommunikation zu Tage. So konnte die Regierung im Falle der Kriminalitätspolitik beispielsweise mit ihrer spezifischen Art und Weise der Kommunikationssteuerung erreichen, dass ihre eigenen Maßnahmen und Leistungen in diesem Feld besonders wahrgenommen wurden. Sie musste aber gleichzeitig mit ansehen, dass die eigene Zuspitzung des Themas dazu beitrug, die Angst in der Bevölkerung vor Kriminalität – trotz Erfolgen in der Problemlösung – zu steigern.[184] So gesehen wurde die Regierung hier zum Opfer ihrer eigenen Bemühungen um kommunikative Kontrolle.

7.1.5 Resümee: übersteuerte Regierungssteuerung

Bündelt man das die einzelnen Steuerungsbereiche überwölbende *Strategieprofil* der Blair-Regierung, fallen vor allem Tendenzen der „Überkonzeptualisierung" und des forcierten „Spinning" auf. Gepaart mit einer großen Reichweite des eigenen Reformanspruchs, der Informalisierung von Politikprozessen, der Multiplizierung von Entscheidungsstrukturen sowie einer hohen Kontrolldichte innerhalb der Exekutive, lässt sich eine Neigung zur *Übersteuerung* der Regierungsprozesse feststellen. Die besondere Betonung der kommunikativen Außendarstellung des Regierungshandelns führte zu eigenen Handlungsschwerpunkten und einem Erwartungsaufbau, dem die erzielten substantiellen Politikergebnisse nur schwer folgen konnten (das Delivery-Problem). Die vielfältigen Anstrengungen zur Entwicklung einer kohärenten Regierungssteuerung zeigten nicht die gewünschten Wirkungen.

7.2 Erklärungen des strategischen Steuerungsprofils

Unter Beibehaltung der Grundstruktur dieser Untersuchung sollen nachfolgend auch für die Labour-Regierung eine Reihe von *Einflussfaktoren* präzisiert werden, die zu den Besonderheiten strategischer Steuerung unter Premierminister Blair

---

[184] Vgl. dazu etwa das Kapitel 6.2.4.2.

beigetragen haben. Gefragt wird danach, was im Einzelnen mit dazu führte, dass es in den strategischen Prozessen der Jahre 1997-2005 zu in zweifacher Hinsicht parallelisierter Organisationssteuerung (Informalität bzw. Multiplizierung exekutiver Strukturen), ehrgeiziger und umfangreicher Problempolitik, Konkurrenzstärke sowie kontrollorientierter Kommunikation und einer insgesamt übersteuerten Regierungssteuerung gekommen ist.

Der hier entwickelten *komplexen Erklärungsstruktur*[185] liegt die Einsicht zugrunde, dass nur eine Vielzahl unterschiedlicher Einflussgrößen – in ihren jeweiligen Einzelwirkungen sowie interdependenten Wechselbeziehungen – die spezifischen Ausformungen des strategischen Steuerungsprofils der Regierung Blair hervorgebracht haben. Das Gesamtbild strategischer Regierungssteuerung unter Blair lässt sich weder mit Hilfe deterministischer Erklärungsmuster noch unter Verwendung monokausaler Erklärungssätze gewinnen. Aus strategischer Perspektive zentrale Wirkungsparameter sollen hier gebündelt präsentiert werden.

Auch an dieser Stelle sei noch einmal darauf verwiesen, dass die Eigenarten des hier verfolgten Ansatzes *verstehenden Erklärens* im Erklärungsabschnitt zum Tragen kommen.[186] Das deutende Verstehen von Akteurintentionen und -handlungen im Rahmen der analytischen Fallrekonstruktionen hat zugleich Erkenntnisse über wichtige Einflussfaktoren strategischer Steuerungsprozesse hervorgebracht. Sie werden im Folgenden nun noch einmal in ihrem spezifischen Wirkungszusammenhang von Akteur- bzw. Umweltfaktoren und strategischem Steuerungsprofil expliziert. Begriffe und analytische Kategorien der politischen Strategieanalyse kamen und kommen dementsprechend sowohl bei der analytischen Erfassung als auch bei der ursächlichen Erklärung des strategischen Steuerungsprofils der Regierung Blair zur Anwendung. Gleichwohl bleibt die Unterscheidung von analytischer Beschreibung und kausaler Erklärung möglich. Vorgängiges Verstehen und nachfolgendes Erklären verfügen allerdings über einen inneren Konnex, bei dem analytisches Nachvollziehen, deutendes Verstehen und das Erklären von Abläufen und Wirkungen im Rahmen des hier verfolgten umfassenden Untersuchungsansatzes verstehender Strategieanalyse ineinander greifen.

7.2.1 Abnehmende Strategiefähigkeit

Die *Startbedingungen* für die Blair-Regierung waren aus strategischer Perspektive günstig. Der Labour-Partei gelang in den Jahren nach 1994 unter der neuen Partei-

---

[185]   Vgl. dazu das Kapitel 1.2.
[186]   Vgl. dazu auch die Kapitel 1.2 und 5.2.

führung der antizipierende Aufbau von *Strategiefähigkeit* in Oppositionszeiten.[187] Die *Führungsfrage* konnte man (zunächst) klären und das Zweckbündnis der beiden Spitzenakteure Blair und Brown funktionierte – vor allem angesichts der als historisch wahrgenommenen Aufgabe der Wiedererlangung von Regierungsmacht für die Labour-Partei nach langen Jahren in der Opposition. In der Führung unumstritten waren die dafür als erforderlich angesehenen Änderungen in der programmatischen und organisatorischen *Ausrichtung* Labours. Sie beinhalteten eine inhaltliche Neuorientierung und die Professionalisierung des Parteiapparates. *Strategiekompetenz* wurde vor allem über informale Netzwerke in die Parteispitze eingebunden.

Die über den gesamten Regierungszeitraum seit 1997 *abnehmende Strategiefähigkeit* beeinflusste die Entwicklungen im strategischen Steuerungsprofil der Regierung Blair nachfolgend erheblich. Bald wurde sichtbar, dass es einen Unterschied machte, ob man lediglich die begrenzte, *einfache Strategiefähigkeit* einer Oppositionspartei im Hinblick auf einen bestimmten Wahltermin aufbauen oder aber die komplexe strategische Organisations- und Politikfähigkeit einer Regierung herstellen und aufrechterhalten wollte (*erweiterte Strategiefähigkeit*). Dabei musste im britischen Party-Government ein funktionierender Nexus von Partei, Regierung, Parlament und Administration gewährleistet werden.[188] Insbesondere die Steuerung der weit verzweigten, bürokratischen Großorganisation einer Regierung mit langjährig eingefahrenen prozessualen Verfahren und ausgeprägten administrativen Kulturen bereitete der Blair-Regierung einige Probleme.[189]

Die im späteren Verlauf nachlassende Strategiefähigkeit des Regierungskollektivs lässt sich vor allem, das hat die analytische Rekonstruktion in vielfältiger Weise sichtbar gemacht, auf *interne Führungskonflikte* zwischen den Zentralakteuren Blair und Brown zurückführen – trotz vorhandener *Richtungskohärenz* und in das Regierungshandeln integrierter *Strategiekompetenz*. Die abnehmende Strategiefähigkeit beeinflusste das strategische Steuerungsprofil der Regierung vor allem dadurch, dass es die parallelisierte Organisationssteuerung forcierte, in der Informalität sowie eine Vervielfachung exekutiver Strukturen und Prozesse zu Zentralmerkmalen des Steuerungsmodus wurden.

---

[187]   Vgl. ausführlich das Kapitel 6.1.1.

[188]   Vgl. Kapitel 3.2.

[189]   Vgl. dazu die umfangreichen Illustrationen in der empirischen Rekonstruktion der Steuerungsprozesse unter Blair (beispielsweise in den Kapiteln 6.2.1.1, 6.2.2.2 oder 6.2.5.1).

7.2.1.1 Führungskonflikte

Die sich im Steuerungsprozess intensivierenden Auseinandersetzungen innerhalb des strategischen Regierungszentrums hatten erhebliche Auswirkungen auf die kollektive Strategiefähigkeit der regierenden Gesamtformation. Es waren zunächst einmal *individuelle Konflikte* zwischen Blair und Brown, die über den besonderen Einfluss dieser Akteure – aufgrund ihrer Position, Funktion und Autorität – für das Kollektivhandeln der Regierung erhebliche Wirkung entfalteten. Durch die Beteiligung der jeweiligen „strategischen Cliquen" an den Auseinandersetzungen zwischen dem Premierminister und seinem Schatzkanzler entwickelten sich die konfliktorischen Interaktionen darüber hinaus zugleich zu *Konflikten von Teilkollektiven* innerhalb des Regierungsakteurs.

Gordon Brown erwies sich bei der fortgesetzten Infragestellung des *inhaltlichen* und *formalen Führungsanspruchs* des Premierministers als treibende Kraft. Das bis zum Wahlsieg 1997 gut funktionierende Teamwork der beiden Spitzenakteure erhielt bald nach der Amtsübernahme erste Risse. Brown ließ im Regierungsprozess immer deutlicher werden, dass er mit seiner Position und Funktion als Schatzkanzler einen inhaltlichen Führungsanspruch verband, der sich auf weite Teile der detail- und richtungspolitischen Steuerung der Regierungspolitik bezog. Später im Regierungsprozess eskalierte der Führungskampf zwischen der Nr. 1 und der Nr. 2 derart, dass sich Brown intern offen gegen den formalen Führungsanspruch Blairs richtete und ihn ultimativ aufforderte, seinen Platz frei zu machen, um ihn als seinen Nachfolger im Premierministeramt zu installieren.

Die Folgen der Führungskonflikte für die strategischen Steuerungsprozesse und das sich dabei zeigende Strategieprofil der Regierung waren vielfältig. Zunächst ließen die um Führung kämpfenden individuellen Akteure das Handlungsvermögen zu kollektiven strategischen Steuerungsanstrengungen sinken.[190] Die nachlassende Befähigung zu gemeinsamem strategischen Steuerungshandeln hatte Effekte, die bei der Ausformung des spezifischen strategischen Steuerungsprofils der Blair-Regierung zum Tragen kamen. Die wichtigsten Wirkungen der internen Führungskonflikte bestanden zum einen in der Zunahme informaler Steuerungsprozesse und zum anderen in der Multiplizierung exekutiver Strukturen.

Sowohl Blair als auch Brown setzten *Informalität* (nicht nur, aber auch) als Mittel ein, um den eigenen Einflussbereich gegenüber dem jeweiligen Gegenspieler im strategischen Zentrum zu vergrößern und die Kontrollmöglichkeiten über politische Inhalte und Prozesse innerhalb der Regierung zu sichern bzw. weiter auszubauen. Der Führungskonflikt wurde auf diese Weise also unter anderem in Form

---

[190] Vgl. dazu auch die instruktiven Selbsteinschätzungen der Akteure in den Rückblicken von Mandelson (2010: 25) oder Blair (2010: 496-500).

informaler Praktiken ausgetragen. Ein Ausdruck dieses Wirkungszusammenhangs war das fast den Grad eines Strukturproblems erreichende Phänomen der „leaks", bei denen immer wieder interne Informationen über unterschiedliche Kanäle an die Öffentlichkeit gelangten. Wie sich in der empirischen Prozessrekonstruktion deutlich gezeigt hat, geschah das informale Zuspielen vertraulicher Hinweise durch Akteure der einen oder anderen strategischen Clique oft zum Zwecke der Stärkung des eigenen und Zurückdrängung des anderen Lagers.

Ein anderes profilbestimmendes Ergebnis der internen Führungskonflikte lag in der von den Konfliktakteuren auf der horizontalen Regierungsebene vorangetriebenen *Multiplizierung exekutiver Strukturen*. Auch hierbei spielten regelmäßig – neben anderen Entscheidungskalkülen – Überlegungen eine Rolle, wie man dem eigenen Führungsanspruch gegenüber dem regierungsinternen Gegenspieler mehr Geltung verschaffen konnte. Bewusst – zum Teil wohl aber auch unbewusst – trugen die Machtkämpfe zwischen Blair und Brown damit zur Vervielfachung und Überschneidung administrativer Kompetenz, Etablierung konkurrierender exekutiver Prozesse und Entscheidungsverfahren sowie der Zunahme interner Zuständigkeitskonflikte bei.

Insgesamt ist im Regierungsprozess erkennbar geworden, dass die Führungskonflikte innerhalb des strategischen Zentrums einen nicht unwesentlichen Beitrag zum *übersteuerten Steuerungsprofil* der Blair-Regierung leisteten. Kabinettsumbildungen, die fast ausschließlich dem Kalkül der internen Gegnerbekämpfung entsprangen und nur deswegen vorangetrieben wurden, ernsthafte Überlegungen von Blair und seiner Umgebung, die die Ablösung des Schatzkanzlers Brown als Radikallösung des Führungskonfliktes vorsahen, und vor allem die kontinuierlichen organisatorischen Restrukturierungsmaßnahmen aufgrund der Lagerkämpfe haben deutlich gemacht, wie die an Brisanz zunehmende Führungsfrage zu übersteigerten Aktivitäten der Regierungsspitze im Feld der Organisationssteuerung führte. Das Vorgehen der rivalisierenden strategischen Cliquen erwies sich für die Steuerungsbemühungen der Kollektivregierung vielfach als kontraproduktiv.

7.2.1.2   Richtungskohärenz und Strategiekompetenz

Bislang ist mit der Führungsfrage nur eines der drei Bausteine kollektiver Strategiefähigkeit diskutiert und in ihren Konsequenzen für das Strategieprofil der Regierung Blair analysiert worden. Strategiefähigkeit besteht jedoch aus den drei konstitutiven Komponenten von Führung, Richtung und Strategiekompetenz. Was lässt sich mit Blick auf die anderen beiden Elemente und ihre Wirkungen für das Steuerungshandeln unter Blair feststellen?

Richtungsbestimmung bedeutet die Positionierung des eigenen Kollektivs im politischen Koordinatensystem und die daraus folgende Selbstdefinition im Hinblick auf Werte, Ziele, Instrumente, Interessen, Ideen (vgl. Raschke/Tils 2007: 315-320). Die empirische Fallstudie hat herausgearbeitet, wie Labour während seiner Regierungszeit an der bereits der Mitte der 1990er Jahre entwickelten *zentristischen Strategie*, die mit dem Konzept von New Labour verknüpft war, durchgängig festhielt. Diese Konstanz entsprach nicht nur den inneren Überzeugungen der für die Richtungsbestimmung maßgeblichen Akteure, sondern verstetigte zugleich auch die konkurrenzpolitische Stärke Labours in den Jahren nach 1997. Nur auf diesem Fundament lassen sich die drei aufeinander folgenden Wahlsiege unter Blair erklären. Beim Kampf um die Führungsposition zwischen Blair und Brown blieb der übergeordnete Kurs von Partei und Regierung weitgehend unangetastet.

Neben der inhaltlichen Neuausrichtung gehörte, auch das wurde in der empirischen Nachzeichnung des Steuerungsprozesses deutlich, die organisatorische Restrukturierung und Professionalisierung (vor allem im Hinblick auf kommunikative Kompetenzen) zu den zentralen Bausteinen im antizipierenden Aufbau von Strategiefähigkeit der Labour-Partei vor 1997. Mit der Platzierung von *Bereichsstrategen*, die sich für einzelne Steuerungsbereiche als strategisch versiert erwiesen hatten, und themen- bzw. bereichsübergreifenden *strategischen Generalisten*[191] in Schlüsselpositionen der Regierungsadministration oder ihrer informalen Anbindung an die Akteure des strategischen Zentrum (als Beispiele seien an dieser Stelle nur Peter Mandelson, Alastair Campbell, Ed Balls, Phillip Gould, Matthew Taylor, Geoff Mulgan genannt), versuchte man auch nach der Amtsübernahme die erworbene Strategiekompetenz für den Regierungsprozess zu sichern. Insofern kann durchaus von einer großflächig entwickelten *strategischen Aktions-, Konzeptions-* und *Kommunikationskompetenz* innerhalb der Labour-Regierung gesprochen werden. Allerdings blieb die Nutzung dieser Strategiekompetenz zu großen Teilen von den Lagerkonstellationen der konkurrierenden strategischen Cliquen abhängig.

Dass die Führungskonflikte innerhalb des strategischen Zentrums trotz Gradlinigkeit in der Richtungsfrage sowie institutioneller und prozessualer Integration von Strategiekompetenz insgesamt einen Verlust an strategischem Handlungsvermögen der Regierung bewirkten, zeigt den inneren Zusammenhang der Trias von Führung, Richtung und Strategiekompetenz für die Ausbildung von kollektiver Strategiefähigkeit. Die Strategiefähigkeit von Kollektivakteuren ist auf das Vorhandensein aller drei Elemente angewiesen.[192]

Der Fall der Blair-Regierung verweist hier auf Muster, die Varianten der Standarderwartung zeigen. Diese geht davon aus, dass die Klärung der Führungsfrage

---

[191]   Vgl. zu dieser Unterscheidung Raschke/Tils (2007: 299-304, 2008: 303-304).

[192]   Vgl. dazu auch das Kapitel 3.2.

Voraussetzung für die Richtungsklärung und den Aufbau von Strategiekompetenz ist und eine umstrittene Führung die Richtung frei schwebend lässt.[193] Für den Beginn der Zeit von New Labour mit der Übernahme der Parteiführung durch Blair konnte gezeigt werden, dass die vorgängige Klärung der Führungsfrage Voraussetzung für den weiteren Aufbau von Strategiefähigkeit war. Die späteren Auseinandersetzungen um die Führung im Regierungsprozess machten jedoch deutlich, wie *Führungskonflikte* ohne zeitgleiche *Richtungskonflikte* aufbrechen können. Im britischen Fall wird sichtbar, dass es keine Richtungsunterschiede sein müssen, die Akteure zu Führungskämpfen verleiten.

Das unumstrittene *Richtungsprofil* verhinderte nicht, dass die ausgetragenen Führungskonflikte die kollektive strategische Handlungsfähigkeit schwächten. Auch die informal angeschlossene oder im Bereich der Kernexekutive institutionalisierte *Strategiekompetenz* bremste die nachlassende Strategiefähigkeit der Regierung allenfalls unwesentlich. Konkurrenz und Rivalität der dafür wichtigen Akteure, die sich um die beiden Spitzenakteure gruppierten, führten allerdings dazu, dass das vorhandene strategische Potential in der Regierung nicht voll ausgeschöpft werden konnte.

7.2.2 Strategiebildung und Steuerungskonzepte

Kennzeichnend für den Regierungsprozess unter Blair war das Bemühen, den vielfältigen eigenen Steuerungsaktivitäten stets auch ein konzeptionelles Gerüst zu geben. Übergreifende Politikkonzepte wie „New Labour" oder „Third Way", vor allem aber detaillierte Einzelkonzeptionen, die für die unterschiedlichen Reformfelder erarbeitet wurden, sollten die Arbeitsgrundlage bzw. den kommunikativen Bezugspunkt für das Regierungshandeln liefern. Die große Anzahl und Vielfalt von Steuerungskonzepten und Strategiebildungsprozessen wirkte in unterschiedlicher Weise auf das Steuerungsprofil der Blair-Regierung zurück.

Bemerkenswert erschien zunächst der konzeptionelle Ausreifungsgrad der vielfältigen Strategieentwicklungen innerhalb der Regierungsinstitutionen. Er ist in der analytischen Fallrekonstruktion sichtbar geworden. In zahlreichen Arbeitseinheiten und -zusammenhängen bemühten sich die Akteure um methodisch anspruchsvolle Zielfindungs- sowie Programm- und Maßnahmenentwicklungsprozesse. Sie sollten wissenschaftlich fundiert, evidenzbasiert und managementorientiert sein. „Strategic skills" wie etwa strukturiertes Denken, eine systematische administrative Kapazitätsentwicklung oder das koordinierte Management von

---

[193]   Vgl. zur Frage des Verhältnisses von Führung, Richtung und Strategiekompetenz auch Raschke/Tils (2007: 332-334).

Projekten, Akteuren und Öffentlichkeitsarbeit wurden dabei als besonders wichtig angesehen.

Die sehr *ausgeprägte Konzeptionsorientierung* der wichtigen Regierungsakteure und ihrer von außen in die Regierung geholten Special Advisor beeinflusste das charakteristische problempolitische Steuerungsmuster der Regierung. Es vertraute auf den Erfolg „guter" Problemlösungsansätze. Insbesondere ein Ausbleiben schneller, positiver Politikergebnisse wurde im Wesentlichen auf ungeeignete Zielformulierungen und suboptimale Mittel zurückgeführt. In den Reaktionen darauf bemühte man sich darum nicht selten (vor)schnell um die Neukonzipierung der Regierungsaktivitäten, ohne den bisher eingeschlagenen Reformpfaden und eingesetzten Instrumenten hinreichende „Wirkungszeit" zuzubilligen und sie allenfalls vorsichtig zu modifizieren. Gerade in Feldern mit tief greifenden Strukturdefiziten wie dem britischen Gesundheitssystem stieß man mit dem konzeptionsorientierten Problemlösungsmodus auf gravierende Schwierigkeiten.

Dazu kam eine sich teilweise *überlappende Strategiebildung* in unterschiedlichen organisatorischen Bereichen der Regierung, die – im Zusammenwirken mit den strategischen Zentrumskonflikten – ein kohärentes und konsistentes Steuerungshandeln der Regierung erschwerte. Teilweise intentional, teilweise aber auch unintendiert waren exekutive Mehrfachzuständigkeiten etabliert worden. Insgesamt jedoch haben die Betonung von Strategiebildungsprozessen und das Hervorbringen einer Vielzahl von Steuerungskonzepten einen wirkungsvollen Beitrag zur *ehrgeizigen* und *umfangreichen Problempolitik* der Labour-Regierung geleistet.

Auch im Feld der Konkurrenzpolitik zeigte sich eine Neigung zu strategischer Analyse und konzeptionellen Schlussfolgerungen. Die zahllosen „geheimen" strategischen Lageberichte (in Form interner Memos), haben die *konkurrenzpolitische Stärke* der Regierung grundsätzlich gestützt, weil darauf in zahlreichen Fällen mit entsprechenden Gegenmaßnahmen reagiert wurde. Sie fassten regelmäßig die allgemeine konkurrenzpolitische Situation, die momentane öffentliche Wahrnehmung der Regierung sowie den aktuellen Stand der „Problemfelder" der Problempolitik zusammen und unterbreiteten Verbesserungsvorschläge. Allerdings blieb auch in dieser Hinsicht das Problem nachlassender Strategiefähigkeit nicht ohne Wirkung. Je mehr dieser eigentlich nur für interne Zwecke gedachten Lageberichte in den Strudel der von den strategischen Cliquen ausgetragenen Führungskämpfe gerieten und infolgedessen über gezielte „leaks" in die Öffentlichkeit getragen wurden, desto eher konnten sie zu einer ernsthaften Gefahr für das Ansehen Labours in der öffentlichen Wahrnehmung und ihrer Stärke gegenüber den politischen Konkurrenten werden.

7.2.3 Leadership

Unter Verweis auf die zahlreichen empirischen Erörterungen des Führungsprofils von Tony Blair in den bisherigen Analyseabschnitten, sollen im Folgenden – in gleicher Weise wie bei der Untersuchung der Schröder-Regierung[194] – lediglich noch einmal die spezifischen Wirkungen der Ausfüllung von strategischen Leadership-Funktionen durch den Premierminister für das Steuerungsprofil der Labour-Regierung thematisiert werden. Die diskutierten Aspekte beziehen sich demgemäß auf Führungssicherung, Richtungsnavigation, Entscheidungsdurchsetzung, Mobilisierung und Orientierung.

Um die Sicherung seiner *Führung* musste Blair im Laufe der Regierungszeit zunehmend ringen. Sein großer Gegenspieler im strategischen Zentrum, Gordon Brown, stellte den Führungsanspruch des Premierministers zunächst inhaltlich, später auch formal in Frage. Wirkungen zeigte diese regierungsinterne Führungskonkurrenz insbesondere bei der Organisationssteuerung. Informalisierung der exekutiven und legislativen Entscheidungsprozesse sowie die Multiplizierung administrativer Strukturen waren Ausdruck einer *parallelisierten Organisationssteuerung*. Sie hatte ihre Ursache auch im Bestreben des Regierungschefs, den eigenen Führungsanspruch aufrecht zu erhalten.

Sicherheit in der *Richtungsfrage* war eines der Kernmerkmale, die das Handeln des strategischen Regierungszentrums unter Blair auszeichnete. An der schon in Oppositionszeiten erfolgten Festlegung auf zentrale richtungspolitische Kernelemente der Politik von New Labour (z.B. Mitteorientierung, Priorisierung der Ökonomie, Reformehrgeiz) wurde im Regierungsprozess festgehalten. Die übergreifenden Richtungsbestimmungen dienten den Regierungsakteuren in den problempolitischen Entscheidungsprozessen als zentrale Orientierungsmarken. So wirkten sie auf die Ausgestaltung ihrer *Problempolitik* zurück. Auch die Wahlkampagnen 1997, 2001 und 2005 fußten auf diesen richtungspolitischen Grundentscheidungen und leistetet damit einen wichtigen Beitrag zur entwickelten *konkurrenzpolitischen Stärke* der Labour-Regierung.

Das Vertrauen Blairs in die eigene Fähigkeit zur *Entscheidungsdurchsetzung* hatte nicht nur Konsequenzen für den Umfang der angestrebten problempolitischen Reformen, sondern auch die dabei verfolgten anspruchsvollen Ziele. Eine bei Blair persönlich auftretende Zögerlichkeit im Prozess der Entscheidungsfindung behinderte die *ehrgeizige* und *umfangreiche Problempolitik* kaum. Wenn der Premierminister zu einer Entscheidung gelangt war, setzte er alle notwendig erscheinenden Hebel in Bewegung, um die Umsetzung dieser Entscheidung voranzutreiben bzw. zu beschleunigen. Unter Einsatz seiner persönlichen Autorität als Pre-

---

[194] Vgl. dazu das Kapitel 5.2.3.

mierminister und mit Hilfe einer Top-down-Zentrierung der Reformbemühungen versuchte Blair die von ihm getroffenen Entscheidungen durchzusetzen.

Die besonderen intuitiven Fähigkeiten und kommunikativen Kompetenzen des Premierministers halfen bei der *Mobilisierung* von Unterstützung. Blair verfügte über ausgeprägte Begabungen beim Finden richtiger Worte und angemessener Tonlagen, die ihn gleichzeitig als vertrauenswürdigen Premierminister und Bürger von nebenan erscheinen ließen. Das zugleich Staatsmännische und eine suggerierte Nähe zu den Auffassungen und Empfindungen eines britischen „Normalbürgers" nutzten der Regierung im parteipolitischen Wettbewerb (*Konkurrenzstärke*) und bei der Realisierung von öffentlicher Unterstützung im Regierungsprozess (*Kommunikation*).

Auch im Hinblick auf die *Orientierungsfunktion* strategischer Führung lassen sich schließlich Wirkungen der von Blair eingesetzten Kommunikationsmittel auf Elemente des Steuerungsprofils erkennen. Die Zentrierung kommunikativer Kompetenz in unmittelbarer Nähe des Regierungschefs sowie ein von ihm – und seinem Kommunikationschef Campbell – forciertes professionalisierte Kommunikationsmanagement im Sinne permanenter Kampagneführung trug zu den positiven wie negativen Folgen einer *kontrollorientierten Kommunikation* bei. Mit den Dachkonzeptionen von New Labour und Third Way standen vielfach anschlussfähige kommunikative Referenzfolien zu Verfügung. Sie mussten zwar wegen ihrer normativen Reichweite und Abstraktheit stets durch Kommunikation aktualisiert werden, konnten dann aber die eigene Politik mit kontextsetzenden Orientierungen verbinden.

7.2.4   *Individuelles Strategieprofil des Regierungschefs*

Ebenso wie in der Schröder-Fallstudie lassen sich auch bei Blair Wirkungen seines individuellen Strategieprofils als Regierungschef auf das kollektive Steuerungsprofil der Gesamtregierung ausmachen. Das *individuelle Strategieprofil* wird geprägt von charakteristischen Persönlichkeitsmerkmalen und besonderen Fähigkeiten, die sich auf seine Wahrnehmung und den Umgang mit strategischen Anforderungen und Fragestellungen beziehen.[195] Es umfasst die *individuelle Strategiekompetenz* und den spezifischen *Strategiestil* des Führungsakteurs und wird von kognitiven, bewertenden und praktischen Elementen bestimmt.

Die empirische Analyse hat gezeigt, dass ein Teil der *individuellen Strategiekompetenz* des Premierministers in seinem klar strukturiertem *Orientierungsschema* lag, das wesentliche Teile der wichtigen strategischen Steuerungsbereiche im Kon-

---

[195]   Vgl. dazu auch das Kapitel 5.2.4.

text von Party-Government und parlamentarischem Regierungssystem umfasste.[196]
Die *kommunikative Seite* der Politikgestaltung und -umsetzung hatte darin einen
besonders prominenten Platz. Die Betonung individueller öffentlich-medialer
Kommunikationskompetenz, aber auch das Bemühen um eine kohärente Kommunikation der Gesamtregierung demonstrierten diesen Zusammenhang. Dieser
Wertschätzung entsprachen auch die eigenen kommunikativen Fähigkeiten Blairs,
der in Wortfindung und Tonlage fast immer richtig lag – sei es in öffentlicher Rede,
medialem Auftritt oder im persönlichen Gespräch. Stets war zudem der Versuch
erkennbar, die Kommunikationsaspekte in einen Zusammenhang mit *konkurrenz-*
und *problempolitischen Aspekten* zu bringen und damit zu einem in diesen Dimensionen insgesamt konsistenten Regierungshandeln zu gelangen. Weniger Neigungen
zeigte Blair zur *Organisationssteuerung*. Sie erschien ihm allenfalls als Mittel zum
Zweck, dem man sich notwendiger Weise bedienen musste. Zunächst Unerfahrenheit, später Ungeduld und reduziertes Interesse an den sonstigen Party-
Government-Akteuren waren hier für die Orientierung und das Handeln Blairs
prägend – außer in Ausnahmesituationen, die eine intensive Einbeziehung der
relevanten Akteursgruppen zwingend erforderten.

Blair verfügte über einen unverrückbaren *strategischen Kompass*, der ihm beim
Regierungshandeln als kognitiv-normatives Hilfsmittel der Kursbestimmung unter
Bedingungen hoher Unsicherheit diente. Dieser wurde geprägt durch eine Wert-
und Richtungsgebundenheit, die Blairs persönlichen Überzeugungen entsprach,
und sich mit einem hohen moralischen Impetus verband. Die absolute *Richtungssi-*
cherheit beim Festhalten an den zentristischen Grundlinien der New Labour-
Strategie über den gesamten Regierungszeitraum hinweg war ein Beispiel dafür.
Auch Blairs Festhalten an der unpopulären Irak-Entscheidung gegen jeden internen bzw. externen Widerstand und ungeachtet seines eigenen rapiden Populari-
tätsverfalls machte die Unerschütterlichkeit seines strategischen Kompasses sichtbar. Vor allem das für die militärische Invasion geltend gemachte Demokratisie-
rungs-Argument sowie seine unbeirrbare und emotionale Präsentation legten hier
die Annahme nahe, dass es sich für ihn um eine Art „inneren Auftrag" einer hu-
manitären Intervention zur Verbesserung der Lage der Menschen (und gesamten
Menschheit) handelte.[197] In den außenpolitischen Feldern der Armutsbekämpfung
in Afrika, der Friedensvermittlung in Nordirland oder des internationalen Einsat-
zes im Kosovo ließen sich ähnliche persönlich-moralische Überzeugungen als strategisches Navigationsinstrument beobachten. Sie ließen die Eingriffe der Regierung aus Sicht des Premierministers alternativlos erscheinen.

---

[196]   Vgl. dazu die Kapitel 3.1 und 3.4.2.
[197]   Vgl. dazu das Kapitel 6.2.5.2.

Die signifikante *Wertbindung* des strategischen Kompasses von Blair lässt Vermutungen eines Zusammenhangs mit seinen inneren *religiösen Überzeugungen* zu (vgl. auch Seldon 2005: 528-531). Sie führten in bestimmten politischen Wertfragen zu unverrückbaren Dogmen, denen er mit seiner Politik gerecht zu werden versuchte. Hier stand dann, das legen die empirischen Beobachtungen nahe, ein Mann mit felsenfesten Grundsätzen, der alle anderen – innerlich getrieben – von der Richtigkeit seiner Entscheidungen überzeugen wollte. Er konnte nur schwer zugeben, dass er möglicherweise selbst falsch lag oder schon Fehler gemacht hatte. In solchen Fällen prallte Kritik an ihm ab, auch wenn er sich sonst offen und dialogbereit zeigte. Insofern zeigte sein strategischer Kompass in einzelnen Dimensionen eine sakrosankte Starrheit, die ihn in der Folge für eine umfassendere strategische Analyse unempfänglich machte.

Für den *individuellen Strategiestil* des Regierungschefs konnte die empirische Fallstudie eine ganze Reihe von Merkmalsausprägungen identifizieren. Die Bevorzugung kommunikativ angelegter Strategieberatung und -entwicklung im vertrauten Umfeld war Ausdruck eines *dialogischen Strategiestils* des Regierungschefs. Er setzte sich vom eher *monologischen Strategisieren* eines Gordon Brown ab. Der Kontrast zwischen der Nr. 1, die in ihrem eigenen Umfeld stets das strategische Gespräch suchte, und der Nr. 2, seinem großen Mitregenten und gleichzeitigen Gegenspieler, die ihre strategischen Kalkulationen vor allem mit sich selbst ausmachte, hätte größer nicht sein können. Blairs dialogischer Strategiezugang begünstigte vor allem die Informalisierung, aber auch die Zentrierung der strategischen Diskussion, der Strategiebildung und des nachfolgenden Steuerungshandelns innerhalb der Regierung – unter Vernachlässigung anderer institutioneller Party-Government-Akteure wie dem Kabinett oder dem Parlament.

Dabei entwickelten die strategischen Erörterungen, das veranschaulichte die empirische Fallrekonstruktion ebenfalls, manchmal auch *interpretative* statt *operative* Züge. Vor allem dann, wenn die Entscheidungsschwäche des Regierungschefs zu einem fortgesetzten Strategie-Talk, nicht aber zu klaren Ergebnissen und daran ausgerichteten strategischen Handlungen führte. Nach einmal getroffenen Entscheidungen konnte es dem Premierminister dagegen nicht schnell genug gehen mit der Umsetzung seiner strategischen Überlegungen. *Ungeduld* war Teil des individuellen Umgangs mit Strategiefragen bei Blair. Sie wurde ergänzt durch die unbedingte Überzeugung von den eigenen Strategieentwürfen. Ihre Umsetzung erfolgte unter dem Einsatz erheblicher *Kontrollanstrengungen*. Der feste Glaube an das Erfolgspotential der eigenen Strategien war jedoch schnell zu erschüttern, sobald sich die erhofften Politikergebnisse aus seiner Sicht nicht schnell genug realisieren ließen. Die im Strategiezusammenhang ausgeprägte *konzeptionelle Orientie-*

rung des Premierministers bewirkte dann oft Modifikationen bzw. Revisionen des ursprünglichen Strategieentwurfs.

Tony Blair pflegte einen *kontinuierlichen Strategiestil*, der permanent auf der Suche nach strategischen Ansatzmöglichkeiten sowie nach Orientierung der eigenen Steuerung an Strategievorgaben war. Für ihn stellte sich die Frage nach einem strategisch optimierten Vorgehen nicht nur aus Anlass von Krisen oder günstigen Gelegenheiten, auch wenn er in solchen Konstellationen ebenfalls das Mittel strategischer Kalkulationen suchte. *Strategische Arbeitsteilung*, die die Limitierung der Zeit als Regierungschef und die naturgemäße Begrenzung eigener strategischer Fähigkeiten berücksichtigt, war für Blair eine Selbstverständlichkeit. Er delegierte Strategieanalyse und Strategieentwicklung an die mit unterschiedlichen, besonderen Fähigkeiten ausgestatteten Akteure in seiner strategischen Clique, ohne die strategische Gesamtintegration und Letztentscheidung aus der Hand zu geben.

Insgesamt hatte das „wertgetriebene", ungeduldige sowie konzeptions- und kontrollorientierte individuelle Strategieprofil des Premierministers Blair erheblich Konsequenzen für das kollektive Strategieprofil seiner Regierung, das sich durch einen *übersteuerten Steuerungsmodus* auszeichnete. Die empirische Beschreibung der strategischen Prozesssteuerung in Großbritannien hat illustriert: Informalisierung und Zentralisierung strategischer Entscheidungen bei gleichzeitiger Vervielfachung exekutiver Strukturen waren Merkmale, die durch individuelle Charakteristiken Blairs bei Strategiekompetenz und Strategiestil mit ausgelöst wurden. Sie fanden Ergänzung durch besondere individuelle strategische Fähigkeiten in der Konkurrenzpolitik sowie bei der internen und öffentlich-medialen Kommunikation, die auf das kollektive Strategieprofil zurückwirkten, ihm aber durch den spezifischen Modus der Umsetzung zugleich den Stempel der Kontrollfixierung aufdrückten.

7.2.5   Resümee: Doppelspitze formt die Regierungssteuerung

Die *strategische Ausgangslage* der Regierungszeit unter Blair prägte der zuvor erfolgte antizipierende Aufbau von Strategiefähigkeit, bei der die Führungsfrage zunächst geklärt und Richtungsstabilität sowie Strategiekompetenz vorhanden waren. Auf strategische Grundprinzipien und -orientierungen konnte für das Regierungshandeln ebenfalls zurückgegriffen werden. Das bedeutete jedoch nicht, dass eine ins Einzelne gehende, umfassend ausgearbeitete Strategie für das konkrete Regierungshandeln vorlag. Das gebündelte *strategische Steuerungsprofil* der Regierung unter der Führung von Blair sah folgendermaßen aus: eine parallelisierte Organisationssteuerung wurde ergänzt durch ehrgeizige und umfangreiche Problemlösungsinitiativen, Stärken in der konkurrenzpolitischen Auseinandersetzung erhielten ihre Prägung durch eine kontrollorientierte Kommunikation, die positive wie negative Folgen für das gesamte Erscheinungsbild der Regierung hatte.

Bei der *Erklärung* des Strategieprofils der Labour-Regierung erwies sich zum einen die abnehmende Strategiefähigkeit als zentraler Wirkungsfaktor, der – ausgelöst durch interne Führungskonflikte im strategischen Zentrum und trotz Richtungskohärenz und Strategiekompetenz – das strategische Handlungsvermögen der Gesamtregierung empfindlich beeinträchtigte. Unzählige Prozesse der Strategieentwicklung und eine Vielzahl erarbeiteter Steuerungskonzepte entfalteten ihre Wirkung in der ehrgeizigen und umfangreichen Problempolitik und hatten ihren Anteil an der konkurrenzpolitischen Stärke der Regierung. Eine überlappende Strategiebildung innerhalb der Administration und die überpointierte Konzeptfokussierung der Regierungsakteure wirkten sich jedoch auf die Kohärenz des Regierungshandelns sowie die Effektivität der Regierungspolitik nicht nur positiv aus. Trotz des Willens und der Fähigkeiten Tony Blairs zu strategischer Leadership, bei der er sich als richtungssicher erwies und Orientierungsmarken setzte, musste er im Laufe seiner Amtszeit zunehmend um seinen Führungsanspruch kämpfen. Damit erschwerten sich für ihn die Bedingungen zur Entscheidungsdurchsetzung und Beschaffung von Unterstützung.

Besonderen Einfluss auf das Gesamtsteuerungsprofil der Regierung entwickelten im Untersuchungszeitraum 1997-2005 die individuellen strategischen Profilausprägungen Blairs. Sein strategisches Orientierungsschema und sein strategischer Kompass bestimmten nicht nur gelegentlich die kollektiven Strategieentscheidungen der Regierung. Der dialogische, kontinuierliche und auf arbeitsteilige Kompensation angelegte Strategiestil des Premierministers sowie seine in Strategiefragen gezeigte konzeptionelle Orientierung, Ungeduld und Kontrollneigung wirkten auf die Kollektivsteuerung zurück. Der Einfluss von Blairs individuellem Strategieprofil auf das kollektive Steuerungsprofil der Regierung wurde ergänzt durch Effekte des intensiven Miteinander- und Gegeneinanderwirkens von Premierminister und Schatzkanzler. Sie leisteten damit ebenfalls bedeutende Beiträge zu einer übersteuerten Regierungssteuerung. Die abnehmende individuelle Bindungs- und Strahlkraft von Blair im Zuge seiner unpopulären Irakkrieg-Entscheidung sowie eine damit einhergehende Verminderung der Konkurrenzstärke von Labour führten – in Verbindung mit den internen Führungskonflikten – letztlich nicht nur zum vorzeitigen Abgang des Regierungschefs[198], sondern auch zur bereits früher eintretenden rückläufigen Attraktivität der Labour-Partei für die Wähler.

---

[198] Die Amtsübergabe von Blair an Brown vom 27. Juni 2007 lag zwar nach dem Ende des Analysezeitraums dieser Untersuchung, aber noch vor dem Ende der dritten Amtszeit der Labour-Regierung.

Richtig an der Rede von einer „dual monarchy" zur Charakterisierung der politischen Führung (vgl. Rawnsley 2001: 20, Hennessy 2005: 9, Rhodes/Wanna/Weller 2009: 98) durch die beiden Spitzenfiguren ist zum einen, dass dieser Begriff die außergewöhnlich machtvolle Position der Einzelakteure Blair und Brown innerhalb der Kollektivregierung einer Parteiendemokratie zum Ausdruck bringt. Zum anderen kann er zugespitzt verdeutlichen, wie permanent umkämpft der Führungsanspruch zwischen der Nr. 1 und Nr. 2 über den gesamten Regierungszeitraum war. Die „Könige" Blair und Brown formten einerseits das externe Regierungssteuerungshandeln in den Labour-Jahren, mussten aber andererseits – verstrickt in ihre Führungskonflikte – intern stets um die eigenen Einfluss- und Machtsphären innerhalb der Kernexekutive ringen.

8 Strategische Steuerung der Regierungen Schröder und Blair: ein Vergleich

Nach der vertiefenden Beschreibung und Erklärung der beiden Einzelfälle strategischer Regierungssteuerung geht es im folgenden Abschnitt um einen fallübergreifenden Vergleich der strategischen Steuerungsprofile der Regierungen Schröder und Blair. Entsprechend der Gesamtanlage der Untersuchung dient dieser Schritt vor allem der *Hypothesengenerierung*.[198] Die Hypothesenbildung soll Schlussfolgerungen ermöglichen, die über die Einzelstudien hinausweisen. Damit wird zum einen ein besseres *empirisches Verständnis* für eine größere Anzahl von Fällen strategischer Regierungssteuerung vorbereitet. Dieses Vorgehen verspricht zum anderen auch in *konzeptioneller Hinsicht* neue Erkenntnisse.

Bei dieser Art eines *qualitativen Vergleichs* geht es darum, die Entitäten der beiden Einzelfälle aus einem holistischen Blickwinkel heraus zu kontrastieren. Das Aggregationsniveau der Analyse steigt. Im Spannungsfeld der Differenz und Kongruenz zwischen beiden Fällen sollen Schlussfolgerungen gewonnen werden, die als Hypothesen weiterer Forschung dienen können. Dabei gebietet die begrenzte Anzahl der vorliegenden Untersuchungsfälle einerseits Vorsicht bei der Verallgemeinerung der gewonnenen Aussagen. Andererseits eröffnen die vertieften Kenntnisse über die Ausprägungen der Einzelfälle und die Gründe ihres Zustandekommens erweiterte Möglichkeiten bei der Formulierung präzisierter fallübergreifender Schlussfolgerungen.

Im Einzelnen wird der hier vorgenommene Vergleich in drei Schritten erfolgen. Am Anfang steht eine typologische Kontrastierung der beiden untersuchten strategischen Regierungssteuerungsprofile. Anschließend werden die für die beiden Strategieprofile maßgeblichen Erklärungsfaktoren miteinander verglichen, um auch hier zu übergeordneten Einschätzungen ihrer Übereinstimmungen und Unterschiede zu gelangen. In einem dritten Schritt wird die Bedeutung der spezifischen institutionellen Rahmenbedingungen beider Regierungssysteme für die jeweiligen strategischen Steuerungsprofile diskutiert, um vertiefte Einsichten zu der „Bedingtheit" spezifischer Strategieausformungen aufgrund von strukturellen Kontextfaktoren zu erhalten.

---

[198]   Vgl. dazu ausführlich das Kapitel 1.2.

8.1 Kontrastfälle: Profiltypen im Vergleich

8.1.1 Typologie strategischer Steuerungsprofile

Die strategischen Profilausprägungen der Steuerung unter Schröder und Blair sollen typologisch erfasst werden. Typusbegriffe dienen der Konstruktion allgemeiner *Typologien*, die wiederum zum Zwecke der empirischen Generalisierung vorgefundener Einzelfälle eingesetzt werden können (vgl. Nohlen 1994). Sie ermöglichen das In-Beziehung-Setzen mit anders oder ähnlich gelagerten empirischen Fällen. Typologien stützen vorrangig die Beschreibung und Ordnung von Beobachtungen, ohne auf einen theoretischen Erklärungszusammenhang gerichtet zu sein. Unter Zugrundelegung der Unterscheidung von komparativen und klassifikatorischen Typusbegriffen (vgl. Hempel 1965, Kutschera 1972) wird im vorliegenden Zusammenhang eine einfache komparative Typologie angestrebt.

Kennzeichen einer *komparativen Typologie* stellt die Hervorhebung einer (hypothetischen) Eigenschaft eines Untersuchungsobjekts dar, die sie von anderen in grundlegender Hinsicht unterscheidet. Im Gegensatz zur Klassifikation bleiben aber graduelle Abstufungen der Eigenschaftszuschreibungen möglich: „Mit einem komparativen Begriff sprechen wir einem Gegenstand eine Eigenschaft nicht schlechthin zu oder ab, wie mit einem klassifikatorischen Begriff, sondern wir sprechen sie ihm in mehr oder minder großem Maße zu, und zwar dadurch, daß er bezüglich der Eigenschaft mit anderen Objekten verglichen wird." (Kutschera 1972: 20). Differenztypen dieser Art helfen bei der Sortierung und Abgrenzung unterschiedlicher, in der Realität vorgefundener Erscheinungsformen des Untersuchungsobjekts.

Hier soll mit Blick auf das Strategy-Making von Regierungsakteuren der Versuch gemacht werden, eine *einfache Typologie* mit zwei Typausprägungen zu formulieren. Diese könnte als hypothetischer Vorschlag in wissenschaftliche Untersuchungen einer künftigen strategischen Komparatistik eingehen.[199] Die schlicht daherkommende, aber doch grundlegende Differenz zwischen beiden Typuskategorien soll in der Lage sein, die Reichweite der Anwendungsmöglichkeiten auch in anderen Analysezusammenhängen zu steigern. Absicht ist es, einerseits eine Typologie mit hoher Trennschärfe zu entwickeln, damit andererseits aber zugleich graduelle Abstufungen zwischen unterschiedlichen Vergleichsgegenständen zu markieren. Die hier gefundene Typenbildung verbindet verschiedene Eigenschaften,

---

[199]   Typologische Unterscheidungen kennt die politische Strategieanalyse bislang etwa auf der Ebene individueller Strategiestile, bei der Charakterisierung strategischer bzw. nicht-strategischer Handlungsmodi oder zur Präzisierung des strategischen Kontinuums (vgl. Raschke/Tils 2007: 117-120, 137-140, 336-339).

die sich in unterschiedlichen Dimensionen des Untersuchungsobjekts wieder finden. Sie stellt zugleich eine *erste generalisierende Hypothese* auf der Grundlage der beiden Fallstudien dar.

In übergeordneter Perspektive werden zwei gegensätzliche Typen strategischer Regierungssteuerung sichtbar. In dieser einfachen Differenztypologie stehen sich ein *ambitionierter* und ein *unambitionierter Typ* strategischer Regierungssteuerung gegenüber. Der unambitionierte Typ strategischer Steuerung ließ sich in Deutschland unter Schröder beobachten, den ambitionierten Typ haben wir dagegen bei Blair in Großbritannien gefunden. Die gezeigten Ambitionen bzw. Nicht-Ambitionen bezogen sich nicht nur auf den strategischen Steuerungsprozess im engeren Sinne, sondern auf die Gesamtheit regierungsbezogener Strategy-Making-Aktivitäten. Sie schlossen also im Steuerungsprozess das ausgeprägte bzw. weniger ausgeprägte Bemühen um den Aufbau und Erhalt von Strategiefähigkeit und fortgesetzte Strategiebildungsprozesse mit ein.

Zentrales Kennzeichen der Typologie mit den zwei Ausprägungen strategisch ambitioniert vs. unambitioniert ist das *akteurorientierte Fundament*, auf dem sie ruht. Diese Art von Typusbildung verknüpft *individuelle* mit *kollektiven Elementen* und *intentionale Aspekte* mit *Kompetenzmerkmalen*. Sie können in ihren Konsequenzen zu entsprechenden Handlungsmustern führen. Im Zentrum steht die Verbindung eines *strategischen Willens* mit *strategischen Kompetenzen*. Ist beides individuell und kollektiv in der Regierung verankert, kann daraus ein strategisch ambitionierter Steuerungsmodus entstehen. Mangelt es an beidem, folgt daraus der Typ strategisch unambitionierter Regierungssteuerung.

Das Konzept eines „strategic will and skill" greift zurück auf Elemente der ursprünglich von Shonfield entwickelten Kategorie vom „political will and skill" (Shonfield 1965, vgl. auch Schmidt 1988: 17). Sie verweist auf die subjektive Entschlossenheit von Akteuren und ihre spezifischen Fähigkeiten. *Strategiewille* und *Strategiekompetenz* stellen dann besondere Akteurabsichten, -neigungen und -befähigungen mit Blick auf die Elemente des Strategy-Making dar. Sie markieren das Wollen und Können zu strategischem Denken und Handeln.

„Will and skill" stellt in ihrem Ursprung eine *personalisierte Kategorie* dar, die sich für Kollektivakteure erst in einer Doppelperspektive von individuellen Akteurintentionen und -kompetenzen sowie kollektiven Bestrebungen und Fähigkeiten zeigen kann. Individuelle Strategieintentionen vor allem des Regierungschefs, aber auch von anderen Spitzenakteuren im strategischen Zentrum, sind jedoch – gepaart mit vorhandenen strategischen Fähigkeiten der Individualakteure – in der Lage, im *Kollektivzusammenhang prozessuale* und *institutionelle Wirkung* zu entfalten. Auf diese Weise können sie zu einem kollektiv ambitionierten Typ strategischer Regierungssteuerung führen.

8.1.2 Ambitionierte strategische Steuerung unter Blair

Der Typ *ambitionierter strategischer Steuerung* der *Regierung Blair* ließ sich bereits vor der Regierungsübernahme seit 1994 festmachen am frühzeitigen Bemühen des Führungsduos Blair und Brown um den *antizipierenden Aufbau* von *Strategiefähigkeit*. Er umfasste sowohl programmatische wie auch organisatorische Reforman-strengungen, unterwarf die Partei einem Professionalisierungskurs und band indi-viduell strategiekompetente Akteure über informale Netzwerke ein. Hiervon konnte man nachfolgend im Regierungsprozess profitieren, obwohl insbesondere die internen Führungskonflikte zu einer nachlassenden Strategiefähigkeit führten.

Ausdruck der besonderen Strategieambitionen im Regierungsprozess selbst war das Bemühen um eine *Zentralisierung, Zusammenführung* und *integrative Bear-beitung* der strategischen Steuerungsbereiche von Organisation, Problempolitik, Konkurrenz und Kommunikation. Dafür eingesetzte Mittel stellten Maßnahmen der *informalen Prozesssteuerung* wie auch der *institutionellen Reform* innerhalb der Kernexekutive dar, bei der sowohl explizit strategische Verwaltungsgliederungen (z.B. Strategy Unit, Strategic Communication Unit) oder mit strategiebezogenen Aufgaben betraute Organisationseinheiten (z.B. Policy Directorate, Delivery Unit) entstanden als auch fortlaufend nicht-institutionalisierte Akteurskonfigurationen geschaffen wurden, die sich – in unterschiedlichen Bezügen – intensiv mit Fragen strategischer Regierungssteuerung beschäftigten und hierfür Konzepte entwickel-ten.

Im Rahmen der ehrgeizigen und umfangreichen Problempolitik kamen die strategischen Ambitionen der Regierung Blair ebenfalls zum Tragen. Sie zeigten sich in einer Fülle von *problempolitischen Regierungsinitiativen*, die mit anspruchs-vollen und umfassend ausgearbeiteten Reformkonzepten unterlegt wurden (Health, Education, Public Services, Devolution etc.). Eine professionelle und *stra-tegisch orientierte Konkurrenzpolitiksteuerung* der Regierung Blair im Regierungszeit-raum sowie erfolgreiche Wahlkampfstrategien in den Jahren 1997, 2001 und 2005 trugen mit dazu bei, dass Labour ihre Wiederwahl dreimal sicherstellen konnte. Die Opposition stellte für sie lange Zeit keine konkurrenzpolitische Gefahr dar. Die ausgeprägten Steuerungsaktivitäten der Regierung machten auch in diesem Feld ihre strategischen Ambitionen sichtbar. Ähnliches gilt schließlich für den Bereich der Regierungskommunikation, in dem unter Blair eine *systematisch* und *längerfris-tig ausgerichtete Kommunikationssteuerung* etabliert wurde. Sie bemühte sich um ein aktives, die verschiedenen strategischen Steuerungsbereiche verbindendes und an kommunikativen Leitlinien orientiertes Kommunikationsmanagement.

Bei all diesen kollektiven Erscheinungsformen strategischer Ambitionen wur-den in den empirischen Fallstudien auch *individuelle strategische Intentionen* und *Kompetenzmerkmale* des Regierungschefs erkennbar, die auf das kollektive Strategieprofil zurückwirkten. Blairs eigene strategischen Orientierungen zeigten sich etwa im umfassenden Rückgriff auf Aktions-, Konzeptions- und Kommunikationskompetenzen von strategischen Generalisten und Bereichstrategen, die über ihn an die Prozesse der Regierungssteuerung angeschlossen wurden. Strategische Lageanalysen und die Erörterung strategischer Optionen fanden regelmäßig Eingang in das von der Nr. 1 initiierte Regierungshandeln. Ebenso blieb Blairs „Konzeptionsgläubigkeit" nicht ohne Wirkung auf das Schaffen neuer, konzeptionell arbeitender Organisationseinheiten in der Kernexekutive und eine kontinuierliche Strategieentwicklung. Als Element individueller Strategiekompetenz beeinflusste sein klar strukturiertes Orientierungsschema und sein wert- und richtungsgebundener strategischer Kompass die kollektive Ausrichtung des Regierungshandelns. Schließlich hat die britische Fallrekonstruktion auch die konkreten Folgen des von Blair geprägten individuellen Strategiestils, der dialogisch, interpretativ, kontinuierlich, arbeitsteilig angelegt war, für die Erscheinungsformen der Strategieambitionen des kollektiven Regierungsakteurs offen gelegt.

Genauso wie die empirische Fallstudie die Strategieambitionen der Regierung und des Premierministers Blair sichtbar gemacht hat, zeigen sich in ihr empirische Verfeinerungen und graduelle Abstufungen dieses Steuerungstyps. Die *Ausgangstypologie* erhält im Lichte der Fallstudie ein *modifiziertes Erscheinungsbild*. Deutlich geworden ist in der Untersuchung, dass große strategischen Ambition keineswegs automatisch die Entstehung von Strategieproblemen verhindern. Der aus der besonderen Ausgestaltung der eigenen Ambitionen resultierende Steuerungsansatz hat im Fall der Regierung Blair vielmehr zu spezifischen Strategieproblemen in allen drei Dimensionen des Strategy-Making geführt.

Spitzt man die Ergebnisse der ausführlichen empirischen Analyse in dieser Perspektive zu, ergaben sich strategische Probleme im Bereich der *Strategiefähigkeit* zum Teil nicht nur aus der zwischen den beiden Spitzenfiguren umkämpften Führungsposition, sondern auch aus einer *Überzentralisierung*, die sowohl das organisatorische wie auch das problempolitische und kommunikative Aufgabenspektrum betraf. Im Hinblick auf die *Strategiebildung* ließe sich entsprechend von einer *Überkonzeptualisierung* sprechen, die vor allem an die Wirkungsmächtigkeit von ausgearbeiteten Strategiekonzeptionen glaubte, aber andere wichtige Einflussfaktoren vernachlässigte. Schließlich hat die Untersuchung der *strategischen Steuerung* unter Blair zu der Erkenntnis geführt, dass das Kernkennzeichen des strategischen Steuerungsprofils der Regierung in der *Übersteuerung* des eigenen Handelns lag. Zu ihr haben die Reichweite des selbst formulierten Reformanspruchs, die Informalisierung politischer Prozesse, die Multiplizierung von Entscheidungsstrukturen, eine hohe Kontrolldichte innerhalb der Exekutive sowie das forcierte Kommunikationsmanagement bei nicht immer Schritt haltenden Problemlösungsergebnissen beigetragen.

8.1.3 Unambitionierte strategische Steuerung unter Schröder

Die deutsche Fallstudie zeigte den Gegensatz zum ambitionierten Strategietyp. Hier ließen sich in der empirischen Analyse vielfältige Indikatoren identifizieren, die den strategisch *unambitionierten Steuerungsmodus* der *Regierung Schröder* belegten. Am Anfang stand eine *prekäre Strategiefähigkeit*, bei der die ungelöste Führungsfrage zwischen Schröder und Lafontaine im Wahlkampf vor allem durch das geschickte Manövrieren der Kampa überspielt werden konnte. Mit der Regierungsübernahme und dem Zerfall des Wahlkampfzentrums um Müntefering und Machnig brach diese jedoch auf und lähmte die Regierung im ersten halben Jahr. Schröders fehlende Aufmerksamkeit für den Strategiefaktor zeigte sich in der ausbleibenden Organisation von Strategiekompetenz im Regierungszentrum, der nicht vorgenommenen Richtungsklärung und der nach dem Rückzug von Lafontaine ausbleibenden Balancierung des entstandenen Führungsvakuums. Zudem fehlte es an Grundlagen und Ideen für ein *Konzept strategischer Regierungsführung*.

Im Regierungsprozess kam die Vernachlässigung zentraler Strategiefaktoren der Steuerung durch ein *parteidistanziertes, entkoppeltes Regieren* zum Ausdruck, das wesentliche Organisationsbereiche des erweiterten Regierungszusammenhangs (in Fraktion, Parteiorganisation und Administration) nicht hinreichend in das eigene Steuerungshandeln einbezog. Das galt vor allem für die Sozialdemokraten und den Kanzler selbst. Wichtige Reformprojekte wie die Agenda 2010 wurden eher gegen als mit der eigenen Partei und der die Regierung tragenden SPD-Fraktion durchgesetzt. Die *Struktur der Kernexekutive* blieb *separiert*. Es fehlte an institutionell dauerhaft verankerten strategischen Analyse- und Konzeptionskapazitäten, die in den Steuerungsprozess integriert worden wären. Die vorgefundene institutionelle Zersplitterung der Regierungskommunikation wurde nicht aktiv bekämpft. Die sachpolitischen, internen Abstimmungsprozesse blieben vielfach fragmentiert.

Diskontinuitäten in der *Problempolitik* entstanden durch eine situative Orientierung der Zentralakteure, vor allem des Kanzlers selbst. Eine problempolitische Linienführung, die den Zusammenhang von wertgebundenen Zielvorstellungen und programmpolitischen Gestaltungsprojekten hergestellt hätte, existierte nicht. In der *Konkurrenzpolitik* kamen die *individuelle Wahlkampfkompetenz* Schröders und seine Fähigkeit zur *situativen Strategieentwicklung* positiv zum Tragen, ohne dass damit der langfristige konkurrenzpolitische Niedergang der Sozialdemokratie aufgehalten worden wäre. Bei diesem ging der Partei über den gesamten Regierungszeitraum kontinuierlich Wählerzustimmung verloren. Die operative Kompe-

tenz Schröders bei der situativen Politiksteuerung ermöglichte kurzfristige Aufholjagden der regierenden Kanzlerpartei in den Wahlkämpfen 2002 und 2005. Sie
verhinderte jedoch eine längerfristig stabile konkurrenzpolitische Ausrichtung der
SPD unter Zugrundelegung einer eindeutigen Verortung im politischen Koordinatensystem. Auch die *kommunikative Steuerung* der Regierung zeigte ein Muster
kurzfristiger Orientierung und *nicht-vernetzter Aktivitäten*. So wurden situative
Kommunikationserfolge erreicht, aber eine kommunikative Linienführung der
eigenen Politik und die Bündelung kommunikativer Kompetenz innerhalb der
Regierung verpasst. Zugespitzt könnte man insgesamt von einer *strategischen Untersteuerung* des Regierungshandelns unter Schröder sprechen.

Unverkennbar war der Einfluss des *individuellen Strategieprofils* Schröders auf
diesen Typ *kollektiver Regierungsführung*. Der Kanzler forcierte einen Gegentyp zu
strategisch ambitionierten Steuerungsbemühungen. Seine Grundauffassung einer
ausschließlichen Situationsgebundenheit der Politik sowie – damit verbunden –
die fehlende Aufmerksamkeit für die Voraussetzungen und Anforderungen strategischer Politikgestaltung wirkte auf das Steuerungshandeln der Gesamtregierung zurück. Individuellen Stärken im Operativen standen Schwächen in der situationsübergreifenden Anlage der Regierungstätigkeit gegenüber. Der systematische Versuch einer Verschränkung der für die strategische Regierungssteuerung
relevanten Bereiche wurde nicht unternommen. Schröders Vertrauen auf den eigenen politischen Instinkt, ein reduziertes Orientierungsschema, das Fehlen eines
gesicherten strategischen Kompasses und ein diskontinuierlicher, unsystemati-
scher, politicszentrierter, fragmentierter, nicht-kompensatorischer, monologischer
Strategiestil hatte großen Anteil an der ungekoppelten Organisationssteuerung,
Problempolitik ohne Linienführung, kurzfristig orientierten Konkurrenzpolitik
und situativ ausgerichteten Kommunikation der Kollektivregierung.

Auch wenn das Unambitionierte die strategischen Steuerungsaktivitäten der
Regierung Schröder prägte, hat die empirische Fallstudie – ebenso wie im britischen Fall – *graduelle Modifikationen* sichtbar gemacht, die sich von der *Ausgangstypologie* entfernen. Während sich unter Blair trotz hoher Strategieambitionen vielfältige strategische Steuerungsprobleme zeigten, verhielt es sich im deutschen Fall
gerade umgekehrt. Trotz offensichtlichen Desinteresses an einer strategisch angelegten Regierungssteuerung, wurde die Regierung Schröder im Politikprozess
immer wieder mit Herausforderungen strategischer Qualität konfrontiert, auf die
sie entsprechend zu reagieren versuchte.

So konnte das Bild eines grundsätzlich *unambitionierten*, aber in einer ganzen
Reihe von Situationen doch *minimalstrategischen Steuerungstyps* entstehen. Vielfältige Beispiele dafür hat die Fallstudie ausgewiesen. Erinnert sei hier nur an das strategische Umspielen der Opposition im Bundesrat im Zusammenhang mit der gro-

ßen Steuerreform 2000, die strategische Reaktion der Regierung auf die BSE-Krise, die in der „Agrarwende" mündete, die personalstrategischen Nadelstiche gegenüber der Opposition bei der Besetzung von Regierungsbeauftragten bzw. -kommissionen (z.B. Süßmuth, Lambsdorff, Weizsäcker) oder die situativ entwickelte Strategie der Nutzung des Irak-Konflikts für Wahlkampfzwecke 2002. Die empirischen Abweichungen vom unambitionierten strategischen Steuerungstyp legen die – in weiteren Studien zu überprüfende – Vermutung nahe, dass Regierungen im Party-Government stets mit strategischen Herausforderungen rechnen müssen und eine Regierungsführung ohne Strategie kaum möglich erscheint.

8.2 Ein Vergleich der Erklärungsfaktoren

Trotz aller Kontraste bei den strategischen Steuerungsprofilen der Regierungen Schröder und Blair haben die Erklärungsabschnitte zu den Fallstudien und die Ausführungen zur Typologie auf ähnlich gelagerte Einflussfaktoren verwiesen. Dementsprechend kann, auf der Grundlage der detaillierten Einzelfallstudien und ihrer typologischen Analyse eine *zweite generalisierende Hypothese* formuliert werden, die das identifizierte Set strategischer Erklärungsfaktoren bestätigt. Sie besagt, dass in der Untersuchung ein *einheitlicher Erklärungsansatz* für *differente Phänomene* gefunden wurde. Die unterschiedlichen strategischen Steuerungsprofile sind weitgehend auf die gleichen Einflussvariablen zurückzuführen. Es waren vor allem drei Erklärungsfaktoren, die zu den unterschiedlichen Typausprägungen beigetragen haben.

8.2.1 *Individuelles Strategieprofil des Regierungschefs*

Der erste Erklärungsfaktor verweist auf die Zentralität der *Person* des Regierungschefs. Seine Orientierungen und Absichten beeinflussen die Ausgestaltung der strategischen Regierungsführung maßgeblich. Obwohl Regierungen im Party-Government Kollektivregierungen sind, hängt für das konkrete Steuerungshandeln viel vom Führungsakteur ab. Das *individuelle Strategieprofil* wirkt auf das *kollektive Strategieprofil* zurück.

Ein ausgeprägter *Wille* zum *Strategy-Making*, das haben wir bei Blair gesehen, hat unmittelbare Konsequenzen für die personelle Zusammensetzung der Regierung, die institutionelle Strukturierung der Administration sowie die Anlage und Organisation strategischer Steuerungsprozesses. Fehlt ein solcher Wille, wie bei Schröder, bleibt das nicht ohne Auswirkungen auf die regierungsinterne Organisation, die verfolgten Problempolitikansätze, die konkurrenzpolitischen Aktivitäten und die kommunikativen Anstrengungen der Regierung. Schröder blieb stets skeptisch und distanziert gegenüber elaborierten Strategieansätzen, die er intern abwehrte, wenn sie an ihn herangetragen wurden. Die Akteure in seiner Umgebung und er selbst in seiner Autobiographie (Schröder 2006) bestätigen den situativen Politikansatz, für den er steht. Anders lag es bei Blair, der sich offen für strategische Analysen und die Entwicklung von Strategiekonzepten zeigte, und – nicht immer, aber oft – bemüht war, diese auch zur Grundlage des eigenen Steuerungshandelns zu machen. Die Empirie hat gezeigt, dass das Vorhandensein oder die Abwesenheit von strategischen Ambitionen einen Unterschied macht. Die Wertschätzung des Strategiefaktors durch die Nr. 1 ist eine der Voraussetzungen dafür, dass strategische Impulse im Steuerungsprozess operativ wirksam werden können.

8.2.2 Strategiefähigkeit

Die *zweite Erklärungsvariable*, die sich in beiden Fällen der Regierungssteuerung als wichtig für die jeweilige strategische Profilbildung erwiesen hat, lag im Faktor der *Strategiefähigkeit*. Ungeachtet der Tatsache, dass sich die Verhältnisse in Bezug auf die Aspekte von Führung, Richtung und Strategiekompetenz bei den Regierungen Schröder und Blair sehr unterschiedlich darstellten, war es in beiden Fällen genau dieser Einflussfaktor, der zu spezifischen Eigenarten der jeweiligen strategischen Steuerungsprofile beitrug. Während in Deutschland eine unbalancierte Führung, fortlaufende Richtungswechsel und eine versprengte Strategiekompetenz zu einer insgesamt geringen Strategiefähigkeit führten, waren es in Großbritannien – trotz Richtungskohärenz und Strategiekompetenz – die Führungskonflikte im strategischen Zentrum, die im Zeitverlauf eine Abnahme der Strategiefähigkeit bewirkten.

Auch für die zweite zentrale Erklärungsvariable gilt, dass bei der gezielten Entwicklung von Strategiefähigkeit der strategische Wille der Spitzenakteure einen fundamentalen Unterschied macht. Die Aufmerksamkeit für diesen Strategiefaktor wurde bei Blair im *antizipierenden Aufbau* von *Strategiefähigkeit* sichtbar, während Schröder die prekäre Strategiefähigkeit der deutschen Sozialdemokratie nach dem Abgang von Lafontaine nicht durch *integrative Führungsanstrengungen* zu kompensieren suchte. Gleiches ließ sich für den Bereich der Entwicklung und Einbindung von *Strategiekompetenz* feststellen. Schröder blieb auch hier ohne Ambitionen, während sich Blair (und sein Kontrahent Brown) gezielt mit strategischen Generalisten und Bereichstrategen umgaben. Wenn das Diktum von Egon Bahr, dem früheren Chefberater von Willy Brandt, gilt, dass man die Intentionen und Grundhaltungen der Führungsakteure an den sie umgebenden Beratern erkennt (vgl. Raschke/Tils 2007: 512), wird hieran sichtbar, wie ein expliziter Strategiewille auf die Entwicklung von Strategiefähigkeit zurückwirkt. Die Einbindung und Institutionalisierung von strategischer Kompetenz unter Blair führte im Übrigen fast zwangsläufig auch zu häufigeren und systematischeren *Strategiebildungsprozessen* als es bei der allenfalls lose angeschlossenen, nicht-operativen Strategiekompetenz der Regierung Schröder der Fall war.

Obwohl Blair einen ausgeprägten Willen zur Entfaltung von Strategiefähigkeit demonstrierte, konnte er nicht verhindern, dass die internen *Führungskämpfe* mit Brown viel Aufmerksamkeit absorbierten und die regierungsinterne Abstimmung der eigenen Steuerungsbemühungen erheblich erschwerten. Diese empirische Erkenntnis verdeutlicht, dass ein strategischer Wille eine notwendige, aber nicht hinreichende Bedingung für die Sicherung von Strategiefähigkeit darstellt. Vielmehr können spezifische Konstellationen und Handlungsbedingungen trotz strategischer Ambitionen zu einer insgesamt *nachlassenden Strategiefähigkeit* führen. In jedem Fall aber zeigte sich in der Dimension der Strategiefähigkeit ein zentraler Erklärungsfaktor der strategischen Regierungssteuerungsprofile.

8.2.3 Leadership

Die dritte Erklärungsvariable schließlich, die in beiden Fällen der Regierungssteuerung wirkte, aber zu unterschiedlichen Profilausprägungen beitrug, war der Faktor Leadership. Die Leadership-Variable verweist ebenfalls auf die Bedeutung der Akteurdimension für die Ausgestaltung von strategischen Regierungssteuerungsprozessen. Die bisherige Analyse konnte zeigen, wie unterschiedlich die Führungsakteure der jeweiligen Regierungen die Strategiefrage behandelten und welche Folgen das für die Ausformung ihres konkreten Steuerungshandelns hatte. Die Erklärungsvariable Leadership machte noch einmal spezifisch sichtbar, wie die Ausfüllung von strategischen Führungs-Funktionen auf die jeweiligen Steuerungsprofile zurückwirkte. Mit der Übernahme der Position des Regierungschefs sind besondere Rollenerwartungen verknüpft. Wie die Akteure diese Erwartungen erfüllen und welche rollenspezifischen Leistungen sie dabei erbringen, bleibt nicht ohne Konsequenzen für das Kollektivhandeln der Regierung.

Blair und Schröder entwickelten auf der Basis ihrer individuellen Interpretationen der Rollen und Aufgaben eines Regierungschefs einen in wichtigen Teilbereichen unterschiedlichen Umgang mit den strategischen Leadership-Funktionen. Die jeweiligen Strategieambitionen erwiesen sich auch hier als tragend. Beide waren zunächst um die Sicherung ihres Führungsanspruchs im Regierungsprozess bemüht. Während sie bei Schröder zu einem Modus parteidistanzierten Regierens führte, folgte daraus unter Blair eine ungekoppelte Organisationssteuerung. Beide Regierungschefs verfügten zudem über ausgeprägte intuitive Fähigkeiten und kommunikative Kompetenzen, die ihnen erstaunliche situative Mobilisierungsleistungen ermöglichten.

Erhebliche Differenzen wurden dagegen in anderen Leadership-Bereichen deutlich. Angesichts seiner eigenen Richtungslosigkeit und Orientierungsschwäche basierte die Entscheidungsdurchsetzung unter Schröder wiederholt auf dem Einsatz von Rücktrittsdrohungen oder der Vertrauensfrage. Sie erreichte seltener eine inhaltlich motivierte Unterstützung. Anders der strategisch ambitionierte Blair, der sich gezielt und dauerhaft um Richtungsvorgaben und die Entwicklung einer kontextsetzenden Orientierung bemühte – sowohl in konzeptioneller als auch in kommunikativer Hinsicht. Im späteren Verlauf des Regierungsprozesses litt allerdings auch die Fähigkeit Blairs, für die Entscheidungsdurchsetzung eine inhaltliche Mobilisierung zu erreichen. Seine „einsamen" Entscheidungen in der Irak-Frage hatten die Möglichkeiten und Fähigkeiten des britischen Regierungschefs zur Ausübung von strategischer Leadership merklich sinken lassen.

8.3 Zum Einfluss unterschiedlicher Regierungssysteme auf den Strategieprozess

Beim Vergleich der beiden Fälle strategischer Regierungssteuerung soll auch auf die in den Einzelstudien implizit und explizit einbezogenen *institutionellen Rahmenbedingungen* eingegangen werden. Sowohl das deutsche wie auch das britische Regierungssystem weisen die grundlegenden Strukturmerkmale des Verbunds von parlamentarischem Regierungssystem und Party-Government auf.[200] Sie unterscheiden sich jedoch in ihren spezifischen Rahmenbedingungen des Regierens beispielsweise durch Merkmale unterschiedlicher Verfassungs-, Wahl- oder Parteiensysteme. Im Folgenden soll es insbesondere um die Frage gehen, inwieweit strukturelle Kontextfaktoren strategische Steuerungsprozesse beeinflussen oder sogar determinieren.

Auf der Grundlage der empirischen Fallstudien und zusätzlicher systematischer Erwägungen lässt sich hinsichtlich des Systemeinflusses eine *dritte generalisierende Hypothese* formulieren. Sie wird im Folgenden mit Blick auf die drei Zentralelemente des Strategy-Making ausgeführt. Ihre Kernaussage lautet, dass unterschiedliche Regierungssysteme zwar die *Handlungsbedingungen* und *Akteurskonstellationen* strategischer Politik verändern, nicht aber über die *Möglichkeit* von Strategie entscheiden. Dementsprechend haben die Strukturmerkmale politischer Sys-

---

[200]   Vgl. ausführlich das Kapitel 3.1. Deutliche Unterschiede im Strategy-Making unter den Kontextbedingungen präsidentieller Regierungssysteme müssen hier deswegen nicht weiter thematisiert werden (vgl. dazu etwa Raschke/Tils 2007: 284-287).

teme Einfluss auf das „Wie", nicht aber das „Ob" von Strategy-Making-Prozessen. Eine solche Hypothese bestreitet nicht, dass verschiedene Systemausprägungen für die Akteure unterschiedliche Macht- und Einflussressourcen bereithalten und ihnen divergierende Handlungskorridore bzw. Möglichkeitsräume eröffnen. Sie behauptet allerdings, dass unter den allgemeinen Systembedingungen von Party-Government und parlamentarischem Regierungssystem keine systematischen Strategiehindernisse bzw. -erfordernisse existieren, die beispielsweise in Großbritannien eine strategisch orientierte Regierungssteuerung nahe legen oder erzwingen würden und in Deutschland Ansätze strategischer Steuerungsbemühungen behinderten oder unmöglich machten. Die Erkenntnis aus den Fallstudien und die darauf aufbauende Grundannahme sind, dass es in Strategiefragen wesentlich auf die Akteure ankommt. Institutionen schließen nicht aus und sie determinieren nicht. Sie schaffen in etwas unterschiedlicher Art Möglichkeitsräume strategischer Politik.

8.3.1 Regierungssystem und Strategiefähigkeit

Für den Zusammenhang von institutionellen Systemmerkmalen und Strategiefähigkeit lässt sich zunächst einmal festhalten, dass die Befähigung zu strategischer Politik in beiden untersuchten Regierungssystemen auf den Elementen von Führung, Richtung und Strategiekompetenz fußt. Hier ergeben sich keine Besonderheiten, die den jeweiligen Strukturmerkmalen geschuldet wären. Allerdings variieren die institutionellen *Chancen* zur *Zentrierung strategischer Politik* mit den jeweils spezifischen Typen des Regierungssystems.

Auf der individuellen Ebene geht es dabei insbesondere um hervorgehobene, ressourcenstarke Regierungschef-Rollen als Kristallisationspunkt für die Bildung eines strategischen Zentrums. Auf den ersten Blick erscheint hier in *Großbritannien* alles leichter. Der Normalfall von *Einparteienregierungen* erspart dem Regierungschef das Koalitionsmanagement und die parteiübergreifende Kompromissbildung. Führungsanspruch und Richtungsvorgaben müssen bei der Entwicklung Strategiefähigkeit „nur" innerhalb der eigenen Parteiorganisation, bei den eigenen Parteimitgliedern in der Regierung und der Fraktion im Parlament durchgesetzt werden.

Zudem nimmt der *Premierminister* im britischen Regierungssystem eine besonders herausgehobene Stellung ein, die ihren Ausdruck in einem großen Repertoire an Einflussmöglichkeiten findet. Die umfangreiche Literatur zu den *institutionellen Macht- und Handlungsressourcen* des Regierungschefs verweist darauf (vgl. etwa Jones 1985, King 1991,: 34-38, James 1999: 101-113, Heffernan 2003, 2005, Jones et al. 2004: 478-479, Kavanagh et al. 2006: 204-208, Bennister 2007, Hopp 2010: 75-79). So verfügt der Premierminister über eine weitreichende *Organisationsgewalt* in der Regierung, kann also beispielsweise das Prime Minister Office, das Cabinet Office und die Ministerien nach seinen Vorstellung umbauen. Auch im Kabinett bzw. bei der bilateralen Politikentwicklung mit einzelnen Ministern stehen ihm umfassende *Entscheidungskompetenzen* zu. Als „head of government" besitzt er besondere Vetorechte, kann die Konsultation zu allen relevanten Regierungspolitiken anordnen, bestimmt er über den Zuschnitt und die Anzahl der Ressorts, setzt den Termin der Parlamentswahlen fest und hat innerhalb der Regierung Agenda-Building- bzw. Agenda-Cutting-Macht. Nicht zuletzt bestimmt sich das Einflusspotential des Premierministers auch aus seinen umfassenden personalpolitischen Kompetenzen. Umfassender als sein deutscher Amtskollege kann der britische Regierungschef Ämter und Positionen vergeben. Sein *Patronagerecht* bezieht sich nicht nur auf das Benennen bzw. Entlassen von Kabinettsministern und Ministern ohne Kabinettsrang, Mitgliedern der Kabinettskommissionen oder Besetzungen von Civil-Service-Positionen, sondern schließt auch die Einstellung von politischen Beratern und die Verleihung von Ehrentiteln (z.B. peerages, knighthoods) mit ein.

Misst man die Zentrierungsmöglichkeiten also an der Kompetenzausstattung des Premierministers, den Bedingungen einer Einparteienregierung und der Konzentration exekutiver Macht in der Regierungsspitze, sind diese in Großbritannien besonders groß. Dennoch müssen auch dort die institutionellen Voraussetzungen für die Herausbildung eines strategischen Zentrums erst genutzt werden. Die institutionell starke Stellung des Regierungschefs gewährleistet keineswegs eine unangefochtene Führungsposition. Das musste gerade Tony Blair in seiner Amtszeit schmerzhaft erfahren. Die Restriktionen der Realität einer „dual premiership" (Kavanagh 2001: 14, ausführlich Hennessy 2001: 476-524) mit dem Schatzkanzler Brown konnten auch die zahlreichen institutionellen Macht- und Einflussressourcen des britischen Regierungschefs nicht verhindern. Die spezifischen Charakteristika strategischer Handlungsfähigkeit der Labour-Regierung ergaben sich gerade aus den nicht-formalen Handlungsrestriktionen der durch Konflikte gekennzeichneten Interaktionsbeziehungen zwischen Blair und Brown. In der empirischen Analyse hat sich also gezeigt, dass *institutionelle Zentrierungsmöglichkeiten* keineswegs zwangsläufig zu klaren *Führungsverhältnissen* führen.

Auch beim antizipierenden Aufbau strategischer Handlungsfähigkeit vor dem Regierungsantritt machten Blair und Brown die Labour Party erst durch umfangreiche organisatorische Parteireformen im modernen Sinne strategiefähig. Traditionell wurde Labour vor allem von der Fraktion dominiert (Helms 1999b) und sah sich dem starken Einfluss von Parteitagen ausgesetzt. Dort hatten Gewerkschaften im Zusammenspiel mit der radikalisierten Parteibasis übermäßige Chancen, die Partei in programmatischer Grundrichtung und Image so festzulegen, dass sie die Möglichkeiten der Führung zur strategischen Kursbestimmung erheblich beschnitten. Nur unter der Voraussetzung einer Neujustierung des Verhältnisses von Partei, Gewerkschaft und Fraktion blieb nach der Regierungsübernahme die Führungs- und Richtungsprärogative der Spitze erhalten. Institutionelle Faktoren des britischen Regierungssystems, die über den allgemeinen Kontextzusammenhang von Party-Government und parlamentarischer Demokratie hinausgewiesen hätten, spielten dabei keine hervorgehobene Rolle. Die Aufgabe einer für die Sicherstellung von Strategiefähigkeit notwendigen Balancierung der Akteursbeziehungen zwischen Regierung, Partei und Fraktion stellt sich in Großbritannien in gleicher Weise wie in Deutschland. Mögliche *Zentrierungsvorteile* des britischen Regierungssystems sind hierfür *nicht ersichtlich*.

Schaut man sich die institutionellen Rahmenbedingungen in *Deutschland* hinsichtlich ihres potentiellen Einflusses auf die Entwicklung von Strategiefähigkeit an, fallen zunächst mehr *Zentrierungshindernisse* auf. Das deutsche *Mehrparteiensystem*, das üblicherweise zu Koalitionsregierungen führt, erschwert eine Zentrierung beim Regierungschef und verstärkt die Umweltkomplexität. Die Stellung des Bundeskanzlers wirkt trotz einiger machtpolitischer Ressourcen (vgl. Smith 1991, Kropp 2004, Schmidt 2007a) gegenüber dem britischen Premierminister schwächer. Das gilt trotz der Kennzeichnung Deutschlands als „Kanzlerdemokratie" (Niclauß 2004). Zwar verfügt der deutsche Regierungschef über *verfassungsrechtlich verankerte Rechte* wie die Richtlinienkompetenz oder die Vertrauensfrage gegenüber dem Parlament (vgl. Gast 2010: 96-98). Insbesondere die machtpolitische Bedeutung der Richtlinienkompetenz ist für konkrete Politikprozesse jedoch umstritten (vgl. etwa Holtmann 2008, Schuett-Wetschky 2008, Bröchler 2008). Die gleichen Zweifel ergeben sich mit Blick auf das dem Kanzler grundsätzlich zustehenden Recht zum Ernennen und Entlassen von Ministern, da er bei der Auswahl seiner Minister vom jeweiligen Koalitionspartner abhängig ist (Southern 1994: 34-35, Stoiber 2008: 51). Die von den Ministern in eigenständiger *Ressortverantwortung* entwickelten Ressortpolitiken grenzen die Handlungsspielräume und Zentrierungsmöglichkeiten des deutschen Regierungschefs weiter ein (vgl. Smith 1991: 49). Schließlich manifestieren sich *Grenzen* der *Organisationsgewalt* des Kanzlers innerhalb der Exekutive, wenn beispielsweise die Möglichkeiten der Schaffung von institutionellen Neugliederungen bzw. zusätzlichen Organisationseinheiten in der Ministerialverwaltung – neben den in allen Regierungen wirksamen finanziellen Restriktionen – durch besondere beamtenrechtliche Vorschriften und weitere administrative bzw. rechtliche Hindernisse begrenzt werden (vgl. etwa Sturm 1994, Busse 1999, Derlien 2001, König 2001).[201]

Auch wenn in den Ausführungen zu den institutionell verankerten Macht- und Handlungsressourcen des Kanzlers und Premierministers in *vergleichender*

---

[201]   Das gilt gerade auch im Verhältnis zum britischen Exekutivsystem (vgl. Helms 2005c: 194).

Perspektive einige allgemeine *Zentrierungsrestriktionen* in Deutschland sichtbar werden, sagt das noch wenig über die jeweils real existierenden Chancen zur Entwicklung und Stabilisierung von kollektiver Strategiefähigkeit. Die Empirie dieser Untersuchung hat gezeigt, dass unbalancierte Führung und Richtungsunsicherheit in Deutschland unter Schröder weniger Folge von institutionellen Strukturen als von besonderen Akteurkonstellationen und fehlenden strategischen Orientierungen der Spitzenpolitiker waren. Schröders Verwendung institutioneller Handlungsressourcen (wie die wiederholte Verknüpfung von Sachfragen mit der Vertrauensfrage) führte zwar einige Male zur Entscheidungsdurchsetzung umstrittener Regierungsmaßnahmen im Parlament, hatte aber keinen weitergehenden positiven Einfluss auf die allgemeine Strategiefähigkeit der Regierung.

Auch die nicht erfolgte Einbindung von *strategischer Kompetenz* in der Kernexekutive beruhte im Wesentlichen nicht auf rechtlichen Grenzen der Organisationsgewalt oder eingeschränkten Handlungsspielräumen, sondern darauf, dass der deutsche Kanzler hierfür innerhalb der Administration keine „Nachfrage" entwickelte. Die vorhandenen Kapazitäten (etwa in der Grundsatz- und Planungsabteilung des Bundeskanzleramts) wurde für Steuerungsprozesse kaum genutzt, eine unabgestimmte Doppelung von Visions- und Koordinationskompetenz im Kanzleramt ließ man zu, ihr späterer Zerfall blieb unkompensiert. Insgesamt setzte sich Schröder nicht für die Etablierung einer integrierenden Strategiekompetenz im Regierungsapparat ein. Dass unter den gleichen institutionellen Rahmenbedingungen auch andere exekutiv-administrative Kompetenzentwicklungen möglich sind, haben frühere Kanzler gezeigt (vgl. Müller-Rommel 1994).[202] Ohne Strategieambitionen prüfte die Regierung Schröder nicht einmal ansatzweise die Grenzen des Handlungskorridors zum Aufbau von Strategiefähigkeit in Deutschland.

8.3.2 *Regierungssystem und Strategiebildung*

Ein gering ausgeprägter Zusammenhang lässt sich auch für das Verhältnis von Regierungssystem und Strategiebildung konstatieren. Wie wir in den empirischen Fallstudien gesehen haben, zog die *Institutionalisierung* von *strategischer Kompetenz* in der Regierung fasst „zwangsläufig" *Strategiebildungsprozesse* nach sich – zumindest wenn die Etablierung der Strategiekompetenz Ausdruck einer strategischen Absicht und eines strategischen Interesses des Regierungszentrums war. Institutionelle Grenzen spielten dagegen für das aktive Vorantreiben von strategischen

---

[202]   Vgl. dazu – mit dem spezifischen Fokus auf den Aspekt von Strategiefähigkeit – auch Raschke/Tils (2007: 276-281).

Zielbildungsprozessen, strategischen Lageanalysen, die Modellierung von Szenarien oder die Entwicklung von Strategieoptionen eine untergeordnete Rolle.

Auch hier gilt wieder das Diktum, wonach institutionelle Strukturmerkmale politischer Systeme zwar beeinflussen, *worauf* sich die strategischen Kalkulationen richten, nicht aber, *ob* diese überhaupt stattfinden. Es trifft zu, dass unterschiedlich konfigurierte Regierungssysteme die Aufmerksamkeiten der Akteure im Rahmen von Strategiebildungsprozessen auf jeweils andere Mit- und Gegenspieler, Arenen und Politikaspekte lenken. Genauso gilt aber, dass sie nicht darüber bestimmen, ob strategische Analysen bzw. Prozesse der Strategiebildung in der Regierung überhaupt stattfinden und welche Bedeutung ihnen für das Steuerungshandeln der Akteure zukommt. Entscheidend hierfür sind vielmehr die *strategischen Ambitionen* der *zentralen Regierungsakteure.*

Denken die Mitglieder des strategischen Regierungszentrums selbst in Kategorien strategischer Analyse und wollen sie entsprechende institutionelle Kapazitäten für die eigene Strategieentwicklung nutzen, ist mit der Entwicklung und Einbindung von Strategiekompetenz im Regierungsprozess und methodisch angeleiteten Strategiebildungsprozessen zu rechnen. Fehlen aber bei den Spitzenakteuren der strategische Wille und das Können, bleiben strategische Ziel-, Lage- und Optionenanalysen sowie systematische gedankliche Verknüpfungen von eigenen Zielen, gegenwärtiger strategischer Lage und verfügbaren Handlungsmöglichkeiten für die konkreten Aktivitäten der Regierungssteuerung nachrangig.

8.3.3   *Regierungssystem und strategische Steuerung*

Ähnliche Schlussfolgerungen wie für die anderen Dimensionen des Strategy-Making ergeben sich, wenn wir uns noch einmal den Einfluss der unterschiedlichen Regierungssysteme auf die empirisch untersuchten strategischen Steuerungsprozesse vergegenwärtigen. Auch hier lag zunächst die Vermutung nahe, dass das „Westminstermodell" strategische Steuerung begünstigt, während sie in der verhandlungsdemokratischen Mehrebenenstruktur des deutschen Systems erschwert wird. Vetospieler als Mitregenten, Dauerwahlkampf durch verschränkte Wahltermine auf Bundes- und Landesebene, Kompromisserfordernisse durch Mehrparteienkonstellationen oder eine Juridifizierung der Politik (nicht zuletzt bedingt durch die starke Stellung des Bundesverfassungsgerichts) geraten in Deutschland als institutionelle Hindernisse gezielter Politiksteuerung in den Blick (vgl. Schmidt 2002, Merkel 2007). Solche Einordnungen sind jedoch nur möglich, wenn und insoweit *Politiksteuerung* die einfache, hierarchisch strukturierte *Entscheidungsdurchsetzung* von Regierungen meint. Andere Beurteilungskriterien kommen zum Tragen, wenn Steuerung nicht nur auf den *Entscheidungs-*, sondern den *Demokratie-* oder, wie hier, den *Strategieaspekt* bezogen wird.

Schon vor dem Hintergrund einer *demokratietheoretischen Einordnung* zeigt sich für das Verhältnis von Mehrheitsdemokratien britischer Art und dem deutschen verhandlungsdemokratischen Modell ein wesentlich differenzierteres Bild. So kommt etwa die komplexe Demokratietheorie (Scharpf 1975) in empirischer und normativer Perspektive zu ambivalenten Beurteilungen der Input- und Outputleistungen beider demokratischen Systemtypen. Nur unter besonderen Umständen weist danach das Westminstermodell eine insgesamt höhere Entscheidungs- und Reformfähigkeit sowie ein größeres Wertberücksichtigungspotential aus. Der Systemtyp allein garantiere jedoch noch kein effektives und demokratisches Regieren und berge zudem Gefahren einer hohen Zentralisierung, abrupter Kurswechsel und der Majorisierung von Minderheiten (vgl. Scharpf 1993, Schmidt 2003a).

Für *strategische Steuerungsprozesse* konnten wir in dieser Studie empirisch herausarbeiten, dass institutionelle Rahmenbedingungen zwar die Handlungskorridore beeinflussen, in denen sich die Akteure bewegen. Insofern haben sie Rückwirkungen auf die Arenen und Akteurkonstellationen, in denen sich strategische Steuerungsprozesse abspielen. Strukturelle Kontextfaktoren determinieren aber nicht, ob strategische Orientierungen der Akteure entstehen, und sie treffen keine Entscheidung darüber, ob und in welcher spezifischen Form das Unterfangen strategischer Regierungssteuerung in Angriff genommen wird.

Am Beispiel der Umstände und Bedingungen von *Leadership*, einem der zentralen Bausteine strategischer Steuerungsprozesse, lassen sich noch einmal einzelne Wirkungen variierender systemspezifischer institutioneller Rahmenbedingungen veranschaulichen. Das strukturell beeinflusste Handlungsrepertoire für Leadership weist Ähnlichkeiten zu den Merkmalen der strategischen Zentrierungsmöglichkeiten auf, die wir bereits bei der Erörterung des Zusammenhangs von Regierungssystem und Strategiefähigkeit thematisiert haben. Hier werden sie allerdings nicht mit Blick auf die Entwicklung von strategischer Handlungsfähigkeit, sondern hinsichtlich der Möglichkeiten und Bedingungen zur Erfüllung von Führungsaufgaben behandelt.

Mit Robert Elgie (1995: 13-20) können unterschiedliche Bereichsstrukturen des Regierungssystems und ihre Rückwirkungen auf die Umstände und Bedingungen von Leadership gekennzeichnet werden. Es sind relationale Systemeigenschaften, die Führungsakteuren in ihrem Verhältnis zur internen und externen Umwelt spezifische Handlungsmöglichkeiten (constitutional resources/constraints) zur Ausübung von Leadership eröffnen (vgl. Elgie 1998).[203] Aus der Perspektive einer Regierung lassen sich für den Leadership-Aspekt institutionelle Strukturen innerhalb der Kernexekutive, Beziehungen zwischen Exekutive und anderen Akteuren des Regierungssystems (Parlamente, Gerichte, föderale Regierungsebenen etc.) sowie parteiinterne Verhältnisse und Parteistatus unterscheiden.

Die Handlungsmöglichkeiten zur Ausübung von Führung innerhalb der Kernexekutive hängen unter anderem ab von den Patronagerechten des Regierungschefs, der formal konstituierten Abhängigkeit bzw. Unabhängigkeit seiner Minister, seiner Agenda-Kontrolle innerhalb des Kabinetts und den administrativen Stabsressourcen der Regierungsspitze. Wie wir in den empirischen Fallstudien gesehen haben, sind das jedoch keine determinierenden Größen. Sie eröffnen der Spitze lediglich unterschiedliche Handlungsspielräume politischer Führung im Regierungsprozess. Im Hinblick auf andere Akteure des Regierungssystems wirken etwa formale Ausgestaltungen der Beziehung von Kernexekutive zum sonstigen administrativen Unterbau, konstitutionelle Regulierungen des Verhältnisses zwischen Exekutive und Legislative, Befugnisse von (Verfassungs-)Gerichten oder relationale Strukturen zwischen nationalen und subnationalen Einheiten. Auch Organisation und Status der eigenen Regierungspartei beeinflussen die Realisierungskorridore von Führungsleistungen. Eine wichtige Leadership-Ressource ist die personale Identität von politischer Führung und Parteivorsitz. Leichter fällt Leadership in organisatorisch gefestigten, homogenen Parteistrukturen als in einer disparaten, von Faktionalismus geprägten Partei. Diese Parteieigenschaften hängen jedoch nicht in erster Line von politischen Systemmerkmalen, sondern eher von den Fähigkeiten der Akteure zur Ausbildung kollektiver Handlungsfähigkeit ab. Nicht zuletzt beeinflusst der Status der eigenen Partei in den Legislativorganen die Umstände von Leadership. Einparteien- und Koalitionsregierungen verändern die Bedingungen politischer Führung, die sich im ersten Fall ausschließlich auf die eigene Partei richten, im zweiten Fall auch den jeweiligen Koalitionspartner einbeziehen.

Die Fallstudien haben vor allem demonstriert, wie veränderungs- und interpretationsfähig strukturelle Rahmenbedingungen politischer Systeme im Rahmen strategischer Steuerungsprozesse sind. Für den Strategiezusammenhang sollten Merkmale von Regierungssystemen deswegen nicht als strukturelle Handlungsimperative (miss-)verstanden werden. Rufen wir uns einige Beispiele konkreter Steuerungsaktivitäten unter Schröder und Blair in Erinnerung, weisen diese eher eine akteurbezogene als eine institutionelle Bedingtheit auf. So ließ sich etwa der

---

[203] Die Kategorie der „relational properties" hat Elgie zwar zur Bestimmung von demokratischen Regimetypen entwickelt (in der Gegenüberstellung zu „dispositional properties"). Sie sind aber auf den Zusammenhang von Leadership übertragbar.

britische Premierminister wenig beeindrucken von altehrwürdigen institutionellen Konventionen eines „cabinet government" (Mackintosh 1962), in dem das Kabinett als Kollektiv den Kern einer starken Regierung bildet. Blair forcierte für die Entscheidungsfindung in der Regierung bilaterale Absprachen mit einzelnen Ministern oder zentrierte sie gleich ausschließlich im strategischen Regierungszentrum – wie etwa im Fall der Entscheidung, die Bank of England in die operative Unabhängigkeit zu entlassen. Anders herum entglitt ihm im Zweikampf mit Brown zuweilen die eigene Hoheit über die Agenda der Labour-Regierung, obwohl dem britischen Premierminister aufgrund seiner institutionell hervorgehobenen Position (*primus inter pares*) eigentlich gerade eine solche Agenda-Kontrolle zugeschrieben wird.

Ähnliche Beobachtungen lassen sich für den deutschen Fall machen. Auch dort war das Umspielen von Veto- und Gegenspielern, wie es Schröder beispielsweise bei der Durchsetzung der großen Steuerreform in der ersten Legislaturperiode betrieben hat, weniger Ausdruck von strukturbedingten Strategiehindernissen, als vielmehr ein Kennzeichen besonderer, situationsbedingter strategischer Steuerungsanstrengungen der rot-grünen Bundesregierung. Natürlich folgt das Problem der Vetomacht eines oppositionsdominierten Bundesrats aus den Strukturmerkmalen des Regierungssystems der Bundesrepublik Deutschland. Die Antwort, ob (und wie) der Regierungsakteur darauf strategisch reagiert oder er die Begrenzung seines Handlungskorridors einfach hinnimmt, finden wir nicht in den Institutionen, sondern in den die Regierung tragenden Akteuren. Umgekehrt widerspricht die zeitweise Nachrangigkeit des grünen Koalitionspartners für die Ausgestaltung der Regierungssteuerung unter Schröder eigentlich dem Strukturmerkmal einer Mehrparteienregierung. Denn für sie geht man im Unterschied zur Konstellation einer Einparteienregierung im Normalfall von einer erheblichen Begrenzung der Handlungsspielräume des Regierungschefs aus. Auch hier waren es nicht systemische Gründe, sondern konkrete Akteurkonfigurationen und -entscheidungen, die den Verlauf der Steuerungsprozesse bestimmten.

8.4 Fazit: gleiche Erklärungsfaktoren für ungleiche Strategieprofile trotz Regierungssystemdifferenzen

Im Rahmen der *komparativ-typologischen Kontrastierung* der strategischen Steuerungsprofile wurde für die Regierung Blair ein ambitionierter Typ strategischer Steuerung identifiziert. Er grenzt sich vom unambitionierten Strategietyp der Regierung Schröder deutlich ab. Eine Vielzahl von Indikatoren zeigte, wie sich der „strategic will and skill" in der britischen Labour-Regierung in ein ambitioniertes Muster strategischer Steuerung übertrug, das weitreichende prozessuale und institutionelle Wirkungen entfachte. Ungeachtet des hohen strategischen Anspruchs – und zum Teil gerade deswegen – erzeugten die im dortigen Strategy-Making-Prozess gezeigten Tendenzen zur Überzentralisierung, Überkonzeptualisierung und Übersteuerung spezifische Strategieprobleme. Anders lag der deutsche Fall. Hier wurde ein unambitionierter Strategietyp sichtbar, der aufgrund fehlender strategischer Interessen und Aufmerksamkeiten im Modus strategischer Untersteuerung verblieb. Allerdings führten eine ganze Reihe von strategischen Herausforderungen auch unter Schröder zu einem minimalstrategischen Steuerungstyp im Regierungsprozess.

Ungeachtet der elementaren Differenzen bei den Steuerungstypen hat die vorliegende Untersuchung ebenfalls belegt, dass die *Wirkungsfaktoren* für die jeweiligen Strategieausformungen der Regierungen Schröder und Blair eine erstaunliche *Kongruenz* aufwiesen. In beiden Fällen verursachten vor allem das individuelle Strategieprofil des Regierungschefs, die kollektive Strategiefähigkeit der Regierung und die spezifische Erfüllung von Leadership-Funktionen die unterschiedlichen Profilausprägungen strategischer Regierungssteuerung. Insofern konnte in dieser Studie ein einheitliches Set von Erklärungsfaktoren für divergente Strategiephänomene identifiziert werden.

Die Ausführungen zum Einfluss unterschiedlicher *Regierungssysteme* auf den *Strategieprozess* haben schließlich verdeutlicht, dass keine strukturellen Gründe existieren, die den Willen und die Fähigkeit zu strategischer Politik unterminieren. Zwar sind die Zentrierungsmöglichkeiten politischer Entscheidungen in Großbritannien durch das „Westminster-Modell" mit einem Zweiparteiensystem, Mehrheitswahlrecht, einer Zentralregierung und der Konzentration exekutiver Macht größer als in Deutschland mit seinem Mehrparteiensystem, personalisiertem Verhältniswahlrecht, verflochtenem Institutionengefüge, den föderativen Strukturen und der Vielzahl von Vetospielern. Allerdings haben sich die kollektive Verfasstheit des Regierungsakteurs im Hinblick auf seine Strategiefähigkeit, das individuelle Strategieprofil des Regierungschefs und Leadership-Leistungen als wesentlich wirkungsmächtigere Einflussfaktoren auf die strategischen Steuerungsprozesse unter Schröder und Blair erwiesen.

Dementsprechend lässt sich behaupten, dass aus den *Zentrierungsmöglichkeiten* eines Regierungssystems nicht seine *Strategiemöglichkeiten* folgen. Man könnte sogar einen umgekehrten Schluss ziehen. Gerade in von mit Vetoakteuren durchsetzten und vielfach verflochtenen Regierungssystemen wie Deutschland liegt ein „Mehr" an Strategie nahe – ohne dass die Steuerung damit leicht würde. Der Kalkulationsbedarf, die Möglichkeiten zur Strategieanwendung und die Herausforderungen strategischer Steuerung steigen. Eine Gleichsetzung der Zentrierungs- mit den Strategiemöglichkeiten politischer Systeme verwechselt „Durchregieren" mit

Strategie. Auch wenn die Strukturmerkmale des Regierungssystems in Großbritannien (im Vergleich zu Deutschland) Prozesse des Durchregierens erleichtern, bemessen sich die jeweils vorgefundenen Strategiemöglichkeiten an anderen Faktoren. Wichtig dafür sind vor allem die individuellen und kollektiven Strategieambitionen, der Wille und das Können zum Strategy-Making. In einer über die Einzelfälle hinausgehenden Perspektive hat diese Studie damit die Grundannahme politischer Strategieanalyse bestätigt, dass es für strategische Prozesse weniger darauf ankommt, was Institutionen aus Akteuren machen, als darauf, was die Akteure in diesen Institutionen machen (vgl. Raschke/Tils 2010).

9   Schlussfolgerungen

Im weiten, bislang aber noch weitgehend unerschlossenen Feld empirischer Strate-gieforschung liegt mit dieser Untersuchung erstmals eine systematisch verglei-chende Analyse strategischer Steuerungsprozesse von zwei europäischen Parteire-gierungen vor. Die empirischen Vergleichsfälle waren die strategische Regierungs-steuerung unter Kanzler Gerhard Schröder in Deutschland (1998-2005) und Pre-mierminister Tony Blair in Großbritannien (1997-2005).

Der *konzeptionell-theoretische Teil* der Untersuchung führte zu einer Konzeption strategischer Steuerung für den Kontext von parlamentarischem Regierungssystem und Party-Government, die nun verfügbar ist für eine Vielzahl ähnlicher oder an-ders gelagerter Untersuchungen strategischer Steuerungsprozesse unter den Rah-menbedingungen solcher politischen Systemzusammenhänge. Die *empirischen Fall-analysen* der strategischen Regierungssteuerung unter Schröder und Blair haben demonstriert, wie das entwickelte analytische Instrumentarium einerseits für die analytische Rekonstruktion der Prozesse strategischer Regierungssteuerung ein-setzbar ist, andererseits aber auch ein Set von Erklärungsfaktoren bereitstellen kann, das Wirkungszusammenhänge spezifischer Strategieprofile sichtbar macht. Der strukturierte und fokussierte *Vergleich* der strategischen Steuerungsprofile beider Regierungen ermöglichte schließlich Schlussfolgerungen, die über die bei-den Einzelfälle hinausweisen.

Ergebnis der *konzeptionell-theoretischen Arbeit* in dieser Studie ist ein Bezugs-rahmen strategischer Regierungssteuerung für parteiendominierte parlamentari-sche Demokratien, der vier zentrale Steuerungsbereiche identifiziert. Steuerung der eigenen *Organisation*, die alle wesentliche Party-Government-Akteure umfasst (Regierung, Fraktion, Partei). Steuerung der *Problempolitik*, die sich um die Lösung gesellschaftlicher Probleme bemüht. Steuerung der *Konkurrenzpolitik*, die den Vor-teil gegenüber den politischen Konkurrenten sucht. Und schließlich Steuerung einer *öffentlich-medialen Kommunikation*, die das Erreichen der Regierungsziele un-terstützt. Diese vier Steuerungsbereiche sind von den Regierungsakteuren über-greifend und in ihrem inneren Zusammenhang zu bearbeiten – unter der Berück-sichtung der relevanten Steuerungsparameter von Macht, Erwartungen und Leis-tungen sowie unter Einsatz von strategischer Leadership des Regierungschefs bzw. strategischen Zentrums.

Die Ergebnisse der zwei *empirischen Fallstudien* zeigen unterschiedliche Profile strategischer Regierungssteuerung. Eine fragmentierte strategische Steuerung der Regierung Schröder steht einer übersteuerten strategischen Steuerung der Blair-Regierung gegenüber. Die fragmentierte Steuerung in Deutschland kam in unge-koppelter Organisationssteuerung, sprunghafter Problempolitik, Konkurrenzstär-ke im Wahlkampf sowie situativer Regierungskommunikation zum Ausdruck. Übersteuerungstendenzen in Großbritannien zeigten sich bei einer parallelisierten Organisationssteuerung, anspruchsvollen Problempolitik, Konkurrenzstärke und kontrollorientierten Kommunikation. Erklärungen für die strategischen Steue-rungsprofile beider Regierungen fanden sich in den Faktoren geringer bzw. ab-nehmender Strategiefähigkeit, Steuerungskonzept, Leadership und individuelles Strategieprofil des Regierungschefs.

Der *systematische Vergleich* der deutschen und britischen Regierungsführung führte zu einer Typologie konträrer Steuerungsprofile. Ambitionierte strategische Steuerungsbemühungen unter Blair standen einer unambitionierten strategischen Steuerung unter Schröder gegenüber. Trotz gegensätzlicher Strategietypen zeigte ein Vergleich der Erklärungsfaktoren interessante Kongruenzen. Übereinstimmend erwiesen sich in beiden Fällen der individuelle Strategiestil des Regierungschefs, Leadership und die kollektive Strategiefähigkeit des Regierungsakteurs als die zentralen Erklärungsvariablen für das Strategieprofil der jeweiligen Gesamtforma-tion. Sowohl die Strategiefähigkeit des Regierungskollektivs als auch der Umgang der Nr. 1 mit Strategiefragen und seine Ausübung strategischer Führung hatten jeweils weitreichende Konsequenzen für das zielorientierte Steuerungshandeln der Akteure. Trotz aller Differenz zwischen den Regierungen Schröder und Blair: ihre je spezifischen strategischen Steuerungsprofile wurden von den gleichen Faktoren beeinflusst. Institutionelle Kontexte wirkten nicht determinierend auf den Strate-gieprozess. Das verdeutlichte der Vergleich des Einflusses der Regierungssysteme auf das Strategy-Making. Die Kontexte beeinflussen Gegenstände, Bezugspunkte und Handlungskorridore von Strategie. Sie entscheiden aber nicht über ihre tat-sächliche Realisation. Hierfür kommt es auf Akteure und ihre strategischen Ambi-tionen an.

Richtet man den Blick nach vorn und fragt nach *weitergehenden Forschungsfra-gen* und *-perspektiven*, die sich auf der Grundlage der hier vorgenommenen empiri-schen Untersuchungen aufdrängen, erscheinen fünf Fragenkomplexe besonders interessant.

Der erste Fragenkomplex stammt aus dem Bereich der Strategiefähigkeit. Ge-meint sind die Restriktionen, die sich aus einer *dualen Führung* ergeben. Sie haben sich für die strategischen Steuerungsprozesse als besonders wirkungsmächtig er-wiesen. Die duale Spitze ist eine schwierige Konstellation, insbesondere wenn die

Nr. 2 eigene Ambitionen hat. In Deutschland hielt das Gespann Oskar Lafontaine und Gerhard Schröder nur ein halbes Jahr – Lafontaine wollte eine gleichberechtigte duale Führung, dazu noch mit latenter Dominanzdrohung. Die spätere duale Führung von Gerhard Schröder und Franz Müntefering war in ihren wechselnden Konstellationen nur möglich, weil Müntefering keine eigenen Ansprüche auf das Kanzleramt erhob. In Großbritannien entwickelten Tony Blair und Gordon Brown in Oppositionszeiten eine Form verdeckter dualer Führung: eine faktische Arbeitsteilung, die Brown relevante Einflussbereiche gab, und dennoch Blair Substanz und ein entsprechendes Image als eigentlicher Führer ließ. Diese enge Kooperation bröckelte aber im Laufe des Regierungsprozesses so stark, dass sie insgesamt zu einer erheblich nachlassenden Strategiefähigkeit des Regierungskollektivs führte. Browns eigene Ambitionen zerstörten eine funktionierende duale Führung. Hier eröffneten sich in neuen Analysezusammenhängen spannende Fragestellungen zu den Voraussetzungen und Bedingungen funktionierender dualer Führungskonstellationen.

Zweitens erwies sich die Suche nach *Maß* und *Form* von Strategie im Regierungsprozess komplizierter als gedacht. Übersteuerungstendenzen in Großbritannien und eine strategische Untersteuerung in Deutschland waren in dieser Perspektive auch Ausdruck der Schwierigkeit, geeignete Strategiemaße und -formen zu entwickeln. Hier ginge es in weiteren Analysen zunächst um die Frage, ob und wie bei den Akteuren ein Bewusstsein für die damit verbundenen Probleme entsteht. Die Empirie legt darüber hinaus nahe, dass alle vier strategisch relevanten Steuerungsbereiche gleichberechtigt Aufmerksamkeit erfordern. Kompensationen von Schwächen in der Problemlösung oder der administrativ-organisatorischen Steuerung lassen sich beispielsweise nicht dauerhaft durch Kommunikation oder konkurrenzpolitische Stärke kompensieren und können so – ceteris paribus – zu Tendenzen strategischer Übersteuerung führen. Die Wechselwirkungen zwischen Steuerungsbereichen sowie Bedingungen ihrer Balancierung stellen lohnenswerte Gebiete künftiger Forschung dar. Hieran anschließen könnten sich auch Analysen der Balancierung einzelner Steuerungsfelder, in denen beispielsweise für den Bereich strategischer Kommunikation auch die Frage nach dem Nicht-Kommunizierbaren aufgeworfen wird (vgl. etwa Goodin 2006).

Drittens werden im Komplex *Strategie* und *Beratung* interessante Forschungsperspektiven sichtbar. Wenn richtig ist, dass sich individuelle Strategieprofile von Führungsakteuren (auch) an ihren Beratern erkennen lassen, eröffnet sich hier ein weiteres Untersuchungsfeld. Strategisch ambitionierte Politiker, so die empirische Vermutung nach der Analyse deutscher und britischer Regierungsprozesse, suchen sich Berater, die als Bereichsstrategen oder strategische Generalisten bei Strategiebildung und Steuerung wichtige Leistungen erbringen (Blair). Fehlende Nachfrage erkennt man dann auch an den Beratungsinhalten und -akteuren im Umfeld des strategisch Unambitionierten (Schröder).

Viertens weisen die Ergebnisse der empirischen Fallstudien auf die Bedeutung von *Mikropolitik* für Strategieprozesse der Mesoebene hin. Individuelle Akteure, insbesondere auf der Ebene der Führung, haben die Steuerungsprofile der analysierten Regierungen geprägt. Ihre *face-to-face-Interaktionen* und ihr *day-to-day-bargaining* trugen wesentlich zu den jeweils spezifischen Ausformungen der Strategieprofile des Kollektivs bei. Hier würde man gern noch mehr erfahren, wie das tagtäglich praktizierte mikropolitische Handeln der Regierungsakteure die Abläufe und Entwicklungen strategischer Steuerungsprozesse beeinflusst. Informales Handeln spielt dabei eine wichtige Rolle. Da die institutionellen „Zwänge" im Strategiezusammenhang eher gering sind, auch das haben wir in der Empirie sehen können, eröffnet die strategische Handlungsfreiheit der Akteure „(...) den Raum für Mikropolitik" (Ortmann 1998: 2).

Schließlich hat die vorliegende Untersuchung gezeigt, dass es sich für die Analyse von Strategie lohnt, dem Zusammenhang von *Persönlichkeit* und *Politik* verstärkte Aufmerksamkeit zu schenken (und weniger den institutionellen Kontexten). Das gilt nicht nur, aber auch für die Frage von (strategischer) Leadership (vgl. Theakston 1997). Weiterer Klärungsbedarf bestünde darin, wie politische Akteure auf der individuellen Ebene eigentlich zu unterschiedlicher Wertschätzung von Strategie kommen (Strategiesozialisation). Zu analysieren wären auch die Unterschiede zwischen individuellen Aufstiegsstrategien und kollektiver Strategiebindung nach dem Erreichen von Führungspositionen. Sowohl Schröder als auch Blair hatten durchaus Mühe mit einer Kollektivorientierung. Sichtbar wurde in der Empirie die immer vorhandene Selektivität des individuellen Strategieprofils. Keiner kann und macht alles. Wie aber gestalten sich die grundsätzlichen Möglichkeiten aktiver Kompensation und welchen Einfluss haben Persönlichkeitsmerkmale der Akteure auf den Wahlmodus eines von ihnen vorangetriebenen Ausgleichs strategischer Defizite?

Abseits der zukünftigen Forschungsperspektiven stellt sich im Lichte der beiden Vergleichsfälle Schröder und Blair schließlich die Frage, welche Bedeutung dem Faktor Strategie eigentlich für den *Erfolg* oder *Misserfolg* einer Regierung zukommt. Auch wenn die empirische Basis für weitergehende Generalisierungen erheblich erweitert werden müsste, lassen sich aus den durchgeführten Fallstudien zumindest Anhaltspunkte für erste Antwortelemente gewinnen. Zwei Vorbemerkungen sind dabei allerdings unabdingbar.

Der erste Gesichtspunkt betrifft die *Reichweite* des *Strategiefaktors*. Zwar lag der Fokus dieser Arbeit auf dem Strategieaspekt im Regierungsprozess. Aber Regieren kann immer nur unter anderem *strategisches* Regieren sein. Strategie ist für die

Gesamtbeschreibung und -erklärung von Regierungstätigkeit lediglich einer unter mehreren Einflussfaktoren. Historische, konstellative, situative Rahmenbedingungen kommen im Regierungsprozess ebenso zum Tragen wie inkrementelles, taktisches, affektives oder irrationales Handeln. Nicht-strategisches Handeln stellt keineswegs die Ausnahme dar – soviel scheint auch nach der Analyse des britischen und deutschen Falls strategischer Regierungssteuerung festzustehen. Strategische Handlungsmuster müssen dem politischen Kollektivakteur Regierung erst abgerungen und gegen widrige Umstände durchgesetzt werden.

Die zweite Vorbemerkung betrifft die *Maßstäbe* für eine *Erfolgsmessung*. Wer sich auf das Feld der Erfolgsmessung begibt, benötigt präzisierte Erfolgskriterien. Woran soll der Erfolg einer Regierung gemessen werden? Policy-Output oder Policy-Outcome, gelungene Prozesssteuerung, organisatorische Modernisierung der Regierungsinstitutionen, Wahlerfolge, Zusammenhang von Regierungskommunikation und medial-öffentlicher Rezeption? Selbst wenn man sich bei der Erfolgsbewertung für ein Kriterium entscheidet, treten in fast allen Bereichen relevante Messprobleme auf. Soll darüber hinaus auch noch ein Vergleich von Erfolgsfällen erfolgen, potenzieren sich die Schwierigkeiten. Unterschiedliche Ausgangsbedingungen, Akteurskonstellationen, situative und institutionelle Rahmenbedingungen erschweren die Vergleichbarkeit. Substantielle Ergebnisse eines Erfolgsvergleichs zwischen ambitioniertem und unambitioniertem Strategietyp wären eigentlich nur möglich, wenn Schröder bzw. Blair ihren spezifischen Politikansatz im gleichen Zeitraum im jeweils anderen Land verfolgt hätten. Insgesamt wird deutlich, wie problembehaftet das Hervorbringen wissenschaftlich fundierter Erkenntnisse zu Regierungserfolgen ist. Versucht man sich – ungeachtet aller begründeten Skepsis – dennoch an Aussagen zu Erfolg bzw. Misserfolg der Regierungen Blair und Schröder, lassen sich an dieser Stelle, in strategischer Perspektive, vielleicht einige wenige, vorsichtige Feststellungen treffen. Sie müssen allerdings auf die jeweiligen Einzelfälle beschränkt bleiben. Insgesamt zeigt sich der *Strategiefaktor* dann als ambivalenter, aber relevanter *Erfolgsfaktor*.

Der Blick auf die *Policy-Performance* unter *Blair* ergibt ein gemischtes Bild (vgl. etwa Toynbee/Walker 2005, Faucher-King/Le Galès 2010). Der strategisch ambitionierte Steuerungstyp hat zwar zu einigen substantiellen Erfolgen in wichtigen Reformfeldern wie Gesundheit, Bildung, innere Sicherheit, öffentliche Dienstleistungen beigetragen. Gemessen an dem durch eigene, öffentliche Leistungsversprechen insgesamt aufgebauten Erwartungshorizont blieben die Ergebnisse jedoch hinter den formulierten Ansprüchen zurück. Zusätzlich überlagert wurden die vorhandenen innenpolitischen Erfolge im späteren Regierungsprozess durch die britische Irak-Politik. Zumindest in der öffentlichen Wahrnehmung überschatteten die militärischen Operationen im Irak die Gesamtleistung der Regierung erheblich. Interessanterweise war der ideologische Anteil bei diesen außenpolitischen Entscheidungen Blairs besonders hoch. Sie waren weniger als die Maßnahmen der Innenpolitik einer strategischen Analyse unterworfen. Blair wirkte hier eher als Überzeugungstäter denn als kalkulierender Stratege.

Unbestritten sind die außergewöhnlichen *Wahlerfolge* der Labour-Partei unter Tony Blair. Niemals vorher war es einer britischen Labour-Regierung gelungen, in drei aufeinander folgenden Wahlen die Mehrheit der Stimmen und Parlamentssitze zu erringen. Blairs Nachfolger Brown musste schließlich – selbstverschuldet und durch äußere Umstände befördert – dem zunehmenden Verschleiß Labours in der Regierung Tribut zollen, als die Partei im Mai 2010 unter seiner Führung nach 13 Jahren Regierungsverantwortung abgewählt wurde. Die abnehmende Zustimmung in der Bevölkerung zum Labour-Projekt hatte allerdings lange vorher – unter dem Premier Blair – eingesetzt. Schon 2005 glückte lediglich ein Wahlergebnis, das Labour (35,2 Prozent) nur noch sehr knapp vor den Konservativen (32,2 Prozent) sah.

In anderen Bereichen gelangt man für Blair zu gemischten Erfolgseinschätzungen. Die Stabilität und Funktionalität der weitreichenden *institutionellen Reformen* in der Kernexekutive und weit darüber hinaus (Devolution) wird sich erst in längerfristigen Zeiträumen erweisen müssen. Die streckenweise äußerst erfolgreiche *Regierungskommunikation* zeigte im weiteren Prozessverlauf manche Schattenseite. Die hohe *Leadership-Reputation* Blairs, auch aufgrund zugerechneter Strategiekompetenz, litt zunehmend unter seinen einsamen Irak-Entscheidungen.

Der Blick auf Deutschland und die strategisch unambitionierte Regierung Schröder zeigt in der *Problemlösungsdimension* ein mittleres Leistungsniveau (vgl. etwa Egle/Ostheim/Zohlnhöfer 2003a, Egle/Zohlnhöfer 2007). Während die SPD in der ersten Legislaturperiode eine nur schwache Leistungsbilanz vorzuweisen hatte, war sie beim kleinen Koalitionspartner etwas besser. Die Grünen setzten, wenn auch mit starken Einschränkungen, wichtige Parteiziele durch (z.B. Ökosteuer, Atomausstieg, Reform des Staatsbürgerschaftsrechts). Die zweite Amtsperiode wurde dominiert von der alles überragenden Agenda 2010. Die Bewertung dieser Problemlösung bleibt kontrovers, ihre negativen Nebenfolgen sind empirisch gehärtet.

Konkurrenzpolitisch kam es zu einer Schleifspur der SPD. Es gab eine Serie von zum Teil schweren Niederlagen bei Landtags- und Europawahlen (mit Abstürzen in den 20-Prozentbereich). Bundespolitisch lagen die Wähleranteile der Sozialdemokraten am Ende mit 6,7 Prozent hinter dem 1998er und mit 4,3 Prozent hinter dem Wahlergebnis von 2002 zurück. Demoskopisch erreichte die SPD seit Oktober 2002 keine Werte mehr über 35 Prozent, blieb dagegen häufig unter der 30-Prozent-Marke (Hilmer 2010: 171). Noch schwerwiegender war die Abspaltung der

WASG (später Linkspartei) von der SPD. Ebenso wie die dramatischen Rückgänge bei den Mitgliederzahlen zeigt dies den starken Eingriff der Agenda in den sozial-demokratischen Identitätsbereich. Eine derartige konkurrenzpolitische Gesamtbilanz lässt die kurzfristigen Aufholjagden bei den Wahlen 2002 und 2005 als eher unerheblich erscheinen.

Bei einer Misserfolgsbilanz der Regierung Schröder werden insbesondere für die *Agenda 2010* Fehler sichtbar, die man mit mehr strategischer Analyse und Klugheit wahrscheinlich hätte vermeiden, zumindest aber abmildern können. Sie betreffen Schwächen des strategischen Konzepts, der einzelnen Programminhalte und der Kommunikation dieser Mammutreform. Falsche Weichenstellungen mit erheblichen Verletzungen des Gerechtigkeitsempfindens der eigenen Anhängerschaft, fehlende Kommunikationssteuerung, Widersprüche zur bisherigen SPD-Programmatik, Nicht-Vermittlung der Agenda-Politik mit der eigenen Parteiorganisation sind hier nur ein paar der einschlägigen Stichworte (vgl. nur Raschke/Tils 2007: 521-523, Nullmeier 2008, Hilmer 2010: 171-173).

Was kann man ganz am Ende in einem *schlussfolgernden Ausblick* für die mit dem Konnex von Regierung, Steuerung und Strategie angesprochenen drei Forschungsbereiche Regierungslehre, Steuerungstheorie und Strategieanalyse festhalten? Mit Blick auf die *politische Strategieanalyse* lässt sich konstatieren, dass sie den Beweis ihrer Tragfähigkeit für die empirische Analyse von Fällen strategischer Regierungsführung erbracht hat. Ihr konnten wesentliche Teile des Bezugsrahmens entnommen werden, mit dessen Hilfe sich die strategischen Steuerungsprozesse der Regierungen Schröder und Blair analytisch rekonstruieren ließen. Neben ihrem deskriptiven zeigte die politische Strategieanalyse aber auch explanatives Potential. Im Rahmen des in dieser Untersuchung verfolgten methodischen Zugangs eines „verstehenden Erklärens" lieferte sie wichtige Erklärungsbeiträge für die jeweiligen Entwicklungen in den strategischen Steuerungsprofilen. Auf dieser Basis ließen sich in vergleichender Perspektive erste übergreifende, empirische Hypothesen zu den Voraussetzungen und Bedingungen strategischer Regierungssteuerung formulieren. Insgesamt hat sich die Strategieanalyse als ein (zunächst) gegenstandsunabhängiger, analytisch gehärteter, differenzierter Approach erwiesen. Er bleibt nahe am Horizont zielorientierter, kalkulierender, erfolgsuchender Akteure, und eignet sich auf diese Weise für die Erfassung und Erklärung des (Steuerungs-)handelns von Kollektivakteuren der Mesoebene – unter Einschluss von (auch) mikropolitischen Bezügen.

Die *Regierungsforschung* bleibt ein wichtiger Zweig für die Analyse des Verhältnisses von Regierung, Steuerung und Strategie auf der Mesoebene. Um ihr Potential für die Analyse strategischer Steuerungsprozesse im Kontext von parlamentarischem Regierungssystem und Party-Government voll nutzen zu können, wäre es hilfreich, weitgehend isolierte Spezialisierungen zu vermeiden. Nur eine Zusammenschau von Regierungschef, Kabinett, Koalition, Ministerialverwaltung, Exekutiv-Administrativ-Legislativ-Konnex, Organisations-, Problemlösungs-, Konkurrenz- und Öffentlichkeitsarena schafft die Voraussetzungen, um Steuerungsprozesse der Regierung als Ganzes zu analysieren. Wichtige Anregungen dafür können aus der Party-Government-Forschung kommen, soweit sie nicht bloß für Zwecke der Systemklassifikation oder Institutionenkennzeichnung eingesetzt wird, sondern sich auf die Augenhöhe der Akteure begibt. Ebenso interessant sind die in jüngerer Zeit zahlreicheren Arbeiten zu Regierungszentralen, weil in dieser Koordinationsinstanz in besonderer Weise der komplexe Akteurzusammenhang von Regierung im engeren Sinne, Parteiorganisation und Parlamentsfraktion kulminiert. Weiter zu systematisieren und in strategischer Perspektive für die Verbindung von Mikro- und Mesoebene auszuformen ist die Leadership-Forschung, von der dann ebenfalls bedeutende Impulse für die Untersuchung strategischer Regierungsführung zu erwarten wären. Im Ganzen kann die vorliegende Arbeit auch als eine Ermunterung für das Festhalten an einer analytischen Government-Perspektive gelesen werden, die sich dem Catch-all-Konzept von Governance widersetzt.

Die *Steuerungstheorie* ist nach wie vor eine wichtige Hintergrundtheorie der Makroebene, aus der viel für Steuerungsprozesse und das Verhältnis von Staat und Gesellschaft gelernt werden kann. Im hier verfolgten Untersuchungszusammenhang übernahm sie vor allem heuristische Funktionen bei der Perspektivierung und allgemeinen Problemdiagnose steuernder Akteure. Für die Analyse konkreter Steuerungsprozesse bedarf die Steuerungstheorie der spezifischen Einbettung in institutionelle Kontexte und Akteurzusammenhänge. Die analytische Präzisierung ziel- und erfolgsorientierter Akteure für die Mesoebene von Kollektivakteuren und eine explizit auf die Bezüge politischer Prozesssteuerung gerichtete konzeptionelle Fundierung waren ihr nicht unmittelbar zu entnehmen.

Perspektivisch haben sowohl die Regierungs- wie auch die Steuerungsforschung ihren „*strategic turn*" noch vor sich. Vielleicht kann die Strategieanalyse, mit ihrem analytisch differenzierten Fundament einer akteurorientierten Prozessforschung, konstruktive Leistungen auf dem Weg eines *Strategizing* von Regierungslehre und Steuerungstheorie erbringen.

Literaturverzeichnis

Alemann, Ulrich von 1999: Der Wahlsieg der SPD von 1998: Politische Achsenverschiebung oder glücklicher Ausreißer?, in: Niedermayer, Oskar (Hg.), Die Parteien nach der Bundestagswahl 1998, Opladen: Leske + Budrich, 37-62.

Alemann, Ulrich von 2003: Der Zittersieg der SPD. Mit einem blauen und grünen Auge davon gekommen, in: Niedermayer, Oskar (Hg.), Die Parteien nach der Bundestagswahl 2002, Opladen: Leske + Budrich, 43-69.

Altendorfer, Otto 2003: Wahlparteitage – Veranstaltungsmanagement und Parteitagsregie, in: Altendorfer, Otto/Hollerith, Josef/Müller, Gerd (Hg.), Die Inszenierung der Parteien am Beispiel der Wahlparteitage 2002, Eichstätt: Mediaplus, 151-169.

Anda, Béla/Kleine, Rolf 2002: Gerhard Schröder. Eine Biographie, München: Ullstein.

Andeweg, Rudy 2003: On Studying Governments, in: Hayward, Jack/Menon, Anand (eds.), Governing Europe, Oxford: Oxford University Press, 39-60.

Andrlik, Erich 1981: The Farmers and the State. Agricultural Interests in West German Politics, in: West European Politics, Vol. 4, No. 1, 104-119.

Annesley, Clair/Gamble, Andrew 2004: Economic and Welfare Policy, in: Ludlam, Steve/Smith, Martin J. (eds.), Governing as New Labour. Policy and Politics under Blair, Houndmills: Palgrave Macmillan, 144-160.

Antonakis, John/Cianciolo, Anna T./Sternberg, Robert J. (eds.) 2004: The Nature of Leadership, Thousand Oaks: Sage.

Arendt, Hannah 1951: The Origins of Totalitarianism, New York: Harcourt, Brace and Company.

Arzheimer, Kai/Klein, Markus 1999: Die Grünen und der Benzinpreis. Die Wählerschaft von Bündnis 90/Die Grünen im Vorfeld der Bundestagswahl 1998, in: ZA-Informationen 45 (November 1999), Zentralarchiv für Empirische Sozialforschung an der Universität zu Köln, 20-43.

Aughey, Arthur 2001: British Policy in Northern Ireland, in: Savage, Stephen P./Atkinson, Rob (eds.), Public Policy under Blair, Houndmills: Palgrave, 205-219.

Bachrach, Peter/Baratz, Morton S. 1972: Power and Poverty. Theory and Practice, 3rd print, New York: Oxford University Press.

Bale, Tim 1999: The Logic of No Alternative? Political Scientists, Historians and the Politics of Labour's Past, in: British Journal of Politics and International Relations, Vol. 1, No. 2, 192–204.

Bandelow, Nils C. 2005: Kollektives Lernen durch Vetospieler? Konzepte britischer und deutscher Kernexekutiven zur europäischen Verfassungs- und Währungspolitik, Baden-Baden: Nomos.

Barber, James David 1972: The Presidential Character. Predicting Performance in the White House, Englewood Cliffs: Prentice-Hall.

Barber, Michael 2007: Instruction to Deliver. Tony Blair, Public Services and the Challenge of Achieving Targets, London: Politico's.

Baringhorst, Sigrid 2004: Strategic Framing. Deutungsstrategien zur Mobilisierung öffentlicher Unterstützung, in: Kreyher, Volker J. (Hg.), Handbuch politisches Marketing. Impulse und Strategien für Politik, Wirtschaft und Gesellschaft, Baden-Baden: Nomos, 75-88.

Barker, Kate 1998: Beyond the Comprehensive Spending Review, in: The Business Economist, Vol. 29, No. 3, 23-33.

Barnett, Steven/Gaber, Ivor 2001: Westminster Tales. The Twenty-First-Century Crisis in British Political Journalism, London: Continuum.

Bartle, John 2002: Why Labour Won – Again, in: King, Anthony (ed.), Britain at the Polls 2001, Chatham: Chatham House, 164-206.

Bartle, John 2003: Partisanship, Performance and Personality. Competing and Complementary Characterizations of the 2001 British General Election, in: Party Politics, Vol. 9, No. 3, 317-345.

Bartle, John/King, Anthony (eds.) 2005: Britain at the Polls 2005, Washington: CQ Press.

Bass, Bernand M. 2007: Executive and Strategic Leadership, in: International Journal of Business, Vol. 12, No. 1, 33-52.

Baston, Lewis 2001: The Party System, in: Seldon, Anthony (ed.), The Blair Effect. The Blair Government 1997-2001, London: Little, Brown and Company, 159-181.

Batt, Helge 2007: Eine Frage des Vertrauens. Die vorzeitige Parlamentsauflösung zwischen rechtlichem Anspruch und politischem Streit, in: Egle, Christoph/Zohlnhöfer, Reimut (Hg.), Ende des rot-grünen Projektes. Eine Bilanz der Regierung Schröder 2002-2005, Wiesbaden: VS Verlag für Sozialwissenschaften, 60-82.

Baumgartner, Frank R./Jones, Bryan D. 1993: Agendas and Instability in American Politics, Chicago: Chicago University Press.

Baylis, John 2001: The Continuing Relevance of Strategic Studies in the Post Cold War Era, in: Defence Studies, Vol. 1, No. 2, 1-14.

Baylis, John/Wirtz, James J./Gray, Colin S./Cohen, Eliot (eds.) 2007: Strategy in the Contemporary World: An Introduction to Strategic Studies, second edition, Oxford: Oxford University Press.

Bechberger, Mischa 2000: Das Erneuerbare-Energien-Gesetz (EEG). Eine Analyse des Politikformulierungsprozesses, FFU-Report 06-2000, Forschungsstelle für Umweltpolitik, FU Berlin.

Becker, Bernd 1999: Mitgliederbeteiligung und innerparteiliche Demokratie in britischen Parteien – Modelle für die deutschen Parteien?, Baden-Baden: Nomos.

Becker, Bernd 2000: Tony Blair in No 10 Downing Street und die Probleme, Politik als Produkt zu verkaufen, in: Zeitschrift für Parlamentsfragen, Jg. 31, H. 4, 871-885.

Becker, Bernd 2001: New Labour – Modernisierung der SPD – Dritte Wege?, in: Hirscher, Gerhard/Sturm, Roland (Hg.), Die Strategie des „Dritten Weges". Legitimation und Praxis sozialdemokratischer Regierungspolitik, München: Olzog, 96-113.

Becker, Bernd 2002: Politik in Großbritannien. Einführung in das politische System und Bilanz der ersten Regierungsjahre Tony Blairs, Paderborn: Schöningh.

Becker, Bernd-Werner 2005: Machterhalt und Zukunftsgestaltung: Elemente erfolgreicher politischer Steuerung in Großbritannien, in: Zeitschrift für Parlamentsfragen, Jg. 36, H. 2, 301-311.

Benchmarking Deutschland 2001: Arbeitsmarkt und Beschäftigung. Bericht der Arbeitsgruppe Benchmarking und der Bertelsmann Stiftung, Berlin: Springer.

Bennett, Lance W./Entman, Robert M. (eds.) 2001: Mediated Politics. Communication in the Future of Democracy, Cambridge: Cambridge University Press.

Bennett, W. Lance/Livingston, Steven 2003: A Semi-Independent Press: Government Control and Journalistic Autonomy in the Political Construction of News, in: Political Communication, Vol. 20, No. 4, 359-362.

Bennister, Mark 2007: Tony Blair and John Howard: Comparative Predominance and 'Institution Stretch' in the UK and Australia, in: British Journal of Politics and International Relations, Vol. 9, No. 3, 327-544.

Benz, Arthur 2003: Konstruktive Vetospieler in Mehrebenensystemen, in: Mayntz, Renate/Streeck, Wolfgang (Hg.), Die Reformierbarkeit der Demokratie: Innovationen und Blockaden, Frankfurt./M.: Campus, 205-236.

Benz, Arthur (Hg.) 2004a: Governance – Regieren in komplexen Regelsystemen. Eine Einführung, Wiesbaden: VS Verlag für Sozialwissenschaften.

Benz, Arthur 2004b: Einleitung: Governance – Modebegriff oder nützliches sozialwissenschaftliches Konzept?, in: Benz, Arthur (Hg.), Governance – Regieren in komplexen Regelsystemen. Eine Einführung, Wiesbaden: VS Verlag für Sozialwissenschaften, 11-28.

Benz, Arthur/Lütz, Susanne/Schimank, Uwe/Simonis, Georg (Hg.) 2007a: Handbuch Governance. Theoretische Grundlagen und empirische Anwendungsfelder, Wiesbaden: VS Verlag für Sozialwissenschaften.

Benz, Arthur/Lütz, Susanne/Schimank, Uwe/Simonis, Georg 2007b: Einleitung, in: Benz, Arthur/Lütz, Susanne/Schimank, Uwe/Simonis, Georg (Hg.), Handbuch Governance. Theoretische Grundlagen und empirische Anwendungsfelder, Wiesbaden: VS Verlag für Sozialwissenschaften, 9-25.

Berg, Sebastian/Kaiser, André (Hg.) 2006: New Labour und die Modernisierung Großbritanniens, Augsburg: Wißner.

Bergmann, Knut 2002: Der Bundestagswahlkampf 1998. Vorgeschichte, Strategien, Ergebnis, Wiesbaden: Westdeutscher Verlag.

Bevir, Mark/Rhodes, Roderick A. W. 2003: Interpreting British Governance, London: Routledge.

Beyme, Klaus von 1991: Informelle Komponenten des Regierens, in: Hartwich, Hans-Hermann/Wewer, Göttrik (Hg.), Regieren in der Bundesrepublik II. Formale und informale Komponenten des Regierens in den Bereichen Führung, Entscheidung, Personal und Orgnisation, Opladen: Leske + Budrich, 31-50.

Birch, Anthony H. 2007: The Concepts and Theories of Modern Democracy, 3rd edition, London: Routledge.

Birchfield, Vicki/Crepaz, Markus M.L. 1998: The Impact of Constitutional Structures and Collective and Competitive Veto Points on Income Inequality in Industrialized Democracies, in: European Journal of Political Research, Vol. 34, No. 2, 175-200.

Blair, Alasdair 2002: Saving the Pound? Britain's Road to Monetary Union, London: Prentice Hall.

Blair, Tony 1997: Statement on the Death of Diana, Princess of Wales, 31. August 1997, ULR (18.12.2009): http://www.number10.gov.uk/Page1050

Blair, Tony 1998: The Third Way. New Politics for the New Century, London: Fabian Society.

Blair, Tony 2010: A Journey, London: Hutchinson.

Blanke, Susanne/Schmid, Josef 2003: Bilanz der Bundesregierung Schröder in der Arbeitsmarktpolitik 1998-2002: Ansätze einer doppelten Wende, in: Egle, Christoph/Ostheim, Tobias/Zohlnhöfer, Reimut (Hg.), Das rot-grüne Projekt. Eine Bilanz der Regierung Schröder 1998-2002, Wiesbaden: Westdeutscher Verlag, 215-238.

Blatter, Joachim K./Janning, Frank/Wagemann 2007: Qualitative Politikanalyse. Eine Einführung in Forschungsansätze und Methoden, Wiesbaden: VS Verlag für Sozialwissenschaften.

Blondel, Jean 1987: Political Leadership. Towards a General Analysis, London: Sage.

Blumler, Jay G./Kavanagh, Dennis 1999: The Third Age of Political Communication: Influences and Features, in: Political Communication, Vol. 16, No. 3, 209-230.

Bluth, Christoph 2004: The British Road to War: Blair, Bush and the Decision to Invade Iraq, in International Affairs, Vol. 80, No. 5, 871-892.

Boal, Kimberly B./Hooijberg, Robert 2001: Strategic Leadership Research: Moving on, in: Leadership Quarterly, Vol. 11, No. 4, 515-549.

Boaz, Annette/Solesbury, William 2007: Strategy and Politics: The Example of the United Kingdom, in: Fischer, Thomas/Schmitz, Gregor Peter/Seberich, Michael (eds.), The Strategy of Politics. Results of a Comparative Study, Gütersloh: Verlag Bertelsmann Stiftung, 107-132.

Bogner, Alexander/Menz, Wolfgang 2005: Das theoriegenerierende Experteninterview. Erkenntnissinteresse, Wissensformen, Interaktion, in: Bogner, Alexander/Littig, Beate/Menz, Wolfgang (Hg.), Das Experteninterview. Theorie, Methode, Anwendung, 2. Auflage, Wiesbaden: VS Verlag für Sozialwissenschaften, 33-70.

Bogumil, Jörg/Jann, Werner 2005: Verwaltung und Verwaltungswissenschaft in Deutschland. Einführung in die Verwaltungswissenschaft, Wiesbaden: VS Verlag für Sozialwissenschaften

Bösch, Frank 2006: Politische Skandale in Deutschland und Großbritannien, in: Aus Politik und Zeitgeschichte, B 7, 25-32.

Brandt, Willy 1989: Erinnerungen, Frankfurt/M.: Propyläen.

Braun, Dietmar 1993: Zur Steuerbarkeit funktionaler Teilsysteme. Akteurtheoretische Sichtweisen funktionaler Differenzierung moderner Gesellschaften, in: Héritier, Adrienne (Hg.), Policy-Analyse. Kritik und Neuorientierung, Opladen: Westdeutscher Verlag, 199-222.

Braun, Dietmar 1995: Steuerungstheorien, in: Nohlen, Dieter/Schultze, Rainer-Olaf (Hg.), Lexikon der Politik, Band 1: Politische Theorien, München: Beck, 611-618.

Braun, Dietmar 2001: Diskurse zur staatlichen Steuerung. Übersicht und Bilanz, in: Burth, Hans-Peter/Görlitz, Axel (Hg.), Politische Steuerung in Theorie und Praxis, Baden-Baden: Nomos, 101-131.

Braunthal, Gerard 2000: The SPD: From Opposition to Governing Party, in: Conradt, David P./Kleinfeld, Gerald R./Søe, Christian (eds.), Power Shift in Germany. The 1998 Election and the End of the Kohl Era, 18-37.

Brettschneider, Frank 1998: Agenda-Building, in: Jarren, Otfried/Sarcinelli, Ulrich/Saxer, Ulrich (Hg.), Politische Kommunikation in der demokratischen Gesellschaft. Ein Handbuch mit Lexikonteil, Opladen: Westdeutscher Verlag, 635.

Brettschneider, Frank 2005a: Bundestagswahlkampf und Medienberichterstattung, in: Aus Politik und Zeitgeschrichte, B 51-52, 19-26.

Brettschneider, Frank 2005b: Massenmedien und Wählerverhalten, in: Falter, Jürgen W./Schoen, Harald (Hg.), Handbuch Wahlforschung, Wiesbaden: VS Verlag für Sozialwissenschaften, 473-500.

Brettschneider, Frank/Deth, Jan van/Roller, Edeltraud (Hg.) 2004: Die Bundestagswahl 2002. Analysen der Wahlergebnisse und des Wahlkampfes, Wiesbaden: VS Verlag für Sozialwissenschaften.

Brettschneider, Frank/Niedermayer, Oskar/Wessels, Bernhard (Hg.) 2007: Die Bundestagswahl 2005. Analysen des Wahlkampfes und der Wahlergebnisse, Wiesbaden: VS Verlag für Sozialwissenschaften.

Brinton, Crane 1965: The Anatomy of Revolution, revised and expanded edition, New York: Vintage Books.

Bröchler, Stephan 2008: Regieren mit und ohne Richtlinienkompetenz – Handlungsspielräume der Bundeskanzler in Deutschland und Österreich, in: Holtmann, Everhard/Patzelt, Werner J. (Hg.), Führen Regierungen tatsächlich? Zur Praxis gouvernmentalen Handelns, Wiesbaden: VS Verlag für Sozialwissenschaften, 99-114.

Brosius, Hans-Bernd 1994: Agenda-Setting nach einem Vierteljahrhundert Forschung: Methodischer und theoretischer Stillstand?, in: Publizistik, Jg. 39, Nr. 3, 269-288.

Broughton, David 2004: Doomed to Defeat? Electoral Support and the Conservative Party, in: The Political Quarterly, Vol. 75, No. 4, 350-355.

Bundesregierung 2003: Agenda 2010. Deutschland bewegt sich, Berlin: Presse- und Informationsamt der Bundesregierung.

Burch, Martin/Holliday, Ian 1999: The Prime Minister's and Cabinet Offices: An Executive Office in All But Name, in: Parliamentary Affairs, Vol. 52, No. 1, 32-45.

Burch, Martin/Holliday, Ian 2004: The Blair Government and the Core Executive, in: Government and Opposition, Vol. 39, No. 1, 1-21.

Burns, James McGregor 1978: Leadership, New York: Harper.

Burns, James McGregor 2003: Transforming Leadership. A New Pursuit of Happiness, New York: Grove Press.

Burth, Hans-Peter/Görlitz, Axel 2001: Politische Steuerung in Theorie und Praxis. Eine Integrationsperspektive, in: Burth, Hans-Peter/Görlitz, Axel (Hg.), Politische Steuerung in Theorie und Praxis, Baden-Baden: Nomos, 7-15.

Busch, Andreas 2003: Extensive Politik in den Klippen der Semisouveränität: Die Innen- und Rechtspolitik der rot-grünen Koalition, in: Egle, Christoph/Ostheim, Tobias/Zohlnhöfer, Reimut (Hg.), Das rot-grüne Projekt. Eine Bilanz der Regierung Schröder 1998-2002, Wiesbaden: Westdeutscher Verlag, 305-327.

Busse, Volker 1999: Regierungsbildung aus organisatorischer Sicht. Tatsächliche und rechtliche Betrachtungen am Beispiel des Regierungswechsels 1998, in: Die Öffentliche Verwaltung, Jg. 52, Nr. 8, 313-322.

Bußhoff, Heinrich (Hg.) 1992: Politische Steuerung: Steuerbarkeit und Steuerungsfähigkeit. Beiträge zur Grundlagendiskussion, Baden-Baden: Nomos.

Butler, Anthony 2000: The Third Way Project in Britain: The Role of the Prime Minister's Policy Unit, in: Politics, Vol. 20, No. 3, 153-159.

Butler, David/Butler, Gareth 2006: British Political Facts Since 1979, Houndmills: Palgrave Macmillan.

Butler-Report 2004: Review of Intelligence on Weapons of Mass Destruction. Report of a Committee of Privy Counsellors, Chairman: The Rt Hon The Lord Butler of Brockwell KG GCB CVO London: The Stationery Office.

Campbell, Alastair 2002: It's Time to Bury Spin, in: British Journalism Review, Vol. 13, No. 4, 15-23.

Campbell, Alastair 2007: The Blair Years. Extracts from the Alaistair Campbell Diaries, London: Hutchinson.

Chadwick, Andrew/Heffernan, Richard (eds.) 2003: The New Labour Reader, Cambridge: Polity.

Charman, Sarah/Savage, Stephen P. 1999: The New Politics of Law and Order: Labour, Crime and Justice, in: Powell, Martin (ed.), New Labour, New Welfare State? The 'Third Way' in British Social Policy, Bristol: Policy Press, 191-212.

Clark, Greg/Kelly, Scott 2004: Echoes of Butler? The Conservative Research Department and the Making of Conservative Policy, in: The Political Quarterly, Vol. 75, No. 4, 378-382.

Clarke, Michael 2007: Foreign Policy, in: Seldon, Anthony (ed.), Blair's Britain 1997-2007, Cambridge: Cambridge University Press, 593-614.

Clifford, Christopher 2000: Administering the Summit: the British Prime Minister's Office, in: Peters, Guy P./Rhodes, Roderick A. W./Wright, Vincent (eds.), Administering the Summit. Administration of the Core Executive in Developed Countries, Houndmills: Macmillan, 25-42.

Coase, R. H. 1937: The Nature of the Firm, in: Economica, Vol. 4 (November), 386-405.

Cockerell, Michael 2000: Lifting the Lid of Spin, in: British Journalism Review, Vol. 11, No. 3, 6-15.

Cockerell, Michael 2001: An Inside View on Blair's Number 10, in: Seldon, Anthony (ed.), The Blair Effect. The Blair Government 1997-2001, London: Little, Brown and Company, 571-579.

Committee on Public Administration 2002: „These Unfortunate Events": Lessons of Recent Events at the Former DTLR, HC 303, London: The Stationery Office.

Committee on Standards in Public Life 2003: Defining the Boundaries within the Executive: Ministers, Special Advisers and the Permanent Civil Service, Cm 5775, London: The Stationery Office.

Cowley, Philip 2000: Legislatures and Assemblies, in: Dunleavy, Patrick/Gamble, Andrew/Holliday, Ian/Peele, Gillian (eds.), Developments in British Politics 6, New York: St. Martin's Press, 108-26.

Cowley, Philip 2002: Revolts and Rebellions. Parliamentary Voting under Blair, London: Politico's.

Cowley, Philip/Quayle, Stuart 2002: The Conservatives: Running on the Spot, in: Geddes, Andrew/Tonge, Jonathan (eds.), Labour's Second Landslide. The British General Election 2001, Manchester: Manchester University Press, 47-64.

Cowley, Philip/Stuart, Mark 2004: Parliament: More Bleak House than Great Expectations, in: Parliamentary Affairs, Vol. 57, No. 2, 301-314.

Cowley, Philip/Stuart, Mark 2005: Parliament: Hunting for Votes, in: Parliamentary Affairs, Vol. 58, No. 2, 258-271.

Crewe, Ivor 2001: Elections and Public Opinion, in: Seldon, Anthony (ed.), The Blair Effect. The Blair Government 1997-2001, London: Little, Brown and Company, 67-94.

D'Angelo, Paul 2002: News Framing as a Multiparadigmatic Research Program. A Response to Entman, in: Journal of Communication, Vol. 52, No. 4, 870-888.

Dahl, Robert A./Lindblom, Charles E. 1953: Politics, Economics, and Welfare. Planning and Politico-Economic Systems Resolved into Basis Social Processes, New York: Harper & Brothers.

Dalton, Russel J./Beck, Paul A./Huckfeldt, Robert 1998: Partisan Cues and The Media: Information Flows in the 1992 Presidential Election, in: American Political Science Review, Vol. 92, No. 1, 111-126.

Danchev, Alex 2007: Tony Blair's Vietnam: The Iraq War and the 'Special Relationsship' in Historical Perspective, in: Review of International Studies, Vol. 33, No. 2, 189-203.

De Winter, Lieven 2002: Parties and Government Formation, Portfolio Allocation, and Policy Definition, in: Luther, Kurt Richard/Müller-Rommel, Ferdinand (eds.), Political Parties in the New Europe. Political and Analytical Challenges, Oxford: Oxford University Press, 171-206.

Deacon, David/Wring, Dominic/Golding, Peter 2006: Same Campaign, Differing Agendas: Analysing News Media Coverage of the 2005 General Elections, in: British Politics, Vol. 1, No. 2, 222-256.

Deakin, Nicholas/Parry, Richard 2000: The Treasury and Social Policy. The Contest for Control of Welfare Strategy, London: Macimillan.

Dearing, James W./Rogers, Everett M. 1996: Agenda Setting, Thousand Oaks: Sage.

Denver, David 2002: The Liberal Democrats in „Constructive Opposition", in: King, Anthony (ed.), Britain at the Polls 2001, Chatham: Chatham House, 143-163.

Derlien, Hans-Ulrich 1990: „Regieren" – Notizen zum Schlüsselbegriff der Regierungslehre, in: Hartwich, Hans-Hermann/Wewer, Göttrik (Hg.), Regieren in der Bundesrepublik I, Konzeptionelle Grundlagen und Perspektiven der Forschung, Opladen: Leske + Budrich, 77-88.

Derlien, Hans-Ulrich 2001: Personalpolitik nach Regierungswechseln, in: Derlien, Hans-Ulrich/Murswieck, Axel (Hg.), Regieren nach Wahlen, Opladen: Leske + Budrich, 39-57.

Dermody, Janine/Scullion, Richard 2001: An Exploration of the Advertising Ambitions and Strategies of the 2001 British General Election, in: Journal of Marketing Management, Vol. 17, No. 9-10, 969-987.

Dilthey, Wilhelm 1961: Die geistige Welt. Einleitung in die Philosophie des Lebens, Wilhelm Diltheys gesammelte Schriften, Band 5, 3. Auflage, Stuttgart: Teubner.

Dorey, Peter 2004: Attention to Detail: The Conservative Policy Agenda, in: The Political Quarterly, Vol. 75, No. 4, 373-377.

Downes, David/Morgan, Rod 2002: The Skeleton in the Cupboards: The Politics of Law and Order at the Turn of the Millenium, in: Maguire, Mike/Morgan, Rod/Reiner, Robert (eds.), The Oxford Handbook of Criminology, third edition, Oxford: Oxford University Press, 286-321.

Dülmer, Hermann 2005: Die politischen Probleme: Lösungskompetenzen von Parteien und Kandidaten, in: Güllner, Manfred/Dülmer, Hermann/Klein, Markus/Ohr, Dieter/Quandt, Markus/Rosar, Ulrich/Klingemann, Hans-Dieter (Hg.), Die Bundestagswahl 2002. Eine Untersuchung im Zeichen hoher politischer Dynamik, Wiesbaden: VS Verlag für Sozialwissenschaften, 85-102.

Dunleavy, Patrick 2000: Elections and Party Politics, in: Dunleavy, Patrick/Gamble, Andrew/Holliady, Ian/Peele, Gillian (eds.), Developments in British Politics 6, New York: St. Martin's Press, 127-150.

Dunleavy, Patrick/Heffernan, Richard/Cowley, Philip/Hay, Colin (eds.) 2006: Developments in British Politics 8, Houndmills: Palgrave Macmillan.

Dunleavy, Patrick/Rhodes, Roderick A. W. 1990: Core Executive Studies in Britain, in: Public Administration, Vol. 68, No. 1, 3-28.

Easton, David 1965: A Systems Analysis of Political Life, New York: Wiley.

Edinger, Florian 2006: Wer misstraut wem? Die Entscheidung des Bundesverfassungsgerichts über die Vertrauensfrage des Bundeskanzlers und die Bundestagsauflösung 2005 – 2 BvE 4/05 und 7/05, in: Zeitschrift für Parlamentsfragen, Jg. 37, H. 1, 28-39.

Edinger, Lewis J. 1990: Approaches to the Comparative Analysis of Political Leadership, in: Review of Politics, Vol. 52, No. 4, 509-523.

Egle, Christoph 2003: Lernen unter Stress: Politik und Programmatik von Bündnis 90/Die Grünen, in: Egle, Christoph/Ostheim, Tobias/Zohlnhöfer, Reimut (Hg.), Das rot-grüne Projekt. Eine Bilanz der Regierung Schröder 1998-2002, Wiesbaden: Westdeutscher Verlag, 93-116.

Egle, Christoph 2009: Reformpolitik in Deutschland und Frankreich. Wirtschafts- und Sozialpolitik bürgerlicher und sozialdemokratischer Regierungen, Wiesbaden: VS Verlag für Sozialwissenschaften.

Egle, Christoph/Henkes, Christian 2003: Später Sieg der Modernisierer über die Traditionalisten? Die Programmdebatte in der SPD, in: Egle, Christoph/Ostheim, Tobias/Zohlnhöfer, Reimut (Hg.), Das rot-grüne Projekt. Eine Bilanz der Regierung Schröder 1998-2002, Wiesbaden: Westdeutscher Verlag, 67-92.

Egle, Christoph/Ostheim, Tobias/Zohlnhöfer, Reimut (Hg.) 2003a: Das rot-grüne Projekt. Eine Bilanz der Regierung Schröder 1998-2002, Wiesbaden: Westdeutscher Verlag.

Egle, Christoph/Ostheim, Tobias/Zohlnhöfer, Reimut 2003b: Einführung: Eine Topographie des rot-grünen Projekts, in: Egle, Christoph/Ostheim, Tobias/Zohlnhöfer, Reimut (Hg.), Das rot-grüne Projekt. Eine Bilanz der Regierung Schröder 1998-2002, Wiesbaden: Westdeutscher Verlag, 9-25.

Egle, Christoph/Zohlnhöfer, Reimut (Hg.) 2007: Ende des rot-grünen Projektes. Eine Bilanz der Regierung Schröder 2002-2005, Wiesbaden: VS Verlag für Sozialwissenschaften.

Elcock, Howard 2001: Political Leadership, Cheltenham: Edward Elgar.

Elgie, Robert 1995: Political Leadership in Liberal Democracies, Houndmills: Palgrave Macmillan.

Elgie, Robert 1998: The Classification of Democratic Regime Types. Conceptual Ambiguity and Contestable Assumptions, in: European Journal of Political Research, Vol. 33, No. 2, 219-238.

Elster, Jon (ed.) 1986: The Multiple Self. Studies in Rationality and Social Change, Cambridge: Cambridge University Press.

Entman, Robert M. 1993: Framing. Toward Clarification of a Fractured Paradigm, in: Journal of Communication, Vol. 43, No. 4, 51-58.

Etzioni, Amitai 1975: Die aktive Gesellschaft. Eine Theorie gesellschaftlicher und politischer Prozesse, Opladen: Westdeutscher Verlag.

Fairclough, Norman 2003: New Labour, New Langugage?, reprinted, London: Routledge.

Falk, Svenja/Rehfeld, Dieter/Römmele, Andrea/Thunert, Martin (Hg.) 2006: Handbuch Politikberatung, Wiesbaden: VS Verlag für Sozialwissenschaften.

Falter, Jürgen W./Gabriel, Oscar W./Weßels, Bernhard (Hg.) 2005: Wahlen und Wähler. Analysen aus Anlass der Bundestagswahl 2002, Wiesbaden: VS Verlag für Sozialwissenschaften.

Faucher-King, Florence/Le Galès, Patrick 2010: The New Labour Experiment. Change and Reform Under Blair and Brown, Stanford: Stanford University Press.

Faulkner, David 2008: Government and Public Services in Modern Britain: What Happens Next?, in: The Political Quarterly, Vol. 79, No. 2, 232-240.

Fawcett, Paul/Gay, Oonagh 2005: The Centre of Government-No. 10, the Cabinet Office and HM Treasury, Library Research Paper 05/92, London: House of Commons.

Fawcett, Paul/Rhodes, Roderick A. W. 2007: Central Government, in: Seldon, Anthony (ed.), Blair's Britain 1997-2007, Cambridge: Cambridge University Press, 79-103.

Feindt, Peter H./Ratschow, Christiane 2003: „Agrarwende": Programm, Maßnahmen und institutionelle Rahmenbedingungen, BIOGUM-Forschungsbericht Nr. 7, Hamburg: Universität Hamburg.

Feist, Ursula/Hoffmann, Hans-Jürgen 1999: Die Bundestagswahl 1998: Wahl des Wandels, in: Zeitschrift für Parlamentsfragen, Jg. 30, H. 2, 215-251.

Feist, Ursula/Hoffmann, Hans-Jürgen 2006: Die nordrhein-westfälische Landtagswahl vom 22. Mai 2005: Schwarz-Gelb löst Rot-Grün ab, in: Zeitschrift für Parlamentsfragen, Jg. 37, Nr. 1, 163-182.

Feldkamp, Michael F. 2006: Chronik der Vertrauensfrage des Bundeskanzlers am 1. Juli 2005 und der Auflösung des Deutschen Bundestages am 21. Juli 2005, in: Zeitschrift für Parlamentsfragen, Jg. 37, H. 1, 19-28.

Fielding, Steven 2002: 'No one else to vote for'? Labour's campaign, in: Geddes, Andrew/Tonge, Jonathan (eds.), Labour's Second Landslide. The British General Election 2001, Manchester: Manchester University Press, 28-44.

Fielding, Steven 2003: The Labour Party. Continuity and Change in the Making of 'New' Labour, Houndmills: Palgrave Macmillan.

Finkelstein, Sydney/Hambrick, Donald C. 1996: Strategic Leadership: Top Executives and Their Effects on Organizations, St. Paul: West Publishing Company.

Finlayson, Alan 2002: Elements of the Blairite Image of Leadership, in: Parliamentary Affairs, Vol. 55, No. 3, 586-599.

Finlayson, Alan 2003: Making Sense of New Labour, London: Lawrence & Wishart.

Finn, Dan 2001: Welfare to Work? New Labour and the Unemployed, in: Savage, Stephen P./Atkinson, Rob (eds.), Public Policy under Blair, Houndmills: Palgrave, 72-85.

Fischer, Frank/Forester, John (eds.) 1993: The Argumentative Turn in Policy Analysis and Planning, Durham: Duke University Press.

Fischer, Joschka 2007: Die rot-grünen Jahre. Deutsche Außenpolitik – vom Kosovo bis zum 11. September, Köln: Kiepenheuer & Witsch.

Fischer, Sebastian 2005: Gerhard Schröder und die SPD. Das Management des programmatischen Wandels als Machtfaktor, München: Forschungsgruppe Deutschland.

Fleischer, Julia 2009: Power Resources in Parliamentary Executives: Policy Advice in the UK and Germany, in: West European Politics, Vol. 32, No. 1, 196-214.

Flinders, Matthew 2002: Governance in Whitehall, in: Public Administration, Vol. 80, No. 1, 51-75.

Flinders, Matthew 2004: New Labour and the Constitution, in: Ludlam, Steve/Smith, Martin J. (eds.), Governing as New Labour. Policy and Politics under Blair, Houndmills: Palgrave Macmillan, 126-143.

Foley, Michael 2000: The British Presidency. Tony Blair and the Politics of Public Leadership, Manchester: Manchester University Press.

Foley, Michael 2004: Presidential Attribution as an Agency of Prime Ministerial Critique in a Parliamentary Democracy: The Case of Tony Blair, in: The British Journal of Politics and International Relations, Vol. 6, No. 3, 271-433.

Forkmann, Daniela/Schlieben, Michael (Hg.) 2005: Die Parteivorsitzenden in der Bundesrepublik Deutschland 1949-2005, Wiesbaden: VS Verlag für Sozialwissenschaften.

Forschungsgruppe Wahlen (Bernhard Kornelius/Annette Mayer/Dieter Roth/Yvonne Schroth/Andrea Wolf) 2005: Zweite Runde für Rot-Grün: Die Bundestagswahl vom 22. September 2002, in: Falter, Jürgen W./Gabriel, Oscar W./Wessels, Bernhard (Hg.), Wahlen und Wähler. Analysen aus Anlass der Bundestagswahl 2002, Wiesbaden: VS Verlag für Sozialwissenschaften, 15-49.

Forschungsgruppe Wahlen (Stefan Hunsicker/Matthias Jung/Bernhard Kornelius/ Annette Mayer/Dieter Roth/Yvonne Schroth/Andrea Wolf) 2009: Sowohl-als-auch: Die Bundestagswahl vom 18. September 2005, in: Gabriel, Oskar W./Wessels, Bernhard/Falter, Jürgen W., Wahlen und Wähler. Analysen aus Anlass der Bundestagswahl 2005, Wiesbaden: VS Verlag für Sozialwissenschaften, 40-77.

Foster, Cristopher D. 2001: The Civil Service under Stress: The Fall in Civil Service Power and Authority, in: Public Administration, Vol. 79, No. 3, 725-749.

Franklin, Bob 2004a: A Damascene Conversion? New Labour and Media Relations, in: Ludlam, Steve/Smith, Martin J. (eds.), Governing as New Labour. Policy and Politics under Blair, Houndmills: Palgrave Macmillan, 88-105.

Franklin, Bob 2004b: Packaging Politics. Political Communications in Britain's Media Democracy, second edition, London: Arnold.

Frenzel, Martin 2002: Neue Wege der Sozialdemokratie. Dänemark und Deutschland im Vergleich (1982-2002), Wiesbaden: DUV.

Fuchs, Dieter/Pfetsch, Barbara 1996: Die Beobachtung der öffentlichen Meinung durch das Regierungssystem, in: van den Daele, Wolfgang/Neidhardt, Friedhelm (Hg.), Kommunikation und Entscheidung. Politische Funktionen öffentlicher Meinungsbildung und diskursiver Verfahren, Berlin: Edition Sigma, 103-135.

Gabriel, Oscar W./Brettschneider, Frank 1998: Die Bundestagswahl 1998: Ein Plebiszit gegen Kanzler Kohl?, in: Aus Politik und Zeitgeschrichte, B 52, 20-32.

Gabriel, Oscar W./Neller, Katja 2005: Kandidatenorientierung und Wahlverhalten bei den Bundestagswahlen 1994-2002, in: Falter, Jürgen W./Gabriel, Oscar W./Wessels, Bernhard (Hg.), Wahlen und Wähler. Analysen aus Anlass der Bundestagswahl 2002, Wiesbaden: VS Verlag für Sozialwissenschaften, 213-243.

Gamson, Wiliam A. 1992: Talking Politics, Cambridge: Cambridge University Press.

Ganghof, Steffen 2004: Wer regiert in der Steuerpolitik? Einkommensteuerreform zwischen internationalem Wettbewerb und nationalen Verteilungskonflikten, Frankfurt/M.: Campus.

Gast, Henrik 2010: Politische Führung in der Kanzlerdemokratie: die Bundesrepublik Deutschland, in: Sebaldt, Martin/Gast, Henrik (Hg.), Politische Führung in westlichen Regierungssystemen. Theorie und Praxis im internationalen Vergleich, Wiesbaden: VS Verlag für Sozialwissenschaften, 95-120.

Gast, Henrik 2011: Der Bundeskanzler als politischer Führer. Potenziale und Probleme deutscher Regierungschefs aus interdisziplinärer Perspektive, Wiesbaden: VS Verlag für Sozialwissenschaften.

Gates, Scott/Humes, Brian D. 1997: Games, Information, and Politics: Applying Game Theoretic Models to Political Science, Ann Arbor: University of Michigan Press.

Geddes, Andrew/Tonge, Jonathan (eds.) 2002: Labour's Second Landslide. The British General Election 2001, Manchester: Manchester University Press.

Genschel, Philipp 2004: Globalization and the Welfare State: a Retrospective, in: Journal of European Public Policy, Vol. 11, No. 4, 613-636.

George, Alexander L./Bennett, Andrew 2005: Case Studies and Theory Development in the Social Sciences, Cambridge: MIT Press.

Gerhards, Jürgen 1998: Öffentlichkeit, in: Jarren, Otfried/Sarcinelli, Ulrich/Saxer, Ulrich (Hg.), Politische Kommunikation in der demokratischen Gesellschaft. Ein Handbuch mit Lexikonteil, Opladen: Westdeutscher Verlag, 268-274.

Gerlach, Sabine/Kropp, Cordula/Spiller, Achim/Ulmer, Harald 2005: Die Agrarwende – Neustrukturierung eines Politikfeldes, BMBF-Forschungsprojekt „Von der Agrarwende zur Konsumwende?", Diskussionspapier Nr. 10, Göttingen/München/Freising.

Geyer, Matthias/Kurbjuweit, Dirk/Schnibben, Cordt 2005: Operation Rot-Grün. Geschichte eines politischen Abenteuers, München: DVA.

Giddens, Anthony 1998: The Third Way. The Renewal of Social Democracy, Cambridge: Polity Press.

Giddens, Anthony 2007: New Labour: Tony Blair and After, in: British Politics, Vol. 2, No. 1, 106-110.

Gitlin, Todd 1980: The Whole World is Watching. Mass Media in the Making & Unmaking of the New Left, Berkeley: University of California Press.

Glaab, Manuela 2007: Strategy and Politics: The Example of Germany, in: Fischer, Thomas/Schmitz, Gregor Peter/Seberich, Michael (eds.), The Strategy of Politics. Results of a Comparative Study, Gütersloh: Verlag Bertelsmann Stiftung, 61-106.

Glaister, Stephen 2007: Transport, in: Seldon, Anthony (ed.), Blair's Britain 1997-2007, Cambridge: Cambridge University Press, 241-272.

Glaister, Stephen/Burnham, June/Stevens, Handley/Travers, Tony 2006: Transport Policy in Britain, second edition, Basingstoke: Palgrave Macmillan.

Goethals, George R./Sorensen, Georgia L.J. (eds.) 2006: The Quest for a General Theory of Leadership, Cheltenham: Edward Elgar.

Goetz, Klaus H. 2006: Power at the Centre: The Organisation of Democratic Systems, in: Heywood, Paul M./Jones, Erik/Rhodes, Martin/Sedelmeier, Ulrich (eds.), Developments in European Politics, Basingstoke: Palgrave Macmillan, 73-96.

Goffman, Erving 1974: Frame Analysis: An Essay on the Organization of Experience, Boston: Northeastern University Press.

Goffman, Erving 1990: The Presentation of Self in Everyday Life, reprinted, London: Penguin.

Gohr, Antonia/Seeleib-Kaiser, Martin (Hg.) 2003: Sozial- und Wirtschaftspolitik unter Rot-Grün, Wiesbaden: Westdeutscher Verlag.

Goodin, Robert E. 2006: Talking Politics: Perils and Promise, in: European Journal of Political Research, Vol. 46, No. 2, 235-261.

Gould, Philip 1999: The Unfinished Revolution. How the Modernisers Saved the Labour Party, London: Abacus.

Gray, Colin S. 1999: Modern Strategy, Oxford: Oxford University Press.

Gray, Colin S. 2006: Another Bloody Century, London: Weidenfeld & Nicolson.

Green, Simon 2000: Beyond Ethnoculturalism? German Citizenship in the New Millenium, in: German Politics, Vol. 9, No. 3, 105-124.

Green, Simon 2004: The Politics of Exclusion. Institutions and Immigration Policy in Contemporary Germany, Manchester: Manchester University Press.

Greenstein, Fred I. 1992: Can Personality and Politics be Studied Systematically?, in: Political Psychology, Vol. 13, No. 1, 105–128.

Greenstein, Fred I. 2004: The Presidential Difference. Leadership Style from FDR to George W. Bush, second edition, Princeton: Princeton University Press.

Greshoff, Rainer/Kneer, Georg/Schneider, Wolfgang Ludwig (Hg.) 2008: Verstehen und Erklären. Sozial- und kulturwissenschaftliche Perspektiven, München: Fink.

Grimm, Dieter 1983: Die politischen Parteien, in: Benda, Ernst/Maihofer, Werner/Vogel, Hans-Jochen (Hg.), Handbuch des Verfassungsrechts, Berlin: de Gruyter, 317-372.

Gros, Jürgen 2000: Das Kanzleramt im Machtgeflecht von Bundesregierung, Regierungsparteien und Mehrheitsfraktionen, in: Korte, Karl-Rudolf/Hirscher, Gerhard (Hg.), Darstellungspolitik oder Entscheidungspolitik? Über den Wandel von Politikstilen in westlichen Demokratien, München: Hanns-Seidel-Stiftung, 85-105.

Gross, Bertram M. 1968: Political Process, in: Sills, David L. (ed.), Encyclopedia of the Social Science, Vol. 12, New York: Macmillan, 265-273.

Hall, Peter A. 1993: Policy Paradigms, Social Learning, and the State. The Case of Economic Policymaking in Britain, in: Comparative Politics, Vol. 25, No. 3, 275-296.

Hartwich, Hans-Hermann 1990: „Regierungsforschung" – Aufriss der Problemstellungen, in: Hartwich, Hans-Hermann/Wewer, Göttrick (Hg.), Regieren in der Bundesrepublik I.

Konzeptionelle Grundlagen und Perspektiven der Forschung, Opladen: Leske + Budrich, 9-20.

Hartwich, Hans-Hermann/Wewer, Göttrick (Hg.) 1990: Regieren in der Bundesrepublik I. Konzeptionelle Grundlagen und Perspektiven der Forschung, Opladen: Leske + Budrich.

Hartwich, Hans-Hermann/Wewer, Göttrick (Hg.) 1991a: Regieren in der Bundesrepublik II. Formale und informale Komponenten des Regierens, Opladen: Leske + Budrich.

Hartwich, Hans-Hermann/Wewer, Göttrick (Hg.) 1991b: Regieren in der Bundesrepublik III. Systemsteuerung und "Staatskunst", Opladen: Leske + Budrich.

Hartz, Peter 2007: Macht und Ohnmacht. Ein Gespräch mit Inge Kloepfer, Hamburg: Hoffmann und Campe.

Hasel, Margarete/Hönigsberger, Herbert 2007: Schröder verstehen – Kanzlerstrategie und Kanzlerkommunikation, in: Becker, Frans/Duffek, Karl/Mörschel, Tobias (Hg.), Sozialdemokratische Reformpolitik und Öffentlichkeit, Wiesbaden: VS Verlag für Sozialwissenschaften, 65-112.

Hassel, Anke/Schiller, Christof 2010: Der Fall Hartz IV. Wie es zur Agenda 2010 kam und wie es weitergeht, Frankfurt/M.: Campus.

Hay, Colin 1994: Labour's Thatcherite Revisionism: Playing the 'Politics of Catch-Up', in: Political Studies, Vol. 42, No. 4, 700-707.

Heffernan, Richard 1999: Media Management: Labour's Political Communications Strategy, in: Taylor, Gerald R. (ed.), The Impact of New Labour, Houndsmill: Macmillan, 50-67.

Heffernan, Richard 2003: Prime Ministerial Predominance? Core Executive Politics in the UK, in: British Journal of Politics and International Relations, Vol. 5, No. 3, 347-372.

Heffernan, Richard 2005: Exploring (and Explaining) the British Prime Minister, in: The British Journal of Politics and International Relations, Vol. 7, No. 4, 605-620.

Heffernan, Richard 2006: The Prime Minister and the News Media: Political Communication as a Leadership Resource, in: Parliamentary Affairs, Vol. 59, No. 4, 582-598.

Heinze, Rolf G. 1992: Verbandspolitik zwischen Partikularinteressen und Gemeinwohl. Der Deutsche Bauernverband, Gütersloh: Bertelsman.

Heinze, Rolf G. 2003: Das „Bündnis für Arbeit" – Innovativer Konsens oder institutionelle Erstarrung?, in: Egle, Christoph/Ostheim, Tobias/Zohlnhöfer, Reimut (Hg.), Das rot-grüne Projekt. Eine Bilanz der Regierung Schröder 1998-2002, Wiesbaden: Westdeutscher Verlag, 137-161.

Heise, Arne 2002: Innovation und Gerechtigkeit? Wirtschafts- und beschäftigungspolitische Modernisierungskonzepte der Schröder-Regierung, in: Heyder, Ulrich/Menzel, Ulrich/Rebe, Bernd (Hg.), Das Land verändert? Rot-grüne Politik zwischen Interessenbalancen und Modernisierungsdynamik, Hamburg: VSA-Verlag, 29-45.

Helle, Andreas 2003: Kampa 02. Die Strategie der kulturellen Differenz, in: Forschungsjournal Neue Soziale Bewegungen, Jg. 16, H. 1, 33-36.

Helms, Ludger 1997: Wettbewerb und Kooperation. Zum Verhältnis von Regierungsmehrheit und Opposition im parlamentarischen Gesetzgebungsverfahren in der Bundesrepublik Deutschland, Großbritannien und Österreich, Opladen: Westdeutscher Verlag.

Helms, Ludger 1999a: Gibt es eine Krise des Parteienstaates in Deutschland?, in: Merkel, Wolfgang/Busch, Andreas (Hg.), Demokratie in Ost und West, Frankfurt/M.: Suhrkamp, 435-454.

Helms, Ludger (Hg.) 1999b: Parteien und Fraktionen. Ein internationaler Vergleich, Opladen: Leske + Budrich.

Helms, Ludger 2000: „Politische Führung" als politikwissenschaftliches Problem, in: Politische Vierteljahresschrift, Jg. 41, H. 3, 411-434.

Helms, Ludger 2005a: Die Informalisierung des Regierungshandelns in der Bundesrepublik: ein Vergleich der Regierungen Kohl und Schröder, in: Zeitschrift für Staats- und Europawissenschaften, Jg. 3, Nr. 1, 70-96.

Helms, Ludger 2005b: Presidents, Prime Ministers and Chancellors. Executive Leadership in Western Democracies, London: Palgrave Macmillan.

Helms, Ludger 2005c: Regierungsorganisation und politische Führung in Deutschland, Wiesbaden: VS Verlag für Sozialwissenschaften.

Helms, Ludger 2008: Governing in the Media Age: The Impact of the Mass Media on Executive Leadership in Contemporary Democracies, in: Government and Opposition, Vol. 43, No. 1, 26-54.

Helms, Ludger/Jun, Uwe (Hg.) 2004: Politische Theorie und Regierungslehre. Eine Einführung in die politikwissenschaftliche Institutionenforschung. Frankfurt/M.: Campus.

Hempel, Carl G. 1965: Typologische Methoden in den Sozialwissenschaften, in: Topitsch, Ernst (Hg.), Logik der Sozialwissenschaften, Köln: Kiepenheuer & Witsch, 85-103.

Hennecke, Hans Jörg 2004: Regieren ohne inneren Kompass. Eine Zwischenbilanz der zweiten Regierung Schröder, in: Aus Politik und Zeitgeschichte, B 40, 6-11.

Hennessy, Peter 1999: The Blair Centre: A Question of Command and Control? A Political Commentary, London: Public Management Foundation.

Hennessy, Peter 2001: The Prime Minister. The Office and Its Holders since 1945, New York: Palgrave.

Hennessy, Peter 2005: Rulers and Servants of the State: The Blair Style of Government 1997-2004, in: Parliamentary Affairs, Vol. 58, No. 1, 6-16.

Hennis, Wilhelm 1965: Aufgaben einer modernen Regierunglehre, in: Politische Vierteljahresschrift, Jg. 6, H. 4, 422-441.

Hennis, Wilhelm 2000: Regieren im modernen Staat, Tübingen: Mohr.

Hermann, Margaret G. 1986: Ingredients of Leadership, in: Hermann, Margaret G. (ed.), Political Psychology: Contemporary Problems and Issues, San Francisco: Jossey-Bass, 167-192.

Heye, Uwe-Karsten 2002: Die Neuorientierung des Bundespresseamts, in: Vorgänge, Jg. 41, H. 2, 80-88.

Hilmer, Richard 2001: Die SPD im Spannungsfeld von Reformpolitik und Wählerinteressen, in: Müntefering, Franz/Machnig, Matthias (Hg.), Sicherheit im Wandel. Neue Solidarität im 21. Jahrhundert, Berlin: Vorwärts, 101-113.

Hilmer, Richard 2003a: Bundestagswahl 2002: eine zweite Chance für Rot-Grün, in: Zeitschrift für Parlamentsfragen, Jg. 34, H. 1, 187-219.

Hilmer, Richard 2003b: Waren nur Flut und Irak schuld an der Unionsniederlage? Strategien und Praxis in Wahlkampagne. Fallbeispiel CDU/CSU, in: Forschungsjournal Neue Soziale Bewegungen, Jg. 16, H. 1, 80-86.

Hilmer, Richard 2010: Bundestagswahl 2009: Ein Wechsel auf Raten, in: Zeitschrift für Parlamentsfragen, Jg. 41, H. 1, 147-180.

Hilmer, Richard/Müller-Hilmer, Rita 2006: Die Bundestagswahl vom 18. September 2005: Votum für Wechsel in Kontinuität, in: Zeitschrift für Parlamentsfragen, Jg. 37, Nr. 1, 183-218.

Hindmoor, Andrew 2004: New Labour at the Centre. Constructing Political Space, Oxford: Oxford University Press.

Hinrichs, Jan-Peter 2002: Wir bauen einen Themenpark. Wähler werden doch mit Inhalten gewonnen – durch Issues Management, in: Althaus, Marco (Hg.), Kampagne! Neue Strategien für Wahlkampf, PR und Lobbying, 3. Auflage, Münster: Lit, 45-64.

Hirscher, Gerhard/Korte, Karl-Rudolf (Hg.) 2003: Information und Entscheidung. Kommunikationsmanagement der politischen Führung, Wiesbaden: Westdeutscher Verlag.

Hitt, Michael A./Ireland, R. Duane/Rowe, Glenn W. 2005: Strategic Leadership: Strategy, Resources, Ethics and Succession, in: Doh, Jonathan P./Stumpf, Stephen A. (eds.), Handbook on Responsible Leadership and Governance in Global Business, Cheltenham: Edward Elgar, 19-41.

Hix, Simon 2000: Britain, the EU and the Euro, in: Dunleavy, Patrick/Gamble, Andrew/Holliday, Ian/Peele, Gillian (eds.), Developments in British Politics 6, New York: St. Martin's Press, 47-68.

HM Inspectorate of Constabulary 2003: Streets Ahead. A Joint Inspection of the Street Crime Initiative, London.

HM Treasury 1998a: Modern Public Services for Britain: Investing in Reform (Comprehensive Spending Review), Cm 4011, London: The Stationery Office.

HM Treasury 1998b: Public Services for the Future: Modernisation, Reform, Accountability (Public Service Agreements), Cm 4181, London: The Stationery Office.

Hobbes, Thomas 1997: Leviathan. Authoritative Text, Backgrounds, Interpretations, Flathman, Richard E./Johnston, David (eds.), New York: Norton.

Hoffmann, Jochen 2003: Inszenierung und Interprenetation. Das Zusammenspiel von Eliten aus Politik und Journalismus, Wiesbaden: Westdeutscher Verlag.

Hoggett, Paul 2005: Iraq: Blair's Mission Impossible, in: British Journal of Politics & International Relations, Vol. 7, No. 4, 418-428.

Hogrefe, Jürgen 2002: Gerhard Schröder. Ein Porträt, Berlin: Siedler.

Holtmann, Everhard 2008: Die Richtlinienkompetenz des Bundeskanzler – kein Phantom?, in: Holtmann, Everhard/Patzelt, Werner J. (Hg.), Führen Regierungen tatsächlich? Zur Praxis gouvernmentalen Handelns, Wiesbaden: VS Verlag für Sozialwissenschaften, 73-84.

Holtmann, Everhard 2009: Die politische Vorgeschichte der vorgezogenen Bundestagswahl, in: Gabriel, Oskar W./Wessels, Bernhard/Falter, Jürgen W., Wahlen und Wähler. Analysen aus Anlass der Bundestagswahl 2005, Wiesbaden: VS Verlag für Sozialwissenschaften, 15-39.

Holtz-Bacha, Christina (Hg.) 2006: Die Massenmedien im Wahlkampf. Die Bundestagswahl 2005, Wiesbaden: VS Verlag für Sozialwissenschaften.

Hood, Christopher C. 1983: The Tools of Government, London: Macmillan.

Hopp, Gerhard 2010: Politische Führung in der Westminster-Demokratie: Großbritannien, in: Sebaldt, Martin/Gast, Henrik (Hg.), Politische Führung in westlichen Regierungssystemen. Theorie und Praxis im internationalen Vergleich, Wiesbaden: VS Verlag für Sozialwissenschaften, 71-94.

Howlett, Michael 1991: Policy Instruments, Policy Styles, and Policy Implementation: National Approaches to Theories of Instrument Choice, in: Policy Studies Journal, Vol. 19, No. 2, 1-21.

Howlett, Michael/Ramesh, M. 1993: Policy-Instrumente, Policy-Lernen und Privatisierung. Theoretische Erklärungen für den Wandel in der Instrumentenwahl, in: Hértitier, Adrienne (Hg.), Policy-Analyse. Kritik und Neuorientierung, Opladen: Westdeutscher Verlag, 245-264.

Howlett, Michael/Ramesh, M. 2003: Studying Public Policy. Policy Cycles and Policy Subsystems, second edition, Don Mills: Oxford University Press.

Hufnagel, Judith 2004: Aus dem Blickwinkel der Macht. Die Grünen in der Regierungsverantwortung 1998-2002, München: Forschungsgruppe Deutschland.

Hutton-Report 2004: Report of the Inquiry into the Circumstances Surrounding the Death of Dr David Kelly C.M.G. by Lord Hutton, London: The Stationery Office.

Hyman, Peter 2005: 1 Out of 10. From Downing Street Vision to Classroom Reality, London: Vintage.

Ireland, R. Duane/Hitt, Michael A. 1999: Achieving and Maintaining Strategic Competitiveness in the 21st Century: The Role of Strategic Leadership, in: Academy of Management Executive, Vol. 13, No. 1, 43-57.

Jahn, Detlef 2006: Einführung in die vergleichende Politikwissenschaft, Wiesbaden: VS Verlag für Sozialwissenschaften.

James, Simon 1999: British Cabinet Government, second edition, London: Routledge.

James, Simon/Ben-Gera, Michal 2004: A Comparatvie Analysis of Government Offices in OECD Countries, GOV/PGC/MPM/RD(2004)1, OECD Papers, Vol. 4, No. 6 (348.), Paris: OECD (Organisation for Economic Co-operation and Development).

Jann, Werner 2005: Neues Steuerungsmodell, in: Blanke, Bernhard/Bandemer, Stephan von/Nullmeier, Frank/Wewer, Göttrik (Hg.), Handbuch zur Verwaltungsreform, 3. Auflage, Wiesbaden: VS Verlag für Sozialwissenschaften, 74-84.

Jann, Werner/Schmid, Günther (Hg.) 2004: Eins zu Eins? Eine Zwischenbilanz der Hartz-Reformen am Arbeitsmarkt, Berlin: Edition Sigma.

Jansen, Dorothea 1997: Das Problem der Akteurqualität korporativer Akteure, in: Benz, Arthur/Seibl, Wolfgang (Hg.), Theorieentwicklung in der Politikwissenschaft – eine Zwischenbilanz, Baden-Baden: Nomos, 193-235.

Jerit, Jennifer 2008: Issue Framing and Engagement: Rhetorical Strategy in Public Policy Debates, in: Political Behaviour, Vol. 30, No. 1, 1-24.

Johnston, Ron/Pattie, Charles 2001: Dimensions of Retrospective Voting. Economic Perform-ance, Public Service Standards and Conservative Party Support at the 1997 Britsh General Election, in: Party Politics, Vol. 7, No. 4, 469-490.

Jones, Bill/Kavanagh, Dennis/Moran, Michael/Norton, Philip 2004: Politics UK, fifth edition, Harlow: Pearson Longman.

Jones, George W. 1985: The Prime Minister's Power, in: King, Anthony (ed.), The British Prime Minister, second edtion, Houndmills: Macmillan, 195-220.

Jones, Nicholas 1999: Sultans of Spin, London: Victor Gollancz.

Jones, Tudor 2000: Labour's Constitution and Public Ownership: From Old Clause IV to New Clause IV, in: Brivati, Brian/Heffernan, Richard (eds.), The Labour Party. A Cen-tenary History, Houndmills: Macmillan, 292-321.

Jun, Uwe 2004: Der Wandel von Parteien in der Mediendemokratie. SPD und Labour Party im Vergleich, Frankfurt/M.: Campus.

Jung, Matthias/Roth, Dieter 1998: Wer zu spät geht, den bestraft der Wähler. Eine Analyse der Bundestagswahl 1998, in: Aus Politik und Zeitgeschrichte, B 52, 3-18.

Jung, Matthias/Wolf, Andrea 2005: Der Wählerwille erzwingt eine große Koalition, in: Aus Politik und Zeitgeschrichte, B 51-52, 3-12.

Kaarbo, Juliet 1997: Prime Minister Leadership Styles in Foreign Policy Decision-Making. A Framework for Research, in: Political Psychology, Vol. 18, No. 3, 553-581.

Kaase, Max 1998a: Demokratisches System und die Mediatisierung von Politik, in: Sarcinelli, Ulrich (Hg.), Politikvermittlung und Demokratie in der Mediengesellschaft. Beiträge zur politischen Kommunikationskultur, Bonn: Bundeszentrale für politische Bildung, 24-51.

Kaase, Max 1998b: Politische Kommunikation – Politikwissenschaftliche Perspektiven, in: Jarren, Otfried/Sarcinelli, Ulrich/Saxer, Ulrich (Hg.), Politische Kommunikation in der demokratischen Gesellschaft. Ein Handbuch mit Lexikonteil, Opladen: Westdeutscher Verlag, 97-113.

Kaspari, Nicole 2008: Gerhard Schröder – Political Leadership im Spannungsfeld zwischen Machtstreben und politischer Verantwortung, Frankfurt/M.: Peter Lang.

Katz, Richard S. 1986: Party Government: A Rationalistic Conception, in: Castles, Francis G./Wildenmann, Rudolf (eds.), Visions and Realities of Party Government, Berlin: de Gruyter, 31-71.

Katz, Richard S./Mair, Peter 1993: The Evolution of Party Organizations in Europe: The Three Faces of Party Organization, in: American Review of Politics, Vol. 14 (Winter), 593-617.

Kaufmann, Franz-Xaver 1991: Diskurse über Staatsaufgaben, MPIfG Discussion Paper 91/5, Juni 1991, Köln: Max-Planck-Institut für Gesellschaftsforschung.

Kavanagh, Dennis 2001: New Labour, New Millenium, New Premiership, in: Seldon, Anthony (ed.), The Blair Effect. The Blair Government 1997-2001, London: Little, Brown and Company, 3-18.

Kavanagh, Dennis/Butler, David 2005: The British General Election of 2005, Houndmills: Palgrave Macmillan.

Kavanagh, Dennis/Richards, David 2001: Departmenalism and Joined-Up Government: Back to the Future?, in: Parliamentary Affairs, Vol. 54, No. 1, 1-18.

Kavanagh, Dennis/Richards, David 2003: Prime Ministers, Ministers and Civil Servants in Britain, in: Dogan, Mattei (ed.), Elite Configurations at the Apix of Power, Leiden: Brill, 175-195.

Kavanagh, Dennis/Richards, David/Smith, Martin/Geddes, Andrew 2006: British Politics, fifth edition, Oxford: Oxford University Press.

Kavanagh, Dennis/Seldon, Anthony 2000: The Powers Behind the Prime Minister – The Hidden Influence of Number Ten, London: HarperCollins.

Kellerman, Barbara (ed.) 1986: Political Leadership. A Source Book, Pittsburgh: University of Pittsburgh Press.

Kelly, Richard 2004: The Extra-Parliamentary Tory Party: McKenzie Revisited, in: The Political Quarterly, Vol. 75, No. 4, 398-404.

Keman, Hans 2002: Policy-Making Capacities of European Party Government, in: Luther, Kurt Richard/Müller-Rommel, Ferdinand (eds.), Political Parties in the New Europe. Political and Analytical Challenges, Oxford: Oxford University Press, 207-245.

Keman, Hans 2006: Parties and Government. Features of Governing in Representative Democracies, in: Katz, Richard S./Crotty, William (eds.), Handbook of Party Politics, London: Sage, 160-174.

Kemp, Peter A. 1999: Housing Policy under New Labour, in: Powell, Martin (ed.), New Labour, New Welfare State? The 'Third Way' in British Social Policy, Bristol: Policy Press, 123-147.

Kersbergen, Kess van/Waarden Frans van 2004: „Governance" as a Bridge Between Disciplines. Cross-Disciplinary Inspiration Regarding Shifts in Governance and Problems of Governability, Accountability and Legitimacy, in: European Journal of Political Research, Vol. 43, No. 2, 143-171.

King, Anthony 1991: The British Prime Ministership in the Age of the Career Politician, in: Jones, George W. (ed.), West European Prime Ministers, London: Cass, 24-47.

King, Anthony 1998: Why Labour Won – At Last, in: King, Anthony/Denver, David/McLean, Ian/Norris, Pippa/Norton, Philip/Sanders, David/Seyd, Patrick (eds.), New Labour Triumphs: Britain at the Polls 1997, Chatham: Chatham House, 177-207.

King, Anthony (ed.) 2002a: Britain at the Polls 2001, Chatham: Chatham House.

King, Anthony (ed.) 2002b: Leaders' Personalities and the Outcomes of Democratic Elections, Oxford: Oxford University Press.

King, Anthony 2002c: Tony Blair's First Term, in: King, Anthony (ed.), Britain at the Polls 2001, Chatham: Chatham House, 1-44.

King, Anthony 2006: Why Labour Won – Yet Again, in: King, Anthony (ed.), Britain at the Polls 2005, Washington: CQ Press, 151-184.

King, Anthony/Denver, David/McLean, Ian/Norris, Pippa/Norton, Philip/Sanders, David/Seyd, Patrick (eds.) 1998: New Labour Triumphs: Britain at the Polls 1997, Chatham: Chatham House.

King, Anthony/Wybrow, Robert J. (eds.) 2001: British Political Opinion 1937-2000. The Gallup Polls, London: Politico's.

Kingdon, John W. 1984: Agendas, Alternatives, and Public Policies, Boston: Little, Brown and Company.

Kitschelt, Herbert 1994: The Transformation of European Social Democracy, Cambridge: Cambridge University Press.

Kitschelt, Herbert 2003: Diversification and Reconfiguration of Party Systems in Postindustrial Democracies, Berlin: Friedrich-Ebert-Stiftung
ULR (30.1.2007): http://library.fes.de/pdf-files/id/02608.pdf

Klein, Josef 2007: Hartz IV, Agenda 2010 und der „Job-Floater": die Bedeutung von Sprache in Veränderungsprozessen, in: Weidenfeld, Werner (Hg.), Reformen kommunizieren. Herausforderungen an die Politik, Gütersloh: Verlag Bertelsmann Stiftung, 159-205.

Klein, Markus 1999: The Year after. Rot-Grün und die Wahltrends '99, in: Forschungsjournal Neue Soziale Bewegungen, Jg. 12, Nr. 4, 40-50.

Klein, Markus 2005: Der professionalisierte Wahlkampf: Die strategische Positionierung der Parteien, in: Güllner, Manfred/Dülmer, Hermann/Klein, Markus/Ohr, Dieter/Quandt, Markus/Rosar, Ulrich/Klingemann, Hans-Dieter (Hg.), Die Bundestagswahl 2002. Eine Untersuchung im Zeichen hoher politischer Dynamik, Wiesbaden: VS Verlag für Sozialwissenschaften, 57-66.

Klein, Markus/Ohr, Dieter 2001: Die Wahrnehmung der politischen und persönlichen Eigenschaften von Helmut Kohl und Gerhard Schröder und ihr Einfluß auf die Wahlentscheidung bei der Bundestagswahl 1998, in: Klingemann, Hans-Dieter/Kaase, Max (Hg.), Wahlen und Wähler. Analysen aus Anlass der Bundestagswahl 1998, Wiesbaden: Westdeutscher Verlag, 91-132.

Klingemann, Hans-Dieter/Hofferbert, Richard I./Budge, Ian 1994: Parties, Policies, and Democracy, Boulder: Westview Press.

Koalitionsvertrag 1998: Aufbruch und Erneuerung – Deutschlands Weg ins 21. Jahrhundert, Koalitionsvereinbarung zwischen der Sozialdemokratischen Partei deutschlands und Bündnis 90/Die Grünen, 20. Oktober 1998, Bonn.

Koalitionsvertrag 2002: Erneuerung – Gerechtigkeit – Nachhaltigkeit. Für ein wirtschaftlich starkes, soziales und ökologisches Deutschland. Für eine lebendige Demokratie, 16. Oktober 2002, Berlin.

Koelbl, Herlinde 2002: Spuren der Macht – Die Verwandlung des Menschen durch das Amt. Eine Langzeitstudie, München: Knesebeck.

König, Klaus 2001: Der Regierungsapparat bei der Regierungsbildung nach Wahlen, in: Derlien, Hans-Ulrich/Murswieck, Axel (Hg.), Regieren nach Wahlen, Opladen: Leske + Budrich, 15-38.

Kornelius, Bernhard/Roth, Dieter 2007: Bundestagswahl 2005: Rot-Grün abgewählt. Verlierer bilden die Regierung, in: Zohlnhöfer, Reimut/Egle, Christoph (Hg.), Ende des rotgrünen Projektes. Eine Bilanz der Regierung Schröder 2002-2005, Wiesbaden: VS Verlag für Sozialwissenschaften, 29-59.

Korte, Karl-Rudolf (Hg.) 2002: „Das Wort hat der Herr Bundeskanzler". Eine Analyse der Großen Regierungserklärungen von Adenauer bis Schröder, Wiesbaden: Westdeutscher Verlag.

Korte, Karl-Rudolf 2003: Maklermacht. Der personelle Faktor im Entscheidungsprozess von Spitzenakteuren, in: Hirscher, Gerhard/Korte, Karl-Rudolf (Hg.), Information und Entscheidung. Kommunikationsmanagement der politischen Führung, Wiesbaden: Westdeutscher Verlag, 15-28.

Korte, Karl-Rudolf 2005: Was entschied die Bundestagswahl 2005?, in: Aus Politik und Zeitgeschrichte, B 51-52, 12-18.

Korte, Karl-Rudolf 2007: Der Pragmatiker des Augenblicks: Das Politikmanagement von Bundeskanzler Gerhard Schröder 2002-2005, in: Zohlnhöfer, Reimut/Egle, Christoph (Hg.), Ende des rot-grünen Projektes. Eine Bilanz der Regierung Schröder 2002-2005, Wiesbaden: VS Verlag für Sozialwissenschaften, 168-196.

Korte, Karl-Rudolf 2008: Die Praxis regierungsförmiger Steuerung, in: Everhard/Patzelt, Werner J. (Hg.), Führen Regierungen tatsächlich? Zur Praxis gouvernementalen Handelns, Holtmann, Wiesbaden: VS Verlag für Sozialwissenschaften, 59-71.

Korte, Karl-Rudolf/Fröhlich, Manuel 2009: Politik und Regieren in Deutschland, 3. Auflage, Paderborn: Schöningh.

Krause-Burger, Sibylle 2000: Wie Gerhard Schröder regiert. Beobachtungen im Zentrum der Macht, München: DVA.

Kriesi, Hanspeter 2003: Strategische politische Kommunikation: Bedingungen und Chancen der Mobilisierung öffentlicher Meinung im internationalen Vergleich, in: Esser, Frank/Pfetsch, Barbara (Hg.), Politische Kommunikation im internationalen Vergleich. Grundlagen, Anwendungen, Perspektiven, Wiesbaden: Westdeutscher Verlag, 208-239.

Kropp, Sabine 2003: Regieren als informeller Prozess. Das Koalitionsmanagement der rotgrünen Bundesregierung, in: Aus Politik und Zeitgeschichte, B 43, 23-31.

Kropp, Sabine 2004: Gerhard Schröder as „Coordination Chancellor": The Impact of Institutions and Arenas on the Chancellor's Style of Governance, in: Reutter, Werner (ed.), Germany on the Road to „Normalcy". Policies and Politics of the Red-Green Federal Government (1998-2002), London: Palgrave Macmillan, 67-88.

Kuhn, Raymond 2005: Media Management, in: Seldon, Anthony/Kavanagh, Dennis (eds.), The Blair Effect 2001-5, Cambridge: Cambridge University Press, 94-111.

Kuhn, Raymond 2007: Media Management, in: Seldon, Anthony (ed.), Blair's Britain 1997-2007, Cambridge: Cambridge University Press, 123-142.

Kutschera, Franz von 1972: Wissenschaftstheorie I. Grundzüge der allgemeinen Methodologie der empirischen Wissenschaften, München : Fink.

Lafontaine, Oskar 1999: Das Herz schlägt links, München: Econ.

Lange, Stefan/Braun, Dietmar 2000: Politische Steuerung zwischen System und Akteur. Eine Einführung, Opladen: Leske + Budrich.

Langguth, Gerd 2001: Das Innenleben der Macht. Krise und Zukunft der CDU, München: Ullstein.

Langguth, Gerd 2007: Horst Köhler. Biografie, München: DTV.

Langguth, Gerd 2009: Kohl, Schröder, Merkel. Machtmenschen, München: DTV.

Larocca, Roger 2004: Strategic Diversion in Political Communication, in: The Journal of Politics, Vol. 66, No. 2, 469-491.

Lasswell, Harold D. 1948: Power and Personality, New York: Norton & Company.

Laube, Birgit 2007: Der Faktor Amerika im Wahlkampf 2002, in: Jackob, Nikolaus (Hg.), Wahlkämpfe in Deutschland, Fallstudien zur Wahlkampfkommunikation 1912-2005, Wiesbaden: VS Verlag für Sozialwissenschaften, 235-253.

Lauth, Hans-Joachim/Wagner, Christoph 2007: Gegenstand, grundlegende Kategorien und Forschungsfragen der „Vergleichenden Regierungslehre", in: Lauth, Hans-Joachim (Hg.), Vergleichende Regierungslehre. Eine Einführung, 2. Auflage, Wiesbaden: VS Verlag für Sozialwissenschaften, 15-36.

Laver, Michael/Budge, Ian (eds.) 2002: Party Policy and Government Coalitions, Houndmills: Palgrave Macmillan.

Lees, Charles 1999: The Red-Green Coalition, in: German Politics, Vol. 8, No. 2, 174-2003.

Lees, Charles 2000: The Red-Green Coalition in Germany. Politics, Personalities and Power, Manchester: Manchester University Press.

Lees-Marshment, Jennifer 2004: Mis-Marketing the Conservatives: The Limitations of Style over Substance, in: The Political Quarterly, Vol. 75, No. 4, 392-397.

Leftwich, Adrian (ed.) 2004: What is Politics? The Activity and its Study, Cambridge: Polity.

Lehmbruch, Gerhard 2000: Institutionelle Schranken einer ausgehandelten Reform des Wohlfahrtsstaates. Das Bündnis für Arbeit und seine Erfolgsbedingungen, in: Czada, Roland/Wollmann, Hellmut (Hg.), Von der Bonner zur Berliner Republik. 10 Jahre Deutsche Einheit, Wiesbaden: Westdeutscher Verlag, 89-112.

Leitner, Sigrid 2003: Die Tour de force der Gleichstellung: Zwischensprints mit Hindernis-sen, in: Gohr, Antonia/Seeleib-Kaiser, Martin (Hg.), Sozial- und Wirtschaftspolitik un-ter Rot-Grün, Wiesbaden: Westdeutscher Verlag, 249-264.

Leng, Roger/Taylor, Richard D./Wasik, Martin 1998: Blackstone's Guide to the Crime and Disorder Act 1998, London: Blackstone.

Liddell Hart, Basil Henry 1967: Strategy. The Indirect Approach, London: Faber and Faber.

Liddle, Roger 2001: On New Labour, Neoliberalism and the Making of the Blair/Schröder Document, in: Cuperus, René/Duffek, Karl/Kandel, Johannes (eds.), Multiple Third Ways. European Social Democracy facing the Twin Revolution of Globalisation and the Knowledge Society, Berlin/Amsterdam/Vienna: Friedrich-Ebert-Stiftung/Wiardi Beck-man Stichting/Renner Institut, 145-149.

Linder, Stephen H./Peters, Guy B. 1989: Instruments of Government: Perceptions and Con-texts, in: Journal of Public Policy, Vol. 9, No. 1, 35-58.

Ling, Tom 2002: Delivering Joined-Up Government in the UK: Dimensions, Issues and Prob-lems, in: Public Administration, Vol. 80, No. 4, 615-642.

Linz, Juan J. 1990a: The Perils of Presidentialism, in: Journal of Democracy, Vol. 1, Winter, 51-69.

Linz, Juan J. 1990b: The Virtues of Parlamentarism, in: Journal of Democracy, Vol. 1, No. 4, 84-91.

Lipsey, David 2000: The Secret Treasury. How Britain's Economy is Really Run, London: Viking.

Lonsdale, David J. 2007: Strategy: The Challenge of Complexity, in: Defence Studies, Vol. 7, No. 1, 42-64.

Lösche, Peter 2003: Bemerkungen zum Wahlkampf der SPD, in: Forschungsjournal Neue Soziale Bewegungen, Jg. 16, H. 1, 43-45.

Ludlam, Steve 1999: New Labour and the Trade Unions: The End of the Labour Alliance?, in: Kastendiek, Hans/Stinshoff, Richard/Sturm, Roland (eds.), The Return of Labour – A Turning Point in British Politics?, Bodenheim: Philo, 129-151.

Ludlam, Steve 2000: Norms and Blocks: Trade Unions and the Labour Party since 1964, in: Brivati, Brian/Heffernan, Richard (eds.), The Labour Party. A Centenary History, Houndmills: Macmillan, 220-245.

Ludlam, Steve 2003: Too Much Pluralism, not Enough Socialism: Interpreting the Unions–Party Link, in: Callaghan, John/Fielding, Steven/Ludlam, Steve (eds.), Interpreting the Labour Party. Approaches to Labour Politics and History, Manchester: Manchester University Press, 150-165.

Ludlam, Steve 2004: New Labour, 'Vested Interests' and the Union Link, in: Ludlam, Steve/Smith, Martin J. (eds.), Governing as New Labour. Policy and Politics under Blair, Houndmills: Palgrave Macmillan, 70-87.

Ludlam, Steve/Smith, Martin J. (eds.) 2004: Governing as New Labour. Policy and Politics under Blair, Houndmills: Palgrave Macmillan.

Luhmann, Niklas 1972: Funktionen und Folgen formaler Organisation, 2. Auflage, Duncker & Humblot, Berlin.

Luhmann, Niklas 1981: Politische Theorie im Wohlfahrtsstaat, München: Olzog.

Luhmann, Niklas 1984: Soziale Systeme. Grundriss einer allgemeinen Theorie, 4. Auflage, Frankfurt/M.: Suhrkamp.

Luhmann, Niklas 1989: Politische Steuerung: ein Diskussionsbeitrag, in: Politische Vierteljahresschrift, Jg. 30, H. 1, 4-9.

Luhmann, Niklas 2000: Die Politik der Gesellschaft, Frankfurt/M.: Suhrkamp.

Lütz, Susanne 2002: Der Staat und die Globalisierung von Finanzmärkten. Regulative Politik in Deutschland, Großbritannien und den USA, Frankfurt/M.: Campus.

Machnig, Matthias 1999: Die Kampa als SPD-Wahlkampfzentrale der Bundestagswahl '98. Organisation, Kampagnenformen und Erfolgsfaktoren, in: Forschungsjournal Neue Soziale Bewegungen, Jg. 12, H. 3, 20-39.

Machnig, Matthias 2002: Politische Kommunikation in der Mediengesellschaft, in: Machnig, Matthias (Hg.), Politik – Medien – Wähler. Wahlkampf im Medienzeitalter, Opladen: Leske + Budrich, 145-152.

Machnig, Matthias/Raschke, Joachim (Hg.) 2009: Wohin steuert Deutschland? Bundestagswahl 2009. Ein Blick hinter die Kulissen, Hamburg: Hoffman und Campe.

Macintyre, Donald 1999: Mandelson. The Biography, London: HarperCollins.

Mackintosh, John P. 1962: The British Cabinet, London: Stevens & Sons.

Mai, Manfred 2001: Die „blinden Flecke" der autopoietischen Gesellschaftstheorie. Bemerkungen aus steuerungstheoretischer Perspektive, in: Burth, Hans-Peter/Görlitz, Axel (Hg.), Politische Steuerung in Theorie und Praxis, Baden-Baden: Nomos, 167-185.

Majone, Giandomenico 1989: Evidence, Argument and Persuasion in the Policy Process, New Haven: Yale University Press.

Majone, Giandomenico 1993: Wann ist Policy-Deliberation wichtig?, in: Hértitier, Adrienne (Hg.), Policy-Analyse. Kritik und Neuorientierung, Opladen: Westdeutscher Verlag, 97-115.

Mandelson, Peter 2002: The Blair Revolution Revisited, London: Politico's.

Mandelson, Peter 2010: The Third Man. Life at the Heart of New Labour, London: HarperCollins.

Mandelson, Peter/Liddle, Roger 1996: The Blair Revolution. Can New Labour deliver?, London: Faber and Faber.

Manheim, Jarol B. 1997: Strategische Kommunikation und eine Strategie für die Kommunikationsforschung, in: Publizisitik, Jg. 42., H. 1, 62-72.

Marcinkowski, Frank 2002: Agenda Setting als politikwissenschaftlich relevantes Paradigma, in: Gellner, Winand/Strohmeier, Gerd (Hg.), Freiheit und Gemeinwohl. Politikfelder und Politikvermittlung zu Beginn des 21. Jahrhunderts, Baden-Baden: Nomos, 159-170.

Marx, Stefan 2006: Das Heer der Sprecher und Berater. Eine Bestandsaufnahme von Akteursgruppen in der Regierungskommunikation, in: Köhler, Miriam Melanie/Schuster,

Christian H. (Hg.), Handbuch Regierungs-PR. Öffentlichkeitsarbeit von Bundesregierungen und deren Beratern, Wiesbaden: VS Verlag für Sozialwissenschaften, 85-98.

Marx, Stefan 2008: Die Legende vom Spin Doctor. Regierungskommunikation unter Schröder und Blair, Wiesbaden: VS Verlag für Sozialwissenschaften.

Mather, Graham 2003: Beyond Targets, Towards Choice, in: The Political Quarterly, Vol. 74, No. 4, 481-492.

Mathes, Rainer/Freisens, Uwe 1990: Kommunikationsstrategien der Parteien und ihr Erfolg. Eine Analyse der aktuellen Berichterstattung in den Nachrichtenmagazinen der öffentlich-rechtlichen und privaten Rundfunkanstalten im Bundestagswahlkampf 1987, in: Kaase, Max/Klingemann, Hans-Dieter (Hg.), Wahlen und Wähler. Analysen aus Anlass der Bundestagswahl 1987, Opladen: Westdeutscher Verlag, 531-568.

Mau, Steffen 1998: Akzeptanzbedingungen des wohlfahrtsstaatlichen Umbaus. Ein internationaler Vergleich, in: Zeitschrift für Sozialreform, Jg. 44, H. 11/12, 856-872.

Mau, Steffen 2003: The Moral Economy of Welfare States: Britain and Germany Compared, London: Routledge.

Mau, Steffen 2005: Sozialpolitische Reformen in Großbritannien, in: Politische Akademie der Friedrich-Ebert-Stiftung (Hg.), Soziale Demokratie in Europa, Bonn: Friedrich-Ebert-Stiftung, 97-110.

Maurer, Marcus/Reinemann, Carsten 2003: Schröder gegen Stoiber. Nutzung, Wahrnehmung und Wirkung der TV-Duelle, Wiesbaden: Westdeutscher Verlag.

Maurer, Marcus/Reinemann, Carsten/Maier, Jürgen/Maier, Michaela 2007: Schröder gegen Merkel. Wahrnehmung und Wirkung des TV-Duells 2005 im Ost-West-Vergleich, Wiesbaden: VS Verlag für Sozialwissenschaften.

Mayntz, Renate 1963: Soziologie der Organisation, Reinbek: Rowohlt.

Mayntz, Renate (Hg.) 1980: Implementation politischer Programme. Empirische Forschungsberichte, Königstein/Ts.: Verlagsgruppe Athenäum.

Mayntz, Renate (Hg.) 1983a: Implementation politischer Programme II. Ansätze zur Theoriebildung, Opladen: Westdeutscher Verlag.

Mayntz, Renate 1983b: The Conditions of Effective Public Policy: a New Challenge for Policy Analysis, in: Policy and Politics, Vol. 11, No. 2, 123-143.

Mayntz, Renate 1985: Über den begrenzten Nutzen methodologischer Regeln in der Sozialforschung, in: Bonß, Wolfgang/Hartmann, Heinz (Hg.), Entzauberte Wissenschaft. Zur Relativität und Geltung soziologischer Forschung, Göttingen: Schwartz, 65-76.

Mayntz, Renate 1987: Politische Steuerung und gesellschaftliche Steuerungsprobleme – Anmerkungen zu einem theoretischen Paradigma, in: Ellwein, Thomas/Hesse, Joachim Jens/Mayntz, Renate/Scharpf, Fritz W. (Hg.), Jahrbuch zur Staats- und Verwaltungswissenschaft, Nomos: Baden-Baden, 89-110.

Mayntz, Renate 1988: Funktionelle Teilsysteme in der Theorie sozialer Differenzierung, in: Mayntz, Renate/Rosewitz, Bernd/Schimank, Uwe/Stichweh, Rudolf (Hg.), Differenzierung und Verselbständigung. Zur Entwicklung gesellschaftlicher Teilsysteme, Frankfurt/M.: Campus, 11-44.

Mayntz, Renate 1991: Politische Steuerbarkeit und Reformblockaden. Überlegungen am Beispiel des Gesundheitswesens, in: Henke, Klaus-Dirk/Hesse, Joachim/Schuppert, Gunnar F. (Hg.), Die Zukunft der sozialen Sicherung in Deutschland, Nomos: Baden-Baden, 21-45.

Mayntz, Renate 1996: Politische Steuerung. Aufstieg, Niedergang und Transformation einer Theorie, in: Beyme, Klaus von/Offe, Claus (Hg.), Politische Theorien in der Ära der Transformation, Opladen: Westdeutscher Verlag, 148-168.

Mayntz, Renate 1998: New Challenges to Governance Theory, The Robert Schuman Centre at the European University Institute, Jean Monnet Chair Papers 50, Florence: European University Institute.

Mayntz, Renate 2001: Zur Selektivität der steuerungstheoretischen Perspektive, in: Burth, Hans-Peter/Görlitz, Axel (Hg.), Politische Steuerung in Theorie und Praxis, Baden-Baden: Nomos, 17-27.

Mayntz, Renate 2004a: Governance im modernen Staat, in: Benz, Arthur (Hg.), Governance – Regieren in komplexen Regelsystemen. Eine Einführung, Wiesbaden: VS Verlag für Sozialwissenschaften, 65-76.

Mayntz, Renate 2004b: Governance Theory als fortentwickelte Steuerungstheorie?, MPIfG Working Paper 04/01, März 2004, Köln: Max-Planck-Institut für Gesellschaftsforschung.

Mayntz, Renate 2006a: From Government to Governance. Political Steering in Modern Societies, in: Scheer, Dirk/Rubik, Frieder (eds.), Governance of Integrated Product Policy. In Search of Sustainable Production and Consumption, Sheffield: Greenleaf, 18-25.

Mayntz, Renate 2006b: Governance Theory als fortentwickelte Steuerungstheorie?, in: Schuppert, Gunnar Folke (Hg.), Governance-Forschung, Vergewisserung über Stand und Entwicklungslinien, 2. Auflage, Baden-Baden: Nomos, 11-20.

Mayntz, Renate 2007: Die Handlungsfähigkeit des Nationalstaats in Zeiten der Globalisierung, in: Heidbrinck, Ludger/Hirsch, Alfred (Hg.), Staat ohne Verantwortung? Zum Wandel der Aufgaben von Staat und Politik, Frankfurt/M.: Campus, 267-281.

Mayntz, Renate/Lex, Christa 1982: Voraussetzungen und Aspekte administrativer Praktikabilität staatlicher Handlungsprogramme, Studie im Rahmen der Schriftenreihe Verwaltungsorganisation, Band 6, Bundesministerium des Innern (Hg.), Bonn.

Mayntz, Renate/Scharpf, Fritz W. (Hg.) 1973: Planungsorganisation. Die Diskussion um die Reform von Regierung und Verwaltung des Bundes, München: Piper.

Mayntz, Renate/Scharpf, Fritz W. (Hg.) 1995: Gesellschaftliche Selbstregelung und politische Steuerung, Frankfurt/M.: Campus.

Mayntz, Renate/Scharpf, Fritz W. 2005: Politische Steuerung – Heute?, MPIfG Working Paper 05/1, Januar 2005, Köln: Max-Planck-Institut für Gesellschaftsforschung.

McAnulla, Stuart 2006: British Politics. A Critical Introduction, London: Continuum.

McCarty, Nolan/Meirowitz, Adam 2007: Political Game Theory: An Introduction, Cambridge: Cambridge University Press.

McCombs, Maxwell/Shaw, Donald L. 1993: The Evolution of Agenda-Setting Research: Twenty-Five Years in the Marketplace of Ideas, in: Journal of Communication, Vol. 43, No. 2, 58-67.

McCombs, Maxwell/Shaw, Donald L./Weaver, David (eds.) 1997: Communication and Democracy. Exploring the Intellectual Frontiers in Agenda-Setting Theory, Mahwah: Lawrence Albaum Associates.

McDonald, Michael D./Budge, Ian 2005: Elections, Parties, Democracy. Conferring the Median Mandate, Oxford: Oxford University Press.

Meng, Richard 2002: Der Medienkanzler. Was bleibt vom System Schröder?, Frankfurt/M.: Suhrkamp.

Merkel, Wolfgang 2000: Die Dritten Wege der Sozialdemokratie ins 21. Jahrhundert, in: Berliner Journal für Soziologie, Jg. 10, H. 1, 99-124.

Merkel, Wolfgang 2003: Institutionen und Reformpolitik. Drei Fallstudien zur Vetospieler-Theorie, in: Egle, Christoph/Ostheim, Tobias/Zohlnhöfer, Reimut (Hg.), Das rot-grüne Projekt. Eine Bilanz der Regierung Schröder 1998-2002, Wiesbaden: Westdeutscher Verlag, 163-190.

Merkel, Wolfgang 2007: Durchregieren? Reformblockaden und Reformchancen in Deutschland, in: Kocka, Jürgen (Hg.), Zukunftsfähigkeit Deutschlands. Sozialwissenschaftliche Essays, Berlin: Edition Sigma, 27-45.

Merkel, Wolfgang/Egle, Christoph/Henkes, Christian/Ostheim, Tobias/Petring, Alexander 2006: Die Reformfähigkeit der Sozialdemokratie. Herausforderungen und Bilanz der Regierungspolitik in Westeuropa, Wiesbaden: VS Verlag für Sozialwissenschaften.

Mertes, Michael 2000: Führen, koordinieren, Strippen ziehen: Das Kanzleramt als Kanzlers Amt, in: Korte, Karl-Rudolf/Hirscher, Gerhard (Hg.), Darstellungspolitik oder Entscheidungspolitik? Über den Wandel von Politikstilen in westlichen Demokratien, München: Hanns-Seidel-Stiftung, 62-84.

Meyer, Thomas 1997: The Transformation of German Social Democracy, in: Sassoon, Donald (ed.), Looking Left. European Socialism after the Cold War, London: I.B.Tauris, 124-142.

Meyer, Thomas 1999: From Godesberg to the Neue Mitte: The Social Democracy in Germany, in: Kelly, Gavin (ed.), The New European Left, London: Fabian Society, 20-34.

Meyer, Thomas 2004: Die Agenda 2010 und die soziale Gerechtigkeit, in: Politische Vierteljahresschrift, Jg. 45, H. 2, 181-191.

Meyer, Thomas 2005: Laggard Germany – The Missing Discourse on Welfare Re-Calibration, in: Schmidt, Vivien A. et al. (eds.), Public Discourse and Welfare State Reform. The Social Democratic Experience, Amsterdam: Mets&Schilt, 69-84.

Meyer, Thomas 2007: Die blockierte Partei – Regierungspraxis und Programmdiskussion der SPD 2002-2005, in: Zohlnhöfer, Reimut/Egle, Christoph (Hg.), Ende des rot-grünen Projektes. Eine Bilanz der Regierung Schröder 2002-2005, Wiesbaden: VS Verlag für Sozialwissenschaften, 83-97.

Micus, Matthias 2005: Die „Enkel" Willy Brandts. Aufstieg und Politikstil einer SPD-Generation, Frankfurt/M.: Campus.

Ministerial Code 1997: Ministerial Code. A Code of Conduct and Guidance on Procedures for Ministers, London: Cabinet Office.

Ministerial Code 2001: Ministerial Code. A Code of Conduct and Guidance on Procedures for Ministers, London: Cabinet Office.

Ministerial Code 2005: Ministerial Code. A Code of Conduct and Guidance on Procedures for Ministers, London: Cabinet Office.

Mischler, Gerd 2005: Tony Blair. Reformer-Premierminister-Glaubenskrieger, Berlin: Parthas.

Mitchell, James 1998: The Evolution of Devolution: Labour's Home Rule Strategy in Opposition, in: Government and Opposition, Vol. 33, No. 4, 479-496.

Mitchell, James 2009: Devolution in the UK, Manchester: Manchester University Press.

Modernising Government 1999: Modernising Government. Presented to Parliament by the Prime Minister and the Minister for the Cabinet Office, Cm 4310, London.

Moran, Michael 2005: Politics and Governance in the UK, Houndmills: Palgrave Macmillan.

Morrell, Kevin 2006: Policy as Narrative: New Labours's Reform of the National Health Service, in: Public Administration, Vol. 84, No. 2, 367-385.

Morrell, Kevin/Hartley, Jean 2006: A Model of Political Leadership, in: Human Relations, Vol. 59, No. 4, 483-504.

Morris, Dick 2002: Power Plays. Win or Lose – How History's Great Political Leaders Play The Game, New York: Regan Books.

Morris, Terence 2001: Crime and Penal Policy, in: Seldon, Anthony (ed.), The Blair Effect. The Blair Government 1997-2001, London: Little, Brown and Company, 355-381.

Morrow, James D. 1994: Game Theory for Political Scientists, Princeton: Princeton University Press.

Mouritzen, Poul Erik/Svara, James H. 2002: Leadership at the Apex. Politicians and Administrators in Western Local Governments, Pittsburgh: University of Pittsburgh Press.

Mulgan, Geoff 2007: Good and Bad Power. The Ideals and Betrayals of Government, London: Penguin.

Mulgan, Geoff 2009: The Art of Public Strategy. Mobilizing Power and Knowledge for the Common Good, Oxford: Oxford University Press.

Müller, Kay/Walter, Franz 2004: Graue Eminenzen der Macht. Küchenkabinette in der deutschen Kanzlerdemokratie. Von Adenauer bis Schröder, Wiesbaden: VS Verlag für Sozialwissenschaften.

Müller, Wolfgang C./Strøm, Kaare (eds.) 1999: Policy, Office or Votes? How Political Parties in Western Europe Make Hard Decisions, Cambridge: Cambridge University Press.

Müller, Wolfgang C./Strøm, Kaare 2000: Coalition Governance in Western Europe. An Introduction, in: Müller, Wolfgang C./Strøm, Kaare (eds.), Coalition Governments in Western Europe, Oxford: Oxford University Press, 1-31.

Müller-Hilmer, Rita 1999: Die niedersächsische Landtagswahl vom 1. März 1998: Die Kür des Kanzlerkandidaten, in: Zeitschrift für Parlamentsfragen, Jg. 30, H. 1, 41-55.

Müller-Rommel, Ferdinand 1994: The Chancellor and his Staff, in: Padgett, Stephen (ed.), Adenauer to Kohl. The Development of the German Chancellorship, London: Hurst & Company, 106-126.

Müller-Rommel, Ferdinand 2003: Die niedersächsische Landtagswahl vom 2. Februar 2003: „Denkzettel" für Berlin, in: Zeitschrift für Parlamentsfragen, Jg. 34, H. 4, 689-701.

Murswieck, Axel 2003: Des Kanzlers Macht: Zum Regierungsstil Gerhard Schröders, in: Egle, Christoph/Ostheim, Tobias/Zohlnhöfer, Reimut (Hg.), Das rot-grüne Projekt. Eine Bilanz der Regierung Schröder 1998-2002, Wiesbaden: Westdeutscher Verlag, 117-135

Naughtie, James 2002: The Rivals. The Intimate Story of a Political Marriage, London: Fourth Estate.

Neidhardt, Friedhelm 1994a: Öffentlichkeit, öffentliche Meinung, soziale Bewegungen, in: Neidhardt, Friedhelm (Hg.), Öffentlichkeit, öffentliche Meinungen, soziale Bewegungen, Opladen: Westdeutscher Verlag, 7-41.

Neidhardt, Friedhelm 1994b: Die Rolle des Publikums. Anmerkungen zur Soziologie politischer Öffentlichkeit, in: Derlien, Hans-Ulrich/Gerhardt, Uta/Scharpf, Fritz W. (Hg.), Systemrationalität und Partialinteresse, Baden-Baden: Nomos, 315-328.

Neidhardt, Friedhelm/Eilders, Christian/Pfetsch, Barbara 1998: Die Stimme der Medien im politischen Prozess: Themen und Meinungen in Pressekommentaren, Discussion Paper FS III 98-106, Berlin: Wissenschaftszentrum Berlin für Sozialforschung.

Neller, Katja/Thaidigsmann, S. Isabell 2007: Gelungene Identitätserweiterung durch Namensänderung? „Treue" Wähler, Zu- und Abwanderer der Linkspartei bei der Bundestagswahl 2005, in: Brettschneider, Frank/Niedermayer, Oskar/Wessels, Bernhard (Hg.), Die Bundestagswahl 2005. Analysen des Wahlkampfs und der Wahlergebnisse, Wiesbaden: VS Verlag für Sozialwissenschaften, 421-453.

Neuwerth, Lars 2001: Strategisches Handeln in Wahlkampfsituationen. Der Bundestagswahlkampf 1998, Hamburg: Kovac.

Neveu, Erik 1998: Media and Politics in French Political Science, in: European Journal of Political Research, Vol. 33, No. 4, 439-458.

Newburn, Tim/Reiner, Robert 2007: Crime and Penal Policy, in: Seldon, Anthony (ed.), Blair's Britain 1997-2007, Cambridge: Cambridge University Press, 318-340.

Niclauß, Karlheinz 2004: Kanzlerdemokratie. Regierungsführung von Konrad Adenauer bis Gerhard Schröder, Paderborn: Schöningh.

Niedermayer, Oskar 2003: Wandel durch Flut und Irak-Krieg? Wahlkampfverlauf und Wahlkampfstrategien der Parteien, in: Jesse, Eckhard (Hg.), Bilanz der Bundestagswahl 2002. Voraussetzungen, Ergebnisse, Folgen, Wiesbaden: Westdeutscher Verlag, 37-70.

Niedermayer, Oskar 2006: Die Wählerschaft der Linkspartei.PDS 2005: sozialstruktureller Wandel bei gleich bleibender politischer Positionierung, in: Zeitschrift für Parlamentsfragen, Jg. 37, H. 3, 523-538.

Niedermayer, Oskar 2007a: Der Wahlkampf zur Bundestagswahl 2005: Parteistrategien und Kampagneverlauf, in: Brettschneider, Frank/Niedermayer, Oskar/Wessels, Bernhard (Hg.), Die Bundestagswahl 2005. Analysen des Wahlkampfs und der Wahlergebnisse, Wiesbaden: VS Verlag für Sozialwissenschaften, 21-42.

Niedermayer, Oskar 2007b: Parteimitglieder in Deutschland: Version 2007, Arbeitshefte aus dem Otto-Stammer-Zentrum, Nr. 11, FU Berlin.

Nohlen, Dieter 1994: Typus/Typologie, in: Kriz, Jürgen/Nohlen, Dieter/Schultze, Rainer-Olaf (Hg.), Lexikon der Politik, Band 2: Politikwissenschaftliche Methoden, München: Beck, 491-496.

Nolte, Kristina 2005: Der Kampf um Aufmerksamkeit. Wie Medien, Wirtschaft und Politik um eine knappe Ressource ringen, Frankfurt/M.: Campus.

Norris, Pippa 2001: Apathetic Landslide: The 2001 British General Election, in: Parliamentary Affairs, Vol. 54, No. 4, 565-589.

Norris, Pippa 2005: Elections and Public Opinion, in: Seldon, Anthony/Kavanagh, Dennis (eds.), The Blair Effect 2001-5, Cambridge: Cambridge University Press, 43-67.

Norris, Pippa 2006: Did the Media Matter? Agenda-Setting, Persuasion, and Mobilization Effects in the British General Election Campaign, in: British Politics, Vol. 1, No. 2, 195-221.

North, Nancy 2001: Health Policy, in: Savage, Stephen P./Atkinson, Rob (eds.), Public Policy under Blair, Houndmills: Palgrave, 123-138.

Norton, Philip 2002: The Conservative Party: Is there Anyone Out There?, in: King, Anthony (ed.), Britain at the Polls 2001, Chatham: Chatham House, 68-94.

Norton, Philip 2006: The Conservative Party: The Politics of Panic, in: King, Anthony (ed.), Britain at the Polls 2005, Washington: CQ Press, 31-53.

Norton, Philip 2007: The Constitution, in: Seldon, Anthony (ed.), Blair's Britain 1997-2007, Cambridge: Cambridge University Press, 104-122.

Nullmeier, Frank 2003: Alterssicherungspolitik im Zeichen der „Riester-Rente", in: Gohr, Antonia/Seeleib-Kaiser, Martin (Hg.), Sozial- und Wirtschaftspolitik unter Rot-Grün, Wiesbaden: Westdeutscher Verlag, 167-187.

Nullmeier, Frank 2008: Die Agenda 2010: Ein Reformpaket und sein kommunikatives Versagen, in: Fischer, Thomas/Kießling, Andreas/Novy, Leonard (Hg.), Politische Reformprozesse in der Analyse. Untersuchungssystematik und Fallbeispiele, Gütersloh: Verlag Bertelsmann Stiftung, 145-190.

Nullmeier, Frank/Saretzki, Thomas 2002a: Einleitung, in: Nullmeier, Frank/Saretzki, Thomas (Hg.), Jenseits der Regierungsalltags. Strategiefähigkeit politischer Parteien, Frankfurt/M.: Campus, 7-21.

Nullmeier, Frank/Saretzki, Thomas (Hg.) 2002b: Jenseits der Regierungsalltags. Strategiefähigkeit politischer Parteien, Frankfurt/M.: Campus.

Nutley, Sandra M./Walter, Isabel/Davies, Huw T.O. 2007: Using Evidence. How Research Can Inform Public Services, Bristol: Policy Press.

O'Hara, Kieron 2005: After Blair. Conservatism Beyond Thatcher, Cambridge: Icon.

O'Leary, Brendan 2001: The Belfast Agreement and the Labour Government. Handling and Mishandling History's Hand, in: Seldon, Anthony (ed.), The Blair Effect. The Blair Government 1997-2001, London: Little, Brown and Company, 449-487.

O'Malley, Eoin 2007: Setting Choices, Controlling Outcomes: The Operation of Prime Ministerial Influence and the UK's Decision to Invade Iraq, in: The British Journal of Politics
and International Relations, Vol. 9, No. 1, 1-19.

Oborne, Peter 1999: Alastair Cambell – New Labour and the Rise of the Media Class, London: Aurum.

Oborne, Peter/Walters, Simon 2004: Alastair Campbell, London: Aurum.

Oeltzen, Anne-Kathrin/Forkmann, Daniela 2005: Charismatiker, Kärrner und Hedonisten.
Die Parteivorsitzenden der SPD, in: Forkmann, Daniela/Schlieben, Michael (Hg.), Die
Parteivorsitzenden in der Bundesrepublik Deutschland 1949-2005, Wiesbaden: VS Ver-
lag für Sozialwissenschaften, 64-118.

Offe, Claus 1975: Berufsbildungsreform. Eine Fallstudie über Reformpolitik, Frankfurt/M.:
Suhrkamp.

Office of Public Service Reform 2002: Reforming our Public Services. Principles into Practise,
London: Cabinet Office.

Ordeshook, Peter C. 1986: Game Theory and Political Theory: An Introduction, Cambridge:
Cambridge University Press.

Ortmann, Günther 1998: Mikropolitik, in: Heinrich, Peter/Schulz zu Wiesch, Jochen (Hg.),
Wörterbuch zur Mikropolitik, Opladen: Leske + Budrich, 1-5.

Oschmiansky, Frank/Mauer, Andreas/Schulze Buschoff, Karin 2007: Arbeitsmarktreformen
in Deutschland – Zwischen Pfadabhängikeit und Paradigmenwechsel, in: WSI Mittei-
lungen, 6/2007, 291-297.

Padgett, Stephen/Paterson, William/Smith, Gordon (eds.) 2003: Developments in German
Politics 3, Houndmills: Palgrave Macmillan.

Page, Benjamin I. 1996: The Mass Media as Political Actors, in: Political Science & Politics,
Vol. 29, No. 1, 20-24.

Page, Benjamin I./Shapiro, Robert Y./Dempsey, Glenn R. 1987: What Moves Public Opinion?,
in: American Political Science Review, Vol. 81, No. 1, 23-43.

Paige, Glenn D. 1977: The Scientific Study of Political Leadership, New York: Free Press.

Panebianco, Angelo 1988: Political Parties: Organization and Power, Cambridge: Cambridge
University Press.

Pattie, Charles/Johnston, Ron 2001: A Low Turnout Landslide: Abstention at the British
General Election of 1997, in: Political Studies, Vol. 49, No. 2, 286-305.

Patzelt, Werner J. 1986: Sozialwissenschaftliche Forschungslogik. Einführung, München:
Oldenbourg.

Patzelt, Werner J. 2003: Einführung in die Politikwissenschaft. Grundriss des Faches und
studiumbegleitende Orientierung, 5. Auflage, Passau: Rothe.

Patzelt, Werner J. 2004: Chancellor Schröder's Approach to Political and Legislative Leadership, in: German Politics, Vol. 13, No. 2, 268-299.

Pawson, Ray 2006: Evidence-Based Policy. A Realist Perspective, London: Sage.

Peele, Gillian 2005: Leadership and Politics: A Case for a Closer Relationship?, in: Leadership, Vol. 1, No. 2, 187-204.

Pelinka, Anton 1997: „Leadership": Zur Funktionalität eines Konzepts, in: Österreichische Zeitschrift für Politikwissenschaft, Jg. 26, Nr. 4, 369-376.

Perri 6/Leat, Diana/Seltzer, Kimberly/Stoker, Gerry 2002: Towards Holistic Governance. The New Reform Agenda, Houndmills: Palgrave.

Peston, Robert 2005: Brown's Britain, London: Short Books.

Peters, B. Guy 2007: Steering, in: Bevir, Mark (ed.), Encyclopedia of Governance, Thousand Oaks: Sage, 930-933.

Peters, B. Guy/Pierre, Jon (eds.) 2007: The Handbook of Public Administration, paperback edition, London: Sage.

Pethe, Heike 2006: Internationale Migration hoch qualifizierter Arbeitskräfte. Die Greencard-Regelung in Deutschland, Wiesbaden: DUV.

Pfetsch, Barbara 1999: Government News Management – Strategic Communication in Comparative Perspective, Discussion Paper FS III 99-101, Berlin: Wissenschaftszentrum Berlin für Sozialforschung.

Pfetsch, Barbara/Adam, Silke (Hg.) 2008: Massenmedien als politische Akteure. Konzepte und Analysen, Wiesbaden: VS Verlag für Sozialwissenschaften.

Phillis-Report 2004: An Independent Review of Government Communications, Chairman Bob Phillis, London: Stationery Office.

Pierre, Jon/Peters, B. Guy 2000: Governance, Politics and the State, Houndmills: Macmillan.

Plant, Raymond 2001: Blair and Ideology, in: Seldon, Anthony (ed.), The Blair Effect. The Blair Government 1997-2001, London: Little, Brown and Company, 555-568.

Plasser, Fritz/Hüffel, Clemens/Lengauer, Günther 2004: Politische Öffentlichkeitsarbeit in der Mediendemokratie, in: Plasser, Fritz (Hg.), Politische Kommunikation in Österreich. Ein praxisnahes Handbuch, Wien: WUV, 309-350.

Platt, Steve 1998: Government by Task Force: A Review of the Reviews, Catalyst Pamphlet 2, London: Catalyst.

Pollitt, Christopher 2003: Joined-up Government: a Survey, in: Political Studies, Vol. 1, No. 1, 34-49.

Popper, Micha 2004: Leadership as Relationship, in: Journal for the Theory of Social Behaviour, Vol. 34, No. 2, 107-125.

Powell, G. Bingham 1982: Contemporary Democracies. Participation, Stability, and Violence, Cambridge: Harvard University Press.

Powell, Jonathan 2008: Great Hatred, Little Room. Making Peace in Northern Ireland, London: Bodley Head.

Powell, Martin 1999: Conclusion, in: Powell, Martin (ed.), New Labour, New Welfare State? The 'Third Way' in British Social Policy, Bristol: Policy Press, 281-299.

Powell, Martin 2000: New Labour and the Third Way in the British Welfare State: A New and Distinctive Approach?, in: Critical Social Policy, Vol. 20, No. 1, 39-60.

Prescott, John 2008: Prezza. My Story: Pulling No Punches, London: Headline.

Presse- und Informationsamt der Bundesregierung 2003: Agenda 2010. Deutschland bewegt sich, Berlin.

Prittwitz, Volker von 2007: Vergleichende Politikanalyse, Stuttgart: Lucius & Lucius.

Pulzer, Peter 2003: The Devil They Know: The German Federal Election of 2002, in: West European Politics, Vol. 26, No. 2, 153-164.

Quinn, Thomas 2006: Tony Blair's Second Term, in Bartle, John/King, Anthony (eds.), Britain at the Polls 2005, Washington: CQ Press, 1-30.

Ragin, Charles C. 1987: The Comparative Method. Moving Beyond Qualitative and Quantitative Strategies, Berkeley: University of California Press.

Ragin, Charles C. 1994: Constructing Social Research. The Unity and Diversity of Method, Thousand Oaks: Pine Forge.

Ragin, Charles C./Berg-Schlosser, Dirk/Meur, Gisèle de 1996: Political Methodology: Qualitative Methods, in: Goodin, Robert E./Klingemann, Hans-Dieter (eds.), A New Handbook of Political Science, Oxford: Oxford University Press: 749-768.

Ramge, Stefan 2003: Management of Change durch Einbindung: Von der ‚konzertierten Aktion' zum ‚Bündnis für Arbeit', in: Ramge, Stefan/Schmid, Günther (Hg.), Management of Change in der Politik? Reformstrategien am Beispiel der Arbeitsmarkt- und Beschäftigungspolitik. Ein Werkstattbericht, Münster: Waxmann, 55-67.

Raschke, Joachim 2001: Die Zukunft der Grünen. „So kann man nicht regieren", mit einem Beitrag von Achim Hurrelmann, Frankfurt/M.: Campus.

Raschke, Joachim 2002: Politische Strategie. Überlegungen zu einem politischen und politologischen Konzept, in: Nullmeier, Frank/Saretzki, Thomas (Hg.), Jenseits der Regierungsalltags. Strategiefähigkeit politischer Parteien, Frankfurt/M.: Campus, 207-241.

Raschke, Joachim 2004: Rot-grüne Zwischenbilanz, in: Aus Politik und Zeitgeschichte, B 40, 25-31.

Raschke, Joachim 2010: Zerfallsphase des Schröder-Zyklus. Die SPD 2005-2009, in: Egle, Christoph/Zohlnhöfer, Reimut (Hg.), Die zweite Große Koalition. Eine Bilanz der Regierung Merkel 2005-2009, Wiesbaden: VS Verlag für Sozialwissenschaften, 67-96.

Raschke, Joachim/Tils, Ralf 2007: Politische Strategieanalyse. Eine Grundlegung, Wiesbaden: VS Verlag für Sozialwissenschaften.

Raschke, Joachim/Tils, Ralf 2010: Positionen einer politischen Strategieanlayse, in: Raschke, Joachim/Tils, Ralf 2010 (Hg.), Strategie in der Politikwissenschaft. Konturen eines neuen Forschungsfelds, Wiesbaden: VS Verlag für Sozialwissenschaften, 351-388.

Rawnsley, Andrew 2001: Servants of the People. The Inside Story of New Labour, London: Penguin.

Rawnsley, Andrew 2010: The End of the Party. The Rise and Fall of New Labour, London: Penguin.

Reid, Alastair J./Pelling, Henry 2005: A Short History of the Labour Party, Houndmills: Palgrave Macmillan.

Reutter, Werner (ed.) 2004: Germany on the Road to „Normalcy". Policies and Politics of the Red-Green Federal Government (1998-2002), London: Palgrave Macmillan.

Rhodes, Roderick A. W. 1995: From Prime Ministerial Power to Core Executive, in: Rhodes, Roderick A. W./Dunleavy, Patrick (eds.), Prime Minister, Cabinet and Core Executive, New York: St. Martin's Press, 11-37.

Rhodes, Roderick A. W. 1997: Understanding Governance. Policy Networks, Governance, Reflexivity and Accountability, Buckingham: Open University Press.

Rhodes, Roderick A. W. 2000a: New Labour's Civil Service: Summing-up Joining-up, in: The Political Quarterly, Vol. 71, No. 2, 151-166.

Rhodes, Roderick A. W. (ed.) 2000b: Transforming British Government. Changing Institutions, Volume 1, Houndmills: Macmillan.

Rhodes, Roderick A. W. (ed.) 2000c: Transforming British Government. Changing Roles and Relationships, Volume 2, Houndmills: Macmillan.

Rhodes, Roderick A. W. 2008: Executives in Parliamentary Government, in: Rhodes, Roderick A. W./Binder, Sarah A./Rockmann, Bert A. (eds.), The Oxford Handbook of Political Institutions, paperback edition, Oxford: Oxford University Press, 323-343.

Rhodes, Roderick A. W./Dunleavy, Patrick (eds.) 1995: Prime Minister, Cabinet and Core Executive, New York: St. Martin's Press.

Rhodes, Roderick A. W./Wanna, John/Weller, Patrick 2009: Comparing Westminster, Oxford: Oxford University Press.

Richards, Paul (ed.) 2004: Tony Blair in His Own Words, London: Politico's.

Richter, Saskia/Schlieben, Michael/Walter, Franz 2004: Rot-grüne Koalitionen – Zukunftsperspektive oder Auslaufmodell?, in: Zehetmaier, Hans (Hg.), Das deutsche Parteiensystem. Perspektiven für das 21. Jahrhundert, Wiesbaden: VS Verlag für Sozialwissenschaften, 58-78.

Riddell, Peter 2000: Parliament under Blair, London: Politico's.

Riddell, Peter 2005: The Unfulfilled Prime Minister. Tony Blair's Quest for a Legacy, London: Politico's.

Riker, William H. 1980: Implications from the Disequilibrium of Majority Rule for the Study of Institutions, in: American Political Science Review, Vol. 74. No. 2, 432-446.

Riker, William H. (ed.) 1993: Agenda Formation, Ann Arbor: University of Michigan Press.

Robertson, David 1976: A Theory of Party Competition, London: John Wiley & Sons.

Rockman, Bert A. 1984: The Leadership Question. The Presidency and the American System, New York: Praeger.

Roose, Jochen 2006: Lobby durch Wissenschaft. Umweltverbände und ökologische Forschungsinstitute im Vergleich, in: Online Journal for Environmental Policy Studies (OJEPS), 1/2006.
ULR (16.3.2006): http://web.fu-berlin.de/ffu/akumwelt/download/OJEPS_01_Roose.pdf

Rosar, Ulrich/Dülmer, Hermann 2005: Nach der Wahl ist vor der Wahl: Die politische Dynamik zwischen 1998 und 2002, in: Güllner, Manfred/Dülmer, Hermann/Klein, Markus/Ohr, Dieter/Quandt, Markus/Rosar, Ulrich/Klingemann, Hans-Dieter (Hg.), Die Bundestagswahl 2002. Eine Untersuchung im Zeichen hoher politischer Dynamik, Wiesbaden: VS Verlag für Sozialwissenschaften, 41-56.

Rosar, Ulrich/Ohr, Dieter 2005: Die Spitzenkandidaten: Image und Wirkung, in: Güllner, Manfred/Dülmer, Hermann/Klein, Markus/Ohr, Dieter/Quandt, Markus/Rosar, Ulrich/Klingemann, Hans-Dieter (Hg.), Die Bundestagswahl 2002. Eine Untersuchung im Zeichen hoher politischer Dynamik, Wiesbaden: VS Verlag für Sozialwissenschaften, 103-121.

Rose, Edgar 2003: Arbeitsrechtspolitik zwischen Re-Regulierung und Deregulierung, in: Gohr, Antonia/Seeleib-Kaiser, Martin (Hg.), Sozial- und Wirtschaftspolitik unter Rot-Grün, Wiesbaden: Westdeutscher Verlag, 103-124.

Rose, Richard 2001: The Prime Minister in an Shrinking World, Cambridge: Polity Press.

Rosecrance, Richard/Stein, Arthur A. (eds.) 1993: The Domestic Bases of Grand Strategy, Ithaca: Cornell University Press.

Rosenau James N./Czempiel, Ernst-Otto (eds.) 1992: Governance without Government: Order and Change in World Politics, Cambridge: Cambridge University Press.

Rosewitz, Bernd/Webber, Douglas 1990: Reformversuche und Reformblockaden im deutschen Gesundheitswesen, Frankfurt/M.: Campus.

Rosumek, Lars 2007: Die Kanzler und die Medien. Acht Porträts von Adenauer bis Merkel, Frankfurt/M.: Campus.

Roth, Andrew 2004: Michael Howard: the First Jewish Prime Minister?, in: The Political Quarterly, Vol. 75, No. 4, 362-366.

Roth, Dieter 2003: Strategien und Praxis in Wahlkampagnen aus Sicht der Wahlforschung, in: Forschungsjournal Neue Soziale Bewegungen, Jg. 16, H. 1, 25-27.

Routledge, Paul 1998: Gordon Brown. The Biography, London: Simon & Schuster.

Rüb, Friedbert W. 2006: Die Zeit der Entscheidung. Kontingenz, Ambiguität und die Politisierung der Politik – Ein Versuch, in: Hamburg Review of Social Science, Vol. 1, No. 1, 1-34.

Rüb, Friedbert W. 2008: Policy-Analyse unter Bedingungen von Kontingenz. Konzeptionelle Überlegungen zu einer möglichen Neuorientierung, in: Janning, Frank/Toens, Katrin (Hg.), Die Zukunft der Policy-Forschung. Theorien, Methoden, Anwendungen, Wiesbaden: VS Verlag für Sozialwissenschaften, 88-111.

Rüb, Friedbert W./Alnor, Karen/Spohr, Florian 2009: Die Kunst des Reformierens. Konzeptionelle Überlegungen zu einer erfolgreichen Regierungsstrategie, Bertelsmann-Stiftung (Hg.), Zukunft Regieren, Beiträge für eine gestaltungsfähige Politik 3/2009, Gütersloh: Bertelsmann-Stiftung.

Rüdig, Wolfgang 1999: New Britain – New 'Lib-Lab Pact'? The Future of the Centre-Left, in: Kastendiek, Hans/Stinshoff, Richard/Sturm, Roland (eds.), The Return of Labour – A Turning Point in British Politics?, Bodenheim: Philo, 81-108.

Rüdig, Wolfgang 2000: Phasing Out Nuclear Energy in Germany, in: German Politics, Vol. 9, No. 3, 43-79.

Russell, Meg 2005: Building New Labour. The Politics of Party Organisation, Houndmills: Palgrave Macmillan.

Saathoff, Günter/Taneja, Malti 1999: Von der „doppelten" zur „optionalen" Staatsbürger-schaft – Werdegang und Ergebnis des Gesetzgebungsprozesses, in: Barwig, Klaus/Brinkmann, Gisbert/Hailbronner, Kay/Huber, Bertold/Kreuzer, Christi-ne/Lörcher, Klaus/Schuhmacher, Christoph (Hg.), Neue Regierung – neue Ausländer-politik?, Baden-Baden: Nomos, 123-132.

Salmon, Wesley C. 1998: Causality and Explanation, Oxford: Oxford University Press.

Salomon Lester M. (ed.) 2002: The Tools of Government. A Guide to the New Governance, New York: Oxford University Press.

Sarcinelli, Ulrich 2005: Politische Kommunikation in Deutschland. Zur Politikvermittlung im demokratischen System, Wiesbaden: VS Verlag für Sozialwissenschaften.

Sarcinelli, Ulrich/Tenscher, Jens 2008: Politikherstellung und Politikdarstellung. Eine Ein-führung, in: Sarcinelli, Ulrich/Tenscher, Jens (Hg.), Politikherstellung und Politikdar-stellung. Beiträge zur politischen KommunikationKöln: Halem, 7-18.

Saretzki, Thomas 1997: Demokratisierung von Expertise? Zur politischen Dynamik der Wis-sensgesellschaft, in: Klein, Ansgar/Schmalz-Bruns, Rainer (Hg.), Politische Beteiligung und Bürgerengagement in Deutschland, Baden-Baden: Nomos, 277-313.

Saretzki, Thomas 2005: Welches Wissen – wessen Entscheidung? Kontroverse Expertise im Spannungsfeld von Wissenschaft, Öffentlichkeit und Politik, in: Bogner, Alexan-der/Torgersen, Helge (Hg.), Wozu Experten? Ambivalenzen der Beziehung von Wis-senschaft und Politik, Wiesbaden: VS Verlag für Sozialwissenschaften, 345-369.

Saretzki, Thomas/Tils, Ralf 2006: Die schleswig-holsteinische Landtagswahl vom 20. Februar 2005: Geheime Stimmverweigerung für Ministerpräsidentin Heide Simonis erzwingt Große Koalition, in: Zeitschrift für Parlamentsfragen, Jg. 37, H. 1, 145-163.

Sartori, Giovanni 1976: Parties and Party Systems. A Framework for Analysis, Cambridge: Cambridge University Press.

Savage, Stephen P./Atkinson, Rob (eds.) 2001: Public Policy under Blair, Houndmills: Pal-grave.

Savage, Stephen P./Nash, Mike 2001: Law and Order under Blair: New Labour or Old Con-servatism, in: Savage, Stephen P./Atkinson, Rob (eds.), Public Policy under Blair, Houndmills: Palgrave, 102-122.

Scammell, Margaret 2000: New Media, New Politics, in: Dunleavy, Patrick/Gamble, An-drew/Holliday, Ian/Peele, Gillian (eds.), Developments in British Politics 6, New York: St. Martin's Press,167-184.

Scammell, Margaret 2001: The Media and Media Management, in: Seldon, Anthony (ed.), The Blair Effect. The Blair Government 1997-2001, London: Little, Brown and Com-pany, 509-533.

Scammell, Margaret/Harrop, Martin 1997: The Press, in: Butler, David/Kavanagh, Dennis (eds.), The British General Election of 1997, Houndmills: Macmillan, 156-185.

Scharpf, Fritz W. 1973: Planung als politischer Prozess. Aufsätze zur Theorie der planenden Demokratie, Frankfurt/M.: Suhrkamp.

Scharpf, Fritz W. 1975: Demokratietheorie zwischen Utopie und Anpassung, Kronberg/Ts.: Scriptor.

Scharpf, Fritz W. 1989: Politische Steuerung und Politische Institutionen, in: Politische Vierteljahresschrift, Jg. 30, H. 1, 10-21.

Scharpf, Fritz W. 1993: Versuch über Demokratie im verhandelnden Staat, in: Czada, Roland/Schmidt, Manfred G. (Hg.), Verhandlungsdemokratie, Interessenvermittlung, Regierbarkeit, Opladen: Westdeutscher Verlag, 25-50.

Scharpf, Fritz W. 2000: Interaktionsformen. Akteurzentrierter Institutionalismus in der Politikforschung, Opladen: Leske + Budrich.

Scharpf, Fritz W./Reissert, Bernd/Schnabel, Fritz 1976: Politikverflechtung. Theorie und Empirie des kooperativen Föderalismus in der Bundesrepublik, Kronberg/Ts.: Scriptor.

Scheller, Henrik 2005: Politische Maßstäbe für eine Reform des bundesstaatlichen Finanzausgleichs. Politikwissenschaftliche Analyse der Bund-Länder-Verhandlungen 1995 bis 2001, Berlin: Analytica.

Schimank, Uwe 1985: Der mangelnde Akteurbezug systemtheoretischer Erklärungen gesellschaftlicher Differenzierung, in: Zeitschrift für Soziologie, Jg. 14, H. 6, 421-434.

Schimank, Uwe 1988: Gesellschaftliche Teilsysteme als Akteurfiktion, in: Kölner Zeitschrift für Soziologie und Sozialpsychologie, Jg. 40, H. 3, 619-639.

Schimank, Uwe/Lange, Stefan 2001: Gesellschaftsbilder als Leitideen politischer Steuerung, in: Burth, Hans-Peter/Görlitz, Axel (Hg.), Politische Steuerung in Theorie und Praxis, Baden-Baden: Nomos, 221-245.

Schmid, Günther 2003: Gestaltung des Wandels durch wissenschaftliche Beratung. Das ‚Bündnis für Arbeit' und die ‚Hartz-Kommission', in: Ramge, Stefan/Schmid, Günther (Hg.), Management of Change in der Politik? Reformstrategien am Beispiel der Arbeitsmarkt- und Beschäftigungspolitik. Ein Werkstattbericht, Münster: Waxmann, 68-86.

Schmid, Josef 2007: Arbeitsmarkt- und Beschäftigungspolitik – große Reform mit kleiner Wirkung?, in: Zohlnhöfer, Reimut/Egle, Christoph (Hg.), Ende des rot-grünen Projektes. Eine Bilanz der Regierung Schröder 2002-2005, Wiesbaden: VS Verlag für Sozialwissenschaften, 271-294.

Schmidt, Manfred G. 1988: Einführung, in: Schmidt, Manfred G. (Hg.), Staatstätigkeit. International und historisch vergleichende Analysen, Opladen: Westdeutscher Verlag, 1-35.

Schmidt, Manfred G. 2002: Politiksteuerung in der Bundesrepublik Deutschland, in: Nullmeier, Frank/Saretzki, Thomas (Hg.), Jenseits des Regierungsalltags. Strategiefähigkeit politischer Parteien, Frankfurt/M.: Campus, 23-38.

Schmidt, Manfred G. 2003a: Die „komplexe Demokratietheorie" nach drei Jahrzehnten, in: Mayntz, Renate/Streeck, Wolfgang (Hg.), Die Reformierbarkeit der Demokratie: Innovationen und Blockaden, Frankfurt./M.: Campus, 151-172.

Schmidt, Manfred G. 2003b: Rot-grüne Sozialpolitik (1998-2002), in: Egle, Christoph/Ostheim, Tobias/Zohlnhöfer, Reimut (Hg.), Das rot-grüne Projekt. Eine Bilanz der Regierung Schröder 1998-2002, Wiesbaden: Westdeutscher Verlag, 239-258.

Schmidt, Manfred G. 2004: Politische Planung, in: Schmidt, Manfred G., Wörterbuch zur Politik, 2. Auflage, Stuttgart: Kröner, 552-553.

Schmidt, Manfred G. 2007a: Das politische System Deutschlands, München: Beck.

Schmidt, Manfred G. 2007b: Die Sozialpolitik der zweiten rot-grünen Koalition (2002-2005), in: Zohlnhöfer, Reimut/Egle, Christoph (Hg.), Ende des rot-grünen Projektes. Eine Bilanz der Regierung Schröder 2002-2005, Wiesbaden: VS Verlag für Sozialwissenschaften, 295-312.

Schmidt, Vivien A. 2002a: Does Discourse Matter in the Politics of Welfare State Adjustment?, in: Comparative Political Studies, Vol. 35, No. 2, 168-193.

Schmidt, Vivien A. 2002b: The Futures of European Capitalism, Oxford: Oxford University Press.

Schmidt, Vivien A. 2005: The Role of Public Discourse for Social Democratic Reform Projects in Europe, in: Schmidt, Vievien A. et al. (eds.), Public Discourse and Welfare State Reform. The Social Democratic Experience, Amsterdam: Mets & Schilt, 13-49.

Schmidtke, Oliver 2004: From Taboo to Strategic Tool in Politics: Immigrants and Immigrations Policies in German Party Politics, in: Reutter, Werner (ed.), Germany on the Road to „Normalcy". Policies and Politics of the Red-Green Federal Government (1998-2002), London: Palgrave Macmillan, 161-181.

Schmitt-Beck, Rüdiger 1998: Wähler unter Einfluss. Massenkommunikation, interpersonale Kommunikation und Parteipräferenzen, in: Sarcinelli, Ulrich (Hg.), Politikvermittlung und Demokratie in der Mediengesellschaft. Beiträge zur politischen Kommunikationskultur, Bonn: Bundeszentrale für politische Bildung, 297-325.

Schmitt-Beck, Rüdiger 2000a: Die hessische Landtagswahl vom 7. Februar 1999: Der Wechsel nach dem Wechsel, in: Zeitschrift für Parlamentsfragen, Jg. 31, Nr. 1, 3-17.

Schmitt-Beck, Rüdiger 2000b: Politische Kommunikation und Wählerverhalten. Ein internationaler Vergleich, Wiesbaden: Westdeutscher Verlag.

Schmitt-Beck, Rüdiger 2001: Ein Sieg der „Kampa"? Politische Symbolik in der Wahlkampagne der SPD und ihre Resonanz in der Wählerschaft, in: Klingemann, Hans-Dieter/Kaase, Max (Hg.), Wahlen und Wähler. Analysen aus Anlass der Bundestagswahl 1998, Wiesbaden: Westdeutscher Verlag, 133-161.

Schmitt-Beck, Rüdiger 2003: Wirkungen politischer Kommunikation: Massenmediale und interpersonale Einflüsse auf die Wahlentscheidung, in: Esser, Frank/Pfetsch, Barbara (Hg.), Politische Kommunikation im internationalen Vergleich. Grundlagen, Anwendungen, Perspektiven, Wiesbaden: Westdeutscher Verlag, 337-368.

Schmitt-Beck, Rüdiger/Weins, Cornelia 2003: Die hessische Landtagswahl vom 2. Februar 2003: Erstmals Wiederwahl einer CDU-Regierung, in: Zeitschrift für Parlamentsfragen, Jg. 34, H. 4, 671-688.

Schneider, Anne Larason/Ingram, Helen 1990: Behavioural Assumptions of Policy Tools, in: Journal of Politics, Vol. 52, No. 2, 510-529.

Schneider, Anne Larason/Ingram, Helen 1997: Policy Design for Democracy, Lawrence: University Press of Kansas.

Schoen, Harald 2004: Der Kanzler, zwei Sommerthemen und ein Foto-Finish. Priming-Effekte bei der Bundestagswahl 2002, in: Brettschneider, Frank/Deth, Jan van/Roller, Edeltraud (Hg.), Die Bundestagswahl 2002. Analysen der Wahlergebnisse und des Wahlkampfs, Wiesbaden: VS Verlag für Sozialwissenschaften, 23-50.

Schoen, Harald/Falter, Jürgen W. 2001: It's Time for a Change! – Wechselwähler bei der Bundestagswahl 1998, in: Klingemann, Hans-Dieter/Kaase, Max (Hg.), Wahlen und Wähler. Analysen aus Anlass der Bundestagswahl 1998, Wiesbaden: Westdeutscher Verlag, 57-89.

Schön, Donald A./Rhein, Martin 1994: Frame Reflection. Toward the Resolution of Intractable Policy Controversies, New York: Basic Books.

Schröder, Gerhard 2000: Die zivile Bürgergesellschaft. Anregungen zu einer Neubestimmung der Aufgaben von Staat und Gesellschaft, in: Die Neue Gesellschaft/Frankfurter Hefte, Jg. 47, H. 4, 200-207.

Schröder, Gerhard (ed.) 2002a: Progressive Governance for the XXI Century. Contribution to the Berlin Conference, München: Beck.

Schröder, Gerhard 2002b: Rede von Bundeskanzler Gerhard Schröder zum Wahlkampfauftakt am Montag, 5. August 2002, in Hannover (Opernplatz), ULR (18.7.2009): http://powi.uni-jena.de/wahlkampf2002/dokumente/SPD_Schroeder_Rede_WahlkampfauftaktHannover.pdf

Schröder, Gerhard 2005: Reden Januar 2003-Dezember 2004, Bonn: Presse- und Informationsamt der Bundesregierung.

Schröder, Gerhard 2006: Entscheidungen. Mein Leben in der Politik, Hamburg: Hoffmann und Campe.

Schröder, Gerhard/Blair, Tony 1999: Der Weg nach vorne für Europas Sozialdemokraten. Ein Vorschlag von Gerhard Schröder und Tony Blair, Bonn/London.

Schuett-Wetschky, Eberhard 2008: Richtlinienkompetenz (hierarchische Führung) oder demokratische politische Führung? Antwort an Everhard Holtmann, in: Holtmann, Everhard/Patzelt, Werner J. (Hg.), Führen Regierungen tatsächlich? Zur Praxis gouvernmentalen Handelns, Wiesbaden: VS Verlag für Sozialwissenschaften, 85-97.

Schulz, Winfried 2008: Politische Kommunikation. Theoretische Ansätze und Ergebnisse empirischer Forschung, 2. Auflage, Wiesbaden: VS Verlag für Sozialwissenschaften.

Schuppert, Gunnar Folke (Hg.) 2006: Governance-Forschung. Vergewisserungen über Stand und Entwicklungslinien, 2. Auflage, Baden-Baden: Nomos.

Scott, Derek 2004: Off Whitehall. A View from Downing Street by Tony Blair's Adviser, London: I.B. Tauris.

Seldon, Anthony (ed.) 2001: The Blair Effect. The Blair Government 1997-2001, London: Little, Brown and Company.

Seldon, Anthony 2005: Blair, London: Free Press.

Seldon, Anthony 2007: Blair. Unbound, London: Simon & Schuster.

Seldon, Anthony/Kavanagh, Dennis (eds.) 2005: The Blair Effect 2001-5, Cambridge: Cambridge University Press.

Seldon, Anthony/Snowdon, Peter 2005: The Conservative Party, in: Seldon, Anthony/Kavanagh, Dennis (eds.), The Blair Effect 2001-5, Cambridge: Cambridge University Press, 131-156.

Seligman, Lester G. 1950: Leadership: Political Aspects, in: Seligman, Edwin R. A. (ed.), Encyclopedia of the Social Science, Vol. 9, New York: Macmillan, 107-113.

Seyd, Patrick 1998: Tony Blair and New Labour, in: King, Anthony/Denver, David/McLean, Ian/Norris, Pippa/Norton, Philip/Sanders, David/Seyd, Patrick (eds.), New Labour Triumphs: Britain at the Polls 1997, Chatham: Chatham House, 49-73.

Seyd, Patrick 2002: Labour Government-Party Relationships: Maturity or Marginalization?, in: King, Anthony (ed.), Britain at the Polls 2001, Chatham: Chatham House, 95-116.

Seymour-Ure, Colin 2002: New Labour and the Media, in: King, Anthony (ed.), Britain at the Polls 2001, Chatham: Chatham House, 117-142.

Shaw, Eric 2002: New Labour in Britain: New Democratic Centralism?, in: West European Politics, Vol. 25, No. 3, 147-170.

Shaw, Eric 2007: Losing Labour's Soul? New Labour and the Blair Government 1997-2007, London: Routledge.

Shonfield, Andrew 1965: Modern Capitalism. The Changing Balance of Public and Private Power, London: Oxford University Press.

Short, Clare 2005: An Honourable Deception? New Labour, Iraq, and the Misuse of Power, London: Free Press.

Siefken, Sven T. 2006: Die Arbeit der so genannten Hartz-Kommission und ihre Rolle im politischen Prozess, in: Falk, Svenja/Rehfeld, Dieter/Römmele, Andrea/Thunert, Martin (Hg.), Handbuch Politikberatung, Wiesbaden: VS Verlag für Sozialwissenschaften, 374-389.

Siefken, Sven T. 2007: Expertenkommissionen im politischen Prozess. Eine Bilanz zur rotgrünen Bundesregierung 1998-2005, Wiesbaden: VS Verlag für Sozialwissenschaften.

Siegel, Nico A. 2003: Die politische Ökonomie der Makrozentierung in Deutschland: Das Beispiel Bündnis für Arbeit, in: Jochem, Sven/Siegel, Nico A. (Hg.), Verhandlungsdemokratie. Konzertierung und Reformpolitik im Wohlfahrtsstaat. Das Modell Deutschland im Vergleich, Opladen: Leske + Budrich, 148-193.

Simpson, Bob 1999: A Milestone in the Legal Regulation of Pay: The National Minimum Wage Act 1998, in: Industrial Law Journal, Vol. 28, No. 1, 1-32.

Sjöblom, Gunnar 1986: Problems and Problem Solutions in Politics. Some Conceptualisations and Conjectures, in: Castles, Francis G./Wildenmann, Rudolf (Hg.), Visions and Realities of Party Government, Vol. 1, Berlin: de Gruyter, 72-119.

Smeddinck, Ulrich/Tils, Ralf 2002: Normgenese und Handlungslogiken in der Ministerialverwaltung. Die Entstehung des Bundes-Bodenschutzgesetzes: eine politik- und rechtswissenschaftliche Analyse, Baden-Baden: Nomos.

Smith, David 2005: The Treasury and Economic Policy, in: Seldon, Anthony/Kavanagh, Dennis (eds.), The Blair Effect 2001-5, Cambridge: Cambridge University Press, 159-183.

Smith, Gordon 1991: The Resources of a German Chancellor, in: Jones, George W. (ed.), West European Prime Ministers, London: Cass, 48-61.

Snowdon, Peter/Collings, Daniel 2004: *Déjà vu?* Conservative Problems in Historical Perspective, in: The Political Quarterly, Vol. 75, No. 4, 411-416.

Southern, David 1994: The Chancellor and the Constitution, in: Padgett, Stephen (ed.), Adenauer to Kohl. The Development of the German Chancellorship, London: Hurst & Company, 20-43.

SPD-Parteivorstand 2002: Kampa/02. Die Kampagne zur Bundestagswahl 2002, Berlin.

Spreng, Michael 2003: Kompetenz und keine Konkurrenz. Die Wahlkampfstrategie der Union 2002 im Lichte der Praxis, in: Forschungsjournal Neue Soziale Bewegungen, Jg. 16, H. 1, 62-67.

Spreng, Michael 2009: Schröder wollte nie Rot-Grün, in: Sprengsatz_Das Politik-Blog aus Berlin
ULR (5.5.2009): http://www.sprengsatz.de/?p=437

Stake, Robert E. 2005: Qualitative Case Studies, in: Denzin, Norman K./Lincoln, Yvonna S. (eds.), The Sage Handbook of Qualitative Research, Third Edition, Thousand Oaks: Sage, 443-466.

Stark, Leonard P. 1996: Choosing a Leader. Party Leadership Contests in Britain from Macmillan to Blair, Houndmills: Macmillan.

Steinmeier, Frank-Walter 2001: Konsens und Führung, in: Müntefering, Franz/Machnig, Matthias (Hg.), Sicherheit im Wandel. Neue Solidarität im 21. Jahrhundert, Berlin: Vorwärts, 263-272.

Steinmeier, Frank-Walter/Machnig, Matthias (Hg.) 2004: Made in Germany '21, Hamburg: Hoffmann und Campe.

Stephens, Philip 2001: The Treasury under Labour, in: Seldon, Anthony (ed.), The Blair Effect. The Blair Government 1997-2001, London: Little, Brown and Company, 185-207.

Stephens, Philip 2004: Tony Blair. The Price of Leadership, London: Politico's.

Stoiber, Michael 2008: Politische Führung und Vetospieler: Einschränkungen exekutiver Regierungsmacht, in: Holtmann, Everhard/Patzelt, Werner J. (Hg.), Führen Regierungen tatsächlich? Zur Praxis gouvernmentalen Handelns, Wiesbaden: VS Verlag für Sozialwissenschaften, 35-57.

Storey, John 2005: What Next for Strategic-level Leadership Research?, in: Leadership, Vol. 1, No. 1, 89-104.

Stöss, Richard 1997: Stabilität im Umbruch. Wahlbeständigkeit und Parteienwettbewerb im „Superwahljahr" 1994, Opladen: Westdeutscher Verlag.

Stöss, Richard 2002: Parteienstaat oder Parteiendemokratie?, in: Gabriel, Oskar W./Niedermayer, Oskar/Stöss, Richard (Hg.), Parteiendemokratie in Deutschland, 2. Auflage, Wiesbaden: Westdeutscher Verlag, 13-35.

Stöss, Richard/Neugebauer, Gero 2002: Mit einem blauen Auge davon gekommen. Eine Analyse der Bundestagswahl 2002, Arbeitshefte aus dem Otto-Stammer-Zentrum Nr. 7, Berlin: Freie Universität Berlin.

Stöss, Richard/Niedermayer, Oskar 2000: Zwischen Anpassung und Profilierung. Die SPD an der Schwelle zum neuen Jahrhundert, in: Aus Politik und Zeitgeschichte, B 5, 3-11.

Strategy Unit 2004: Strategy Survival Guide, London: Prime Minister's Strategy Unit.

Strategy Unit 2006: The UK Government's Approach to Public Service Reform – A Discussion Paper, London: Prime Minister's Strategy Unit.

Streeck, Wolfgang 2003: No longer the Century of Corporation. Das Ende des „Bündnisses für Arbeit", MPIfG Discussion Paper 03/4, Köln: Max-Planck-Institut für Gesellschaftsforschung.

Strøm, Kaare 1989: Inter-Party Competition in Advanced Democracies, in: Journal of Theoretical Politics, Vol. 1, No. 3, 277-300.

Strøm, Kaare 2000a: Delegation and Accountability in Parliamentary Democracies, in: European Journal of Political Research, Vol. 37, No. 3, 261-289.

Strøm, Kaare 2000b: Parties at the Core of Government, in: Dalton, Russell J./Wattenberg, Martin P. (eds.), Parties without Partisans. Political Change in Advanced Industrial Democracies, Oxford: Oxford University Press, 180-207.

Struck, Peter 2010: So läuft das. Politik mit Ecken und Kanten, Berlin: Propyläen.

Sturm, Daniel Friedrich 2009: Wohin geht die SPD?, München: DTV.

Sturm, Roland 1983: Großbritanniens Parteiensystem: Ein Mythos, in: Wehling, Hans-Georg (Red.), Westeuropas Parteiensysteme im Wandel, Stuttgart: Kohlhammer, 183-197.

Sturm, Roland 1994: The Chancelor and the Executive, in: Padgett, Stephen (ed.), Adenauer to Kohl. The Development of the German Chancellorship, London: Hurst & Company, 78-105.

Sturm, Roland 2003a: Entscheidungs- und Informationsmanagement in der britischen Regierung. Präsentation, Patronage und Politikkontrolle, in: Hirscher, Gerhard/Korte, Karl-Rudolf (Hg.), Information und Entscheidung. Kommunikationsmanagement der politischen Führung, Wiesbaden: Westdeutscher Verlag, 246-259.

Sturm, Roland 2003b: Episode oder Projekt? Die rot-grüne Koalition seit 1998, in: Jesse, Eckhard (Hg.), Bilanz der Bundestagswahl 2002, Voraussetzungen, Ergebnisse und Folgen, Wiesbaden: Westdeutscher Verlag, 139-152.

Sturm, Roland 2003c: Policy-Making in a New Political Landscape, in: Padgett, Stephen/Paterson, William/Smith, Gordon (eds.), Developments in German Politics 3, Houndmills: Palgrave Macmillan, 101-120.

Sturm, Roland 2004: Rückblick auf sechs Jahre Rot-Grün. Die Auswirkungen rot-grüner Regierungsarbeit auf das Parteiensystem, in: Zehetmair, Hans (Hg.), Das deutsche Parteiensystem. Perspektiven für das 21. Jahrhundert, Wiesbaden: VS Verlag für Sozialwissenschaften, 45-57.

Sturm, Roland 2006a: Das politische System Großbritanniens, in: Ismayr, Wolfgang (Hg.), Die Politischen Systeme Westeuropas, 3. Auflage, Wiesbaden: VS Verlag für Sozialwissenschaften, 225-262.

Sturm, Roland 2006b: „Modernes Regieren" in der Ära Tony Blair, in: Berg, Sebasti-an/Kaiser, André (Hg.), New Labour und die Modernisierung Großbritanniens, Augs-burg: Wißner, 279-300.

Sturm, Roland/Pehle, Heinrich 2007: Das Bundeskanzleramt als strategische Machtzentrale, in: Bertelsmann-Stiftung (Hg.), „Jenseits des Ressortdenkens" – Reformüberlegungen zur Institutionalisierung strategischer Regierungsführung in Deutschland, Gütersloh: Bertelsmann-Stiftung, 56-106.

Stüwe, Klaus 2005: Die Rede des Kanzlers. Regierungserklärungen von Adenauer bis Schrö-der, Wiesbaden: VS Verlag für Sozialwissenschaften.

Szabo, Stephen F. 2004: Parting Ways. The Crisis in German-American Relations, Washing-ton: Brooking Institutions Press.

Taylor, Gerald R. 1999: Power in the Party, in: Taylor, Gerald R. (ed.), The Impact of New Labour, Houndsmill: Macmillan, 9-25.

Taylor, Matthew 2001: Too Early to Say? New Labour's First Term, in: The Political Quar-terly, Vol. 72, No. 1, 5-18.

Taylor, Robert 2005: Mr Blair's British Business Model – Capital and Labour in Flexible Markets, in: Seldon, Anthony/Kavanagh, Dennis (eds.), The Blair Effect 2001-5, Cam-bridge: Cambridge University Press, 184-206.

Temple, Michael 2000: New Labour's Third Way: Pragmatism and Governance, in: British Journal of Politics and International Relations, Vol. 2, No. 3, 302-325.

Tenscher, Jens 2002: Verkünder – Vermittler – Vertrauensperson. Regierungssprecher im Wandel der Zeit, in: Schatz, Heribert/Rössler, Patrick/Nieland Jörg-Uwe (Hg.), Politi-sche Akteure in der Mediendemokratie. Politiker in den Fesseln der Medien?, Wiesba-den: Westdeutscher Verlag, 245-269.

Tenscher, Jens 2005: Bundestagswahlkampf 2002 – Zwischen strategischem Kalkül und der Inszenierung des Zufalls, in: Falter, Jürgen W./Gabriel, Oscar W./Wessels, Bernhard (Hg.), Wahlen und Wähler. Analysen aus Anlass der Bundestagswahl 2002, Wiesbaden: VS Verlag für Sozialwissenschaften, 102-133.

Tenscher, Jens 2009: Bundestagswahlkampf 2005 – Strategische Rationalität versus persona-lisierte Emotionalität, in: Gabriel, Oskar W./Wessels, Bernhard/Falter, Jürgen W. (Hg.), Wahlen und Wähler. Analysen aus Anlass der Bundestagswahl 2005, Wiesbaden: VS Verlag für Sozialwissenschaften, 117-145.

Theakston, Kevin 1997: Comparative Biography and Leadership in Whitehall, in: Public Administration, Vol. 75, No. 4, 651-667.

Theakston, Kevin 2002: Political Skills and Context in Prime Ministerial Leadership in Bri-tain, in: Politics & Policy, Vol. 30, No. 2, 283-323.

Thomas, James 2005: Popular Newspapers, the Labour Party and British Politics, London: Routledge.

Tilly, Charles/Goodin, Robert E. 2006: It Depends, in: Goodin, Robert E./Tilly, Charles (eds.), The Oxford Handbook of Contextual Political Analysis, Oxford: Oxford University Press, 3-32.

Tils, Ralf 2002a: Landwirte in der Gesetzesproduktion – zum Einfluss des Deutschen Bau-
ernverbandes auf die landwirtschaftliche Entschädigungsregelung im Bundes-
Bodenschutzgesetz, in: Hogenmüller, Daniel/Smeddinck, Ulrich/Tils, Ralf (Hg.), Landwirtschaft im Spektrum der Umweltwissenschaften, Baden-Baden: Nomos, 68-82.

Tils, Ralf 2002b: Politische vs. administrative Gesetzgebung. Über die Bedeutung der Ministerialverwaltung im Gesetzgebungsverfahren, in: Recht und Politik, Jg. 38, Nr. 1, 13-22.

Tils, Ralf 2003: Politische Logik administrativen Handelns? Handlungslogiken, Orientierungen und Strategien von Ministerialbeamten im Gesetzgebungsprozess, in: Grande, Ed-
gar/Prätorius, Rainer (Hg.), Politische Steuerung und neue Staatlichkeit, Baden-Baden:
Nomos, 83-106.

Tils, Ralf 2005: Politische Strategieanalyse. Konzeptionelle Grundlagen und Anwendung in
der Umwelt- und Nachhaltigkeitspolitik, Wiesbaden: VS Verlag für Sozialwissenschaften.

Tils, Ralf 2009: Political Strategy in Party Government. A Comparative Study of Strategic
Governing Processes under Tony Blair and Gerhard Schröder, Paper presented at the
ECPR Joint Sessions of Workshops in Lisboa, Portugal.

Timm, Andreas 1999: Die SPD-Strategie im Bundestagswahlkampf 1998, Hamburg: Kovac.

Timmermans, Arco 1998: Conflicts, Agreements, and Coalition Governance, in: Acta Poli-
tica, Vol. 33, No. 4, 409-432.

Tonry, Michael 2004: Punishment and Politics. Evidence and Emulation in the Making of
English Crime Control Policy, Cullompton: Willan.

Toynbee, Polly/Walker, David 2005: Better or Worse? Has Labour Delivered?, London:
Bloomsbury.

Trampusch, Christine 2004: Das Scheitern der Politikwissenschaft am Bündnis für Arbeit.
Eine Kritik an der Problemlösungsliteratur über das Bündnis für Arbeit, in: Politische
Vierteljahresschrift, Jg. 45, H. 4, 541-562.

Tretbar, Christian 2003: Wie strategiefähig ist die SPD?, in: Leif, Thomas (Hg.), Verschwie-
gen, verschwunden, verdrängt – was nicht öffentlich wird, Dokumentation 7. Mainzer
Mediendisput, Mainz, 184-198.

Tsebelis, George 1995: Decision Making in Political Systems: Veto Players in Presidentialism,
Parliamentarism, Multicameralism and Multiparty, in: British Journal of Political Science, Vol. 25, No. 3, 289-325.

Tsebelis, George 1999: Veto Players and Law Production in Parliamentary Democracies: An
Empirical Analysis, in: American Political Science Review, Vol. 93, No. 3, 591-608.

Tsebelis, George 2000: Veto Players and Institutional Analysis, in: Governance: An International Journal of Policy and Administration, Vol. 13, No. 4, 441-474.

Tsebelis, George 2002: Veto Players. How Political Institutions Work, Princeton: Princeton
University Press.

Tucker, Robert C. 1995: Politics as Leadership, revised edition, Columbia: University of
Missouri Press.

Urschel, Reinhard 2002: Gerhard Schröder. Eine Biografie, Stuttgart: DVA.

Vaughan, Diane 1992: Theory Elaboration: The Heuristics of Case Analysis, in: Ragin, Charles C./Becker, Howard S. (eds.), What is a Case? Exploring the Foundations of Social Inquiry, Cambridge: Cambridge University Press, 173-202.

Voß, Jan-Peter 2007: Designs on Governance. Development of Policy Instruments and Dynamics in Governance. Doctoral dissertation, School of Management and Governance, University of Twente, Enschede.

Walgrave, Stefaan/Aelst, Peter van 2006: The Contigency of the Mass Media's Political Agenda Setting Power: Toward a Preliminary Theory, in: Journal of Communication, Vol. 56, No. 1, 88-109.

Walker, Mark C. 2006: The Theory and Metatheory of Leadership: the Important but Contested Nature of Theory, in: Goethals, George R./Sorensen, Georgia L.J. (eds.), The Quest for a General Theory of Leadership, Cheltenham: Edward Elgar, 46-73.

Wanninger, Susanne 2007: New Labour und die EU. Die Europapolitik der Regierung Blair, Baden-Baden: Nomos.

Webb, Paul 2000: The Modern British Party System, London: Sage.

Weber, Max 1980: Wirtschaft und Gesellschaft. Grundriss der verstehenden Soziologie, 5. Auflage, Tübingen: Mohr.

Weimar, Anne-Marie 2004: Die Arbeit und die Entscheidungsprozesse der Hartz-Kommission, Wiesbaden: VS Verlag für Sozialwissenschaften.

Weiß, Ulrich 1995: Macht, in: Nohlen, Dieter/Schultze, Rainer-Olaf (Hg.), Lexikon der Politik, Band 1: Politische Theorien, München: Beck, 305-315.

Wewer, Göttrik 1991: Spielregeln, Netzwerke, Entscheidungen – auf der Suche nach der anderen Seite des Regierens, in: Hartwich, Hans-Hermann/Wewer, Göttrik (Hg.), Regieren in der Bundesrepublik II. Formale und informale Komponenten des Regierens in den Bereichen Führung, Entscheidung, Personal und Orgnisation, Opladen: Leske + Budrich, 9-29.

Wiesendahl, Elmar 2003: Strategische Hintergründe und Konsequenzen der CDU/CSU-Niederlage bei den Bundestagswahlen 2002, in: Forschungsjournal Neue Soziale Bewegungen, Jg. 16, H. 1, 68-73.

Wiesendahl, Elmar 2010: Rationalitätsgrenzen politischer Strategie, in: Raschke, Joachim/Tils, Ralf (Hg.), Strategie in der Politikwissenschaft. Konturen eines neuen Forschungsfelds, Wiesbaden: VS Verlag für Sozialwissenschaften, 21-44.

Wiesenthal, Helmut 1990: Unsicherheit und Multiple-Self-Identität, MPlfG Discussion Paper 90/2, Köln: Max-Planck-Institut für Gesellschaftsforschung.

Wiesenthal, Helmut 1993: Akteurkompetenz im Organisationsdilemma. Grundprobleme strategisch ambitionierter Mitgliederverbände und zwei Techniken ihrer Überwindung, in: Berliner Journal für Soziologie, Jg. 3, Nr. 1, 3-18.

Wiesenthal, Helmut 2006: Gesellschaftssteuerung und gesellschaftliche Selbststeuerung. Eine Einführung, Wiesbaden: VS Verlag für Sozialwissenschaften.

Williams, Neil 1999: Modernising Government: Policy-Making within Whitehall, in: The Political Quarterly, Vol. 70, No. 4, 452-459.

Williamson, Oliver E. 1985: The Economic Institutions of Capitalism. Firms, Markets, Relational Contracting, New York: Free Press.

Willner, Ann R. 1984: The Spellbinders: Charismatic Political Leadership. New Haven: Yale University Press.

Wilson, Graham K./Barker, Anthony 2003: Bureaucrats and Politicians in Britain, in: Governance: An International Journal of Policy, Administration, and Institutions, Vol. 16, No. 3, 349-372.

Wlezien, Christopher/Norris, Pippa 2005: Conclusion: Whether the Campaign Mattered and How, in: Parliamentary Affairs, Vol. 58, No. 4, 871-888.

Wolinetz, Steven B. 2002: Beyond the Catch-All Party: Approaches to the Study of Parties and Party Organization in Contemporary Democracies, in: Gunther, Richard/Montero, José Ramón/Linz, Juan J. (eds.), Political Parties. Old Concepts and New Challenges, Oxford: Oxford University Press, 136-165.

Wring, Dominic 1998: The Media and Intra-Party Democracy: 'New' Labour and the Clause Four Debate in Britain, in: Democratization, Vol. 5, No. 2, 42-61.

Wring, Dominic 2002: The 'Tony' Press: Media Coverage of the Election Campaign, in: Geddes, Andrew/Tonge, Jonathan (eds.), Labour's Second Landslide. The British General Election 2001, Manchester: Manchester University Press, 84-100.

Wring, Dominic 2005: The Politics of Marketing the Labour Party, Houndmills: Palgrave Macmillan.

Yarger, Henry R. 2006: Strategic Theory for the 21st Century: The Little Book on Big Strategy, Washington: Strategic Studies Institute.

Zimmermann, Nina C. 2002: Gerhard Schröder: Neue Mitte, in: Korte, Karl-Rudolf (Hg.), „Das Wort hat der Herr Bundeskanzler". Eine Analyse der großen Regierungserklärungen von Adenauer bis Schröder, Wiesbaden: Westdeutscher Verlag, 247-273.

Zohlnhöfer, Reimut 2003a: Mehrfache Diskontinuitäten in der Finanzpolitik, in: Gohr, Antonia/Seeleib-Kaiser, Martin (Hg.), Sozial- und Wirtschaftspolitik unter Rot-Grün, Wiesbaden: Westdeutscher Verlag, 63-85.

Zohlnhöfer, Reimut 2003b: Rot-grüne Finanzpolitik zwischen traditioneller Sozialdemokratie und neuer Mitte, in: Egle, Christoph/Ostheim, Tobias/Zohlnhöfer, Reimut (Hg.), Das rot-grüne Projekt. Eine Bilanz der Regierung Schröder 1998-2002, Wiesbaden: Westdeutscher Verlag, 193-214.

Zohlnhöfer, Reimut 2004: Die Wirtschaftspolitik der rot-grünen Koalition: Ende des Reformstaus?, in: Zeitschrift für Politikwissenschaft, Jg. 14, H. 2, 381-402.

Zohlnhöfer, Reimut 2007: Zwischen Kooperation und Verweigerung: Die Entwicklung des Parteienwettbewerbs 2002-2005, in: Zohlnhöfer, Reimut/Egle, Christoph (Hg.), Ende des rot-grünen Projektes. Eine Bilanz der Regierung Schröder 2002-2005, Wiesbaden: VS Verlag für Sozialwissenschaften, 124-150.

Zohlnhöfer, Reimut 2010: Strategisches Regieren in der Bundesrepublik: Das Beispiel der SPD-Beschäftigungspolitik 1998-2008, in: Raschke, Joachim/Tils, Ralf (Hg.), Strategie in der Politikwissenschaft. Konturen eines neuen Forschungsfelds, Wiesbaden: VS Verlag für Sozialwissenschaften, 323-347.

Zohlnhöfer, Reimut/Egle, Christoph 2007: Der Episode zweiter Teil – ein Überblick über die 15. Legislaturperiode, in: Zohlnhöfer, Reimut/Egle, Christoph (Hg.), Ende des rot-grünen Projektes. Eine Bilanz der Regierung Schröder 2002-2005, Wiesbaden: VS Verlag für Sozialwissenschaften, 11-25.

Zolleis, Udo 2008: Die CDU. Das politische Leitbild im Wandel der Zeit, Wiesbaden: VS Verlag für Sozialwissenschaften.

Neu im Programm Politikwissenschaft

Alemann, Ulrich von

Das Parteiensystem der Bundesrepublik Deutschland

Unter Mitarbeit von Erbentraut, Philipp / Walther, Jens

4., vollst. überarb. u. akt. Aufl. 2011. 274 S. (Grundwissen Politik) Br. EUR 24,95
ISBN 978-3-531-17665-9

In der parlamentarischen Demokratie nehmen Parteien eine zentrale Vermittlerrolle zwischen Staat und Gesellschaft ein. Deshalb ist es wichtig, ihre historische Entwicklung, die rechtlichen Rahmenbedingungen sowie ihre soziologischen Besonderheiten näher zu beleuchten. Über diese Grundfragen hinaus widmen sich die Autoren des Lehrbuchs auch aktuellen Herausforderungen, wie etwa der Parteienverdrossenheit oder der Diskussion um eine gerechte Parteienfinanzierung. Damit bietet dieses Standardwerk eine fundierte, aber zugleich kompakte und verständliche Einführung in das Parteiensystem der Bundesrepublik Deutschland.

Beyme, Klaus von

Das politische System der Bundesrepublik Deutschland

Eine Einführung

11. Aufl. 2011. 477 S. Br. EUR 24,95
ISBN 978-3-531-17728-1

Der seit vielen Jahren in Lehre und Studium bewährte und für die 11. Auflage vollständig neubearbeitete Band ist vor allem dem schwierigen Prozess der deutschen Einigung gewidmet. Außen- und innenpolitische Hindernisse des Prozesses werden dargestellt. Die Schwierigkeiten des Zusammenwachsens von Ost- und Westdeutschland werden mit der Analyse der Institutionen – Parteien, Bundestag, Regierung, Verwaltung, Verfassungsgerichtsbarkeit und Föderalismus – und der politischen Prozesse – Wahlverhalten, Legitimierung des Systems, Durchsetzung organisierter Interessen und Führungsauslese – verknüpft.

Rudzio, Wolfgang

Das politische System der Bundesrepublik Deutschland

8. Aufl. 2011. 563 S. Br. EUR 16,95
ISBN 978-3-531-17582-9

Das Studienbuch führt ein in Selbstverständnis, institutionellen Aufbau und Praxis des politischen Systems der Bundesrepublik unter Berücksichtigung seines Wandels im Zuge der europäischen Integration. Es gibt einen problemorientierten Überblick über die verfassungs- und außenpolitischen Grundentscheidungen, die die deutsche Demokratie konstituiert haben; das politische Kräftefeld, das durch Interessengruppen, Bürgerinitiativen, Parteien und Massenmedien gebildet wird; die politischen Institutionen in Bund, Ländern und Kommunen; die gesellschaftliche Reichweite und administrative Durchsetzung politischer Entscheidungen; die politische Kultur einschließlich der Struktur der politischen Führungsschicht.

Erhältlich im Buchhandel oder beim Verlag.
Änderungen vorbehalten. Stand: Juli 2011.

www.vs-verlag.de

VS VERLAG

Abraham-Lincoln-Straße 46
65189 Wiesbaden
tel +49 (0)6221.345 - 4301
fax +49 (0)6221.345 - 4229

Neu im Programm Politikwissenschaft

Jahn, Detlef

Vergleichende Politikwissenschaft

2011. 124 S. (Elemente der Politik) Br.
EUR 12,95
ISBN 978-3-531-15209-7

Die Vergleichende Politikwissenschaft ist eines der bedeutendsten und innovativsten Teilgebiete der Politikwissenschaft, das durch die Fokussierung auf die vergleichende Methode eine besonders ausgeprägte Analysekraft besitzt. Dieser Band führt auf knappen Raum und in verständlicher Form in alle wichtigen Aspekte der Vergleichenden Politikwissenschaft ein und weist auf die neuesten Entwicklungen der Disziplin hin.

Schmid, Josef

Wohlfahrtsstaaten im Vergleich

Soziale Sicherung in Europa: Organisation, Finanzierung, Leistungen und Probleme
3., überarb. u. akt. Aufl. 2011. 546 S. Br.
EUR 24,95
ISBN 978-3-531-17481-5

Ein Lehrtext zum Problemkreis: Wie funktioniert der Wohlfahrtsstaat in verschiedenen Ländern, mit welchen Problemen und Perspektiven? Untersucht werden unterschiedliche Fälle, Felder und Probleme der Sozialen Scherung, wobei eine enge Verbindung wissenschaftlicher Analyse mit politisch-praktischen Aspekten verfolgt wird. Die vorliegende 3. Auflage wurde umfassend aktualisiert und erweitert.

Simonis, Georg / Elbers, Helmut (Hrsg.)

Externe EU-Governance

2011. 347 S. (Governance) Br. EUR 29,95
ISBN 978-3-531-17941-4

Wie gelingt es der EU, ihre Außenbeziehungen gegenüber Nachbarstaaten und auf entscheidenden Politikfeldern zu koordinieren, zu institutionalisieren und zu gestalten? Diese Frage ist mit gängigen Instrumenten der staatenbasierten Außenpolitikforschung schlecht beantwortbar. In diesem Band wird der Governanceansatz als analytisches Instrumentarium ausgearbeitet und, unter besonderer Berücksichtigung der normativen Basis der EU-Außenbeziehungen, in Fallstudien auf die oben gestellte Frage angewandt. Hierdurch wird eine wichtige Lücke der EU-Forschung geschlossen.

Erhältlich im Buchhandel oder beim Verlag.
Änderungen vorbehalten. Stand: Juli 2011.

www.vs-verlag.de

VS VERLAG

Abraham-Lincoln-Straße 46
65189 Wiesbaden
tel +49 (0)6221.345 - 4301
fax +49 (0)6221.345 - 4229

Neu im Programm
Politikwissenschaft

Blanke, Bernhard / Nullmeier, Frank / Reichard, Christoph / Wewer, Göttrik (Hrsg.)
Handbuch zur Verwaltungsreform
4., akt. u. erg. Aufl. 2011. XXI, 616 S. Br.
EUR 49,95
ISBN 978-3-531-17546-1

Das Handbuch liefert einen Beitrag zur Einordnung unterschiedlicher Konzepte und Orientierung für die Umsetzung der Verwaltungsreform. In 66 Beiträgen werden vielfältige Ansätze der Verwaltungsreform vorgestellt, ihr Entstehungszusammenhang erläutert, praktische Anwendungsfelder beschrieben und Entwicklungsperspektiven untersucht. Die Beiträge stammen von renommierten WissenschaftlerInnen und erfahrenen PraktikerInnen. Themenblöcke: Staat und Verwaltung, Reform- und Managementkonzepte, Steuerung und Organisation, Personal, Finanzen, Ergebnisse und Wirkungen, Erfahrungen und Perspektiven.

Boeckh, Jürgen / Huster, Ernst-Ulrich / Benz, Benjamin
Sozialpolitik in Deutschland
Eine systematische Einführung
3., grundl. überarb. u. erw. Aufl. 2011.
491 S. Br. EUR 22,95
ISBN 978-3-531-16669-8

Der Band führt systematisch in das breite Spektrum von Geschichte, Strukturen, Problemlagen, Lösungswegen und die europäischen Zusammenhänge von Sozialpolitik in Deutschland sowie in die Theorie des Sozialstaates ein. Der besseren Verständlichkeit dienen ausführliche geschichtliche Dokumente und aktuelle Daten zur sozialen Entwicklung bzw. zur Sozialpolitik. Gibt es Grenzen des Sozialstaates? Diesen sucht sich der Band im geschichtlichen Rückgriff auf die Weimarer Republik systematisch und sozialräumlich zu nähern.

Dingwerth, Klaus / Blauberger, Michael / Schneider, Christian
Postnationale Demokratie
Eine Einführung am Beispiel von EU, WTO und UNO
2011. 236 S. (Grundwissen Politik) Br.
EUR 24,95
ISBN 978-3-531-17490-7

Internationale Organisationen stehen im Zentrum der Diskussion über das „Demokratiedefizit" internationaler Politik. Während politische Entscheidungen zunehmend auf internationaler Ebene getroffen werden, zweifeln Kritiker immer wieder an der Legitimation dieser Entscheidungen. Das Buch führt ein in die Diskussion über demokratisches Regieren „jenseits des Staates", es stellt die Funktionsweise von EU, WTO und UNO vor und diskutiert, inwieweit das Regieren in diesen Organisationen demokratischen Grundsätzen genügt bzw. wie sich Demokratiedefizite beheben lassen.

Erhältlich im Buchhandel oder beim Verlag.
Änderungen vorbehalten. Stand: Juli 2011.

www.vs-verlag.de

VS VERLAG

Abraham-Lincoln-Straße 46
65189 Wiesbaden
tel +49 (0)6221.345 - 4301
fax +49 (0)6221.345 - 4229

MIX
Papier aus verantwortungsvollen Quellen
Paper from responsible sources
FSC® C105338

If you have any concerns about our products,
you can contact us on
ProductSafety@springernature.com

In case Publisher is established outside the EU,
the EU authorized representative is:
Springer Nature Customer Service Center GmbH
Europaplatz 3, 69115 Heidelberg, Germany

Printed by Libri Plureos GmbH
in Hamburg, Germany